설득 커뮤니케이션

나남
nanam

나남신서 2008

개정 2판

설득 커뮤니케이션

2005년 10월 10일 초판 발행
2006년 6월 25일 초판 2쇄
2008년 3월 5일 개정판 발행
2016년 3월 5일 개정판 7쇄
2019년 8월 26일 개정2판 발행
2024년 8월 15일 개정2판 3쇄

지은이   김영석
발행자   趙相浩
발행처   (주) 나남
주소   10881 경기도 파주시 회동길 193
전화   (031) 955-4601 (代)
FAX   (031) 955-4555
등록   제 1-71호(1979. 5. 12)
홈페이지 http://www.nanam.net
전자우편 post@nanam.net

ISBN 978-89-300-4008-2
ISBN 978-89-300-8001-9(세트)

나남신서 2008

개정 2판

설득 커뮤니케이션

김영석 지음

나남
nanam

Persuasive Communication

Third Edition

by

Young-Seok KIM

nanam

이 책이 처음 출간된 지난 2005년과 지금을 비교해 볼 때 '설득'이나 '소통'이라는 말에 대한 우리 사회 구성원의 인식이 그동안 매우 크게 변했음을 알 수 있다. 이제 우리 사회의 어느 영역에서든 소통을 기반으로 한 설득, 즉 설득 커뮤니케이션은 당연한 필수 요소가 되었다. 개인 간 관계는 물론이고 집단이나 조직, 사회적 차원에 이르기까지 소통과 설득 과정이 핵심가치로 자리를 잡았다.

전통적으로 설득은 언어를 포함한 여러 가지 기호나 상징체계를 사용하여 대상자의 생각, 태도, 행동을 의도한 대로 바꾸기 위한 목적 지향적인 활동으로 여겨졌다. 설득의 대상자들은 일방적으로 설득자의 생각을 무비판적으로 받아들여야만 하는 피동적 존재로 간주되어 온 것이다. 이에 비해서 오늘날은 설득의 주체와 대상이 상호 동등한 입장에서 의견을 교환함으로써 공통의 이해 폭을 넓혀 가는 과정으로 그 의미가 바뀌었다. 즉, 정보원이 수용자에게 일방적으로 메시지를 보내는 것이 아니라 두 주체가 동등한 입장에서 메시지를 주고받고 그때마다 상호 역할이 바뀌는 개념이다.

이번 개정2판은 이런 사회적 변화를 담고자 했다. 소통과 설득에 관한 높은 사회적 요구에 비해 막상 이 분야를 체계적으로 다룬 이론서나 개론서는 많지 않다. 종합적이며 체계적으로 설득 과정을 다루기 위해서는 다양한 분야를 두루 섭렵해야 하기 때문이다.

그동안 이 책의 초판과 개정판은 대학의 학부나 대학원 과정에서 교재로 많이 사용되었다. 책의 내용에 관한 많은 피드백이 있었고 이번 개정2판은 그것을 반영하려 노력하였다. 어색한 문장을 쉬운 표현으로 바꿨고 개념의 이해를 높이기 위해 사례를 많이 추가하였다.

개정2판의 가장 큰 변화는 '사회인지주의'를 새로운 장으로 만들어 포함시킨 것이다. 설득과 관련된 이론을 설명할 때 가장 큰 비중을 차지하는 것이 인간의 인지요소에 관한 부분이다. 감정이나 태도에 앞서 상황이나 사람을 어떻게 인지하느냐가 가장 중요하기 때문이다. 이번에 새롭게 추가된 장에서는 인간의 태도나 행동에 영향을 주는 사회인지적 요소들을 체계적으로 분석하였다. 인간이 왜 합리적이지 못한 행동을 하는가에 대한 근본 물음부터 출발하여 우리의 인지와 사회적 판단에 영향을 주는 개인적, 사회적 요인을 살펴보았다. 인간의 판단을 빠르고 손쉽게 할 수 있도록 돕는 인지적 절차가 무엇이며, 그러한 빠른 판단이 갖는 장점과 단점이 무엇인지에 대해서도 살펴보았다.

이 책의 개정2판을 내기까지 많은 사람의 도움이 있었다. 지난 몇 년간 필자 연구실의 조교로 있으면서 책 내용을 꼼꼼히 챙겨 준 박사과정의 김희정 씨가 없었다면 출간이 어려웠을 것이다. 특별히 감사인사를 전한다. 특유의 성실성, 그리고 설득 분야에 대한 그녀의 진지성을 볼 때 앞으로 이 분야에 큰 공헌을 할 것으로 기대한다. 나남출판사의 방순영 이사께서도 이 책의 출간을 위해 헌신적인 노력을 기울여 주셨다. 이 자리를 빌려 고마움의 인사를 올린다.

마지막으로 나남출판사의 조상호 회장께 심심한 감사의 마음을 전한다. 수익성이 없음에도 책 출간을 선뜻 허락한 그분의 호의에 진심에서 우러나는 고마운 마음을 전한다. 또한 학회 구성원의 한 사람으로서, 언론학 분야의 발전을 위한 선구자적 노력과 헌신을 보여 주신 조 회장께 다시 한 번 머리 숙여 감사드린다.

2019년 8월
김 영 석

책이 처음 출간된 이후 지금까지 2년 반 동안 전국의 많은 독자, 필자가 가르쳤던 학부와 대학원의 학생들로부터 많은 제안과 의견이 있었다. 이 개정판은 그분들의 이러한 정성 어린 관심과 지적을 기반으로 발간하게 되었음을 밝혀 둔다.

개정판에서는 오해하기 쉽거나 부정확한 개념을 명확히 하고, 어려운 개념을 이해하기 쉽도록 하기 위해서 주변의 친숙한 사례를 많이 제공하는 것에 중점을 두었다. 또한 초판 이후 진행되었던 최신 연구들을 소개하는 데도 관심을 기울였다.

각 부별로 어떤 변화가 있었는지 정리해 보면 다음과 같다.

제 1부에서는 설득의 하위개념인 선전(프로파간다)이 후기 산업화 시대에 갖는 의미를 살펴보고, 우리 사회에 만연한 선전의 예와 그 위험성을 추가하였다. 사람들로 하여금 비합리적인 판단을 유도하는 선전을 지양하고 올바른 설득을 행하는 것이 왜 중요한지를 밝혔다. 또한 설득의 핵심개념인 태도의 기능과 구조에 대한 설명을 새로 실었다. 그리고 기대가치 모형, 행동에 대한 통제감 등 다소 추상적인 개념을

보다 잘 이해하도록 예를 덧붙여 설명하였다.

제2부에서는 설득 현상을 설명하는 심리학적 이론의 배경에 대해 간략하게 부연하였다. 또한 각 이론의 개념(강화, 귀인, 인상관리, 각성 등)을 명확히 하고 하부 이론들의 비교(일치이론과 균형이론, 가변적 관점 이론 등)을 통해 그 공통점과 차이점을 밝혔다. 그리고 오해를 불러일으킬 수 있는 6장 제목인 '통합적 관점'을 '사회적 판단이론과 정교화 가능성 모델'로 수정하였다.

제3, 4, 5부는 설득심리학 이론이 실제 설득 커뮤니케이션 과정에서 어떻게 적용되는지 살피는 부분으로, 앞에서 살펴본 설득 개념 및 이론들이 우리 생활과 괴리된 것이 아니라 밀접하게 연관되었음이 보이도록 노력했다. 또한 커뮤니케이션 과정에서 커뮤니케이터, 설득 메시지, 비언어적 단서, 감정적 소구 등의 각 요소가 설득뿐만 아니라 선전의 수단으로도 사용될 수 있음을 부연하였다. 특히 제8장에서는 '설득을 좌우하는 커뮤니케이터의 공신력' 부분을 추가하여 공신력이 어떻게 형성되고 수용자에게 어떠한 영향을 미치는지 자세히 밝혔다. 이 외에도 각 장에서 외국의 예를 우리나라의 사례로 바꾸는 등 독자들이 쉽게 개념을 이해할 수 있도록 하였다.

제6부에서는 미디어를 이용한 사회적 설득 과정의 이론적 기제와 그 응용 사례들을 좀더 명확하게 설명하도록 노력했다. 제20장에서는 '집단적 무지'를 '다원적 무지'로 바꾸어 표기하였고, 다원적 무지와 관련된 개념들의 유사성과 차이점을 비교·정리하여 제시하였다. 또한 다원적 무지의 원인에 대해 부연하였으며, 미디어가 사회적 실재에 대한 사람들의 인식에 미치는 영향력 중 제3자 효과를 보다 자세히 분석 고찰하였다.

위에서 밝힌 것 외에도 난해한 문장들을 좀더 읽기 편하도록 새로

고쳤으며, 또한 필자의 부주의로 발생하였던 오자나 탈자 등을 바로잡았다. 가능한 한 내용을 충실히 하려고 노력하였으나 아직도 미비한 것들이 너무 많음을 고백하면서 앞으로도 꾸준하게 책의 내용을 보강할 것임을 약속드린다. 마지막으로 이 책에 관심을 갖고 조언을 해주신 전국의 독자들께 진심으로 감사의 말씀을 전한다.

2008년 3월
김 영 석

최근 들어 우리 사회에 설득에 관한 관심이 부쩍 높아졌다. 기업은 물론이고 군대나 학교, 가정, 혹은 정부의 공조직에 이르기까지 사회의 모든 영역에서 상호 평등적인 설득 커뮤니케이션에 기반한 새로운 조직문화가 각광받고 있다. 권위주의적 사회체계가 무너지면서 기존의 연공서열 의식을 핵으로 하는 일방적 상명하달식 커뮤니케이션 체계로는 더 이상 구성원들을 설득할 수 없게 된 것이다.

그런데 이러한 커뮤니케이션 양식의 변화 가운데 두드러진 특징은 이제까지 상대적으로 큰 관심을 끌지 못했던 구어 중심의 말을 통한 설득에 세간의 많은 관심이 쏠리고 있다는 점이다. 그동안 서양의 주된 설득양식이 말을 중심으로 이루어졌던 데 반해, 동양권에서는 주로 문자언어인 글이 주축을 이루고 있었다. 그러나 최근 들어 우리 사회의 급속한 민주화 및 개인의 권리의식 신장과 함께 그동안 상대적으로 글에 비해 홀대받았던 말을 통한 설득적 작업이 사회적 합의의 설득 도구로서 점차 중요한 위상을 부여받고 있다.

과거 권위주의 시대의 주된 설득 방식이 일방적인 선전이나 선동이었다면, 지금은 대화나 토론, 협상 같은 쌍방향적 커뮤니케이션이 주류를 이룬다. 글도 중요하긴 하지만, 말을 통한 스피치나 화법이 더욱 중요한 설득 수단으로 자리를 잡아 가는 중이다. 이러한 추세는 기업이 사람을 뽑거나, 학교에서 학생을 선발할 때, 심지어 공무원을 채용할 때도 마지막 단계에서 자기표현 능력을 검사하는 면접시험이 가장 중요한 비중을 차지한다는 점에서 확인할 수 있다.

물론 말과 글만이 설득의 수단은 아니다. 오히려 말과 글이 아닌 여러 가지 상징 기호체계나 비언어적 수단이 설득에서 차지하는 비중이 더 크다고 볼 수 있다. 몸짓, 눈짓은 물론이고 음악, 불, 냄새 등 인간의 오감을 자극하는 모든 요소들이 설득과 관련을 맺는다. 이에 따라 어떤 연구자는 설득의 연구가 사회과학적인 영역뿐만 아니라 예술의 영역까지도 포함해야 한다고 주장하기도 한다.

이 책에서는 이와 같이 다양한 설득 연구들을 함께 모아 설득의 역사, 심리학적 원리 및 기법들을 커뮤니케이션 관점에서 체계적으로 분석했다. 심리학, 정치학, 사회학, 커뮤니케이션학, 스피치학, 광고홍보학 등 여러 분야에서 다루는 설득 관련 이론 및 방법을 종합적으로 제시했다. 설득의 개별 사례들에 대한 단순한 이해가 아니라 이면에 담긴 심리학적 원리를 이론적으로 고찰해 보고자 했다. 또 인간활동의 모든 영역이 궁극적으로는 커뮤니케이션 현상이라는 가정하에 커뮤니케이션 과정의 관점에서 설득 현상을 고찰했다.

이런 목적 아래 이 책은 총 23개 장으로 이뤄져 있는데, 이를 다시 비슷한 주제끼리 묶어 6개의 부로 구분해 놓았다. 우선, 제1부에서는 가장 기본적인 설득의 개념들을 다루고 있다. 설득 개념의 정의에서 시작해 설득 연구의 역사를 통시적으로 살펴보았다. 또한 인간 설득의 이해와 관련하여 기초개념인 신념, 태도, 행위 간 관계는 어떻게 연결되어 있으며, 특히 오랜 기간 설득의 핵심개념이었던 태도를 어떻게 파악 측정할 수 있는가를 다루고 있다.

제2부에서는 설득 현상을 설명하는 심리학적 이론을 다루고 있다. 가장 오랜 전통을 지니고 있는 행동주의 이론과 인지주의 이론, 그리고 사회적 판단 이론을 소개한다. 그리고 최근 가장 많이 활용되고 있는 정교화 가능성 모델과 그 응용 사례들도 살펴보았다.

제3부에서는 설득 커뮤니케이션의 구성요소를 분석적으로 제시하고 있다. 우선, 정보원의 특성을 공신력 개념과 연결해 제시했다. 아울러 전달자와 수용자가 동시적인 역할을 수행한다는 현대 커뮤니케이션의 전제하에, 전통적인 의미의 수용자라는 개념 대신 커뮤니케이터라는 개념을 사용하여 그 특성을 연구했다. 또한 이들이 사용하는 언어와 설득의 관계를 조명하면서 그 설득적 메시지의 구조와 순서에 따라서 설득의 효과가 어떻게 달라지는가를 고찰했다. 마지막으로 비언어적 단서들이 설득에 미치는 효과와 관련된 연구들을 종합적으로 제시했다.

제4부는 설득이 이루어지는 맥락적 상황을 다루고 있다. 선의건 혹은 악의적이건 간에 상대방을 설득하기 위하여 사람은 누구나 속이기를 행한다. 거짓말과 관련된 이론에는 어떤 것이 있으며, 거짓말에 영향을 주는 요인들과 그것을 간파할 수 있는 단서들을 집중적으로 조명해 보았다. 또한 어떤 상황에서 공포 소구, 유머 소구, 성적 소구, 따스함 소구 등의 동기적 소구가 유용한지를 분석했다. 이 밖에 신념이나 태도 등의 내적 변화 없이 행동의 변화만을 유도하는 순응 전략에는 어떤 것이 있는가를 연구하였다. 미리 주기, 단계적 요청, 역단계적 요청, 미끼 기법 등의 순차적 설득 기법과 집단의 영향력이 개인의 동조 현상에 미치는 영향력을 고찰했다.

제5부는 시각 및 특수한 형태의 설득을 다루었다. 흔히 이미지라고 일컫는 설득 도구의 한 형태로서 건축물, 예술, 영화, 광고, 포토저널

리즘 등을 그 사례물로 이용하여 분석했고, 특수한 형태의 설득에는 잠재의식을 이용한 설득, 음악이나 향기를 이용한 설득을 포함했다.

제6부는 미디어를 이용한 사회적 설득과정을 설명하는 이론적 기제와 그 응용 사례들을 제시하고 있다. 미디어가 사회적 실재에 대한 사람들의 인식에 미치는 영향력을 이론적으로 분석 고찰하였고, 그것을 이용한 정보 캠페인이나 개혁 확산의 실례들을 제시했다. 그리고 마지막 장에서는 최근 디지털 테크놀로지의 발달과 함께 새로운 연구영역으로 등장한 설득적 도구로의 컴퓨터와 관련된 캡톨로지(captology) 분야를 소개하고 있다.

이 책의 출간을 위하여 그동안 참고한 책과 논문은 너무나 많다. 지면상 이 책의 편제 및 내용구성에 많은 영향을 주었던 몇 가지 책만 여기에 소개한다.

Gass, R. H. , & Seiter, J. S. (2003). *Persuasion, Social Influence, and Compliance Gaining.* Allyn & Bacon.

Perloff, R. M. (1993). *The Dynamics of Persuasion.* Lawrence Erlbaum Associates.

Petty, R. E. , & Cacioppo, J. T. (1996). *Attitudes and Persuasion: Classic and Contemporary Approaches.* Wm. Brown.

Dillard, J. P. , & Pfau, M. (2002). *The Persuasion Handbook: Developments in Theory and Practice.* Sage Publications, Inc.

책으로 내기에는 부족한 것이 너무 많아서 부끄럽긴 하지만 이 분야를 공부하려는 사람들에게 조금이라도 도움이 되었으면 하는 바람에서 마지못해 이 책을 출간하게 되었다. 책 속에 잘못된 정보나 오류가 있다면 이는 전적으로 필자의 책임임을 미리 밝혀 두고자 한다.

마지막으로 지난 몇 년 동안 이 책을 준비하면서 많은 도움을 받았던 사람들에게 감사의 마음을 전하고 싶다. 본인의 연구실에서 조교 생활을 하면서 이 책을 집필하는 과정에 필자의 손과 발이 되어 주었던 창원대학교 언론정보학과의 박현구 교수에게 우선 감사의 마음을 전한다. 학부 및 석박사 과정을 거치면서 너무나 많은 도움을 그에게서 받았다. 또 지금은 뉴욕 주립대학교 커뮤니케이션학과의 박사과정에 재학 중인 김장현 군도 이 책의 초안을 마련하는 과정에 많은 도움을 주었다. 그들과 함께했던 시간이 매우 소중하고 자랑스러웠다는 말을 전하고 싶다. 지난 몇 달 동안 이 책의 마무리 과정에서 모든 원고를 꼼꼼하게 읽으면서 교정을 해 주었던 석사과정의 윤도식 군과 박사과정의 진보래 양에게도 심심한 고마움의 마음을 전달하고 싶다. 심리학을 전공한 진보래 양은 책에 있는 모든 어휘를 빈틈없이 챙겨 주었고, 윤도식 군은 이 책을 몇 번이나 정독하면서 그 체계를 점검하여 주었다. 그리고 대구 가톨릭대학교 언론광고학부의 이미영 교수도 책과 관련하여 많은 조언을 해 주었다.

마지막으로 필자의 강의를 수강하면서 이 책과 관련하여 많은 조언을 주었던 연세대학교 신문방송학과의 학부와 대학원, 그리고 언론홍보대학원의 졸업생과 재학생들에게 감사하고 싶다. 보잘것없는 책의 출간을 흔쾌히 허락해 주신 나남출판의 조상호 사장님, 책 제작의 섭외를 맡았던 조동신 기획실장님, 그리고 실무에 애를 쓴 방순영 편집부장님과 박동범 씨에게도 감사의 말씀을 드린다.

2005년 8월
빌링슬리관 204호실에서
김 영 석

개정 2판

설득
커뮤니케이션

**제1부
설득의 기초**

제1부

설득의 기초

제1장

설득이란 무엇인가

1. 설득의 개념

　설득(說得)을 한자로 풀어보면, 설명할 설(說) 자와 얻을 득(得) 자로 이뤄져 있다. 즉, 설득은 '설명하여 무엇인가를 얻는다는 것'으로, 이는 '특정한 정보의 제공으로 상대방의 동조나 동의를 얻는 것'을 의미한다. 설득은 일반적으로 설득 커뮤니케이션이라는 말과 동의어로도 쓰인다. 이 말에서 알 수 있듯이, 설득은 기본적으로 커뮤니케이션 과정을 포함하고 있다. 상대방과 어떤 대상에 대한 의미를 공유하는 과정을 커뮤니케이션이라고 한다면 설득의 의미도 이에 따라서 새롭게 정의할 수 있다. 즉, 설득이란 '설득 행위자가 상대에게 어떤 정보나 의견을 제공하여 서로 의미를 공유해 가면서, 상대의 기존 생각이나 태도, 행동이 변하는 과정 혹은 결과'라고 말할 수 있다.

　설득과 커뮤니케이션의 어원이 밀접하게 관련되다 보니, 설득 능력이 좋은 사람을 흔히 '커뮤니케이션 능력이 뛰어난 사람'이라고 인식하는 경향이 있다. 과거 아날로그 시대에는 정보의 보유량 그 자체가 커뮤니케이션 능력을 의미했다. 그러나 디지털 테크놀로지 시대에서는 누구나 수많은 정보에 손쉽게 접근할 수 있기 때문에 이것이 그 자체로 커뮤니케이션 능력과 결부되지 않는다. 오늘날에는 '접근 가능한 수많은 정보를 누가 더 적합하고 적절하게 활용하는지'가 커뮤니케이션 능력을 측정하는 척도가 되었다. 즉, 단순히 아는 것이 많고 이를 잘 설명하는 것이 아니라, 적재적소에 타당한 근거가 되는 정보를 제시하고 핵심을 찌르는 말과 논리로 상대를 설득시킬 수 있어야만 커뮤니케이션 능력이 높다고 말할 수 있게 된 것이다.

따라서 상대방을 설득하는 커뮤니케이션 과정에서 '많이 아는 것'보다 '상황과 대상에 적합한 설득 전략과 설득 메시지를 활용하는 능력'이 더 핵심적인 기술이 되었다. 동일한 메시지라도 대상이나 상황에 따라 그 영향력은 다르게 나타난다. 지금 막 치과에서 충치 치료를 받고 나온 사람은 '당신의 건강한 치아를 지켜 드립니다'라는 치약 홍보 문구를 훨씬 더 개인적으로 받아들인다. 이 사람은 건강한 치아를 가진 사람보다 좋은 치약의 중요성을 더 강하게 느끼고 비싼 가격에 판매되는 치과의사 추천 제품을 별다른 거부감 없이 구매할 것이다. 반면, 배낭여행을 위해 치약을 구매하려는 사람은 상대적으로 값싸고 휴대하기 좋은 치약을 선택할 것이다. 이 사람에게는 '건강한 치아를 지켜 준다'는 홍보문구나 효능이 별다른 영향을 미치지 못할 가능성이 크다. 상대를 효과적으로 설득하기 위해서는 설득 대상자가 누구인지, 또 설득 상황이 어떠한지에 대한 충분한 분석이 필요하다. 당연한 말이지만, 설득 대상자와 설득 상황에 대한 치밀한 조사와 계획을 바탕으로 만들어진 설득 전략이 있을 때 설득에 성공할 가능성이 훨씬 더 크다.

1) 설득 학습의 필요성

일반적으로 설득은 행위자가 특정한 메시지를 전달하는 것에서 시작된다. 행위자가 설득의 의도를 가지고 있든 그렇지 않든, 행위자를 통해 전달된 메시지는 이를 받은 사람에게 영향을 준다. 이 과정에서 한 가지 주목할 만한 사실은 메시지가 수용자에게 '전달되어야만' 일련의 설득 과정이 일어날 수 있다는 점이다. 행위자가 어떠한 메시지를 수용자에게 정확히 전달한다면, 이는 수용자의 태도나 행동을 변화시키는 데 영향을 미칠 것이다. 그러나 행위자가 제공한 메시지가 수용자에게 전달되지 않는다면, 이는 그 어떠한 변화로도 이어질 수 없다. 사실 너무나 당연한 이야기다. 하지만 설득 과정에서 이 부분을 특히 주목해야 하는 이유는 오늘날 커뮤니케이션 환경에서 현대인은 너무나 많은 설득 메시지에 동시다발적으로 노출되어 있기 때문이다.

현대인은 정보가 넘치는 메시지 포화상태에서 살아가고 있다. 한국언론진흥재단의 2018년 연구에 따르면 한국 사람들은 평균적으로 하루 시간 중 3분의 1 이상을 미디어 이용에 쓴다. 이 조사는 TV, 라디오, 신문 등 전통 미디어를 이용한 시간과 컴퓨터와 모바일 기기와 같은 뉴미디어 매체 등을 활용해 인터넷에 접속한 시간 등을 측정한 것이다. 여기에 직접 얼굴을 대하는 상황에서 이뤄지는 언어적 비(非)언어적 커뮤니케이션까지 고려한다면, 우리가 하루에 접하는 메시지의 양은 헤아릴 수조차 없이 많다. 하나의 메시지를 접하는 순간 또 다른 메시지들이 동시다발적으로 제공되는 커뮤니케이션 환경에서 개별 수용자가 모든 메시지를 심사숙고할 수는 없다. 아무리 커뮤니케이션 능력이 뛰어난 사람이라 할지라도, 일정량 이상의 메시지가 동시에 제공되면 주어진 메시지를 모두 합리적으로 처리하기는 사실상 불가능하다. 결국 사람들은 메시지 하나하나에 집중하기보다 더 눈에 띄는 혹은 자신이 더 선호하는 유형의 메시지만을 선별적으로 습득할 수밖에 없다.

이렇게 과(過)정보화된 환경은 설득의 대상이 되는 메시지 수용자뿐 아니라 설득자인 메시지 정보원에게도 부담이 된다. 설득자는 사람들의 관심을 끌기 위해 점차 더 자극적이고 단순하며 짧은 메시지를 사용한다. 이런 메시지가 사람들의 주의를 끄는 데 더 효과적이기 때문이다. 하지만 안타깝게도 자극적이고 단순하며 짧은 메시지들은 수용자의 합리적인 의사결정에 큰 방해요인으로 작용한다. 만약 수용자가 메시지를 심사숙고하는 과정을 배제하고 설득자가 제공한 자극적인 메시지들을 무비판적으로 수용한다면, 메시지에 담긴 편견과 감정에 따른 잘못된 선택을 하게 될 위험이 크다. 이런 이유에서 현대사회에서 제공되는 수많은 메시지들을 비판적 관점에서 선별하고, 이를 합리적으로 판단하고 사용하도록 하는 설득 교육이 필요하다.

2) 설득에 관한 연구

설득에 관한 연구는 메시지 수용자의 행동변화와 같은 가시적인 수준에서부터 태도나 감정변화와 같은 비가시적 수준에 이르기까지 폭넓은 범위에 걸쳐 진행되어 왔다. 또한 사회과학의 주요 연구 관점의 변화를 토대로 행동주의적 관점의 설득, 인지주의적 관점의 설득, 사회인지주의적 관점의 설득 등으로 다채롭게 이루어졌다. 이뿐만 아니라 설득 과정에 참여하는 요인과 설득 결과에 영향을 미치는 미시적 · 거시적인 요인들이 무엇인지에 대한 연구 역시 꾸준히 진행되어 왔다.

설득자(정보원), 설득 메시지, 수용자, 설득 환경 등에 관한 광범위한 연구는 심리학, 사회학, 정치학, 교육학, 커뮤니케이션학 등 다양한 분야에서 이뤄져 왔다. 특히 사회심리학자들은 일상적으로 사용되고 때로 남용되기도 하는 설득에 관한 다방면의 연구를 진행해 왔다. 이러한 연구는 설득에 영향을 미치는 여러 요인이 무엇인지, 사람들이 설득적 메시지에 어떻게 반응하는지를 밝혀냈다. 설득에 관한 연구는 완성형이 아니며 현재도 여러 분야를 아울러 계속되고 있다.

3) 전통적 의미의 설득

고대 그리스에서 수사학(修辭學, *rhetoric*)은 주어진 상황에서 가능한 설득수단을 인지할 줄 아는 능력이며, 설득이란 공신력에 대한 평판인 에토스(*ethos*, 인격)에 토대를 두고, 논리적인 논증 기술인 로고스(*logos*, 논리)와 청자의 감정을 끌어낼 수 있는 파토스(*pathos*, 감정)가 적절히 사용될 때 이뤄지는 것이었다. 그리스의 수사학은 로마 시대에 더 발전한다. 로마의 웅변가 키케로(Cicero)는 어떤 연설이 설득력을 갖추기 위해서는 주장을 입증할 수 있는 증거나 논거가 체계적으로 조직되고, 수려한 문체로 구성되어야 한다고 판단했다. 또한 그는 주장의 내용을 암기하여 이를 기술적으로 전달하는 과정 역시 연설의 설득력을 높이는 데 중요한 역할을 한다고 보았다. 수사학에 관한 이러한 관점을 토대로, 설득에 대한 초기 논의는 메시지 전달이나 연설을 행하는 정보원의 기술적 측면에 초점을 두곤 했다.

설득의 개념은 대중매체의 등장과 함께 본격적으로 변했다. 브렘벡(Brembeck)과 호웰(Howell)은 설득이 "사전에 계획된 목적을 이룰 수 있도록 사람들의 동기를 조직하여 그들의 생각과 행동을 바꾸려는 의식적인 시도"라고 주장하였다. 이는 메시지 수용자의 내적 동기가 설득 과정에서 가장 중요하다는 점을 강조한 관점으로, 기존의 설득 개념이 정보원의 설득 전략이나 메시지의 논리적 타당도에 치중했던 것과는 차별화된다. 이후 설득의 개념은 점차 '수용자의 선택에 영향을 주기 위해 의도된 커뮤니케이션'으로 인식되었다(Larson 1989, 9~10).

대체로 전통적 의미에서 설득은 말이나 글을 통해 자신의 주의(主義)나 주장을 다른 사람에게 주입시키는 것으로, 사람을 대상으로 하며 궁극적으로 설득 대상자의 태도변화(변용)에 목적을 둔다는 공통점이 있다. 이러한 전통적 설득에 관한 논의에서는 설득자(커뮤니케이터, 정보원, 연설자 등)의 메시지가 피설득자(수용자, 설득 대상자)에게로 흐르는 선형적(linear)인 과정을 강조한다.

한편, 설득의 결과를 '효과' 측면에서 정의하려던 시도도 있었다. 호블랜드(Hovland)는 설득을 "설득원이 바라는 어떤 목표를 달성하기 위하여, 언어적 자극을 통해 수용자로부터 의도된 행동을 유발하는 역동적 과정"이라고 정의했다. 비슷한 맥락에서 베팅하우스와 코디(Bettinghaus & Cody)는 "특정 메시지를 전달하여 타인이나 집단의 신념·태도·행동을 변화시키려는 지속적 시도"가 설득이라고 보았다. 반면 스미스(Smith 1982)는 "메시지의 교환을 통해 새로운 인지 요소나 행동의 양상을 자발적으로 받아들이도록 하거나 내면화시키려는 목적의 상징적인 행동"으로 정의하여 설득의 인지적 성격을 강조하였다. 또한 오키프(O'Keefe 2002)는 "일정한 자유를 가진 피설득자를 대상으로 그의 관념이나 생각에 영향을 미치려는 의도적 노력"으로 이를 정의하여 설득의 의도성을 강조하였다.

앞서 제시한 다양한 정의들은 설득 모형을 선형적 커뮤니케이션 과정으로 한정하였다는 점에서 설득의 범위를 의도적인 것, 혹은 결과 및 효과 중심적인 것으로 제한하였다는 한계를 가진다. 따라서 설득의 명확한 개념을 이해하기 위해서는 전통적 의미뿐 아니라 비의도적이고 과정 중심적인 현상까지 포괄하여 살펴볼 필요가 있다는 주장이 대두되기 시작했다.

1960년대 중반 포더링햄(Fotheringham)은 설득을 "설득자의 메시지에 의해 수용자에게 발생한 것"이라고 정의했다. 이 개념 정의에서 중요한 것은 설득이 일어날지 아닐지에 대한 최종 결정권이 수용자에게 있다고 설명한다는 점이다. 포더링햄은 농담처럼 특별한 의도를 포함하지 않았다 하더라도, 이것이 수용자의 태도나 신념, 행동에 어떤 방식으로든 영향을 준다면 이를 설득적 메시지로 볼 수 있다고 설명한다 (Larson 1989, 9~10). 이렇게 개념 정의의 방향이 변한 것은 설득의 범위를 좀더 넓게 보려는 연구자들의 새로운 시도라고 이해할 수 있다.

4) 포괄적 의미의 설득

(1) 설득의 범위

문학비평가인 케네드 버크(Kenneth Burke)는 설득을 '애매함의 자원'에 기교를 부리는 것이라고 정의했다. 여기서 '애매함'이란 설득자와 피설득자가 보고 읽고 들은 것을 함께 해석한다는 의미로 사용되었는데, 이는 이후 설득을 설명하는 유용한 개념이 되었다. 버크는 설득을 태도와 신념·의견·행위를 변화시키는 '과정'으로 정의하고 설득의 결과인 '효과'만을 강조했던 이전 연구자들과 다른 시각을 보였다.

이러한 관점에서 설득은 정보원이나 메시지, 수용자를 따로따로 취급하는 것이 아니라 이 모두를 함께 통합적으로 고려해야 하는 개념이다. 즉, 설득 과정에 작용하는 사람들은 '의도하는 송신자'와 '영향 받는 수신자'가 아니라 서로 상호작용하며 영향을 주고받는 두 부류의 관계자로 이해되어야 한다. 설득을 '정보원과 수용자가 함께 창출하는 것'이라고 정의하는 것은, 지금까지 설득 과정에서 상대적으로 소홀하게 본 '수용자'가 정보원의 의도나 메시지의 내용만큼 중요하게 여긴다는 뜻이다. 즉, 정보원이 어떠한 의도를 가지고 제공한 메시지가 수용자에게 결과적으로 어떠한 영향을 미쳤는지보다, 수용자가 메시지를 어떻게 받아들이고 이해하는가 하는 과정 자체가 중요하다는 것이다. 이러한 맥락에서 우리는 '자기설득' 개념의 중요성을 생각해 볼 수 있는데, 이는 수용자가 설득 과정에 참여하지 않는다면 어떠한 메시지에도 설득되지 않는다는 의미를 담고 있기 때문이다(Larson 1989, 9~10).

설득을 포괄적 의미로 이해하려는 또 다른 대표적 연구자로 가스(Gass)와 사이터(Seiter)가 있다. 이들은 전통적 의미의 설득과 주변적 의미의 설득 영역을 구분하면서, 지금까지 설득에 관한 연구와 주요 관심 대상이 '순수한 의미의 설득' 영역에 제한되었다고 지적한다. 이들은 설득 범위가 순수한 의미의 설득으로 제한되었던 것은 '의도성'이나 '효과', '자유의지', '상징적 행동', '대인 지향성' 등과 같은 요인들이 설득을 정의하는 기준으로 사용됐기 때문이라고 설명한다(Gass & Seiter 1999 21~29).

의도성

전통적 의미에서 보면, 설득 상황은 한 사람이 다른 사람에게 의도적으로 영향을 미치려고 할 때로 한정된다. 그러나 실제 현실에서 설득이 항상 의도성을 전제로 일어나는 것은 아니다. 우리는 무의식적 자극에 영향을 받아 태도나 행동이 변화하는 것을 손쉽게 목격할 수 있다. 예를 들어, 아이들을 대상으로 한 동화책에서 종종 예쁜 사람은 '선'에 비유되고, 못생긴 사람은 '악'에 비유된다. 아이들이 자연스럽게 예쁜 사람과 좋은 사람을, 못생긴 사람과 나쁜 사람을 연관해 생각하는 것은 동화작가가 직접적으로 의도하지 않은 설득 현상이 일어난 것이라고 볼 수 있다. 또 다른 예를 들어 보자. 우리는 다른 사람과 상호작용할 때 자기 자신에 대한 긍정적 이미지를 투영시키기 위해 상당히 많은 시간을 할애한다. 그러나 대화의 주제나 내용은 미리 준비할 수 있지만, 대화 중 무의식적으로 나타나는 테이블 매너, 말투, 위생 상태 등은 완벽하게 통제하기 어렵다. 불행하게도 이러한 통제되지 않은 행동은, 실제 오가는 대화의 내용보다 나에 대한 이미지를 형성하는 데 더 큰 영향력을 발휘한다. 결과적으로 이러한 현상은 직접적 의도가 반영되지 않은 글이나 행위도 다른 사람의 태도나 행동에 일정 수준 이상의 영향을 줄 수 있다는 점을 시사한다.

효 과

지금까지의 관점은 설득자가 의도한 특정한 결과를 얻어냈을 때 설득이 성공한 것으로 간주한다. 이러한 효과 중심적인 설득 개념은 설득을 과정보다는 성과 측면에서 고려하는 경향이 강하다. 그러나 금연 캠페인을 생각해 보면, 의도했던 만큼의 완전한 금연 효과를 내지 못했어도 어느 정도의 금연 효과를 보였다면 효과가 있었다고 볼 수 있지 않은가? 또한 시청자를 대상으로 불우이웃돕기 성금을 모금하는데, 돈을 기부하도록 설득하는 데는 실패했지만 돈을 내지 않는 데 대한 죄의식을 유발했다면, 이 역시 설득 효과가 있었던 것 아닌가? 설득을 **성과**로 이해했을 때 발생할 수 있는 또 하나의 문제는 설득의 효과를 측정하기가 어렵다는 것이다. 과연 어떤 효과가 설득의 지표로 의미를 갖는다고 볼 수 있는가? 이러한 문제점들은 설득을 효과 중심적 개념보다 **과정 중심적 개념**으로 이해할 필요가 있음을 시사한다.

자유의지

펄로프(Perloff 1993)는 '선택의 자유'를 설득의 특징으로 본다. 선택의 자유는 설득당하는 측이 설득자의 주장을 수용하거나 거부할 수 있는 것을 의미한다. 그러나 **강압**적 상황에서 설득이 전혀 일어나지 않는 것은 아니다. 한 예로, 술자리를 만든 상사가 회사에서 근무하는 직원에게 차로 데리러 와 달라고 부탁하는 경우, 순응하지 않는 데 대한 협박이 은연중 내포되어 있을 수 있다. 또한 부모가 콩을 싫어하는 아이로 하여금 콩을 먹도록 하고 싶을 때 '콩을 먹지 않으면 간식을 주지 않겠다'고 은연중에 제재를 가할 수 있다. 이러한 예는 설득 대상자와 설득자의 관계에 따라 설득 상황에 강압적 요인이 개입할 수 있음을 보여 준다.

상징적 행위

쿠퍼와 노드스타인(Cooper & Nothstine 1992)을 비롯한 많은 연구자들은 설득이 상징적 표현으로 이루어진다고 주장한다. 여기서 상징적 표현이란 우리가 의미를 부여하는 모든 행위, 즉 다른 사람에게 자신의 태도나 믿음 또는 의도를 나타내는 것을 말한다. 또한 집회, 시위, 모라토리엄, 보이콧 그리고 소송과 같은 집단적 행동도 포함할 수 있다. 그러나 설득은 이러한 상징적 표현 외에 비상징적 표현도 포함할 수 있다. 키나 몸무게, 연령, 인종 등과 같은 신체적 특징이 설득적 요소가 될 수 있으며, 눈 깜빡임, 미소 그리고 동공 팽창 등과 같은 다양한 비자발적 요소도 설득 현상과 관련해 생각해 볼 수 있다.

대인 지향성

어떤 연구자는 설득이 이루어지기 위해서는 두 사람 이상이 있어야 한다고 주장한다. 그러나 어떤 개인은 내적인 커뮤니케이션을 통해 자신이 원하는 것을 자신에게 말함으로써 스스로를 설득할 수 있다. 따라서 자기설득 역시 설득 커뮤니케이션에 포함된다. 예를 들면, 다이어트 중인 사람이 멋진 모델 사진을 냉장고 문에 붙여 놓고 음식을 삼가는 행위 혹은 정월 초하룻날 새해에 다지는 각오 등을 자기설득으로 볼 수 있다.

1-1 설득의 발전된 모델

전통적
의미로
설명할
수 없는
영역

설득의
전통적
영역

대인간
개인 내
의도적
비의도적
효과
비효과
비강압적
강압적
상징적
비상징적

출처: Gass & Seiter 1999, 30 재구성.

이상과 같이 설득 현상을 정의하는 데 기준이 되는 몇 가지 요인을 조정할 경우, 설득의 범위는 그림 〈1-1〉과 같이 넓어진다. 그림의 안쪽 원이 전통적 의미의 순수한 설득만을 의미한다면, 바깥 원은 전통적 의미로 설명되지 않는 설득의 영역을 포함한 포괄적 의미의 설득 범위를 보여 준다.

(2) 설득 상황

여러 가지 설득 개념을 고려할 때 설득은 정적인 상태가 아니라 동적인 과정으로 이해하는 것이 더 타당하다. 설득 현상을 과정으로 이해하기 위해서는 설득에서 중요한 위치를 차지하는 상황변수를 고려해야 한다. 설득이 누구를 대상으로 이루어지든 간에 설득 상황은 설득 전략을 결정짓는 중요한 변수로 작용한다.

여기서 상황이란 여러 가지 의미를 포함한다. 먼저 정보원의 규모를 들 수 있다. 대인간 커뮤니케이션 상황에서 설득은 정보원과 수용자

사이의 쌍방향적 메시지 교류를 통해 일어난다. 하지만 대중매체를 이용한 설득, 이를테면 광고에서의 설득 메시지는 정보원(광고주)에서 수용자(소비자)에게로 단방향적으로 흐른다.

또 다른 상황요인으로 커뮤니케이션이 동시적으로 발생하느냐 비동시적으로 발생하느냐를 들 수 있다. 동시적 커뮤니케이션은 커뮤니케이션이 정보원과 수용자 사이에서 동시에 이루어지는 것으로 대인간 커뮤니케이션이 그 예가 될 수 있다. 비동시적 커뮤니케이션은 정보원과 수용자 간의 커뮤니케이션이 동시에 이루어지지 않는 것으로 이메일 등이 그 예가 될 수 있다.

이와 더불어, 설득이 인쇄매체처럼 언어적 도구에 의존하는 경우와 포스터와 같이 비언어적 도구에 의존하는 경우 또는 이 두 가지가 적절히 혼합된 경우, 설득 현상은 다르게 나타난다. 즉, 설득적 메시지에서 언어와 비언어적 단서가 어떤 비율로 사용되는지가 설득에 영향을 준다.

커뮤니케이션에 참여하는 사람들의 목적이 무엇인지도 상황변수로 작용할 수 있다. 이를테면, 카나리와 코디(Canary & Cody 1994)는 커뮤니케이션에 참여하는 사람들의 목적을 자아실현적 목적, 관계적 목적, 도구적 목적으로 구별한다. 이 중 정체성 관리와 관련이 있는 자아실현적 목적과 관계에 관심을 두는 관계적 목적은 주변적인 설득과 더 관련이 있다. 하지만 처음부터 순응 획득의 의도를 갖고 있는 도구적 목적은 순수한 의미의 설득과 더 관계가 깊다.

이 외에 TV나 신문, 잡지, 전화 등 어떤 매체를 사용하느냐, 어떤 문화적 배경에서 설득이 이루어지느냐에 따라서도 설득 현상이 다르게 나타난다고 볼 수 있다.

이러한 상황적 요인은 주어진 설득 상황에서 동시에 작용하며 설득 과정에 영향을 주는데, 설득이 상황의 영향을 받는 방식을 그림으로 제시하면 그림 〈1-2〉와 같다.

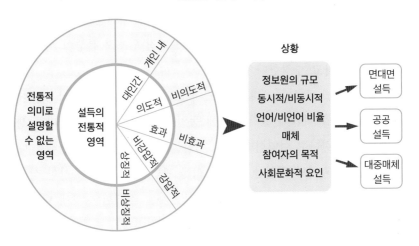

1-2 완성된 설득 모델

전통적
의미로
설명할
수 없는
영역

설득의
전통적
영역

개인 내

대인간

의도적

비의도적

효과

비효과

비강압적

상징적

강압적

비상징적

상황

정보원의 규모
동시적/비동시적
언어/비언어 비율
매체
참여자의 목적
사회문화적 요인

면대면
설득

공공
설득

대중매체
설득

출처: Gass & Seiter 1999, 33 재구성.

(3) 설득의 차원

설득에 대한 전통적 정의에서는 설득 상황을 두 사람 이상이 나누는 커뮤니케이션 상황에서 이뤄진다고 보았다. 하지만 현대의 확장된 범위에서의 정의들은 설득이 일어나기 위해 반드시 두 사람 이상이 필요한 것은 아니라고 지적한다. 이러한 관점에서 설득이 일어나는 상황에 따라 여러 가지 차원으로 구분할 수 있다.

내면적 차원

설득은 타인과의 대화 상황에서 일어난다고 오해하기 쉽다. 그러나 특정한 상황에서는 상대방이 존재하지 않는 상태에서 스스로의 내면적인 심리적 변화에 의해 설득이 일어나기도 한다. 이렇게 어떤 개인이 내적 커뮤니케이션을 통해 자기 자신을 설득하는 현상을 자기설득이라고 한다.

사람들은 동일한 사건이나 상황에 대해서도 각자 다르게 생각하고,

이에 대한 서로 다른 감정을 토대로 행동한다. 이러한 현상이 나타나는 원인과 관련해 여러 주장이 존재한다. 먼저, 정신분석학적으로 설득 상황에 접근하는 연구자들은 개개인이 가진 원초적 본능이 서로 다르기 때문이라고 주장한다.

학습이론적으로 설득 상황에 접근하는 연구자들은 사람들이 과거에 서로 다른 것을 학습해 왔기 때문에 동일한 상황에 대해 서로 다른 생각과 행동을 한다고 설명한다. 즉, 사람들은 어떤 상황에 직면했을 때 자신이 겪은 과거의 경험을 토대로 이를 판단한다. 만약 유사한 상황에서 긍정적 보상을 받은 경험이 있다면, 새로 직면한 상황에 대해서도 긍정적 태도를 형성할 가능성이 높다는 것이다.

인지주의적으로 설득 상황에 접근하는 연구자들은 사람들이 동일한 현상에 대해 서로 다른 태도를 형성하는 것은 인간의 본능이나 과거에 받은 긍정적 부정적 보상 때문이 아니라, 현재 직면한 상황을 바라보는 방식이 서로 다르기 때문이라고 주장한다. 이러한 인지주의적 접근방식은 개인의 가치관이나 인지적 프레임(frame)에 따라 세상을 보는 방식이 완전히 달라진다고 설명하면서, 만약 세상을 바라보는 방식이 바뀐다면 세상에 대한 생각이나 태도, 행동 역시 모두 달라질 것이라고 주장한다.

앞서 제시한 여러 접근방식 중 어떤 것이 내면적 설득 현상을 설명하기에 가장 적합한지는 쉽게 단정할 수 없다. 그러나 오늘날 자기설득 과정을 설명하는 데 인지주의적 접근방식이 가장 적극적으로 활용된다. 자기설득에 관한 인지주의적 접근방식은 '타고난 기질'보다 '마음먹기'가 더 큰 영향력을 지닌다고 강조한다.

대인적 차원

대인간 커뮤니케이션은 가장 일반적이고 보편적인 설득의 차원이다. 사람들은 다른 사람을 설득하기 위하여 특성화된 메시지를 구성하는 등 여러 전략을 구상한다. 대인간 설득 커뮤니케이션의 성공은 메시지의 내용뿐 아니라 설득 대상자가 정보원에 대한 호감을 형성하였는가, 그리고 정보원과의 관계가 원만한가 등에 영향을 받을 수 있다. 따라서 대인간 설득 상황의 핵심은 커뮤니케이션 상황에 놓인 사람들과 공감을 형성하고 상대방을 진심으로 대하는 것이다. 정보원이 커뮤니케이션 상황에 놓인 설득 대상자와 좋은 관계를 형성하기 위해서는 비난하거나 비판하며 가르치기보다 상대방을 인정하고 존경하는 태도를 보이는 것이 좋다(Carnegie 1936).

공공적 차원

공공 커뮤니케이션은 한 사람의 정보원이 여러 수용자를 대상으로 설득적 메시지를 전달하는 것을 말한다. 공공 커뮤니케이션에서 화자는 청중의 생각을 읽고 그들이 공감할 수 있는 메시지를 통해 청중과 함께 호흡함으로써 설득을 유도해야 한다. 이 과정에서 메시지의 내용뿐 아니라 화자의 말하는 방식이나 말투, 제스처, 옷차림 등 비언어적 요소 역시 중요한 역할을 한다.

특히 화자가 얼마나 효과적으로 말하는가는 설득의 성공 여부에 매우 큰 영향을 미친다. 화자의 말하기 방식에 대한 전략은 다양하지만, 이들은 기본적으로 일정한 법칙을 공유한다. 먼저, 화자가 제공하는 메시지 내용은 단순 명료해야 한다. 메시지를 뒷받침하는 예시로는 관심과 긴장을 유발할 수 있는 흥미로운 것을 들되, 현실에서 체험 가능한 수준에서 좀더 구체적으로 제시해야 한다. 공신력 있는 기관의 통계나 사례, 역사적 사실을 연설 내용에 적절히 반영하여 화자가 제공하는 메시지에 대한 신뢰도를 높일 수 있다. 또한 스토리텔링을 통한 감성 자극 역시 효과적인 공공 커뮤니케이션의 한 전략이 될 수 있다.

대중적 차원

대중적 차원에서의 커뮤니케이션은 TV, 라디오, 신문 등의 대중매체, 즉 매스미디어를 이용한 커뮤니케이션을 주로 의미한다. 매스미디어의 보급은 이미지의 시대를 이끌었다. 이제는 사람이나 사물이 지닌 실제 특성이 무엇인지보다 대중에게 그것이 어떻게 인지되고 평가되는지가 훨씬 더 중요해졌다. 특히 TV는 설득적 메시지 전달 과정에서 보이는 시각적 이미지의 중요성을 강조하는 데 큰 영향을 미쳤다. 이는 매스미디어가 더 자극적이고 선정적인 내용들로 구성되는 원인을 제공하였다. 점차 매스미디어는 진짜 같은 가짜, 즉 시청자들의 시선을 끌기 위해 자극적으로 '꾸며진 이미지들'을 제공하는 데 치중하게 되었다. 이러한 변화는 매스미디어를 통한 수많은 이미지 조작을 가능하게 하였으며, 실재와 허상을 구별하는 것이 어려운 환경에서 사람들이 점차 자신의 입맛에 맞는 메시지만을 선별적으로 습득하고 신뢰하도록 만들었다.

컴퓨터 매개 차원

컴퓨터를 활용한 커뮤니케이션 유형이 증가하고 있다. 컴퓨터가 등장한 초기에는 인터넷을 활용한 온라인 커뮤니케이션이 주를 이루었다. 사람들은 인터넷을 통해 전혀 모르는 사람과 대화를 나누는 등 새로운 인간관계를 형성한다. 또한 이전에는 매스미디어를 통해 제공받던 정보를 이제는 컴퓨터를 매개로 하여 능동적으로 습득하게 되었다. 이 경우 컴퓨터는 매스미디어의 대체재 역할을 수행하였다. 이에 더해, 급격한 기술의 발전은 컴퓨터를 활용한 완전히 새로운 커뮤니케이션 유형을 창조하였다. 사람들은 컴퓨터를 매스미디어의 대체재로 활용하는 것에 그치지 않고, 온라인에서 자신만의 사회관계망을 형성하여 사람들과 자유롭게 의견을 주고받게 되었다. 특히 오늘날 선풍적인 인기를 끌고 있는 페이스북, 트위터, 인스타그램 등과 같은 SNS는 사람들이 실시간으로 자신의 생각이나 감정 상태를 짧은 글이나 사진, 영상 등을 통해 공유할 수 있게 하였다.[1] 이는 매스미디어 콘텐츠 제작자로 한정되었다고 여겼던 메시지 정보원의 경계를 허물고, 누구나 자신이 원하는 정보를 제공하고 제공받을 수 있는 자유로운 커뮤니케이션 환경을 구축하는 데 기여하였다.

(4) 설득의 수단

설득에 관한 전통적 논의에서는 설득의 수단이 말이나 글에 한정되는 경향을 보였다. 그러나 정보원을 통해 제공되는 설득적 메시지는 단순히 말과 글로만 이뤄지는 것은 아니다. 때로 설득적 메시지는 상징이나 기호의 형태를 띠기도 하고, 설득 상황에 영향을 주는 외적 자극물 등 비언어적 형태를 띠기도 한다. 예를 들어, 어느 기업의 채용 면접관은 청바지를 입고 면접에 참여한 사람보다 정장을 입은 사람에게 더 큰 호감과 신뢰감을 느낄 것이다. 이는 면접자들이 자신의 의견을 얼마나 조리 있게 말하는가와는 무관한 것으로, 설득이 '면접자의 복장'이라는 외적 자극물에 의해 일어났다고 볼 수 있다.

언어적 요인

설득 혹은 커뮤니케이션의 가장 주요한 수단은 말과 글이다. 효과적인 설득을 위해서는 기본적으로 잘 구성된 설득 메시지가 있어야 한다. 이때 설득자가 자신의 생각을 얼마나 논리 정연한 말과 글로 표

---

1 SNS를 이용한 커뮤니케이션은 컴퓨터를 매개로 하는 데 그치지 않고 모바일 기기로 활용 영역이 확장되었다. 사람들은 길을 걷거나 밥을 먹다가 또는 음악을 듣거나 TV를 보다가 언제 어느 때든 자신의 생각이나 감정을 공유할 수 있게 되었고, 어디에서나 새로운 정보를 생성할 수 있는 정보원의 역할을 수행하게 되었다.

1-3 설득적 메시지의 수단

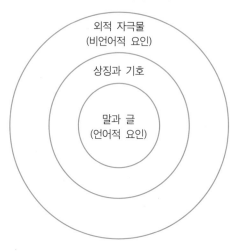

현하였는지가 설득의 효과를 결정하는 주요한 지표가 된다. 말과 글 중 무엇의 설득 효과가 더 높은지에 대해서는 쉽게 단언할 수 없다. 또한 문화권에 따라 예로부터 주로 사용된 설득 메시지 유형에 다소 차이가 있다. 이를테면, 서양 사회는 말을 중심으로 한 문화가 발전하였다. 서양 문화권의 권력자들은 대중을 설득하기 위한 공공 스피치(*public speech*)를 중요하게 생각했으며, 말로써 대중을 설득하기 위한 다양한 기술을 익히는 데 집중했다. 반면, 동양 사회에서는 말보다 글을 중심으로 한 문화가 발전하였다. 동양 문화권에서는 글을 얼마나 논리적으로 구성하는지뿐 아니라 글씨 그 자체를 얼마나 잘 쓰는지〔名筆〕도 매우 중요하게 생각해 왔다. 시대가 흐르면서 문화권에 따라 주로 사용하는 설득 수단의 차이는 점차 줄어들고 있다. 하지만 여전히 말과 글을 이용한 설득은 설득 커뮤니케이션 분야에서 가장 큰 역할을 수행한다.

상징과 기호

커뮤니케이션의 범위를 언어적 요인에 한정하지 않으면 상징과 기호 역시 설득의 주요한 수단이 된다. 기호는 상징 없이 존재할 수 있지만, 상징은 기호 없이 존재할 수 없다. 다시 말해, 어떤 상징이 존재하기 위해서는 반드시 그 상징적 의미를 담을 수 있는 특정한 기호가 있어야만 한다. 특정 상징과 기호의 연결이 불변의 것은 아니라는 점은 주의해야 한다. 시대나 상황이 변함에 따라 기호가 의미하는 상징이 변하기도 하고, 어떤 상징을 내포하는 기호의 모양이 변하기도 한다. 또한 하나의 기호가 어떤 말이나 글보다 훨씬 더 많은 상징을 내포하는 역할을 수행하기도 한다.

예를 들어, 독일 나치즘(Nazism)의 하켄크로이츠(卐) 문양을 살펴보자. 하켄크로이츠는 독일어로 갈고리(hook)를 뜻하는 'Haken'과 십자가(cross)를 뜻하는 'Kreuz'를 합친 말로 '갈고리 십자가'라는 뜻이다. 하켄크로이츠 문양은 나치의 상징으로 쓰이기 이전에 고대 게르만 문화에서 행운의 상징으로 폭넓게 사용되었다. 하지만 1920년 히틀러(Adolf Hitler)가 이를 나치 정당의 상징으로 채택하면서부터 하켄크로이츠 문양은 현재 우리가 아는 것처럼 '아리안 중심 인종주의와 우월주의를 나타내는 나치즘의 상징'으로 사용되었다. 하켄크로이츠 문양을 활용한 깃발에는 나치의 사회적 인식, 국가주의적 사상, 아리안인종의 승리를 위한 투쟁의 사명 그리고 반유태주의적 사상의 승리와 같은 다양한 의미가 내포되었으며, 그 상징 아래 수많은 학살과 학대가 자행되었다. 나치가 해체된 이후 오늘날의 하켄크로이츠는 백인 중심 인종주의나 극우 성향의 네오나치즘 또는 네오파시즘 세력들의 정치 이념을 대표하는 상징으로 바뀌어 사용되고 있다.

한편, 비슷한 모양의 기호가 전혀 다른 의미를 내포하게 되는 경우도 있다. 대표적으로 하켄크로이츠와 불교의 만(卍) 자를 들 수 있다.

이 두 기호는 방향만 다를 뿐 모양이 비슷하다. 그러나 기호가 내포하는 상징은 각각 '나치즘의 위상'과 '행운과 윤회, 부처의 성덕(聖德)과 길상(吉祥)'으로 매우 상반된다.

기호에 따른 상징은 국가, 문화권, 상황에 따라 각기 다른 의미를 내포하기도 한다. 우리나라에서 평화를 상징하는 '비둘기'는 프랑스에서는 단순한 '식용 동물' 중 하나에 불과하며, 죽음(死)의 상징으로 기피되는 아라비아 숫자 '4'는 한자를 사용하지 않는 문화권에서는 '행운의 네잎클로버'와 같이 행운의 숫자로 여기기도 한다.

이러한 사례에서 알 수 있듯이, 어떤 대상에 제공되는 상징과 기호는 특정한 의도에 따라 부여될 뿐, 실제 본질과는 별다른 연관성이 없는 경우가 대부분이다. 그러나 잘 연관된 기호와 상징이 때로는 말과 글보다 더 강력한 설득 효과를 가진다는 점에서 이를 주의 깊게 살펴볼 필요가 있다.

비언어적 요인

기호나 상징보다 더 큰 범위의 설득적 요인으로 비언어적 요인을 들 수 있다. 비언어적 요인이란 설득 커뮤니케이션 과정에 작용하는 말과 글, 상징을 내포한 기호체계를 제외한 모든 외적 자극물을 의미한다. 대화 과정의 비언어적 요인에 주목한 연구자 메라비언(Albert Mehrabian)은 1971년 저술한 《침묵의 메시지》(Silent Messages)에서 대화 내용보다 대화 외적인 요인이 상대에 대한 호감도에 더 큰 영향을 미친다고 설명했다. 메라비언의 주장은 때로 논리적으로 잘 구성된 메시지보다 설득자의 매력적인 외모가 설득 과정에 더 큰 영향을 미칠 수 있음을 의미한다.

비언어적 요인이 설득에 영향을 주는 사례는 우리 주변에서 쉽게 찾아볼 수 있다. 예를 들어 우리는 시력을 회복, 유지 혹은 보호하기 위해 안과를 찾으면서도 안경을 쓰지 않은 의사보다 안경을 쓴 의사를 더 신뢰하는 경향이 있다. 이는 안경을 쓴 의사가 실력이 더 좋거나 효과적인 마케팅 전술을 사용했기 때문이라기보다, 안경을 쓴 사람이 그렇지 않은 사람보다 외형적으로 조금 더 전문적인 듯한 인상을 주는 것과 관계가 있다.

대화나 설득 과정에서 비언어적 요인의 중요성이 강조된 이후, 이를 활용하기 위한 다양한 설득 전략이 제시되었다. 설득에 영향을 미치는 비언어적 요인은 대개 설득자의 외모, 인상, 말투, 목소리, 차림새, 손짓, 몸짓 등과 연관된다. 설득자가 설득 메시지를 전달하는 상황에 적합한 옷차림을 갖추고 적합한 톤의 목소리로 적당한 손짓을 활용하는 것만으로도 설득 효과는 달라질 수 있다. 잘 훈련된 설득자는 메시지를 전달하는 도중에도 표정과 음성의 톤 등을 생동감 있게 변화시킴으로써 더 큰 설득 효과를 끌어내기도 한다. 설득자의 많은 노력에도 불구하고, 수용자의 입장에서 정보원에 대한 인상은 만나는 순간에 즉각적으로 형성되는 경우가 많다. 따라서 설득 과정에서 비언어적 요인들을 전략적으로 활용하기 위해서는 논리적으로 타당한 설득 메시지를 구성하는 것만큼이나 많은 노력과 치밀한 계산이 필요하다.

5) 설득의 새로운 정의

설득을 이해하려면 상황적 변수를 고려해야 할 뿐만 아니라, 전통적 의미의 순수한 설득 현상을 넘어 주변적인 의미의 설득 현상까지 포함할 필요가 있다. 설득의 개념을 확대해서 이해할 때 설득은 비의도적인 것을 포함할 수 있고 강압적인 요소를 포함할 수도 있으며 비상징적인 것이 사용될 수도 있다. 또한 설득은 대인간 관계에서뿐 아니라 스스로에 대한 자기설득이나 많은 사람들을 대상으로 하는 대중 설득 등을 통해 이루어질 수도 있다. 이미 알고 있는 사람들을 대상으로 할 때도 있지만, 경우에 따라서는 미디어를 통해 전혀 모르는 사람들을 대상으로 일어날 수도 있다. 마지막으로 설득은 말이나 글로 구성된 설득 메시지뿐 아니라 특정 상징과 연관된 기호에 의해서도 일어나며, 경우에 따라서는 설득 상황과 다소 무관해 보이는 외적 요인에 의해서 일어나기도 한다.

한편, 설득을 이해하는 과정에서 한 가지 주의해 살펴볼 점은 설득을 단순히 '반응변화 과정'에 국한시킬 필요는 없다는 것이다. 설득은 흔히 기존의 반응을 변화시키는 것을 목표로 한다. 하지만 새로운 신념이나 태도를 만들어 내는 **반응형성**이나 기존의 신념이나 태도를 보강하는 **반응보강** 역시 설득의 효과 중 하나로 볼 수 있다. 여기에서 한 발 더 나아가 기존의 신념이나 태도를 없애는 **반응소멸** 역시 설득 효과의 한 부분이다.

논의를 정리하면, 결과적으로 설득은 '한 사람 또는 그 이상의 사람들이 주어진 커뮤니케이션 상황 속에서 기존 신념이나 태도, 의도, 동기, 행동 등의 반응을 창출·보강·조정·제거하는 데 참여하는 활동이자 과정'이라고 할 수 있다(Gass & Seiter 1999, 32). 설득에 대한 이러한 새로운 정의는 설득을 단순히 결과로 이해하는 것이 아니라 하나의 종합적인 과정으로 이해하며, 설득을 단지 기존 신념이나 태도의 변화로 한정하는 시각에 반(反)하는 것이다.

앞에서 설득의 개념과 설득 범위, 설득의 수단과 효과 등에 대해 살펴보았다. 설득에 대한 다양한 개념이나 광범위한 활용 범위가 증명하듯, 이를 특정 현상으로 명료하게 정의하는 것은 무척 어려운 일이다. 설득은 다른 유사한 현상과 뒤섞여 사용되기 쉽다. 따라서 이러한 개념을 구별하기 위해서는 무엇보다도 설득과 다른 유사 현상에 대한 개념을 체계적이고 명확하게 확립하는 것이 중요하다.

2. 선전과 설득

일반적으로 설득은 설득자의 의도를 바탕으로 말과 글 등 특정 행위를 통해 일방적으로 이뤄지는 것이라고 보는 견해가 지배적이다. 이런 관점에서 설득은 설득자가 피설득자를 향해 일방적으로 메시지를 **전달**하고 피설득자들은 그 메시지에 **당하는** 것으로 인식되곤 한다. 그러나 설득에 관한 많은 연구는, 올바르게 활용된 설득 전략이 수용자로 하여금 보다 합리적인 의사결정을 할 수 있도록 도움을 준다는 사실을 밝혀냈다. 다만 잘못 사용된 설득 전략이 수용자의 비합리적 선택을 조장하고 여러 편견과 감정에 따라 행동하게 만들 수 있기 때문에, 이러한 부분을 경계할 필요가 있음을 강조한다. 연구자들은 수용자의 합리적 판단에 도움을 주는 올바른 행위를 '설득'이라 말하고, 반대로 오직 설득자의 이익을 위해 의도되었거나 잘못 활용된 설득 활동을 일컬어 프로파간다(propaganda), 즉 '선전'(宣傳)이라는 용어를 사용한다. 따라서 설득을 이해하기 위해서는 무엇보다도 선전과 설득을 명료하게 구별할 필요가 있다.

합리적 사고과정을 배제하고 감정과 편견에 따라 행동하게 만드는 선전은 개개인을 대상으로 하는 대인적 차원보다는 주로 대중매체를 통한 대중적 차원에서 나타난다. 또한 선전은 보통 정치적, 군사적 목적으로 이용되며, 선전의 주체가 자신을 은폐하거나 허구적인 내용을 전달해서 대중의 생각 및 그들의 여론을 조작할 수도 있다는 점에서 설득 행위와 다르다.

선전과 설득의 차이점을 조금 더 쉽게 설명해 보자. 만약 메시지가 정보원의 이익만을 위한 것이라면 이는 선전에 해당한다. 반면, 메시지가 정보원과 수용자 모두의 이익을 위한 것이면 이는 설득에 해당한다고 볼 수 있다. 우리가 일반적으로 접하는 TV 광고를 생각해 보면 조금 더 이해가 쉽다. 예를 들어, 홈쇼핑 TV 광고는 소비자의 이익(생활의 편의 등)을 위한 판매자의 희생(파격 세일 등)처럼 꾸며진다. 하지만 충동구매를 통해 소비자가 실제로 얻는 이익(구매로 인한 만족)은 판매자가 얻는 이익(판매로 인한 이윤)보다 훨씬 적다. 이런 홈쇼핑 TV 광고는 잘 꾸며진 선전 메시지에 해당한다.

반면, 빈 병 수거 캠페인 TV 광고를 생각해 보자. 빈 병 수거를 독려하는 광고는 소비자의 작은 수고(빈 병을 모아 마트에 가져가는 행위)가 소비자의 이익(빈 병을 돈으로 환급)으로 이어지는 것을 알리는 데 초점을 맞추지만, 사실 이는 광고자의 이익(빈 병 재활용을 통한 자원 절약이라는 목적 달성)과도 직접적으로 연관된다. 따라서 빈 병 수거를 독려하는 TV 광고는 모든 사람의 이익을 위한 설득 메시지에 해당한다.

1) 선전의 정의

선전이라는 단어는 로마 가톨릭교황 그레고리 15세가 1622년 신교 운동의 이념에 대항하여 가톨릭교회의 교리를 널리 알리기 위해 포교 성성(布教聖省)을 만들면서 처음 등장하였다. 선전은 교리를 널리 알리고 퍼뜨린다는 중립적 의미에서 시작하였으나 신교에 맞서는 의미를 포함하고 있어 그 의미가 퇴색되었으며, 역사적으로 선동, 교화 등의 개념과 결합되어 사용되면서 부정적 의미로 굳어졌다. 그 이후 선전은 사실을 날조하여 대중의 관심을 이끌고 충동적 메시지를 통해 대중의 감정을 부당하게 고양하는 설득 행위로 인식되었다.

심리학자 프랫카니스와 아론슨(Pratkanis & Aronson 2001)은 선전을 설득의 잘못된 사용이라고 말하며, 선전을 상징 조작과 개인의 심리를 통해 대중에게 영향을 주는 것이라고 정의한다. 이러한 선전은 사람들로 하여금 사고하지 않고 편견과 감정에 따라 행동하게 만든다.

결과적으로, 현대사회에서 선전은 '선전 주체에게 유리한 목적을 달성하기 위해 메시지 수용자의 깊은 사고과정을 방해하고 편견에 따른 행동을 조장하는 정교하고 체계적인 계획'이라 할 수 있다.

2) 선전의 유형

선전의 유형은 어떤 기준으로 나누느냐에 따라 다르게 구별될 수 있지만, 대체로 흑색선전, 백색선전, 회색선전의 세 가지 형태로 나누어 설명할 수 있다.

흑색선전(black propaganda)은 거짓 출처를 통해 단시간에 빠르게 거짓된 정보를 퍼뜨리는 것을 목적으로 한다. 이는 상대에게 매우 치명적인 상처를 줄 수 있는 감정적 형태의 커뮤니케이션이다. 흑색선전은 정보원과 메시지의 출처를 위장하는 경우가 대부분이기 때문에, 선전의 성공 여부는 수용자가 위장된 정보원과 메시지를 얼마나 신뢰하는가에 따라 달라진다.

백색선전(white propaganda)은 정보원과 메시지의 출처를 명확히 하여 국가나 집단을 선전하는 것을 말한다. 백색선전 과정에서 정보원은 수용자에게 자신이 제공하는 정보가 최상의 것이라고 믿게 해야 한다. 이 경우 선전의 성공 여부는 수용자가 가장 진실한 정보를 제공받았다고 믿는 정도와 선전 대상이 된 국가나 집단에 대해 형성한 신뢰정도로 좌우된다. 국제 스포츠 경기에서 자국 선수들만 응원하고 보도하는 저널리스트를 대표적인 백색선전이라고 할 수 있다.

회색선전(gray propaganda)은 흑색선전과 백색선전의 중간 단계를 의미한다. 회색선전에서는 정보원이나 메시지의 출처나 근거를 명확하게 밝히지 않는다. 따라서 제공되는 정보의 정확성은 불확실하고 선전 과정은 아리송한 상태에서 진행된다. 회색선전은 수용자에게 선전이라는 인식을 주지 않고 메시지를 제공할 수 있다는 장점이 있지만, 출처를 명확하게 밝히지 않기 때문에 선전의 효과를 담보할 수 없다는 단점을 지닌다.

이렇듯 선전은 선전 주체의 이익을 도모하기 위한 것이기 때문에 항상 정보 조작의 가능성이 있다. 선전은 완전한 진실을 제공하는 과정이 아닌, 말하는 이의 전략적 의도를 토대로 한 일방향적이고 선별적인 커뮤니케이션이라 할 수 있다.

3) 선전의 주요 원리

선전은 그 대상과 상황, 목표에 따라 서로 다른 기술과 원칙이 적용되지만 대체로 대중에게 감정적인 접근으로 단시간에 집단행동을 이루게 하는 기술이기 때문에 몇 가지 공통적인 접근방법이 있다. 많이 언급되는 주요 원리로는 단순화의 원리, 확대·왜곡의 원리, 반복·공명의 원리, 이입의 원리, 감염의 원리, 동일시의 원리가 있다. 이 원리를 간략하면 살펴보면 다음과 같다.

단순화의 원리는 아무리 복잡한 내용과 상황이 결부되어 있더라도 메시지의 주장은 단순하게 대중에게 전달되어야 한다는 것이다. 단순화를 위해 정치강령이나 인권선언, 슬로건과 표어, 심벌의 사용이 중요하게 부각되는데, 이를테면 '수출 100억 달러 달성' 등과 같은 표어, 좀더 감정에 호소한 '못 살겠다 갈아 보자' 등과 같은 슬로건, 국기나 건물, 훈장 등과 같은 심벌, 공격대상을 단순화시킨 '회색분자', '유태인들' 등과 같은 표현은 모두 단순화의 원리에 따른 것이라고 볼 수 있다.

확대·왜곡의 원리는 유리한 면은 확대하고 불리한 면은 축소하는 것이다. 이는 선전에서 미묘한 차이를 설명하거나 부연하는 것은 효과를 거두기 힘들다는 뜻이다. 히틀러는 1925년 그의 자서전인 《나의 투쟁》에서 선전은 선전 대상인 군중 속에서 가장 낮은 층의 지적 수준에 맞춰야 한다고 주장했다.

반복·공명의 원리는 우선 중심이 되는 주장을 끊임없이 반복해야 한다는 것이다. 그러나 같은 어구의 반복에서 오는 단조로움을 피하기 위해, 같은 주장을 계속해서 흥미롭게 제시하는 시도가 필요하다. 즉, 하나의 주장을 매체나 표현방식의 변화를 통해 계속해서 새로운 주장처럼 제시해야 한다.

이입의 원리는 사람들이 가진 기존 태도나 생각을 근거로 하여 이를 선전의 내용과 부합시키는 것이다. 예를 들어, 반일 단체에서 독도 문제를 거론할 때 사람들이 일본인에 대해 갖고 있는 부정적인 선입관이나 편견을 이용하면 더 효과적이라는 원리이다.

감염의 원리는 어떤 분위기가 다른 사람에게 그리고 전체로 옮겨 가는 것을 말한다. 이 원리를 적용하기 위해 박수, 행진, 깃발, 제복, 조명 등이 이용되는데, 히틀러가 밤에 연설을 끝내고 수많은 횃불 사이로 퇴장한 것은 이러한 원리를 이용했다고 볼 수 있다. 음악은 사람 사이의 갈등이나 긴장 상황을 완화시키는 작용을 하며, 타악기는 흥분, 감염 작용을 잘 일으킨다고 알려져 있다.

동일시의 원리는 자기 자신을 다른 사람과 유사하게 느끼고 의식적이든 무의식적이든 그들과 같이 행동하거나 행동하고자 하는 것을 말한다. 정치인이 농촌을 방문할 때 농민처럼 옷차림한다거나 군부대를 방문할 때 군복을 입는 것이 이러한 사례라고 볼 수 있다.

선전분석연구소의 일곱 가지 선전 기법

1 · 2차 세계대전은 치열한 선전전이었다. 독일 나치의 집권 과정에서 히틀러와 그의 선전부장관인 괴벨스(Paul Joseph Goebbels)는 선전을 이용해 수많은 지지자를 양산해 내는 데 성공하였다. 독일군뿐 아니라 미국군에까지 영향을 미친 선전술에 주목한 미국 정부는 나치 선전의 전략과 이에 따른 효과에 대해 관심을 갖고, 1937년 선전분석연구소(Institute for Propaganda Analysis, IPA)를 설립하여 다양한 선전 기법을 연구하기 시작하였다.

선전분석연구소 소속 연구원 리와 리(Lee & Lee 1939)는 《선전의 예술》(*The Fine Art of Propaganda*)에서 일곱 가지 일반적 선전 기법을 소개하였다. 선전의 전략은 매우 다양해서 특정한 '기법'이라는 단어로 통합해 설명하기는 어렵다. 하지만 선전분석연구소의 선전 기법은 현대의 선전 전략 개발에 주요한 영향을 미쳤고, 이 선전 기법들은 오늘날에도 대중을 설득하는 선전 상황에서 널리 활용되고 있다. 각 기법을 간략히 소개하면 다음과 같다(Severin & Tankard 1979).

매도하기(name calling)
부정적인 이름을 붙여 실제 증거와 상관없이 이를 거부하거나 비난하도록 만든다. 예를 들어 5 · 18 민주화운동을 당시 전두환 정권은 '광주폭동' 혹은 '광주사태'로 불렀다. 이는 '폭동'이나 '사태'라는 단어가 내포하는 부정적 인식을 토대로 민주화운동에 대한 긍정적 여론 형성을 방지하기 위한 것이었다.

미사여구(glittering generalities)
듣기 좋은 말로 사물이나 사람 등을 포장하여 실제와 상관없이 이를 긍정적인 것으로 인식하게 만든다. 이러한 기법은 제품이나 사업 이름 등을 정할 때 많이 사용된다. 미국 루스벨트 대통령의 '뉴딜'(New Deal) 정책은 기존의 정책들과 차별화하기 위한 미사여구 효과를 노린 좋은 예이다. 이와 유사하게 우리나라의 '4대강 살리기 사업', '한강 르네상스' 등도 미사여구가 내포한 긍정적 이미지를 통해 정책에 대한 긍정적 여론을 만들고자 한 시도라고 볼 수 있다.

전이(transfer)
'연상작용에 의한 숭배'를 목적으로 하는 선전 방식으로, 존경받고 숭배되는 어떤 사물이나 사람의 권위, 인기, 명성 등을 끌어들여 이를 다른 대상에 적용시킨다.

대선 후보자가 연설할 때 연설 장소에 태극기를 구비하는 것이 이러한 전이 기법의 대표적인 예라고 할 수 있다. 이는 연설을 지켜보는 청중으로 하여금 태극기가 갖는 위엄, 존중, 숭고함 등이 연설하는 후보자에게 전이되기를 기대한다.

증언(testimony)

광고나 정치 캠페인에서 일반적으로 사용되는 선전 기법으로, 대중에게 존경/증오의 대상이 되는 사람이 어떤 생각, 계획, 상품, 사람 등에 대해 긍정적/부정적으로 말하게 하는 방법이다. 대선 홍보기간 중 후보자는 이름난 연예인, 종교인, 고위관계자 등의 지지 연설을 받기 위해 노력한다. 이는 대중에게 신뢰받는 사람들이 후보자에 대해 긍정적으로 발언하게 함으로써 더 높은 신뢰도를 형성하기 위한 것이다.

서민적 이미지(plain folks)

연사가 자기 자신을 평범한 서민으로 위장하여 연사와 청자 사이의 사회경제적 지위(SES, socio-economic status)로부터 발생하는 간극을 해소하고자 이용하는 기법이다. 대통령이 근로자들과 같은 유니폼을 입고 공장을 시찰하거나 평범한 옷차림으로 시장을 방문하여 장을 보거나 국밥을 먹는 행위들이 이러한 선전 기법의 예에 해당한다.

카드 속임수(card stacking)

어떤 생각, 계획, 상품, 사람에 대해 최선/최악의 사례를 제시하기 위해 사실/거짓, 명확한/혼동스러운 표현, 논리적/비논리적 진술을 선택적으로 사용하는 기법이다. 새로운 정부 정책을 알리고자 하는 관계자는 정책이 성공적으로 작용했을 때의 긍정적 결과만을 집중적으로 홍보하려 한다. 이는 신규 정책이 부정적인 결과를 낳을 가능성이 낮기 때문이 아니라 특정 부분만을 강조하여 정책 실행에 대한 긍정적인 여론을 형성하기 위한 것이다.

부화뇌동(bandwagon)

사람들은 집단에서 홀로 다른 선택을 하는 것에 대한 두려움을 가진다. 선전가들은 이러한 본능적 속성을 이용하여 청자를 제외한 다른 모든 사람이 정보원과 메시지를 신뢰하고 있다고 믿게 하고 이들의 동조를 유발한다. 예를 들어 선거철에 특정 후보를 '부산의 아들'이나 '대구의 딸' 등으로 명명하는 것은 '부산/대구 사람이라면 ○○○ 후보를 뽑는 것이 당연하다'는 압력으로 작용한다. 이러한 규칙은 아직 후보자를 선택하지 못한 유권자의 자발적 선택을 방해한다.

3. 설득 커뮤니케이션의 역사

앞서 선전의 개념을 설명하며, 선전이 본래부터 부정적 의미를 지닌 것은 아니며 사실 설득과 구별되지 않는 하나의 개념이었음을 언급했다. 그렇다면 선전과 설득은 어떠한 역사를 지니며, 언제부터 분리되어 사용되기 시작했을까? 다시 말해 설득은 언제부터 선전과 분리된 개념으로 연구되기 시작했을까? 설득 커뮤니케이션의 역사를 살펴보면서 이 문제에 대한 해답을 찾아보자.

1) 수사학의 발전

설득에 대한 최초의 논의는 고대 그리스에서 출발한다. 고대 그리스에 수사학(rhetoric)이라 불리는 토론과 설득의 기술이 있었다. 수사학은 아주 단순하게 말해, 어떤 주제에 대해 '잘 표현하고, 잘 말하고, 잘 쓰는 기술'을 의미한다. 절대군주(참주)가 아닌 다수의 백성(시민)에 의해 나라가 유지되던 고대 그리스에서는 그리스의 시민 모두가 참여할 수 있는 민회(民會)가 있었다. 이 민회에서는 그리스 내 모든 쟁점과 사안을 다뤘다. 민회에서 문제가 제기된 사안은 민주적인 토론과 참여한 시민들의 투표를 통해 그 결과가 결정되었다. 그러다 보니 민회에서 승리하고 권력을 얻기 위해서는 매 순간 자신의 입장을 변론하고 다른 사람의 동의를 얻기 위한 기술이 필요하게 되었고, 이는 곧 그리스 교육의 핵심이 되었다.

이후 아리스토텔레스는 수사학을 체계화하여 설득에 관여하는 세 가지 요인인 에토스, 파토스, 로고스를 제시하였다. 이 세 가지 요인은 오늘날 설득 모형 연구의 핵심이 되었으며, 이를 각각 자세히 살펴보면 다음과 같다.

에토스(*ethos*, 인격)는 화자의 공신력이나 카리스마를 뜻한다. 모든 설득자는 설득 행위가 발생하기 전부터 수용자에 의해 어떤 식으로든 지각된다. 이를테면, 듣는 사람이 설득자를 전혀 모른다 하더라도 말하는 사람의 체격이나 움직임, 옷차림 등이 듣는 사람에게 영향을 주게 된다. 때로 듣는 사람은 설득자에 대한 주변의 평판에 영향을 받기도 한다. 예를 들어, 설득자가 매우 정직하고 지식과 경험이 풍부한 사람이라는 평가를 전해 들었다면, 수용자는 설득자의 이야기에 더 주의 깊게 귀 기울이고 이를 적극적으로 수용할 가능성이 크다. 이러한 맥락에서 최근 연구자들은 아리스토텔레스의 '평판'이라는 개념을 성실성, 신뢰감, 전문성, 역동성 등과 같이 다차원적으로 이해하곤 한다. 이러한 각각의 개념들은 공신력이나 카리스마의 하부 개념이라고 볼 수 있다.

파토스(*pathos*, 감정)는 듣는 사람의 정서적이고 감정적인 특성과 연결되며, 설득 과정에서 이를 자극하는 것을 말한다. 설득자는 두려움이나 열정 등 듣는 사람의 심리적인 부분에 호소하여 설득의 효과를 높일 수 있다. 만약 어떤 사건에 관해 수용자가 극도의 무력감을 느끼고 있다는 것을 알게 되었다면, 설득자는 그 사건에 관하여 수용자가 해야 할 역할을 특별한 가치와 연결시키고 구체적인 행동지표를 알려줌으로써 성공적인 설득을 이끌어 낼 수 있다. 예를 들어, 국회의원 선거에 투표 참여율을 높이기 위한 설득 전략을 세운다고 가정하자. 설득자는 국민의 자유로운 정치 참여가 민주주의의 핵심이며 국민의 투표 참여가 우리 사회를 바꿀 수 있는 유일한 기회임을 강조함으로써, 부패한 정치인들에게 극도의 회의감을 느끼고 있는 사람들을 투표소로 이끌 수 있다.

로고스(*logos*, 논리)는 인간의 지적인 측면에 호소하는 설득방법을 말한다. 로고스는 정보를 어떻게 더 논리적으로 처리할 것인가와 관련하며, 삼단논법(三段論法)이 대표적인 예이다. 삼단논법은 두 개의 변치 않는 전제가 존재할 때 하나의 새로운 결론에 이를 수 있다는 가장 대표적인 연역적 추리 방법이다. 예를 들어 '사람은 결국 죽는다'(전제 1), '소크라테스는 사람이다'(전제 2)라는 변치 않는 두 전제가 결합하면, '소크라테스는 결국 죽는다'(결론)라는 논리적 추론에 따른 반박 불가능한 결론에 이르게 된다. 아리스토텔레스는 때로 설득 대상이 이미 어떤 주요한 전제를 믿고 있는 상황에서는 그 전제를 생략하는 '생략 삼단논법'을 사용하는 것이 더 효과적일 수 있다고 충고한다. 즉, 한 사회의 구성원들이 어떤 전제에 동의하고 있음을 확신한다면, 이것을 전제로 삼는 새로운 설득 전략을 사용하는 편이 더 효과적이라는 것이다. 예를 들어 어떤 국가의 구성원들이 '죽음은 두렵고 고통스러운 것'이라고 생각하고 있다면, 금연 캠페인을 기획하는 커뮤니케이터들은 흡연이 결국 죽음으로 이어질 수 있다는 점을 강조하는 광고를 만들어 효과적인 설득을 할 수 있다.

아리스토텔레스에게 수사학은 단순한 웅변술 이상의 것이며, 설득 또한 문체의 조합 이상의 복합적 커뮤니케이션 상황을 고려해야 하는 것이다. 이러한 논의를 다룬 그의 저서 《수사학》은 말하는 사람, 수용자(청중), 메시지를 다루는 세 권으로 이루어져 있는데, 이는 이후 각각 정보원 요인, 수용자 요인, 메시지 요인으로 치환되어 설득 모형에 반영되었다.

2) 종교와 설득

현대적 의미의 설득 커뮤니케이션 현상을 구성하는 원리는 중세 시대에 크게 융성한 각종 종교의 포교 활동에 의해 정착되었다. 기독교와 불교, 이슬람교의 포교 활동은 장기간에 걸친 회심(回心), 즉 종교의 교리를 인간의 마음속에 뿌리내리려는 설득 작용에 기초한다. 종교 지도자들은 대중이 원하는 바가 무엇인지를 이해하고 강한 카리스마와 상징, 도덕적 규범, 철학을 제공했다. 신의 이름으로 종교의 도덕률이 지배하는 이상사회를 구현한다는 대의명분으로 수많은 사람이 각종 설득 전략을 고안하였고, 많은 사람이 영향을 받았다.

(1) 가톨릭과 설득

로마 가톨릭이 어떻게 교리를 확산했는가에 대한 다양한 설명이 가능하다. 하지만 여기서는 로마제국 건설이라는 역사적인 사건과 관련하여 이를 설명하고자 한다. 로마제국 건설을 위한 전쟁으로 수많은 전쟁 노예들이 생겼다. 이들은 새로운 로마에 적응하기 위하여 여러 종교에 기대게 되었다. 그중 하나가 오늘날의 로마 가톨릭[2]의 기원이 되었다. 로마는 다양한 이유를 들어 초기 가톨릭을 박해했다. 그럼에도, 가톨릭 교리는 빠르게 퍼져 그 교세를 확장하였는데, 이 과정에는 다른 종교와 차별화된 설득 전략이 있었다.

가톨릭의 교리는 보편주의를 기반으로 신자의 인종, 성별, 나이, 계급에 상관없이 '현세의 인간은 누구나 평등하다'는 점을 강조하였다. 하나님의 아들이 당시 소외계층인 어부를 중심으로 열두 제자를 삼았다는 것은 가톨릭의 교리가 '모든 인간이 평등함'을 강조하고 있음을 확실하게 보여 준다. 그러다 보니 자연스럽게 가톨릭의 주요 포교 대상은 사회의 낙오자나 노예 등 소외계층이었다. 하나님의 사랑이 모든 인간에게 평등하다는 교리는 사회적으로 약자에 속하는 사람들에게 희망의 메시지를 주었고, 신자들 스스로 앞장서 교세 확장에 주된 역할

---

2 그리스어 '가톨릭'(*catholic*)은 '보편적', '공통적', '일반적'이라는 뜻이다. 즉, 초기의 기독교는 이름 자체에 '보편적인 교리'라는 의미를 내포하고 있었다.

을 하였다. 이러다 보니 초기 기독교의 포교 활동은 주로 점조직의 형태였다. 이러한 방식의 선교(宣敎)는 겉으로 드러나지 않으면서 구성원들의 결속력을 강화시키는 데 효과적으로 작용하였다.

한편 초기 기독교의 교세 확장에는 여러 시각적 이미지와 이를 도드라지게 하는 다양한 이야기 또한 주요한 역할을 하였다. 이야기들과 함께 제공되는 십자가, 어린 양, 사자, 처녀, 아이, 나팔 소리, 악마꼬리 등 시청각적 상징물은 구성원들이 종교의 교리에 몰입하고 이에 대한 믿음을 강화시키는 데 효과적인 장치로 작용하였다. 조금씩 변화했지만 가톨릭의 교리는 현재까지 계속해서 전해지고 있으며, 그 교세가 지금도 계속 확장되고 있다는 점은 그들의 선전 기술이 얼마나 강력한 것이었는가를 가늠하게 한다.

(2) 십자군 전쟁

가톨릭의 전파 과정에서 알 수 있듯이, 인간의 역사에서 종교적 믿음은 선전의 잠재적 원천이다. 역사 속 많은 전쟁의 당위성이 종교에 있었으며 현재까지도 종교라는 이름 아래 많은 분쟁이 일어나고 있다는 점만 보아도 이러한 사실을 알 수 있다.

인류 역사상 종교의 영향으로 일어난 가장 큰 전쟁으로 십자군 전쟁(1095~1291년)을 들 수 있다. 십자군 전쟁은 이슬람교도로부터 예루살렘 성지순례를 금지당한 가톨릭이 성지를 탈환하기 위하여 크게 세 차례에 걸쳐 일으킨 종교전쟁이다. 십자군 전쟁은 그 시작부터 다양한 선전 기법으로 점철되어 있었다. 사실 십자군 전쟁은 '성지'를 이슬람교로부터 지켜낸다는 종교적 기치 아래, 전제군주와 교황의 세력 다툼과 각자의 세력 확장에 대한 야심이 드러난 사건이라고 볼 수 있다.

십자군 전쟁에서 선전의 횃불을 밝힌 것은 로마의 교황 우르반 2세이다. 그는 1095년 남부 프랑스의 클레르몽에서 열린 공회의에서 예루살렘을 되찾기 위한 이슬람교도와의 전쟁을 제안하였다. 그는 전쟁을 일으킬 수 있도록 다양한 선전 기법을 활용해 사람들을 설득했다. 우선 그는 이슬람교도의 야만적 행동을 시각적인 표현으로 상세히 묘사했다. 이러한 표현방식은 아름답고 성스러운 분위기로 이뤄진 회의장과 대비효과를 일으켜 사람들의 감정을 동요시키는 데 효과적으로 작용하였다. 또한 그는 전쟁이란 단어를 직접적으로 언급하기보다 '꿀과 우유'와 같은 상징적 표현으로 성스러운 예루살렘의 땅을 되찾아야 한다는 것을 강조하였다. 그의 연설은 종교적 열정을 지닌 수많은 기독교인을 십자군 원정에 참여하게 하였다. 결과적으로 200여 년에 걸친 십자군 원정은 피에서 피를 부르는 환멸과 정치적 난잡함 속에서 결국 실패로 끝나고 말았다. 하지만 우르반 2세의 연설부터 시작하여, 십자군 전쟁 중 기독교인들의 참여를 독려한 수많은 기법들은 선전 기법 발전에 많은 영향을 미쳤다.

(3) 종교개혁운동

콘스탄티누스 황제가 가톨릭을 종교로 공인한 이후 가톨릭의 교리는 변질되기 시작했다. 가톨릭 사제들은 하나님을 영접하기 위한 중간자 역할을 자처하고, 교회가 정한 방법으로 자신들이 집행하는 예배를 통해서만 신자들이 하나님을 영접할 수 있음을 강조하였다. 이 과정에서 부패한 가톨릭 사제들은 신자의 죄를 사해 준다는 면죄부를 만들어 판매하는 일이 벌어지게 되었다.

1517년, 로마 가톨릭의 부패와 면죄부 판매에 분노한 루터(Martin Luther)는 이를 비판하는 〈95개조 반박문〉을 작성하여 대중에게 설파하였다. 그는 교회가 인간의 죄를 면해 줄 수 있지 않으며, 오직 성경에 바탕을 둔 하나님의 은혜를 통해서만 가능하다고 주장하였다. 루터는 당시 성경이 라틴어로 되어 있어 대중이 성경에 접근하기 위해서는 성직자를 통해야만 한다는 점을 상기하고, 이를 독일어로 번역해 널리 배포함으로써 성경을 대중화하는 데 기여했다. 독일어 성경의 보급으로 가톨릭의 교리는 귀족이나 교회, 성직자만의 독점적 소유물로서 교회의 의도대로 해석되는 것이 아니라, 누구나 자신의 방식으로 해석하고 수용 가능하게 되었다. 그리하여 교회에서 강조했던 교조주의3와 교황의 절대적 권위에 대한 의심이 커졌고, 종교개혁에 바탕을 둔 개신교운동이 전개되기 시작했다.

사실 루터의 종교개혁은 15세기 중엽 구텐베르크가 발명한 활판 인쇄술(印刷術) 덕에 가능하였다. 인쇄술의 발명과 발달은 다수의 대중을 대상으로 하는 선전을 가능케 하는 기술적 토대였다. 인쇄술은 성경의 대중화를 가능하게 했을 뿐 아니라, 교회의 타락을 폭로하는 글이나 성직자들을 악마나 동물로 표현한 그림 등의 배포를 도왔다. 결과적으로 종교개혁의 움직임은 연설을 듣지 못한 사람과 글을 읽지 못하는 사람들에게까지 폭넓게 영향을 미쳤다. 종교개혁 과정의 이러한 움직임은 근대적 의미의 선전이 발달하는 데 주요한 밑거름이 되었다.

한편, 1622년 1월 교황 그레고리오 15세는 종교개혁운동으로 위축된 가톨릭의 교세를 회복하고 신교운동의 이념에 대항하기 위하여 가톨릭의 선교 활동과 관련한 업무를 총괄하는 심의회인 **포교성성**을 만들었다. 포교성성에서는 가톨릭의 교리와 교황의 권위를 널리 알리고 국내 비(非) 가톨릭 교회들을 관리하는 등의 업무를 하였는데, 이 심의회의 명칭에서 근대적 용어인 '프로파간다'가 처음으로 사용되었다. 한 가지 주의할 점은 당시에는 '프로파간다'라는 용어에 부정적 의미가 전혀 담겨져 있지 않았다는 사실이다. '프로파간다' 혹은 '선전'이라는 단

---

3 교조란 비판의 여지가 없이 신성불가침의 진리라고 주장되는 종교적/신앙적 내용을 말한다. 교조주의(敎條主義, *dogmatism*)는 불변의 진리라고 여겨지는 개념과 명제를 고집하는 사고방식을 말한다.

어가 다소 부정적 의미를 내포하게 된 것은 이후의 일이다.

3) 혁명과 설득: 정치적 도구로서의 선전

17~19세기에 걸친 인쇄술과 선전 기법의 발달은 이후 사회변혁의 동력으로 작용했다. 미국의 독립전쟁, 프랑스의 시민혁명, 나폴레옹의 제국 건설 등 정치적이고 사회적인 변화의 순간들마다 적극적인 선전 전략이 활용되었다.

선전이 종교적 수단에서 정치적 수단으로 변화하게 된 최초의 움직임은 중세 프랑스에서 일어났다. 영국의 식민지였던 미국이 독립전쟁을 일으키자, 영국과 앙숙 관계였던 프랑스의 루이 16세는 미국에 많은 자원과 물자를 지원했다. 미국에 대한 지원의 장기화는 프랑스 경제에 타격을 주었다. 이에 루이 16세는 조세 확충을 위한 삼부회를 소집하였는데, 이 과정에서 성직자(제1신분), 귀족계급(제2신분)과 평민계급(제3신분) 사이에 의견 충돌이 발생하게 되었다. 계급 간 갈등의 장기화는 결국 '자유·평등·박애'를 모티브로 한, 인류 역사상 최초의 사상혁명인 프랑스 시민혁명으로 이어졌다. 자유, 평등, 박애의 세 가지 이념은 혁명의 성공을 위하여 다양한 방법으로 전파되었다. 선전의 활용 범위는 프랑스 시민혁명을 통해 '종교의 교리 전파'에서 '혁명을 위한 이념 전파'라는 정치적 수준으로 확대되었다. 프랑스 시민혁명에서 사용된 선전 전략들은 '선전가가 특정 의도(혁명이념 전파)를 가지고 어떤 대상(다수의 시민)의 변화(혁명 참여 유도)를 이끌기 위한 행위'로, 오늘날 선전의 개념과 유사한 형태를 띤다.

정치적 이념 투쟁으로서의 혁명과 선전 활동은 밀접한 관계를 가지고 발전하였다. 예를 들어, 프랑스 혁명에서는 자유, 평등, 박애의 이념 각각에 시각적인 색상을 대입한 후 이것으로 깃발을 만들었다. 후에 프랑스의 국기가 된, 이른바 삼색기는 혁명 기간 내내 혁명의 철학을 담고, 시민들의 행동을 정당화하기 위한 상징적 장치로 사용되었다.

한편 미국의 독립전쟁에서는 인쇄술을 보다 적극적으로 활용한 선전이 진행되었다. 미국의 혁명가들은 생명과 자유, 행복의 추구를 기본적 인권으로 내세운 독립선언서를 만들고, 복사본을 대량 출판하여 미국 각지에 배포하였다. 또한 신문에 독립의 필요성을 주장하는 혁명가의 글이나 불합리한 사회를 풍자하는 시사만화 등을 게재하여 독립의 필요성을 강하게 설파하였다.

프랑스 혁명 이후 나폴레옹은 그의 정치적 입지를 굳히기 위해 많은 상징적 기제를 사용한 것으로 유명하다. 우선 그는 1804년 노트르담 성당에서의 대관식에서 스스로 왕관을 쓰는 행위를 통해, 자신이 교황을 통해 왕관을 수여받던 과거의 프랑스 국왕들과는 구별되는 절대권위의 황제임을 강조하였다. 교황의 권위를 무시하고 절대권력을 얻을 수 있었던 것은 그가 황제가 되는 과정에 인류 역사상 최초의 국민투표 기법을 사용하였다는 사실과도 관계가 있다. 그의 권위가 다름 아닌 프랑스 혁명을 성공적으로 이끈 다수의 시민으로부터 부여받은 것이라는 사실과 이를 알리는 적극적인 선전은 프랑스 시민들로 하여금 나폴레옹을 절대권력을 가진 황제로 인식하게 하였다. 또한 나폴레옹은 초상화 속 자신을 실제보다 키가 크고 훤칠한 인물로 묘사하고, 삼색기, 독수리, 개선문, 후광이 비치는 백마 등과 함께 배치함으로써 스스로에게 영웅의 이미지를 씌우고자 노력하였다. 이러한 상징물을 이용한 적극적인 선전 역시 나폴레옹 황제의 권위를 공고화하는 데 주요한 역할을 하였다.

4) 세계대전과 선전

굵직한 역사적 사건들과 함께 발전한 선전은 19세기와 20세기에 이르러 종교뿐 아니라 정치, 경제, 사회의 모든 영역에서 사용되었다. 인쇄술의 개발은 엘리트의 전유물이던 신문을 대중화하였고, 사진기술의 발달은 메시지의 설득 효과를 높이는 데 기여하였다. 그 외에도 무성/유성 영화, 라디오, TV 등 새로운 매체가 등장할 때마다 이를 적극적으로 활용한 선전 전략들이 제시되었다.

매스미디어의 등장과 발전은 본격적인 선전의 시대를 열었다. 미디어 등장 초기의 선전은 권력에 의해 모든 것이 통제된 상태에서 메시지 곳곳에 숨겨진 상징과 조작물을 통해 이뤄졌다. 특히 20세기 들어 발발한 두 차례의 세계대전은 '선전전(戰)'이라고 불릴 만큼 다양한 선전 전략들이 총동원되었다. 세계대전에 참여한 국가들은 자국민이 전쟁에 동원되는 것에 대한 당위성을 찾고 그들의 애국심을 고취시키기 위하여 선전 전략들을 대대적으로 활용하였다. 1차 세계 대전과 러시아 혁명 이후 소비에트 공산주의가 발전하고, 독일 나치의 극우 독재 세력이 장기간 집권할 수 있었던 까닭 역시 성공적인 대중선전과 선동의 측면에서 설명할 수 있다.

1차 세계대전 중 영국은 전시 선전국(局)을 설립하여 자국과 연합군의 출정 사기를 드높이고 독일 내부 여론의 분열을 꾀하는 등 선전을 통해 승전을 이끌었다는 평가를 받는다. 전쟁 동안 독일군의 잔학상과 비열함을 흉노(匈奴)족(4~5세기 유럽 일대를 휩쓴 아시아계 유목민)에 비유해 제작한 각종 팸플릿과 전단 등을 연합국 및 중립국에 대량으로 뿌렸다. 이는 전시 동원의 목적뿐만 아니라 기금을 조성하고 자원입대를 부추기는 등 심리전에서도 유리한 고지를 차지할 수 있는 역할을 다했다. 사회과학자들이 대중사회에서 대중매체를 이용한 선전이 초래하는 가공할 위력을 깨닫고 학문적으로 연구하기 시작한 것도 바로 이 시기였다.

나치와 선전을 분리해서 생각할 수 없을 정도로, 히틀러는 파시즘 세력의 공고화를 도모하기 위해 선전을 극대화했다. 1차 세계대전 당시 영국이 거둔 전시 선전의 효과에 주목한 히틀러와 나치의 선전가 괴벨스는 독일 국민들이 독재에 순응하고 전시에 대량 동원될 수 있도록 선전 전략을 구상했다. 그들은 추상적인 사상과 표현을 최대한 삼갔다. 그리고 감정에 직접 호소하는 메시지를 구성하고 이를 대중에게 제공하였다. 히틀러는 대중의 마음이 쉽게 움직이고 쉽게 변하며, 이를 조작하는 것 역시 어려운 일이 아니라고 생각했다. 그는 대중이 공포의 감정을 자극하는 선전물에 의해 쉽게 호도될 수 있는 대상이라고 보았고, 이를 선전 과정에 적극 활용하였다. 나치의 선전은 라디오라는 대중매체가 가진 광범위한 소구력에 힘입어 효과가 극대화되었다.

당시 독일 국민은 히틀러의 나치 정권 수립으로 인한 바이마르 공화국의 소멸과 지도력의 부재로 심리적 공허함을 느끼고 있었다. 나치는 지정된 시간에 모든 독일 국민이 고정된 채널의 라디오를 듣도록 강제하고, 이 채널을 통해 독일 민족에 대한 우월성을 강조하는 다양한 광고를 제공하였다. 고정된 채널에서 흘러나오는 우월한 독일인에 대한 반복된 메시지는 결국 국민들의 마음을 지배하였고, 대규모의 유대인 학살에 직간접적으로 동조하게 만들었다. 나치는 라디오뿐 아니라 다양한 상징물을 통해서도 적극적인 선전 활동을 벌였다. 거대한 조각상, 깔끔한 제복과 하켄크로이츠의 절도 있는 행동, 웅장한 전당대회 등 그들이 상징화한 많은 시각물은 나치 당원에 대한 두려움을 불러일으키면서 동시에 그들의 잔혹한 행동에 당위성을 마련해 주었다.

설득과 선전에 대한 본격적인 연구는 2차 세계대전 전후에 시작되었다. 세계대전이 장기화되면서 참전 국가들은 국민의 보다 적극적인 참여와 지지가 필요하게 되었다. 이에 어떻게 하면 더 적극적인 참여와 지지를 얻을 수 있는가에 대한 학술적인 연구의 필요성과 더불어 어떠한 선전 전략이 왜 적극적인 참여와 지지로 이어지지 않았는가에 대한 분석의 필요성이 함께 제기되었다. 사회과학적 연구전통에 입각한 연구자들은 연합군과 나치의 다양한 선전 기법을 분석하고, 전통적 이론에 기반을 둔 새로운 가설을 제안함으로써 이러한 의문을 해소하고자 하였다. 이 과정에서 연구자들은 선전이라는 중립적 단어가 어느새 부정적 이미지를 가지게 되었음을 인지하고, 학술적 차원에서 '설득'이라는 단어를 사용하기 시작했다. 결과적으로 이 시대에 진행된 연구들은 오늘날 커뮤니케이션학의 출발선이 되었다. 또한, 당시 설득 현상에 대한 과학적 이론 정립에 힘쓴 호블랜드, 레빈, 라스웰 그리고 라자스펠드를 일컬어 오늘날 커뮤니케이션학의 4비조(鼻祖)라 한다.

호블랜드(Carl Hovland)는 2차 세계대전 중 미군과 동맹군의 신념과 태도에 영향을 미치는 정훈(政訓) 활동을 심리학적 방법으로 분석했다. 호블랜드는 설득 과정을 '정보원-메시지-매체-수용자-효과'라는 모델로 정립했다. 커뮤니케이션 과정에 영향을 미치는 요인으로 정보원의 공신력과 같은 개념을 정론화하였고, 커뮤니케이션 메시지가 일면적 메시지냐 양면적 메시지냐에 따라 설득 효과가 달라질 수 있음을 증명하였다. 호블랜드의 연구는 철학적 사고가 주를 이루었던 설득에 대한 연구 관점을 체계적이고 과학적인 수준으로 바꾸는 데 기여했다. 결과적으로 그는 커뮤니케이션학 연구의 체계를 정립하고 커뮤니케이션학 분야에 심리학적 실험연구 방법을 도입하여 객관적인 지식의 확보와 연구 영역의 확장에 크게 기여했다.

레빈(Kurt Lewin)은 소집단 역학에 관한 연구를 바탕으로 게이트키핑(*gatekeeping*) 개념을 제시하였다. 레빈은 식량이 많이 부족한 전쟁 당시, 고기 내장과 같은 고단백질 부위를 섭취하지 않고 그냥 버리는 사람들을 관찰하였다. 그는 한 가정의 주부가 자신의 가족에게 고기 내장으로 요리한 음식을 제공할 것을 결심하는 과정에 어떤 정보가 영향을 미치는지 살피고, 이를 정보 습득에 영향을 미치는 게이트키퍼의 영향력이라고 정리하였다. 즉, 어떤 식자재가 가정의 식탁에 오를지를 결정하는 것은 그 식자재가 얼마나 많은 영양소를 가지고 있는가에 관한 객관적인 정보가 아니라 이 정보에 대한 주부의 판단과 선택이라는 점에 주목하였다. 레빈은 이러한 주부의 선택을 정보의 흐름에 빗대어 설명하였다. 그는 대중이 받는 메시지는 언론이나 미디어와 같은 게이트키퍼에 의해 선택된 것에 불과하기 때문에 게이트키퍼가 정보 유통의 운명을 결정할 수 있다고 보았다. 현상학적인 관찰에서부터 출발한 레빈의 연구는 커뮤니케이션 과정에서 미시적 현상에 주목했다고 평가받는다.

라스웰(Harold D. Lasswell)은 정치학자로서 대중 설득에 해당하는 선전과 여론에 관한 연구에 주요한 관심이 있었다. 오늘날의 선전에 관한 체계적 연구는 라스웰에 의해 시작되었다고 해도 과언이 아니다. 특히 그는 '누가 무엇을 어떤 매체를 통하여 누구에게 전달해 어떤 효과를 얻느냐?'라고 질문하고 이에 응답하는 과정에서 흔히 'SMCRE 모델'이라고 알려진 커뮤니케이션 구조 틀을 제시하였다. 라스웰의 모델은 오늘날 커뮤니케이션 이론 학문의 기초로서 커뮤니케이션의 구조와 기능뿐만 아니라 커뮤니케이션 연구 영역과 내용을 이해하는 데 주요한 지표가 되었다.

라자스펠드(Paul F. Lazarsfeld)는 미국 컬럼비아대학교 응용사회과학 연구소의 소장으로 선거 캠페인에 대해 연구했다. 대표적 저작으로 1940년 오하이오주에서 진행한 선거 캠페인 연구를 정리한 《국민의 선택》을 들 수 있다. 이 저작에서 라자스펠드는 매스미디어를 통한 선거 캠페인이 유권자의 투표 행위에 영향을 미치는 과정에, 중간자로서의 오피니언 리더가 존재한다고 주장하였다. 그는 이러한 관찰을 '2단계 유통이론'으로 정립하였다. 이는 어떤 사람들은 매스미디어에서 제공하는 정보보다 자기 주변의 신뢰할 만한 사람들에게서 얻은 정보를 더 많이 신뢰함을 보여 주는 이론으로, 모든 사람이 매스미디어에 의해 직접적이고 강력한 영향을 받는다는 기존의 통설에 정면으로 대립한다. 라자스펠드의 연구는 이후 정치적 설득 커뮤니케이션이라는 연구 분야의 개척에 큰 공헌을 했으며, 그가 제시한 '오피니언 리더' 개념은 정치, 사회, 경제, 마케팅 분야 등에서 오늘날에도 널리 사용되고 있다.

4. 결 론

이 장에서는 설득의 개념이 전통적 의미에서 어떻게 변화하였는지를 보았다. 또한 설득과 대비되는 개념으로서 선전의 개념 및 유형, 그리고 전략을 살펴보았다. 이제 우리는 본격적으로 설득 커뮤니케이션에 관한 이론적이고 학술적인 차원의 논의를 시작할 것이다. 우리가 다루게 될 논의는 앞선 설득 커뮤니케이션의 4비조가 제시한 개념을 토대로 오랜 시간 지속적으로 연구되어 왔다. 설득 커뮤니케이션에 대한 논의는 심리학, 사회학, 정치학 등 타 분야의 학문들과 이론적 토대가 같은 경우가 많다. 이는 설득 커뮤니케이션의 4비조인 연구자들이 각각 심리학, 사회학, 정치학 분야에 주요한 연구 토대를 두었기 때문이기도 하지만, 커뮤니케이션이 '인간사회의 모든 커뮤니케이션 현상'을 다루는 학문으로서, 그 자체로 모든 학문 분야와 접점을 가지고 있을 수밖에 없기 때문이기도 하다. 이러한 점에 주목하여 앞으로의 논의에 집중하길 바란다.

제 2 장

태도와 행동

1. 태 도

설득의 궁극적 목적은 '어떤 사람이 특정 사물/대상/사안에 대해 지니고 있는 태도를 변화시키는 것'이다. 조금 더 확장된 의미에서 설득은 단순히 '태도변화'만을 의미하지 않고 '새로운 태도의 형성'과 '기존 태도의 유지'까지를 포함한다. 따라서 설득에 대한 논의를 위해서는 무엇보다도 설득의 궁극적 목적과 관련한 **태도**가 무엇인지를 이해해야 한다. 그렇다면 태도란 무엇인가?

우리는 일상생활에서 '태도'라는 말을 흔히 사용한다. 하지만 설득과 마찬가지로 태도가 무엇인지를 명확하게 정의하기는 결코 쉽지 않다. 태도는 설득과 마찬가지로 오랜 시간 꾸준히 연구되어 왔으며, 태도의 생성/변화/유지는 오늘날까지도 변함없이 모든 설득 커뮤니케이션의 궁극적 목적으로 여겨지고 있다.

사람들은 여러 가지 사물과 사안에 대해 각기 다른 태도를 가진다. 우리는 태도라는 단어를 공공연하게 사용한다. "너와 나는 종교에 대한 태도가 다르다", "너의 태도에는 문제가 있다", "내가 삶을 대하는 태도는 대체로 긍정적이다" 등이 흔한 예이다. 어떤 사안에 대한 개인의 태도는 행위를 통해 직접적으로 드러나지만, 경우에 따라서는 표정이나 말투 혹은 사안과 직접적으로 연관이 없어 보이는 행동 등을 통해 간접적으로 나타나기도 한다. 행동을 통해 직접적으로 드러나는 태도는 알아채기 쉽지만, 간접적으로 드러나는 태도를 알기 위해서는 다양한 유추 과정이 필요하기 때문에 이를 직관적으로 알아채기는 쉽지 않다.

　오래전부터 사회과학자들은 태도에 관한 연구에 상당한 관심을 보였다. 태도에 관한 선구적 연구를 수행한 올포트(Allport 1935)는 태도가 미국 현대 사회심리학 분야의 가장 독특하고 긴요한 개념이라고 했다. 우리가 설득에 대한 논의를 진행함에 있어, 태도의 개념을 이해하는 것은 설득의 궁극적인 목적뿐 아니라 설득의 과정과 그 결과를 이해하는 것과 같다.

1) 태도의 정의

'태도'라는 용어는 불어의 'attitude', 이탈리아어의 'attitudine'에서 유래한 것으로, 라틴어의 'aptus'(적합성 또는 알맞음을 일컫는 말)에서 기원했다. 태도의 개념은 17세기 후반 사회과학적 연구의 고려 대상으로 정착되었다. 당시 사회과학자들은 인간의 행동이 선천적인 유전 형질이나 본능에 의해 좌우된다는 기존의 주장에 회의적이었으며, 행동을 설명할 수 있는 매개요인으로서 그 사람의 태도에 주목하기 시작했다. 20세기 이르러 올포트는 태도를 "개인이 외적 사물과 상황에 반응하는 데 영향을 주는 정신적 상태"로 개념화했으며, 이는 경험을 통해 형성된다고 보았다(Allport 1935). 태도에 관한 연구가 활발해지면서 여러 연구자들이 다양한 정의를 시도했다. 베팅하우스와 코디

(Bettinghaus & Cody 1987)는 "사람들이 사물에 대해 느끼는 좋음과 싫음의 감정"이라며 태도를 호불호(好不好)의 감정적 측면에서 정의했으며, 피쉬바인과 아젠(Fishbein & Ajzen 1975)은 "대상물에 대한 개인들의 모든 평가적 신념"이라 하여 태도 대상과 태도 간에 성립하는 평가적인 측면을 강조했다. 또한 벰(Bem 1970)은 태도를 "사물, 사람 또는 이슈에 대해 갖는 일반적이거나 지속적인 긍정적, 부정적 감정"으로 정의했다.

태도의 개념을 정의하기 위한 다채로운 시도가 있었음에도 이를 한 문장으로 완벽하게 정의하기는 쉽지 않다. 다만, 여러 연구자들의 시도를 토대로 근래의 사회과학자들은 태도를 가리켜 '어떠한 대상에 대해 호의적 또는 비호의적으로 반응하도록 이끄는 학습된 선유경향(先有傾向)'이라고 정의하곤 한다. 이는 태도가 특정 사상이나 사물을 인식하고 재현하며 판단하는 과정에 특정한 경향성을 갖도록 하는 정신의 중재작용임을 의미한다.

2) 태도의 속성

모든 사람이 모든 사물과 사람 또는 이슈에 대한 태도를 가진 것은 아니다. 사람에 따라 태도를 지니는 사물, 사람, 이슈의 종류가 다를 수 있으며, 설령 동일한 사물, 사람, 이슈에 대한 태도가 있다 하더라도 태도의 방향성이 다를 수 있다. 어떤 태도가 존재하기 위해서는 몇 가지 가정이 반드시 충족되어야만 한다. 구체적으로 다음의 네 가지로 정리할 수 있다.

태도의 대상이 있어야 한다. 태도는 항상 무엇인가에 관한 것 혹은 무엇인가를 향한 것으로 정의된다. 태도의 대상은 사람이나 사물처럼 실제로 존재하는 것뿐 아니라 특정 사건, 정책, 관념, 상황, 이데올로기와 같이 손에 잡히지 않는 추상적인 것일 수도 있다. 실제 존재하는 사물에 대한 태도는 상대적으로 표현하기가 쉬운 반면, 존재하지 않는 것에 대한 태도는 표현하기 어렵다. 따라서 경우에 따라 존재하지 않는 것에 대한 태도는 이를 상징하는 물체에 대한 표현으로 드러나기도 한다. 이슬람 테러조직인 알카에다(Al-Qaeda)가 미국 주도의 세계평화 활동(실제로 존재하지 않는 것)에 대한 반발(부정적 태도)로 미국 뉴욕의 세계무역센터(미국 경제의 상징)를 테러한 9·11 테러 사건이 대표적 예이다.

태도는 학습된 것이다. 어떠한 대상에 대한 호불호의 감정은 태어나면서부터 갖는 것이 아니라 후천적 경험을 통해 습득된다. 사람은 타인과의 상호작용이나 개인의 경험 또는 미디어를 통한 간접 경험과 같은 여러 방법을 통해 특정 대상에 대한 태도를 형성한다. 따라서 사람들은 동일한 대상에 대해서도 각자의 성장 환경, 교육 수준, 문화권 등에 따라 서로 다른 태도를 갖게 된다. 대다수 한국인들이 다른 국가보다 일본에 대해 더 심하게 부정적인 태도를 갖는 것을 후천적으로 학습된 태도의 대표적인 예라고 할 수 있다. 이런 부정적 태도를 갖게 된 과정에는 역사적 관계가 중요한 역할을 한다. 일본과 한국의 역사 서술방식의 차이에서 알 수 있듯이, 역사는 특정 문화권의 교육 환경에 따라 다르게 해석될 수 있어, '학습된 태도'의 기반이 되는 가장 대표적인 사례라고 할 수 있다.

태도는 무엇인가에 반응하려는 선유경향이다. 즉, 태도는 행동에 앞서며 행동을 지시하는 기능을 한다. 특정 사물에 대한 어떤 사람의 태도를 명확하게 안다면, 이후 이 사람이 어떤 행동을 할 것인가를 대략 예측할 수 있다. 따라서 태도는 '행동의 징조', 또는 행동을 예측하기 위한 선행요인으로 이해된다. 대체로 표면으로 드러난 태도와 행동은 일치하는 경우가 많기 때문에 태도는 행동 예측을 위한 좋은 판단기준이 된다.

태도는 어떤 사안에 대한 호불호의 감정을 내포한다. 특정 사안이나 사물에 대한 태도는 일정한 방향성을 띤다. 간혹 '태도 없음'과 같이 특정 사안이나 사물에 대해 아무런 생각을 갖지 않은 경우가 존재하긴 하지만, 이러한 경우를 제외하고, 태도가 이미 형성되어 있다면 이는 모두 '좋고 싫음', '찬성과 반대', '긍정적이거나 부정적인 감정' 등의 양면적인 형태로 나타난다. 이렇듯 태도가 어떠한 **평가** 차원의 속성을 갖는다는 것은 태도의 가장 핵심적인 특징이다. 한 가지 주의할 점은 태도의 방향성은 좋고 싫음이라는 두 가지로 단순하게 구분되지만, 좋고 싫은 정도, 즉 태도의 강도는 경우에 따라 다양하게 나타날 수 있다는 것이다. 예를 들어, 어떤 사람이 "나는 A 기자가 너무 싫어. 하지만 B 기자는 정말 좋아해"라고 말했다고 생각해 보자. 이 사람은 두 기자에 대한 태도의 방향성(싫음/좋음) 뿐 아니라 태도의 강도(너무 싫음/정말 좋음)까지 동시에 표현하고 있다. 여기서 '너무'와 '정말'은 싫음과 좋음을 수식하는 평가적인 단어로, 이 사람의 태도가 지니는 강약의 정도를 보여 준다.

3) 태도의 중요성

설득에 관한 초기 연구자들은 태도변화를 토대로 한 행동변화가 일어나는 것을 성공적인 설득이라고 보았다. 설득 분야의 연구가 활발해지면서 태도변화가 반드시 행동변화로 이어지는 것은 아님이 밝혀졌다. 그러나 태도가 행동 예측의 주요인이라는 사실에는 변함이 없었으므로, 아주 오랫동안 설득 커뮤니케이션 연구의 초점은 '태도'에 맞춰졌다. 보다 구체적으로 '태도란 무엇이고 이를 어떻게 변화시킬 수 있는가'에 대한 논의를 설득 커뮤니케이션 연구 분야에서 풀어야 하는 가장 근본적인 문제로 여겼다. 또한 태도가 영향을 미치는 행동과의 관계뿐 아니라, 태도를 형성하는 데 영향을 주는 선행요인은 무엇인가에 대한 논의 역시 활발히 진행되었다.

태도가 항상 행동을 예측하는 것은 아니지만, 기본적으로 태도는 행동의 길잡이 역할을 한다. 따라서 태도가 어떻게 구성, 형성되고 변경되는지 이해하는 것은 인간행동을 예측하는 데 도움이 된다. 설령 행동을 완벽하게 예측할 수 없다 하더라도 태도에 대한 이해는 왜 그런 행동을 했는가를 설명하는 데 도움이 될 수 있다. 만약 설득 대상이 특정한 논제나 논점에 대해 어떤 태도를 갖고 있는지 안다면, 우리는 그들이 대체 왜 그렇게 행동했는지를 역으로 추론할 수 있다. 더 나아가, 만약 설득의 목표 대상이 지닌 기존 태도를 바탕으로 그의 태도를 지지하거나 반박하는 전략적인 설득적 메시지를 구성하고 그의 태도를 변화시키려는 시도를 할 수 있다. 따라서 특정한 이슈에 대한 수용자의 행동변화를 이끌기 위해 수용자의 기존 태도를 파악하는 것은 매우 중요하다.

태도는 자신의 가치관을 표현함으로써 사회생활을 원활하게 하는 기능을 하지만 경우에 따라서는 스스로를 방어하고 보호하는 기능을 한다. 따라서 사회적으로 예민한 특정 사안에 대한 태도가 직접 겉으로 드러나는 경우는 드물다. 하지만 알고자 하는 특정 사안과 직간접적으로 관여된 다른 사안들에 대한 행동을 통해서 이를 어느 정도 추론해 볼 수 있다.

4) 태도의 기능

사람들이 왜 특정한 태도를 가지고 있을까에 대한 답을 얻기 위해서는 태도의 기능에 대해서 살펴보아야 한다. 이는 태도를 이해하는 기능적 관점으로, 다양한 상황에서 각기 다른 태도가 어떠한 기능을 수행하는가에 대한 답을 제시해 준다. 우리는 태도의 기능을 이해함으로써, 사람들이 왜 어떤 태도는 가지려고 노력하며 어떤 태도는 가지기를 꺼려하는지를 알 수 있다. 카츠(Katz 1960)는 태도의 기능을 다음과 같이 네 가지로 분류한다.

(1) 자아방어적 기능

사람들은 외부 세계의 불쾌한 사실로부터 스스로를 보호하기 위해서 특정한 태도를 가진다. 간혹 자기 자신과 직접적인 연관이 없는 사람들에 대해서 특정 태도를 가지고 흥분하는 경향을 보이기도 한다. 예를 들어, 성소수자를 직접 대면해 본 적이 없는 사람이 성소수자에 대해 부정적 태도를 보이는 것은 성소수자의 존재를 부정함으로써 자기 자신의 정체성을 지키려는 자기방어적 기제의 발현이라고 볼 수 있다.

(2) 가치표현적 기능

사람들은 자신이 중요하다고 생각하는 가치를 표현하기 위해 특정한 태도를 가진다. 후대에 깨끗한 자연을 물려주는 것이 무엇보다도 중요하다고 생각하는 사람은 사회운동가보다 환경보호운동가에 대해 더 긍정적 태도를 가질 테고, 에너지 보존에 관심이 많은 사람은 휘발유 자동차보다 전기 자동차를 생산하는 회사를 더 긍정적으로 평가할 것이다. 사람들은 자신이 중요하게 생각하는 가치와 연관되는 태도를 취함으로써 이에 대한 심리적 만족을 느낀다.

(3) 지식적 기능

태도는 우리 주변의 정보나 사건을 조직하고 이해하는 역할을 한다. 예를 들어, 종교적 태도는 지식적 역할을 수행할 수 있다. 종교는 '왜 나쁜 일들은 나쁜 사람들에게 일어나고, 좋은 일들은 좋은 사람들에게 일어나는가?'에 대한 답을 알 수 있게 해 주며, 사람들은 종교에 대한 태도를 가짐으로써 자신이 살고 있는 세상에서 일어나는 불가해한 일들에 대한 답을 얻게 된다.

(4) 공리적 기능

사람들은 종종 어떤 태도를 갖는 것이 자신에게 더 이로울지를 먼저 생각하고, 이를 토대로 특정한 태도를 가지기도 한다. 어떤 사안에 대한 공리적 판단은 선택에 따른 보상을 최대화하고 처벌을 최소화하는 기능을 한다. 예를 들어, 자신의 능력으로 감당하기 어려운 업무를 직속상사의 지시로 해야 하는 상황일 때, 사람들은 이 업무에 대해 가급적 긍정적 태도를 취하려고 노력한다. 이는 어차피 피할 수 없는 일이라면 긍정적인 마음가짐으로 임하는 것이 더 좋다는 공리적 판단이다. 애당초 자신의 능력 밖이기 때문에 만약 좋은 결과가 도출된다면 이에 따른 더 큰 성과급을 보장받을 수 있으며, 설령 결과가 좋지 못하더라도 담당자가 최선을 다하지 않았기 때문이라는 비난이나 처벌을 피할 가능성이 높다는 공리적 판단이 어려운 업무에 대한 긍정적 태도를 형성하게 한다.

카츠가 분류한 태도의 네 가지 기능 외에 태도의 기능을 설명하는 다른 방식으로는 사회적응적 기능과 사회정체성 기능 등이 있다. 사회적응적 기능은 사람들이 특정 태도를 취함으로써 자신의 준거집단에 적응할 수 있게 된다는 것이고, 사회정체성 기능은 자신의 소속집단이 중요하게 여기는 가치를 토대로 특정 사안에 대한 태도를 지니게 된다는 것이다.

태도의 사회정체성 기능은 가치표현적 기능과 사회적응적 기능의 특징을 동시에 지닌다. 예를 들어, 어떤 신입사원이 회사의 구성원으로 인정받기 위해서 회사가 중시하는 핵심가치를 익히고 이를 중요하게 여기며 이에 따라 행동하려고 노력하는 것이 대표적인 태도의 사회적응적 기능이라고 볼 수 있다. 만약, 신입사원이 회사의 핵심가치를 완벽하게 내면화하여 자신의 모든 행동에서 이를 따르게 되었다고 가정해 보자. 이 신입사원은 이제 별다른 노력 없이도 자신이 중요하게 생각하는 가치(회사의 가치)를 표현할 수 있으며, 회사 구성원으로서 품격에 맞는 행동만을 할 것이다. 그리고 더 나아가 어떤 새로운 판단을 해야 하는 상황을 맞닥뜨렸을 때, 회사의 구성원으로서 회사의 가치에 따른 태도를 형성할 것이다. 이는 태도의 사회적응 기능을 넘어한 집단의 구성원으로서 집단이 중시하는 가치가 무엇인가에 따라 모든 것을 생각하고 판단하게 되는, 태도의 사회정체성 기능이 발현된 결과라고 볼 수 있다. 신입사원의 행동은, 자신의 가치(회사의 가치)가 반영된 태도를 취하면서 만족감을 얻는 태도의 가치표현적 기능과 자신이 속한 집단의 구성원들과 비슷한 태도를 지님으로써 조직에 더 깊게 관여하고자 하는 태도의 사회적응적 기능이 동시에 발현된 결과이다. 이렇듯 사회정체성 기능은 어떤 사안에 대한 태도를 형성하는 명확한 기준(소속집단이 중시하는 가치, 개인에게 내면화된 준거집단의 가치 등)이 존재한다는 점에서 태도형성에 따른 결과를 고려한 후 특정 태도를 선택하는 공리적 기능과 대비된다.

누군가의 태도를 변화시키기 위해서는 그 태도가 갖고 있는 기능을 파악하는 것이 중요하다. 여기서 태도의 기능을 파악한다는 것은 왜 그러한 태도를 갖게 되었는지, 즉 동기를 이해한다는 뜻이다. 어떤 대상이나 사안에 대해 동일한 태도를 가지고 있다 하더라도 그런 태도를 갖게 된 이유는 각기 다를 수 있다. 따라서 이미 형성된 태도를 변화시키기 위해서는 애초에 그런 태도가 형성되게 된 이유가 무엇인지를 파악하고, 그에 맞는 설득 전략을 세우는 것이 중요하다.

한편, 태도가 각 기능을 수행하는 과정에 여러 변인이 영향을 줄 수 있다. 태도의 기능은 사람의 성격, 자아통제감, 자아통찰력, 자아효능감 등 **개인적 속성**의 차이에 따라 달라질 수 있다. 자기중심적 성향이 강한 사람은 그렇지 않은 사람보다 태도의 자기방어적 기능이나 가치표현 기능에 더 많은 영향을 받을 가능성이 크다. 또한 태도의 대상이 되는 **객체의 속성**도 태도의 기능에 영향을 미칠 수 있다. 예를 들어, 냉장고와 세탁기 같은 상품의 경우 실용적이고 공리적인 태도를 토대로 선택하는 반면, 자동차나 손목시계를 선택하는 과정에는 사회적 지위나 정체성을 드러내기 위한 태도의 기능이 더 주요하게 작용한다. 사람들이 처한 각기 다른 **상황**도 태도의 기능에 영향을 미칠 수 있다. 예를 들어, 도서관에서 정숙을 유지하는 태도는 공리적 기능(도서관에서 떠드는 행위로 받게 될 불이익을 고려)을 수행하지만 장례식장에서 정숙을 유지하는 태도는 사회정체성(장례식은 엄숙한 분위기에서 진행되어야 한다는 준거집단의 가치)을 드러내는 기능을 수행한다. 태도에 영향을 미치는 요인들은 혼합되어 작용하기도 한다. 평소 차분한 성격의 사람은 평소 산만한 성격의 사람보다 도서관에서 더 오래도록 정숙한 태도를 유지할 수 있다. 이는 사람이 기본적으로 가진 성격적 요인과 그가 처한 상황이 맞물려, 도서관에서 정숙을 유지하는 행위에 대한 공리적 기능의 태도가 더 강화된 결과라고 볼 수 있다.

5) 태도의 구조

태도는 단일한 개념이 아니라 여러 요인이 결합되어 형성된 개념이다. 태도를 구성하는 요인을 설명하는 대표적 모델로 3요소 모형, 기대-가치 모형, 사회인지적 이론이 있다. 이 세 가지 모델이 각각 태도의 구조를 완벽하게 설명하지는 않으며, 이 중 태도의 구조를 가장 정확하게 설명하는 모델이 무엇인지를 말할 수 있는 것도 아니다. 그럼에도 태도의 구조를 설명하는 서로 다른 관점을 살펴보면 태도변화를 목적으로 하는 설득 과정에 도움이 된다.

(1) 3요소 모형

3요소 모형은 태도가 인지적 요소, 감정적 요소, 행동적 요소로 구성된다고 본다(Rosenberg & Hovland 1960). 인지적 요소의 변화는 어떤 사물이나 상황에 대한 사람들의 인지, 인식, 지각, 판단, 정보, 지식 또는 신념 등이 '옳다' 혹은 '그르다'와 같은 형용사로 표현되는 것을 말한다. 감정적 요소의 변화는 어떤 대상물이나 상황에 대하여 개인들의 좋고 나쁜 느낌이나 감정 등이 형성되거나 변화 또는 강화되는 것을 말한다. 마지막으로 행동적 요소의 변화는 어떤 대상에 대해 어떤 행동을 하고자 하는 개인의 의지와 관련된다. 이때 행동은 꼭 외적 행동만을 의미하지 않으며, 이를 시도하는 내적 의지의 개념을 포함한다.

3요소 모형은 태도와 행동 간에 일정한 관계가 있다고 가정한다는 문제가 있다. 행동이 태도의 구성 요소 중 하나라면, 어떤 태도를 지닌 사람이 하게 될 행동은 모두 예측 가능해야 한다. 하지만 사람들이 어떤 사안에 대해 동일한 태도를 가졌다고 해서 모두 동일한 행동을 하는 것은 아니며, 행위가 반드시 특정 태도 때문에 발생하는 것도 아니다. 이러한 문제 제기를 토대로, 3요소 모형 이후 제시된 기대-가치 모형과 사회인지적 이론은 인지와 감정이라는 두 가지 요소에 집중하여 태도의 구조를 설명한다.

태도의 ABC 모델

어떠한 사물이나 사람, 상황에 대한 태도가 어떻게 형성되는지의 논의는 과거로부터 지금까지 계속되고 있다. 태도가 어떻게 형성되는지를 살펴보기 위해서 우선적으로 태도형성에 작용하는 요인이 무엇인지를 알아야 한다. 이 논의에는 다양한 의견이 존재하지만, 그중 ABC 모델을 따르는 연구자들은 사람들이 과거에 경험한 심리적 현상들이 새로운 사물, 사람, 상황에 대한 새로운 태도형성에 영향을 미치는 주요인으로 작용한다고 보았다.

태도 모델 중 가장 많이 인용된 모델 중 하나인 ABC 모델은 사람의 태도형성 과정에 크게 세 가지 요인이 작용한다고 본다(Eagly & Chaiken 1993). ABC 모델을 구성하는 각 요인은 정서적 요인(Affection), 행동적 요인(Behavior), 인지적 요인(Cognition)이다. 정서적 요인은 어떤 사물이나 사람, 상황에 대해 우리가 느끼는 감정을 의미하며, 행동적 요인은 우리가 특정한 감정을 형성하게 된 상황에 처했을 때 하는 행동을 의미한다. 마지막으로 인지적 요인은 우리가 처한 상황이나 행한 행동에 대해 우리가 어떻게 생각하는가를 의미한다.

태도의 ABC 모델은 설득 행위의 결과로 나타나는 특정 대상에 대한 태도형성이나 변화 과정에 반드시 설득자의 의도가 포함되지는 않는다는 점을 보여 준다. 즉, 의도하지 않았다 하더라도 특정 메시지가 메시지 수용자의 정서, 인지, 행동적 요인 중 하나에 영향을 주고, 그의 생각이나 태도를 변화시킨다면 이는 설득이라고 볼 수 있다. 특히 의도와 무관하게 수용자의 감정적 동요(A)에 의해 설득이 일어나게 되는 경우가 많은데, 가장 대표적인 예로 스톡홀름 증후군과 리마 증후군이 있다.

- **스톡홀름 증후군**: 인질이 자신을 볼모로 잡은 인질범에게 정신적으로 동요하여 호감과 지지를 보이게 되는 심리적 현상을 말한다. 1973년 스웨덴 스톡홀름에서 일어난 은행 인질 사건에서 처음 관찰되었다.

- **리마 증후군**: 스톡홀름 증후군과 반대로 인질범이 인질에게 동화되는 현상을 말한다. 1996년 페루의 리마에서 일어난 페루 반군의 일본대사관 점거 사건에서 처음 관찰되었다.

(2) 기대-가치 모형

기대-가치 모형에서 태도는 기대(신념)와 평가에 의해 결정된다. 어떠한 대상에 대한 개인의 태도는, 그 대상이 특정한 속성을 지닐 것이라는 기대의 강도와 그 속성에 대한 평가의 함수로 표현된다. 행동에 대한 개인의 태도 역시 그 행동이 특정한 결과를 끌어낼 것이라는 신념과 그 결과에 대한 평가의 함수로 나타낼 수 있다. "기대(신념)와 평가의 합이 어떤 대상과 행동에 대한 태도를 결정한다"(Fishbein 1967; Fishbein & Ajzen 1975)고 주장하는 기대-가치 모형은 사람들이 태도 대상물에 대한 다양한 정보를 통합하는 과정에 집중한다.

기대-가치 모형은 태도가 인지적 요소인 신념과 평가에 의해서 결정된다고 보았으며, 태도가 행동을 결정하는 요인으로 작용한다고 가정한다. 기대-가치 모형은 태도변화를 목적으로 하는 설득 전략을 구성할 때 설득 소구의 초점이나 메시지의 속성을 정하는 데 유용한 함의를 제공한다. 설득자는 구체적인 설득 대상자를 정하고, 수용자가 가진 신념과 평가요소들 중 일부를 강조하는 전략을 세울 수 있다 (O'keefe 2002).

(3) 사회인지적 이론

사회인지적 이론은 인지적 요소와 감정적 요소가 수학적 공식으로 결합하여 태도를 이룬다는 기대-가치 모형의 가정을 부정한다. 사회인지적 이론은 기대-가치 모형보다 좀더 포괄적인 접근법을 사용하는데, 어떤 대상에 대한 태도는 기억 속에 이미 저장되어 있던 평가들의 재구성을 통해 도출된다고 본다.

사회인지적 이론에 따르면, 태도는 단일적이거나 양극단적인 신념체계로 구성된다(Pratkanis & Greenwald 1989). 단일적 신념체계는 특정 사물이나 사안에 대해 일정한 시각의 정보만을 포함하는 경우를 의미한다. 반면, 양극단적 신념체계는 여러 시각의 정보를 모두 포함한 경우를 말하는데, 이는 태도의 대상이 쟁점적인 환경에 있을 때 나타난다. 프랫카니스(Pratkanis 1989)는 단일적 신념체계로 구성되는 태도의 경우, 긍정적인 태도를 가진 사람이 중립적이거나 부정적인 태도를 가진 사람들보다 더 많은 양의 정보를 가진다고 설명한다. 반면, 양극단적 신념체계를 갖는 사람들은 쟁점에 관한 찬반 여부와 상관없이 자신의 주장과 반대되는 주장의 지식까지 모두 갖게 된다고 주장한다.

6) 태도의 유사개념

전통적으로 태도는 신념, 습관, 가치, 의견 등과 유사한 것으로 여겨졌다. 때로 이러한 개념들은 태도와 일맥상통하다고 여겨진다. 하지만 각 개념별로 태도와 구별되는 특징이 존재하는데, 이를 자세히 살펴보자.

(1) 신 념

신념은 판단, 주장, 의견 등을 진리라고 생각하는 마음의 상태로, 어떤 대상이 어떤 속성을 가지고 있다고 믿는 것이다. 피시바인과 아젠(Fishbein & Ajzen 1975)은 신념이 특정 대상물과 그것이 가진 속성들 간 관계에 대한 개인의 주관적이고 확률적인 판단인 반면, 태도는 대상에 대한 가치적 판단을 의미하는 것이라며 두 개념을 구별하였다. 하지만 대부분 연구자들은 태도와 신념을 완벽하게 분리된 것이 아닌, 일정 수준 이상의 연관성을 지닌 개념으로 이해한다. 대표적으로 펠로프(Perloff 1993)는 신념이 태도를 거쳐 행동과 연관을 갖게 된다는 점을 들어 이를 '태도의 인식 과정'이라고 설명했다.

(2) 습 관

습관은 반복시행으로 친숙해져 심사숙고나 주저함 없이 자동적으로 하게 되는 특정 행동이나 지속되는 사고방식, 표현방식 등을 말한다. 습관은 태도와 마찬가지로 학습되며 일정한 지속성을 가진다. 하지만 습관이 규칙화된 행동 패턴을 의미하는 반면, 태도는 행동 이전의 정신적 상태를 의미하는 경우가 많다. 또한 사람들은 상대적으로 습관보다 태도를 더 잘 인지하는 경향이 있다(Triandis 1977).

(3) 가 치

가치는 추상적 관념으로 특정 사람, 사물, 상황에 국한되지 않은, 바람직한 행동 양식과 이상적인 삶의 목표에 대한 신념을 의미한다. 개인이 생각하고 있는 중요한 인생 목표나 인간행동의 기준이 가치인 반면, 태도는 이러한 기준에 대한 개인들의 판단이나 평가를 의미한다(차배근 외 1992). 즉, 가치는 하나의 목적인 반면 태도는 이를 위한 수단으로 볼 수 있기 때문에 한 사람이나 사회가 갖는 가치는 신념이나 태도형성에 영향을 끼치는 주요인으로 작용한다.

펠로프(Perloff 1993)는 가치를 '사람들이 얻기 위해 애쓰는 목표'라고 정의내리고 이를 도구적 가치와 궁극적 가치로 구분했다. 도구적 가치는 어떤 욕구나 목적을 실현할 수 있게 하는 가치를 의미하는 반면, 궁극적 가치는 그 자체로 목적이 된다. 예를 들어, '긍정적 마음을 가진 사람은 남들보다 더 행복한 삶을 산다'라는 명제에서, '긍정적 마음을 가져야 한다'는 명제는 '모든 사람은 행복한 삶을 살기를 꿈꾼다'라는 궁극적 가치의 성취를 위한 도구적 가치로 해석될 수 있다.

(4) 의 견

의견은 일반적으로 태도가 언어의 형태로 표현된 것을 의미하여 태도와 혼용되는 경우가 많다. 하지만 호블랜드 등(Hovland et al. 1953)은 태도가 어떤 사물에 대한 사람들의 일반적인 정향인 반면, 의견은 좀더 주체성이 가미된 구체적인 의사 표명이라는 점에서 그 차이가 있다고 설명한다. 이들의 주장에 따르면 의견은 이성적으로 인지되며 명백한 반대 증거에 의해 변화할 수 있지만, 태도는 감정적이고 평가적인 속성이 포함되어 타당한 논거를 통해서도 쉽게 변화시키기 어렵다.

2. 태도와 신념

초기 사회과학자들은 사람의 태도가 인지, 감정, 행동의 세 요소로 구성되어 있다고 보았다. 그러나 이 관점은 태도와 행동 간의 일정한 관계를 가정한다는 비판을 받았다. 이에 태도가 인지와 감정으로 구성된다고 보는 시각이 대두되었다. 앞서 이야기한 기대-가치 모형과 사회인지적 이론은 이러한 관점으로 태도의 구조를 설명한다. 태도의 구성 요소 중 행동적 요인을 배제하고 나면 태도의 인지적 요인은 신념의 개념과 일치하는 것처럼 보인다. 하지만 인지적 요인이 그 자체로 신념과 동일하다기보다는, 여러 신념들의 종합적 결과물로 이해하는 편이 더 타당하다.

앞서 말했듯 신념은 태도 대상이 어떤 속성을 갖고 있다고 믿는 것을 의미한다. 신념은 개인이 갖는 어떤 사람, 사물, 문제에 대한 정보를 내포하며, 새로운 대상에 대한 태도는 이와 관계된 여러 신념들이 모여 인지하고 평가하는 과정을 통해 도출된다.

신념은 개인이 태도 대상을 인지하는 방식에 따라 크게 중심적 신념과 주변적 신념으로 구분된다. 중심적 신념은 변하지 않는 가치, 종교, 이데올로기 같은 사회적 신념으로, 잘 변하지 않으나 한 번 변하면 다른 신념에까지 영향을 미친다. 주변적 신념은 '타인에게 무조건 친절해야 한다', '아침밥을 먹어야 건강해진다'와 같은 주관적 신념을 말한다. 설득 과정에서 변화시켜야 하는 태도가 중심적 신념에서 비롯되었는지 아니면 주변적 신념에서 도출되었는지에 따라 각기 다른 설득 전략이 제시될 수 있다. 경우에 따라서 중심적 신념과 주변적 신념이 통합된 형태로 어떤 태도가 형성되기도 하는데, 이런 경우에는 더 치밀한 분석과 전략이 필요하다.

태도와 신념과의 밀접한 관계를 가정할 때, 다음과 같이 질문할 수 있다. 신념과 태도는 일치하는가? 어떤 사람이 갖고 있는 신념으로부터 그 사람의 태도를 예측할 수 있는가? 신념의 구조가 태도와 어떤 관계를 갖는가? 즉, 신념 간의 관계가 복잡하다거나 불일치할 때 태도 형성에 어떤 영향을 주는가? 지금부터 이러한 물음들에 대한 답을 찾아보자.

1) 신념과 태도의 일치성

신념과 태도가 일치한다는 가정하에 신념이 태도를 예측할 수 있다고 주장한 모델로는 기대-가치 모형이 대표적이다.

(1) 기대-가치 모형

기대-가치 모형은 태도와 신념 간의 관계를 설명하는 데 널리 쓰이는 이론적 틀 중 하나다. 여기서 태도는 신념들의 함수이며, 신념은 대상이 지닌 속성에 대한 기대된 가치들의 합이다. 기대된 가치는 기대와 가치라는 두 가지 요소로 구성되는데, 여기서 기대는 대상이 어떠한 속성을 가질 것이라고 개인이 생각하는 주관적 확률을 말하며, 가치는 그 속성에 대한 개인의 평가를 의미한다. 태도는 대상의 속성들이 지닌 기대들이 각 가치만큼의 가중치를 얻은 후 모두 합쳐진 값 (기대된 가치들의 합)으로 예측 가능해진다. 이를 수식으로 표현하면 다음과 같다.

$$\text{태도}(attitude) = \sum \{\text{기대}(expectancy) \times \text{가치}(value)\}$$

피시바인(Fishbein)은 이러한 기대-가치 모형을 일반화시키고자 하였다. 그에 따르면 태도는 ① 태도 대상이 어떠어떠한 속성을 가질 것이라는 주관적 확률로 정의되는 '태도 대상에 대한 기대치(신념)'와 ② 각각의 속성에 대한 평가로 정의되는 '신념들의 평가적 측면'이라는 두 요인의 함수로 결정된다. 피시바인의 주장을 공식화하면 다음과 같다.

$$\text{태도}(attitude) = \sum \{\text{신념}(belief)\,(i) \times \text{평가}(evaluation)\,(i)\}$$

* (i)는 각 신념 및 평가항목들의 수로, 높을수록 긍정적인 신념 및 평가를 나타낸다.

이 수식에서 태도와 신념의 관계는, 태도가 신념에 영향을 미치거나 신념이 태도에 영향을 미친다는 두 가지 방향 모두로 해석이 가능하다. 하지만, 피시바인은 태도가 태도 대상에 대한 신념으로부터 형성된다는 가정에서 신념이 태도의 원인으로 작용한다는 관점을 가지고 있었다.

사람들은 어떤 대상에 대한 태도를 형성할 때 외부 정보, 경험 혹은 추론을 바탕으로 여러 가지 신념을 형성한다. 이때 신념은 객관적으로 사실이든 아니든 사람들이 주관적으로 사실이라고 믿고 있는 모든 것을 의미하기 때문에 태도형성 과정에 이를 모두 이용하기란 불가능하다. 따라서 사람들은 자신에게 더 부각되는 신념을 바탕으로 태도를 형성하게 되는데, 이때 고려되는 신념은 보통 5~9개 정도다. 피시바인은 이러한 점을 들어, 사람들이 태도형성을 위해 정보를 습득하고 처리하는 과정이 합리적이고 이성적인 단계를 거친다고 보았다.

(2) 설득 전략에서의 함의

기대-가치 이론은 설득 메시지를 어떻게 만들어야 할지에 대한 유용한 함의를 제공한다. 피시바인의 주장처럼 태도가 대상에 대한 현저한 신념들의 강도와 평가의 함수라면, 설득자는 태도 대상에 대한 신념의 강도나 평가를 변화시키는 전략을 통해 상대의 태도를 변화시킬 수 있다. 설득자는 상대로 하여금 주어진 대상에 대해 새로운 긍정적 신념을 추가하는 방법, 상대방이 이미 가진 긍정적 신념의 호감도를 증가시키는 방법 그리고 신념의 강도를 강화시키는 방법 등을 사용할 수 있다. 또한 수용자가 가진 부정적 신념의 강도나 평가적 측면의 비호감도를 약화시키는 방법을 사용할 수도 있다. 경우에 따라서는 새로운 신념요인을 추가하지 않고 기존에 지니고 있는 대상에 대한 신념의 상대적인 현저성을 변화시키는 것만으로도 태도변화에 큰 영향을 끼칠 수 있다(O'Keefe 2002).

설득 전략에서 기대-가치 모형이 지니는 또 다른 함의 중 하나는, 이 모형이 설득적 소구의 초점을 분명히 하는 데 유용하게 활용된다는 점이다. 예를 들어, 원자력 발전소 건설에 대한 캠페인을 진행한다고 하자. 캠페인에 앞서 사람들이 원자력 발전에 대해 지니고 있는 신념의 유형과 강도에 대해 조사할 수 있다. 신념의 강도와 호감도를 -3에서 +3까지 7점 척도로 측정한 결과가 표 〈2-1〉과 같다고 하자.

원자력 발전소 건설을 반대하는 집단을 설득 대상자로 두고 원자력 발전에 대해 호의적 태도를 갖게 하는 설득 메시지를 구상해 보자. 원자력 발전소 건설을 반대하는 이들에게는 미래의 에너지위기를 막는 것이 얼마나 '바람직한가'에 대한 메시지는 별 효과가 없을 것이다.

2-1 원자력 발전소에 대한 태도 측정 결과

원자력 발전의 속성	신념(b_i)		평가(e_i)	
	찬성집단	반대집단	찬성집단	반대집단
미래의 에너지 위기를 막아 준다	+2.8	-2.5	+2.7	+2.7
원자력 사고의 위험이 있다	-2.4	+2.9	-2.8	-2.6
원자력 폐기물 문제를 야기한다	+2.2	+2.3	-1.3	-2.8
에너지의 고비용을 초래한다	+1.9	+2.0	-2.5	-2.4

출처: O'Keefe 2002, 58.

왜냐하면 '미래의 에너지 위기를 막아 준다'는 명제에 대한 평가 점수가 +2.7이라는 점에서 알 수 있듯이, 이들도 이미 에너지 위기를 막는 것이 중요하다고 생각하고 있기 때문이다. 다만, 반대집단의 사람들은 원자력 발전이 바로 미래의 에너지 위기를 막아 주는 방법이라는 신념의 강도(-2.5)가 찬성집단(+2.8)에 비해 현저히 낮을 뿐이다. 따라서 이들에게는 에너지 위기를 방지하는 데 원자력 발전이 얼마나 유용한 방법인지를 강조하는 메시지를 제공해야 한다. 한편, 원자력 폐기물 문제의 경우에는 발생 가능성에 대한 신념보다는 그것에 대한 평가에 집중해야 할 것이다. 원자력 폐기물 문제가 생길 것이라는 생각의 정도는 찬성집단(+2.2)과 반대집단(+2.3)이 비슷한 수준이나, 문제 상황에 대한 평가에서는 찬성집단이 -1.3으로 반대집단 -2.8보다 다소 덜 부정적으로 평가하고 있음을 알 수 있다. 따라서 반대집단을 대상으로 하는 메시지에서는 원자력 폐기물의 문제가 발생하더라도, 그것이 그렇게 심각하거나 부정적인 결과를 가져오지는 않을 것임을 강조해야 한다(O'Keefe 2002).

(3) 신념과 태도의 일치성에 대한 반론

태도의 기대-가치 모형과 사회인지적 이론은 신념과 태도가 일치한다는 가정에 기초한다. 그러나 많은 연구자들은 사람들이 태도 대상에 대해 갖는 전반적인 평가와 신념의 내용이 반드시 일치하지는 않는다고 주장한다. 이와 관련하여 로젠버그(Rosenberg 1956)는 같은 사물에 대한 태도일지라도 개인에 따라 평가-인지 일치성이 높거나 매우 낮을 수 있는데, 평가-인지 일치성이 낮은 것은 그 사람이 태도 대상에 대해 어떠한 신념(혹은 태도)도 가지고 있지 않은 경우라고 주장했다. 이후 1980년대 진행된 연구들은 동일한 사물에 대한 태도라 하여도 사람에 따라 평가와 인지의 일치 정도가 다를 수 있음을 보여 준다. 연구자들은 동일한 대상에 대한 사람들의 평가와 인지의 정도가 차이를 보이는 이유는 개인의 신념 구성 능력의 차이 때문이라고 설명한다. 즉, 평가-인지 일치성이 높은 사람은 자신이 지닌 기존 신념들이 이미 잘 조직되어 있기 때문에 어떤 대상물에 대한 새로운 정보가 들어왔을 때 이를 토대로 새로운 정보를 체계적으로 분석하여 태도를 형성하거나 변화하게 된다. 반면, 신념 조직화 정도가 낮은 사람은 새로운 정보에 대한 처리 능력이 떨어지고 평가-인지 일치성 역시 낮아지게 된다(Eagly & Chaiken 1993). 결과적으로, 특정 대상에 대한 개인이 이미 지니고 있는 신념의 구조는 새로운 대상에 대한 태도의 방향성과 강도에 두루 영향을 미치게 된다. 이때 신념 구조의 조직화 정도에 영향을 미치는 속성은 복잡성, 통합성, 신념 간 불일치가 있다.

2) 신념의 구조와 태도

어떤 대상에 대한 신념은 단일한 속성으로 이뤄지기도 하고, 다수의 속성으로 이뤄지기도 한다. 한 사물에 대한 한 사람의 신념을 구성하는 속성이 다양할수록 신념의 조직은 더욱 복잡한 구조를 띤다. 신념 구조의 복잡성 정도에 따라 특정 사물에 대한 태도는 온건한 방향으로 정착될 수도 있고, 극단적인 방향으로 변화할 수도 있다. 신념의 구조가 복잡할 때와 통합적일 때, 신념들 간 불일치가 발생할 때 태도형성 과정에 어떤 영향을 미치는지를 살펴보도록 하자.

(1) 신념의 복잡성과 태도

태도가 내적 구조를 가지듯 신념도 구조를 가지고 있다. 이러한 신념의 구조를 이루는 요소 중 신념의 복잡성은 가장 중요한 요소 중 하나이다. 어떤 대상에 대한 신념은 그 대상이 가진 한두 가지 속성에 대한 평가만으로 이루어지기도 하고, 그 대상이 가진 무수히 많은 속성에 대한 복잡한 평가들의 집합으로 이루어지기도 한다. 이러한 태도 대상에 대한 신념의 복잡성을 신념의 차원이라고 정의하는데, 이는 태도 대상이 가진 여러 가지 속성들이 같이 취급되고 다루어질 수 있는 차원이 다수임을 의미한다. 하나의 태도 대상물에 대한 신념의 차원이 다양할수록, 관련된 신념들의 속성이 서로 달라질 가능성이 커지게 된다. 필연적으로 다차원화된 신념은 태도의 형성을 복잡하게 하고, 이는 태도가 온건하거나 극단적인 방향으로 흐르는 계기가 된다. 이와 같은 신념의 복잡성과 태도의 극단성 간의 관계에 대한 연구가 많이 진행되었다. 이들을 요약하면 다음과 같다(Eagly & Chaiken 1993).

첫째, 신념의 복잡성이 클수록 온건한 태도를 보인다. 린빌과 존스(Linville & Jones 1980)에 따르면 신념은 태도 대상이 가진 속성들에 대한 평가로 구성되며, 속성에 대한 평가는 항상 긍정적이거나 항상 부정적인 것이 아니라 경우에 따라 달라진다. 상황이 이렇다 보니 신념이 복잡하고 다양하게 구성될수록 긍정적 평가와 부정적 평가가 함께 섞이고 서로 상쇄되어, 결과적으로 대상에 대한 태도가 온건한 경향을 보이게 될 가능성이 크다. 반대로 신념이 단순하고 서로 관련이 있는 것끼리 구성되게 되면 특정 대상에 대해 유사한 평가를 반복적으로 내리게 되어, 결과적으로 태도가 극단적으로 흐르는 경향이 나타난다. 린빌과 존스는 사람들이 자신이 속한 집단의 구성원들보다 외부집단의 사람들에게 더 극단적인 평가를 하는 이유가, 사람들이 외부집단에 대해 가진 신념이 집단 내 구성원에 대해 가진 신념보다 덜 복잡하기 때문이라고 보았다. 예를 들어, 일반적인 백인은 자신을 제외한 다른 백인보다 흑인에 대해 아는 것이 더 적을 수밖에 없다. 이 말의 뜻은 어떤 백인이 흑인에게 가진 신념의 종류가, 같은 백인에 대해 갖는 신념보다 훨씬 더 단조롭다는 의미이다. 따라서 신념의 복잡성이 낮은 흑인을 평가할 때, 신념의 복잡성이 높은 백인을 평가할 때보다 더 극단적인 평가를 하게 된다. 이러한 연구결과는 사람들이 왜 외부집단에 대해 평가할 때 보다 극단적인 태도를 보이며, 자신이 속한 집단의 구성원을 평가할 때 더 온건한 태도를 보이는지에 대해 설명하는 데 유용한 틀을 제시한다.

둘째, 신념의 복잡성이 온건하거나 극단적인 태도에 미치는 영향은 신념의 관련성과 함께 고려되어야 한다. 러스크와 저드(Lusk & Judd 1988)는 사람들이 태도 대상에 대해 온건하거나 극단적인 태도를 보이게 되는 것에는 신념의 복잡성뿐 아니라 신념의 관계성이 주요한 영향을 미친다고 보았다. 대상에 대해 연결된 여러 속성들은 서로 관련이 있는 정도에 따라 관련성이 높은 경우와 낮은 경우로 구분할 수 있다. 신념의 복잡성이 큰 경우도 이들 신념이 서로 관련된 것들로 구성된 경우와 서로 관련 없는 것들로 구성된 경우가 있다. 러스크와 저드는 서로 관련된 속성들에 대한 평가는 그 결과가 대체로 일치하는 경향을 보인다는 점에 주목하였다. 그들은 신념들 간 관련성이 높을 경우에는 신념의 복잡성이 크면 클수록 태도가 극단적이 될 가능성이 높고, 신념들 간 관련성이 낮을 경우에는 린빌과 존스의 연구결과와 같이 태도가 온건해지기 쉽다고 주장했다.

(2) 신념의 통합성과 태도

신념의 통합성은 신념의 차원들이 서로 관련된 정도를 의미한다. 신념의 복잡성에 대한 논의가 동일한 차원에 존재하는 신념들의 관계를 설명하는 데 반해, 신념의 통합성은 서로 다른 차원의 신념들이 관련된 정도를 의미한다. 일반적으로 통합성이 낮다는 것은 신념을 구성하는 차원들이 각기 분리되어 있다는 뜻이며, 통합성이 높다는 것은 이들 차원이 서로 긴밀히 연결되어 구성되어 있다는 뜻이다.

신념의 통합성이 높다는 것은 서로 다른 차원의 신념들이 논리적이고 인과적으로 연결되어 있음을 의미한다. 예를 들어, 어떤 유권자가 특정 정치적 사안에 대해 높은 신념 통합성을 보인다는 것은, 이 사람이 해당 정치적 사안과 관련한 여러 상충되는 차원의 신념들을 논리적으로 연결하여 이해하고 있다는 뜻이다. 이러한 경우 그는 해당 사안의 장단점을 두루 잘 알고 있기 때문에, 신념의 통합 정도가 낮은 사람보다 그 사안에 대해 온건한 태도를 취할 가능성이 크다.

(3) 신념 간 불일치와 태도

어떤 대상에 대한 신념은 한 가지 속성으로만 이뤄지지 않기 때문에 때로 특정 사안에 대한 여러 속성이 충돌하여 태도에 영향을 미치기도 한다. 신념 간 불일치가 태도에 미치는 영향은 여러 연구자에 의해 연구되었다. 그중 카츠(Katz 1960)는 사회적 소수집단에 대한 긍정적 신념과 부정적 신념의 공존이 태도에 미치는 영향을 연구했다. 그는 사람들이 사회 내의 소수집단이나 장애인에 대해 갖는 신념 간 불일치, 즉 '사회적 소수집단을 돕고 보호해 주어야 한다'는 긍정적 신념과 '그들의 업무수행 능력이 떨어질 것'이라는 부정적 신념이 공존할 때 태도가 어떻게 달라지는지를 연구했다. 카츠는 사회적 소수집단에 대하여 사람들이 갖는 신념 간 불일치가 사람들로 하여금 이들에 대한 극단적 태도로 이어지는 증폭 작용을 하게 될 것이라 가정하였다.

3. 태도 연구의 의의와 한계

설득 과정에서 태도는 인간의 행동을 설명하고, 수정하며, 예측하는 역할을 하는 경우가 많다. 따라서 태도가 어떻게 구성되고 변화하는지를 이해하게 되면 좀더 정교한 설득 메시지를 구성할 수 있을 뿐 아니라 인간행동의 근원적 물음에 대한 해답도 구할 수 있다. 하지만 태도변화의 원리를 완전하게 설명해 줄 수 있는 이론은 아직까지 정립되어 있지 않으며, 태도변화 측정을 위한 완벽하게 객관적인 척도 역시 존재하지 않는다. 따라서 수용자들이 어떠한 태도변화를 거쳐 행동을 바꾸는지, 또 이를 통해 설득 커뮤니케이션의 효과가 나타나게 되는지에 대한 해답은 아직 정확하게 알 수 없다.

그럼에도 태도에 관한 연구와 학습은 여전히 매우 중요하다. 태도는 복잡하게 통합된 신념들에 영향을 받고, 나아가 행동에 영향을 주는 그 자체로 설득 커뮤니케이션의 목표이며 과정인 동시에 결과이기 때문이다. 어떤 대상에 대한 태도형성에는 수많은 요인들이 작용하기 때문에, 그 요인에 따라 혹은 요인이 적용되는 상황에 따라 태도를 설명하기 위한 다채로운 이론적 틀이 존재한다. 그중 무엇이 태도의 형성과 변화 혹은 유지와 소멸을 설명하는 데 가장 적합하다고 단언할 수는 없다. 그러나 다채로운 이론을 두루 학습하면 우리의 궁극적 목적인 설득 전문가가 되는 데 주요한 토대가 될 것임에는 의심의 여지가 없다. 오늘날 설득이란 하나의 고정된 형태의 전략이 아닌, 상황에 따라 가장 적합한 것을 선택하고 이를 논리적으로 구성하여 제시하는 연속적인 과정의 결과물이기 때문이다.

이러한 측면에서 한 가지 유념할 사실이 있다. 특정한 신념이 태도 형성에 영향을 주고 이렇게 형성된 태도가 후속적인 행동에 연속적으로 영향을 준다는 생각은 대체로 별다른 의심 없이 받아들여지는 통념이다. 그러나 사실, 대상에 대한 신념이 모두 새로운 태도형성에 영향을 미치는 것은 아니다. 또한 어떤 태도가 형성되었다고 해서 이것이 모두 다 행동으로 이어지는 것 역시 아니다. 이러한 점에 주의하여, 지금부터 태도와 행동에 관한 고전적인 논의를 살펴볼 것이다.

4. 태도와 행동

1) 태도와 행동 사이의 관계

설득은 궁극적으로 설득 대상자의 행동에 영향을 미치는 것을 목표로 한다. 일반적으로 설득하는 사람은 설득 대상자에게 특정한 태도를 가지게 하고, 궁극적으로 자신이 의도한 특정한 행위를 하는지 여부로 설득의 성패를 가늠한다.

태도가 행동으로 이어지기 위해서는 실제 행동이 발현되기 위한 여러 요건이 두루 갖춰져야 한다. 이러한 연유로 태도가 행동에 미치는 직간접적인 영향에 대해 연구자마다 서로 상반된 시각의 주장들이 있다. 일부 연구자들은 태도가 행동에 미치는 영향을 탐색하는 것에 그치지 않고, 역으로 행동이 태도변화의 선행요인으로 작용한다고 가정하고 이를 검증하는 연구를 수행하기도 하였다. 이를테면 맥과이어 (McGuire)는 설득에 의한 변화를 신념, 태도, 의도 및 행동의 선형적 과정으로 보았다. 수용자가 설득 메시지를 접했을 때 먼저 영향을 받는 것은 그 사안에 해당하는 신념체계이다. 이를 통해 설득 메시지의

2-2 설득에 의해 행동이 변화하는 단계

사안에 대해 우호적 또는 비우호적으로 판단하게 되는 정서적 요소인 '태도'가 새롭게 형성되거나 변화하게 된다. 이렇게 변화된 태도를 통해 그 사람의 의도가 형성되는데, 의도는 행위적 요소로서 외적 행동을 이끌어 내는 심리적 동인으로 작용한다. 이 관점에 따르면 태도는 행위에 영향을 주는 결정적 선행요소로 작용한다.

1960년대 중반까지, 태도와 행동은 일대일로 대응한다고 여겨졌다. 올포트(Allport 1935)는 태도의 개념을 정의함에 있어 행동과 태도 간의 일관성을 중요한 요소로 간주하고, 만약 태도와 행동 간의 일관성이 부족하면 태도가 없다고 보았다. 그러나 태도와 행동이 반드시 일치한다고 볼 수 있는가? 사람들은 때로 자신이 긍정적 태도를 가진 이슈에 대해 부정적으로 행동하기도 한다. 이 경우, 사람들은 자기 자신을 '위선자'라고 생각하게 될까?

태도와 행동의 일관성은 1960년대 후반부터 본격적으로 논의되었다. 위커(Wicker 1969)는 태도와 행동이 관련이 없으며, 태도라는 개념을 버리는 것이 바람직하다고 극단적으로 주장하기도 했다. 설득 연구에서 태도와 행동의 불일치에 대한 증거는 그보다도 더 오래전인 1930년대 중반 라피에르(LaPiere 1934)의 연구에서부터 발견할 수 있다.

2) 행위추론에 관한 논의

(1) 기존 연구에 대한 반박과 측정상의 문제

아젠(Icek Ajzen)과 피시바인(Martin Fishbein)은 태도와 행동에 관한 기존 연구에서 둘 사이의 관계성이 미약하다고 결론지은 것은 태도에 대한 개념적 정의와 측정에 대한 정확성이 결여되었기 때문이라고 보았다. 그러면서 이들은 행동에 대한 보다 구체적인 태도와 대상물에 대한 다소 포괄적인 태도를 구별해야 한다고 강조했다. 더불어 특정한 행동에 대한 태도(특정 상황에서 일어나는 하나의 객체에 대한 태도)와 행위군에 대한 태도도 구별해야 한다고 주장했다. 그들은 행동을 잘 예측하기 위해서는 '대상물에 대한 태도'보다는 '행동에 대한 태도'를 측정할 필요가 있다고 보았다. 이들이 말하는 행동은 ① 행동적 개체가 수행하는 행위, ② 행위가 향하는 대상 또는 지향하는 목표, ③ 행위가 이루어지는 맥락이나 상황, ④ 시간의 네 가지 요소로 구성되어 있다. 예를 들면 다음과 같다.

행 위: 요리, 흡연, 운전
대상/목표: 케이크, 담배, 버스
맥 락: 주방에서, 목사 앞에서, 고속도로에서
시 간: 크리스마스이브에, 아침에, 정오에

이러한 요소를 결합하면 다음과 같은 형태의 행동이 도출될 수 있다.

예 1: 크리스마스이브에 주방에서 케이크를 요리한다.
예 2: 정오에 목사 앞에서 (또는 아침에 고속도로에서) 담배를 피운다.

2-3 행위요소와 대상요소의 일치

행동을 구성하는 각각의 요소들에 대한 태도를 측정할 경우, 태도를 통해 행동을 예측할 가능성이 높아진다. 문제는 행동을 구성하는 네 가지 요소에서 일치하지 않는 태도를 보일 경우 태도와 행동의 관계를 연관해 설명하기 어려울 수 있다는 점이다. 아젠과 피시바인의 논의에 따르면, 태도와 행동이 유의미한 관계를 맺으려면 적어도 행위요소와 대상요소가 일치해야 한다. 예를 들어, 평소 술을 무척 좋아하는 사람이라 하더라도 때와 장소를 가리지 않고 항상 술을 마실 것이라고 단언하기는 어렵다. 그러나 행위요소(음주)와 대상요소(술)에 대한 태도가 일치할 경우(긍정적), 이러한 태도가 행동으로 이어질 가능성이 그렇지 않은 경우보다 크다고 예측하기는 어렵지 않다. 이러한 경우, 맥락요소와 시간요소에 대한 태도를 함께 고려한다면, 이 사람이 술을 마실 것인가(행동)를 예측하는 것이 가능해진다. 즉, 정오(낮술에 대한 태도: 긍정적)에 강의실(맥락에 대한 태도: 부정적)에서 술을 마실 것이라 예측하기는 어렵지만, 정오(낮술에 대한 태도: 긍정적)에 여행지(맥락에 대한 태도: 긍정적)에서 술을 마실 것이라 예측하기는 어렵지 않다.

데이비슨과 자카드(Davison & Jaccard 1979)는 특수성이 일치하는 수준에서 태도와 행동을 측정함으로써 예측력을 높일 수 있다고 주장하였다. 이들은 서로 다른 수준으로 대상요소에 대한 태도를 측정하고, 그들 중 무엇이 특정 기간 내의 행동을 예측할 수 있는지 살펴보았다.

만약 사람들이 향후 1년 동안 환경보호 캠페인에 참여할 것인지를 예측하려 한다면 환경보호 캠페인(목표요인)에 대한 태도 측정만으로는 충분하지 않을 수 있다. 환경보호 캠페인 자체에 대해 긍정적 태도를 갖고 있다 하더라도 막상 캠페인 참여는 꺼릴 수 있기 때문이다. 하지만 목표요인과 함께 행위요소를 첨가하여 태도를 측정한다면(환경보호 캠페인에 참여하는 것에 대한 태도를 측정) 행동에 대한 예측력은 증가할 수 있다. 더 나아가, 시간요소를 첨가하면(향후 1년간 환경보호 캠페인에 참여하는 것에 대한 태도를 측정) 예측은 더욱 정확해진다.

(2) 합리적 행위이론

1960년대 후반 연구자들은 태도와 행동의 관계에 대한 깊이 있는 논의를 시작했다. 아젠과 피시바인은 이전의 연구들이 태도와 행동의 관계를 측정함에 있어 모호한 개념을 적용하거나 특정 상황에서의 태도를 일반적인 행동의 예측 기준으로 사용하는 일반화의 오류를 범함으로써 태도와 행동 간에 존재하는 관계를 올바로 측정하지 못했음을 보이면서 합리적 행위이론을 제안했다.

합리적 행위이론은 개인이 어떤 행동을 할 것인지를 결정하는 데 크게 두 가지 요인의 영향을 받는다고 전제한다. 자신의 행동이 어떤 결과를 초래할지에 대한 개인의 예측, 그리고 자신이 그러한 행동을 했을 때 사람들이 자신을 어떻게 평가할지에 대한 예측이 그 두 가지 요인이다. 즉, 합리적 행위이론에 따르면 특정 행동이 자신에게 긍정적 결과를 가져다 줄 뿐 아니라 주위 사람들이 지지할 것이라 여길수록 그 행동을 수행할 가능성이 높아지게 된다. 자신의 행동에 대한 사람들의 평가를 가늠해 보는 이러한 행위를 '주관적 규범'이라고 한다. 합리적 행위이론에서는 특정 행위에 대한 개인의 태도뿐 아니라 주관적 규범이 행동의도 예측의 중요한 단서로 제시된다. 더 포괄적인 의미로 주관적 규범은 행동의도에 영향을 미치는 준거집단(이를테면 친구, 가

2-4 합리적 행위이론

출처: Fishbein & Ajzen 1975 재구성.

족, 동료, 정치적/종교적 지도자)의 의견이나 태도를 말하는데, 이는 특정 행동에 대해 사회가 부여한 인식이기도 하다. 결과적으로 합리적 행위이론을 단계적으로 체계화하면 다음과 같다.

우선 특정 행동에 대한 태도(Ab, *attitude toward behavior*)는 기대-가치 이론과 마찬가지로 행동에 대한 신념(b, *belief*)과 그 신념에 대한 평가(e, *evaluation*)에 의해 결정된다.

$$Ab = \sum \{b\,(i) \times e\,(i)\}$$

* (i)는 각 신념 및 평가항목들의 수

특정 행동에 대한 주관적 규범(SN, *subjective norm*)은 규범적 신념 (nb, *normative belief*)과 그 신념에 대한 순응동기(mc, *motivation to comply*)의 곱으로 얻어진다. 규범적 신념은 자신에게 중요한 타인이 자신의 행동을 얼마나 지지해 줄지에 관한 기대 혹은 평가이고, 순응동기는 그 사람의 의견에 얼마나 따를 것인지에 대한 판단을 의미한다.

$$SN = \sum \{nb\,(i) \times mc\,(i)\}$$

* (i)는 각 신념 및 평가항목들의 수

개인의 행동의도(BI, *behavioral intention*)는 태도와 주관적 규범의 합의 함수이다.

$$BI = f(Ab + SN)$$

사안에 따라 동일한 행동이라 하더라도 행위 주체에 따라 개인의 태도나 주관적 규범 중 더 중요하게 여기는 요인에 차이가 있을 수 있다. 이러한 차이는 '가중치'(w)로 반영된다. 개인의 태도(Ab)에 대한 가중치를 w_1, 주관적 규범에 대한 가중치를 w_2라 하면, 행동의도에 관한 방정식은 다음과 같이 수정된다.

$$BI = f(Ab + SN)$$
$$= f\{(w_1)\,(Ab) + (w_2)\,(SN)\}$$

결과적으로 합리적 행위이론에 따르면, 어떤 행위를 수행할지에 대한 개인의 의도는 다음의 세 가지 조건에 따라 달라질 수 있다. ① 태도 요소가 바뀌거나 ② 주관적 규범의 요소가 바뀌거나 ③ 두 요소의 상대적 가중치가 바뀐다면 행동의도 정도는 달라진다.

합리적 행위이론은 등장 이후 많은 지지를 받으며 구체적인 사례에 적용되어 왔다. 그러나 행동의도에 영향을 미치는 태도와 규범이 완벽하게 상호배타적이지 않고 서로가 영향을 미치는 경우가 많다는 점과 행동의도가 그 자체로 행동으로 이어지지 않는 경우 역시 다수 존재한다는 문제가 계속해서 제기되었다. 결과적으로 행동의도나 행동을 예측하는 또 다른 변인이 존재할 가능성이 있다는 문제 제기를 반영한 새로운 이론이 등장하게 되었다.

(3) 계획된 행동이론

애연가 K는 금연에 대한 긍정적 태도(금연은 건강에 이롭다)를 지니고 있다. 또한 K가 금연에 대해 지닌 주관적 규범 역시 긍정적이다 (금연하면 주변 사람들이 좋아할 것이다). 합리적 행위이론에 따르면, 금연에 대한 긍정적 태도와 주관적 규범을 지닌 K는 금연하게 될 것이다. 그러나 K와 같은 생각을 하면서도 금연을 시도하지 않거나 금연에 실패한 많은 사람들을 우리는 이미 알고 있다. 그렇다면 이러한 K의 행동을 우리는 어떻게 이해할 수 있을까? 때때로 사람들은 어떤 행동에 대해 긍정적 태도와 주관적 규범을 갖고 있더라도 이를 실제 행동으로 옮기지 않는다. K의 예를 통해 우리는 태도와 규범 외에 행동의도에 영향을 미치는 또 다른 요인이 존재한다는 것을 예측할 수 있다.

계획된 행동이론(TPB, *theory of planned behavior*)은 이러한 합리적 행위이론의 한계를 보완하기 위해 제시되었다. 아젠(Ajzen 1985; 1991)은 태도와 규범적 요인 외에 행동의도에 영향을 끼치는 제3의 변인을 첨가함으로써 합리적 행위이론을 확장시켰다. 이 세 번째 변인은 '지각된 행동 통제감'(PBC, *perceived behavioral control*)이다. 지각된 행동 통제감은 개인이 어떤 행동을 통제하거나 수행할 수 있다는 믿음의 정도를 의미하는 것으로, 이후 다루게 될 사회학습이론(Bandura 1977)의 자아효능감과 유사한 개념이다. 합리적 행위이론에 지각된 행동 통제감이 추가된 계획된 행동이론은 다음과 같은 공식으로 표현된다.

$$BI = f(Ab + SN + PBC)$$
$$= f\{(w_1)(Ab) + (w_2)(SN) + (w_3)(PBC)\}$$

계획된 행동이론에 근거하여, 앞선 K의 행동의도에 영향을 미친 지

2-5 계획된 행동이론

출처: Ajzen 1991 재구성.

각된 행동 통제감을 살펴보자. K는 금연에 대한 긍정적 태도와 주관적 규범을 지니고 있었다. 하지만, 금연 시도는 너무 괴로운 일이며, 설령 시도하더라도 금연에 성공할 가능성은 매우 낮다고 굳게 믿고 있다(부정적 행동 통제감). 금연에 대한 K의 낮은 행동 통제감은 결국 금연 시도나 성공을 방해하는 주원인이 된다.

드영(De Young 1989)은 재활용을 생활화하는 주부와 그렇지 않은 주부의 비교를 통해 계획된 행동이론을 지지하였다. 재활용을 하는 주부들과 그렇지 않은 주부들은 모두 재활용에 대해 긍정적 태도를 지녔지만, 재활용을 하지 않는 주부들은 재활용 실천에 더 큰 어려움을 느끼고 있었다. 즉, 재활용을 하지 않는 것은 부정적 태도 때문이 아니라 그 행동에 대한 지각된 능력이 부족했기 때문이다.

이렇듯 행동 통제감(PBC)은 행동의 수행과 관련된 자원과 장벽에 대한 개인의 신념으로 구성된다. 행동에 대한 통제감은 구체적으로 '행동에 대한 통제 가능성에 대한 믿음'(c, *control belief*)과 '행동을 가능하게 하거나 방해하는 힘'(p, *perceived power*)의 함수이다. 이는 다음 식과 같이 나타낼 수 있다.

$$PBC = \sum \{c(i) \times p(i)\}$$

* (i)는 각 평가항목들의 수

앞선 공식에 따라, 금연에 대한 K의 지각된 행동 통제감은 다음과 같이 측정될 수 있다. 우선, 통제 가능성에 대한 믿음(c)은 '흡연을 참는 것은 나에게 어렵지 않다', '내 친구들은 금연에 성공했다' 등의 진술문에 대해 '매우 그렇다 – … – 전혀 그렇지 않다'로 구성된 5점 척도로 측정할 수 있다. 행동을 방해하는 힘의 지각(p)은 '친구들이 나에게 자주 담배를 권한다', '친구가 담배를 피워도 흡연을 참을 수 있다' 등의 진술문에 대해 '전혀 아니다 – … – 매우 그렇다'로 구성된 5점 척도로 측정이 가능하다.

계획된 행동이론에 따르면, 행동의도는 행위에 대한 통제에 영향을 미치는 요인들의 빈도나 강도를 변화시킴으로써 바꿀 수 있다. 즉, 행동 수행과정의 방해물을 제거한다면 행동의도를 높일 수 있다. 몇몇 연구는 지각된 행동 통제감이 낮은 이유가 정보의 부족과 연관됨을 보였다. 예를 들어, 청소년들은 피임도구를 어떻게 사용해야 하는지 잘 모르고, 투표자들은 투표장소를 잘 모르며, 처음 집을 사는 사람들은 집을 사는 과정을 모르기 때문에 행동으로 이어지기가 어렵다(O'Keefe 2002). 결과적으로, 특정 행위를 행하는 방법을 직간접적인 경험을 통해 익힘으로써 지각된 행동 통제감을 높이게 되면, 이것이 행동의도에 긍정적 영향을 미치게 된다.

행동에 대한 통제감은 태도와 주관적 규범을 작동시키는 역할을 한다. 선행 연구들이 증명한 바에 따르면, 행동에 대한 통제감이 충분히 높을 때 비로소 태도와 주관적 규범이 행동의도에 영향을 미친다. 이렇듯, 태도와 행동이 직접적인 영향 관계에 있는 것이 아니라 그 안에 포함된 여러 상황적 요인들에 따라 달라질 수 있음을 실증적으로 밝혔다는 점에서 계획된 행동이론 연구는 중요한 의의를 지닌다.

통합적 행동 모델

이후 등장한 통합적 행동 모델(IBM, integrated behavioral model 또는 IM, inte-grative model)은 합리적 행위이론과 계획된 행동이론의 핵심 개념을 포함한 새로운 행동이론을 제시한다. 통합적 행동 모델은 앞선 이론들이 행동의도의 선행요인을 밝히고 있을 뿐 실제 행동에 영향을 미치는 외적 요인을 고려하지 못했음을 한계로 지적하고, 행동의도 외에 행동에 영향을 미칠 수 있는 네 가지 요인을 추가로 제시하고 있다. ① 행동 수행을 위한 지식과 기술, ② 행동에 대한 현저성, ③ 환경적 제약, ④ 습관이 그것이다. 행동의도가 없는 상태에서 행동이 일어날 가능성은 희박하다. 그러나 행동의도가 있다 하더라도, 행동을 위한 지식이나 기술이 없다면 실제 행동은 일어날 수 없다. 또한 수행해야 하는 행동이 무엇인지 명확하지 않거나 행동수행을 위한 환경적 여건이 마련되어 있지 않다면 행동이 일어날 가능성은 매우 낮아진다. 한편 어떤 행동에 대한 경험은 습관화되기 쉬운데, 습관화된 행동의 수행과정에는 행동의도의 영향이 상대적으로 감소하게 된다.

결과적으로, 어떤 사람이 특정 행동을 할 가능성은 ① 개인이 행동에 대한 강한 의도와 함께 수행을 위한 충분한 지식과 기술을 가지고 있을 때, ② 행동을 방해하는 환경적 요인이 없을 때, ③ 수행해야 하는 행동이 현저하게 두드러질 때, ④ 이전에 동일한 행동이 수행한 적이 있을 때 높아진다. 통합적 행동 모델은 특정 행위가 일어날지를 예측하는 과정에는 단지 행동의도를 파악하는 것뿐 아니라, 앞서 설명된 네 가지 추가적 구성요소와 이들의 상호작용을 고려하는 것이 무엇보다 중요하다고 강조한다. 이러한 논의의 연장선에서, 계획된 행동이론과 달리 통합적 행동 모델은 행동의도에 영향을 미치는 태도와 규범 및 개인적 요인을 파악하는 과정에 이전의 직간접적인 경험으로부터 발생한 신념이나 평가들을 추가적으로 고려한다.

3) 중재변인

연구가 거듭되면서 태도와 행동의 관계를 쉽게 일반화할 수 없다는 관념이 자리 잡았다. 연구자들은 "태도를 통해 행동을 예측할 수 있는가?"라는 질문 대신 "어떤 상황에서 태도를 통해 행동을 예측할 수 있는가?", "태도를 통해 행동을 예측하는 것이 어려운 이유는 무엇인가?"

와 같은 새로운 질문을 제기하기 시작했다.

태도와 행동의 관계에 영향을 미치는 다양한 요인이 제시될 수 있다. 여기서는 태도와 행동의 관계에 영향을 미치는 중재변인을 상황적 요인과 개인적 요인으로 구분하여 설명하고자 한다. 또한 상황적이거나 개인적인 요인과 독립되는 '태도의 접근 가능성'과 '측정상의 차이'를 살피고, 이와 관련한 논의를 상세하게 다룬다.

(1) 상황적 요인

태도에 부합하는 행위가 나타나는지 여부는 상황의 영향을 받는다. 상황적 요인은 행위 주체의 사회적 역할과 지위, 행위 주체가 속한 준거집단의 존재와 집단규범 그리고 행위가 발생하는 공간의 공적이고 사적인 상황 등을 의미한다.

워너와 드플로어(Warner & DeFleur 1969)는 사람이 처한 환경(공적/사적)과 그 사람의 사고 편향성이 어떤 관계에 있는지 조사했다. 그들은 흑인에 대한 편견의 정도에 따라 백인 대학생을 두 집단으로 나눈 후, 흑인과 함께 하는 사회활동에 참여할 것을 약속하는 서류에 서명을 요청하였다. 이 중 절반에게는 개인적인 편지의 형태로 서류와 함께 서명 여부(승낙/거절)가 익명으로 보장될 것이라는 내용을 제공했다. 반면 나머지에게는 공개적인 고지문의 형태로 서명 여부가 교내 신문 등을 통해 밝혀질 것이라는 정보를 주었다. 익명성을 보장받은 사람 중 활동에 참여하겠다고 서명한 사람의 비율은 공개적 상황에서 활동에 참여하겠다고 서명한 사람보다 많았는데, 이 과정에서 연구자들은 개인의 편견 정도에 따라 응답이 다음과 같이 달라졌음을 발견하였다(Warner & DeFleur 1969).

① 공개적 상황에서 흑인과의 활동에 참여할 것을 요구받았을 때,

흑인에 대한 편견이 심한 사람은 그렇지 않은 사람보다 요구에 대해 거절하는 정도가 높았다. 즉, 그들은 태도-행동 간의 높은 일치도를 보였다.

② 사적인 상황에서 흑인과의 활동에 참여할 것을 요구받았을 때, 흑인에 대한 편견이 적은 사람은 편견이 많은 사람보다 요구에 대해 승낙하는 정도가 높았다. 즉, 그들은 태도-행동 간의 높은 일치도를 보였다.

연구결과처럼, 행동을 결정하는 상황(개인적 상황/집단적 상황)에 따라 태도-행동 간 일치도와 양상은 다르게 나타날 수 있다. 일반적으로 개인적 상황, 즉 사적 상황에서는 자신에 대한 자각(自覺) 정도가 높아질 뿐 아니라 특정 대상에 대한 태도에도 예민해진다. 따라서 자신의 태도를 행동으로 연결시킬 확률이 높아진다. 반면, 여러 사람이 있는 집단적 상황, 즉 공적 상황에서는 자기 자신의 태도보다 집단 내부의 역학, 규범 등에 더 큰 영향을 받게 된다. 이 경우, 개인의 태도에 대한 자각과 판단이 흐려질 가능성이 크기 때문에 개인의 태도와 행동의 일치 정도는 상대적으로 낮아지는 양상을 보인다.

행동이 발현되는 상황이 일상적 상황인지 혹은 특별한 상황인지에 따라서도 태도와 행동의 연관 정도는 달라질 수 있다. 평소에 이타적이며 남을 돕는 데 앞장서는 사람이라도 어두운 밤길에서 노숙자가 구걸을 하며 쫓아온다면 재빨리 도망칠 가능성이 크다. 이러한 상황은 대표적인 스크립트(script) 상황이다. 스크립트 상황이란 무대가 아닌 현실에서의 각본화된 상황을 말한다. 즉, '어두운 밤길에서는 자신을 보호하며 속히 귀가하는 것이 무엇보다도 중요하다'라는 신념에 따라, 노숙자에 대한 평소의 태도와는 다른 '어두운 밤길'에 각본화된 행동을 보이게 된다. 이렇듯 특별한 상황에서 태도와 행동 간의 일치성이 낮아질 것이라 예상할 수 있다.

(2) 개인적 요인

태도와 행동을 중재하는 개인적 요인은 개인별로 차이가 나타나는 요인들을 의미한다. 대표적인 개인적 요인으로 자기감시 정도, 직접 경험의 유무, 이해의 관여 정도, 개념분화 정도 등을 들 수 있다.

자기감시

자기감시(self-monitoring)는 자기 자신이 남들에게 어떻게 비춰질지를 고려하는 성격적 특성을 말한다. 스나이더(Snyder 1987)에 따르면, 자기감시 정도가 높은 사람은 대인간 상황에서 자신의 이미지를 통제하는 데 익숙하며, 주어진 상황에서 특정 행동을 하도록 요구되는 사회적 신호에 민감하게 반응하는 경향이 있다. 다시 말해, 자기감시도가 높은 사람일수록 주변 사람들의 태도나 기대감에 따라 자신의 행동을 쉽게 바꾸기 때문에 실제 태도와 다른 행동을 할 가능성이 높다. 따라서 자기감시도가 높은 사람의 행동은 그 사람의 태도만으로 예측하기가 쉽지 않다. 반면, 자기감시도가 낮은 사람은 사회적 신호에 둔감하기 때문에 어떤 상황에서도 자신의 태도와 일관된 행동을 보일 확률이 높다. 따라서 자기감시도가 낮은 사람의 행동은 상대적으로 유추가 더 쉽다는 특징이 있다.

일반적으로 성인의 행동을 예측하는 것보다 어린이의 행동을 예측하기 쉬운 이유도 여기에 있다. 어린이들은 상대적으로 자기감시도가 낮기 때문에 태도와 행동이 일치하는 경우가 대부분이지만, 성인들은 일반적으로 자기 자신에 대한 타인의 시선을 인식하고 행동하려는 자기감시 경향이 높기 때문에 태도와 행동이 일치하지 않는 경우가 상대적으로 많다.

직접 경험

파지오와 잔나(Fazio & Zanna 1981)는 직접 경험을 기초로 형성된 태도가 간접 경험에 의해 형성된 태도보다 확고하다는 점을 지적한다. 직접 경험은 스스로의 행동을 통해 얻은 삶의 기억이기 때문에, 직접 경험에 의해 형성된 태도는 행동을 예측하는 데 효과적으로 작용한다.

예를 들어, 흡연에 대한 청소년의 태도는 직접적 경험 또는 간접적 경험에 의해 형성될 수 있다. 어떤 청소년이 흡연을 통해 메스꺼움과 구토 증세를 경험했다면, 이는 흡연에 대한 직접 경험에 해당한다. 반면, 흡연으로 인한 건강 문제를 다룬 신문기사를 읽었다면 이는 흡연에 대한 간접 경험에 해당한다. 직접 경험이나 간접 경험 모두 흡연에 대한 부정적 태도를 형성하는 데 효과적일 수 있다. 다만 실제로 흡연을 권유받았을 때, 이를 거절한 가능성은 간접 경험보다 직접 경험을 한 청소년에게서 더 크다.

파지오는 직접적 경험에 의해 형성된 태도는 판단과 행동에 더 큰 영향을 끼친다고 주장한다. 직접 경험으로 형성된 태도는 보다 명료하게 정의되고 확실할 뿐 아니라, 시간에 대한 지속성을 가지며 반대되는 태도에 대한 저항성을 가진다. 결과적으로 간접 경험으로부터 형성된 태도보다 직접 경험으로부터 형성된 태도가 행동과 더 높은 일치 정도를 보인다.

이해 관여도

관여도는 특정 이슈나 사물이 자신에게 중요하거나 연관되어 있다고 느끼는 정도를 말한다. 이해의 관여도는 자아관여도와도 밀접한 관계를 지닌다. 사람들은 자신의 이해나 이익관계의 정도가 높은 사안일수록 태도와 그 행동 간에 밀접한 유사성을 보이는 경향이 있다. 시바섹과 크라노(Sivacek & Crano 1982)는 미국 미시간주에서 음주제한 연령을 18세에서 21세로 올리는 문제에 관한 미시간 주립대학교 학생들의 태도를 측정했다. 그 결과, 18세에서 21세 사이의 학생들이 21세 이상의 학생들보다 그 법안의 폐지에 더 강한 행동의도를 보였다. 연구자들은 이러한 결과가 법안의 제한연령에 실제로 해당되는 18~21세의 학생들이 21세 이상의 학생들보다 법안에 대한 이해관계가 높기 때문이라고 설명하였다. 이들의 설명대로, 만약 18세 이상의 학생들이 음주에 대해 가지고 있는 직접 경험의 수준이 비슷하다면, 이들의 태도에 차이가 나게 한 원인은 이해의 관여 정도라고 볼 수 있다.

개인의 개념분화

어떤 사람이 개념분화 정도가 높다는 것은 태도 대상물이나 상황을 판단함에 있어 기준이 될 개념 차원이 다수 존재한다는 뜻이다. 개념분화는 부정적 또는 긍정적 사건에 대해 간단한 작문을 시킨 후, 글에서 나타난 좋고 싫음의 개념이 얼마나 되는가를 세는 방식으로 측정한다. 다차원적 개념체계를 가진 사람일수록 그렇지 않은 사람보다 특정 사람, 대상, 사건, 상황 등에 얽힌 다양한 속성을 고려하게 된다. 하나의 태도 대상에 대해 다차원적으로 사고하는 사람들은 대상에 얽힌 긍정적이고 부정적인 속성의 요인들을 종합적으로 고려하기 때문에, 설령 대상에 대한 어떤 태도를 갖게 되더라도 이를 쉽게 행동으로 옮기지 않는다.

오키프와 델리아(O'Keefe & Delia 1979)는 잘 발달된 개념체계를 가진 사람이 그렇지 못한 사람들보다 태도와 행동의 일치 정도가 낮음을 증명하였다. 개념체계가 발달된 사람은 특정 행동과 태도 대상물을 별개의 것으로 인식하는 경향이 있으며, 태도와 행동이 불일치하는 상황을 상대적으로 더 잘 견딘다. 반면, 개념체계의 발달이 미흡한 사람은 이를 구별하는 능력이 떨어지므로 태도와 행동을 같은 것으로 보고 이를 일치시키려는 경향이 높다.

(3) 태도의 접근 가능성

태도와 행동 간의 관계를 중재하는 또 다른 요인으로 태도의 접근 가능성을 들 수 있다. 태도의 접근 가능성은 주어진 대상에 대한 태도가 기억에서 얼마나 즉각적으로 인출되는가에 관한 것으로, 태도가 기억으로부터 자동적으로 활성화되는 정도를 의미한다. 따라서 태도의 접근 가능성을 태도의 인출 가능성이라고 부르기도 한다.

태도의 접근 가능성은 태도 대상을 접한 후에 이를 평가하는 데 걸리는 시간으로 측정한다(Fazio 1990). 주어진 태도 대상을 자신이 좋아하는지 싫어하는지 여부를 빨리 인식할수록 태도 접근 가능성은 높게 측정된다. 일반적으로 접근 가능성이 높은 태도는 행동을 유발할 가능성이 높다. 대상에 대한 태도를 기억으로부터 인출하는 데 실패하거나 기억 인출에 오랜 시간이 걸리는 경우에는 대상에 대한 태도가 행동으로 즉각적으로 이어질 가능성이 현저히 감소한다. 태도의 접근 가능성을 증가시키는 요인에는 크게 다음의 네 가지가 있다.

태도 형성방식: 직접 경험에 기초한 태도는 간접적으로 경험하여 형성된 태도보다 접근 가능성이 높다. 직접적인 경험은 태도 대상과 그에 대한 평가 간 강한 연합을 만들어 내기 때문에 태도와 행동의 대응성도 높아진다.

태도 노출 빈도: 파지오(Fazio 1990)에 따르면, 태도의 접근 가능성을 결정하는 태도의 활성화 정도는 해당 태도와 얼마나 습관적으로 마주했느냐에 달려 있다. 즉, 태도 대상과 그것에 대한 평가의 연합이라 할 수 있는데, 이 연합의 강도가 태도의 자동적 활성화 여부를 결정한다. 태도 대상과 강하게 연합되어 있는 평가가 대상을 보는 순간 자동적으로 활성화되는 것이다.

태도 표현 횟수: 파지오(1990)는 또한 자신의 태도를 반복적으로 표현한 사람들이 그렇지 않은 사람들보다 그 태도에 관한 질문을 받았을 때 더 빨리 반응한다는 것을 경험적으로 증명하였다. 대상-평가의 연합을 강화시킨 결과 태도 접근성이 증가한 것이다(Fazio et al. 1986).

정보의 양: 대상에 대한 정보의 양도 태도의 접근 가능성을 결정한다. 정보의 양이 많을수록 태도 대상에 대한 반응 도달 시간이 짧아지는 것이다.

태도-행동의 자동적 과정과 합리적 과정

태도의 접근 가능성은 태도가 무의식적이고 자동적으로 행동에 영향을 줄 수 있음을 시사한다. 파지오는 우리의 사회적 행동이 많은 부분 즉각적이고 자동적으로 일어난다는 점에서 출발하여 태도의 접근 가능성에 기반을 둔 태도-행동의 즉시적 처리 모델을 제안했다(Fazio 1990). 사람들이 특정 대상이나 상황에 대한 태도를 반복적으로 표현하다 보면 그것이 습관적으로 몸에 배고, 일단 습관이 들면 다음에 유사한 상황에 처했을 때 자동적(반사적)으로 같은 태도를 보이게 될 가능성이 크다. 따라서 접근 가능성이 높은 태도는 접근 가능성이 낮은 태도에 비해 행동을 더 잘 예측할 수 있다.

파지오(Fazio 1990)는 인간의 합리성을 강조한 '합리적 행위이론'을 태도-행동의 숙의적 처리 모델이라고 보았다. 그는 사람들이 주어진 태도 대상에 대해 숙의적 처리를 할 것인지, 자동적 처리를 할 것인지는 동기와 기회라는 요인에 의해 결정된다고 주장하였다. 즉, 행동의 결과가 중요해서 이성적 추론이 요구(동기)되며 추론할 시간이 충분히 주어지는 상황(기회)에서는 숙의적 처리가 일어날 가능성이 크지만, 그렇지 않은 경우에는 태도의 자동적 활성화가 일어나 태도가 곧 행동으로 이어지게 될 가능성이 크다는 것이다.

태도 접근 가능성이 설득에 미치는 영향

태도 접근 가능성은 태도가 행동으로 이어지는 데 매우 큰 역할을 한다. 따라서 설득 과정에 태도의 접근 가능성이 영향을 미칠 수 있다. 태도의 접근 가능성에 따른 행동의 합리적 과정과 자동적 과정은 그림 〈2-6〉과 같다(Roskos-Ewoldsen et al. 2002). 이 그림에서 알 수 있듯이, 태도 접근 가능성은 태도 대상에 대한 주의, 정보 해석 그리고 행동에 영향을 미친다. 이 과정을 따라 태도 접근 가능성이 설득 과정에서 어떤 역할을 하는지 살펴보자.

우선, 태도의 접근 가능성은 태도 대상에 주의를 기울일 가능성을 결정한다(Roskos-Ewoldsen et al. 2002). 사람들은 주어진 대상에 대한 인출 가능한 태도를 가지고 있을 경우 그 대상에 주의를 기울이게 된다. 만약 어떤 설득 메시지에 대해 접근 가능한 태도를 지니고 있을 경우 수용자의 주의는 그 메시지를 향하게 된다. 그러나 접근 가능한 태도가 형성되어 있지 않은 대상은 수용자의 눈에 띄지 않는다. 예를 들어, 사형제도 폐지에 반대하는 메시지를 제공한다고 하자. 평소 사형제도 폐지 문제에 관심이 있던 사람은 새로운 메시지에 접근 가능한 태도(찬성/반대/보류)를 갖고 있기 때문에 이 메시지에 주목할 것이다. 반면, 사형제도 폐지에 전혀 관심이 없는 사람은 새로운 메시지에 접근 가능한 이전 태도가 없기 때문에 이 메시지에 주목할 가능성이 매우 낮다.

주어진 태도 대상에 대해 접근 가능한 태도를 지니고 있을 경우, 그와 관련한 새로운 메시지를 해석하는 데 더 많은 인지적 노력을 기울이게 되는데, 이를 동기화된 정보처리라고 한다. 예를 들어, 사형제도 폐지에 찬성하는 태도가 강하게 형성된 사람은 사형제도 폐지를 주장하는 메시지의 논거에 매우 민감하게 반응하게 된다. 새로운 메시지가 논리적으로 매우 타당하다면, 기존 태도를 바꾸어야 할 것인

2-6 태도 접근 가능성과 태도-행동 과정

가를 고민하는 시간을 보내게 된다. 물론 기존 태도를 고수하기 위해 새로운 메시지의 허점을 찾으려는 숙고의 시간을 보낼 가능성 역시 존재한다.

경우에 따라서 태도의 접근 가능성은 편향된 정보처리 과정을 유발하기도 한다. 다시 말해, 태도에 대한 접근 가능성이 높으면, 주어진 대상에 대한 새로운 정보를 해석하는 데 힘을 들이기보다 자신의 기존 태도에 근거한 편향된 처리를 할 가능성 역시 높아진다. 태도 접근 가능성이 언제 편향된 처리를 유도하고 언제 동기화된 처리를 유도하는지의 여부에 관해서는 현재 활발한 연구가 이뤄지고 있다. 앞서 파지오의 모델에서 언급한 동기와 기회 외에도, 자기감시도가 낮은 사람은 편향된 정보처리를 하는 경향이 있다고 한다. 자기감시도가 낮으면 주변의 상황 단서에 덜 민감하여 태도와 일관된 행동을 할 가능성이 높기 때문이다. 또한 메시지가 모호하여 다양한 해석이 가능할 경우에도 자신의 태도와 일관된 편향적인 정보처리가 일어날 가능성이 더 높다고 한다(Roskos-Ewoldsen et al. 2002).

앞서 설명한 단계에 따라 주어진 대상을 자신의 태도에 따라 해석하는 과정을 거쳤다면, 그 해석에 따라 행동하게 된다. 그러나 만약 애당초 인출 가능한 태도가 없었다면 새로 제시된 태도 대상이 지닌 가장 두드러진 특성이 바로 행동에 영향을 미치게 된다.

태도의 접근 가능성과 미디어 점화효과

태도의 접근 가능성 개념은 다양한 커뮤니케이션 현상에 적용할 수 있다. 대표적인 예로 태도의 접근 가능성은 점화(priming) 효과와 접목되어 미디어 연구나 광고 분야에서 응용되고 있다. 우리의 인지구조는 그물망처럼 엮여 있기 때문에 하나의 정보를 접하게 되면 그와 연결되어 있는 인지요소들이 함께 떠오르게 된다. 이처럼 특정 단서를 제공받았을 때 관련한 다른 정보가 함께 떠오르는 현상을 점화효과라고 한다.

뉴스 메시지나 공공정책, 정치인 등을 평가할 때 그와 관련한 모든 정보를 고려하기는 무척 어려운 일이다. 따라서 사람들은 인지적으로 쉽게 접근할 수 있는 정보, 예컨대 뉴스에서 제공한 평가 대상에 대한 정보의 일부를 토대로 태도를 형성하게 된다. 뉴스 등을 통해 반복적으로 접하게 되는 이슈는 다른 이슈들보다 태도의 접근 가능성이 높아지며, 특정 이슈에 대해 반복적으로 노출되는 평가요인은 그렇지 않은 평가요인들보다 태도의 접근 가능성이 높은 평가요인이 된다. 특정 이슈가 얼마나 다양한 특성들을 토대로 여러 미디어를 통해 반복적으로 보도되었는가는 해당 이슈에 대한 현저성의 지표이며, 이는 곧 이슈에 대한 태도 접근성을 결정하는 주요인이 된다.

예를 들어, 일본에 대한 태도를 측정하는 과정에서 일본과 연관된 단서들을 떠올린다고 생각해 보자. 우리는 순간적으로 독도, 위안부, 게임, 애니메이션 등을 함께 떠올린다. 이때 '일본'은 점화를 일으키는 단서가 되며, '독도', '위안부' 등의 개념은 점화를 통해 순간적으로 접근 가능한 인지요소가 된다. 한 가지 주목할 사실은, 우리가 일본에 대한 태도를 형성하고자 할 때 일본과 관련한 모든 평가요인들이 고려되지는 않는다는 점이다. 다시 말해, 순간적으로 일본에 관한 태도를 응답할 것을 요구받을 때 독도와 위안부를 고려하는 사람이 기모노와 사무라이를 고려하는 사람들보다 훨씬 많다는 것이다. 우리 머릿속에서 순간적으로 함께 점화되는 단서들은 보통 미디어를 통해 반복적으로 노출되거나 평소 개인적인 관심이 많아 접근 가능성이 높은 요인들로 구성된다. 결과적으로 일본에 대한 태도를 형성하는 과정에는 접근 가능성이 높은, 즉 현저성이 높은 단서들이 큰 영향을 미치게 된다.

최근에 활성화된 적이 있는 개념이나 태도는 기억으로부터의 접근성이 일시적으로 더 높아지기 때문에 특정 단서에 의해 점화될 가능성이 크며, 점화를 통해 현저화된 단서들은 정보처리 과정에 영향을 미치게 된다. 따라서 평가 대상에 대한 특정 속성을 현저화해 태도의 접근 가능성을 높임으로써 대상에 대한 태도를 변화시키려고 노력하거나, 평가 대상에 대해 순간적으로 현저화되는 단서가 무엇인지를 파악하여 평가 주체의 태도나 행동을 예측하려는 다양한 시도들이 진행되고 있다.

(4) 측정상의 차이

아젠과 피시바인(Ajen & Fishbein 1977)은 행동을 잘 예측하기 위해서는 행동에 대한 정확한 태도를 측정해야 한다고 보았다. 태도와 행동 간 관계를 다룬 많은 연구들은 태도와 행동 간 상관관계가 낮다고 결론 내린다. 아젠과 피시바인은 태도에 대한 개념적 정의와 측정에 대한 정확성이 결여되어 있기 때문에 이러한 결과가 나타나는 것이라고 생각했다. 이들에 따르면, 대부분의 태도 연구들은 '대상'에 대한 태도를 측정했다. 그러나 행동을 잘 예측하기 위해서는 '대상에 대한 태도'가 아니라 '행동에 대한 태도'를 측정해야 한다. 피시바인은 합리적 행동이론을 통해 대상에 대한 태도보다 행동에 대한 태도가 행동을 더 잘 예측할 수 있다는 것을 증명했다.

태도를 두 가지로 구분한 것처럼 행동 또한 특정 행동을 뜻하는 구

체적 행동과 넓은 범위의 행동을 뜻하는 다양한 행동 범주로 구분할
수 있다.

구체적 행동 예측

앞서 보았듯, 아젠과 피시바인(1977)은 행동이 행위, 대상(목표),
맥락(상황), 시간이라는 네 가지 요소로 구성되어 있다고 보았다. 따
라서 행동은 이 네 요소를 통해 예측될 수 있다. 데이비슨과 자카드
(Davidson & Jaccard 1979)는 여성들이 2년 동안 피임약을 복용할 것
인지 예측하는 연구를 진행했다. 이들은 피임약에 대한 태도뿐 아니라
'피임약을 사용'하는 '행위'와 '향후 2년 동안'이라는 '시간'을 함께 측정
했을 때 '2년 동안 피임약을 복용하는 행동'에 대한 예측력이 증가한다
는 것을 발견했다. 행위, 대상, 맥락, 시간을 종합적으로 고려할 때
행동에 대한 예측력이 높아진다는 것을 증명한 셈이다.

다양한 행동 범주 예측

행동의 범위가 광범위할 경우 대상에 대한 전반적인 태도로 일반적
인 행동을 예측할 수 있다. 가령 개인이 모피 생산에 부정적 태도를 갖
고 있다면 일반적으로 모피 소비를 반대하는 등의 행동에 참여할 것이
라는 예측이 가능하다. 그러나 모피 생산을 부정적으로 바라보더라도
특수한 맥락에서는 모피 소비 금지 활동에 참여하기 어려울 수 있다.

5. 결론

특정 대상이나 행위에 대한 신념이 강하면 이것이 태도로 이어지고,
태도는 행동으로 이어지게 된다는 가정에는 의심의 여지가 없다. 그럼

에도 불구하고, 우리는 강한 신념이 잘못된 태도로 이어지거나 확고한 태도가 행동으로 발현되지 않는 경험을 많이 해 봤다. 태도가 행동의 강력한 선행요인이며 인간은 합리적이고 이성적인 사고를 통해 행동한다고 강조한 연구자들 역시 점차 단순히 행동의도를 통해 행동을 예측하는 것은 쉬운 일이 아님을 인정하지 않을 수 없었다.

사람들의 행동은 사회적이고 개인적인 여러 요인들이 종합적으로 고려되는 것이다. 이후 태도와 행동의 상관관계에 관한 연구는 심리학적인 차원에서 태도가 행동으로 연결되는 이유 혹은 연결되지 않는 이유를 밝히는 것에 집중해 왔다. 또한 태도와 행동에 실제적 영향을 주는 내·외부적인 요인으로 무엇이 있는지 밝히고, 이를 체계적으로 이론화하려는 시도 또한 계속되었다.

제2부에서는 태도와 행동의 변화에 관해 다룬 여러 사회심리학적 이론을 설득의 차원에서 살펴볼 것이다. 설득심리학 이론은 인간을 단순히 자극에 대한 반응의 대상으로 가정한 행동주의적 이론에서 시작하여 합리적으로 사고하는 인간을 가정한 인지주의적 이론을 거쳐, 불완전한 사고를 하는 사회적 인간을 가정하는 사회인지주의적 이론으로 발전하였다. 여러 사회심리학 이론들이 설득 상황에 어떻게 대입되는지를 고민하는 시간이 되길 바란다.

제2부

설득심리학 이론

제 3 장

행동주의 이론

사람은 태어나서 죽을 때까지 수많은 미지의 대상을 마주한다. 이들 대상에 대한 태도는 처음부터 지니고 태어나는 것이 아니라 후천적으로 학습된다. 새로운 대상에 대한 태도가 어떻게 형성되는가 하는 논의는 행동주의 이론에서 출발한다. 설득 커뮤니케이션에서의 행동주의적 접근이란, 설득을 학습의 과정으로 보고 설득 커뮤니케이션 과정을 학습이론을 통해 설명하려는 입장이다.

이 장에서는 설득 커뮤니케이션에 적용이 가능한 행동주의적 접근 방식의 이론들을 살펴본다. 행동주의적 접근방식은 인간의 행동을 자극에 대한 기계적 반응의 원리로 단순화한 초기 행동주의 이론과 자극과 반응 사이의 유기적인 인간의 역할을 강조한 신행동주의 이론으로 나뉠 수 있다. 이 장에서는 행동주의적 접근방식의 초기 이론인 조건화이론과 신행동주의적 접근인 사회학습이론을 중점적으로 살펴본다.

1. 행동주의 이론에서의 설득

1) 태도의 형성과 학습

행동주의 이론에서 태도는 외부 자극에 대한 반응을 학습하는 과정에서 도출된 결과물로 인식된다. '학습'이라는 단어를 생각할 때 우리는 보통 학교에서 공부하는 모습을 떠올린다. 그러나 전 생애에 걸쳐 일어나는 모든 일을 학습된 것이라고 보아도 무관할 정도로, 우리는 다양한 행동을 학습한다. 학습은 말하는 법, 젓가락질하는 법, 신발끈을 묶는 법이나 자전거 타는 법 등 다양한 상황을 망라한다. 따라서 학습은 '인간이 그를 둘러싼 환경 속에서 접하는 다양한 사상(事象)을 통해 행동을 습득하거나 변화시켜 나가는 과정'이라 정의될 수 있다.

학습의 가장 기본적인 원리는 어떤 자극에 대해 반응하는 과정에 있다. 이때 '자극'(S, *stimulus*)은 유기체가 오감을 통해 지각하거나 인식할 수 있는 모든 외적 요인을 말하며, '반응'(R, *reaction*)은 그 자극을 받아들인 결과로 생기는 것이라 정의할 수 있다. 설득 커뮤니케이션에서 행동주의적 접근이란 설득을 학습의 과정으로 보고, 행동주의 및 신행동주의 심리학 이론을 근거로 설득 행위(S)가 수용자들의 태도변화(R)를 유발하는 원리를 설명하려는 입장이다. 이렇게 심리학에서 태동한, 자극과 반응의 관계로 학습을 설명하는 원리는 설득 커뮤니케이션에서 태도변화를 설명하는 하나의 주요한 접근방법이 되었다.

2) 단순노출을 이용한 설득

자극과 반응을 하나의 학습 과정이라고 볼 때 대상에 대한 태도는 어떻게 학습될까? 자극-반응의 과정을 태도의 학습과 동일 선상에서 살펴본 초기 연구자들은 대상에 대한 단순노출이 호의적인 감정을 일으킬 수 있다고 가정하였다. 연구자들은 일정 조건이 충족된다면 반복적인 노출만으로도 대상에 대한 긍정적 평가를 도출할 수 있다고 보았다.

자용(Zajonc 1968)은 'afworbu', 'civrada', 'jandara', 'iktitaf' 등 아무런 의미도 없는 조합으로 매우 생소한 단어를 만들어 피험자에게 반복적으로 보여 주는 실험을 하였다. 그 결과, 생소한 단어라 할지라도 노출 횟수가 많아지면 단어에 대한 긍정적 태도가 형성됨을 발견했다. 또한 자용은 모르는 사람의 사진을 반복적으로 보여 주는 실험을 통해 노출 횟수의 증가가 사진 속 대상에 대한 호감 증가로 이어짐을 밝혀냈다. 자용은 이러한 형태의 반복 실험을 토대로 '단순노출 효과'를 정립하였다.

반면, 본스타인(Bornstein 1989)은 반복적 노출이 무조건 긍정적 태도로 이어지지는 않으며, 이를 위해서는 다음과 같은 몇 가지 선행조건이 충족되어야 한다고 보았다.

① 생소하고 이질적인 자극일수록 반복적 단순노출이 긍정적 태도를 형성한다.
② 노출이 지속되는 시간은 짧을수록 좋다.
③ 단순하기보다는 조금 복잡한 구조를 가진 자극이 긍정적 태도를 형성한다.
④ 반복노출의 횟수가 어느 정도 이상이 되면 오히려 효과가 감소한다.
   → 반복노출의 효과는 역U자형의 그래프를 이룬다.

단순노출의 효과는 반복되는 자극에 길들여지는 인간의 특성을 보여 준다. 단순노출의 효과가 과학적으로 충분히 밝혀진 것은 아니지만, 반복적인 단순노출을 통해 사람들이 특정 대상에 대한 감정과 태도를 갖게 된다는 주장은 수많은 경험적 관찰을 토대로 설득 커뮤니케이션 연구 분야에서 많은 관심을 받았다.

3) 행동주의적 접근방법의 태동과 발전

행동주의적 접근은 인간의 행동을 자극에 대한 반응의 과정으로 설명한다. 초기의 행동주의적 관점은 인간을 외적 자극에 기계적으로 반응하는 존재로 인식하였다. 인간은 외부 자극에 반응하는 반복과정을 통해 특정 행동을 학습해 나간다. 행동주의적 접근방식을 고려한 초기의 사회심리학자들은 인간의 내적 정신을 정의하거나 측정할 수 없다고 보았기 때문에, 이를 학술적 차원에서 다루기에는 부적합하다고 생각했다. 이들은 인간의 행동은 관찰 가능하고 측정 가능한 외부의 환경 자극에 의해 결정되는 것이라는 환경결정론적 입장을 취하고, 설득 커뮤니케이션의 과정을 오직 학습을 통해 설명하였다. 결과적으로 초기의 행동주의적 관점의 이론들은 인간의 행동에 관여하는 내적인 심리과정이나 의식적 경험, 신경생리적 과정 등에 대한 관심을 배제한 채 발전하게 되었다.

'자극과 반응의 심리학'이라고도 불리는 행동주의적 접근방식에서 학습의 원리는 자극, 반응 및 연합이라는 세 개의 기본개념을 토대로 설명된다. **자극**은 학습이 이뤄지기 위해 학습자에게 영향을 주는 선행요인을 말하며, **반응**은 자극에 대한 학습자의 반응을 말한다. **연합**은 자극과 반응을 서로 연결하는 과정을 의미하며, 이는 시행착오적인 연습이나 조건화를 통해 일어난다. 특정 자극과 반응이 반복해 연합되면 이것이 하나의 형태로 고정되는데, 이를 학습 과정이라고 볼 수 있다.

초기의 자극-반응이론은 인간 내부의 심리과정이나 의식적 경험 등을 배제한 채 자극과 반응을 통해 인간의 행동을 기계적으로 설명하려는 한계가 있었다. 이러한 문제를 극복하기 위하여 1930년대에는 신(新) 행동주의 심리학이 등장하였다. 헐(Hull 1943) 등이 주도한 신행동주의적 관점에서는 인간이 외적 자극에 무조건적으로 반응하는 기계적 존재가 아니라, 개인의 동인(drive)을 매개로 자극에 대한 반응을 역동적으로 변화시킬 수 있는 유기적 존재임을 강조한다. 유기체(O, object)로서의 인간을 가정한 이러한 신행동주의 관점은 이후 사회학습이론(Bandura 1977)의 기초가 되었다.

이제 본격적으로 행동주의적 접근방식에서 도출된 이론을 다뤄 보자. 여기서는 크게 인간의 행동을 자극에 대한 기계적 반응의 원리로 단순화한 초기 행동주의적 접근방식의 '조건화이론'과 자극과 반응 사이의 유기적 인간의 역할을 강조한 신행동주의적 접근방식의 '사회학습이론'을 살펴본다.

2. 조건화이론

1) 파블로프의 실험

1927년 생리학자 파블로프(Ivan Pavlov)는 동물의 소화 및 침 분비 기능의 상관관계를 밝히기 위해 실험을 진행했다. 그는 개의 침 분비 현상이 먹이가 입에 들어오면 자동적으로 일어나는 반사적 반응임을 입증하고자 오랜 시간 개를 관찰하였다. 그런데 이 과정에서 우연히, 특정 조건이 충족된 상황에서는 개가 진짜 먹이를 먹지 않았는데도 입에 침이 고이는 것을 목격했다. 파블로프는 외부의 물리적 자극 없이도 입에 침이 고이는 현상을 '심적 분비'(psychic secretion)라고 명명하

3-1 파블로프의 개 실험

조건화 전	→ 조건화 →	조건화 후
무조건적 자극(UCS) 음식	....	조건적 자극(CS) 벨소리
↓		↓
무조건적 반응(UCR) 침	....	조건적 반응(CR) 침

출처: Perloff 1993, 64 재구성.

고, 본격적으로 이를 연구했다.

파블로프는 실험에서, 개에게 먹이를 줄 때마다 개가 침을 흘리는 것을 확인하였다. 또한 종을 울렸을 때는 개가 침을 흘리지 않았지만, 종을 울리며 먹이를 함께 주었을 때는 침을 흘리는 것을 확인할 수 있었다. 이후 파블로프는 개에게 먹이를 줄 때마다 종을 울렸다. 먹이를 줄 때마다 종을 울리는 행위를 몇 번 반복한 이후, 파블로프는 먹이를 주지 않고 종을 울리기만 해도 개가 침을 흘리는 것을 확인했다. 이를 정리하면 다음과 같다.

① 먹이를 주었을 때 개가 침을 흘리는지 확인한다.
② 종을 울렸을 때 개가 침을 흘리는지 확인한다.
③ 종을 울리면서 먹이를 주었을 때 개가 침을 흘리는지 확인한다.
④ 이후, 먹이를 주지 않고 종을 울렸을 때 개가 침을 흘리는지 확인한다.

흔히 '파블로프의 개'로 알려진 이 실험은 오늘날 행동주의 심리학의 태동을 알린 아주 중요한 실험이다. 파블로프는 이 실험을 통해 무조건 반응을 일으키는 무조건 자극과 조건 자극을 결합함으로써, 개도 특정 행위를 학습할 수 있다는 사실을 발견하였다. 이 실험결과를 기반으로 태도와 행동에 관한 학습적 접근은 괄목할 만한 성장세를 보이게 되었다.

2) 고전적 조건화

(1) 고전적 조건화의 개념

선천적으로 인간과 같은 유기체는 어떤 자극이 주어지면 반사적 행동을 보이게 된다. 고전적 조건화는 반사적 행동을 유발하지 않는 일반적인 중립적(중성) 자극과 선천적으로 반사적 행동을 보이는 자극이 연결된 상태를 말한다. 고전적 조건화를 거치면 일반적인 중립적 자극에 의해 의도된 행동이 유발된다.

태어날 때부터 체득되어 있는 생득적 반응, 즉 선천적인 반응을 무조건 반응이라 한다. 이런 무조건 반응을 일으키는 자극을 무조건 자극, 그리고 무조건 자극에 무조건 반응이 일어나는 과정을 무조건 반사라고 한다. 중립적 자극이 반응을 유발할 경우 이런 중립적 자극을 조건 자극, 조건 자극에 의한 반응을 조건 반응이라고 한다.

앞선 실험을 통해 이 개념을 정리해 보자. 개에게 먹이를 주면 개는 침을 흘린다. 이는 무조건 반응이며, 이때 무조건 자극은 '먹이'다. 이후 파블로프는 개에게 종소리를 들려준다. 여기서 종소리는 외부에서 제공되는 자극이기는 하지만 개의 침샘을 자극하지 않는 일종의 중립적 자극에 해당한다. 당연히 개는 종소리를 들어도 침을 흘리지 않는다. 그런데 어느 날부터 개에게 먹이를 줄 때마다 종소리를 들려주기 시작한다. 종소리는 개의 침샘을 자극하는 요인이 아니지만, 종소리를 들을 때마다 무조건 자극인 먹이를 함께 제공했기 때문에, 개는 이 경우에 무조건 반사로 침을 흘리게 된다. 이러한 일이 몇 차례 반복된 후 파블로프는 먹이를 주지 않고 종소리만을 들려주어도 개가 침을 흘리게 됨을 발견하였다. 즉, 무조건 자극이 부재한 상태에서 종소리라는 중립적 자극이 반응을 일으키게 된 것이다. 이 경우 중립적 자극인 종소리는 개의 반응을 일으키는 조건 자극으로 변화하고, 침을 흘리는 개의 반응은 특정 조건에 한한 반응이라는 의미에서 조건 반응으로 변한다. 무조건 자극에 의한 무조건 반응이 무조건 반사를 유발한 것과 달리, 특정 상황에서 학습된 조건 자극에 대한 조건 반응은 조건 반사를 유발한다. 조건 반사를 일으키는 이러한 자극과 반응의 연합 과정이 바로 '고전적 조건화'이다.

(2) 고전적 조건화의 적용

치밀한 계획을 통해 이뤄지는 조건화도 있지만 일상생활에서 우리가 접하는 대부분의 조건화는 무의식적 수준에서 일어난다. 우리는 일상생활에서 부지불식간에 많은 조건화된 반응을 경험하고 태도와 행동을 바꿔 나간다. 오늘날 조건화이론에 기초한 많은 방법들은 광고, 교회 설교, 선전, 정치적 또는 사회적 캠페인 등에서 응용된다. 고전적 조건화가 적용된 대표적인 예를 몇 가지만 들어보면 다음과 같다.

정 서

우리가 지닌 대부분의 정서적 반응이나 태도는 어린 시절 학습한 고전적 조건 형성의 결과라고 볼 수 있다. 예를 들면, 어린이들은 부드러운 감촉과 같은 중성 자극에 대해서는 긍정적 태도를 지니고 날카로운 통증과 같은 중성 자극에는 부정적 태도를 형성하게 된다. 또, 어린 시절 개와 함께 어울린 기억이 있는 아이와 개에게 물린 기억이 있는 아이, 그리고 어린 시절 개와 연관된 특별한 경험이 없는 아이는 개에 대한 서로 다른 태도를 지닌다.

광 고

제품 광고에 고전적 조건화이론을 적용하는 것은 매우 일반적인 현상이다. 우리가 하고 싶어 하거나 좋아하는 것의 대부분은 고전적 조건화이론으로 설명할 수 있다. 예를 들어, 어떤 청바지 브랜드에서 신규 상품을 광고한다고 생각해 보자. 이 광고에서 청바지는 아직 별다른 감정이 반영되지 않은 중립적 자극물이다. 사람들은 이를 직접 입거나 만져 보지 않았기 때문에, 상품에 대한 별다른 감정을 가지고 있지 않다. 그러나 광고에 등장한 모델에 대한 소비자의 평가(조건적 자극)는 청바지에 대한 감정변화를 일으킬 수 있다. 즉, 평소 이 모델에 대해 긍정적으로 평가하던 사람이거나 광고모델에 대해 매력을 느낀 사람은 그렇지 않은 사람에 비해 상품에 대해 더 긍정적인 평가를 할 가능성이 크다. 이런 연유로 평범한 일반인보다 인기 있는 연예인이나 신뢰도가 높은 유명인사가 광고모델로 활용되는 경우가 훨씬 많다. 비슷한 사례로, 사람들은 자신이 신뢰하는 사람이 선전한 브랜드의 상품을 그렇지 않은 상품보다 더 튼튼하고 견고할 것이라 믿는다.

행동 치료

어린 시절 물에 빠진 경험이 있는 사람은 자신의 의지와 상관없이 물에 대한 심각한 공포와 두려움을 경험하게 된다. 이는 물(자극)-공포(반응)의 연합은 무의식적인 수준에서 일어난 경우다. 이러한 조건화의 결과는 트라우마나 공포증과 같은 형태로 남아 치료의 대상이 되기도 한다. 연구자들은 조건화를 이용한 역조건 형성 과정을 통해 이를 치료할 수 있다고 보았다. 이들은 부정적 반응을 일으키는 조건 자극을 그보다 더 강력한 긍정적 반응을 일으키는 무조건 자극과 연합시키는 시도를 통해 기존에 형성된 연합을 약화시키거나 해체할 수 있다고 주장한다.

(3) 고전적 조건화의 차원

태도의 고전적 조건화는 크게 일차적 조건화와 고차적 조건화로 나뉜다. 두 가지 차원의 기본원리는 같다. 다만, 일차적 조건화는 물리적 자극을 무조건 자극으로 쓰는 반면, 고차적 조건화는 상징적 자극을 무조건 자극으로 쓴다는 점에서 차이가 있다.

일차적 조건화는 음식이나 신체적 처벌과 같은 물리적 자극인 무조건적 자극을 조건적 자극과 짝을 지음으로써 조건적 자극에 대한 태도를 형성하는 것을 말한다. 여기서 물리적 자극이란 인간의 감각지(感覺知)에 직접 미치는 자극을 의미한다. 특정 물체에 쇳소리라는 듣기 싫은 소리를 연합한 왓슨(John B. Watson)의 실험이 대표적인 일차적 조건화의 예이다. 치과에서 드릴 소리를 들으면 불안하고 거북한 기분이 들고, 심하면 치과의사나 간호사를 두려워하게 되는 것 역시 드릴 치료(물리적 자극)로 통증을 느꼈던 경험에 기반을 둔 일차적 조건화의 좋은 예시 중 하나이다(Öst & Hugdahl 1985).

그러나 사실 실생활에서 자동적으로 호감/비호감의 반응을 불러일으키는 조건적 자극과 무조건적 자극이 결합되는 일차적 조건화의 경우를 발견하기는 쉽지 않다. 보통 좀더 상징적인 자극, 즉 호감/비호감의 이성적인 판단이 동원되는 기호적 자극을 통해 관찰되는 **고차원적 조건화**가 일반적이다. 스타츠와 스타츠(Staats & Staats 1957)는 단어의 상징적 의미가 불러일으키는 감정적 자극을 이용한 조건화 실험을 했다. 그들은 일련의 피험자를 두 집단으로 나눈 후, 한 집단에는 'yof'라는 무의미한 어휘를 만들어 이를 긍정적인 함의를 담고 있는 'gift', 'happy', 'beauty' 등의 단어와 결합해 반복적으로 제시했다. 또한 다른 집단에는 'xeh'라는 어휘를 반복노출하며, 'bitter', 'sad', 'ugly' 등 부정적 함의를 담는 단어와 결합했다. 반복실험 결과, 긍정적 함의의 단어와 결합된 'yof'를 제시한 집단은 이 어휘에 대해 긍정적 태도를 형성한 데 반해, 부정적 단어와 결합된 'xeh'를 제시한 집단은 이 어휘에 대해 부정적 태도를 형성하게 되었다. 이는 파블로프의 실험이 개의 먹이와 같이 긍정적인 반사를 일으키는 물리적 자극을 밝히는 데 집중했던 것과 달리, 부정적이거나 긍정적 의미를 지니는 상징적 자극을 통해서도 조건화가 가능함을 보여 준다.

한 가지 주목할 점은 고차적 조건화에서 자극으로 사용되는 상징이 그 자체로 이미 조건화된 결과물이라는 사실이다. 앞서 스타츠와 스타츠의 실험에서 상징 자극물로 사용된 단어들은 우리에게 긍정적이고 부정적인 의미로 인식되지만, 사실 그 자체로는 여러 알파벳이 나열된 중성 자극에 불과하다. 우리는 어릴 때부터 실제적인 물리적 자극물(예를 들면, 생일 선물, 파티, 드레스)과 'gift', 'happy', 'beauty'라는 단어를 연관시키는 반복적인 훈련을 통해 이 단어를 긍정적 의미를 지닌 상징적 요인으로 지각하게 된다. 따라서 엄밀히 말해, 고차적 조건화는 일차적 조건화의 결과물을 또 다른 조건 자극으로 활용하여 조건 반응을 유도하는 일련의 체계화된 과정이라고 볼 수 있다.

이러한 고차적 조건화의 예는 우리 주위에서 비교적 쉽게 찾아볼 수 있다. TV 뉴스 등에서 정치인들이 기자회견을 하는 광경을 생각해 보자. 우리는 정치인의 등 뒤에 태극기가 배치되어 있는 장면을 쉽게 연상할 수 있다. 이러한 상징물의 배치는 기자회견을 시청하는 사람들에게 일순간 애국심을 품게 하고 기자회견을 하는 정치인을 향한 긍정적인 태도를 유도하는 효과가 있다. 즉, 태극기와 조건화되어 있는 '애국'이라는 긍정적 감정이 '정치인'이라는 중립적 자극과 새롭게 결합하여 상대적으로 긍정적인 감정을 갖게 하는 것이다.

3) 조작적 조건화

(1) 조작적 조건화의 일반원리

조작적 조건화는 도구적 조건화라고도 한다. 조작적 조건화는 파블로프의 고전적 조건화의 원리에서 한 걸음 더 나아가, 경우에 따라서는 원하는 바를 얻기 위해 개인이 자극에 대해 자발적인 반응을 보인다는 점에 주목한다. 만약 어떤 행동을 하였을 때 긍정적 결과를 획득한다면, 이 행동에 대해 긍정적 태도를 형성하고 이를 반복할 가능성이 크다. 조작적 조건화 연구자들은 행동을 통해 얻는 결과를 행동의 강화요인으로 보고, 강화의 개념을 포함하여 조건화의 원리를 설명하고자 하였다.

만약, 운동을 해서 살을 뺐더니 칭찬을 하는 사람이 많아졌다면(강화), 이 사람은 운동에 대한 긍정적 태도를 형성하고 더욱 열심히 운동할 것이다. 이렇듯 조작적 조건화의 핵심은 강화이다. 쉽게 말해 강화는 바람직한 행동이 일어날 가능성을 증가시키는 자극을 말한다. 조작적 조건화에서 '조작적'이라는 용어는 사람들이 바라는 결과를 얻기 위해 선택적으로 환경을 조작한다는 의미다.

대표적인 조작적 조건화 연구자로 스키너(Burrhus F. Skinner)가 있다. 스키너는 고전적 조건화에 '강화물'이라는 요인을 추가하고, 조건화된 행동이 단발성에 그치지 않고 지속되기 위해서는 행동에 대한 적절한 보상이 필요하다고 주장하였다. 스키너(Skinner 1938)가 고안한 '스키너 상자'를 이용한 실험은 조작적 조건화 과정을 잘 보여 준다. 먹이 없이 사방이 막혀 있는 상자 안에 사는 생쥐는 우연히 상자 안의 지렛대를 누르자 먹이가 나오는 것을 경험한다. 생쥐는 처음 몇 번은 지렛대와 먹이의 관계를 눈치 채지 못한다. 그러나 우연히 이 과정을 몇 번 반복하면서 결국 지렛대를 누르면 먹이가 나온다는 것을 알게 되고, 이후 먹이를 얻기 위해 지렛대를 누르게 된다. 이 실험에서 생쥐는 자신의 반응(지렛대를 누르는 행위)에 대한 긍정적 강화(먹이)가 일어나자, 이를 긍정적 자극으로 인식하고 동일한 행동을 선택적으로 반복하는 모습을 보인다. 이 실험을 통해 스키너는 유기체에게 특정한 반응이 나타날 가능성을 증가 혹은 감소시키는 요소로서 강화물의 역할을 강조하였다.

스키너는 후속 행위를 유도하는 요인으로 강화와 처벌을 구별하고, 강화를 다시 정적(긍정적) 강화와 부적(부정적) 강화로 구별하였다. 우선, 강화는 일정한 반응이 다시 나타날 가능성을 증가시키는 요인을 말한다. 정적 강화는 긍정적 보상을 제공함으로써 행동이 다시 나타날 가능성을 높이는 반면, 부적 강화는 부정적 요인을 제거해 주는 보상을 수행함으로써 행동이 다시 나타날 가능성을 높인다. 예를 들어, 앞서 실험에서 지렛대를 누르면 먹이를 주는 행위는 긍정적 보상(먹이)을 통해 후속 행동을 유도하는 정적 강화에 해당한다. 하지만 만약, 상자 안의 쥐에게 계속해서 전기충격을 주다가 지렛대를 건드릴 때만 충격을 주지 않는 과정을 반복한다면, 쥐는 지렛대를 누르는 행위를 통해 혐오 자극을 피할 수 있다는 것을 학습하고 반복적으로 지렛대를 누르게 된다. 따라서 지렛대를 누르면 전기충격을 주지 않는 행위는 부정적 요인을 제거해 주는 보상으로 후속 행동을 유도하는 부적 강화에 해당한다.

한편, 처벌은 강화와는 달리 특정 행동을 반복할 가능성을 감소시키는 요인을 말한다. 처벌 역시 상황에 따라 정적 처벌과 부적 처벌로 구분할 수 있다. 정적 처벌은 어떤 행동에 대해 싫어하는 결과물을 제공함으로써 특정 행동이 다시 나타날 가능성을 낮추는 반면, 부적 처벌은 어떤 행동에 대해 좋아하는 결과물을 제거함으로써 특정 행동이 다시 나타날 가능성을 낮춘다. 예를 들어, 상자 안의 쥐가 지렛대를 누를 때마다 전기충격을 주는 것을 반복하거나 먹이를 뺏는 행위를 반복한다면, 쥐는 더 이상 지렛대를 누르지 않을 것이다. 이렇게 지렛대를 누를 때마다 전기충격을 주는 것은 행위에 싫어하는 결과물을 제공하는 정적 처벌에 해당한다. 반면, 지렛대를 누를 때마다 먹이를 뺏는 것은 행위에 좋아하는 결과물을 제거하는 부적 처벌에 해당한다. 강화와 처벌의 개념은 유사해 보이지만, 강화는 행동을 유발하는 것에 초점을 맞추는 반면, 처벌은 행동을 억제하는 것에 목적을 둔다는 점에서 근본적인 차이가 있다. 스키너는 행동을 통제함에 있어 가장 효과적인 방법은 정적 강화를 통한 조건화이며, 처벌은 강화보다 행동 통제에 덜 효과적이라고 주장했다.

(2) 조작적 조건화의 주요 현상

행동 조형

조형이란 실험자가 자극과 반응을 조건화하는 과정(목표)을 순차적으로 진행하는 것을 말한다. 예를 들어 스키너의 실험에서 생쥐를 아무런 조치 없이 상자 안에 두면, 생쥐가 처음으로 지렛대를 누를 때까지 굉장히 오랜 시간이 걸린다. 즉, 이러한 실험 설계에서 생쥐가 지렛대를 누르는 최초의 행위는 전적으로 우연에 기초하기 때문에, 운이 나쁜 경우엔 생쥐가 지렛대를 누르는 행위를 전혀 하지 않을 가능성이 존재한다. 스키너는 특정한 조건화 과정은 이러한 우연에 의해 진행되는 것(손다이크의 가정)이 아니라 계획적인 조형 과정을 통해 만들 수 있다고 보고, 실험 초기에 지렛대에 이르는 길에 약간의 먹이를 흘려둠으로써 생쥐가 지렛대를 건드리는 행위가 발생할 수 있도록 하였다.

소거와 자발적 회복

조작적 조건화는 특정 행동에 강화물을 부여해 반복을 유도할 수 있다고 가정한다. 이와 같은 논리의 연장선에서, 특정 행동에 대한 강화물을 제거하여 자극에 대한 반응 과정을 소거하는 것 역시 가능하다. 행동에 대해 강화물이 제공되지 않는 상태가 장기적으로 지속되면 행동의 빈도가 점차 줄어들고 이내 완전히 중지하는데, 이와 같은 작용을 소거라고 한다. 그러나 한번 조작화된 행동이 완전히 소거되기는 쉽지 않으며, 경우에 따라서는 특정 조건에서 자발적으로 회복되기도 한다. 예를 들어, '페달-먹이(강화물)'의 반응에 조작화된 생쥐에게 페달과 상관없이 일정 시간에 먹이를 반복적으로 제공하면 생쥐는 더 이상 페달을 밟지 않게 된다(소거). 하지만 이후 생쥐에게 일정 시간에 먹이를 주는 행위를 멈춘다면 생쥐는 별도의 학습(행동 조형) 없이도 다시 먹이를 얻기 위해 페달을 밟게 된다(자발적 회복).

일반화와 변별

특정한 자극과 강화물을 조건화하면 이후 자극요인과 유사한 행동들을 함께 수행하게 된다. 예를 들어, 어떤 새가 빨간색 동그란 단추를 쪼면 먹이를 얻을 수 있다는 사실을 학습한다면 파란색의 동그란 단추 역시 반복적으로 쪼는 행위를 보인다. 이는 동그란 단추가 먹이를 얻는 요인임을 학습한 새가 빨간색 단추에 대한 조건을 파란색 단추에 대한 조건으로 **일반화**한 것이다. 만약 파란색 단추를 반복적으로 쪼는 행위를 통해 원하는 먹이를 얻지 못한다면 이 새는 파란색 동그란 단추와 빨간색 동그란 단추를 구별하게 되는데, 이 과정을 **변별**이라고 한다.

도피 및 회피

조작화 과정을 통해 피험자는 고통스럽고 불쾌한 자극을 없애는 도피 반응을 학습할 수도 있다. 예를 들어, 상시 전기충격을 받던 생쥐가 페달을 누르면 전기충격을 받지 않는다는 사실을 깨닫는다면 그 생쥐는 전기충격을 피하기 위해 반복적으로 페달을 누르게 된다. 이는 페달을 누르는 행위가 부적 자극인 전기충격을 회피하게 하는 조건으로 학습된 결과이다.

미신적 행동

유기체는 자신이 얻은 대가가 앞선 행동에 대한 결과라고 믿는다. 따라서 만약 어떤 행동에 대해 긍정적 결과를 얻으면 실제 행동과 결과 간의 연관성이 없다 하더라도 이를 반복하려는 경향을 보인다. 즉, 어떤 행동에 대해 우발적 강화가 주어지면 강화와 상관없는 행동이 학습되는데, 이를 미신적 행동이라고 한다. 가령 중요한 시험 전날에 머리를 감지 않는다거나, 경기가 있는 아침마다 길고양이에게 먹이를 주는 축구선수 등의 예를 들 수 있다. 머리 감기와 시험 점수, 고양이와 경기 결과는 과학적으로 아무런 연관이 없다. 그러나 머리를 감지 않고 시험을 봤을 때 결과가 더 좋고 길고양이에게 먹이를 준 날에는 경기가 잘 풀리는 것을 반복적으로 경험하면, 이를 정적 강화물로 인식한 조건화가 일어나게 된다.

(3) 태도의 조작적 조건화

조작적 조건화의 기본 가정은 사람들이 흔히 강화를 받는 쪽으로 태도를 변화시키고, 이것이 다음 행동을 결정짓는다는 것이다. 이런 가정을 토대로 개인이 어떤 사람이나 대상에 대해 호감을 갖게 되는 이유는 (적어도 부분적으로는) 그 사람이나 대상으로부터 얻은 보상 때문이라고 설명할 수 있다.

인간의 사회화 과정에서 남녀의 성역할이 고정되는 현상 역시 조작적 조건화의 결과라고 볼 수 있다. 어린이들은 2차 성징(性徵)이 나타나기 전까지 성별에 따른 태도나 행동에 큰 차이를 보이지 않는다. 그러나 성장하면서 아이들은 자신의 성역할에 기대되는 행동과 다른 행동을 하면 야단을 맞거나 놀림 받는 일을 반복적으로 경험하게 된다. 사회에서 규정한 성역할에 동조하도록 학습된 아이들은 점차 자신의 성별에 따른 역할을 체득하게 된다.

4) 고전적 조건화와 조작적 조건화의 차이

고전적 조건화와 조작적 조건화는 둘 다 연합적 학습이론에 기초하지만 약간의 차이가 있다. 앞에서 살펴본 바와 같이, 고전적 조건화를 통해서는 조건적 자극과 무조건적 자극의 연합이 형성되는 반면, 조작적 조건화를 통해서는 행동과 그 결과(강화) 간의 연합이 형성된다. 또한 절차상에서도 차이가 있는데, 고전적 조건화에서는 학습자의 행동에 관계없이 실험자가 조건적 자극과 무조건적 자극을 제시하지만, 조작적 조건화에서는 학습자가 어떤 행동을 하느냐에 따라 강화물의 제시 여부가 결정된다.

실제 학습 상황에서 고전적 조건화와 조작적(도구적) 조건화 중 어느 하나에 의해서만 학습이 이루어지는 경우는 매우 드물며, 두 가지 조건화가 동시에 작용하는 경우가 많다. 그러므로 설득을 위해 전략을 세울 때도 두 가지 유형의 조건화 방법을 종합적으로 고려할 필요가 있다.

3-2 고전적 조건화와 조작적 조건화의 비교

		고전적 조건화	조작적 조건화
공통점		연합의 원리 사용	
차이점	연합	무조건 자극과 조건 자극의 연합	행동과 강화의 연합
	절차	학습자의 행동에 관계없이 무조건 자극과 조건 자극 제시	학습자의 행동에 따라 강화물의 제시 여부 결정

5) 대리된 고전적 조건화

사람들은 직접 경험하지 않은 것에 대해서도 긍정적이거나 부정적인 태도를 갖게 된다. 사람이 살면서 직접 경험할 수 있는 것들은 굉장히 한정적이기 때문에, 경우에 따라서 사람들은 자기 자신이 아닌 타인의 경험을 통해 특정 자극에 대한 태도를 지니게 된다. 자신에게 주어진 자극에 대한 반응으로 태도가 형성되는 것이 아니라 타인(행동 모델)의 활동을 관찰하여 특정 자극에 대한 태도를 형성하는 과정을 관찰학습이라고 한다. 대리된 고전적 조건화는 이런 관찰학습의 원리를 고전적 조건화에 접목해, 행동 모델을 관찰하는 간접적인 경험을 통해서 조건화가 일어날 수 있음을 가정한다.

대리된 고전적 조건화의 사례는 일상에서 얼마든지 발견할 수 있다. 예를 들어, 흑인에 대해 부정적 태도를 가진 부모 밑에서 자란 백인 아이를 생각해 보자. 이 아이는 흑인이나 여타 유색인종을 실제로 본 경험이 없고, 그들로부터 적대적 대접을 받은 경험 역시 없다. 그러나 이 아이는 부모의 부정적 태도, 이를테면 흑인이 TV에 출연하면 언짢은 얼굴을 하거나 삿대질을 하는 등의 태도를 반복적으로 관찰하는 과정을 통해(흑인이라는 조건 자극에 대한 부모의 조건 반응을 관찰), 흑인이라는 무조건 자극에 대해 '거부감'이라는 부모와 동일한 무조건 반응을 갖게 될 가능성이 크다. 즉, 흑인과 직접 접촉한 경험이 없더라도 평소에 태도 및 행동의 모델이 되는 부모의 태도를 관찰함으로써 대리된 조건화가 일어난 것이다.

직접 경험을 통한 학습만을 전제했던 초기 조건화 연구들과 달리, 대리된 고전적 조건화이론은 사람들이 자신이 직접 경험하지 않은 것을 통해서도 학습할 수 있음을 가정한다. 타인을 통한 간접 경험이나 미디어를 통해 대리된 경험을 통해서도 조건화가 이뤄질 수 있다는 관점의 변화는 이후 반두라에 의해 사회학습이론[1]으로 발전한다.

3. 사회학습이론

반두라(Albert Bandura)의 사회학습이론은 인간이 특정한 행동을 하게 되는 원리를 모델링을 통한 관찰학습, 상징적 학습 같은 여러 요인의 상호작용을 통해 설명한다(Bandura 1977). 사회학습이론에서는 인간을 단순히 외적 자극에 반응하는 존재로 보지 않는다. 학습자 자신의 능동적이고 적극적인 선택 및 판단 등 인지적인 요소가 중시된다. 따라서 사회학습이론은 조건화이론에서 한 걸음 더 나아가, 대부분의 학습이 다른 사람의 행동을 관찰하고 모방하는 과정을 통해 일어난다고 주장한다.

조건화이론으로 대변되는 기존의 행동주의 이론들은 인간의 행동을 자극과 자극에 의해 나타나는 반응 간의 단순한 상관관계로 보았다. 조

---

1 이 책은 행동주의에서 비롯한 인지주의적 학습이론의 기본 개념들을 중점적으로 다루고 있기 때문에 이 이론의 명칭을 초기 제시된 '사회학습이론'(social learning theory)으로 표기하고 있다. 하지만 관찰과 모방학습에 대한 반두라의 연구가 점차 인지주의적인 관점에 초점을 맞추어 발전함으로써, 오늘날에는 '사회인지이론'(social cognitive theory)으로 더 많이 불린다.

건화이론에서의 학습은 몇 차례의 직접적인 시행착오나 행동에 대한 강화물을 토대로 일어나는 것으로, 실제로 관찰 가능한 행동변화를 의미했다. 그러나 반두라가 주장하는 바에 따르면, 자극과 반응 사이에 기억, 기대, 신념 등과 같은 인지적 요인이 존재하기 때문에 자극을 통해 특정한 반응이 학습되었다 하더라도 이것이 행동으로 이어지지는 않을 수 있다. 즉, 사회학습이론에서 학습은 시행착오적 행동이 아닌 관찰을 통해서도 충분히 일어날 수 있으며, 행동의 변화를 가져올 수 있는 내적 요인의 변화를 포함하는 개념이다. 반두라의 주장으로, 행동주의 이론이 가정한 자극-반응 구조에서 한 걸음 더 나아간 자극-유기체-반응의 구조로 인지주의를 아우르는 신행동주의적 관점이 태동하였다.

1960년대 이후 들어 가정, 교회, 학교뿐 아니라 TV가 사회화 도구로 자리 잡으면서 사회학습이론을 제안한 반두라는 TV가 어린이에게 미치는 영향, 특히 폭력적인 TV 콘텐츠가 어린이에게 미치는 영향에 많은 관심을 기울였다. 그는 미디어를 통하여 어린이에게 제공되는 폭력적 장면이 실제로 어린이의 폭력성을 증가시킨다고 주장했다. 물론 TV의 폭력적 장면을 많이 본다고 하여 반드시 폭력적 기질이 높아지는 것은 아니라는 반론도 제기되고 있지만, 이 연구는 당시 TV의 영향력에 대한 논의와 함께 중요한 이슈로 떠올랐다.

1) 사회학습이론의 기본 원리

(1) 상호결정론적 관점에서의 행동

행동주의적 접근에 기초한 사회학습이론에서는 인간의 행동이 내적 심리나 환경적 요인뿐 아니라, 개인적이고 환경적인 요인들 간의 끊임없는 상호작용의 결과라고 설명한다. 반두라(Bandura 1977)는 인간의 행동을 단순한 자극에 의한 반응으로 해석한 인과론적 관점을 반박하

3-3 반두라의 삼원(three-way) 상호작용 모델

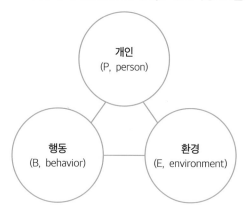

고, 개인적, 환경적, 행동적 요인들이 연속적이고 복합적인 상호작용을 통해 행동을 결정한다는 상호결정론적 관점을 제안하였다.

예를 들어, 어떤 패션 디자이너가 자신의 재능을 인정받기 위해 끊임없이 노력한 결과 유행을 이끄는 옷을 디자인하는 데 성공했다고 가정해 보자. 이때 재능을 인정받고자 하는 욕망은 개인적 요인에 속하며, 이를 위한 끊임없는 노력은 행동적 요인이다. 마지막으로 개인의 행동을 통해 유행을 일으키게 되는 것은 환경적 요인에 속한다. 개인이 변화시켰다 해도 새로운 환경(유행)은 타인에게 적응해야 하는 것으로 인식되며, 이 과정에서 어떤 사람은 자신의 실제 취향과 상관없이 유행에 따라 옷 스타일을 바꾸게 된다.

사회인지이론

반두라의 사회학습이론은 행동주의 이론에 속하면서도 인지적 개념을 포함하여 인간의 행동을 설명하고자 했다는 점에서 신행동주의 이론 또는 행동주의와 인지주의의 과도기적 이론으로 불린다. 행동주의적 관점에서 출발한 반두라의 사회학습이론은 점차 개인의 인지 능력의 영향력을 더욱 강조하게 되면서 이후에는 사회인지이론 (social cognitive theory)이라고 불리게 되었다.

사회인지이론에 따르면 인간은 관찰학습과 모방을 통해 가치, 세계관, 행위 유형 등을 습득하며, 이러한 과정은 개인의 인지적 과정 및 특성에 따라 영향을 받는다. 반두라에 의하면 강화 경험은 인간의 인지에 직접적인 영향을 주지 못한다. 인간의 기억과 해석, 편견 등에 의해 여과되기 때문이다. 예를 들어 시험 점수가 올라 용돈을 받은 경험이 있지만 그것을 기억하지 못하거나, 용돈이 적었거나, 용돈을 받는 방식이 마음에 들지 않은 등 그 경험이 별로 유쾌하지 않았다고 생각하면 강화의 효과는 약해진다. 따라서 사회인지이론에서 인간의 행동은 강화 경험 그 자체보다 어떤 강화가 주어질 것인가에 대한 인간의 기대에 더 큰 영향을 받는다고 본다. 가령 시험을 잘 보면 용돈을 더 받을 수 있을 것이라고 기대한다면 이전의 강화 경험이 없더라도 시험 준비를 열심히 할 것이다. 이에 사회인지이론 연구자들은 인간을 강화 조건에 따라 자동적으로 행동하는 존재가 아닌, 능동적으로 사태를 처리하며 강화에 대해 기대를 갖는 존재라고 주장한다.

반두라의 사회학습이론이 자연스럽게 '사회인지이론'으로 더 많이 불리게 되면서 초기의 사회학습이론과 사회인지이론을 구별하려는 시도가 있을 수 있다. 그러나 핵심 가정인 모델링, 관찰학습, 강화 등의 개념을 모두 공유하고 있다는 점에서, 이를 구별하기보다 동일한 이론으로 보는 것이 더 합리적이다.

(2) 관찰학습을 가능하게 하는 인간의 특징

사회학습이론에서 중요한 것은 인간이 단순히 모델을 모방하는 데 그치지 않고 관찰을 통해 학습한다는 점이다. 즉, 인간은 단순히 타인의 행동을 보기만 하는 것이 아니라 원리를 뽑아내어 다른 상황에서도 이를 응용하여 행동한다. 가령 앞서가던 사람이 눈길에 미끄러져 넘어진 것을 보고 그 자리를 지나갈 때 더욱 조심하거나 다른 길로 돌아가는 것을 예로 들 수 있다. 이런 관찰학습을 가능하게 하는 인간의 특징에는 다음의 네 가지가 있다.

상징성

사람들은 예수나 석가모니와 같은 인물을 롤 모델로 삼고 그들의 삶을 본받으려고 노력한다. 이런 종교 지도자의 삶은 출생부터 죽음에 이르기까지 모든 순간들이 상징적으로 묘사된다. 따라서 이들의 삶을 통해 깨달음을 얻고 이들을 본받는다는 것은 사실, 육안을 통해 직접 관찰할 수는 없는 어떤 상징적 의미들을 학습한다는 의미이다. 이러한 예시는 간접 경험을 통한 사회학습이 직접 보거나 체험한 사건에 한정되는 것이 아니라 문자, 이미지 등으로 상징화된 것에 의해서도 일어날 수 있음을 보여 준다. 이렇듯 인간은 기억 등 인지 과정에 상징을 사용하는데, 일반적으로 지적 수준이 높을수록 상징을 활용하는 능력역시 뛰어나다.

대리 경험

길을 가다 흉기를 든 강도를 만나면 재빨리 도망쳐서 경찰에 신고해야 한다. 우리 모두는 이러한 사실을 알고 있지만 실제로 길을 가다 흉기를 든 강도를 만난 경험을 통해 이를 학습한 사람은 쉽게 찾기 힘들다. 흉기를 든 강도가 위험한 존재라는 사실은 이를 경험한 타인이나 TV와 같은 매체를 통한 관찰로 학습된 것일 가능성이 크다. 한 사람이 일생 동안 경험할 수 있는 사건의 개수는 필연적으로 한정적일 수밖에 없기 때문에, 인간의 인지체계에 자리 잡는 사건에 대한 인식은 대부분 대리적 관찰과 간접 경험을 통해 일어난다. 결과적으로 사회학습에 대리 경험은 매우 중요한 역할을 한다.

자아규제

사람들은 관찰한 것을 자신의 기준에 따라 적용하는 '자아규제적 존재'이기 때문에, 외부에서 오는 자극에 단순히 반응하지 않고 이를 선택적으로 수용한다. 따라서 자극을 수용하고 학습하는 상황에 따라서 때로 이율배반적인 행동을 하기도 한다. 예를 들어, 다큐멘터리에서 지나친 음주 때문에 고통 받는 사람을 본 사람은 술에 대한 부정적 태도를 학습하게 된다. 그러나 결혼식 피로연에서 와인을 한 잔 받은 경우, 평소에는 마시지 않던 술을 마시게 될 가능성이 크다. 이러한 결과는 다큐멘터리를 통해 술에 대한 부정적 태도를 학습한 동시에, 드라마를 통해 기쁜 일이 있을 때 와인을 나누어 마시는 문화 또한 학습했기 때문이다. 이러한 경우, 자신이 학습한 태도 중 그 상황에서 어떤 것을 더 중요한 기준으로 삼느냐에 따라 행동이 다르게 나타난다.

사회적 동물

인간은 사회적 동물이기 때문에 사회의 분위기에 따라 특정 대상에 대한 태도를 학습한다. 이 과정에서 실제 사실과 무관하게 특정 대상에 대한 태도형성에 영향을 받을 가능성이 있다. 뉴스를 통해 조선족 범죄자의 이야기를 보고 우리나라에 체류하는 모든 조선족을 부정적으로 생각하게 되거나, 화이트칼라 노동자들이 블루칼라 노동자들에 비해 모두 부유한 삶을 살 것이라고 믿게 되는 등이 이러한 예에 해당한다.

(3) 모델링을 통한 관찰학습

사회학습이론에서는 학습의 대부분이 모델링을 통한 관찰학습을 통해 이루어진다고 본다. 자극-반응의 직접적 강화가 선행되어야 학습이 이루어진다는 조작화이론과 달리, 관찰학습에 따르면 모델의 활동을 관찰하는 동안의 인지활동에 의해 간접적 강화를 받아 태도와 행위를 배우는 것이다.

반두라의 '보보인형(인간과 흡사하게 만든 인형의 일종) 연구'는 사회학습이론을 검증함과 동시에 매스미디어가 인간의 폭력적 성향을 증가시킨다는 위험성에 대해 경고한 중요한 연구사례이다. 1961년 반두라와 그의 동료들은 어린이들이 자신의 행동의 본보기로 특정 인물을 모델링하는 관찰학습을 한다는 것을 검증하고자 하였다(Bandura et al. 1963). 반두라 등이 가정한 가설은 다음과 같다.

- **가설 1**: 성인 모델의 공격적 행동을 본 어린이는 그 모델이 없어도 그의 행동을 모방하여 유사한 공격적 행위를 할 것이다.
- **가설 2**: 성인 모델의 공격적이지 않은 행동을 본 어린이들은 공격적 모델을 본 어린이들보다 덜 공격적일 뿐 아니라, 아무런 본보기도 보지 못한 대조군보다도 현저히 비공격적일 것이다.
- **가설 3**: 어린이들은 다른 성별의 모델보다 자신과 같은 성별인 모델의 행동을 훨씬 더 많이 모방할 것이다.
- **가설 4**: 공격적인 행동은 사회적으로 매우 남성적인 것으로 취급받는 행동이므로 남성 아이들이 여성 아이들보다 더 공격을 쉽게 모방할 것이고, 이 차이는 어린이들이 남성 모델을 접했을 때 가장 현저할 것이다.

이 연구에서 반두라 등은 실험 대상의 어린이들에게 두 가지 필름을 보여 주었다. 하나는 성인 모델들이 실험용 보보인형을 옆에 세워 놓고 자기들끼리 즐겁게 노는 내용이었고, 또 하나는 모델들이 보보인형을 마구 때리고 욕하면서 난폭하게 다루는 내용이었다. 실험 결과, 보보인형을 마구 다루는 내용을 시청한 어린이들은 실제로 보보인형을 주었을 때 자신들이 본 대로 이를 마구 다루는 현상을 관찰할 수 있었으며 반두라 등이 제시한 네 가지 가설은 대부분 검증되었다. 이 연구는 어린이들이 무엇인가를 관찰하는 것만으로도 태도와 행위를 배운다는 관찰학습, 즉 모델링의 원칙에 중요한 근거가 되었다.

카타르시스 효과(catharsis effect)

반두라의 보보인형 실험은 기존의 행동주의 이론을 발전시키는 중요한 계기가 되었다. 그러나 아직 행동과 인지체계가 확고하지 않은 어린이들을 대상으로 한 실험을 일반화할 수 없다는 비판과 함께, 어린이들의 공격 성향을 의도적으로 부추긴 폭력 실험이라는 점에서 윤리적인 비난을 받았다.

보보인형 실험에 대한 비판적 관점에서 등장한 '카타르시스 효과'는 심리학자 페시바흐(Feshbach)와 싱어(Singer) 등이 제시했다. '카타르시스'란 그리스어로 '정화'(淨化)를 의미하는 단어로, 아리스토텔레스가 비극이 관객에게 미치는 영향을 설명하기 위해 처음 사용하였다. 일찍이 프로이트는 인간의 내면에는 항상 일정 수준 이상의 공격적 에너지가 존재하며, 이를 표현하는 과정에서 분노의 감정을 해소시킬 수 있다고 보았다. 프로이트는 아리스토텔레스가 제시한 카타르시스의 개념을 활용하여, 인간이 외부로 공격을 표현함으로써 내면의 분노를 감소시키는 과정을 정화, 즉 카타르시스라고 표현하였다.

페시바흐와 싱어는 보보인형 실험의 반복(1971)을 통하여 TV를 통해 비폭력적인 드라마를 시청한 어린이들이 오히려 폭력적 드라마를 시청한 어린이들보다 더 폭력적으로 행동하는 경향이 있음을 밝혔다. 그들은 미디어를 통해 폭력적 장면에 노출되는 것이 어린이들로 하여금 일종의 대리적 학습을 통한 카타르시르를 경험함으로써, 실제 폭력 행위를 줄이는 작용을 한다고 주장하였다. 페시바흐와 싱어의 주장은 일종의 '카타르시스 효과'라고 불리며 반두라의 보보인형 실험에 대한 강력한 대항체로 떠올랐다.

이후 심리학자 후스만(Huesmann)의 27년(1977~2003년)에 걸친 종단연구를 통해 어린 시절 폭력적 장면에 많이 노출된 어린이들이 커서 폭력행동을 보일 가능성이 높다는 것이 증명되었다. 그러나 카타르시스 효과를 토대로 미디어가 부정적 감정에 대한 대리만족 기능을 수행함으로써 미디어 이용자의 감정을 조절하는 역할을 할 가능성이 있다는 주장은 여전히 계속되고 있다.

반두라의 사회학습이론에서 모델링이란 태도와 행위의 습득이 다른 사람의 존재에 영향 받는 것을 말한다. 모델링은 사회학습이론의 관찰학습을 설명하는 매개요인이라고 볼 수 있다. 모델링은 인간, 즉 유기체의 인지반응과 처리 과정을 내포하는 개념이다. 이런 점에서 오늘날 사회학습이론은 전통적인 행동주의적 이론과 달리 인지적 이론을 통합한 신행동주의 이론으로 평가된다.

(4) 관찰학습의 과정

반두라는 모델링을 통한 관찰학습이 주의-파지-운동재생-동기화라는 네 가지의 생리적 과정을 거친다고 주장했는데, 이를 단계별로 설명하면 다음과 같다(Perloff 1993).

주 의

주의는 사람들이 특정 상황에서 특정한 자극을 감지하는 것을 말한다. 새로운 태도나 행위를 습득하기 위해서는 우선 모델의 말과 행동에 주의를 기울이는 과정이 선행되어야 한다. 사회학습이론에 의하면, 일반적으로 인간은 관심을 유발하는 독특한 특성을 가지거나 개인적으로 관련성이 높은 모델의 행동에 먼저 주의를 기울인다.

파 지

파지(把持, *retention*)란 인지된 자극을 머릿속에 기억하는 과정을 말한다. 모델링이 일어나기 위해서는 모델의 태도와 행위에 주의를 기울인 후 그 자극을 상징적으로 부호화하여 자신의 인지체계 내에 저장하는 과정이 필요하다. 이는 인간의 모델링에서 '정신적 단계'가 존재함을 보여 준다. 예를 들어, 청소년들의 금연을 계도하기 위해서는 흡연의 부작용에 관한 여러 시청각 자료를 보여 주는 동시에 흡연이 자신에게 미칠 부정적 결과를 직접 작성시키는 방법이 효과적이다. 이는 시청각 자료의 내용을 스스로 인지적으로 처리하게 만드는 대표적인 방법 중 하나이다.

보통의 경우, 인지된 자극은 시각적이거나 언어적인 형태로 저장된다. 자극이 인지 과정을 거쳐 표상의 형태로 저장되는 것은 심리적 영상과 언어체계를 통하여 이루어지며, 이렇게 부호화된 정보의 인지적 시연(*rehearsal*)을 통해 기억 효과는 한층 커진다.

운동재생

운동재생은 인지적으로 보유된 모델의 태도와 행동을 직접 따라 하는 과정을 의미한다. 학습한 내용이 실제 행동으로 이어지기 위해서는 이를 실행할 능력을 갖춰야만 한다. 따라서 인지된 행동이 외적 운동의 형태로 재생되기 위해서는 자기관찰과 피드백을 통한 자기수정적 조정이 필요하다. 연습과 피드백을 통해 개념과 행동의 정확한 대응이 가능해진다.

동기화

사회학습이론에서는 습득과 성과를 구분한다. 사람들이 무엇인가를 학습했다고 해서 이를 모두 행동으로 옮기지는 않기 때문이다. 사람들은 모델의 행동이 부정적인 강화를 받을 때보다 긍정적인 강화를 받을 때 이를 자신의 행동으로 옮길 가능성이 높다. 즉, 모델링된 새로운 태도나 행동에 긍정적인 강화를 주어 동기화하면 모델링이 지속될 가능성이 크지만, 부정적 강화를 주어 동기화하면 모델링은 더 이상 지속되지 않을 가능성이 크다.

TV 폭력과 모델링

사회학습이론을 연구하는 연구자들은 대중매체가 교육에 미치는 영향과 폭력성에 특히 관심을 가졌다. 그중에서도 반두라는 TV를 통한 모델링으로 어린이뿐만 아니라 어른도 정서적 반응과 새로운 양식의 행동을 획득한다고 경고했다. 반두라가 TV 프로그램에 나타난 폭력성이 실제 생활의 폭력성과 밀접한 인과관계를 갖는 것은 다음과 같은 모델링 과정이 이뤄지기 때문이라고 지적했다.

- **주의**: TV 프로그램의 폭력은 다음과 같은 특징들로 시청자들을 사로잡는다.
  - 간단성: 일련의 폭력 행위로 문제를 해결하면 끝없는 설전을 펼치는 것보다 간단해 보이기 때문에 어린이들은 더욱 쉽게 이를 모방한다. 또한 폭력물에서 착한 사람은 밝은 옷을 입거나 나쁜 사람은 험상궂은 얼굴을 갖는 등 선악의 구분이 선명하기 때문에 이러한 표상은 기억되고 재생되기가 더욱 쉽다.
  - 현저성: 폭력적인 장면은 친사회적 내용이 담긴 장면(나눔, 동조, 화를 참음 등)보다 더 자극적이다.
  - 유포성: 폭력적인 장면은 어린이가 주말에 보는 만화영화의 90퍼센트를 차지한다.
  - 유용성: 문제 해결의 불가피한 수단으로 폭력이 묘사되는 경우가 많다.
  - 긍정성: 매력적인 인물이 폭력을 씀으로써 폭력을 긍정적 도구로 묘사한다.

- **파지**: TV 폭력은 영상적 이미지와 언어 부호라는 두 수단을 통하여 시청자의 인지 체계에 생생히 저장된다.

- **동기화**: TV에서 폭력이 처벌받지 않고 오히려 인생의 전략인 것처럼 묘사됨으로써 긍정적으로 강화된다. 반두라는 어린이 시청자가 "어른들에게 폭력이 유용하게 쓰이고 처벌이 아닌 보상을 받는다면 나도 해볼 만하지 않은가?"라는 생각을 갖게 된다고 했다.

2) 강화의 역할 및 유형

(1) 조건화이론과 사회학습이론에서의 강화의 역할

조건화이론에서 강화는 선행된 행동과의 결합을 통해 거의 기계적으로 반응을 생산하는 메커니즘이다. 그러나 강화가 기계적 반응을 유도하는 것이 아니라는 시각이 대두하면서, 특정 행동에 따른 특정한 강화에 부여된 동기에 따라 반응이 일어난다는 관점이 강조되었다. 다시 말해, 학습은 어떤 정보나 동기적 요인의 습득을 통해 이루어지는 것이지, 기계적 강화를 통해서 이루어지지 않는다는 주장이다. 이처럼 사회학습이론은 강화를 학습의 중요한 원리로 간주하면서도, 이를 단순히 반응을 유발하는 기제가 아니라 정보와 동기의 매개자로 간주한다는 점에서 조건화이론과 근본적인 차이를 보인다.

조금 더 자세히 살펴보자. 조건화이론과 사회학습이론은 강화가 학습에 영향을 미치는 방법을 다르게 설명한다. 조건화이론에서는 강화를 학습이 일어나기 위한 선행요인이라고 가정한다. 예를 들어, 한 학생이 교실에서 쓰레기를 주웠을 때(자극 또는 행동), 선생님께 칭찬받았다면(반응), 이후에도 칭찬받기 위해서 쓰레기를 줍는 행동을 반복하게 된다.

반면, 사회학습이론에서는 강화를 학습 촉진의 조건으로 가정한다. 즉, 강화는 학습자의 주의-파지(인지 및 시연) 과정에 영향을 미치는 조건이다. 학습자가 직접 자극(행동)-반응을 겪지 않아도 관찰 등을 통해 자극 또는 행동의 결과에 대한 정보를 미리 얻으면, 예상된 결과가 학습자의 주의를 환기하고 파지(상징적 부호화-인지-시연)도 증대시켜 반응을 끌어낼 수 있게 된다. 예를 들어 쓰레기를 주운 학생이 선생님에게 칭찬받는 것을 다른 학생들이 관찰한 경우, 그 학생들은 실제로 동일한 경험을 하지 않았더라도 '쓰레기를 주우면 칭찬받는다'는

조건화이론과 사회학습이론의 비교

	조건화이론	사회학습이론
배경	행동주의	신행동주의
모델	S-R	S-O-R
인간	수동적	능동적
학습	개인의 직접 경험	관찰학습을 통해서도 가능
강화	학습을 위한 필요조건 외적 강화	학습에 영향을 미치는 조건 중 하나 외적 강화 + 대리적 강화 + 자기강화

출처: Bandura 1977.

행동의 결과에 대한 정보를 미리 얻는다. 이런 예상된 결과가 주의를 환기시켜, 교실에 쓰레기가 떨어져 있는 자극 상황에 주의를 기울이게 하고, 파지 과정에 영향을 미쳐 결국 쓰레기를 줍는 반응을 끌어내게 된다.

(2) 강화의 유형

조작적 조건화이론에서는 단지 수용자에게 직접 미치는 외적 강화만을 설명하는 데 비해, 사회학습이론은 외적 강화뿐만 아니라 대리적 강화와 자기강화에 의해서도 행동이 조절될 수 있다고 본다(Bandura 1971). 학습된 반응이 실제 행동으로 이어지도록 하는 동기화 단계에 영향을 미치는 세 가지 강화 유형을 살펴보도록 하자.

외적 강화: 외적 강화는 자신의 행동에 대해 외부의 제3자에 의해 제공되는 긍정적이거나 부정적인 강화를 말하며, '직접 강화'라고도 한다. 외적 강화는 유아 및 어린이에게 특히 많이 이루어지는 행동의 규제방식이다. 예를 들어, 아이가 장난감을 잘 정리하면(행동) 새로운 장난감을 사주거나(긍정적 강화), 싫어하는 채소를 먹지 않게 해 주는 것(부정적 강화) 등이 행동에 대한 직접 강화가 제공된 경우다. 어린이에게 제공되는 강화물은 신체적 처벌이나 보상이 대부분이지만, 성장할

수록 신체적 처벌 외의 다른 사회적 반응, 예를 들어 거부, 특권 박탈, 벌, 칭찬, 포상 등을 이용한 부정적 내지 긍정적인 강화가 이루어지게 된다. 결과적으로 직접 강화는 기본적인 사회 행동을 형성시키는 데 매우 중요한 역할을 한다.

대리적 강화: 사람들은 자신의 경험뿐 아니라 타인의 경험으로부터 배울 수 있다. 매일 우리는 타인의 행동과 그 행동의 결과를 관찰할 수 있는 많은 기회를 갖는다. 이때 타인의 행동이 초래한 결과는 나에게 중요한 의미를 갖는데, '대리적 강화'에 의해 우리의 행동에 영향을 줄 수 있기 때문이다. 대리적 강화는 모델의 행위가 어떤 강화를 받는지(칭찬이나 꾸지람, 처벌을 받는 식으로)를 관찰한 수용자가 그 결과로부터 강화를 경험하는 경우를 말한다. 대리적 강화는 관찰자에게 어떤 행동이 보상과 처벌을 받는지에 대한 정보를 제공하고, 특정한 행동을 통해 해당하는 보상을 받을 것이라는 기대를 높이는 역할을 한다. 관찰자는 대리적 강화 과정에서 모델의 행동뿐 아니라 감정적 반응을 학습하기도 하고, 특정한 행동에 대해 긍정적이거나 부정적인 가치평가를 내리기도 한다.

자기강화: 인간의 활동은 대부분 자기강화의 통제를 받는다. '자기강화'는 반두라의 사회학습이론에서 가장 중요한 특징 중 하나로, 인간이 일종의 자아규제나 내적 인지작용에 의해 통제받는다는 뜻이다. 사람들은 자신의 행동에 대해 스스로 자기강화와 자기비판을 하는 특징을 가지고 있다. 다시 말해 인간은 자신의 감정, 사고 및 행위에 대해 스스로 통제하는 자기반응 능력을 갖고 있으므로, 즉각적인 외적 강화 없이도 행동을 수행하는 경우가 많다.

자기통제 과정에서 인간은 자신의 행동에 대한 일정한 표준을 설정하고 자기보상적 또는 자기처벌적인 방법으로 자신의 행위에 반응한다. 누구에게 보여 주지 않는데도 꾸준히 일기를 쓰는 행위 등이 바로 평가적인 자기강화에 의해 자기통제가 이루어지는 행동의 좋은 예이다. 인간의 상징적이고 자기반응적인 능력은 행동과 연관된 즉각적인 외적 자극에 대한 의존도를 낮추는 역할을 한다. 반두라는 이러한 자기강화를 학습이론에 포함시킴으로써 인간의 기능을 수행에 적용될 수 있는 강화 원리의 설명력을 크게 높이는 데 기여하였다.

(3) 자아효능감

사회학습이론에 대한 논의를 마무리하기 전에 자아효능감의 개념을 살펴보자. 자아효능감이란 "내가 무엇무엇을 할 수 있는 육체적·정신적 능력이 있다"고 느끼는 정도를 말하며(Bandura 1971; 1982), 자기강화에 영향을 주는 대표적인 요인이다. 이는 특정한 성과를 달성하기 위해 요구되는 일련의 행동을 조직하고 수행하는 자신의 능력에 대한 판단이라고도 정의할 수 있다. 자아효능감은 사회심리학에서 가장 많이 응용되는 개념 중 하나로 인간만이 지닐 수 있는 인지적 요소이다.

건강을 위해 꾸준히 운동하는 계획을 세웠다고 가정해 보자. 꾸준한 운동의 성공 여부는 트레이너의 칭찬과 같은 외적 강화, 그리고 운동을 통해 건강해진 사람의 생활을 관찰하는 것과 같은 대리적 강화에 의해 영향을 받지만, 그보다도 게으름이나 귀찮음을 이겨 내면서 꾸준히 운동을 할 수 있다는 자기 자신에 대한 믿음에 더 큰 영향을 받는다. 이때, 자기 자신에 대한 믿음이 바로 자아효능감이다. 자아효능감이 높은 사람은 어떤 일에 대한 성취 수준이 높을 뿐 아니라 실패를 통해서도 새로운 배움을 얻을 수 있다고 믿는 경향이 크다. 반면, 자아효능감이 낮은 사람은 상대적으로 일의 성취 수준이 낮을 뿐 아니라, 실패를 경험했을 때 열등감과 패배의식을 바탕으로 스스로에 대한 낮은 자아존중감을 가지게 될 가능성이 크다.

특정 분야에 대한 높은 수준의 자아효능감은 목적을 달성하기 위해 필요한 인지적·사회적·행위적 하위 기술을 비교적 자연스럽게 체득하게 하고, 목적 지향의 통합된 행동을 끌어내는 능력을 유도하는 역할을 한다. 콜린스와 호이트(Collins & Hoyt 1972)는 일련의 실험에서 학생들을 수학 능력에 따라 두 개의 반으로 나누고 각 반마다 자신의 효능감이 높다고 평가하는 학생과 낮다고 평가하는 학생을 재분류한 후, 동일한 수학문제를 풀게 하였다. 그 결과, 자신의 효능감을 높이 지각한 학생들은 그렇지 못한 학생들과는 대조적으로 적극적으로 문제를 풀려는 의지를 보이고 실제로 더 많은 문제를 풀었으며, 수학에 대해서도 보다 긍정적 태도를 보였다. 이 연구는 자아효능감이 수학 문제를 푸는 실제 기술과는 독립적으로 작용하는 개념임을 밝혀냈다.

자아효능감의 획득

자아효능감은 다음의 경우에서 획득된다고 알려져 있다.

실제 행동: 실제 경험을 통해, 직접 어떤 도전에 성공한 경험이 있다면 자아효능감은 자연스럽게 높아지게 된다. 특히 자신의 노력으로 실패를 극복한 사람은 운으로 극복한 사람보다 더 높은 자아효능감을 갖게 되는데, 이는 스스로 그 상황을 통제할 수 있다는 확신이 증가했기 때문이라고 볼 수 있다.

대리 경험: 자아효능감은 대리적 경험을 통해서도 획득될 수 있다. 특히, 자신과 비슷한 사람의 성공을 관찰하는 과정은 자신과 동떨어진 사람의 성공을 관찰하는 것보다 자아효능감 획득에 효과적으로 작용한다. 사람들은 자신과 유사한 사람들이 성공적으로 일을 수행하는 것을 보면서 자신도 같은 능력을 갖고 있다는 자아효능감을 키운다.

언어적 설득: 사회적 공언과 같은 언어적 설득을 통해 자아효능감 획득이 가능하다. 사회적 공언이란 자신이 어떤 일을 수행할 것임을 여러 사람에게 공개적으로 말한다는 뜻이다. 혼자서 목표를 세우고 이

를 수행하기보다 여러 사람에게 이야기해 놓으면 이를 수행해야 한다는 당위성이 부과되어 더 높은 성취율을 보이게 된다. 이 과정에서 만약 "잘한다", "잘 해내고 있다", "잘 해낼 것이다"라는 등의 언어적인 외부 평가를 얻는다면 자아효능감은 훨씬 더 높아진다.

생리적 상태: 생리적 상태에 따라 자아효능감의 획득 정도가 달라질 수 있다. 자아효능감은 신체적으로 건강한 상태에서 극대화된다. 신체적 건강은 정신적 건강과 연결되어 있기 때문에 몸이 따르지 않으면 아무리 좋은 계획을 세웠더라도 이를 실천하기가 어렵다. 따라서 몸을 건강한 상태로 유지할 필요가 있는데, 건강을 유지하는 것만으로도 자신감 향상에 긍정적 영향을 미친다.

자아효능감의 자기조절 기능

자아효능감은 인지-동기-정서-선택이라는 네 가지 과정에서 인간의 기능을 조절한다. 이들 과정은 각각 별개의 것이 아니라 상호작용한다. 각각의 과정을 살펴보면 다음과 같다(Locke & Latham 1990).

인 지: 자아효능감은 다양한 형태로 인지 과정에 영향을 미친다. 인지 과정에서 자아효능감은 목표 행동에 대한 성취 가능성을 어느 정도로 지각하는가와 연관된다. 지각된 자아효능감이 강한 사람일수록 더 도전적인 목표를 수립하고 이를 성취하기 위해 전념한다. 반면에 자아효능감이 낮은 사람은 목표에 대한 분석적 사고가 어렵기 때문에, 이를 성취하고자 하는 포부와 수행의 질 역시 낮아지게 된다.

동 기: 자아효능감은 동기의 자기조절에서 핵심적 역할을 한다. 특히 자아효능감은 인과귀인, 결과에 대한 기대, 인식된 목적의 세 가지 요인과 관련된다. 인과귀인은 자신의 실패나 성공의 원인을 어떤 요인에서 찾는가를 말한다. 자아효능감이 높은 사람은 자신의 실패를 노력 부족이나 불리한 환경적 조건 때문이라고 생각하는 반면, 자아효능감

이 낮은 사람은 이를 자신의 능력 부족으로 생각하는 경향이 있다. 결과에 대한 기대는 주어진 계획에 따른 결과가 가치 있다고 믿는 것을 말한다. 자아효능감의 정도는 결과에 대한 기대 정도에 영향을 줌으로써 행동 동기를 조절하는 역할을 하며, 인식된 목적은 개인의 행동 동기를 강화하여 자아효능감을 높이는 데 영향을 준다. 명확하고 도전적인 목적이 동기를 강화하고 지지한다는 것은 많은 연구결과를 통해 증명되었다.

정 서: 자아효능감은 어떤 상황을 위협적이라고 인지할 것인지 도전적이라고 인지할 것인지를 결정하는 과정에 영향을 미친다. 동일한 환경도 받아들이는 사람에 따라 낙관적이거나 비관적으로 보일 수 있다. 높은 자아효능감을 지닌 사람들은 스트레스를 유발하는 환경을 자기 자신이 통제할 수 있다고 믿기 때문에 상대적으로 상황을 낙관적으로 바라보는 경향이 있다. 반면에 낮은 자아효능감을 지닌 사람들은 스트레스 요인에 대한 통제 의식이 약하기 때문에 이를 부정적인 상황으로 인식하게 된다.

선 택: 자아효능감은 어려운 과제를 수행할 것인지 포기할 것이지를 결정하는 과정에 영향을 미친다. 자아효능감이 높은 사람들은 주어진 과제를 새로운 도전으로 인식하고, 이를 피하기보다 헤쳐 나가야 한다고 보아 더 적극적으로 이를 수행할 것을 결심하는 모습을 보인다. 반면에 자아효능감이 낮은 사람들은 주어진 과제를 위협적 요인으로 인식하고 이를 극복하기보다 회피하려는 경향을 보인다.

4. 결론

  지금까지 인간의 태도와 행동이 형성되는 중요한 관점으로 행동주의적 시각에 대해 살펴보면서 학습, 조건화이론, 사회학습이론, 관찰, 자아효능감 등 여러 가지 이론 및 개념에 대해 살펴보았다.

  행동주의적 관점의 이론은 설득에 대한 초창기 이론으로 지금은 실효성이 떨어진다고 인식되기 쉽다. 그러나 여전히 설득의 많은 부분은 행동주의적 관점의 이론을 통해 설명이 가능하다. 또한, 행동주의적 관점의 설득이론은 이후 등장하는 인지주의적, 사회인지주의적 관점의 설득이론을 이해하는 데 중요한 토대가 된다. 따라서 행동주의적 관점의 이론들을 철 지난 논의라고 경시해서는 안 된다. 오히려 이론들이 지닌 핵심개념을 명확히 이해하고, 행동주의 이론의 개념을 토대로 이후 등장하는 인지주의 및 사회인지주의적 관점의 사회심리학 이론을 연관 지어 이해하려는 노력이 필요하다.

인지주의 이론

1950년대 대두되기 시작한 인지주의적 관점은 인간을 기계적인 유기체로 상정한 학습이론과는 다른 입장에서 태도변화를 설명한다. 인지주의 이론의 토대는 게슈탈트(Gestalt) 학파에서 출발한다. 게슈탈트 학파는 인간행위를 전체의 부분으로 환원하는 행동주의를 비판하면서, 상황에 대한 종합적인 이해만이 행동에 대한 완벽한 이해를 가능하게 한다고 보았다. 인지주의 학파는 자극과 반응 사이에 위치한 '생각하는 유기체로서의 인간'을 중요시하며, 인간의 능동적인 인지 과정에 대한 분석에 주안점을 두었다.

앞 장에서 살펴본 행동주의적 접근은 20세기 초반부터 2차 세계대전 전후 설명력 높은 이론으로 부각되었다. 이는 커뮤니케이션학에서 피하주사 효과와 같은 대(大) 효과론적 시각이 나타나던 시기와 일치한다. 반면, 인지주의적 이론의 등장은 1950년대 초반부터 1960년대까지 커뮤니케이션 효과 연구의 패러다임을 형성했던 소(小) 효과 연구의 시기와 맥을 같이한다.

인지주의적 접근이 행동주의적 접근과 다른 점은 무엇보다 인간과 환경의 관계를 바라보는 시각에 있다. 인간이 환경에 수동적이고 반응적이라고 가정하는 행동주의와 달리, 인지주의적 접근에서 인간은 환경을 능동적으로 바라보고 이를 지배한다고 가정한다. 행동주의의 학습은 자극과 반응 사이의 연합 때문에 일어난다고 보지만, 인지주의의 학습은 개인이 환경을 이해하려고 노력함으로써 발생한다. 즉, 새로운 연합의 획득이 행동주의적 학습이라면, 지적 사고에 의해 일어나는 정신구조의 변화가 인지주의적 학습이다. 그러다 보니 행동주의적 관점의 이론이 새로운 경험에 대한 학습을 설명하는 데 주요한 초점을 맞추었던 반면, 인지주의 이론은 이미 많은 양의 경험이 축적된 상태에서 새로운 자극을 어떻게 받아들일 것인가를 설명하는 데 초점을 맞춘다.

행동주의에서의 지식은 학습된 연합의 유형으로 구성되지만, 인지주의에서의 지식은 조직된 정신구조와 절차로 구성된다. 결과적으로 정신 활동에 대한 논의가 부재했던 행동주의적 접근과 달리, 인지주의적 접근에서는 정신 활동에 대한 논의가 연구의 초점이 되었다. 인지주의에 비해 행동주의적 관점의 연구에서 실험연구가 더 많이 진행되었던 이유 역시 이러한 차이에서 찾을 수 있다.

이번 장에서는 행동주의적 시각과 구별되는 인지주의적 시각과 관련된 이론들을 살펴볼 것이다. 구체적으로, 그중에서도 향후 설득 커뮤니케이션 연구 발전에 중요한 시사점을 제공한 인지일치이론, 귀인이론, 인지반응이론, 사회적 판단이론을 살펴볼 것이다.

1. 인지일치이론

초기 인지주의 이론은 무엇보다도 인지의 일치를 강조하였다. 이러한 관점에서 인간은 자신이 가진 태도와 행동 간의 인지적 균형을 유지하려는 본능적인 욕구를 지닌 존재로 묘사되었다. 인지일치의 중요성을 강조한 연구자들은 태도와 태도, 태도와 행동 간의 균형 상태가 어떤 자극에 의해 깨지면 인간은 심리적 긴장이나 불안감을 느끼게 되고, 이를 해소하는 과정에서 자신의 인지와 일치하는 방향으로 태도변화를 한다고 주장하였다. 이러한 인지일치를 강조한 대표적 이론에는 균형이론, 일치이론, 인지부조화이론 등이 있다.

1) 균형이론

(1) 균형이론의 기본 개념

하이더(Heider 1946)의 균형이론은 사람들이 인지적으로 심리적 일관성을 유지하고자 한다는 가정에 기초해 태도변화를 설명한 최초의 이론이다. 하이더는 인지요소들이 내적으로 조화를 이루고 일관성을 유지하는 상태를 '균형'이라고 했다.

인지적 균형은 사람들이 가장 유쾌하고 안정된 기분을 느끼는 상태를 의미한다. 만약 균형 상태에 자극이 가해져 균형이 깨지면(불균형 상태) 사람들은 심리적 긴장감을 느끼게 된다. 또한 그와 동시에 심리적 긴장감을 해소하고 균형 상태를 유지하거나 회복하고자 노력하게 된다.

하이더는 인지적 불균형 상태는 사람들이 자신이 아닌 사람이나 다른 대상에 대해 평가하는 과정에서 발생하게 된다고 설명한다. 즉, 어떤 사람이 다른 대상물이나 사람에 대해 평가할 때, 이들 평가가 서로 불일치하면 심리적 긴장감을 느끼고 이를 해소하려고 **동기화**된다는 것이다. 이러한 논의를 토대로 균형이론은 자기 자신과 평가 대상의 이원적 관계와 자기 자신, 다른 사람, 평가 대상의 삼원적 관계일 때 나타날 수 있는 불균형 상태에 대해 설명한다. 구체적으로, 하이더는 자기 자신(P), 다른 사람(O), 사물(X)의 삼원적 관계에서 인지의 균형

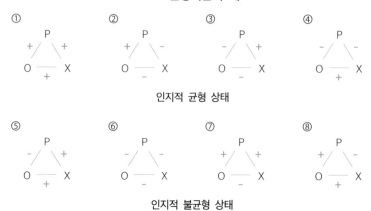

4-1 균형이론의 예

인지적 균형 상태

인지적 불균형 상태

주: 'P'는 자기 자신, 'O'는 P의 지각 대상인 다른 사람, 'X'는 P의 지각 대상인 어떤 자극이나 사건이다.

상태와 불균형 상태를 그림 〈4-1〉과 같이 여덟 가지 경우로 나누어 설명하였다. 그림에서 부호 '+'와 '-'는 각기 '긍정적 태도'와 '부정적 태도'를 의미한다.

　나(P)와 친구(O)가 있다고 가정해 보자. 나와 친구는 특정한 종교(X)에 대해 긍정적이든 부정적이든 어떤 생각을 가지고 있다. 〈4-1〉의 ①~④는 종교에 대해 나와 친구 사이에 인지적인 균형이 잡혀 있는 모습이다. ①과 ②처럼 내가 친구를 좋아하는데 두 사람 모두 특정 종교에 대해 긍정적이든 부정적이든 같은 태도를 가지고 있을 경우와 ③과 ④처럼 내가 친구를 별로 좋아하지 않는데 두 사람이 그 종교에 대해 서로 다른 태도를 지니고 있을 때 인지적 균형이 유지된다.

　그에 비해 ⑤~⑧의 그림은 인지적 불균형을 이루는 모습이다. ⑤과 ⑥처럼 내가 친구를 좋아하지 않는데 두 사람이 특정 종교에 대해 가지고 있는 태도가 같은 경우와 ⑦과 ⑧처럼 내가 친구를 좋아하는데 두 사람이 그 종교에 대해 서로 다른 태도를 지닌 경우에 인지적 불균형이 초래된다.

인지적 불균형의 경우 문제가 된다. ⑤~⑧의 관계가 지속되면 나
(P)는 심리적 긴장감을 느끼기 때문에 내가 좋아하지 않던 친구를 좋아
하게 되든지(⑤→①, ⑥→②), 아니면 좋아하던 친구를 이 문제에 있
어서 싫어하게(⑦→③, ⑧→④) 될 것이다. 하지만 내가 친구에 대한
애정을 매우 중요하게 여길 경우에는 친구로 하여금 내 종교를 좋아하
도록 설득하든지(⑦→①), 아니면 내가 종교에 대한 태도를 바꾸게(⑦
→②) 될 것이다. 이렇듯 균형이론은, 인지요소의 관계를 나타내는 부
호를 곱한 값이 -1인 불균형 상태에서 곱이 +1인 균형 상태로 가고자
하는 욕구를 토대로 사람들이 기존 태도를 바꾸게 된다고 설명한다.

(2) 균형이론의 한계

균형이론은 사회심리학이나 커뮤니케이션 분야에서 그 적용 범위가
대단히 넓은 이론 중 하나이며, 이후에 많은 인지적 균형이론의 기반
이 되었다는 점에서 큰 의의가 있다. 그러나 균형이론은 대상에 대한
사람들의 평가를 단순히 긍정적/부정적 기준으로만 다루고 있어 그 질
적인 정도를 간과하고 있다는 비판을 받아 왔다. 즉, 신념과 태도의
정도는 다차원에서 규정되는 것이지 단순히 호의적(+)/비호의적(-)으
로만 나타날 수는 없다는 것이다. 또한 세 개 이상의 요소를 포함한
관계는 다루지 않고, 요소들 간의 균형 정도도 고려하지 않았다는 비
판 역시 피할 수 없었다.

2) 일치이론

(1) 일치이론의 기본원리

일치이론은 균형이론이 지닌 한계를 보완한다. 오스굿과 탄넨바움
(Osgood & Tannenbaum 1955)은 신념과 태도의 정도를 단순히 긍정

적이거나 부정적인 방향성만으로 따지지 말고 신념과 태도의 강도에 대한 크기를 함께 고려해야 한다고 생각했다. 이들은 단순히 대상에 대한 태도의 방향(호감/비호감)만을 제시하던 균형이론에 감정의 정도를 수량화하는 공식을 정립하여 덧붙이는 작업을 수행했다. 다시 말해, 일치이론은 개인(P)이 태도를 지니는 대상(X)과 타인(O)을 얼마나 중요하게 생각하는지를 수량화해 내적으로 균형되거나 일관된 상태를 유지하는 과정을 살펴본다. 1955년 발표된 일치이론은 오스굿이 개발한 의미분별 척도[1]를 사용하여 태도변화의 방향뿐 아니라 그 정도를 수량적으로 예측한다.

일치이론은 한 대상물과 그 대상물에 대해 일정한 주장을 펼치는 다른 정보원과의 관계를 다룬다. 어떤 사람이 한 주제에 대한 주장을 펼치면 이를 듣는 사람(청자)은 자신이 가진 기존 태도와 주장을 펼친 사람이 가진 태도의 중간 정도로 태도를 바꾸게 된다. 즉, '누군가'가 어떤 '사안'에 대해 청자의 태도와 반대되는 주장을 했을 때, 청자의 마음속에 생기는 인지적 불일치가 심리적 긴장감을 낳고, 이것이 정보원과 그가 주장하는 사안에 대한 평가적 태도를 적당한 선에서 조절하도록 동기화하는 것이다.

오스굿과 탄넨바움은 정보원(source)과 개념에 대한 태도변화의 방향과 강도를 예측하는 수학적 공식을 개발했다. 그들에 의하면, 우리가 기존에 가지고 있던 정보원과 어떤 개념에 대한 태도값을 알고 있

---

1 오스굿은 의미의 공간이라는 개념을 사용한다. 이 공간은 여러 축으로 이루어져 있는데, 예를 들어 평가적 차원(좋은/나쁜), 역동적 차원(강한/약한), 행동적 차원(느린/빠른) 등 3차원으로 이루어진 의미 공간이 있을 수 있다. 이러한 의미분별 척도는 제품이미지 조사 등 광고 조사에서 많이 이용되는데, 이때 개념이나 사물에 대한 각 차원의 점수를 산정함으로써 조사하려는 제품이 의미 공간에서 어떤 위치를 차지하고 있는지 파악할 수 있다(Severin & Tankard 1979).

다면, 대상물(개념)에 대한 태도변화 후의 태도값은 다음의 공식으로 예측할 수 있다.

$$R_0 = \frac{|A_0|}{|A_0| + |A_s|} A_0 + (d) \frac{|A_s|}{|A_0| + |A_s|} A_s$$

* R_0: 태도변화 후 인지일치 상태의 대상(개념)에 대한 태도
A_0: 대상(개념)에 대한 기존 태도
A_s: 정보원에 대한 기존 태도
d: 태도의 방향(우호적이면 +1, 비우호적이면 -1)

한편 그림 〈4-2〉는 균형이론과 일치이론의 공통점과 차이점을 잘 보여 주고 있다. 나(P)와 친구(O) 그리고 사형제도(X) 사이에서 인지적 불일치 상황이 발생했다고 가정해 보자. 균형이론에서는 이를 태도 방향성(긍정적/부정적)을 이용한 3요소 간의 불균형으로 표현할 수 있다. 즉, 나는 친구가 사형제도에 반대하도록 설득하거나 내가 사형제도에 찬성하는 입장을 취함으로써 균형을 이룰 수 있다. 이러한 균형이론에서는 여러 방향의 변화가 모두 가능하기 때문에, 균형을 이루기 위한 변화가 실제로 어떠한 방향으로 일어날지 예상할 수 없다. 반면 일치이론은 각 인지요소에 대한 태도값을 측정할 수 있다. 즉, 나는 친구를 2만큼 좋아하고(+2), 사형제도에 대해서는 1만큼 반대한다(-1). 이런 상황에서 만약 친구가 사형제도를 찬성하는 태도를 보인다면, 나는 인지요소 간의 불균형을 경험하게 된다. 그러나 친구에 대한 나의 긍정적 태도는 사형제도에 대한 부정적 태도보다 더 강한 수준이기 때문에 친구에 대한 호감은 상대적으로 영향을 덜 받는다. 결과적으로 친구에 대한 호감은 조금 감소하고 사형제도에 대한 태도는 크게 바뀌어, 오히려 사형제도에 대한 긍정적 태도를 지니는 방식으로 균형이 이뤄지게 된다. 이처럼 일치이론은 단순히 불균형 상태를 보이는

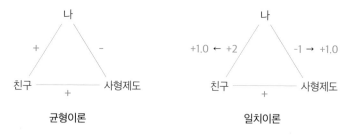

4-2 균형이론과 일치이론의 비교

균형이론

일치이론

것에서 좀더 발전하여 대상에 대한 태도를 수량화함으로써 태도변화의 크기와 방향을 예측할 수 있다는 특징을 지닌다.

(2) 일치이론의 한계점

일치이론은 태도의 강도를 수량화하고 인지적 불일치 상황에서 균형을 이루는 태도변화의 방향뿐 아니라 강도까지 예측했다는 점에서 큰 의의를 지닌다. 그러나 정보원의 특성에 따라 달라지는 정보의 영향력을 고려하지 못했다는 한계가 있다. 예를 들어, 똑같은 농구화에 대해 나의 친한 친구와 유명한 농구선수의 평가에 차이가 있다고 생각해 보자. 나의 친한 친구는 농구화를 긍정적으로 평가했고, 유명한 농구선수는 같은 농구화를 부정적으로 평가했다. 일치이론에 따르면, 나에게는 잘 모르는 유명 농구선수보다 친구가 더 중요하기 때문에 결과적으로 농구화를 긍정적으로 평가한다. 그러나 설령 나에게 농구선수보다 친구가 더 중요하다고 하더라도 농구화를 구매하는 상황에서는 친구보다 유명한 농구선수의 이야기가 태도변화에 더 큰 영향을 미치게 될 가능성이 크다. 정보원의 특성에 따른 차별화된 영향력을 고려하지 못했다는 점은 일치이론의 근본적인 한계로 지목된다. 또한 본질적으로 정보원과 특정 사안이라는 비교적 협소한 커뮤니케이션 상황만을 설명할 수 있다는 점 역시 한계로 지목된다. 그럼에도, 일치이론은 실제 커뮤니케이션 상황을 체계적으로 반영하고자 시도했다는 점에서 오늘날까지 높은 평가를 받고 있다.

3) 인지부조화이론

인지주의 계통의 설득이론은 1960년대 많은 각광을 받았다. 그중에서도 인지부조화이론은 현재까지도 큰 영향력을 갖는다. 앞서 살펴본 균형이론과 일치이론은 인지적 불균형 또는 불일치 상태를 그 사람이 태도를 취하는 외적 대상과의 관계로 파악했다. 반면에 인지부조화이론은 인지적 부조화가 개인의 인지체계의 구성요소, 즉 내적인 인지요소들 간의 상호관계에 의해 규정되어야 한다고 주장한다.

(1) 페스팅거의 관찰

평범한 주부 매리언 키치(Marian Keech)는 어느 날 '사난다'라는 이름의 존재에게 1954년 12월 21일 해가 뜨기 전 홍수에 의해 지구가 종말을 맞을 것이라는 메시지를 받았다고 주장하였다. 키치는 편지를 믿는 추종자들과 함께 가족과 재산을 모두 버리고 집단 은둔생활을 하며 종말에 대비했다. 하지만 당일 새벽까지 아무 일도 일어나지 않았다. 잠시 당황하는 모습을 보이던 키치와 추종자들은 이내 자신들의 간절한 기도가 세상을 구했다고 믿기 시작했다. 더불어 메시지의 외부 전파에 별다른 관심을 보이지 않던 추종자들이 언론을 통해 자신들의 입장을 공개적으로 밝히고 열성적으로 다른 사람들에게 전도를 하기 시작했다.

키치와 추종자들을 오랜 시간 관찰한 페스팅거와 동료들(Festinger et al. 1956)은 이들이 보인 급작스러운 태도변화를 인지부조화에 대한 합리화 과정으로 설명하였다. 즉, 일상을 저버리면서까지 믿어 온 것들이 거짓이었음을 받아들이기 어려웠던 추종자들이, 이미 행한 행동 (예언을 믿고 종말을 대비했던 행위)을 합리화하기 위하여 기존의 신념 과 태도를 변화(종말이 일어날 것이다 → 강력한 기도가 있으면 종말을 피 할 수 있을 것이다)시키게 되었다고 말이다. 또한 이후에 키치와 추종 자들이 보인 열성적인 전도 행위 역시 아직은 불완전한 명제(우리의 믿 음이 세상을 구원했다)에 대한 확신을 얻기 위해 이를 믿는 새로운 신도 들을 모집함으로써 자신들의 기존 행위를 합리화하려는 시도라고 설명 하였다. 일련의 과정을 통해 페스팅거는 '인간은 합리적인 동물이 아 니라 자기 자신을 합리화시켜 나가는 동물'일 뿐이라고 주장하였다.

(2) 인지부조화이론의 기본 가정

페스팅거(Festinger 1957)가 정립한 인지부조화이론은 인지요소들 간의 일치 여부가 태도변화를 일으키는 핵심적 요인이라고 설명한다. 인간은 인식의 요소 사이에 조화를 유지하려는 경향이 있는데, 조화가 깨질 경우 심리적 긴장감을 느끼게 된다. 따라서 사람들은 이러한 불 안감을 예방하기 위하여 가급적 부조화 상태를 야기하는 외부적 자극 을 회피하려고 노력한다. 그러나 경우에 따라 외부적 자극에 의해 부 조화가 이미 발생한 경우에는, 이를 해소하고 인지요소 간의 균형을 되찾기 위한 한 가지 방법으로 자신의 태도를 변화시키게 된다. 결과 적으로 인지부조화이론에서 태도변화는 심리적 긴장을 유발하는 인지 부조화 상태 대신에 조화 상태를 유지하려는 인간의 성향이나 동기에 의해 일어나게 된다.

페스팅거는 키치 부인과 추종자들의 관찰을 통해 인지부조화가 발생 하기 위해서는 무엇보다도 강한 신념이 존재해야 한다고 보았다. 그는 강한 신념에 대한 불일치 상황이 발생하면 더 심한 인지적 부조화가 일 어나며, 부조화를 줄이기 위한 태도변화는 기존의 행동을 합리화하는 정당화의 과정을 통해 일어난다고 보았다. 또한 만약 부조화를 경험한 상황에서 개인이 사회적인 지지를 받게 되면, 오히려 이전보다 더 강한 신념을 갖는 방향으로 태도변화가 일어날 수도 있다고 보았다.

(3) 인지부조화 발생요인

인지부조화이론은 비교적 간단한 생각으로부터 출발했다. 인지부조화이론의 초기 연구에서 페스팅거는 관여된 인지요소의 성질이 어떤 것이든 불일치가 일어나면 인지부조화 상태가 된다고 가정했다. 그러나 이러한 주장은 인지요소의 성질과 개인의 차이를 고려하지 못했다는 비판을 받았고, 이후 부조화를 일으키는 세분화된 조건을 밝히기 위한 많은 연구가 진행되었다.

후속 연구들은 공통적으로 인지요소들이 불일치한 상황이라고 해서 반드시 인지부조화가 발생하는 것은 아님을 밝혔다. 인지요소나 신념의 불일치가 반드시 불유쾌한 감정과 정서의 변화를 초래하지는 않기 때문이다. 결국 부조화는 단순히 인지요소 간의 불일치를 느끼는 차원을 넘어 그것을 해소시키려고 하는 동기를 가진 심적 상태라는 의견이 제시되었다. 연구자들은 인지적 불일치가 일어나기 위한 필요조건을 다음과 같이 정리했다.

① 인지부조화가 일어나기 위해서는 행위와 태도 간 관계에서 행위가 타인의 영향이나 압력에 의하지 않고 스스로 선택한 것이어야 한다. 이를 '자발 의지'라고 하는데, 행위가 타인의 영향 때문이라면 인지적 불일치의 원인을 그 영향력으로 돌리게 되어 동기화가 일어나지 않기 때문이다.
② 행위가 이미 취소할 수 없는 것이어야 한다. 이미 내려진 결정이라도 쉽게 번복할 수 있다면 인지부조화는 발생하지 않는다.

불충분한 정당화(insufficient justification)

사람들은 매우 다른 가치를 지닌 대안 중에서 하나를 선택할 때보다 비슷한 가치를 지닌 대안들 중 하나를 선택할 때 더 큰 태도변화를 보인다. 어떤 것이 다른 것보다 월등히 많은 장점을 가지고 있을 때에는 그 장점만으로도 선택에 대한 충분한 보상이 가능하다. 그러나 그렇지 않은 경우에는 자신의 행동을 합리화할 만한 정당화 요인이 충분하지 못하다고 느끼기 때문에 자신의 태도를 바꾸는 과정을 통해 인지적 부조화 상황을 해소하고자 노력하게 된다. 이러한 개념을 '불충분한 정당화'라고 한다.

① 페스팅거와 칼스미스의 실험연구

페스팅거와 칼스미스(Festinger & Carlsmith 1959)는 실험에 참여한 학생들 중 일부에게 매우 지루한 작업을 하게 했다. 연구자들은 작업을 끝마친 학생들에게, 실험 참여를 위해 기다리던 다른 학생들에게 이 실험이 재미있었다고 얘기해 달라고 요구했다. 이때 한 집단에게는 불충분한 금전적 보상(1달러)을 주면서 부탁하고, 다른 집단에게는 충분한 금전적 보상(20달러)을 주면서 부탁했다. 그 후, 각각의 집단이 자신이 했던 작업에 대해 실제로 어떤 태도를 갖고 있는지 살펴보았다. 그 결과, 충분한 금전적 보상을 받은 학생들은 실험이 사실 매우 지루했다고 응답한 반면, 보다 적은 금액을 받은 학생들은 실험이 정말 재미있었다고 말했다. 왜 이런 결과가 나타날까?

페스팅거와 칼스미스는 이를 인지부조화이론으로 설명한다. 실험에서 많은 돈과 적은 돈을 받은 학생들은 공통적으로 작업이 매우 지루했다고 느꼈으며, 지루한 실험을 다른 학생에게 재미있었다고 거짓말하는 행동 사이의 인지부조화를 느꼈다. 그러나 20달러의 금전적 보상을 받은 집단의 학생들은 원래 자신이 느낀 인지부조화를 '수고비를 받는 대가'라고 쉽게 합리화할 수 있었기 때문에 더 이상의 인지부조화를 느끼지 않았다. 따라서 그들은 연구자들이 시키는 대로 다른 학생들에게 실험이 재미있었다고 얘기했을 뿐 실제로는 지루했다고 생각할 수 있었다. 그러나 돈을 적게 받은 학생들은 자신의 거짓말이 수고비 때문이라고 생각할 수 없었다. 그들이 거짓말을 통해 받은 수고비가 터무니없이 적었기 때문이다. 이들은 자신의 거짓말을 수고비라는 외적 요인의 탓으로 돌릴 수 없었기 때문에 지속적으로 인지부조화를 경험하게 되었다. 충분한 수준의 보상을 받지 못한 학생들이 인지부조화를 없앨 수 있는 유일한 방법은 자신들의 기존 태도를 변화시키는 것뿐이었기 때문에 결국 학생들은 실제로 자신들이 수행한 실험이 재미있었다고 생각하게 되었다.

② 아론슨과 칼스미스의 실험연구

아론슨과 칼스미스(Aronson & Carlsmith 1963)는 유치원생을 대상으로 인지부조화에 관한 실험을 하였다. 실험에 참가한 아이들은 여러 가지 장난감과 함께 방에 남겨졌는데, 실험자는 방을 떠날 때 아이들에게 특정한 장난감을 갖고 놀지 말라고 지시했다. 이때 절반의 아이들에게는 이를 어기면 심한 벌을 주겠다고 말했으며, 다른 아이들에게는 가벼운 벌을 받게 될 것이라고 말하였다. 실험자가 방을 떠난 후 아이들은 모두 지정된 장난감을 가지고 놀지 않는 모습을 보였다.

이후, 실험자는 다시 방에 들어와서 이제는 모든 장난감을 가지고 놀아도 된다고 이야기하였다. 그러자 앞서 특정 장난감을 가지고 놀면 심한 벌을 받게 될 것이라는 얘기를 들었던 아이들은 주저 없이 그 장난감을 가지고 노는 모습을 보였다. 반면, 앞서 가벼운 벌을 받게 될 것이라는 얘기를 들었던 아이들은 위협이 사라진 후에도 끝까지 지정된 장난감을 가지고 놀지 않는 모습을 보였다.

이러한 결과 역시 인지부조화이론을 통해 설명이 가능하다. 실험에서 가벼운 위협을 받은 아이들은 무거운 위협을 받은 아이들과 달리, 지정된 장난감을 가지고 놀지 말아야 할 이유를 정당화하기 어려웠을 가능성이 크다. 즉, 가벼운 위협을 받았던 아이들은 지정된 장난감을 가지고 놀지 않았던 자신의 과거의 행동을 정당화하기 위하여 애초에 '그 장난감에 흥미가 없다'거나 '그 장난감은 재미가 없을 것이다'와 같은 태도를 만들어 냄으로써 인지적 부조화를 해소한 것이다.

③ 정당화하거나 합리화할 수 있는 동기가 매우 적어야 한다. 이를 '불충분한 정당화'라고도 한다.

(4) 인지부조화를 감소시키는 방법

사람들은 인지적 불균형 상태가 되면 심리적으로 만족스럽거나 편한 방법을 통해서 자신의 인지부조화를 감소시킨다. 인간은 본성적으로 태도, 가치, 신념, 행위가 서로 조화를 이루길 바란다. 따라서 심리적 불일치가 일어난다면 그것을 피하거나 줄이려고 한다. 여기서 일치를 위한 노력은 자신의 행위가 얼마나 중요한지에 따라 달라질 수 있다. 예를 들어, 사람들은 비닐봉투 사용이 환경오염을 야기한다는 것을 알지만, 비닐봉투를 사용하는 것이 소비자들에게는 단지 몇십 원을 지불하면 되는 단순한 일이기에 자신이 생각하는 환경오염에 대한 사고와 행위 사이의 심리적 불안감을 별로 크게 느끼지 않는다. 반면에 화장(火葬) 문화를 장려하고, 본인 또한 죽은 뒤 화장되기를 바라는 사람을 생각해 보자. 이 사람의 집 앞에 화장터가 생긴다고 할 경우, 그는 화장 문화를 장려하는 자신의 태도와 집 앞에 화장터가 생기는 데 대한 부정적 태도 사이에서 매우 큰 심리적 불안감을 경험할 가능성이 크다.

인지부조화는 인간으로 하여금 이를 해소하는 방향으로 태도를 갖거나 행동하도록 만든다. 인지부조화를 해소하는 구체적인 방법으로는 다음의 세 가지를 들 수 있다.

① 행동을 바꾼다(행동적 인지요소에 변화를 준다).
② 자신에게 유리한 정보를 찾는다(부조화를 일으키는 정보에 부정적인 또는 반대되는 정보).
③ 자기합리화를 한다(부조화를 야기하는 인지요소의 중요성을 낮춘다).

인지부조화이론은 인지부조화 상태에 놓인 사람이 자신의 행동이나 태도를 바꾸는 방식을 통해 부조화를 해소할 것이라 가정한다. 그러나 인지부조화이론에서는 그 사람이 실제로 어떤 방법을 택할 것인지는 예측하지 못한다는 한계를 지닌다. 즉, 인지부조화이론은 부조화 해소를 위해 행동변화의 방식을 활용할지, 태도변화의 방식을 활용할지, 그도 아니면 자기합리화의 과정을 거칠지를 예측하지 못한다.

특히 불충분한 정당화 개념을 토대로 하는 인지부조화이론은 등장 당시 많은 논란을 불러일으켰다. 조작적 조건화이론은 특정한 행동에 대해 일정한 보상이 반복적으로 주어졌을 때 그 행동이 강화된다고 설명한다. 마찬가지로 사회학습이론도 관찰 대상이 획득한 결과가 강화작용을 하기 때문에 태도변화를 자극한다고 생각하고, 강화가 지체되지 않고 바로 제공될 때 태도변화의 효과가 더 크다고 설명한다. 반면에 인지부조화이론은 오히려 행동에 대한 보상이 충분하지 않을 때 사람들이 자신의 기존 태도나 행동을 합리화할 수 있는 방법을 찾지 못하게 되어 태도가 변하게 된다고 설명한다. 이렇듯 사회심리학 이론에 근거한 설득이론들은 동일한 현상에 대해서도 상이한 관점을 견지하는 경우가 많다. 따라서 하나의 현상에 대해서도 다양한 설명이 가능하다.

(5) 인지부조화와 설득 전략

인지부조화이론은 우리가 다른 사람의 태도를 변화시키고자 할 때 하나의 설득 전략으로 활용할 수 있다. 인지부조화이론이 설득 전략에 활용되는 방법으로는 먼저 태도형성을 위해 사전 행동을 하게 만드는 전략인 반태도적 지지를 통한 설득, 개입 증대를 통한 설득, 그리고 힘든 통과의례를 활용한 설득 등을 들 수 있다. 이 외에도 마케팅 분야에서 인지부조화를 줄여 구매를 촉진하기 위한 전략으로 쿠폰 전략이나 충성도 활용 전략 등이 사용된다. 그 개념과 사례를 살펴보자.

사전행동을 통한 설득 전략

반(反)태도적 지지: 사람들에게 자기의 본래 태도와 상반되는 주장이나 의견을 지지하도록 행동하게 하는 것을 반태도적 지지라고 한다. 반태도적 지지 행동은 사람들에게 심리적 불일치를 야기하는데, 이는 본래 가지고 있던 태도와 자신의 행동이 불일치하기 때문이다. 이때 사람들은 불일치를 해소하기 위해 자신의 신념이나 태도를 스스로의 행동과 일치시킴으로써 부조화를 해결하려고 한다.

리프톤(Lifton 1961)은 몇몇 대학교수로 하여금 공산주의를 지지하고 자본주의의 단점을 논하는 글을 쓰고 이를 많은 사람 앞에서 발표하게 했다. 이러한 행동은 교수들이 기존에 가졌던 자본주의 가치에 대한 신념에 반하는 것이었으며, 그 행위에 대해 아무런 보상도 제공하지 않았다. 실험에 참가했던 교수들은 이후 자신의 기존 신념과 상반되는 자신의 글과 비슷한 태도를 보이게 된다. 이들의 행동은 반태도적 지지에 의한 태도변화라고 볼 수 있다. 즉, 자신의 신념이나 가치에 반하는 행위로 인해 심리적 불안감을 느끼게 되자 자신의 행위에 맞게 자신의 태도를 바꿈으로써 공산주의 체제에 긍정적 태도를 보이게 된 것이다. 이러한 결과는 자신의 행동(공산주의 체제를 옹호하는 글 발표)을 정당화할 외적 보상이 주어지지 않은 상태에서는 스스로의 태도변화를 통해 심리적 일치를 이루게 된다는 가정을 증명한다.

앞선 연구결과는 반태도적 지지가 피설득자로 하여금 인지적 불일치를 경험하게 함으로써 그들의 태도를 변화시키는 효과적인 설득 전략 중 하나로 사용될 수 있다는 점을 보여 준다. 반태도적 지지의 효과는 피설득자가 반태도적 지지를 강요받지 않은 상태에서 스스로의 선택에 따라 행동할 때 가장 크게 나타난다.

개 입: 사람들은 어떤 사상이나 집단의 결정에 더 많이 개입할수록 그와 관련된 태도를 바꾸기 어려워한다. 이는 개입 정도가 높을수록 태도변화 과정에서 더 큰 인지부조화를 경험하기 때문이다. 만약 누군가가 A라는 후보자의 선거 캠페인에 관여한다면, 그 사람은 A 정치인이 당선될 확률을 더 높게 파악하는 경향이 있는데, 이는 그 사람이 A 정치인에 대해 개입되어 있기 때문이다. 개입은 공적 형태를 띨 때 더 큰 구속력을 갖는 경향이 있다.

하워드(Howard 1990)는 사람들이 자선단체의 활동에 간접적 개입을 할 때 어떤 행동변화가 일어나는지 관찰했다. 미국 텍사스주 댈러스

주민을 상대로 기아구제협회 회원이 전화를 걸어, 굶주린 사람들에게 식사를 제공하기 위한 기금 마련 과자를 팔기 위해 집을 방문해도 괜찮을지를 물었다. 이 요청에 동의한 사람은 약 18퍼센트였다. 하지만 전화를 건 사람이 처음에 "오늘 기분이 어떠세요?"라고 묻고 동일한 질문을 던졌을 때는 매우 다른 결과가 나타났다. 응답자 120명 중 108명은 '오늘의 기분'을 묻는 질문에 의례적으로 상냥한 대답("좋아요", "괜찮아요" 등)을 했다. 오늘 기분에 대해 질문을 받은 사람 중 32퍼센트가 자신의 집으로 과자를 팔러 오는 것을 허락했으며, 방문을 허락했던 사람 중 89퍼센트가 실제로 과자를 구입하였다.

하워드는 이러한 결과를 인지부조화이론과 개입 전략으로 설명한다. 그의 설명에 따르면, 오늘 기분이 '좋다'고 응답한 후에 자선 행동을 거부하는 것은 자신의 행동에 대한 일관성을 잃고 부조화를 일으키는 결과를 가져오기 쉽다. 따라서 사람들은 자신의 태도에 대한 일관성을 유지하기 위하여 자선단체의 방문을 승낙하게 된다. 그런데 자선단체의 방문을 승낙한 것은 이미 자선행동을 구두로 허락하는 개입이 이뤄진 것과 다름없다. 결과적으로 사람들은 자신의 개입된 태도에 대한 일관성을 유지하기 위하여 실제 자선행동인 '과자 구매'를 실천하게 되었다.

노력의 정당화: 사람들은 자신이 큰 노력을 들여서 성취한 어떤 일이 사실 별다른 의미가 없는 일임을 깨닫게 되면 큰 상실감을 느낀다. 따라서 자신이 큰 노력을 들인 사건일수록 더 긍정적으로 평가하고 더 큰 의미를 부여한다. 예를 들어, 우리나라에서 가장 응집력이 높은 집단 중 하나는 '해병대 전우회'이다. 이 집단에 속한 사람들은 자신들이 군 복무 시절 받은 엄청난 강도의 훈련이 큰 의미를 가진다는 믿음을 잃지 않기 위해 자신의 소속에 대한 더 큰 자부심을 가지고 지속적으로 모임에 참여하는 모습을 보인다.

위선 유도를 통한 설득 전략

위선 유도(hypocrisy induction)는 사람들에게 어떤 사안에 대한 태도와 행동이 일치하지 않았다는 사실을 상기시킴으로써 심리적 불편함을 유도하는 설득 전략이다. 사람들은 자신의 태도와 행동 간에 위선이 있음을 깨닫게 되면 극심한 인지부조화를 겪고, 이를 해소하기 위해 자신의 행동을 태도에 일치시키게 된다.

이러한 위선 유도 설득 전략이 성공적이기 위해서는 두 가지 조건이 필수적이다. 첫째, 설득자는 사람들로 하여금 어떤 사안에 대해서 이들이 찬성/반대하고 있다는 사실을 상기시켜야 한다. 둘째, 설득자는 해당 사안에 대한 사람들의 과거 행동이 자신들의 태도에 반하는 것이었음을 일깨워야 한다. 이 두 가지 조건 중 하나만 있을 때 설득의 효과는 존재하지 않거나 미약하게 된다.

예를 들어, 사람들은 대부분 재활용에 대해서 찬성하지만 실제 생활에서 이를 정확히 실천하지 않는 사람 역시 많다. 설득자는 사람들로 하여금 재활용에 대한 자신의 행동을 되돌아보게 한 다음, 이들의 행동이 태도와 일치되지 않았음을 주지시킬 수 있다. 사람들이 자신의 행동이 재활용을 찬성하는 태도에 반했다는 사실을 깨달으면 위선적 행동으로부터 오는 심리적 불안감을 경험하게 되기 때문에, 이를 해소하기 위해 재활용의 취지에 맞는 행동을 할 가능성이 크다. 만약 설득자가 재활용에 대한 사람들의 기존 태도와 모순된 행동을 지적하는 대신에 재활용에 대한 사회적 당위성('재활용하는 것이 중요하다')만을 강조하는 전략을 사용한다면 어떨까? 설득자가 제공한 메시지는 사람들의 기존 태도와 일치하는 것(재활용에 찬성)이기 때문에 심리적 불안감을 유도하지 않는다. 이 경우, 설득자의 전략이 사람들의 행동변화로 이어질 가능성은 상대적으로 매우 낮다.

위선 유도와 같은 심리적 불안감을 경험한 사람들은 태도에 맞게 행동을 바꾸는 과정을 통해 인지부조화를 감소시킨다. 하지만 그와 반대로 행동에 맞게 태도를 바꾸는 경우도 있는데, 이를 '맞불효과'라고 한다.

프라이드(Fried 1998)는 맞불효과가 실제로 일어나는지 실험했다. 그는 피험자들을 세 집단으로 나누어, 첫 번째 집단의 피험자들에게는 익명이 보장된 상태에서 재활용에 어긋나는 자신들의 행동을 적도록 하고, 두 번째 피험자들에게는 신원이 밝혀진 상태에서 재활용에 어긋나는 자신들의 행동을 적도록 요구했으며, 세 번째 집단에게는 재활용에 대한 자신들의 과거 행동을 적도록 요구하지 않았다. 실험 결과, 두 번째 집단의 피험자들은 재활용에 대한 자신들의 태도에 맞게 행동을 바꾼 것이 아니라 자신들의 행동에 맞게 태도를 바꾸었다. 즉, 이들의 재활용의 효용성에 대한 태도가 많이 낮아지게 되었다.

위선 유도와 반대되는 이러한 태도변화가 왜 일어났는가에 대한 원인은 아직 밝혀지지 않았다. 다만 눈에 보이지 않는 태도와 달리 행동은 이미 표면적으로 드러나기 때문에, 이미 벌어진 자신의 행동이 잘못되었다고 인정하기보다 원래 자신이 재활용에 긍정적이지 않았던 것처럼 태도를 변화시킴으로써 인지된 부조화를 해소하려고 했을 가능성을 제시할 수 있다. 즉, 이 사람들에게는 '재활용에 부정적 태도'를 가진 사람이라는 평가보다 '위선적 행동'을 한 사람이라는 평가가 더 견디기 어려웠을 가능성이 있다. 하지만 이런 해석은 하나의 가정에 불과하며, 위선 유도와 반대되는 태도변화가 나타나는 원인과 이러한 현상이 적용되는 태도 대상이 누구인지에 관해서는 아직 명확히 밝혀진 바 없다. 그러나 설득자는 위선 유도 전략에 근거한 설득을 시도하기 전에 반드시 맞불효과의 발생 가능성을 염두에 둘 필요가 있다.

심리적 일치와 마케팅적 응용

심리적 일치를 이용한 설득 전략은 소비자의 구매 의사결정 과정에 활용될 수 있다. 어떤 결정을 하거나 물건을 구매할 때 개인이 심각한 갈등을 거치게 되면 결정을 통한 부조화가 더욱 커지게 된다. 개인은 심리적 긴장을 야기하는 부조화를 감소시키기 위해 동기화를 거치게 되는데, 이 과정에서 설득 전략이 활용될 수 있다.

대표적인 예로 다이어트 콜라를 들 수 있다. A는 콜라를 무척 좋아하지만 다이어트 중이라서 구입을 주저하고 있다. A는 콜라를 좋아하는 태도와 다이어트를 해야 한다는 태도상의 불일치로 인해 불편함을 느끼고, 이를 해소하고자 하는 욕구를 갖고 있다. 만약, 다이어트에 대한 의지가 강하다면 A는 더 이상 콜라를 먹지 않을 것이다. 이러한 가능성을 최소화하기 위해서 콜라 회사는 '다이어트 콜라'라는 새로운 상품을 출시하였다. 콜라 회사는 '다이어트에 문제가 되지 않는 콜라'라는 메시지를 통해 '콜라를 먹고 싶다는 생각'과 '다이어트를 위해 콜라를 마시면 안 된다는 생각'의 차이에서 오는 A의 심리적 불안감을 해소할 수 있다. 결과적으로 A는 다이어트를 위해 콜라를 마시지 않는 행위의 변화 대신, 다이어트 콜라는 다이어트에 방해가 되지 않는다는 태도의 변화를 토대로 지속적으로 콜라를 구매한다.

한편 마케팅 전략에서 중요하게 사용되는 브랜드 충성도 전략 또한 심리적 일치 욕구와 관련이 있다. 예를 들어, 시장의 선두 브랜드는 소비자가 다른 브랜드를 사용할 때 심리적으로 불편할 것이라는 암시를 줌으로써 브랜드 충성도를 유지할 수 있다. 즉, '2천만 대한민국 국민의 선택, 아직도 당신은 Y 통신사를 사용하지 않으십니까?'라는 상품 메시지는 소비자에게 Y 통신사의 사용이 다수집단에 소속되는 행위임을 강조함으로써, 그 통신사를 사용하지 않는 사람들에게 심리적 불안감을 제공하고 Y 통신사를 사용해 이를 해소할 수 있음을 암시하는 것이다.

브랜드 충성도를 강화하려는 다른 예로 쿠폰제 활용을 들 수 있다. 버터회사 A는 자사 제품에 대한 브랜드 충성도를 높일 목적으로 제품 안에 쿠폰을 넣어, 이를 세 개를 모으면 로고가 새겨진 머그컵을 주는 행사를 진행하였다. 사람들은 쿠폰을 얻기 위해 수개월 동안 A 회사의 버터 제품을 꾸준히 구입하였으며, 이를 통해 이 기간 A 회사에 대한 브랜드 충성도를 갖게 되었다. 이들은 쿠폰을 이용해 머그컵을 얻은 이후에도 계속 이 제품에 대한 브랜드 충성도를 갖게 되는데, 머그컵에 그려진 A 회사의 버터 제품 로고 때문이었다. 결국 적절한 판촉활동이 브랜드 충성도를 형성하고 강화한 셈이다.

한편 특정 제품의 시장에서 선두를 노리는 도전 기업이나 신생 기업은 소비자들이 습관적으로 구입하는 선두 기업에 대한 브랜드 충성도를 바꾸려는 노력을 기울인다. 이 경우, 이들 기업은 귀가 솔깃한 서비스나 제품 특징을 제안함으로써 생각 없이 제품을 구입하던 소비자가 불일치를 갖게 하고, 이를 통해 브랜드 전환을 유도한다. 이전에 애플컴퓨터사가 "달리 생각해 보세요"라는 슬로건을, 밀러맥주회사가 "오래된 것에서 벗어나면 좀더 대담해진다"라는 슬로건을 사용했는데, 이 사례는 기존 상표를 계속 유지했을 때 심리적으로 불편해질 것이라는 점을 암시하여 브랜드 전환을 유도하고자 한 캠페인이었다.

심리적 일치를 마케팅에 응용할 때 한 가지 주의할 점은, 설득자가 유도한 태도에 의해 피설득자가 어떠한 행동을 하게 되었다 하더라도 이것이 설득자가 유도한 대로의 태도를 지속하는 결과로 이어지지 않을 수 있다는 사실이다. 결과적으로 인지부조화를 이용한 설득자의 설득을 지속하려면, 수용자의 최초 결정을 유도하는 것뿐 아니라 행동이 일어난 후에도 그 행동이 합리적 선택이었음을 확신시켜 주는 후속 과정이 필요하다. 예컨대, 한 연구에서는 자사의 자동차를 구매한 고객

마케팅 전략의 효용

우리는 시장이나 백화점에서 여러 개의 물건을 하나의 값에 팔거나 "무조건 얼마" 하는 식으로 상품을 판매하는 저가(low price) 마케팅을 종종 본다. 이렇게 싼 가격은 분명 구매율을 높이는 데 도움이 된다. 그러나 인지부조화의 관점에서 보면 이 같은 판매방식의 효용은 의심스럽다.

만약 A 회사가 치약 세 개를 한 개 가격으로 팔고 있다고 하자. 그리고 B라는 치약을 주로 이용하는 소비자 K는 원래 A 치약에 대해 별로 좋게 생각하지 않았다. 그러나 소비자 K는 자신이 평소 좋아하지 않던 A 치약의 구매(반태도적 지지 행동)에 대한 높은 합리화 요인(낮은 가격)을 갖게 된다. 이 과정에서 소비자 K를 유인하는 요소인 가격이 낮으면 낮을수록 A를 구매할 소비자 K의 동기는 높아지게 된다.

그러나 한 가지 주목할 만한 사실은, 반태도적 지지 행동에 순응할 유인요소가 강력할수록 구매로 인한 부조화는 적어진다는 것이다. 소비자 K는 싼 가격이라는 강력한 유인요소에 의해 A 치약을 구매할 수 있다. 그러나 A가 좋아서 구매한 것이 아니라는 합리화가 가능하기 때문에, A가 정가로 판매할 때 후속적 구매로 이어질 가능성은 매우 낮다. 즉, 저가 마케팅 전략은 일시적으로 판매를 촉진할 수는 있지만 해당 브랜드에 대한 호의적 태도를 형성하는 데는 오히려 방해가 될 수 있다.

한편 오늘날 기업은 자신의 제품에 대한 긍정적인 글을 쓰게 하고 그것에 대한 보상을 제공하는 마케팅 전략 또한 많이 활용한다. 기업의 제품에 대한 리뷰를 쓰는 수많은 파워블로거의 존재가 이러한 마케팅 전략의 결과라고 볼 수 있다. 블로거에게는 기업에서 제공받은 제품의 좋은 점에 대한 글을 쓰는 것이 일종의 반태도적 지지 행동일 수 있다. 실제로 그 제품이나 제품의 브랜드를 좋아하지 않지만 보상을 받기 위해 글을 쓰는 경우가 발생할 수 있다. 이런 경우, 기업의 보상 정도가 크면 클수록 실제로 제품에 대한 호의적 태도가 형성될 가능성은 낮아진다.

물론 A 치약의 구매 경험을 통해 A 치약에 대한 인식이 변화할 가능성이 있고, 블로거들의 글을 통해 제품에 대해 호의적 태도를 갖게 되는 다수의 사람들이 존재할 수 있다는 점에서 이러한 전략들이 무조건 쓸모없다고 볼 수는 없다. 다만 정말로 효과적 마케팅을 위해서는, 제공되는 보상의 정도가 반태도적 지지 행동을 최소한으로 이끌어 내는 동시에 최대의 인지부조화를 일으키는 전략 설계가 필요하다. 즉, 치약의 구매를 유도하면서 호의적 태도를 형성할 수 있을 만큼의 적정한 가격을 책정하고, 상품 리뷰를 쓰게 하면서도 제품에 대한 호감을 가질 수 있을 만큼의 적절한 보상이 제시되는 것이 마케팅 전략에서는 무엇보다도 중요하다.

에게 전화로 그 자동차에 대한 강점을 다시 얘기해 주는 활동이 구매고객으로 하여금 자동차와 브랜드에 대한 충성도를 높이는 데 효과적임을 밝혔다.

2. 귀인이론

1960년대에는 인지일치 계통의 이론들이 학계를 주도했다. 그러나 1970년대로 넘어가면서 이른바 귀인이론(attribution theory)이라는 사회심리학적 학설이 새롭게 등장하였다. 인지부조화이론과 귀인이론은 모두 어떤 행동이나 결정을 한 이후에 사람들의 태도변화에 대해 설명한다. 그러나 이론의 전개와 가정은 다소 상이하다. 귀인이론에서 '귀인'(歸因)이란 어떤 일이 발생하게 된 이유, 그리고 어떤 사람 또는 우리 자신이 무엇인가를 말하거나 행하게 된 이유가 '무엇 때문이었을 것'이라고 추론한다는 뜻이다. 사람들은 자신이 관찰하는 언어적, 외적 행위로부터 귀인하여 자신의 태도나 의도를 추론한다.

귀인이론은 어떤 행동의 원인을 찾는 데 집중한다. 행동의 원인은 행위자 개인의 성격, 동기, 태도 등과 같은 내적 요인일 수도 있고 사회규범, 외부 환경, 우연한 기회 등과 같은 행위자 외적 요인일 수도 있다. 어떤 행동의 원인을 행위자의 내적인 특성에서 찾는 것을 **기질적 귀인**이라고 하고, 어떤 행동에 대한 원인을 행위자의 외적인 특성에서 찾는 것을 **상황적 귀인**이라고 한다.

자신 혹은 타인의 행동의 원인을 어디서 찾느냐에 따라 상황에 대한 개개인의 반응은 완전히 달라진다. 예를 들어, 어떤 친구가 나를 보고 웃었을 때 호의의 표시로 생각하는지 아니면 비웃음으로 생각하는지에 따라 그 행동을 한 사람에 대한 나의 평가와 반응은 달라질 것이다.

만약 그 친구가 항상 입을 삐뚤게 해서 웃는다는 점을 고려한다면(기질적 귀인), 그 웃음은 내게 딱히 부정적으로 인식되지 않을 것이다. 반면, 그 친구와 내가 어제 심하게 다툰 일을 고려한다면(상황적 귀인), 그 웃음은 나에 대한 비웃음으로 인식될 것이다. 이처럼 귀인은 상대방이 어떤 특성을 갖는지 그리고 왜 그런 행동을 하는지 등에 대한 인과적 추리 과정을 토대로 일어난다.

초기의 귀인이론은 인지부조화이론에 대한 재해석의 관점에서 대두되었다. 귀인이론은 특정한 행동과 사건을 설명하는 과정에서 어떤 정보를 수집하고, 이를 어떻게 결합하여 판단하는가가 중요함을 강조하고 있다. 여러 연구자들이 귀인이론에 기초하여 연구했다. 여기에서는 이 중 가장 대표적인 귀인이론으로 벰(Bem 1967)의 자기지각이론, 존과 데이비스(Johns & Davis 1965)의 대응추론이론, 그리고 켈리(Kelley 1972)의 귀인이론을 설명하고자 한다.

1) 자기지각이론

귀인이론은 인간의 행동이 어디에 귀인하는지를 찾아내는 것 외에도 이러한 귀인 작용이 발생하는 이유를 추론하는 데에도 관심을 두었다. 귀인이론의 기틀을 닦은 벰(Daryl J. Bem)은 태도를 "자신의 내적 감정 상태에 대한 언어적 표현"이라고 정의했다(Bem 1967).

벰에 따르면 감정은 매우 모호한 것이기 때문에 이를 직접적으로 인식하기는 사실상 어렵다. 그는 자신의 감정 상태는 인식되는 것이 아니라 자신의 행동과 그 행동이 일어나는 환경을 관찰하는 과정을 통해 추론된다고 보았다. 만약 자신이 한 행동의 원인이라고 생각할 만한 외적 단서가 적거나 애매하다면 사람들은 타인이 자신을 보는 것과 똑같은 방식으로 자신의 태도를 알아내게 된다고 주장했다.

태도변화를 설명하는 자기지각이론은 여러모로 인지부조화이론과 비교되는 경향이 있다. 특히 반태도적 행동 이후에 나타나는 태도변화에 대해 자기지각이론은 인지부조화이론과 다르게 해석하는데, 이를 살펴보면 두 개의 이론에 대한 이해를 높일 수 있다.

(1) 자기지각이론과 인지부조화이론의 비교

인지부조화이론은 자신의 태도와 상반된 행위를 하는 경우, 특히 자신의 태도와 상반된 행동에 대한 정당한 근거가 없는 경우 발생하는 심리적 불안감을 해소하기 위하여 자신의 행위에 일치하도록 기존의 태도를 변화시킨다고 주장한다. 반면 자기지각이론은 자신이 행한 행위에 대해 충분한 외부적 정당성의 근거를 찾지 못한 경우, 자신의 태도가 원래 그러했다고 지각함으로써 태도를 행위에 맞춰 간다고 보았다. 즉, 특정 행동을 통해 자신의 기존 태도를 바꾸는 것은 이전에는 미처 자각하지 못했던 자기지각의 과정일 뿐이라는 것이다.

예를 들어, 페스팅거와 칼스미스의 '실험이 얼마나 재미있었나' 실험을 다시 한 번 살펴보자. 페스팅거는 이 실험의 결과를 행위에 대한 불충분한 정당화로부터 비롯된 태도변화 과정으로 설명하였다. 반면 자기지각이론의 입장에서 이 실험을 해석하면, 실험집단이 1달러를 받고도 재미있었다는 태도를 보인 것은 인지부조화를 피하기 위해 기존의 태도를 바꾼 것이 아니라 외적 행동과의 일관성에 맞는 태도가 바로 그것이기 때문이다. 즉, 겉으로 드러난 행동(재미있다고 말한 행동)에 따라 자신의 태도를 스스로 추론하는 과정에서 '그것이 정말로 재미있었다'고 생각하게 되는 자기지각 변화를 경험하게 되는 셈이다.

인지부조화이론과 자기지각이론은 매우 유사하여, 이 두 이론을 구별하려는 많은 시도가 있었지만 실패했다. 이러한 상황에서 1970년 이후 인지부조화이론과 귀인이론을 통합하려는 움직임, 그러니까 어떤 이론이 일반적으로 더 타당하며 옳은가 하는 것이 아니라 어떤 상황과 조건에서 어느 이론이 더 우월한가를 밝혀내려는 시도가 이뤄지기 시작했다. 특히 파지오와 잔나, 쿠퍼(Fazio et al. 1977)는 두 가지 이론 모두 정확성을 갖고 있지만, 각기 적용되는 영역이 다를 뿐이라고 주장하였다. 그들은 사람의 새로운 행동이 기존 태도와 크게 다르지 않을 때는 자기지각 과정이 일어나는 반면, 새로운 행동이 기존 태도와 크게 다르다면 인지부조화 해소를 위한 합리화 과정이 일어나게 된다고 보았다. 즉, 어떤 행동이 행위자의 기존 태도에 비추어 볼 때 두드러지게 튀는 행동이 아니라면 사람들은 자신의 행동으로 인한 내적 긴장을 해소하고자 하는 동기를 얻지 못하며, 단지 행위에 대한 자신의 태도를 추론하는 자기지각의 과정을 거치게 된다. 그러나 충분한 외적 정당화 없이 이전의 태도와 크게 대립되는 행동을 한 경우, 사람들은 자신의 태도를 거꾸로 추론하기보다는 합리화를 통한 태도변화를 통해 불쾌한 내적 긴장의 상태를 해소하고자 노력한다. 이들의 이러한 주장은 '사회적 판단이론'의 토대가 되었다. 사회적 판단이론은 뒤에서 자세히 다룰 것이기 때문에 여기에서 상세히 논하지는 않겠다.

다만, 주목해야 하는 사실은 새로운 이론의 핵심적인 토대가 될 정도로 인지부조화이론과 자기지각이론의 차이가 논쟁의 대상이었다는 점이다. 두 이론에 대한 논쟁에서 밝혀진 바에 의하면, 행동과 태도 간의 부조화 발생 조건이 충분한 경우에는 사람들이 강한 심리적 불쾌감을 느끼기 때문에 인지부조화이론대로 행동할 확률이 크다. 반면, 행동이 기존 태도와 부조화를 이룰 가능성이 크지 않을 경우, 즉 기존 태도에 비추어 봤을 때 완벽히 일치하지는 않는다 하더라도 어느 정도 수용이 가능한 수준의 행위일 경우에는 귀인 작용이 일어날 확률이 더 크다.

단계적 요청 기법

문간에 발 들여 놓기(*foot-in-the-door technique*) 기법이라고도 불리는 단계적 요청 기법은, 사람들이 이전에 사소한 호의적 행위를 하기로 동의했던 경험이 있으면 이보다 더 부담이 되는 호의적 행위도 할 가능성이 높아지는 심리를 이용한 설득 전략이다.

프리드만과 프레이저(Freedman & Fraser 1966)는 일련의 미국 중산층 가정주부들에게 안전운전을 위한 법안을 상원이 승인해 줄 것을 요구하는 청원서에 서명해 달라고 부탁했다. 예상대로 대부분의 사람들이 청원서에 서명했다. 몇 주 후, 이들은 청원서에 서명했던 사람들에게 뒷마당에 크고 보기 흉한 '안전운전'이라고 쓰인 푯말을 놓아 줄 수 있겠냐고 요청했다. 또한 실험자는 이전에 청원서 서명을 요청받은 적이 없는 가정주부들에게도 동일한 요청을 했다. 실험 결과, 사소한 호의적 행위(청원서 서명)를 하는 데 동의한 사람들 중 55퍼센트 이상이 푯말을 놓는 데 동의한 반면, 이전에 사소한 호의적 행위를 요청받은 적이 없는 사람들 중에서는 오직 17퍼센트만이 동의했다.

실험의 결과는 자기지각이론을 통해 설명할 수 있다. 사람들은 일단 작은 부탁을 들어주고 나면 그와 관련한 더 큰 부탁을 들어주어야 한다는 일종의 의무감을 갖게 된다. 왜냐하면, 앞서 행한 '공공성이 짙은 작은 부탁'을 승낙한 이유가 '한가할 때 부탁받은 사소한 것'이기 때문이 아니라 '바쁘더라도 당연히 해야 한다고 믿는 중요한 것'이기 때문이라고 믿기 때문이다. 사람들은 자기가 행한 일(안전운전 관련 법안을 위한 청원서에 서명)이 자신의 기존 태도(안전운전은 중요하다)와 크게 다르지 않을 경우, 자신의 행동이 자신의 기존 태도에 대한 결과라고 인식(자기지각)하며, 이후에는 '자기지각된 태도'을 바탕으로 다른 행동들을 취하게 된다. 안전운전과 관련한 청원서에 서명한 경험이 있는 사람들은, 자신의 행동을 토대로 자신이 청원서에 서명하기 이전부터 항상 안전운전을 중요하다고 생각했다는 자기지각 과정을 경험하고, 이후 청원서 서명보다 조금 더 큰 노력이 필요한 '흉측한 안전운전 푯말 설치'에도 동의해야 한다는 사명감을 지니게 되었을 가능성이 크다. 결과적으로 실험자에 의하여 처음의 사소한 호의적 행위를 수행하도록 유도된 사람은 그렇지 않은 사람들보다 실험자의 요구에 순응하기 위한 더 큰 희생을 감내하게 된다.

단계적 요청 기법에 의한 설득 전략은 세일즈 및 마케팅 분야에서 많이 접할 수 있다. 마트에서 시식행사를 하는 것이 대표적인 단계적 요청 기법의 사례라고 할 수 있다. 마트에서 무료 시식한 사람은 그렇지 않은 사람들보다 해당 제품을 구매할 가능성이 크다. 물론, 이들은 자신이 해당 식품을 구매하는 이유를 '그 제품이 맛있어서', '원래 그 제품을 좋아해서'라고 생각할 것이다. 그러나 실제로는 무료 시식(사소한 요청)을 통해 음식을 제공받은 후 구매 요청(단계적으로 더 큰 요청)을 거절하지 못한 사람들이 후속적인 자기지각을 통해 제품 구매를 예정했던 것처럼 기존 태도를 바꿨다고 보는 편이 더 적합하다.

역단계적 요청 기법

역(逆)단계적 요청 기법 혹은 면전에서 문 닫기(*door-in-the-face technique*) 기법은 단계적 요청 기법과 비슷하지만, 반대로 애초에 들어주기 어려운 큰 부탁을 한 후 좀더 상식적인 수준의 작은 부탁을 하는 기법이다.

이러한 방식에 대한 최초의 연구는 치알디니 등(Cialdini et al. 1975)에 의해서 이뤄졌다. 이들은 실험 대상자에게 청소년 범죄자들을 2년 동안 일주일에 두 시간씩 상담해 줄 수 있는지 물었다(큰 부탁). 이후 청소년 범죄자들이 동물원을 방문할 수 있도록 하루 동안만 인솔해 줄 수 있는지 물었다(작은 부탁). 처음에 큰 부탁을 받은 이후 작은 부탁을 받은 사람들은 50퍼센트가 큰 부탁을 거절하는 대신 작은 부탁을 들어주겠다고 응답했다. 반면, 큰 부탁을 받지 않고 처음부터 작은 부탁만을 받은 사람들은 전체의 17퍼센트만 청소년 범죄자들의 동물원 인솔을 승낙하였다.

실험의 결과는 경우에 따라서 역단계적 요청 기법 역시 훌륭한 설득 전략이 될 수 있음을 보여 준다. 실험 대상자들은 처음의 큰 부탁을 거절하는 과정에서 마음의 불편함을 경험하고, 그보다 작은 것을 부탁받은 상황에서 연구자가 한발 물러서 준 것(큰 부탁을 작은 부탁으로 변경)만큼 자신 역시 무엇인가를 양보해야 한다는 일종의 의무감을 지니게 된다. 즉, 상대의 양보에 대해 자신도 양보로 보답해야 한다는 호혜적인 마음이 결국 상대적으로 작은 부탁을 승낙하는 결과로 이어진 것이다.

단계적 요청 기법과 역단계적 요청 기법 중 무엇이 더 효과적인지는 검증된 바 없다. 따라서 설득 대상과 상황을 종합적으로 고려하는, 효과적인 설득 전략을 파악하는 과정이 선행되어야 한다.

(3) 지나친 정당화 효과

지나친 정당화 효과는 행위로 이어지는 태도형성에 있어 불필요한 외부 자극을 줌으로써 내적 동기유발을 해치는 경우이다. 어떤 행위에 대한 지나친 외부 자극(보상)은 행위자로 하여금 그 행위에 대한 내적 흥미를 잃게 하는 동시에 '놀이를 일로' 인식하게 만든다. 신기한 장난감을 가지고 노는 아이들에게 불필요하게 많은 양의 보상을 제공했다고 가정해 보자. 사실 아이들에게 신기한 장난감을 가지고 놀도록 하기 위해서는 어떠한 보상도 제공할 필요가 없다. 하지만 아이들에게 보상을 제공하면, 아이들은 자신의 행위를 태도(장난감을 가지고 놀고 싶어 하는 것)가 아니라 외부적 보상에 귀인하게 된다. 즉, 아이들은 '내가 그것을 가지고 놀고 싶기 때문에 장난감을 가지고 논다'라고 생각하기보다 '보상을 받기 위해서 나는 그 장난감을 가지고 놀아야만 한다'라고 느끼게 되는 것이다(Eagly & Chaiken 1993). 여기서 보상은 장난감을 가지고 노는 행위에 대한 정당화의 역할을 수행하는데, 아이들은 많은 양의 보상이 제공될수록 자신들이 장난감을 가지고 노는 이유가 외적 자극(보상)에 있다고 정당화하게 된다.

이렇듯 행위를 통해 자신의 태도를 긍정적인 것으로 귀인하는 상황에서는 외적인 보상이나 강화가 없이도 긍정적인 태도를 유지할 수 있지만, 불필요한 정당화를 제공하게 되면 오히려 긍정적 태도가 형성되기 힘든 경향을 보인다.[2] 따라서 타인에 의해 유도된 행동이 태도변화라는 진정한 설득으로 이어지기 위해서는 행동에 대한 적합한 수준의 보상(행동을 하도록 유도하면서도 지나친 정당화가 일어나지 않을 정도)이 어느 정도인지를 고민해야 한다.

2) 대응추론이론

존스와 데이비스(Jones & Davis 1965)의 대응추론이론은 본질적으로 대인지각이론이다. 앞서 살펴본 벰의 자기지각이론은 사람들이 스

---

[2] 앤더슨과 동료들은 그 사람의 업무수행 능력(competence)에 대해 말(verbal)로 칭찬해 주는 것이 긍정적 태도형성에 크게 기여한다고 주장했다(Anderson et al. 1976). 또한 데시(Edward Deci)는 통제적 내용의 외적 자극(예를 들어 '나는 단지 돈을 벌기 위해 일한다'라는 생각을 심어 주는 것)을 주었을 때 태도가 부정적으로 기우는 반면, 정보적 내용의 외적 자극(예를 들어 '내 급여가 높게 책정된 것은 내가 일을 잘해서')을 주는 것은 긍정적 태도형성에 도움을 준다는 사실을 발견했다(Deci 1975).

스로 행한 행위에 대해 자신의 태도를 귀인하는 과정을 살펴보았다. 반면 대응추론이론에서는 우리가 타인들의 행동을 보며, 그 사람의 태도를 어떻게 귀인하게 되는가의 문제를 살펴본다.

(1) 대인지각의 원칙

다른 사람의 행위를 관찰하여 그 사람의 태도를 추론하기 위해서는 행위자의 관점에서 관찰자의 관점으로 전환해야 한다. 그러나 이러한 관점의 변화는 행동의 원인을 귀인하는 데 다른 시각을 요구한다. 이를테면, 행위자가 자신의 본래 태도와 반대되는 행동을 했을 경우 그 원인을 외부적 요인에 돌리고(상황적 귀인), 타당한 외부적 원인을 찾을 수 없는 경우에는 이를 다시 내적으로 귀인(기질적 귀인)하는 경향이 있다. 그러나 타인을 관찰하는 경우에는 원인을 우선적으로 행위자 내부적 요인으로 귀인하려는 경향이 강하다.

일반적으로 사람들은 자기 자신보다 타인을 이해하는 데 더 큰 어려움을 겪으며, 타인의 행동에 대해 가장 안정적이고 정보적인 설명을 얻고 싶어 한다. 만약 타인의 행동이 상황에 따라 그때그때 달라진다면 특정 상황에서 타인의 행동을 유추하기란 사실상 불가능한 것처럼 여겨진다. 따라서 사람들은 이러한 심리적 부담을 낮추기 위해 타인의 행동이 그 사람의 기질적 성향에서 발생한 일관된 것이라고 믿는다.

예를 들어, 친구와 함께 명품 시계를 구매하게 된 상황을 생각해 보자. 내가 명품 시계를 구매한 이유는 여러 가지 환경적 요인으로 귀인되기 쉽다. 즉, 마침 명품 시계가 크게 할인하여 판매되고 있다거나, 새로 이직한 직장에서 무시당하지 않기 위해서 명품 시계가 하나쯤은 필요하다거나, 그도 아니면 주변 또래들 중에서 명품 시계가 없는 사람은 나 하나뿐이라는 등의 이유가 비싼 시계를 사는 것에 대한 이유가 된다. 반면, 친구가 명품 시계를 구매한 이유는 여러 환경적 요인보다 친구 개인의 기질적 성향으로 귀인될 가능성이 크다. 그 친구가 원래 명품 시계를 좋아한다거나 명품 시계에 돈을 쓰는 것을 아까워하는 성격이 아니라거나, 그도 아니면 평소 사치스러운 성격이기 때문에 비싼 시계를 산다고 생각하게 되는 것이다.

이렇게, 타인이 행한 행동의 원인을 행위자의 내적 특성 때문이라고 생각하며 행동이 나타난 상황적 힘을 무시하는 경우를 **기본적 귀인 오류**라고 한다(Ross, 1977). 수많은 경험적 연구들은 타인의 특정 행동을 설명할 수 있는 상황적 정보가 풍부할 때조차 타인의 행동에 미치는 상황적 요인의 영향력이 과소평가된다는 사실을 밝혀냈다(Gilbert & Malone 1995).

상황적 요인을 무시하는 판단은 잘못된 결론에 이를 수 있다는 점에서 부정적이라고 인식되기 쉽지만, 경우에 따라서는 상황에 대한 빠른 판단을 내리게 한다는 점에서 긍정적 측면이 있다. 따라서 인지적 과부하를 줄이기 위한 즉각적인 기질적 귀인이 잘못되었다기보다는, 함께 고려해야 하는 상황의 힘이 있다는 점을 간과하는 것이 오류라고 보는 편이 더 정확하다. 따라서 귀인 과정에 대한 많은 연구는 어느 경우에 타인의 행동에 대한 상황적 단서가 무시되는지, 그리고 귀인의 결과가 옳은 판단인지를 확인하는 방법이 무엇인지를 함께 밝히고자 노력했다.

(2) 타인의 성향 추론 단서

타인의 행동에 대한 상황적 단서를 무시하고 기질적 성향에 따라 추론해 내는 귀인 과정에는 여러 단서들이 작용한다. 그중에서도 몇몇 단서는 타인의 기질적 성향과 관계된 매우 신속한 추론을 이끌어 낸다. 타인의 성향을 추론하는 데 즉각적으로 작용하는 몇 가지 단서들을 살펴보자.

사회적 바람직성: 이는 타인을 평가하는 데 굉장히 중요한 단서 중 하나다. 만약 타인의 특정한 행동이 사회적으로 바람직하지 못한 행동이라면, 이 행동은 행위자의 기질적 속성에 따른 결과라고 판단되기 쉽다. 반면, 타인의 특정한 행동이 사회적 바람직성이 높은 행동이라면, 이 행동은 행위자가 속한 환경적 요인에 따른 결과라고 생각되기 쉽다. 왜냐하면, 동일한 상황에서 동일한 환경에 속한 사람들이 동일한 행동(사회적으로 바람직한 행동)을 할 것이라는 추론이 가능하기 때문이다. 예를 들어, 길을 가다가 눈앞에서 갑자기 사람이 쓰러지는 것을 목격했다고 생각해 보자. 어떤 사람이 이를 목격하고도 그냥 지나쳤다면 그 사람의 행동은 냉혈한 같은 그의 성격(기질적 특성) 때문이라고 귀인될 가능성이 크다. 반면, 이를 목격한 사람이 119에 신고하고 빠르게 응급처치를 했다면, 그 사람이 유독 마음이 따뜻한 사람이어서 그랬다기보다는 사회적으로 바람직한 행동을 한 것(환경적 특성)이라고 여겨질 가능성이 크다.

사회적 역할과 사전 기대: 어떤 행동이 사회적 역할에 따른 것인가와 사전 기대를 충족시키는 것인가에 대한 판단 역시 타인의 성향을 추론하는 중요한 단서가 된다. 만약 특정한 타인의 행동이 사회적 역할에 따른 기대된 행동 중 하나에 속한다고 판단된다면, 우리는 이를 타인의 기질적 속성에 의한 행동이라고 생각하지 않게 된다. 예를 들어, 앞선 사례에서 쓰러진 사람을 119에 신고하고 응급처치 한 사람의 직업이 구급대원이었다고 생각해 보자. 이 사람의 행동은 사회적 역할에 따른 직무(사람을 구하는 것)의 연장선으로 인식되기 때문에, 그 사람의 기질적 특성과 연관 지어 이해되지 않게 된다.

쾌락적 적합성: 만약 특정한 행동이 그 사람의 원래 목표나 관심사와 연관되어 있다면 쾌락적 적합성이 높은 상태라고 볼 수 있다. 특정한 행동이 기존의 목표나 관심사와 연관되거나 기존의 목표를 이루는 데

도움이 되었다면, 타인의 행동이 아무리 사회적으로 바람직하더라도 기질적 속성에 의한 것으로 인식된다. 예를 들어, 수해 지역에 거금을 기부하거나 수해 복구 작업에 동참하는 정치인의 행동은 사회적으로 바람직한 것임에도 불구하고, 정치인의 이미지 쇄신에 더 큰 목적이 있다고 인식되기 쉽다. 이러한 경우, 사람들은 그 정치인을 기회주의적인 이미지로 인식하게 된다.

인격주의: 이는 타인의 행동이 나를 도우려고 하는지 혹은 해치려고 하는지에 대한 지각 정도를 의미한다. 만약, 타인의 행동이 나를 돕거나 해치려는 것이라고 판단되면, 이는 타인의 기질적 성향에서 귀인한 행동이라고 인식되기 쉽다. 예를 들어, 선착순으로 판매되는 한정판 게임팩을 구매하기 위해 판매점 앞에서 밤새 줄을 서 있었다고 생각해 보자. 판매점의 직원은 안전사고에 대비하기 위하여 줄 선 사람들의 해산을 요구하거나 판매점이 오픈한 이후에도 줄을 선 순서에 맞춰 한 명씩 입장하도록 강제할 수 있다. 그러나 사람들은 판매점 직원의 행동을 자기 자신에게 위협이 되는 행동(밤새도록 줄 선 행위가 무효가 되거나 순차적으로 입장함에 따라 선착순에서 밀리게 될 가능성)이라고 인식하고, 판매점 직원을 부정적으로 생각하게 된다. 이 과정에서 판매점 직원이 처한 상황적 맥락(안전사고에 대비해야 할 책임)은 무시되고, 판매점 직원의 개인적 성향(배려심이 없음)만 두드러지게 된다.

상황적 제약: 타인의 행동이 상황적으로 제약된 것인지 아니면 스스로의 선택에 의한 것인지에 대한 판단 역시 타인의 성향을 추론하는 데 중요한 단서가 된다. 예를 들어, 수업 중에 사형제도에 대한 토론을 진행한다고 생각해 보자. 만약 강사에 의해 사형제도의 찬성/반대 입장이 배정되었다면, 이 토론 과정에서 사람들이 사형제도에 대해 언급하는 것은 그 사람의 기존 신념과 다소 무관하다고 인식될 가능성이 크다. 반면, 사형제도에 대한 입장을 스스로 선택하게 하였다면, 이

토론 과정에서 사람들이 언급하는 내용은 그 사람의 기존 신념으로 인식된다.

3) 켈리의 귀인이론

(1) 공변 모형

켈리는 상황에 대한 불확실성이 인과적 분석을 촉진한다고 보았다. 사람들은 자신의 신념이 타인의 지지를 받지 못하거나 자신의 역량 밖의 문제에 대면했을 때, 또는 상황에 대한 정보가 모호하거나 자신의 견해가 부적합하다고 판단될 때 등의 경우에 추가적 정보를 탐색하고자 한다(Kelley 1967). 켈리에 의하면, 이때 탐색하는 추가적 정보는 타인에 대한 잠정적 인상을 확신하거나 설명하기 위한 것으로 특이성, 일관성, 합의성이라는 세 가지 차원에 대한 판단을 통해 일어난다.

예를 들어 설명해 보자. 어떤 남자가 한 여성과 파티에 가게 되었다. 하지만 막상 파티에 도착하니 이 여성이 자기와는 거의 대화하지 않고, 다른 사람들과는 적극적으로 대화를 나누는 것을 보게 되었다. 이 남자는 여자의 행동을 이해하기 위하여 다음의 세 가지 차원을 통해 추론하기에 이른다.

특이성

특정한 타인의 행동에 대한 결과가 다른 사람의 행동에 의해서도 도출될 가능성이 있는가를 살펴보는 것이다. 사례에서 남자는 자신에게 벌어진 일(파티에서 파트너에게 무시당하는 일)이 그 여성에 의해서만 일어난 것인지, 아니면 다른 여성과 다른 파티에 참가했을 때도 경험한 일인지를 판단하게 된다. 만약, 이 남자가 다른 여성에게서도 파티에서 무시당한 경험이 있다면 지금 이 사건은 남자에게 그다지 특이한 사건이 아닌 것이 된다(낮은 특이성). 반면, 다른 여성에게서 파티에서 무시당한 경험이 단 한 번도 없었다면, 이 사건은 남자에게 매우 특이한 사건이 된다(높은 특이성).

일관성

시간과 양상에 따른 일관성을 말한다. 즉, 여러 조건들이 상호작용을 통해 이뤄 낸 특정한 상황에서만 일어난 결과인지, 아니면 그 외의 다른 상황에서도 반복적으로 일어나는지를 살펴보는 것이다. 사례에서 남자는 파티에 함께 참석한 여자가 파티장이 아닌 다른 장소에서도 자신에게 동일한 행동을 했는지를 생각해 본다. 만약, 파티에 함께 참석한 여자가 파티장이 아닌 다른 곳에서도 항상 남자를 무시했다면, 그녀의 행동은 일관성이 높은 행동이 된다(높은 일관성). 반면, 파티장소가 아닌 다른 곳에서는 남자를 존중하는 모습을 보였다면, 그녀의 행동은 일관성이 낮은 행동이 된다(낮은 일관성).

합의성

타인의 행동이 나와의 관계가 아닌 다른 제3자와의 관계에서도 동일하게 나타나는지를 살펴보는 것이다. 예를 들어, 남자와 함께 파티에 참가한 여자가 다른 남자들에게도 무례하게 행동했다면, 남자가 파티에서 무시당한 행동은 그다지 특별한 일이 아니게 된다(높은 합의성). 반면, 여자가 다른 남자들은 항상 존중하는 모습을 보였다면, 이 일은 남자에게 무척 특별한 일이 된다(낮은 합의성).

켈리의 공변 모형에 따르면, 특이성(고/저), 일관성(고/저), 합의성(고/저)의 기준을 토대로 판단된 정보가 어떻게 조합되느냐에 따라 서로 다른 의미 있는 인과적 추론이 도출된다. 만약 남자가 과거에 다른 여자들로부터 계속해서 무시당했고(낮은 특이성), 파티에 참석한 여자가 과거에 이 남자를 계속해서 무시했으며(높은 일관성), 다른 데이트 상대를 무시한 적이 없다면(낮은 합의성), 파티에서 무시당한 남성에게 거친 매너나 나쁜 입 냄새와 같은, 짜증을 유발하는 요인이 있을 것이라 가정하기 쉽다(McArthur 1972). 반면, 남자가 과거에 다른 여자들로부터 무시당한 적이 없음에도(높은 특이성), 여자가 항상 남자를 무시했으며(높은 일관성), 이러한 태도가 다른 남자들에게도 반복적으로 나타났다면(높은 합의성), 그 여자가 무척 뻔뻔하고 성격이 나쁠 것이라고 예상할 수 있다.

사람들이 일상생활에서 특이성, 일관성, 합의성에 따라 상황을 판단하는 과정은 순식간에 일어난다. 그러나 모든 일에서 습관적으로 이러한 인과적 추론이 일어나지는 않는다. 사람들은 타인의 행동을 판단하는 과정에 습관적으로 기질적 귀인을 활용하는 양상을 보이기 때문에, 경우에 따라서는 이러한 차원에 따라 정보를 체계적으로 수집하는 과정 자체가 생략되기도 한다. 그럼에도 불구하고 켈리의 공변모형은 타인의 행동에 대한 귀인 과정을 설명하는 상세한 인과추론 모형이라는 점과 귀인에 대한 타당성 여부를 추론하는 데 필요한 차원과 방법을 명시했다는 점에서 오늘날에도 계속해서 주목받고 있다.

(2) 타인 지각과 설득 커뮤니케이션

켈리는 인과귀인을 설득 커뮤니케이션과 관련하여 설명하는 데 중요한 두 가지 원칙을 정립하였다(Kelly 1972). 이 원칙에 따르면 설득적 메시지에 노출된 사람이 설득자의 의도를 어디로 귀인하느냐에 따라 설득 효과가 달라진다. 메시지 수용자는 설득자의 메시지에 대한 입장을 개인적 특성, 상황적 특성[3] 그리고 환경적 특성으로 귀인할 수 있으며, 수용자가 설득자의 메시지에 대한 입장을 환경적 특성으로 귀인할 때 설득 효과가 가장 크다고 한다. 그렇다면, 이러한 세 가지의 귀인방법에 따른 설득 효과에 관한 켈리의 두 가지 원칙을 살펴보자.

첫째는 **절감의 원칙**으로, 수용자가 메시지를 설득자의 개인적 특성이나 상황적 특성에 귀인하면 설득 효과가 떨어지는 원칙이다. 보통 사람들은 설득적 메시지에 노출되기에 앞서 설득적 메시지에 대한 기대를 갖는다. 그 후 사람들이 설득적 메시지에 노출되는 과정에서 설득적 메시지가 자신들의 기대에 부합한다면, 이 설득적 메시지의 효과는 떨어지게 된다.

예를 들어, 평소에 세금 인상을 찬성하는 보수적 경제학자가 자신의 입장을 청중에게 전달하는 경우를 생각해 보자. 청중은 이미 이 경제학자가 세금 인상을 찬성하는 메시지를 자신들에게 전달할 것으로 기대한다. 여기서 청중의 예상대로 이 경제학자가 세금 인상을 찬성하는 주장을 했다고 가정하자. 이때 청중이 경제학자의 메시지 입장을 그의 개인적 특성(원래 보수적 성향)으로 귀인하거나 그가 처한 상황적 특성(이 경제학자가 여태까지 세금 인상에 찬성했으므로, 자신의 일관성을 유지하기 위해서 현실의 경제여건에 대한 고려 없이 계속 세금 인상에 찬성함)으로 귀인한다면 이는 설득 효과의 절감으로 이어지게 된다. 그 이유는 청중이 설득자의 메시지 입장이 현재의 경제여건에 대한 충분한 고려 없이 단순히 자신의 신념이나 자신이 처한 상황에 근거해서 형성되었다고 믿기 때문이다.

두 번째 원칙은 **증대의 원칙**으로, 이는 청중이 설득자의 메시지 입장에 대한 원인을 환경적 특성으로 귀인시킬 때 일어난다. 이 경우 설득적 메시지 효과는 커진다. 앞의 사례에서, 보수적 경제학자가 세금

---

3 여기에서의 상황적 특성은 앞서 살펴본 상황적 귀인과 다르다. 상황적 귀인은 사람들이 어떤 사건이 일어난 원인을 자신이 아니라 외적 요인으로 돌리는 것으로, 책임 전가가 그 사례다.

인상을 반대하는 입장을 청중에게 전달했다고 가정하자. 청중들은 애초에 이 경제학자가 세금 인상을 찬성할 것으로 기대했으나 자신들의 기대와 반대되는 메시지를 듣게 된다. 이때, 청중은 이 경제학자의 메시지 입장을 환경적 특성(현재의 경제여건)으로 귀인할 것이다. 즉, 청중은 이 경제학자가 현재의 여건을 충분히 고려하여 자신의 보수적 성향과 자신이 처한 상황에 반하는 주장을 했다고 생각하게 된다. 이와 같이 청중이 설득자의 메시지 입장을 환경적 특성으로 귀인할 때 메시지의 진실성이 더 높아지며 설득 효과도 증가하게 된다.

(3) 정보원과 귀인이론의 적용

보통 설득자가 자신의 이익에 반하는(자신에게 불리한) 내용의 메시지를 전달할 때, 그렇지 않은 메시지보다 훨씬 설득력이 있게 느껴진다. 왜 그럴까? 이는 귀인이론으로 설명이 가능하다.

메시지 수용자는 일반적으로 정보원이 그들 자신의 이익에 부합하는 메시지를 주장할 것으로 미리 기대하는 경향이 있다. 수용자는 설득자가 자신의 입장을 옹호하는 이유를 다음과 같은 두 가지 내적 요인에 귀인한다. 하나는, 설득자가 자신의 이익에 부합하는 편향된 지식만을 가지고 있으리라 생각하는 것으로, 이를 **지식 편견**이라 한다. 다른 하나는, 설득자가 메시지 주제와 관련이 있는 정보들 중에 자신에게 불리한 것은 일부러 숨기고 궁극적으로 설득자 자신에게 유리한 정보만을 전달하리라 생각하는 것으로, 이를 **보고(報告) 편견**이라 한다.

메시지 수용자가 설득자에 대해 지식 편견이나 보고 편견을 가지고 있다면, 설득자의 주장(설득적 메시지)을 진실하지 않다고 생각하기 쉽고 심리적으로 저항하게 된다. 따라서 '절감의 원칙'에 의해 설득의 효과는 떨어지게 된다. 그러나 설득자가 자신의 이익과 상반되는 입장을 지지함으로써 수용자들이 그에 대해 지식 편견을 가지지 않게 된다면 앞서 언급한 '증대의 원칙'에 따른 효과가 일어난다. 즉, 설득자가 자신의 이익을 위해 편파적으로 지식을 추구하거나 편파적으로 보고하는 것이 아니라고 수용자가 판단한다면, 설득자의 행동 원인을 그가 말하는 설득적 메시지의 내용 그 자체에 있다고 귀인하게 되는 것이다. 이러한 경우 수용자는 설득자의 주장에 귀를 기울이게 되고 영향을 받기도 쉽다.

물론 많은 설득적 상황에서 수용자가 설득자나 메시지에 대해 미리 갖는 어떤 기대가 없을 수도 있다. 그러나 사람들이 가지기 쉬운 귀인 성향은 설득적 메시지뿐만 아니라 설득자에 대해 알려진 지식, 예를 들어 그의 인성, 성향, 태도가 설득의 성공에 영향을 미칠 수 있다는 사실을 결코 간과해서는 안 된다.

3. 인지반응이론

인지반응이론(*cognitive response theory*)은 특정한 사건이나 주제에 대해 **생각**하면 태도가 극단화될 것이라 가정하고, 자기설득적 접근에서 설득 커뮤니케이션을 분석한다. 인지반응이론의 중심 내용은 **생각**이 태도변화의 주원인이라는 것이다. 인지반응이론에서는 태도변화를 외부의 자극에 의한 결과가 아닌 수용자 스스로 창출한 생각에서 유도된 결과로 본다. 이러한 관점에서 수용자는 외부의 메시지보다 자기가 자신을 설득하는 내부의 목소리에서 더 많은 영향을 받게 된다.

일반적으로 사람들은 설득 메시지의 내용보다 자신의 주장을 상대적으로 더 잘 기억한다(Greenwald 1968). 이는 사람들이 설득 메시지의 내용보다 메시지를 받은 이후 자신 내부의 인지적 과정을 보다 심도 있게 처리하려는 경향이 있기 때문이다. 사람들은 메시지 내용 자체보다 자신의 태도에서 우러난 인지반응적 메시지로부터 인지적으로 혹은 감정적으로 더 많은 영향을 받는다. 결과적으로 사람들은 설득 메시지보다 자신의 주장을 더 독창적이고 그럴듯하다고 생각한다(Perloff & Brock 1980).

1) 인지반응이론의 기본 개념

인지반응이론은, 수용자 자신이 생성한 설득적 메시지에 영향을 받는 이유를 설명함으로써 인지적 설득이론의 발전에 새로운 기틀을 마련하였다. 여기에서는 먼저 인지반응이론의 기본 개념인 '역할 수행'과 '단순한 생각'을 살펴본 후, 이 이론에 대해 좀더 구체적으로 살펴보겠다.

(1) 역할 수행

'역할 수행'이란 피험자가 어떤 사안에 대해 특정한 입장을 지지하도록 지시받고, 자신의 입장을 변호하기 위한 논거를 제시하도록 하는 상황을 말한다. 우리가 흔히 사용하는 '~을/를 했다고 가정해 보자'라는 형태의 모든 활동을 일종의 역할 수행이라고 볼 수 있다. 피험자는 역할 수행을 통해 특정한 입장을 지지하는 이유를 제시하는 과정에서 자신의 주장을 마음속으로 되새긴다. 만약 자신이 만들어 낸 논리가 타당하다고 여긴다면, 자신이 제시한 설득 메시지에 대해 보다 긍정적인 태도를 갖게 된다.

역할 수행은 자기설득적인 시각에서 매우 중요하다. 역할 수행에 대한 논의는 사람들의 마음속에서 능동적으로 창출된 메시지가 태도변화에 미치는 영향을 잘 설명해 준다. 커뮤니케이션 참여자들이 특정한 역할 수행을 하게 되었을 때 태도변화가 일어날 가능성이 커진다는 일련의 연구결과는 설득 과정에서 인지반응이 개입된다는 것을 의미한다. 그렇다면 역할 수행은 구체적으로 어떻게 태도변화를 일으킬까?

역할 수행은 크게 두 가지 방법으로 태도변화를 일으킨다. 첫째는 **편향된 정보 추구**다. 특정 상황에서 어떤 역할을 수행하도록 요구받은 사람들은 자신의 역할을 지지하기 위한 편향된 정보를 추구하고 자신의 역할과 반대되는 정보는 찾지 않는다. 즉, 편향된 정보 추구는 자신의 역할과 행동을 정당화시킬 수 있는 정보만을 찾는 행위를 의미한다.

오닐과 레빙스(O'Neill & Levings 1979)는 고등학교 학생을 대상으로 편향된 정보 추구에 대해 실험했다. 연구자들은 실험에 참가한 학생들에게 특정 주제를 주고, 피험자를 두 집단으로 나눈 뒤 주제에 대한 찬반 토론을 할 것이라 일러 주었다. 연구자들은 약 40분간 토론 준비시간을 주었는데, 이 과정에서 한 집단의 학생들에게는 해당 주제에 대해서 어떤 역할(찬성 또는 반대)을 수행할 것인지를 일러 주었고, 다른 한 집단의 학생들에게는 아무런 정보도 주지 않았다. 그 결과, 사전에 자신들의 역할에 대한 정보를 제공받은 학생들은 준비시간 동안 자신의 역할을 지지하는 정보만을 찾은 반면, 자신들의 역할에 대한 아무런 정보도 제공받지 않은 학생들은 양편의 주장을 모두 찾아본 것으로 확인되었다. 이후 연구자들은 학생들이 역할 수행을 한 입장에 대한 태도를 조사했는데, 사전에 미리 정보가 주어진 학생들의 태도가 그렇지 않은 학생들의 태도보다 자신들의 입장에 대해서 더 호의적으로 변화된 것을 발견했다. 이 연구결과는 실험에 참가한 학생들이 자신이 어떤 역할을 수행할 것이라는 정보를 미리 알게 된 경우, 편향된 정보 추구를 하게 되고 이러한 편향된 정보 추구가 태도변화로 이어지게 됨을 증명하였다.

역할 수행으로 인한 태도변화가 일어나는 것을 설명하는 또 다른 방법은 **소유 편향**이다. 사람들은 자신의 주장(생각)이 다른 사람의 주장(생각)보다 더 설득력 있다고 믿는 경향이 있다. 다시 말해, 자기 자신이 소유한 것에 대해 상대의 것보다 더 가치를 높게, 즉 긍정적으로 평가하려는 인간의 본능적 행위다.

그린월드와 알버트(Greenwald & Albert 1968)는 피험자를 두 집단으로 나누어 각각의 집단에게 어떤 주제에 대해서 찬성 또는 반대의 주장을 해야 하는 역할 수행을 요구했다. 그러면서 자신과 반대의 주장을 펼치는 사람들의 주장을 들을 수 있도록 하였다. 그 결과, 두 편의 주장이 질적인 면에서 객관적으로 동등했음에도 피험자들은 자신의 주장을 상대방의 주장보다 더 참신하며 우수하다고 생각하고 있음을 발견하였다. 그린월드와 알버트는 피험자들이 담당한 역할 수행에 대한 태도를 측정하지는 않았다. 하지만 사람들이 자신의 주장을 다른 사람의 주장보다 우수하다고 판단한다면, 자신의 주장이 지지하는 입장에 대한 태도는 당연히 호의적일 것임을 알 수 있다.

역할 수행과 인지부조화이론과의 관계

역할 수행에 관한 연구 중에서 역할 수행과 보상의 관계를 다룬 연구 대부분은 인지부조화이론에 관한 연구들과 상반된 결과를 제시하는 듯하다. 하지만 학계에서는 두 이론을 바탕으로 한 연구결과는 상반되지 않고, 역할 수행과 인지부조화이론이 적용되는 상황이 다르다고 보는 것이 합당하다는 견해가 주를 이룬다.

구체적인 예를 들어 보자. 로젠버그(Rosenberg 1965)는 역할 수행과 보상과의 관계를 잘 설명하는 실험결과를 발표했다. 연구자는 실험 대상자인 오하이오 주립대학교 학생들에게 모교 풋볼 팀이 로즈볼(Rose Bowl) 리그에 출전해서는 안 된다는 내용의 수필을 쓰도록 지시했다. 오하이오 주립대학교 풋볼 팀은 그 당시 인기가 아주 많은 대학교 풋

볼 팀 중 하나였으므로, 이 같은 지시는 대부분의 학생들의 기존 태도에 반하는 것이었다. 그는 학생들을 세 집단으로 나눈 후 수필을 쓰는 사례금으로 각기 50센트, 1달러, 5달러를 주었다.

그 결과, 5달러를 받은 집단의 학생들의 수필 내용이 가장 훌륭했고 50센트를 받은 집단의 학생들의 작문이 가장 성의 없고 짧았다. 뿐만 아니라, 가장 많은 사례금을 받은 학생들이 다른 두 집단의 학생들보다 실제로 오하이오 주립대학교 풋볼 팀이 로즈볼 리그에 출전해서는 안 된다는 주장에 더 긍정적인 태도를 형성하게 되었다.

이러한 결과는 우리가 앞서 살펴본 페스팅거와 칼스미스의 '실험이 얼마나 재미있었나'를 조사한 연구의 결과와 정반대의 결론이다. 로젠버그의 실험결과를 인지부조화이론에 따라 예상하자면, 실험 대상자들은 태도와 어긋나는 행위에 대한 이유를 큰 보상으로 돌리기 때문에 돈을 많이 받은 사람일수록 태도변화가 작게 일어나야 한다. 그러나 실제로 로젠버그의 실험에서는 많은 보상을 받은 사람일수록 태도변화가 크게 일어났다.

그렇다면 인지부조화이론은 틀린 것일까? 그렇지 않다. 이러한 상반된 결과는 로젠버그의 실험과 페스팅거와 칼스미스의 실험의 상황이 다르기 때문에 나타났다고 보는 것이 더 합당하다. 인지부조화이론은 주로 피험자들로 하여금 다른 사람들을 속이거나 자신들이 정말로 믿지 않는 것을 다른 사람에게 이야기해야 하는 상황을 가정한다. 이러한 상황에서는 피험자들이 가장 적은 보상을 받을 경우 인지부조화가 극대화되고 태도변화가 생긴다.

반면, 역할 수행에 관한 연구는 피험자들이 자신들이 맡게 될 역할, 즉 자신들이 지지해야 하는 입장을 탐구하도록 요구받는다. 즉, 연구자들은 피험자에게 연구의 목적을 언어적 능력이나 토론 능력을 측정하기 위함이라고 소개하며, 피험자가 스스로 자신의 입장에 맞는 정보를 찾고 이를 토대로 나름의 주장을 만들 수 있도록 돕는다. 역할 수행에 관한 연구에서 가장 많은 보상을 받는 피험자들은 자신의 논리를 만드는 과정에 가장 많이 동기화되기 때문에, 적은 보상을 받는 피험자들보다 정보와 주장의 질이 뛰어날 수밖에 없다. 결과적으로 앞서 로젠버그의 실험결과는 역할 수행에 대한 동기화가 큰 피험자(보상을 가장 많이 받은 집단)가 자신의 역할에 대한 충분한 수준의 정보를 찾고, 이를 토대로 새로운 주장을 만들어가는 과정에서 나름의 자기설득이 일어나 실제적인 태도변화가 나타났다고 볼 수 있다. 따라서 인지부조화이론과 역할 수행이론은 서로 상반되는 것이 아니라 상황에 따라서 적용되는 바가 다를 뿐임을 명심할 필요가 있다.

(2) 단순한 생각

과거에 경험한 불쾌한 사건을 생각하는 시간이 길어질수록 감정이나 태도가 더욱 극단적으로 고양되는 경우가 때로 발생한다. 우리는 이런 상황에 보통 '생각하면 할수록 화가 난다'라는 표현을 사용하는데, 어떠한 사건에 대해 **생각**하는 시간이 길어질수록 **감정**이 극단화되는 상태를 묘사하는 개념이 '단순한 생각'이다.

특정한 역할의 수행이 태도변화에서 중요한 요인으로 작용한다는 것이 밝혀지자, 연구자들은 사람들이 일반적으로 갖는 '단순한 생각'만으로도 태도가 극단화될 수 있는지에 대해 주목했다.

새들러와 테서(Saddler & Tesser 1973)의 실험은 단순한 생각에 의한 태도의 극단화 경향을 뒷받침한다. 먼저 그들은 실험 대상자들을 '호감이 안 가는' 파트너와 '호감이 가는' 파트너로 나누어 짝지었다(호감이 안 가는 파트너와 호감이 가는 파트너는 연구자들이 훈련시킨 실험공모자들이다). 그 후, 집단을 둘로 나누어 한 집단에는 파트너에 대해서 생각할 시간을 주고, 나머지 집단에게는 다른 일을 주어 파트너에 대해 생각할 겨를이 없도록 했다. 그 결과 생각할 시간을 준 집단에서 호감이 가는 파트너에 대해서는 더욱 호의적인 반응이, 호감이 안 가는 파트너에 대해서는 더욱 비호의적인 반응이 나타났다. 이러한 결과는 실험 참가자들이 단순히 자신의 파트너에 대해 **생각**하는 것만으로 태도의 극단화가 일어날 수 있음을 보여 준다.

그러나 생각의 결과로 발생할 수 있는 이러한 극단화의 정도에는 어느 정도 한계가 있다. 예를 들어, 한 실험에서 자신을 모욕한 사람에 대해 생각할 시간을 가진 피험자들은 주의가 분산된 피험자보다 상대에 대해 더 많은 공격성을 드러냈지만, 그 차이는 11분이 지나자 사라졌다고 한다.

단순한 생각에 영향을 미치는 요인

사람들은 단순한 생각을 통해서 태도를 변화시킬 수 있다. 그렇다면 어떤 상황에서 사람은 생각을 시작할까? 단순한 생각을 유도하는 요인은 크게 대상의 존재 유무, 다른 사람들의 의견, 그리고 자의식 고양 정도가 있다. 이를 자세히 살펴보면 다음과 같다.

대상의 존재 유무: 테서(Tesser 1976)는 생각할 대상물이 실제로 존재하지 않을 때 오히려 대상을 더 많이 생각하며, 태도 또한 극단화된다고 주장했다. 대상물이 실제로 존재한다는 것은 개인이 생각(혹은 상상)할 수 있는 범위가 제한된다는 뜻이다. 반면, 대상물이 실제로 존재하지 않을 때는 개인이 생각하거나 상상할 수 있는 범위에 한계가 없게 된다. 따라서 사람들은 실제로 존재하지 않는 대상에 대해 생각할 때(때로 그것이 비현실적인 것이라 할지라도) 더 다양한 생각을 이끌어 낸다.

다른 사람들의 의견: 사람들은 자신과 반대 입장을 지지하는 사람들이 다수일 경우 그 의견에 따라야 한다는 압력을 느끼고 동조하는 경

향이 있다. 4 단순한 생각에 관한 연구들은, 다수의견에 노출되면 이것이 단순한 생각으로 이어지기 때문에 결과적으로 태도변화를 가져온다고 주장한다. 자신과 반대되는 의견을 접하면 이는 타인의 주장에 대해 생각해 볼 동기를 제공한다. 즉, 사람들이 어떤 주제에 대해서 다른 사람들의 의견이 다르다는 것을 알게 되면, 왜 다른 사람들은 다른 의견을 갖게 되었는지 그리고 그 의견을 뒷받침하는 근거는 무엇인지를 생각하게 되는 것이다. 이러한 단순한 생각의 과정이 반복되면, 결과적으로 사람들은 자신의 태도를 변화시키게 된다.

자의식 고양 정도: 단순한 생각에 의한 태도의 극단화는 스스로 생각하는 것이 태도를 강화한다는 가정에 입각해 있다. 이러한 논의의 연장선에서 자의식이 강한 사람들은 자신의 생각에 몰입할 가능성이 크고, 그로 인해 더욱 극단화된 태도를 가지게 되리라고 예측할 수 있다.

2) 인지반응이론의 모델

역할 수행이나 단순한 생각 등과 같이 사람들의 인지반응을 이끌어 내는 것이 설득 효과를 높이는 결과로 이어진다는 주장은 인지반응이론으로 발전하였다. 연구자들은 사람들이 설득적 메시지를 접하면,

---

4 페스팅거(Festinger 1954)의 사회비교이론은 다수의 영향력에 관한 가장 저명한 사회심리학 이론 중 하나이다. 페스팅거에 따르면, 사람들은 항상 옳은 태도를 가지려고 한다. 하지만 자신의 태도를 평가하는 절대적이고 객관적인 기준이 없기 때문에 사회적 환경에서 자신들의 태도를 평가할 정보를 찾는다. 다수의견은 사람들이 자신의 태도를 평가하는 하나의 중요한 단서로, 사람들은 다수의견이 옳다고 여기는 경향이 있다. 결과적으로 사람들은 옳은 태도를 갖기 위해 다수의견에 쉽게 동조한다.

메시지의 주제와 관련된 생각(주로 자신의 인지요소 속에서 구조화된 생각)을 메시지 안의 정보와 관련짓는 과정을 거치게 된다고 보았다. 이러한 인지반응은 수용자가 생각할 시간이 충분한 상황에서 더 강하게 나타난다. 따라서 수용자가 생각할 시간이 충분한 상황에서 제공된 설득적 메시지는 태도 극화 양상의 원인이 될 수 있다.

인지반응이론은 전통적 설득 모델과는 다른 입장을 지닌다. 이때 전통적 설득 모델이란 호블랜드(Hovland 1951)가 제안하고 맥과이어가 발전시킨 이론을 의미하는데, 설득적 메시지가 수용자에게 전달되고 수용자가 이를 주의·이해하는 과정이 설득 효과에 직접적 영향을 미친다는 관점이다. 우선 호블랜드의 이론은 메시지가 수용자의 주의를 끌고 이것이 내적 중계를 거쳐 궁극적으로 태도에 영향을 미침으로써 행동을 이끌어 낸다고 가정한다. 호블랜드의 생각을 이어받은 맥과이어(McGuire 1968)는 설득 커뮤니케이션의 반응이 도출되는 일련의 단계를 노출-주의-이해-승복-파지의 다섯 단계로 나누고, 메시지의 양상(일방적 또는 쌍방적 커뮤니케이션, 메시지의 복잡성, 메시지의 반복, 공포 유발 등), 정보원(공신력, 매력, 수용자와의 유사성 등), 수용자(자존심, 지능 등) 그리고 커뮤니케이션 채널(인쇄매체, 라디오, TV, 면대면 커뮤니케이션 등) 등이 커뮤니케이션 수신자의 태도형성에 직접적 영향을 미친다고 가정하였다. 이렇듯 전통적 설득 모델은 메시지 그 자체의 내용 또는 그에 동반된 자극이 태도변화의 주원인이 된다고 보았다.

그에 반해 인지반응이론은 메시지가 지닌 속성이 아닌, 메시지를 인지한 이후 수용자 내부에서 일어나는 반응적 자극이 태도변화를 일으키는 주원인이라고 가정한다. 이러한 점에서 인지반응이론은 전통적 설득 모델과 근본적인 차이가 있다. 인지반응이론적 관점의 태도변화 과정을 요약하면 그림 〈4-3〉과 같다.

전통적인 설득 모델에 비해 인지적 반응이 더 큰 효과를 갖는 이유

4-3 인지반응이론에 따른 태도변화 과정

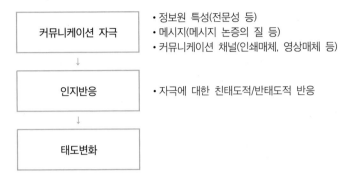

에 대해서는 여러 설명이 가능하지만, 보통 다음의 두 가지 근거에 비중이 실리고 있다.

① 사람들은 설득적 메시지의 내용보다는 그로 인해 생겨난 자신 내부의 인지반응을 보다 심도 있게 처리하는 경향이 있다.
② 사람들은 메시지의 내용보다는 자신의 태도에서 우러난 인지반응 메시지로부터 인지적 또는 감성적으로 더 많은 영향을 받는 경향이 있다.

3) 인지반응이론의 응용

인지반응이론에 관한 대부분 연구는 다양한 상황에서 생각이 설득과정에 주는 영향을 다룬다. 인지반응이론과 관련된 대표적인 실증적 연구 분야로는 사전경고 효과와 예방접종 효과가 있다.

(1) 사전경고 효과

사전경고의 의미

사전경고는 사람들에게 그들이 곧 특정한 메시지에 노출될 것임을 알린다는 뜻이다. 사람들이 장차 특정한 설득적 메시지를 접할 것이라고 사전에 경고하는 행위는 설득에 어떠한 영향을 미칠까? 인지반응 연구자들은 누군가가 자신의 태도를 변화시키려 한다는 사전경고를 받은 수용자에게서 설득 메시지에 저항하려는 태도가 나타남을 발견했다. 이러한 저항적 태도는 수용자의 관여도가 높은 설득 메시지에서 더 크게 일어나곤 했다.

이러한 사전경고 효과는 어떻게 설명할 수 있을까? 자신의 태도에 반하는 메시지를 전달받게 될 것임을 미리 알게 된 수용자들은 자신의 태도에 반하는 메시지에 대해 반박하는 주장과 자신의 원래 입장을 지지하는 주장을 인지적으로 끌어내는 과정을 거치게 된다. 이러한 과정을 통해 사람들은 자신의 기존 입장을 고수하고 자신의 입장에 반하는 새로운 메시지에 대한 저항의식을 가지게 되는 것이다.

사전경고는 '설득 의도에 대한 사전경고'와 '메시지 내용에 대한 사전경고'로 구분할 수 있다. 설득 의도에 대한 사전경고는 설득자가 피험자들의 태도에 영향을 주기 위한 시도가 있을 것이라는 정보를 준다는 의미다. 많은 연구결과들은 설득자가 피험자들의 태도를 변화시키려 한다는 경고만으로도 설득 메시지에 대한 저항을 증대시킨다는 사실을 밝혀냈다. 반면, 메시지 내용에 대한 사전경고는 피험자들에게 그들이 특정 주제에 대한 메시지를 받을 것임을 알린다는 뜻이다. 관련한 연구들은 특정 메시지에 대한 관여도가 높은 상황에서 피험자들이 자신들의 태도와 반대되는 주장의 메시지에 노출될 것임을 알았을 때 설득에 대한 반발심이 증가하는 경향이 있음을 밝힌 바 있다.

사전경고 효과 실험연구

페티와 카치오포(Petty & Cacioppo 1977)는 사전경고 효과를 알아보기 위해 다음과 같은 실험을 실시했다. 이들은 심리학 개론 강의를 듣는 학생들에게, 심리학자로부터 심리학 강의를 듣게 될 것이라고 알려주었다. 그리고 그중 절반의 학생에게는 심리학자가 '모든 1~2학년들은 기숙사에 살아야 한다'는 논조로 강의할 것이라는 사전경고를 했고, 나머지 학생에게는 어떠한 사전경고도 하지 않았다. 당시 대부분의 1학년 학생들은 '1~2학년들이 기숙사에 살아야 한다'는 의견에 강하게 반대하는 상황이었다.

연구자들은 피험자들이 강연을 듣기 전 3분의 시간을 주면서 일부에게는 지난 몇 분 동안 일어났던 생각(실제적 생각집단, 즉 주제와는 관계없이 일어난 일을 생각도록 함)을 적도록 하고, 다른 일부 집단에게는 기숙사에서 살아야 한다는 쟁점과 관련된 생각(주제 생각집단, 즉 그 주제에 대해 생각하도록 함)을 쓰도록 했다. 그런 후 연사의 지지 연설을 5분간 듣도록 하고 학생들의 태도를 측정했다. 그 결과, 심리학자의 강의 내용에 대한 사전경고를 받았던 학생들은 그렇지 않은 학생집단에 비해 '1~2학년들이 기숙사에 살아야 한다'는 설득 메시지에 대한 저항이 더 크게 나타났다. 또한 사전경고를 받은 집단과 받지 않은 집단 각각을 실제적 생각집단과 주제 생각집단으로 구분한 결과, 주제 생각집단이 실제적 생각집단에 비해 연사의 입장에 대한 반박적 주장을 더 많이 생각해 냈다. 이는 사전경고, 그리고 그와 관련된 생각이 반태도적 메시지에 대한 저항력을 증가시켰다는 의미다. 즉, 사전경고가 설득적 메시지에 대한 저항력을 유도하는 데 성공적으로 작용한다는 점을 알 수 있다.

중재변인

사전경고는 여러 가지 중재변인에 따라 그 효과가 다르게 나타날 수 있다. 첫째, **이슈에 대한 관여도**이다. '설득 메시지 내용에 대한 사전 경고'의 경우 이슈에 대한 관여도가 높을 때 관여도가 낮을 때보다 반 (反)태도적 메시지에 대한 저항력이 증가하는 경향이 있다. 예를 들어 '세금 인상의 정당성'이라는 설득 메시지에 대한 사전경고가 있었더라 도 세금에 대한 사람들의 관여도가 낮다면 사람들은 세금 인상의 정당 성을 강조하는 메시지에 대한 저항 동기가 크지 않을 것이다. 하지만 세금에 대한 사람들의 관여도가 높으면 사람들은 메시지에 노출되기 전 세금 인상을 반대하는 주장을 생각하게 되고, 제공받은 메시지에 대해 저항적 태도를 갖게 될 것이다.

둘째, **사전경고와 메시지 간의 시간적 간격**에 따른 효과이다. 사전경 고와 실제 메시지 사이에 시간적 여유가 많을수록 사전경고의 효과는 커진다. 사전경고가 주어지고 설득 메시지에 노출되기까지 많은 시간 이 주어진 사람은 그렇지 않은 경우보다 반대되는 주장에 대해 생각할 시간이 더 많다. 이는 설득에 대한 저항력을 높이는 결과로 이어진다.

셋째, **사전경고와 주의 분산**에 따른 효과이다. 앞서 설명했듯 사전경 고 후 메시지에 대해 생각할 시간을 갖게 되면 메시지에 대한 저항력 이 높아진다. 그러나 사전경고 후 주어진 시간 동안 메시지 수용자의 주의를 분산시키는 행동이 일어날 경우 사전경고는 별다른 효력을 발 휘하지 못한다. 로메로 등(Romero et al. 1996)은 설득 메시지에 대한 반대 태도를 형성하도록 피험자들을 동기화하였다. 메시지를 제공하 기 전, 일부 피험자들에게는 3분 동안 메시지에 대해 생각할 시간을 제공한 반면, 다른 피험자들에게는 3분 동안 어려운 글을 읽거나 어려 운 퍼즐을 맞추도록 요구했다. 연구자들은 이러한 실험을 통해, 사전 경고 후 어려운 글이나 퍼즐 등에 의해 주의가 분산되지 않은 피험자가 설득적 메시지에 대한 더 높은 저항을 보이게 됨을 확인하였다. 이러한 결과는 설령 메시지에 대한 사전경고를 받았다 하더라도 해당 주제에 관해 집중해서 생각할 시간이 없다면 사전경고가 설득 메시지에 대한 저항으로 이어지지 않는다는 점을 보여 준다.

(2) 예방접종 효과

예방접종 효과이론은 기존 태도에 반하는 설득 메시지에 저항적인 태도를 유지하기 위해서는 미리 약한 수준의 공격 메시지에 노출될 필요가 있음을 강조한다. 예방접종 효과는 반태도적 메시지에 대한 대항도구라는 점에서 앞서 살펴본 사전경고 효과와 유사한 면이 있다. 그러나 사전경고 효과가 단순히 반대 메시지가 제공될 것임을 미리 알려 주는 상황을 가정하는 반면, 예방접종 효과는 본격적인 메시지 제시 전에 약한 반박적 논거를 지닌 설득 메시지를 미리 제공하는 상황을 가정한다는 점에서 근본적인 차이가 있다.

특히 맥과이어와 파파조지스(McGuire & Papageorgis 1961)는 하나의 입장에 대한 태도와 신념은 그 입장에 반대되는 완벽하게 설득적인 주장에 의해 공격당하기 쉽다는 점에 주목하고, 설득에 대한 생물학적인 예방접종 접근방식을 제시하였다.

맥과이어와 파파조지스가 제시한 예방접종 효과이론은 설득적인 공격으로부터 사람들을 보호하기 위해서 오히려 약한 수준의 공격 메시지에 노출시키는 선행과정이 필요함을 주장한다. 즉, 처음부터 강력한 공격 메시지를 받으면 메시지에 설득되기 쉽지만, 상대적으로 약한 공격 메시지는 사람들로 하여금 설득적 메시지에 대한 반박의 근거를 마련하는 계기가 되기 때문에 오히려 이후 제공되는 강력한 공격 메시지에 대한 저항력을 높이는 결과로 이어지게 된다는 것이다.

예방접종 효과 실험연구

맥과이어와 파파조지스는 앞선 가정을 검증하기 위해 "너무나 당연하게 받아들여져 대부분의 사람이 공격받을 것이라고 인식하지 못하는 신념"을 연구 대상으로 삼았다. 즉, 문화적 공리를 예방접종 효과의 시각으로 검증하고자 했다. [5]

실험은 네 집단의 피험자들을 대상으로 진행되었다. 첫 번째 피험자 집단은 반박적 방어집단으로, 이들은 어떤 자명한 문화적 공리(예를 들어, 매 식후 양치질을 해야 한다)와 이 문화적 공리에 반하는 두 가지 반박적 주장(지나친 양치질은 치아의 에나멜층을 손상시킨다 등)을 들었다. 즉, 첫 번째 피험자 집단은 자명한 문화적 공리에 가해질지 모르는 공격적 메시지에 대해 예방접종이 된 것이다.

두 번째 피험자 집단은 지지적 방어집단으로, 자명한 문화적 공리를 지지하는 주장만을 접하였다. 두 번째 집단의 피험자들은 해당 문화적 공리에 대해 지지하는 주장을 생각하도록 요구받거나 이미 만들어진 주장을 읽도록 요구받았다. 즉, 자명한 문화적 공리를 더욱 확고히 믿도록 유도한 것이다.

세 번째와 네 번째 피험자 집단은 자명한 문화적 공리에 대한 아무런 반박적 주장이나 지지적 주장도 듣지 않았다.

이후 첫 번째, 두 번째, 세 번째 집단에 속한 피험자들에게 해당 문화적 공리에 대한 공격적 메시지를 제공하였다. 반면, 네 번째 집단의 피험자들에게는 문화적 공리에 대한 공격적 메시지를 제공하지 않았다. 즉, 네 번째 집단의 피험자들은 자명한 공리에 대해서 사전에 예방접종이 되거나 미리 생각해 보지 않았을 뿐 아니라 자명한 공리에

---

[5] 문화적 공리에 대한 주장은 동질성을 지니고 있어서 그에 대한 피험자들의 신념 변화의 방향과 정도를 쉽게 알아 볼 수 있으며, 이러한 명제들을 사용하면 피험자들의 자아관여에 대한 영향을 배제할 수 있기 때문에 유용하다.

4-4 지지적/반박적 처치로 발생한 설득에 대한 저항력

구분	처 치	신념의 평균
첫 번째 집단 (예방접종 집단)	반박적 방어와 공격적 메시지	10.33
두 번째 집단	지지적 방어와 공격적 메시지	7.39
세 번째 집단	공격적 메시지	6.64
네 번째 집단	처치 없음	12.62

출처: Eagly & Chaiken 1993, 563.

대한 공격적 메시지에도 노출되지 않았다.

실험결과는 예방접종 효과이론의 가설을 지지하는 것으로 나타났다 (표 〈4-4〉). 무처치 집단(네 번째 집단)을 기준으로 삼았을 때(12.62), 자명하다고 여겨지는 문화적 공리에 대해서 예방접종을 받은 피험자들, 즉 반박적 방어집단(첫 번째 집단)은 공격적 메시지에 노출되고 난 다음에도 자명한 공리에 대해 비교적 높은 수준의 신념(10.33)을 나타냈다. 하지만 지지적 방어집단(두 번째 집단)은 공격적 메시지에 매우 취약한 것으로 나타났다. 비록 신념의 평균치 비교에서는 지지적 방어집단의 평균(7.39)이 세 번째 집단의 평균(6.64)보다 높지만, 통계적으로 이 두 집단 간 차이는 나타나지 않았다. 이러한 결과는 약한 수준의 반박적 메시지를 먼저 받은 집단(첫 번째 집단)과 달리, 사람들이 사전에 자명한 문화적 공리를 지지하는 주장을 들었는가의 여부는 공격적 메시지에 대한 저항 수준에 별다른 영향을 미치지 못한다는 점을 보여 준다.

중재변인

예방접종의 효과는 다음과 같은 여러 가지 중재변인에 따라 달라진다. 첫째, **문화적 공리의 정도**이다. 앞서 살펴본 연구에서 신념의 정도가 높은 문화적 공리에 대한 반박적 방어가 피설득자로 하여금 메시지 저항력을 갖게 한다는 점을 확인한 바 있다. 그러나 신념이 확고하지 않은 문화적 공리의 경우에는 반박적 방어보다 지지적 방어가 더 효과적일 수 있다. 이슈에 대한 신념 수준에 따른 예방접종 효과를 밝힌 연구결과들은 확고한 신념이 아닌 경우에는 지지적 방어가 반박적 방어만큼 효과적일 수 있음을 보여 준다.

둘째, **자아관여도 정도**이다. 해당 주제에 대한 자아관여도가 높은 사람(개인적인 관련성이 있는 사람)은 자아관여도가 낮은 사람보다 예방접종 메시지에 더 큰 영향을 받는다. 주제에 대한 자아관여도가 높은 사람은 예방접종 메시지를 통해 자신의 태도가 공격받을지도 모른다는 가능성을 더 큰 위협으로 인식하게 된다. 결과적으로 주제에 대한 높은 자아관여도를 가진 사람은 자신의 기존 태도를 확고히 하기 위한 주장들을 보완하고자 동기화되고, 자아관여도가 낮은 사람보다 예방접종 메시지를 통해 이후 제공되는 공격적 메시지에 대한 더 높은 저항력을 갖게 된다.

셋째, **반박적 방어 메시지의 유형**이다. 맥과이어와 파파조지스는 반박적 방어를 '동일한 반박적 메시지'와 '상이한 반박적 메시지'라는 두 형태로 나누어 설명하였다. 동일한 반박적 메시지는 후에 해당 공리를 공격할 때 사용되는 주장과 동일한 주장을 미리 제시하는 것이며, 상이한 반박적 메시지는 나중에 공격으로 사용할 메시지와 다른 내용의 주장을 미리 제시하는 것이다.

반박적 메시지의 유형에 따른 예방접종 효과를 살펴본 결과, 반박적 메시지의 유형에 따른 효과는 공리에 대한 방어가 어떤 목적으로 수행되느냐에 따라 다르게 나타났다. 즉, 반박적 방어의 목적이 단순히 정보를 얻는 것으로 한정되는 경우에는 동일한 반박적 메시지를 미리 받는 것이 방어에 더 효과적이었고, 반박적 방어가 자신의 입장을 어떻게 방어하도록 동기화하는가, 즉 이후 제공되는 공격적 메시지를 어떻게 방어할 것인가와 같이 좀더 포괄적인 범위로 사용할 경우 상이한 반박적 메시지가 더욱 효과적이었다.

넷째, **시간에 따른 효과**이다. 맥과이어와 파파조지스는 시간에 따라 방어 메시지의 효과가 어떻게 달라지는지 살펴보기 위해 지지적 방어 메시지, 상이한 반박적 메시지, 동일한 반박적 메시지로 구분해 반박적 처치를 한 후, 즉시, 이틀 후, 일주일 후로 나누어 시간의 효과를 살펴보았다. 실험 결과, 지지적 방어와 동일한 반박적 처치는 시간이 지날수록 공격적 메시지에 대한 저항력이 감소한 것으로 나타났다. 반면 상이한 반박적 처치를 한 경우는 시간이 지나도 오래도록 반대 주장의 공격에 대한 저항력을 가지고 있었다. 이는 지지적 방어와 동일한 반박적 처치의 경우에는 인지적 차원에서 메시지가 처리되므로 시간이 지나면서 효과가 감소하는 반면, 상이한 반박적 처치를 한 경우는 동기적 차원에서 메시지가 처리되므로 보다 오랫동안 효과가 지속한다고 볼 수 있다.

현실적 응용

이러한 예방접종 효과이론은 실제로 많은 분야에서 활용되고 있다. 대표적으로 정치 캠페인의 사례를 들어 보자.

우리는 상대방 후보를 비방하는 부정적 정치 광고를 자주 본다. 선거기간 중에 부정적 광고가 많은 이유는 그것이 긍정적 광고보다 더 효과적이기 때문이다. 부정적 광고는 주의를 끌고 기억하기 쉬우면서도, 시간이 지나면 정보의 출처를 잊어버리기 쉽다는 점에서 매우 유용한 선전도구로 활용된다.

상대 정치인이 자신을 비방하는 광고를 하려 한다면 이를 어떻게 피할 것인가? 상대방이 공격한 후에 나도 반격을 할 것인가? 언론이 그 광고를 비난해 주기를 기다릴 것인가? 안타깝게도 이는 모두 사후 조치로, 공격으로 인한 손해를 완벽하게 회복시키지 못한다(Pfau et al. 1990).

파우와 버군(Pfau & Burgoon 1988)은 선거기간 중에 예방접종 효과이론의 관점에서 부정적 정치 캠페인에 관하여 연구했다. 이들은 유권자들을 실험집단과 통제집단으로 나누어서 실험집단에게는 예방접종 처치를 하고, 통제집단에게는 아무런 처치를 하지 않았다. 실험 결과, 자신이 지지하는 후보자에게 비호의적인 내용의 광고를 보게 되었을 때 실험집단(예방접종 집단)은 통제집단에 비해 광고 내용에 따라 자신의 태도를 바꾸려는 경향이 덜한 것으로 나타났다. 흥미로운 점은 수용자의 태도에서 예방접종 효과가 사라졌을 때에도 그 광고를 후원한 후보자에 대한 투표의도에 상당한 저항감을 보였다는 점이다. 연구 결과는 예방접종 효과가 정당에 대한 지지 정도가 강한 유권자들에게 더욱 효과적이며, (광고의 내용과) 동일한 메시지로 예방접종이 일어난 상황에서 정당 지지도가 높은 유권자의 공격적 메시지에 대한 저항감을 가장 크게 이끌어 낼 수 있음을 보여 준다. 반면, 정당 지지도가 약한 유권자들은 (광고의 내용과) 상이한 메시지로 예방접종을 받은 경우에 공격적 메시지에 대한 더 큰 저항감을 가지게 된다는 점을 확인하였다.

예방접종 전략과 사후반박 전략 중에서 무엇이 더 효과적인지에 대해 추가 연구한 결과(Pfau et al. 1990), 사후반박보다 예방접종을 활용한 전략이 공격적 메시지에 대한 방어에 더 효과적인 것으로 나타났다. 즉, 사전에 예방접종 처치를 받은 유권자들은 공격적 메시지에 대한 반박 내용을 들은 유권자보다 자신이 지지하는 후보자에 대한 태도를 바꾸는 것에 더 큰 거부감을 보였다. 이러한 효과는 마찬가지로 정당 지지도가 높은 사람들에게서 더욱 두드러지게 나타났다. 한편, 정당 지지도가 약한 사람의 경우에는 부정적 메시지가 지지하는 후보자의 성격에 관한 것일 때만 예방접종 효과가 있는 것으로 드러났다.

이러한 결과는 피설득자의 **생각**을 미리 강화하는 예방접종이 공격적 설득에 대한 저항력을 키우는 데 효과적일 수 있음을 증명하는 한편, 정치 캠페인 영역에서 예방접종 효과의 유용성을 보여 준다.

4. 사회적 판단이론

어떤 연사가 사회적 소외계층을 도와야 한다는 내용의 연설을 했다. 이 연설을 들은 후 각기 다른 네 사람이 소외계층을 위한 기부 문서에 서명하였다면, 이들이 기부를 결정하게 된 과정을 동일한 이론으로 설명할 수 있을까? 만약 이들 중 A는 연설문의 내용에 깊게 공감하여 기부를 결심한 반면, B는 매력적인 연사의 연설 방식에 매료되어 기부를 결심했다면 어떤가? 또 평소 계층 간 격차에 관심이 많았던 C가 마침 좋은 연설을 듣게 된 김에 기부하기로 결심한 반면 평소 계층 간 격차에 관심이 전혀 없던 D가 연설문을 통해 기부의 필요성을 깨닫고 기부하기로 결심하였다면, 이를 모두 연설문(설득 메시지)에 따른 동일한 설득 과정이라고 볼 수 있을까? 이러한 물음에 대해 사회적 판단이론(Hovland & Sherif 1952)은 외부에서 제공되는 메시지에 대한 판단은 자기 자신의 기존 태도를 토대로 달라진다고 주장한다. 사회적 판단이론은 설득이란 태도변화에 따른 '강화물'이나 '심리적인 일치의 동기'에 따라 모든 사람에게 획일적으로 일어나는 것이 아니라, 이슈에 대해 수용자가 지닌 기존 태도에 따라 설득의 정도가 다를 수 있음을 가정한다. 사회적 판단이론은 수용자가 지닌 '자기(self) 준거점'에 따라 설득 메시지의 효과가 달라질 수 있음을 주장함으로써 오늘날 설득 커뮤니케이션 연구에 큰 기여를 했다고 평가된다.

1) 사회적 판단이론의 주요 개념

얼음물, 미지근한 물, 따끈한 물을 한 대접씩 준비한다. 그리고 왼손을 차가운 물에, 오른손을 뜨거운 물에 넣고 잠시 기다린다. 이제 손을 꺼내 두 손 모두 미지근한 물에 넣어 보면, 같은 물인데도 왼손은 뜨겁게, 오른손은 차갑게 느낀다. 그 차이는 신기할 정도로 크다. 물의 온도가 다르게 느껴지는 이유는 차가운 물에 담갔던 손은 찬물에, 뜨거운 물에 담갔던 손은 뜨거운 물에 적응되어 미지근한 물의 온도가 상대적으로 뜨겁게 또는 차갑게 느끼기 때문이다. 즉, 같은 미지근한 물에 손을 넣더라도 손이 먼저 어디에 '적응'했느냐에 따라 그 온도가 서로 다르게 느껴지게 된다.

일반적으로 사람들이 특정 대상에 대해 갖는 생각은 개인이 처한 상황적 맥락에 의해 달라지기 때문에, 이를 통해 도출되는 판단 역시 모두 상대적일 수밖에 없다. 호블랜드와 셰리프(Hovland & Sherif 1952)는 외적 자극에 대한 판단기준이 사람마다 상대적이고 주관적일 수밖에 없다는 사실에 주목하였다. [6] 그들은 개인과 상황에 따라 상대적일 수밖에 없는 판단기준의 개념을 태도형성과 태도변화를 설명하는 데 적용할 수 있다고 보고, 이를 사회적 판단이론으로 제시하였다. 결과

---

[6] 미국 예일대학교의 호블랜드(Hovland) 학파는 2차 세계대전 후에 '커뮤니케이션과 태도변화에 관한 예일대학교 연구 프로그램'을 만들어 1961년까지 진행하면서 태도변화와 커뮤니케이션에 관하여 총 여섯 권의 연구서를 출판했다. 호블랜드는 여섯 번째 연구결과를 기초로 셰리프와 함께 1961년 《사회적 판단: 커뮤니케이션과 태도변화에서의 동화효과와 대비효과》(Social Judgment: Assimilation and Contrast Effects in Communication and Attitudes Changes)를 출간했다.

적으로 사회적 판단이론은 인간이 외부의 물리적 자극을 나름대로 의미 있는 심리적 판단기준에 따라 범주화하는 경향이 있으며, 이러한 범주화의 결과가 인간의 사회적 태도에 적용된다는 가정에서 출발한다. 어떤 주제에 대해 개인이 지닌 기존 태도는 새로운 설득적 메시지를 비교하고 판단하는 기준이 된다. 즉, 새로운 설득적 메시지의 수용자는 메시지의 내용을 순수하고 객관적으로 평가하지 않고, 자신의 기존 태도와 비교하는 과정을 통해 새로운 메시지를 받아들일 것인지를 판단하게 된다.

(1) 태도의 영역대

사회적 판단이론에서 가장 주목할 점은, 설득 메시지가 인간의 기존 태도를 준거점으로 한 태도의 영역대 중 어느 한 지점에 위치하게 된다는 것이다. 어떤 외부적 자극은 인간의 심리 내부에서 세 가지 영역대 중 하나에 귀속되어 태도변화에 영향을 미치게 된다고 호블랜드와 셰리프는 설명한다. 이때 판단의 기준이 되는 세 가지 태도 영역대는 수용 영역대, 거부 영역대, 그리고 비개입 영역대이다.

태도의 영역대는 어떤 사안에 대한 개인의 기존 태도를 수용하거나 거부하는 정도에 따라 일직선상에 차례로 범주화할 수 있다는 가정에서 출발한다. 구체적으로, **수용 영역대**는 특정한 이슈에 대한 수용자의 기존 태도와 비교했을 때 받아들일 수 있다고 여겨지는 메시지의 범위를 말한다. 수용자의 기존 견해나 입장과 비교적 가까운 의견이나 태도를 포함한 메시지가 수용 영역대에 속하게 된다. 반면, **거부 영역대**는 수용자의 기존 태도와 비교했을 때 받아들일 수 없다고 여겨지는 메시지의 범위를 말한다. 어떤 이슈에 대하여 수용자 개인이 명백하게 거부하는 의견이나 태도를 포함한 메시지가 거부 영역대에 포함된다. 한편, **비개입 영역대**는 특정 이슈에 대해 개인이 아직 받아들이거나 거부하지 않은 의견이나 태도들로 구성된 영역을 말한다.

만약 제공받은 설득 메시지가 수용자의 수용 영역대에 들어오면, 수용자는 설득 메시지를 자신의 입장과 가까운 것으로 판단하고 이를 공정한 메시지로 평가하려는 경향이 강하다. 하지만 설득 메시지가 거부 영역대에 들어오면 수용자는 설득 메시지를 자신의 입장과 판이한 것으로 간주하고 불공정한 메시지로 판단하는 경향이 있다. 이러한 경우에는 태도변화가 일어나지 않거나 자신의 기존 태도를 강화하는 역효과가 나타나게 된다.

보다 쉬운 이해를 위해 사례를 들어 보자. 40대 기혼 여성인 A와 20대 미혼 여성인 B는 어떤 사람이 유아를 살해한 혐의로 유죄가 입증되었다는 소식을 접했다. 이 소식을 접한 A와 B는 이미 살인범의 처벌에 대한 나름의 태도를 가지고 있다. 사람들이 일반적으로 살인범에 대해 생각할 수 있는 태도를 아홉 개의 진술문을 기준으로 했을 때, 살인범에 대한 A와 B의 태도 영역대는 그림 〈4-5〉처럼 도식화할 수 있다.

그림 〈4-5〉를 자세히 살펴보면, 살인범의 처벌에 대한 두 사람의 태도는 서로 다른 영역대로 구성된다. A는 거부 영역대(1~5, 9)가 넓고 수용 영역대(7~8)가 좁다는 특징이 있다. A와 비교하여 B는 수용 영역대(6~8)가 넓고 거부 영역대(1~3, 9)가 좁다는 특징이 있다. 이러한 경우, 만약 이 살인범에 대해 법원이 20년 징역을 선고(5번 문항)한다면 어떨까? 판결의 타당성에 대해 A는 반대의 입장을 취하겠지만, B는 다소 중립적인 태도를 보이게 될 것이다.

이 그림에서, 살인범에 대한 A의 태도는 7번과 8번 문항 사이의 지점에 위치하는 반면, B의 태도는 6번과 8번 문항 사이의 지점에 위치하고 있음을 알 수 있다. 따라서 A는 제공받은 메시지(예를 들어, 법원의 판결)가 7번과 8번에서 멀어질수록 이를 받아들이지 않을 가능성이 크며, B는 메시지가 6번에서 8번 사이에서 멀어질수록 이를 받아들이

4-5 사회적 판단이론의 예

태도 진술문	A의 태도 영역대	B의 태도 영역대
1. 인구수를 줄인 업적을 칭찬받아야 한다.		
2. 손바닥을 때리고 집으로 돌려보낸다.		거 부
3. 500달러의 벌금을 부과한다.	거 부	
4. 5년의 징역을 살게 한다.		
5. 20년의 징역을 살게 한다.		비개입
6. 종신형에 처하고 집행유예 기간을 둔다.	비개입	
7. 집행유예 없이 종신형에 처한다.	수 용	수 용
8. 사형을 집행한다.		
9. 죽을 때까지 고문해야 한다.	거 부	거 부

출처: Gass & Seiter 1999, 110 재구성.

지 않을 가능성이 크다. 메시지 수용자들이 특정 주제에 대해서 자신의 태도를 위치시키고 있는 이러한 지점을 **준거점** 또는 '닻'(anchor)이라고 부른다. 사회적 판단이론은 사람마다 특정 이슈에 대한 서로 다른 준거점을 지니며, 이 준거점에 따라 각기 다른 태도 영역대를 형성하기 때문에, 결과적으로 동일한 설득 메시지의 효과가 수용자에 따라 다르게 나타난다고 설명한다.

(2) 동화효과와 대비효과

사람들은 자신의 기존 태도에 따라 새로운 메시지를 왜곡하여 이해하는 경향이 있다. 사회적 판단이론에서 호블랜드와 셰리프는 사람들의 이러한 메시지 왜곡 경향을 동화효과와 대비효과라는 개념으로 설명한다.

더 구체직으로 실명해 보자. 사람들은 어떤 설득 메시지를 들으면 이를 자신의 기존 태도(준거점)에 비추어 비교하고 평가한다. 어떤 경

제 4 장 인지주의 이론 221

우, 사람들은 자신이 제공받은 메시지가 실제 의미하는 것보다 자신의 준거점에 훨씬 가깝다고 인식하게 되는데, 이러한 인식 왜곡을 **동화효과**라고 한다. 반면, 경우에 따라서 사람들은 자신이 제공받은 메시지의 실제 의미가 자신의 준거점에서 그리 멀리 떨어져 있지 않음에도 불구하고, 이를 자신의 입장과 훨씬 크게 상반되는 것이라고 느끼기도 한다. 이러한 인식 왜곡을 **대비효과**라고 부른다. 특정한 설득 메시지에 동화효과가 나타나면 이 메시지는 수용자의 태도 준거점과 실제보다 더 가까운 지점에 위치하게 된다. 반면, 설득 메시지에 대비효과가 나타나면, 이 메시지는 수용자의 태도 준거점과 실제보다 더 먼 지점에 위치하게 된다.

사회적 판단이론의 동화효과와 대비효과는 개인 태도의 준거점에 따라 설득의 효과가 달리 나타날 수 있음을 암시한다. 즉, 설득의 효과는 동화효과에 의해 커질 수도 있고 대비효과에 의해 작아질 수도 있다. 만약 어떤 사람이 ⟨4-5⟩ 사례의 A에게 살인범에 대한 관대한 태도를 갖도록 설득해야 하는 상황에 놓였다고 생각해 보자. 설득자는 동화효과를 이용한 설득 전략을 세울 수 있다. 즉, 살인범에 대한 관대한 태도를 내포한 설득 메시지(법원의 판결)가 A의 태도와 크게 다르지 않음을 강조함으로써 새로운 메시지에 대한 수용 가능성을 높이는 것이다. 이를 위해 설득자는 6번 진술문을 토대로 A에게 제공할 설득 메시지를 구성해야 한다. 6번 문항은 A에게 있어 비개입 영역에 속한다. 설득자는 6번 문항을 이용해, 이것이 A의 기존 태도(7~8번 진술문)와 크게 다르지 않음을 강조함으로써 이를 수용하게 할 수 있다. 설득자의 전략에 따라 6번 문항을 수용한 A는 이와 가까운 위치에 있는 5번 진술문에 대해서도 이전보다 덜 거부감을 갖게 된다. 이렇듯, 설득자는 비개입 영역의 진술문을 적극적으로 활용하여 궁극적인 설득 목표(법원의 판결 수용)를 이룰 가능성을 높일 수 있다.

4-6 동화효과와 대비효과

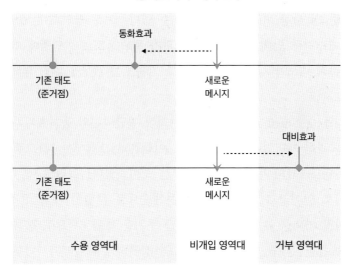

설득의 효과를 증대시키는 동화효과와 달리, 대비효과는 설득의 효과를 저해한다. 같은 사례에서, 살인범에 대한 관대한 태도를 끌어내려고 다짐한 설득자가 4번 진술문을 토대로 설득 메시지를 구성했다고 가정해 보자. 자신의 거부 영역대에 속하는 진술문을 토대로 한 설득 메시지를 들은 A는 이를 실제보다 자신의 의견과 더 크게 상반된다고 인식할 가능성이 크다. 즉, 설령 자신의 실제 태도와 큰 차이가 없는 설득적 메시지라 하더라도 자신의 준거점과 큰 차이가 나는 메시지로 인식하게 된다. 만약 설득자의 메시지 제공 의도가 살인범에 대한 관대함을 저하시키는 데 있다면, 거부 영역대에 속하는 문항을 토대로 A에 대한 설득 메시지를 작성하는 편이 오히려 더 효과적인 전략이 될 수도 있다.

예를 들어, 설득자가 자신이 제공하는 메시지가 수용자의 거부 영역대에 속하는 다른 메시지들과 크게 다르지 않음을 강조하는 전략을 쓴다면, 새로운 메시지뿐 아니라 살인범에 대해 관대한 태도를 갖는 것에 대한 더 강한 거부를 이끌어 낼 수 있다. 거부 영역대에 해당하는 설득 메시지로 인해 발생한 대비효과가 결과적으로 살인범에 대한 A의 부정적 태도를 강화시키는 결과를 가져오는 현상을 흔히 **부메랑 효과**라고 한다.

셰리프 등(Sherif et al. 1958)는 사회적 판단이론의 동화효과와 대비효과에 관한 재미있는 실험을 했다. 이들은 55그램에서 141그램에 이르는 여섯 종류의 무게를 지니는 추를 준비하였다. 그리고 이 추들을 무작위로 늘어놓고 피험자들에게 무게순으로 배열할 것을 요청하였다. 가장 가벼운 추를 1번으로, 가장 무거운 추를 6번으로 정하고 배열을 요청한 경우, 피험자들은 비교적 정확하게 배열했다. 이후 연구자들은 피험자들에게 141그램의 추를 먼저 들게 한 후, 여섯 종류의 추를 다시 무게 순서에 따라 배열해 달라고 요청하였다. 이때 피험자들은 각기 다른 무게의 추들의 무게를 실제보다 조금씩 더 무겁게 인식한다는 점이 나타났다. 즉, 무게 배열의 대상(수용 영역대)이면서 한편으로는 준거점이 된 141그램의 추를 기준으로 다른 추의 무게들이 실제보다 더 무겁다고 느끼는 동화작용이 일어난 것이다. 마지막으로, 연구자들은 피험자들에게 347그램의 추를 먼저 들게 한 후, 앞서 제시했던 여섯 종류의 추를 다시 무게순으로 배열해 달라고 요청하였다. 그러자 피험자들은 각기 다른 무게의 추들을 실제보다 조금씩 더 가볍게 인식하는 경향을 보였다. 이 실험에서 판단의 기준이 된 347그램의 추는 실제 판단해야 하는 추들의 무게(55~141그램)보다 월등히 무거운 것이었다.

즉, 판단에 대한 기준이 피험자가 판단해야 하는 범위보다 훨씬 더 먼 곳에 있을 경우, 오히려 판단 대상들을 실제보다 더 가볍다고 느끼는 대비효과가 발생하게 된다는 점이 실험으로 확인되었다.

2) 사회적 판단이론과 설득

(1) 메시지 격차

사회적 판단이론에 따르면, 메시지 수용자는 새로운 설득적 메시지의 내용을 자신의 기존 태도(준거점)와 비교하는 과정을 통해 평가한다. 이러한 논의에서 설득적 메시지의 주장과 메시지 수용자의 준거점 간의 차이는 설득의 효과를 가늠하기 위한 매우 중요한 판단요인이 된다. 수용자의 준거점으로부터 설득적 메시지가 지니는 태도의 차이를 메시지 격차(message discrepancy)라고 한다. 사회적 판단이론에서는 이러한 메시지 격차와 설득의 효과가 역U자형 관계에 있다고 본다. 이 가정을 도식화하면 ⟨4-7⟩과 같다.

만약 새로운 설득 메시지의 주장이 수용자의 준거점과 일치할 경우, 수용자는 이미 메시지의 주장에 동의하기 때문에 태도를 바꿀 필요가 없다. 하지만, 메시지의 주장이 수용자의 수용 영역대 안에 존재하는 한, 메시지 격차가 크면 클수록 태도변화는 더 많이 일어나게 된다. 설득적 메시지가 수용자의 수용 영역대 안에 존재하면, 수용자는 비록 해당 메시지가 자신의 준거점과 완벽하게 일치하지 않는다 하더라도

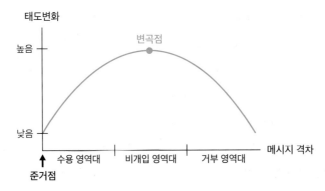

4-7 메시지 격차와 태도변화와의 관계

이를 자신의 준거점과 가깝다고 인식하고(동화효과), 태도변화를 일으키게 된다.

메시지의 주장이 수용자의 거부 영역대 안에 존재하면, 이는 메시지에 대한 대비효과를 일으킨다. 결과적으로 일정 수준을 넘어선 이후에는, 메시지 격차가 크면 클수록 새로운 메시지에 대한 설득 효과가 작아지는 부메랑 효과가 나타나게 된다. 즉, 일정 수준에 이를 때까지는 메시지와 준거점 간 격차가 클수록 태도변화가 더 많이 일어나지만, 일정 수준을 넘어서면 메시지와 수용자 준거점 간의 격차가 클수록 오히려 태도변화가 일어나지 않게 되는 것이다. 메시지 격차에 따른 태도변화 정도가 증가에서 감소로 돌아서게 되는 지점을 태도의 변곡점이라고 한다.

(2) 태도 변곡점에 영향을 미치는 요인

사회적 판단이론에서 가정하는 메시지 격차와 태도변화 간의 이러한 관계는 일련의 연구들에 의해서 반복적으로 검증되었다. 후속 연구를 통하여 이러한 역U자형 관계에서 변곡점의 위치는 두 가지 요소에 의해 영향을 받는 것으로 나타났는데, 첫 번째 요인은 커뮤니케이터의 신뢰도이며 두 번째 요인은 자아관여도이다.

커뮤니케이터 신뢰도

보크너와 인스코(Bochner & Insko 1966)는 피험자들에게 "젊은 사람들은 하루에 ○시간을 자야 한다"라는 메시지를 무작위로 선정하여 보여 주었다. 이때 메시지의 빈칸에 제시된 시간은 0~8시간이었다. 연구자들은 피험자를 두 집단으로 나눠서 한 집단의 사람들에게는 이것이 노벨상을 받은 생리학자의 주장(높은 신뢰도의 정보원)이라고 말했고, 다른 한 집단의 사람들에게는 YMCA 간사의 주장(낮은 신뢰도의 정보원)이라고 말했다. 실험 결과, 모든 피험자들은 메시지에 제시된 수면 시간이 줄어들수록 변화가 점차 커졌다가 다시 줄어드는 역U자형 태도변화 양상을 보였다. 이때, 태도변화의 정도는 노벨상 수상자의 메시지를 받았다고 믿는 집단에서 더 크게 나타났다. 이 결과는 정보원의 신뢰도가 낮을 때보다 높을 때, 수용자의 기존 태도와 불일치하는 메시지에 대한 설득 효과가 더 크다는 것을 보여 준다.

자아관여도

변곡점의 위치에 영향을 주는 다른 요소는 자아관여도이다. 특정 이슈에 대한 관여도가 높은 사람들은 자신의 입장과 반대되는 주장을 더 강하게 거부하는 경향이 있다. 따라서 태도변화의 변곡점은 자아관여도가 높은 사람일수록 더 낮고, 자아관여도가 낮은 사람일수록 더 높아지게 된다.

셰리프와 호블랜드(Sherif & Hovland 1961)는 개인이 속한 집단에 따라 특정 이슈에 대한 자아관여도가 달라질 것이라고 가정하였다. 예를 들어, 자동차노조 가입원은 변호사협회 가입원보다 '자동차 과세'에 더 관심이 많을 가능성이 크며, 이와 관련한 메시지에 더 적극적으로 반응할 가능성이 크다. 셰리프 등(Sherif et al. 1965)은 자아관여도의 개념을 이보다 더 포괄적으로 정의하였는데, 이들은 어떤 주제가 한 개인의 가치나 자아개념에 관련될 때 자아관여도가 높아진다고 설명하였다.

사회적 판단이론에 따르면, 자아관여도가 높은 사람은 해당 주제에 대하여 생각을 많이 하기 때문에 거부 영역대가 넓고(수용 영역대가 좁다), 자아관여도가 낮은 사람은 그 주제에 대해 별 생각 없이 결정을 내리기 때문에 수용 영역대가 넓다고 한다(거부 영역대가 좁다). 즉, 관여도가 높은 사람일수록 사안에 대한 확고한 입장을 가지고 반대 입장을 쉽게 받아들이지 않게 되는 반면, 관여도가 낮은 사람은 사안에

대한 확고한 입장이 없기 때문에 자신의 태도와 상반하는 입장일지라
도 쉽게 받아들이게 된다는 것이다.

이쯤에서, 살인범에 대한 A와 B의 태도를 다룬 앞의 예시를 다시
한 번 생각해 보자. 만약 40대 기혼 여성인 A에게 어린 자녀가 있다고
가정해 본다면 어떨까? 당연히 A는 자녀가 없는 20대 미혼 여성인 B
보다 유아 살인범에 대한 자아관여도가 높을 것이다. A는 B보다 살인
범에 대한 생각을 더 많이 할 것이고, 처벌에 대한 더 명확한 입장을
가지고 있을 가능성이 크다. 이러한 경우, 우리는 A가 유아 살인범의
처벌에 관한 태도에서 B보다 상대적으로 더 넓은 거부 영역대(좁은 수
용 영역대)를 갖고 있을 것임을 쉽게 유추할 수 있다.

3) 사회적 판단이론에 대한 평가

사회적 판단이론은 많은 실험연구를 토대로 급속도로 발전하였으나
이론의 태생적인 한계점들로 인해 점차 쇠퇴하는 추세이다. 사회적 판
단이론의 주요 한계점을 간략히 정리하면 다음과 같다.

첫째, 사회적 판단이론은 태도변화를 설명하거나 예측하는 데 있어
매우 제한적이다. 사회적 판단이론에 따르면, 태도변화는 항상 태도
의 영역대에서 이루어져야 하며, 태도변화가 일어나는 과정 또한 동화
효과와 대비효과를 통해서만 가능하다. 하지만, 실제로 태도변화가
일어나는 과정은 동화와 대비를 제외하고도 여러 가지가 있을 수 있
다. 태도변화 과정에 대한 이러한 제한적 설명은 실증적 연구의 활성
화를 저해하는 결과를 초래했다.

둘째, 사회적 판단이론에 관한 연구는 단지 메시지 격차와 자아관여
도의 효과만을 살핀다. 이러한 제한적 실증 연구는 사회적 판단이론의
동화효과 및 대비효과에 영향을 미치는 다른 변인들이 거의 존재하지

않기 때문이라는 주장을 암묵적으로 전제한다. 그러나 메시지 격차와 자아관여도에 관한 일련의 연구들이 일관적인 결과를 제시하지 못한다는 점에서 이러한 전제는 집중적인 비판의 대상이 되었다.

셋째, 사회적 판단이론은 태도변화가 정확히 어떻게 일어나는지에 대해 명확하게 설명하지 못한다. 사회적 판단이론에 따르면, 동화효과 및 대비효과가 태도변화를 유발한다고 한다. 하지만 이와 관련하여 어떠한 명백한 증거도 관찰된 바가 없다. 뿐만 아니라, 두 효과가 태도변화의 선행요인이라기보다는 태도변화에 따른 결과로서 존재할 가능성 역시 완전히 배제할 수 없다.

이러한 이론적 한계점에도 불구하고 사회적 판단이론은 수용자의 기존 태도가 설득의 효과에 중요한 영향을 미친다고 주장함으로써 설득 연구에 크게 기여하였다. 사회적 판단이론의 가정은 설득 커뮤니케이션 연구 분야 중에서도 수용자 분석과 관련한 연구 분야에서 큰 영향을 미쳤다.

5. 인지주의 이론의 의의

앞서 제3장에서 살펴보았던 행동주의 관점 이론들의 주요한 가정은 사람이 어떤 자극을 받으면 이에 따라 즉각적으로 행동한다는 것이다. 그러나 단순히 자극과 반응의 관계로 인간의 행동을 설명하려는 시도는 동일한 자극이나 학습 과정을 겪은 사람들이 왜 특정 상황에서 서로 다른 행동을 보이는지를 설명하지 못한다는 한계가 있었다. 이러한 행동주의 이론의 한계를 보완한 인지주의 이론은, 인간이 외부 자극에 무조건적으로 반응하는 수동적 객체가 아니라 외부 자극을 나름의 방식으로 학습하는 유기적인 주체라고 가정하였다. 그리고 인간이 직접 경험한 것뿐 아니라 미디어 콘텐츠 소비와 같은 간접 경험을 통해서도 어떠한 태도를 형성하는 것이 가능하다고 보았다.

행동에 대한 보상으로서의 강화가 학습에 중요한 역할을 하며, 타인의 행동 관찰과 같은 모방을 통해서도 학습이 일어날 수 있음을 가정한 사회학습이론(혹은 사회인지이론)이나 외부에서 제공되는 자극 그 자체보다 이를 받아들이는 수용자 내부의 인지적 반응이 중요하다는 인지반응이론 등은 인간이 단순히 외부자극에 의해 움직이는 수동적인 객체가 아니라 주체적으로 무엇인가를 인지하고 학습할 수 있는 존재임을 강조하였다는 점에서 큰 의의를 지닌다. 그러나 이러한 인지주의적 관점들은 실제로 어떤 상황이나 맥락이 인간의 인지와 사회적 판단에 영향을 주는지를 명확히 밝히지 못했다는 점에서 행동주의 이론의 한계를 완벽히 극복하지 못한다. 이러한 한계를 극복하기 위하여, 이후의 연구는 인간이 어떠한 태도를 지니거나 행동을 하게 되는 과정에서 어떠한 요인, 상황 그리고 맥락이 영향을 주게 되는가에 대해 밝히고자 하였다.

제 5 장

사회인지주의

선택지의 개수가 제한되어 있을 때, 여러 설득 메시지를 동시에 제공받은 사람들은 무엇을 기준으로 선택을 하게 될까? 18세기 공리주의 철학자 벤담(Jeremy Bentham)은 사람들이 어떠한 선택을 할 때 '가능한 한 가장 많은 사람들이 가장 큰 이익을 갖는 방법이 무엇인가'를 고려한다고 주장했다. 벤담의 주장은 인간에 대한 두 가지 특성을 전제하였기에 가능한 것이었는데, 하나는 인간이 선한 본성을 가지고 있다는 전제이고, 다른 하나는 인간이 대체로 모든 선택지에 대해 이성적으로 사고하고 합리적으로 선택한다는 전제이다. 이를 토대로 벤담은 사회 전반에 행복을 가져오는 '선'(善)이 무엇이냐는 물음에 '최대 다수의 최대 행복'이라는 판단기준을 내세우기에 이르렀으며, 인간에 대한 이 두 가지 전제는 1970년대 초기까지 이어져 왔다.

하지만 정말 그럴까? 과연 모든 선택 상황에서 사람들은 '가능한 한 많은 사람들'이 행복해질 수 있는 선택을 할까? 만약 최대 다수가 행복해지기 위한 선택이 자신의 이익에 반하는 행동이라면 어떤가? 설령 그렇더라도 근본적으로 선한 사람들은 자기 자신을 희생하는 선택을 할 수 있을까? 또 사람들이 기본적으로 이성적이고 합리적이라는 전제는 어떠한가? 선택을 앞둔 사람들 모두가 자신이 가진 모든 정보를 폭넓게 고려하는 합리적이고 이성적인 선택만을 한다고 볼 수 있을까? 오늘날 개인은 기술의 발전으로 무한대의 정보를 습득할 수 있게 되었다. 이런 상황에서 과연 사람들이 선택에 필요한 모든 단서를 통합적으로 고려하는 것이 가능하다고 단정할 수 있을까?

사회인지에 관한 연구는 인지주의적 관점의 이론이 가정했던 앞선 전제들에 이러한 물음을 던지는 것에서 출발한다. 인지주의적 관점에서는 인간을 항상 합리적으로 사고하는 존재라고 가정했다. 그러나 혈액형, 관상, 손금 등에 그 어떠한 과학적 근거도 없다는 점을 알면서도 이러한 불완전하고 단순한 정보를 완전히 무시하지 못하는 '일반적인 사람들'부터 사이비 종교나 다단계에 빠진 '특수한 상황의 사람들'에 이르기까지, 인간이 완벽하게 합리적 존재가 아님을 증명하는 예시는 주위에서 쉽게 찾아볼 수 있다. 다양한 경험적 증거들을 토대로 연구자들은 인간이 항상 자기 자신에게 최선의 결과를 가져오는 합리적 선택을 하지는 않으며, 때로 명백하게 손해가 발생할 수 있는 불합리한 선택을 반복하는 불완전한 존재임을 확인하였다.

사람들의 태도나 행동은 항상 독립적으로 존재하는 것이 아니라 개인이 속한 사회적이거나 자연적인 배경 등과 연관되어 존재한다. 즉, 개인의 판단과 행동은 완전히 독립적이고 자율적인 것이 아니라, 사회적 관계라는 맥락 속에서 의미를 지님으로써 비로소 완전해지는 상호의존적 사고의 결과물이다. 인간의 불합리한 선택에 대한 문제 인식과 가정들은 이후 인간의 태도와 행동에 영향을 미치는 사회인지적 요인들에 대한 연구로 사회과학 연구 영역을 확장시키는 데 기여하였다. 사회인지적 요인에 대한 연구는 특정한 이론에 치중되지 않으며, 사람들이 어떻게 타인을 이해하며 사회 속에서 자신을 인지하는가를 밝히는 것에 본질적인 관심을 둔다(Fiske & Taylor 2013).

따라서 이 장에서 역시 사회인지적 요인에 근거한 특정한 사회심리학 이론을 소개하기보다 인간의 태도나 행동에 영향을 주는 사회인지적 요인들에는 어떠한 것이 있는가를 살피는 데 초점을 맞추고자 한다. 구체적으로는, 인간이 왜 합리적이지 못한 행동들을 하는가에 대한 근본 물음부터 출발하여 우리의 인지와 사회적 판단에 영향을 주는 개인적, 사회적인 요인들에 무엇이 있는지를 살펴보고자 한다. 더불어 비록 부정확한 부분이 있다 하더라도 인간의 판단을 빠르고 손쉽게 할 수 있도록 돕는 인지적 절차가 무엇이며, 그러한 빠른 판단이 갖는 장점과 단점이 무엇인지에 대해서도 함께 살펴보고자 한다.

1. 사회인지에 대한 이해

1) 사회인지

사회인지(social cognition)는 한 사람이 사회적 세계를 구성하고 이해하는 방식을 말한다. 한 개인이 어떤 사물이나 사람에 대한 인상을 형성하는 과정에는 단순히 개인이 지닌 태도 외에도 여러 가지 사회적 요인이 작용한다. 예를 들어, 어떤 대상에 대한 나의 태도는 그것에 대한 사회 전반적인 시선이 어떠한지, 주변 사람들은 그것을 어떻게 평가하는지, 나의 의견이 사회 주류에 속하는지 아닌지 등의 영향을 받는다. 결과적으로 사회인지적 관점에서 행동은 단순히 개인의 태도에 의해서 결정되지 않고, 타인과의 상호작용을 통한 사고와 감정의 공유, 대상에 대한 전반적인 사회 분위기 등이 종합적으로 작용하여 결정된다. 행동에 대한 사회적 접근과 이해가 가능한 이유는 인간이 혼자서는 살아갈 수 없는 사회적 동물이기 때문이다. 따라서 개인에게 특정한 태도를 형성, 유지 혹은 변화시키기 위한 설득 과정을 제대로 이해하기 위해서는 개인의 인지 과정에 영향을 미치는 요인뿐 아니라 개인이 속한 사회의 규율이나 분위기 등과 같은 사회적 영향력이 함께 고려되어야 한다.

아론슨(Elliot Aronson)은 인간은 그 자체로 합리적 존재가 아니며, 모든 상황을 합리화하려는 존재일 뿐이라고 강조한다. 즉, 인간은 대부분의 선택 상황에서 한정적인 정보를 토대로 성급하고 직관적으로 사고하는, 그 자체로 불완전한 존재이다. 사람들은 자신의 필요에 따라 손쉽게 얻을 수 있는 정보들만을 선택적으로 지각하고, 나름의 추론을 통해 주어진 자료만을 효율적으로 활용하는 인지적 구두쇠의 속성을 갖고 있다. 그렇다면 숱한 정보 중에 어떤 것들이 선택적으로 인지되는가? 그리고 선택된 정보는 어떠한 과정을 거쳐서 특정 대상에 대한 태도형성 혹은 이와 관련한 행동으로 이어지는가? 지금부터 이 질문들의 답을 찾아보자.

2) 사회인지에 관한 연구

사회인지에 관한 연구는 크게 다음의 두 가지 문제 인식으로 구체화된다. 첫째, 사람들이 태도를 지니거나 특정한 행동을 하기 위해 고려해야 하는 모든 대상과 상황을 심사숙고하기란 사실상 불가능에 가깝기 때문에, 경우에 따라서 사람들의 선택은 숙고의 과정 없이 즉각적으로 일어난다. 둘째, 사람들이 태도나 행동의 방향을 결정해야 하는 주제는 대부분 사회적 맥락 속에서 고려된다. 따라서 때로 사람들의 선택은 자기 자신에 대한 이해뿐 아니라 자신이 속한 사회에 대한 이해를 토대로 일어난다.

사람들은 어떤 사물이나 사람 혹은 상황에 대해 판단할 때 자신이 이미 가지고 있거나 새로 습득한 사회적 정보를 기준점으로 활용한다. 사회인지에 관한 연구의 핵심은 사람들이 습득할 수 있는 수많은 정보 중에서 실제 판단에 영향을 미치는 특정 정보가 어떠한 방식으로 선택되는지를 밝히는 데 있다. 또한 더 나아가 사람들이 인지한 정보를 해석하고 기억하는 방식과 이것이 수용자의 선택에 어떠한 영향을 주는지에 대해 관찰하는 것을 목표로 한다.

사회인지 연구에 대한 정의는 연구자마다 차이가 있다. 대표적으로 킴블(Kimble 1990)은 사회인지 연구를 단순히 "사회적 판단에 관한 연구"라고 정의한 반면, 해밀턴(Hamilton 2005)은 이를 "사회현상의 인지적 토대를 조사하여 사회심리학의 주요 주제를 이해하고자 하는 개념적이고 인지적인 접근법"으로 보다 구체적으로 정의한다.

연구자별로 서로 다른 정의 방식에도 불구하고, 오늘날 사회인지 연구는 대체로 세 가지 내용에 중점을 두고 진행되어 왔다. 첫째, 사람의 인지 과정을 통해 일어나는 활동 중 많은 부분은 별도의 심사숙고나 합리적인 정보 추론 없이 무의식 상태에서 반사적이거나 자동적으로 이뤄진다. 둘째, 사람들은 동일한 상황에서 완벽하게 같은 정보를 제공받는다 하더라도 이를 서로 다르게 해석하거나 기억할 수 있다. 셋째, 사회인지를 토대로 한 정보처리 과정에서 도출된 판단이나 습득된 지식은 각종 편향과 오류가 개입될 가능성이 높다.

2. 사회인지와 선택에 영향을 미치는 요인

사람들이 항상 모든 정보를 객관적으로 인지하고 합리적으로 선택하는 것은 아니다. 어떠한 문제에 대한 해결방안을 선택하거나 특정 사물, 상황, 사람에 대한 태도를 형성하는 과정에는 선택의 주체인 개인이 처한 사회적 환경이나 그가 지닌 사회적 속성들이 영향력을 행사한다. 다시 말해, 개인이 자신이 속한 사회를 어떻게 인지하고 있느냐에 따라 특정 문제에 대한 선택의 결과에 큰 차이가 나타난다. 이때 개인이 자신을 둘러싼 사회나 환경을 인식하는 방식에 영향을 미치는 수많은 요인들이 존재한다. 이 책에서 사회인지에 영향을 미치는 모든 요인을 일일이 다 열거할 수 없기 때문에, 핵심적인 몇 가지만을 간략하게 설명하고자 한다.

1) 개인적 요인

(1) 스키마

새로 제공된 정보를 어떻게 지각할 것인가는 개인이 가진 스키마(schema)에 따라 달라질 수 있다. 스키마는 특정 대상(사람, 사건, 역할, 자기 자신 등)에 대해 우리 머릿속에 이미 구성된 하나의 조직화된 상으로, 사고체계의 가장 기본적인 단위를 말한다. 다시 말해, 스키마는 사람들이 이미 가지고 있는 지식과 경험이 구조화된 형태로 조직화된 것을 의미한다. 태도에 대한 인지주의적 접근방식에서 스키마는 매우 중요한 역할을 한다. 스키마는 특정한 이슈에 대한 기존의 신념체계를 제공하여 새로운 정보에 대한 인식, 검색, 기억, 추론, 결정 등에 영향을 미친다. 때로 스키마가 일종의 편향적 사고로 작용하여 편견이나 고정관념을 만들기도 하지만, 대체로 잘 구성된 스키마는 사람들이 처음 접하는 특성이나 사건에 대해 기존 경험을 바탕으로 유추하고 추론할 수 있게 한다.

스키마는 가장 대표적인 자기 준거점 요인이다. 사람들은 새로운 정보를 받아들이거나 낯선 환경에 놓일 때, 자신이 이미 가진 스키마에 견주어 이를 해석하곤 한다. 즉, 의식 수준에서 완전히 새로운 정보라고 인식되는 무엇인가라 할지라도 무의식적 수준에서는 이미 알고 있는 기존 정보를 토대로 이를 해석하려는 시도가 일어난다. 개개인의 차이가 존재하긴 하나, 기본적으로 인간의 인지적 능력은 한계를 지니기 때문에 외부에서 제공되는 모든 정보를 모두 별개의 새로운 것으로 수용할 수 없다. 따라서 이미 알고 있는 정보가 유사한 것끼리 모여 하나의 인지적 구성체로서 존재하고, 이를 기준으로 새로운 정보를 해석하거나 수용한다.

특정한 정보나 새로운 상황에 대한 수용과 해석은 이와 연관된 스키마가 어떠한가에 따라 달라질 수 있다. 단, 동일한 대상이라고 할지라도 이에 대한 스키마는 이와 관련해 과거에 어떠한 경험을 하였는가와 어떠한 학습된 정보를 가지고 있는가에 따라서 개인마다 달라질 수 있다는 점에 유의할 필요가 있다. 예를 들어 몸을 사선으로 틀고 상대방에게 주먹을 들이미는 행위는 누군가에게는 공격으로, 또 다른 누군가에게는 반가움을 표현하는 행동으로 인식된다. 동일한 행동에 대한 서로 다른 반응은 이러한 인사법에 대한 정보가 스키마에 내재된 사람과 그렇지 않은 사람의 차이로 설명될 수 있다.

인지적 효율성을 위해 인간은 새로운 정보를 완전히 새로운 것으로 인식하지 않고, 무의식 수준에서 머릿속에 이미 존재하는 (새로운 정보와 연관된) 특정한 스키마를 가동시켜 이를 조직적으로 처리한다. 이렇듯 스키마를 통한 사회인지는 한정적인 인지 능력을 가진 인간이 수많은 정보를 보다 효율적으로 관리할 수 있게 한다는 측면에서 큰 장점을 지닌다. 그러나 경우에 따라서는 새로운 정보 중 기존 스키마의 구조에 적합한 정보만이 선별적으로 수용된다는 부작용도 있다. 또한 새로운 정보에 대한 충분한 숙고 없이 기존의 스키마에 의거한 판단이 고정관념이나 편견과 같은 편향된 사고로 이어지기도 한다. 이렇듯 특정 대상과 관련한 스키마는 새로운 정보나 경험에 의해 지속적으로 변형되거나 보완될 수 있지만, 이때 새로운 정보나 경험이 어떠한 방향(긍정적/부정적)과 강도(변형/강화/보완)로 스키마를 변화시키는가를 결정하는 데는 개인의 인지적 동기가 주요한 역할을 한다.

(2) 프레임

개인이 세상을 바라보는 인지적 틀을 프레임(*frame*)이라고 한다. 스키마가 대상에 대한 머릿속의 조직화된 상이라면, 프레임은 특정 이슈를 이해하는 데 사용되는 스키마를 의미한다. 사람들은 새로운 정보를 무조건적으로 수용하는 것이 아니라 자신이 지닌 스키마의 기준과 일관성 있는 방식으로 분류하고 인식하는 경향을 지닌다. 이와 마찬가지로 특정한 사물을 어떠한 스키마를 기준으로 이해하느냐, 즉 어떤 준거 틀을 이용하느냐에 따라 판단의 결과가 달라질 수 있다.

프레임의 가장 대표적인 예로 '반 컵의 물'을 들 수 있다. 컵에 들어 있는 물의 양은 동일하지만 이를 두고 '물이 반밖에 없다'는 인식적 틀을 가진 사람과 '물이 반이나 남았다'는 인식적 틀을 가진 사람 사이에는 분명 큰 차이가 있다. '반 컵의 물'은 흔히 긍정적 사고의 필요성을 강조하는 예시로 사용되지만, 우리는 이러한 인지 방식이 행위자의 후속 행동에 영향을 미칠 것이라는 데 더 집중할 필요가 있다. 물이 반밖에 남지 않았다고 생각하는 사람은 상점에 가서 물을 사오거나 물을 끓이는 등의 행동을 하게 되는 반면, 물이 반이나 남았다고 생각하는 사람은 물이 더 소요될 때까지 아무런 행동도 하지 않을 가능성이 크다. 반 컵의 물에 대한 지각 이후 어떠한 행동과 선택을 하게 될 것인가는 단순히 반 컵의 물을 인지하는 방식이 긍정적이냐 부정적이냐의 문제가 아니다. 개인이 특정 상황을 인식하는 방식과 이에 따른 선택이 단순히 이런 일상적 판단뿐 아니라 정치적 판단, 언론보도 등 사회 전반에 대해 인지하는 과정에서도 동일하게 나타난다는 점을 상기할 때 프레임은 더 중요한 개념이 된다.

흔히 언론학 분야에서 프레임은 프레이밍(framing) 개념과 혼용된다. 일반적으로 프레임은 개인이 특정한 상황을 인지하는 틀 자체를 의미하며, 프레이밍은 미디어의 보도나 설득 메시지가 구성된 방식을 분석하기 위한 방법의 틀을 의미한다. 즉, 프레임은 개인의 인지적 차원에 내재된 이슈에 대한 준거 틀을 의미하는 반면, 프레이밍은 사건이나 이슈의 특정 부분을 강조하는 과정에서 미디어-미디어 전문가-수용자가 어떤 준거점에 집중할 것인지를 결정하는 방식을 의미한다(Reese 2001). 프레임이 개인이 사회를 인지하는 고유한 준거 틀로 이해되는 반면, 프레이밍은 이슈를 판단하는 데 영향을 미치는 맥락적 요인으로 이해되곤 한다.

한편 스키마와 프레임의 개념상의 유사성을 들어, 인지적 차원의 프레임이 스키마의 개념을 원용(援用)한 것에 불과하다는 주장도 있다(Entman 1993). 그러나 프레임은 단순히 개인의 경험에 기반하여 구성된 인지적 틀을 의미하는 것에 그치지 않고, 문화적이고 사회적인 이슈를 이해하는 하나의 준거점으로 사회적으로 공유되는 속성을 지닌다. 이러한 측면에서 프레임은 스키마와 구분되는 개념으로 사회인식과 여론 형성의 기본 도구로 이해되곤 한다.

2) 사회인지 과정의 이중처리 모드

사람들은 새로운 메시지를 제공받았을 때 자기 자신(자기 스키마)을 기준으로 이를 빠르게 처리하기도 하고, 관련한 다른 증거를 모아 꼼꼼하게 판단한 후 이를 신중하게 처리하기도 한다(Markus 1977). 경우에 따라서 사람들은 자신에게 긍정적인 피드백이 올 것이라고 생각하는 정보들에 빠르게 반응하면서도, 이것이 자신의 기존 행동이나 태

프레임에 대한 전망이론적 접근

카네만과 트버스키(Kahneman & Tversky 1979)는 인간이 항상 완벽하게 합리적인 결정을 내리는 존재가 아님에 주목하고, 불확실한 상황에서 인간은 때로 비합리적이고 편향된 사고에 의해 판단하고 결정하는 경향이 있음을 주장하였다. 이러한 논의의 연장선에서 그들이 제시한 전망이론(prospect theory)의 기본 전제는 ① 사람들은 이득보다 손해에 더 민감하게 반응하며, ② 일정한 준거점을 기준으로 이득과 손해의 정도를 파악하여 특정 사안에 대한 행동의 방향성을 결정한다는 것이다. 이때 이득과 손해의 정도 파악을 위해 작용하는 준거점이 바로 전망이론적 접근 프레임이다.

카네만과 트버스키는 사람들은 어떤 사안의 문제가 이득 상황으로 프레임되면 모험을 감행하기보다 안전하고 보수적인 대안을 선택하려는 경향이 있는 반면, 동일한 문제가 손실 상황으로 프레임되면 안전한 선택보다 모험을 감행하는 경향을 갖게 된다고 보았다. 이들은 이러한 가정을 증명하기 위해 학생들에게 다음과 같은 상황을 제시하고, 각기 다른 두 가지 계획(계획 1, 2 또는 계획 3, 4)을 알려준 후, 학생들의 의견을 물었다.

상황: 미국 정부는 유례없는 특이한 질병으로 600명의 희생자가 발생할 것이라고 예견하고, 질병에 대처하기 위한 다음 두 가지 계획을 세웠다. 당신은 둘 중 어떤 계획을 더 선호하는가?
- 계획 ①: 실행하면 200명의 인명을 구하게 된다.
- 계획 ②: 실행하면 600명을 모두 구제할 확률은 1/3이지만, 아무도 구제하지 못할 확률은 2/3이다.
- 계획 ③: 실행하면 400명이 희생될 것이다.
- 계획 ④: 실행하면 아무도 희생되지 않을 확률은 1/3이지만, 600명이 모두 희생될 확률은 2/3이다.

계획 ①과 계획 ②를 제공받은 학생들의 대부분은 계획 ②보다 계획 ①을 더 선호한다고 응답하였다(152명 중 72퍼센트). 반면, 계획 ③과 계획 ④를 제공받은 학생들의 대부분은 계획 ③보다 계획 ④를 더 선호한다고 응답하였다(155명 중 78퍼센트). 하지만 사실 계획 ①은 계획 ③과, 계획 ②는 계획 ④와 각각 동일한 내용을 담고 있다. 카네만과 트버스키는 이러한 실험을 통해서, 메시지가 제시되는 프레임의 유형, 즉 선택이 긍정적으로 프레임 되었는지 부정적으로 프레임 되었는지에 따라 응답자의 태도와 행동이 달라진다고 주장하였다.

도와 일관성이 없을 경우에는 신중한 선택을 위해 심사숙고하기도 한다(Swann et al. 1990). 이처럼 사회적이고 개인적인 인지의 과정은 자동적이고 무의식적인 사고와 통제적이고 의식적인 사고 처리를 오가는 과정에서 일어난다. 새로 제공받은 정보에 대한 인지의 과정이 자동적이거나 통제적인 처리 모드 중 하나를 거쳐 일어나는 것을 '이중처리 모드를 통한 정보처리'라고 한다.

(1) 자동처리와 통제처리

인지의 자동처리 모드는 무의식적인 사고를 통해서 별다른 심사숙고 없이 인지하는 것을 말한다. 반면, 통제처리 모드는 의식적인 사고를 통해서 객관적이고 이성적으로 새로운 정보나 상황을 인지하는 것을 의미한다. 다시 말하지만, 사회인지는 기본적으로 자동적이고 무의식적인 사고처리 모드와 통제적이고 의식적인 사고처리 모드가 상호작용하는 과정을 통해서 일어난다.

인지 과정에서 자동처리와 통제처리를 부르는 다양한 명칭들이 존재한다. 사회인지의 이중처리 모드를 토대로 설득 메시지의 영향력에 대해 연구한 정교화 가능성 모델(Petty & Wegener 1999)에서는 이를 주변경로를 통한 처리와 중심경로를 통한 처리라고 부르며, 발견법적·체계적 모델(Chen, Duckworth, & Chaiken 1999)에서는 이를 각각 발견법적(heuristic) 처리 모드와 체계적(systematic) 처리 모드라고 부른다. 또한 행동경제학의 창시자로 불리는 카네만과 트버스키(Kahneman & Tversky 1974)는 인지 과정에 영향을 미치는 처리 모드를 보다 직관적으로 시스템 1(직관체계)과 시스템 2(추리체계)라고 부르기도 하였다.

명칭은 연구자와 이론마다 조금씩 차이가 있지만, 기본적으로 두 처리 방식을 묘사하는 방식은 매우 유사하다. 이들 이론에서 자동처리 방식은 인지적 노력을 거의 들이지 않고 별다른 통제 없이 빠르게 작동하는 인지체계를 의미한다. 자동처리 방식은 일상적인 사건이나 낯익은 상황에 대한 대처나 이미 잘 알고 있는 이슈에 대해 판단해야 하는 경우에 효과적으로 작용한다. 반면, 통제처리 방식은 합리적이고 논리적인 판단이 필요할 때 심사숙고를 통해 느리게 작동하는 인지체계를 의미한다. 통제처리 방식은 자동처리 방식과 달리 복잡한 계산과 같이 이해를 위해 집중과 노력이 필요하거나 낯선 상황이나 이슈에 대한 합리적 판단이 요구되는 상황에서 보다 효과적으로 작용한다.

인지의 자동처리 방식에서는 직관적이고 반사적인 판단이 중요하게 작용하기 때문에 이미 형성된 자기 스키마가 적극적으로 개입한다. 반면, 통제처리 방식을 거친 인지는 분석적이고 논리적인 추론을 통해 특정한 결과를 도출하는 것이기 때문에 경우에 따라서 이미 형성된 스키마를 변화시키는 계기가 될 수 있다.

최근의 연구들은 사회인지 과정의 이중처리 모드가 항상 상호작용하고 있으며, 특정한 상황에서 자동처리와 통제처리 중 어떤 방식을 사용할지는 의식적으로 선택할 수 있는 것이 아님을 보여 준다. 따라서 특정 상황에서 둘 중 어떤 모드가 활성화되는가를 밝히는 것이 중요한 문제가 된다. 이에 대한 다양한 설명이 가능하지만, 그중에서도 오늘날 가장 큰 힘을 얻는 설명 방식은 사람들이 새로운 정보를 처리하고자 하는 동기의 중요성을 강조하는 것이다.

(2) 이중처리 모드와 동기

사회인지 처리모드의 현저화에 영향을 미치는 개인 동기의 유형은 무척 다양하며, 이를 정리한 연구자에 따라 명칭 역시 일관되지 않는다. 그럼에도 이를 크게 다섯 가지 욕구를 기준으로 정리해 볼 수 있다(Fiske & Taylor 2013).

첫 번째 동기 유형은 **소속에 대한 욕구**에 기반을 둔다. 사람은 혼자서는 살 수 없는 사회적 동물이므로 기본적으로 어딘가에 속하려는 욕구를 갖는다. 이러한 소속의 욕구는 자동처리 방식을 주로 동기화한다. 프린스턴대학교와 다트마우스대학교 학생을 대상으로 한 연구는 소속에 대한 욕구가 이성적이고 객관적인 통제처리 방식의 판단을 막는 주요한 동기로 작용함을 보여 준다(Hastorf & Cantril 1954). 연구자들은 두 대학의 풋볼 경기를 관람한 학생들에게 각 대학 팀이 몇 번 반칙했는지 횟수를 세도록 했다. 그 결과, 학생들은 자신의 대학 선수들보다 상대편 선수들이 반칙한 횟수가 더 많다고 주장하였는데, 이는 실제 양 팀의 선수들이 저지른 횟수보다 더 많은 수준이었다. 이 연구의 결과는 소속에 대한 동기가 사람들로 하여금 판단 대상(상대 팀)에 대한 자동처리를 유도할 뿐 아니라, 자신이 소속된 집단에 유리한 방향으로 잘못 판단할 가능성이 크다는 점을 보여 준다. 즉, 특정 상황을 소속의 문제로 인식하면 자신이 속한 집단을 무조건적으로 편드는 행위로 이어지게 될 가능성이 있다.

두 번째 동기 유형은 사회적으로 공유되는 **이해에 대한 욕구**로부터 나온다. 사람들은 직관적으로 이해가 불가능한 상황에 마주하면, 이를 이해할 수 있을 때까지 새로운 정보를 수집하고 분석하는 과정을 반복한다. 이 경우, 정보 수집과 분석 과정에 의도적으로 관여하는 통제처리 방식이 동기화되게 된다. 또한 갑작스럽게 많은 양의 정보를 제공받아 해석이나 분석에 어려움이 생길 때도 정보에 대한 이해와 통제에 대한 욕구가 높아지게 된다. 새로운 정보를 이해하는 데 기준이 되는 많은 요인이 존재하지만, 사회적으로 공유된 분위기, 동일집단 구성원들의 의견 등이 주요한 기준으로 활용된다.

세 번째 동기 유형은 **제어에 대한 욕구**에서 발생한다. 사람들은 자신이 중요하다고 생각하는 것을 다른 사람이 제어하고 있다고 느낄 때 통제적이고 의도적인 처리 방식을 가동한다. 자신이 통제할 수 없는 상황에서 벗어나기 위해 더 많은 정보를 추구하고 모든 선택에 대해 심사숙고한다. 그러나 자원이 부족한 상황(정보 부족, 시간 압박, 심적 피로 등)에서는 오히려 결정에 대한 부담과 압력이 과도하게 커져 자동처리 방식이 동기화될 가능성이 있다. 졸업을 앞두고 진로를 결정하는 순간에 적성에 대한 별다른 고민 없이 사회적으로 인정받는다고 여겨지는 직업을 선택하거나 친한 친구를 따라 특정 시험에 응시하는 등의 행동이 대표적인 예라고 볼 수 있다.

네 번째 동기 유형은 **자기고양 욕구**에서부터 출발한다. 자기고양 욕구는 자기 자신을 보다 긍정적으로 평가하려는 인간의 본능적 속성이다. 이러한 욕구에는 자동처리와 통제처리가 고르게 작동한다. 사람은 일반적으로 거의 모든 상황에서 즉각적이고 자동적으로 자신을 좋게 평가한다. 이 때문에 자동처리 방식이 작동하는 동안 사람들은 긍정적 피드백을 선호하는 경향을 보인다. 그러나 경우에 따라 비록 자신에게 부정적이더라 하더라도 자기 견해와 맞아떨어지는 피드백을 받는 상황이 발생하면, 이때는 통제된 처리 방식이 발현된다. 즉, 즉각적으로 자기 자신에 대한 긍정적 평가를 선호하면서도, 보다 장기적으로 사회 내에서 좀더 좋은 사람이라는 평가를 얻기 위해서 납득할 만한 비판이 있다면 통제된 사고처리 모드를 작동시켜 이를 수용할 수 있게 되는 것이다.

마지막 동기 유형은 **내(內)집단 신뢰 욕구**이다. 이 욕구는 강력한 긍정성 편향과 관련되어 있다. 이는 앞서 설명한 자기고양 욕구와 어느 정도 일맥상통한다. 즉, 자기 자신을 긍정적으로 평가하려는 본능적 욕구가 더 발전하여 자기 자신이 속한 내집단을 외(外)집단보다 더 긍정적으로 평가한다. 내집단 신뢰 욕구가 심하면 단순히 내집단 구성원을 긍정적으로 평가하는 것에 그치지 않고 외집단 구성원을 이유 없이 비판하거나 미워하는 배타적 성향으로 이어질 수 있다. 대부분 내집단 구성원을 편애하거나 외집단 구성원을 비판하는 것은 자동처리 방식에 의해 무의식적 수준으로 일어나기 때문에, 이런 동기가 강한 사람들이 모이면 하나의 사회문제로 발전할 수도 있다.

3) 사회인지 과정의 상황적 맥락

상황적 맥락은 사물이 제시되고 기술되는 방식을 말한다. 현실에서 이뤄지는 모든 판단은 개인이 인지하는 사회가 어떠하며, 이를 인지하고자 하는 목적이 무엇인가뿐 아니라 정보가 제공된 상황적 맥락이 무엇인가에도 영향을 받는다. 정보가 제시되는 상황적 맥락은 주로 정보 자체에 집중하는 통제처리 모드를 활성화하기보다 상황적 맥락에 따라 직관적으로 판단하게 하는 자동처리 모드를 활성화시킨다. 자동처리 모드에 의한 판단은 직관적으로 상황을 판단하고 효율적으로 정보를 처리할 수 있도록 하지만, 상황에 대한 충분한 숙고가 배제되기 때문에 부작용을 발생시키기도 한다. 여기서는 개인의 판단에 영향을 미치는 맥락을 크게 세 가지로 나누어 각 상황에서 나타나는 효과를 간단히 살펴본다.

(1) 대비효과

새로운 정보를 인지하는 과정이라 하더라도 이와 유사한 비교 대상이 있는지 없는지가 판단에 중요한 영향을 미칠 수 있다. 어떠한 선택 과정에 비교 대상이 있고, 이에 따라 새로운 정보의 수용에 대한 영향이 나타나는 것을 대비효과라고 한다. 켄릭과 거티스(Kenrick & Gutierres 1980)는 남학생들에게 TV 드라마 〈미녀 삼총사〉를 보여 주고, 드라마를 보기 전과 후에 각각 소개팅 상대의 매력도를 평가하게 했다. 피험자들은 드라마 시청 전보다 후에 데이트 상대를 훨씬 덜 매력적이라고 평가했는데, 이는 〈미녀 삼총사〉의 영향이었다. 〈미녀삼총사〉에 등장하는 아주 매력적인 여성들이 남학생에게 매력적 인물에 대한 하나의 기준이 된 것이다. 드라마를 시청한 학생들은 모두 자신의 소개팅 상대에 대한 비교 대상이 없을 때보다 비교 대상이 있을 때 그들에 대한 평가를 더 인색하게 하는 경향을 보였다. 이처럼 비교 대상에 따라 어떤 사물은 실제보다 더 좋게 보일 수도 있고, 반대로 더 형편없게 보일 수도 있다.

(2) 점화효과

점화를 통해 사람들의 사회적 판단과 태도, 행동에 영향을 미칠 수 있다. 점화는 최근에 떠오른 생각이나 자주 떠올랐던 생각이 더 쉽게 연상되고, 사회적 사건을 해석하는 데 더 잘 사용되는 현상을 말한다. 예를 들어, 히긴스 등(Higgins et al. 1977)은 연구에서 피험자 집단을 둘로 나누어 한 집단에는 긍정적 단어들을, 다른 집단에는 부정적 단어들을 기억하라고 지시했다. 이후 도널드라는 가상 인물에 대해 묘사한 글을 읽고 인물에 대해 평가하게 했는데, 긍정적 단어들을 기억하라는 지시를 받은 피험자들이 도널드를 더 긍정적이고 바람직한 인물로 판단하는 것을 발견했다. 즉, 피험자들이 어떤 점화를 받았는지가 도널드에 대한 인상에 영향을 미친 것이다. 점화효과에 대한 일련의 연구들은 빈번하게 언급되거나 더 생생하게 묘사된 것 그리고 반복적으로 제시되거나 더 최근에 접한 정보가 상대적으로 더 쉽게 점화됨을 보여 준다.

점화를 통한 사회인지의 개념은 대인관계뿐 아니라 미디어의 효과를 밝히는 과정에서도 자주 사용된다. 대표적으로 팬과 코시키의 연구(Pan & Kosicki 1997)에 따르면, 매체에서 특정 이슈를 자주 접하면 그와 관련된 다른 인지적 요소들이 활성화되고, 접근 가능한 인지적 요소들의 범위가 넓어져 요소들 간 연결이 강화된다고 한다. 이는 사람들이 어떤 정책 또는 국회의원이나 대통령과 같은 정책 관련 행위자들을 평가하는 데 있어 미디어에 의해 활성화된 이슈, 즉 미디어에 의해 점화된 단서들을 이용할 가능성이 높음을 의미한다. 또한 미디어 폭력의 효과에 대한 연구들은 폭력적인 TV 프로그램을 보는 것(점화요인: 폭력적 단서)이 이후에 접하는 모호한 정보를 적대적인 방식으로 해석할 가능성을 높이고, 결과적으로 공격적 반응을 유발할 가능성 또한 높인다는 것을 밝히기도 하였다(Roskos-Ewoldsen et al. 2002).

(3) 프레이밍

프레임이 개인이 어떤 문제를 바라보는 인지적 틀이라면, 프레이밍(framing)은 인지적 준거점을 조정하기 위해 특정 사안을 다루는 방식을 의미한다. 개인의 사회인지 과정에 프레이밍을 제안하는 대표적인 매체로 언론사가 있다. 언론사는 특정 사안에 대해 특정한 프레임을 제공함으로써 수용자의 태도나 행동에 영향을 미친다. 예를 들어, 결혼하지 않고 혼자 사는 싱글족이 꾸준히 증가하는 상황에 대한 언론보도의 프레이밍을 살펴보자. 어떤 언론사는 이러한 현상이 어려운 국가 재정으로 인해 취업난, 불안정한 일자리, 물가 상승에 따른 경제적 불안정성에 직면한 청년 세대가 어쩔 수 없이 미혼(未婚) 상태를 유지하는 것이라고 설명한다. 반면, 어떤 언론사는 가족을 이루는 것보다 독립적 개체로서 자기 자신의 삶에 투자하는 삶을 살기로 결정한 비혼(非婚)족의 증가로 이러한 현상을 설명한다. 동일한 현상을 설명하지만, 결혼을 '아직 못한 상태'로 묘사하는 미혼과 결혼을 자발적으로 '하지 않는 상태'로 묘사하는 비혼에는 큰 차이가 있다. 한국 사회에서 결혼이라는 문화를 설명하는 프레이밍의 준거점이 어디에 있느냐에 따라 결혼에 대한 미디어 수용자의 태도나 행동은 확연히 달라질 수 있다.

프레이밍은 뉴스뿐 아니라 광고 분야의 설득 메시지에도 많이 활용된다. 광고에 활용되는 프레이밍은 여러 방식이 있지만 대표적으로 포커스 프레이밍, 대조 프레이밍, 리프레이밍을 들 수 있다.

포커스 프레이밍(focus framing)은 제품의 여러 면 중에 특정 부분에 집중함으로써 설득의 효과를 높이는 것이다. 동일한 패딩 점퍼라고 하더라도 충전재의 65퍼센트가 오리털이라고 홍보하는 것과 충전재의 35퍼센트가 솜털이라고 홍보하는 것은 그 효과에 차이가 있다. 이렇듯 동일한 메시지라 하더라도 둘 중 어느 부분에 집중하게 할 것인가를 결정하는 방식이 포커스 프레이밍이다.

대조 프레이밍(contrast framing)은 실제로는 직접적으로 비교가 되지 않는 것을 비교함으로써 설득 효과를 높이는 것을 말한다. 스마트폰과 같은 전자제품을 판매하는 판매원이 하루에 커피를 한 잔씩 한 달만 덜 먹으면 더 높은 사양의 상품을 살 수 있다고 이야기하는 것이 대표적인 대조 프레이밍의 예이다.

마지막으로 리프레이밍(reframing)은 기존에 이미 프레이밍된 메시지의 프레이밍 방식을 바꿀 수 있는 새로운 메시지를 제공하는 것을 말한다. 예를 들어, 기존에 '어머니의 맛'과 같은 캐치프레이즈를 사용해 온 조미료 업계에서 어느 날 '우리 제품에는 화학조미료가 조금도 들어가지 않습니다'라는 문구를 제시하는 것을 대표적인 리프레이밍 전략이라고 볼 수 있다. 이러한 프레이밍 전략은 화학조미료의 실제 유해성 여부와 무관하게 사람들에게 부정적 인식을 심어줌으로써 화학조미료가 들어간 타사의 제품보다 자사의 제품을 돋보이게 할 수 있다.

프레이밍과 사전설득 전략

사전설득(pre-persuasion)은 실제 설득 메시지를 던지기 전에 이슈에 대한 긍정적이거나 부정적인 관점을 형성되도록 함으로써 더 높은 설득 효과를 유도하는 것을 의미한다. 설득 메시지를 제시하기 전에 적절한 프레이밍 전략을 적극적으로 활용하면 더 효과적인 설득에 이를 수 있다. 즉, 상대를 설득할 때 메시지를 어떤 프레임으로 작성할 것인가가 매우 중요한데, 프레이밍을 활용한 사전설득 전략의 대표적인 예를 몇 가지 들어보자.

명명화(labelling): 판단 대상이나 사건에 대해 어떤 이름을 붙이느냐에 따라 설득 효과가 달라질 수 있다. 대상이나 사건을 정의하는 라벨에 따라 사람들의 태도와 행동이 달라지게 한다는 점에서 명명화 전략은 매도하기(name calling) 선전 전략과 매우 유사하다. 예를 들어, 낙태죄 관련 논의에서는 '생명 존중'과 '선택권 존중'이라는 라벨이 경쟁 관계에 놓이게 된다. 생명을 존중하는 것과 개인의 선택권을 존중하는 것은 모두 중요한 가치이기 때문에 둘 중 무엇이 더 중요하다고 말할 수 없다. 하지만 두 가치 중 하나가 낙태와 관련한 라벨을 먼저 선점하게 된다면, 사람들은 라벨링된 내용에 집중하여 낙태에 대한 자신의 태도를 결정하게 된다.

차별화된 질문: 질문을 받으면 사람들은 긴장하고 내용에 더 큰 관심을 갖게 된다. 이때 질문하는 방식이 설득에 영향을 줄 수 있다. 예를 들어, 기도하면서 담배를 피우고 싶어 하는 사람이 있다고 가정해 보자. 이 사람이 종교인에게 '기도하는 중에 담배를 피워도 될까요?'라는 질문을 던진다면, 종교인은 기도할 때는 기도에만 집중해야 한다고 대답할 것이다. 반면 '담배를 피우는 중에 기도를 해도 될까요?'라고 질문을 던진다면, 종교인은 기도는 모든 상황에서 할 수 있는 일임을 강조하며, 당연히 담배를 피우는 중에도 기도할 수 있다고 대답할 것이다.

미끼(decoy) 전략: 설득을 위한 미끼로 대비효과를 적절히 이용할 수 있다. 예를 들어, 부동산 중개업자가 집을 팔려고 할 때는 실제로 자신이 팔려는 집을 보여 주기 전에 별 볼일 없는 집을 먼저 보여 주는 것이 훨씬 더 효과적이다. 별 볼 일 없는 첫 번째 집(미끼)이 실제 판매하고자 하는 두 번째 집에 대한 대비효과를 일으켜, 첫 번째 집에 대한 실망이 클수록 두 번째 집의 구매를 바로 결정할 가능성이 커지기 때문이다.

의사사건(pseudo-event, factoid)의 활용: 의사사건은 사실에 근거하지 않은 떠도는 소문을 의미한다. 의사사건을 활용하는 설득 전략은 상대방에 대한 긍정적/부정적 소문을 통해 프레임을 형성하는 것이다. 예를 들어, 공신력 있는 언론사 정보원이 '정치인 A는 아무리 파도 미담밖에 없다'라는 이야기를 하고, 이것이 사람들에게 각인되었다고 생각해 보자. 이후 정치인 A에 대한 부정적 소문이 돌게 되더라도 이는 A에 대한 음모라고 여겨져 대중에게 받아들여지지 않을 가능성이 높다.

카네만과 트버스키의 전망이론

카네만과 트버스키(Kahneman & Tversky 1979)는 사람들이 손실에 대해서 이득보다 2.5배 정도 더 큰 타격을 입는다는 것을 밝혀냈다. 카네만은 사람들은 이득 영역에서는 안전한 선택을, 손실 영역에서는 위험한 선택을 한다는 것을 밝혀내고, 이를 다음과 같이 정리하였다.

가치함수: 1억 원에서 1억 1천만 원으로 값이 상승한 집을 보유한 사람은 5억 원에서 4억 9천만 원으로 값이 떨어진 집을 보유한 사람보다 더 큰 행복을 느낀다. 이는 사람들이 '최대 효용'이 아닌 '최대 가치'를 추구하는 존재이기 때문에 그렇다. 구체적으로, 사람들은 효용의 절대 크기보다 '판단 기준점'을 기초로 한 가치를 더 중요하게 고려하는 경향이 있다. 또한 사람들은 손실을 회피하려는 경향이 있기 때문에 같은 금액이더라도 이익보다 손실에 더 크게 반응한다. 이 사례에서 두 명의 집 소유자가 얻은 이익과 손해의 정도는 동일하게 1천만 원이다. 하지만 사람들은 이익보다 손실을 약 2.5배 크게 인식하기 때문에 동일한 금액이라도 이익을 얻은 사람보다 손실을 입은 사람이 감정적으로 더 크게 반응하게 된다. 한편, 이익이나 손실의 가치가 적을 경우 사람들은 변화에 더 민감하게 반응하지만, 가치가 커지면 민감도는 감소하게 된다. 즉, 천만 원을 가진 사람은 천만 원을 더 가지게 되는 것을 굉장히 큰 일로

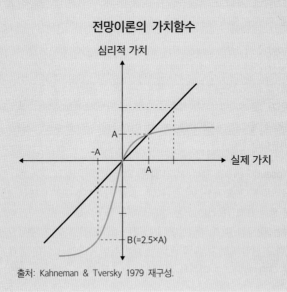

전망이론의 가치함수

출처: Kahneman & Tversky 1979 재구성.

느끼기 쉽지만, 10억 원을 가진 사람은 천만 원을 더 가지게 되는 것을 상대적으로 작은 일로 여기기 쉽다.

확률가중함수: 사람들은 어떤 사건이 일어날 확률이 작을 때는 이를 과대평가[(손실 - 위험 회피)/(이익 - 위험 추구)]하는 반면, 일어날 확률이 중간 이상이 되면 이를 오히려 과소평가[(손실 - 위험 추구)/(이익 - 위험 회피)]하는 경향이 있다. 예를 들어, 신종 플루에 걸릴 확률은 실제로 1퍼센트 미만이다. 하지만 사람들은 신종 플루가 유행하고 있다는 이야기를 들으면 평소보다 더 청결에 신경 쓰는 모습을 보인다. 반면, 한반도에서 전쟁이 일어날 가능성을 판단할 때, 사람들은 전쟁과 관련한 정보를 의도적으로 무시하는 모습을 보인다. 이는 신종 플루의 경우 일어날 확률을 과대평가하는 것이 자신에게 이익으로 작용하지만, 전쟁의 경우 일어날 확률을 과소평가하고 이를 회피하는 것이 자신에게 실질적인 이익으로 작용하기 때문이다.

(4) 정보가 제시되는 방식

정보가 제시되는 양과 순서에 따라서도 인지가 달라질 수 있다. 보통 정보의 양은 적은 경우보다 많은 경우에 결정을 내리는 데 더 큰 도움이 된다. 하지만 많은 양의 정보를 제공한다 하더라도 정보의 대부분이 중립적이거나 이슈와 무관한 것들로 구성되어 있다면, 이는 오히려 대상에 대한 판단을 어렵게 하거나 특정 인상을 약화시키는 결과로 이어질 수 있다. 핵심과 무관한 많은 양의 정보를 제공함으로써 기존에 갖고 있던 인상을 약화시키는 과정을 **희석효과**라고 한다. 예를 들어, 종종 정치인들이 선거와 무관한 시사교양 프로그램이나 엔터테인먼트 프로그램에 출연하는 것을 볼 수 있다. 이들은 자신이 출연하는 프로그램을 통해 자신의 일상을 공개하거나 정치와 무관한 자신의 인생관이나 가치관을 어필해 개인적 정보를 노출하곤 한다. 이러한 과정은 정치인으로서 가지고 있는 사회특권층의 부정적 이미지를 희석시키고, 일반적인 사람과 다르지 않은 평범한 사람 중 한 명임을 강조함으로써 긍정적 이미지를 얻게 하는 데 효과적으로 작용한다.

일반적으로 처음 제공받은 정보와 마지막에 제공받은 정보가 중간에 받은 정보보다 더 잘 기억된다고 알려져 있다. 정보 제시 순서와 관련한 효과에서 처음 받는 정보가 더 부각되어 인지되는 것을 '초두효과'라고 하고, 마지막에 제시된 정보가 더 부각되어 인지되는 효과를 '최신효과'라고 한다.

초두효과는 메시지 제시 과정에서 첫 부분에 제공되는 메시지가 가장 오래 기억에 남는다고 전제한다. 이러한 맥락에서 초두효과의 중요성을 강조하는 연구자들은 설득을 위한 핵심적 정보는 메시지의 초반에 제공해야 한다고 주장한다. 초두효과는 설득 메시지뿐 아니라 인상 형성 과정에서도 매우 큰 설명력을 갖는다. 애시(Solomon Asch)는 특정 인물에 대한 성격을 묘사하는 여섯 단어(긍정적 단어 세 가지, 부정적 단어 세 가지)를 구성하였다(Asch 1964). 이후 한 집단의 사람들에게는 특정 인물에 대한 성격에 대한 긍정적 단어를 먼저 보여 주고, 다른 한 집단의 사람들에게는 부정적 단어를 먼저 보여 주었다. 그 결과, 동일한 인물의 성격이 동일한 여섯 단어로 묘사되었음에도 불구하고 긍정적인 성격 묘사를 먼저 접한 사람들은 부정적인 성격 묘사를 먼저 접한 사람보다 해당 인물을 더 긍정적으로 평가하였음을 알 수 있었다. 이러한 결과는 사람의 인상을 결정하는 과정에서 첫인상이 매우 중요하다는 사실뿐 아니라, 특정 대상에 대한 메시지는 첫 부분에 제공되는 것이 더 효과적이라는 점을 보여 준다.

최신효과는 초두효과와 달리 마지막에 제공되는 메시지가 더 오래 기억에 남을 것이라 전제한다. 최신효과에 따르면, 판단 시점으로부터 더 근래에 제공받은 정보가 과거에 제공받은 정보보다 더 쉽게 연상되기 때문에 대상에 대한 판단에 더 큰 영향을 미치게 된다. 쉬운 예를 들어 생각해 보자. 누구나 한 번쯤 시험시간 직전 쉬는 시간에 살펴본 문제가 정말로 시험에 나와서 기뻐했던 경험이 있을 것이다.

대개 시험시간 직전에 살펴본 문제의 풀이 방법은 전날 밤을 새워 오래도록 살펴본 문제의 풀이보다 훨씬 더 빠르고 정확하게 기억난다. 시험을 코앞에 둔 사람들은 자신에게 유용한 정보를 하나라도 더 얻기 위해 끝까지 메시지에 집중하기 때문에, 이러한 경우에는 가장 최근에 본 정보가 가장 쉽게 떠오르는 최신효과가 나타나게 된다.

초두효과와 최신효과 중에 무엇이 설득이나 기억에 더 유용한지에 대한 논란의 여지가 있을 수 있다. 그러나 두 효과는 서로 상반되는 면이 있기 때문에 둘 중 무엇이 더 유용한가에 대한 논의는 사실상 큰 의미가 없다. 연구자들은 메시지를 제공받는 상황에 따라 두 효과 중 더 큰 영향력을 발휘하는 방식이 달라진다고 설명한다. 밀러와 캠벨(Miller & Campbell 1959)은 두 개의 서로 다른 메시지가 제시되는 시간 간격이 아주 짧으면 첫 메시지가 다음 메시지의 인지를 방해하기 때문에 초두효과가 나타날 가능성이 크다고 주장했다. 반면, 첫 번째 메시지를 제공받은 이후 두 번째 메시지를 받을 때까지 충분한 시간이 제공된다면, 그리고 수용자가 무조건 두 번째 메시지까지 들은 후에 결정해야 하는 상황이라면 초두효과보다 최신효과가 더 큰 힘을 발휘한다고 설명했다. 수용자가 메시지에 친숙한 정도 역시 핵심적인 고려 요인이 될 수 있다. 이와 관련하여 로스노와 로빈슨(Rosnow & Robinson 1967)은 일반적으로 친숙하지만 별로 중요하다고 인식되지 않는 이슈가 메시지의 주제일 경우 초두효과가 더 강력하게 일어나는 반면, 잘 모르고 낯선 내용이지만 상대적으로 더 중요하다고 인식되는 이슈가 메시지가 주제일 경우에는 최신효과가 더 강력하게 작용하게 된다고 설명한다.

4) 범주화와 고정관념

　인간은 한정된 인지 능력을 지니기 때문에 모든 이슈에 대해 주어진 정보를 모두 심사숙고하기는 사실상 불가능에 가깝다. 한정된 인지 능력으로 주어진 정보를 효율적으로 관리하기 위하여 인간은 거의 자동적으로 제공받은 정보를 유사한 것들끼리 분류하여 이해하고자 하는데 이러한 과정을 **범주화**라고 한다. 인간은 새로운 정보가 제공되거나 특정 대상에 대한 판단을 요구받을 때 판단 대상의 특징, 속성, 기능 등을 중심으로 이를 범주화하여 이해한다. 범주화에 활용되는 대표적인 사회적 기준은 국적, 성별, 계층, 직업, 종교 등이 있다.

　사회인지 과정에서 범주화는 한정된 인지 능력을 지닌 인간이 복잡한 사회적 환경에 쉽게 대처하도록 돕는다는 점에서 반드시 필요하다. 그러나 범주화는 필연적으로 특정한 사회적 고정관념과 연관되기 때문에, 잘못된 범주화로 인한 부작용이 발생할 수 있다는 위험성을 지닌다. 이를테면, '딩크(DINK, Double Income No Kids) 족', '욜로(YOLO, You Only Live Once) 라이프', 'N포 세대' 등과 같은 단어는 매우 구체적인 의미를 토대로 이보다 더욱 구체적인 고정관념과 연관된다. 이 단어들은 단순히 '아이를 가지지 않는 부부', '현재의 행복을 최우선으로 두는 삶의 방식', '경제적 상황에 따라 취업이나 결혼 등 여러 가지를 포기한 세대'를 지칭하는 것에 그치지 않고, '개인주의적', '이기적', '철이 없는', '의지가 약한', '희망이 없는' 등의 부정적 고정관념과 손쉽게 연관 지어진다. 범주화의 과정은 판단 대상에 대한 특정한 고정관념을 토대로 대상에 대해 어떤 기대(긍정적/부정적)를 갖도록 유도한다. 따라서 이 경우에서처럼 범주화가 부정적 기대와 연관될 경우, 범주화의 과정은 특정 대상에 대한 이해를 돕는 것에 그치지 않고 잘못된 편견으로 이어질 수도 있다.

때로 범주화는 실제로는 별다른 관계가 없는 두 가지 사건 사이에 반드시 관계가 있다고 생각하는 착각을 일으키는데, 이를 **착각적 상관**이라 한다. 착각적 상관은 사회적 판단 과정에서 매우 흔하게 나타난다. 예를 들어 사람들은 여성 동성애자가 에이즈(AIDS) 바이러스에 감염될 확률을 실제보다 과대 추정하는 경향이 있다. 사실 여성 동성애자가 에이즈 바이러스에 감염될 확률은 남성 이성애자, 남성 동성애자, 여성 이성애자보다 낮다. 그럼에도 불구하고 사람들은 남성 동성애자가 에이즈 바이러스에 감염될 확률이 높다는 인식을 토대로 여성 동성애자 역시 에이즈 바이러스에 감염될 확률이 이성애자들에 비해 높다고 잘못 지각한다(Pratkanis 1992). 한 가지 주의할 점은 범주화 과정을 통한 착각적 상관이 항상 기존의 고정관념과 신념을 강화시키는 방향으로 작용한다는 것이다. 사람들은 범주화의 과정에서 판단 대상들과 연관되는 고정관념을 통해 이들의 관계를 잘못 지각하고, 이러한 지각을 토대로 원래의 고정관념이 옳다는 잘못된 확신을 갖게 된다.

사회적 수준의 범주화는 다양한 방식으로 일어난다. 하지만 가장 손쉽게 일어나는 사회적 범주화는 판단 대상을 '우리'(내집단)와 '그들'(외집단)로 나누는 것이다. 내집단 선호와 외집단 배타 경향은 민족적, 인종적 편견 등과 같은 여러 사회문제의 근본적인 원인이 된다. 사회적 범주화가 가져오는 집단사고와 집단행동의 문제점에 대해서는 제16장에서 더 자세하게 다루겠다.

3. 사회인지 과정의 휴리스틱

사회인지적 측면에서 볼 때 사람들의 결정은 어떤 사건이 발생할 불확실한 가능성의 정도에 대한 신념을 근거로 일어난다. 사안에 따라서 일부 차이가 있지만, 사람들에게 제공되는 정보의 양은 무척 많기 때문에 사건 발생의 가능성을 파악하기 위하여 모든 정보를 살펴보기는 사실상 불가능하다. 결국 사람들은 가능성을 파악하는 데 용이하게 사용될 정보들만을 선택적으로 지각하고, 효율적으로 정보를 습득하는 **인지적 구두쇠**로 활동하게 된다. 즉, 경우에 따라서 인간의 선택은 새로운 정보에 대한 심사숙고의 과정 없이 기존에 가지고 있던 견해를 바탕으로 새로운 정보를 반사적이고 자동적으로 처리하는 과정을 통해 일어난다. 이러한 판단과 선택의 과정을 '휴리스틱'[1]이라고 한다. 이 절에서는 사회인지적 관점의 연구를 보다 실용적인 측면에서 접근하여 휴리스틱의 개념 및 종류와 더불어 휴리스틱에 따른 선택으로 인해 발생할 수 있는 크고 작은 오류들이 무엇이 있는가를 살펴보고자 한다.

1) 휴리스틱의 개념적 이해

휴리스틱은 의사결정 상황의 인지적 지름길로, 새로운 정보가 심사숙고의 과정 없이 반사적이고 자동적으로 처리되는 일련의 과정을 의미한다. 쉽게 말해, 휴리스틱은 판단이 복잡한 상황을 단순화하기 위해 사용하는 일종의 '주먹구구식 원칙'을 의미한다. 아무리 치밀한 사람이라고 해도 모든 선택의 순간에 백과사전을 뒤져 보고, 계산기를

---

1 '휴리스틱'(*heuristic*)은 여러 연구자에 의해 판단의 어림법, 자기발견법, 단순추론, 간편추론 등과 같이 다양하게 해석되어 사용되고 있다. 여기에서는 해석상의 오류를 최소화하기 위하여 원문 표기 그대로인 '휴리스틱'으로 통일하여 표기한다.

두드리며 살 수는 없다. 판단 과정에 정확한 정보나 계산이 필요한 경우가 있기도 하지만, 대부분의 상황에서는 순간적 판단이 필요해 대충 어림짐작으로 결과를 추측하는 것이 훨씬 더 편리하고 유용할 수 있다. 또한 선택과 관련된 모든 정보를 처리할 인지적 능력이 부족하기 때문에 휴리스틱에 의지하여 문제를 처리해야 하는 경우도 있다. 이러한 경우 휴리스틱은 가지고 있는 정보를 즉각적으로 추상화하고 체계화함으로써 제한된 인식 능력을 이용하여 주어진 문제를 해결할 수 있도록 돕는다.

카네만과 트버스키(Kahneman & Tversky 1974)는, 복잡한 문제에 처한 사람들은 간편한 판단 조작을 통해 사안의 심각성을 축소시켜 환경의 압력에 대처하려 시도한다고 설명한다. 이들은 특히 불확실한 상황의 의사결정 과정에서 휴리스틱이 선택과 판단에 핵심적인 영향을 미칠 수 있다고 주장한다. 앞서 말했듯, 카네만과 트버스키는 사람의 인지 과정이 크게 '시스템 1'(자동처리 모드)과 '시스템 2'(통제처리 모드)의 두 가지 유형으로 구별될 수 있다고 보았다. 연구자들은 시스템 1과 시스템 2가 상호작용하는 과정을 통해 사회에 대한 개인의 인지가 가능하게 된다고 설명한다. 이들에 따르면, 시스템 1은 일상적인 사건이나 낯익은 상황에 대해 빠르고 효율적으로 대처하는 작업을 수행하면서 시스템 2의 합리적 판단을 위해 인상, 직관, 의도 등의 새로운 조건들을 지속적으로 제공하는 역할을 한다. 시스템 2는 시스템 1의 제안을 수용하거나 시스템 1의 오류를 감지했을 때 비로소 활성화되는 것으로, 복잡한 계산과 같이 관심과 노력이 필요한 정신적 활동에 시간을 투자하여 자동처리에 필요한 새로운 법칙을 만들고, 이를 시스템 1에게 제공하는 역할을 수행한다.

카네만과 트버스키의 논의에서 시스템 1에 해당하는 인지 과정이 바로 휴리스틱이다. 인지 과정에서 휴리스틱은 눈 깜짝할 사이에 놀라운 사건과 평범한 사건을 구분하는 역할을 한다. 사람들은 휴리스틱을 통해 새로 경험한 놀라운 일에 대한 인과적 설명이 가능한 정보를 탐색하고, 이를 통해 새로운 일을 원래 알고 있는 일에 기대어 이해하게 된다(Kahneman 2011). 휴리스틱은 신속한 의사결정을 위한 매우 효율적인 방법이다. 하지만 이것이 모든 상황에서 항상 발현되지는 않는다. 휴리스틱에 의한 인지 과정은 일정한 조건이 만족될 때 발생하는데, 이러한 상황은 다음과 같다.

① 이슈에 대해 주의 깊게 생각할 시간이 없는 경우
② 정보가 지나치게 많아서 모든 정보를 완전히 처리할 수 없는 경우
③ 문제의 이슈가 크게 중요한 것이 아니어서 별로 깊게 생각하고 싶지 않은 경우
④ 결정을 위해 필요한 확고한 지식이나 정보가 거의 없는 경우

2) 사회인지 과정의 편향과 오류 가능성

휴리스틱은 사람들로 하여금 얻기 쉽거나 이해하기 쉬운 정보만을 선택적으로 지각하고, 나름의 추론을 통해 주어진 자료들만을 효율적으로 활용할 수 있도록 돕는다. 필연적으로 휴리스틱은 빠른 판단으로 이어진다. 만약 모든 선택과 판단의 과정에서 휴리스틱이 작용한다면 사람들 사이의 합리적이고 객관적인 수준의 커뮤니케이션은 거의 불가능해진다. 특정 자선단체에 정기 기부를 결정하는 사례를 통해 이를 살펴보자.

지난 주말 K는 파티에서 한 매력적인 여성을 만났다. K는 평소 내성적인 편이었지만, 그녀가 워낙 사교적인 덕에 그녀와 대화를 이어 나가는

것이 전혀 불편하지 않았다. K는 그녀와의 대화가 즐겁다고 느꼈을 뿐 아니라, K가 참여했던 수많은 파티 중에서 그날의 파티가 가장 유쾌하고 유익했다고 생각했다. 그러던 어느 날, K는 그녀와의 만남이 있었던 파티를 주관했던 자선단체에서 기부를 요청하는 전화를 받았다. K는 이전에도 기부를 요청하는 전화를 받은 적이 있지만, 한 번도 기부를 결정한 적은 없었다. 그러나 K는 자신에게 유익한 만남을 제공한 파티를 주선했던 이 단체에 기부하는 것이야말로 사회에 공헌하는 길이라고 확신하고, 이 단체에 향후 정기적으로 기부하기로 마음먹었다(Kahneman 2011).

자선단체는 기부를 요청하는 과정에서 자선단체나 기부에 관한 충분한 수준의 정보를 제공하였는가? 혹은 K는 기부에 대한 합리적이고 이성적인 사고를 토대로 결정을 내렸는가? 그렇지 않다. 이 사례에서 K는 파티에서 만난 여성에 대한 호감을 토대로 파티를 주선한 자선단체에 대한 인상을 형성하였다. K는 여성이 자신에게 보여 준 친절함과 관대함에 대해 생각하였고, 이것이 곧 파티를 주선한 자선단체의 특성이라고 믿고 손쉽게 기부를 결정하는 모습을 보였다. 이러한 결과는 인간이 그다지 합리적 존재가 아닐 수도 있음을 보여 준다. 조금 더 극단적으로 말하면, 기부를 결정한 K에게서 합리적 판단 과정은 조금도 찾아볼 수가 없다.

그렇다면 K의 기부 결정은 어떻게 설명할 수 있을까? 이러한 예시를 토대로 카네만과 트버스키(Kahneman & Tversky 1974)는 모든 상황에서 완벽히 이성적이고 합리적인 인간은 존재하지 않는다고 단언한다. 즉, 인간은 대부분의 선택 상황에서 한정적인 정보를 토대로 성급하고 직관적인 사고를 하는 불완전한 존재라는 것이다. 카네만과 트버스키에 따르면 사람들의 결정은 어떤 사건이 발생할 '불확실한 가능성의 정도'에 대한 주관적 신념을 근거로 하며, 실제 그 상황이 나타날 합리적 가능성의 수준과는 무관하다고 설명한다. 결과적으로 휴리스틱을 통한 판단은 수많은 편향과 오류의 가능성을 내포한다.

3) 휴리스틱의 유형과 편향 오류

휴리스틱은 단순하고 대략적인 문제 해결의 규칙인 동시에 방법으로 작용하게 된다. 예를 들어, 아침마다 신문을 보는 사람은 똑똑할 것이라고 생각하거나 만화책을 즐겨 보는 사람은 철이 덜 들었다고 생각하는 것이 이러한 휴리스틱의 결과이다. 휴리스틱을 통한 사회인지는 어떤 사안에 대해 깊게 생각하지 않고, 과거의 유사한 경험을 토대로 생성된 몇 가지 규칙을 선택적으로 문제에 적용하는 과정을 통해 발생한다. 휴리스틱의 유형과 그에 따라 발생 가능한 여러 편향 오류에 대한 논의는 지속적으로 진행되어 왔다. 여기서는 기본적으로 이 분야의 연구 발전에 크게 기여한 카네만과 트버스키의 논의(Kahneman & Tversky 1974)를 토대로, 휴리스틱의 유형과 그에 따른 편향에 대해 설명하고자 한다. 카네만과 트버스키는 휴리스틱을 크게 대표성 휴리스틱과 가용성 휴리스틱으로 구별하여 설명하였는데, 이는 이후 여러 연구자에 의해서 더 구체화되고 세분화되었다.

(1) 대표성 휴리스틱

대표성 휴리스틱은 확률적인 추론 방법이다. 사람들은 특정한 사안에 대한 정보를 습득할 때, 이를 다른 범주에 대응시켜 이것이 일어날 가능성 정도를 파악한다. 다시 말해 대표성 휴리스틱은 기본적인 적합성 판단(A의 이러한 속성은 범주 B와 얼마나 잘 맞아떨어지는가?)을 통한 확률 추정치(A가 범주 B의 사례일 가능성은 얼마나 되는가?)를 나타낸다.

대표성 휴리스틱은 타인에 대한 인상을 형성하거나 판단할 때 자주 사용된다. 타인에 대한 인상을 형성하는 과정에서 사람들은 상대를 처음 접했을 때 습득한 단편적인 정보를 주로 사용한다. 성별, 인종, 외모, 지위 등에 대한 정보는 간단한 규칙으로 사람들의 사고와 행동의 방향을 결정한다. 많은 연구는 사람들이 외모가 매력적인 사람을 평가할 때 덜 매력적인 사람에 비해 더 성공적이고, 섬세하고, 따뜻하고, 성격이 좋다고 생각하는 경향이 있음을 밝힌 바 있다.

예를 들어 설명해 보자. 만약 어떤 사람 J의 성격에 대한 정보를 듣고 그의 직업을 맞춰야 한다고 가정해 보자. J는 수줍음을 잘 타고 내성적이다. J는 다른 사람에게 항상 친절해서, 대체로 온화하고 깔끔한 사람이라는 평가를 받는다. 하지만 J는 다른 사람이나 사회에는 별로 관심이 없고, 질서와 체계를 지키는 것에 대한 강력한 욕구를 가지고 있다. 주어진 정보에 따르면 J는 외과의사, 공중곡예사, 사서 중 한 가지 직업을 갖고 있다고 한다. J의 직업은 무엇일까? 카네만과 트버스키는 이러한 경우 대부분의 사람들은 J의 직업이 사서일 것이라고 대답할 확률이 크다고 주장한다. 물론 J는 외과의사일 수도 있고, 공중곡예사일 수도 있다. 하지만, 일반적으로 사람들은 사회나 다른 사람들에게 관심이 없는 외과의사나 공중곡예사를 쉽게 상상해 내지 못한다. 사람들은 J의 성격이 폐쇄된 공간에서 질서와 체계에 맞춰 책을 관리라는 사서에게 요구되는 특징과 가장 잘 부합한다고 순간적으로 판단하고, J의 실제 직업과 상관없이 그가 사서일 것이라고 쉽게 가정한다. 사실 원칙적으로 이 문제의 답을 찾기 위해서는 각 직업을 가진 사람들의 빈도와 개인적 특성에 대한 적절한 양의 정보를 수집하여 J가 사서일 가능성을 따지는 과정을 거쳐야 한다. 하지만 이러한 작업은 많은 시간과 노력을 요하기 때문에, 대부분의 사람은 J의 몇 가지 성격적 특성을 토대로 그의 직업을 빠르게 추론해 낼 것을 선택한다.

인지적 절약이라는 측면에서 대표성 휴리스틱을 통한 판단은 때로 상당히 효율적이다. 하지만 즉각적이고 자동적인 판단이 항상 옳은 결과로 이어지지는 않는다. 만약 사람들이 판단에 유용한 다른 요인을 함께 고려한다면 휴리스틱이 잘못된 판단으로 이어질 가능성은 줄어든다. 휴리스틱을 통한 인지 과정에서 판단의 오류 가능성 정도를 결정하는 요인으로 기저율, 예측적 가치, 표본의 크기, 우연에 대한 오해 등을 들 수 있다.

기저율

기저율(base rate)은 결과에 영향을 주는 사전확률을 말한다. 앞선 예에서 J가 살고 있는 동네 사람들의 직업 비율을 함께 제공했다면 휴리스틱의 결과는 달라졌을 수도 있다. 즉, J가 살고 있는 동네 사람들의 90퍼센트가 외과의사이고 오직 10퍼센트만이 사서라면, J의 직업은 사서일 확률보다 외과의사일 확률이 훨씬 더 높다. 하지만 사람들은 판단의 적합성(J의 성격이 사서 직군에 요구되는 업무 특성과 유사하다는 점)에만 근거하여 판단하려는 경향을 가진다.

카네만과 트버스키는 엔지니어와 변호사로 구성된 100명의 집단에서 무선으로 표집된 사람의 성격이 기술된 메시지를 피험자들에게 나누어 주었다. 그리고 자신이 제공받은 메시지에서 묘사하는 사람이 엔지니어일 확률을 평가하도록 하였다. 이 과정에서 한 무리의 사람들에게는 그들이 제공받은 메시지가 70명의 엔지니어와 30명의 변호사로 구성된 100명 집단 중 한 명의 성격이라고 설명하고, 다른 무리의 사람들에게는 그들이 제공받은 메시지가 30명의 엔지니어와 70명의 변호사로 구성된 100명 집단 중 한 명의 성격이라고 설명하였다. 놀랍게도 피험자들은 자신이 제공받은 사전확률(엔지니어와 변호사 비율) 정보와 상관없이 유사한 수준에서 메시지에 묘사된 사람의 직업을 추정하였다. 이 결과는 사람들이 질문에 답하는 과정에서 사전확률을 전혀 고려하지 않았음을 보여 준다. 즉, 제공받은 메시지에 기술된 성격이 엔지니어와 변호사 중 어느 쪽을 더 잘 묘사하느냐에 대한 단순 판단만을 기준으로 물음에 응답한 것이다. 결과적으로 사람들이 성격 묘사처럼 쉽게 기준을 잡을 수 있는 정보를 받게 되는 경우에는 사전확률보다 대표성 휴리스틱에 의존한 판단을 내리게 된다.

예측적 가치

대표성에 근거한 판단은 결과에 대한 예측적인 속성을 갖는데, 이때 정보의 적합성이 경시될 수 있다. 앞서 제시된 예시에서 J에 대한 진술이 J를 단기간 관찰한 사람에 의해 작성된 것이라면, J의 성격에 관한 정보는 사서에 적합하다는 판단을 내릴 만큼 충분한 수준의 신뢰도를 갖지 못한다. 하지만 사람들은 정보의 출처에 관계없이 제공된 정보를 무비판적으로 수용하는 경우가 대부분이기 때문에 휴리스틱을 통한 오류가 발생한다. 이러한 오류는 주어진 정보가 예측되는 판단과 잘 맞아떨어질 때 특히 잘 나타난다. 만약, 평소 '사서는 책을 제자리에 꽂아야 한다는 강박을 가지고 있을 것'이라고 예상했던 사람이 J에 대한 성격 정보(질서와 체계를 중시)를 받았다면, '사서는 책을 좋아할 것'이라고 예상했던 사람에 비해 훨씬 더 빠르게 J를 사서라고 판단했을 것이다. 하지만, '사서는 책을 좋아할 것'이라고 예상했던 사람에게 'J가 책을 많이 읽는다'는 새로운 정보를 제공한다면, 이 사람 역시 별다른 의심 없이 J가 사서라고 확신하게 될 것이다.

이처럼 사람들은 어떠한 판단을 할 때, 새로 제공받은 정보가 얼마나 정확하고 신뢰할 만한 것인지에 대해서는 신중하게 고려하지 않는 경향이 있다. 또 다른 예를 들어보자. 대학에서 사회복지학을 전공한 33세 P는 매우 외향적인 성격의 소유자이다. P는 사회문제에 많은 관심을 가지고 있어 꾸준히 저소득층 사람들을 위해 기부해 왔으며, 틈이 날 때마다 저소득층 아동을 위한 학습 봉사활동을 다니고 있다. 만약 다음과 같은 진술문을 제공하고 가장 적합한 것을 고르도록 하였다고 생각해 보자. ① 'P는 통신사 마케팅팀에서 일하고 있다.' ② 'P는 인권보호단체 회원이다.' ③ 'P는 통신사 마케팅팀에서 일하며 인권보호단체의 회원이다.' 이러한 경우, 사람들은 ②의 진술문을 다른 것보다 더욱 선호하는 모습을 보인다. 또한 ①과 ③의 진술문 중에서는 ①보다 ③을 더 선호하는 경향을 보이는데, 이는 확률적으로 잘못된 판단일 가능성이 크다. 기본적으로 ①과 ② 문항이 올바를 확률은 각각 50퍼센트이다. P가 통신사 마케팅팀 직원일 가능성이나 인권보호단체 회원일 가능성은 참 또는 거짓 중 하나로 귀결되기 때문이다. 반면, P 양이 통신사 마케팅팀 직원이면서 동시에 인권보호단체 회원일 가능성은 두 개 문항이 모두 참일 가능성을 결합한 25퍼센트에 불과하다. 하지만 사람들은 사회복지학을 전공하고 저소득층을 위해 계속 봉사하는 사람은 인권운동을 지지할 가능성이 크다는 고정관념을 가지고 있기 때문에 ①보다 ③의 진술문에 더 큰 신뢰를 보인다.

표본의 크기

어떤 일이 일어날 가능성을 판단할 때 행위의 주체가 되는 사람들의 생각이 어떠한지를 모두 조사하기는 매우 어렵다. 이러한 어려움을 줄이고 판단의 정확성을 높이기 위해 행위주체 전체(모집단)를 대표할 수 있는 특정 소수집단(표본)을 선정하고, 이들을 대상으로 한 조사 결과를 전체의 것으로 해석하는 방법이 적극적으로 활용된다(대표적으로 여론조사). 이는 모집단 전체에 대한 조사를 하기 어려울 때 매우 효율적인 방식이지만 판단의 오류를 일으킬 수 있다는 위험 요소를 내포한다. 일반적으로 사람들은 모집단에서 도출한 표본에서 특정 결과를 얻을 확률에 대해 평가할 때 표본의 크기를 무시하는 경향이 있는

데, 이는 성급한 판단의 오류로 이어지게 된다.

카네만과 트버스키의 다른 연구를 토대로 예를 들어 설명해 보자. 여기 두 개의 병원이 있다. 큰 병원에서는 매일 약 40명의 신생아가 태어나고, 작은 병원에서는 매일 약 10명의 신생아가 태어난다. 이런 상황에서 1년 동안 두 병원에서 태어난 아이 중 남자아이가 60퍼센트 이상인 날을 각각 기록하도록 하였다. 그렇다면 결과적으로 어느 병원에서 남자아이가 60퍼센트 이상 태어난 날이 더 많았을까? 이 연구에 참여한 사람들은 남자아이가 60퍼센트 이상 태어난 날의 횟수는 병원에 따라 큰 차이가 없을 것이라고 판단했다. 하지만 실제로 작은 병원에서 남자아이가 50퍼센트를 초과할 확률은 큰 병원에서 남자아이가 50퍼센트를 초과할 확률보다 훨씬 더 크다. 만약 두 병원에서 똑같이 6명의 남자아이가 태어났다고 생각해 보자. 태어난 아이가 남자일 가능성은 두 병원에서 모두 동일하다(50퍼센트). 하지만 두 병원에서 아이가 태어날 전체 경우의 수가 다르기 때문에 하루 40명의 아이가 태어나는 큰 병원에서 남자아이가 전체의 60퍼센트에 이를 확률은 하루 10명의 아이가 태어나는 작은 병원에서 남자아이가 전체의 60퍼센트에 이를 확률보다 통계적으로 훨씬 낮다. 이러한 연구결과는 사람들이 직관적 요인들에 의해 손쉽게 판단하는 경향이 있으며, 이 과정에서 통계학적 개념은 쉽게 배제된다는 사실을 보여 준다.

우연에 대한 오해

사람들은 우연한 사건이 발생할 모습에 대해 추측하곤 한다. 예를 들어 동전 던지기를 생각해 보자. 동전을 던져서 앞면이 나올 확률은 뒷면이 나올 확률과 동일하게 50퍼센트이며, 이는 동전을 반복하여 던져도 달라지지 않는다. 하지만 사람들은 동전 던지기를 할 때, 동전이 반복하여 앞면만 나오거나 뒷면만 나오게 되는 경우를 거의 상상하지 않는다. 구체적으로 사람들은 동전을 반복해서 던질 때 '앞-앞-앞-앞-뒤-뒤'와 같이 한쪽 면이 반복적으로 나올 것이라고 상상하지 않으며, '앞-뒤-앞-뒤-앞-뒤'와 같이 앞면과 뒷면이 동일한 수준으로 나오게 될 것이라고 기대한다. 이는 후자의 경우가 전자에 비해 더 무작위로 도출된 결과인 것처럼, 다시 말해 더 대표적인 '연쇄과정'인 것처럼 느껴지기 때문이다. 하지만 종합적으로 고려했을 때 동전의 앞면과 뒷면이 나타날 확률은 동일하다. 그럼에도 불구하고 사람들은 동전을 던지는 과정에서 전자에 비해 더 무작위인 결과를 도출한 듯한 후자의 경우를 더 쉽게 상상하며, 이를 토대로 판단하게 된다.

이러한 판단 오류를 '도박꾼의 오류'라고도 한다. 룰렛에서 반복적으로 빨간색이 나오는 것을 본 사람은 이후에 반드시 검정색이 나올 것 ('이쯤이면 검정색이 나올 때가 됐는데 …')이라고 예상한다. 하지만 동전 던지기와 마찬가지로 룰렛에서 검정색이 나올 확률은 빨간색이 나올 확률과 동일하며, 이는 룰렛을 반복적으로 굴린다고 해도 달라지지 않는다. 이러한 결과는 사람들이 우연적으로 초래된 결과에 대해 마치 그 사안에 대한 총체적 특징을 대표하는 것처럼 오해하는 경향이 있음을 보여 준다.

(2) 가용성 휴리스틱

가용성(*availability*)은 특정한 시점에서 그 사건을 기억해 낼 수 있는 정도를 의미하고, 가용성 휴리스틱은 사용할 수 있는 기억을 이용하여 판단하는 것을 말한다. 즉, 특정 사건이나 상황에 대해 어떠한 사례가 얼마나 빨리 머릿속에 떠오르는가에 근거하여 사건의 가능성을 평가하는 추론방식이다. 어떤 사건을 기억하거나 상상할 수 있는 정도는 편향에 영향을 준다. 사람들은 절대적으로 주어지는 정보의 양과 상관없이 자신이 기억하는 정보의 정도에 따라서 판단하는 경향이 있다. 사람들은 어떤 것에 대해서 판단할 때 구체적인 사례를 떠올리고, 이것에 기초하여 결론을 내리고자 한다. 이때 특정한 사안과 관련된 사례가 더 즉각적으로 떠오를수록 사람들은 그 사건이 실제로 발생할 가능성을 더 높게 평가하게 된다. 예를 들어 "사람들이 특정 정치적 사안과 관련하여 촛불집회에 참여할 확률이 높은가요?"라는 질문을 받았을 때, 사람들은 자신의 주변에서 촛불집회에 참여한 적이 있는 사람들의 빈도를 파악한다. 이때 촛불집회에 참여했던 주변 사람들의 얼굴이 쉽게 떠오른다면, 이들은 사람들이 향후 촛불집회에 참여할 확률이 높다고 추정할 것이다. 반면, 주변에서 참여한 사람들의 사례를 찾기가 힘들다면 이들은 촛불집회에 사람들이 참여할 확률이 낮다고 추정할 것이다. 이렇듯 회상의 용이성 정도는 가용성 휴리스틱을 이용한 판단 오류로 이어지게 된다.

가용성 휴리스틱에 따른 판단의 문제는, 때로 가장 쉽게 떠오르는 생각이 전형적이지 않을 수도 있다는 점이다. 일어날 확률이 똑같은 사건이라 하더라도 사람들이 더 쉽게 기억할 수 있는 조건에 놓였을 때, 즉 생생한 장면과 연관되어 있거나 더 낯익게 느껴지는 사건의 경우 인지에 더 적극적으로 활용된다. 예를 들어, 주변에 촛불집회에 참여한 사람의 수는 많지 않지만 그 경험담이 나에게 강렬한 인상을 주었다면, 이 사건을 더 쉽게 떠올리게 만들어 촛불집회에 참여할 사람들의 수를 실제보다 높게 추정할 수 있다. 따라서 특정한 유형의 사건을 더 기억하기 쉽게 만드는 것이 사람들로 하여금 미래에 유사한 사건이 일어날 가능성을 더 높게 측정하게 하는 전략이 될 수 있다. 가용성 휴리스틱이 유발하는 오류의 원인을 조금 더 구체적으로 살펴보자.

인출 편향
어떠한 사건에 대해 사례를 통해 판단할 경우, 관련된 사례들이 인출

될 가능성이 모두 동일하다면 휴리스틱을 통한 추론에는 아무런 문제가 발생하지 않는다. 하지만, 어떤 사건과 연관된 '특정 사례'가 인출될 가능성이 현저하게 낮거나 높다면, 이를 기준으로 한 추론에는 오류가 발생할 수 있다. 미국에서 상어의 공격을 받아 죽을 확률은 하늘을 나는 비행기에서 떨어져 나온 부속에 맞아 죽을 확률보다 훨씬 더 낮다. 그러나 사람들은 대부분 상어의 공격을 받아 죽을 확률이 더 높다고 생각하는데, 이는 사람들이 둘 중 더 생생하게 떠오르는 사례를 기준으로 결과를 추론했기 때문이다. 상어의 공격을 받는 장면은 비행기 부속에 맞는 장면보다 훨씬 더 친숙하게 느껴진다. 이는 우리가 뉴스나 영화 등의 미디어에서 생생하게 묘사된 '상어의 공격'을 종종 관찰한 반면, '비행기 부속으로 인한 사고'에 대한 묘사는 거의 접한 적이 없기 때문이다. 이렇듯 사람들은 자신의 기억에서 더 높은 가용성을 가진 사건을 친숙하게 인식하고, 이를 토대로 편향된 판단을 한다.

가용성에 따른 인출 편향은 점화효과의 **현저성** 개념과도 연관된다. 현저성에 따른 판단으로 사람들은 최근에 떠올린 적이 있는 생각이나 자주 활성화되었던 생각을 보다 더 쉽게 연상하고 이를 통해 사회적 사건을 해석한다. 예를 들어, 신문에서 도난사건에 대한 기사를 읽은 사람보다 집에서 직접 도둑을 맞닥뜨린 경험이 있는 사람은 경범죄자에 대해 더 높은 수준의 처벌을 주장하게 된다. 이는 실제 도둑을 맞닥뜨린 사람은 그렇지 않은 사람보다 도둑과 관련한 생각을 더 많이 할 뿐 아니라, 도둑에 대한 적절한 처벌 정도 역시 자신의 생생한 경험과 감정을 토대로 판단하기 때문이다.

탐색 편향
탐색 편향은 특정 환경에서 어떤 사건이 일어날 빈도를 왜곡해서 추정하게 될 만한 상황에서 발생한다. 만약 '어떤 사안에 대한 촛불집회에 참여할 가능성'에 대한 추론 과정이 이와 관련한 시위 현장이나 기자회견장 등에서 일어난다면, 일상생활 중이나 휴가지에서 추정할 때보다 사람들의 시위 참여 가능성을 더 높게 평가할 것이다. 이렇듯 특정 가능성을 탐색하는 상황에 따라 인식되는 가용 숫자가 달라질 가능성이 있으며, 결과적으로 특정 사안이 일어날 가능성을 심하게 왜곡하여 인식하는 잘못된 판단으로 이어진다.

(3) 태도 휴리스틱

프랫카니스와 그린월드(Pratkanis & Greenwald)는 사람들이 어떤 사안에 대한 결정을 내리고 문제를 해결하기 위하여 태도 휴리스틱을 사용한다고 주장하였다. 여기서 태도는 어떤 사물이나 사안을 좋아하는 부류(선호하고, 접근하고, 칭찬하고, 아끼고, 보호하려는)와 싫어하는 부류(꺼리고, 회피하고, 비난하고, 소홀히 하고, 해를 가하려는)로 나누는 근거를 의미한다. 앞서 사회적 판단이론(Hovland & Sherif 1952)에서 확인했듯이, 사람들은 사회를 인식하는 데 자신의 태도를 기준으로 삼는다. 또한 극단적인 태도를 가진 사람일수록 자신의 판단에 더 큰 확신을 가지려 노력하는 경향이 있다.

프랫카니스와 그린월드는 대학생들에게 로널드 레이건 미국 전 대통령에 대한 두 개의 진술문을 나눠 주고 둘 중 어떤 것이 참이라고 생각하는지 물었다. 첫 번째 진술문은 '로널드 레이건은 유레카대학교에서 평균 A학점을 유지했다'였고, 두 번째 진술문은 '로널드 레이건은 유레카대학교에서 C학점 이상을 받아 본 적이 없다'였다. 조사 결과, 레이건 대통령에 대해 긍정적 태도를 갖던 학생들은 첫 번째 진술문이 참일 것이라고 대답했고, 레이건 대통령에 대해 부정적 태도였던 학생들은 두 번째 진술문이 참일 것이라고 대답했다. 이때, 레이건 대통령에 대한 태도가 극단적일수록 학생들은 자신의 선택에 더 큰 확신을 보였다. 즉, 레이건 대통령을 더 강하게 지지하거나 더 강하게 반대하는 사람일수록 레이건 대통령의 과거 학점에 대한 자신의 선택에 대해 더 큰 확신을 보였다. 이러한 결과는 판단에 사람들의 기존 태도가 휴리스틱 요인으로 작용하고 있음을 보여 준다. 태도 휴리스틱에 따른 대표적인 판단 오류로 후광효과와 치장효과를 들 수 있다.

후광효과

후광효과(halo effect)는 어떤 사람에 대한 호의적이거나 비호의적인 인상이 그 사람에 대한 전반적인 평가나 기대에 영향을 주게 된다는 것이다. 사람들은 자신이 좋아하지 않는 사람을 성격이 나쁘고, 이기적이며, 기회주의적인 사람이라고 단정 짓고, 그의 업적에 대해 쉽게 평가절하 하는 경향이 있다. 또 경우에 따라서는 자신이 호감을 가지고 있는 사람의 성격이나 업적을 과하게 긍정적으로 해석하기도 한다. 긍정적, 부정적 후광효과 모두 잘못된 판단 오류를 유발할 수 있다. 스테인과 네메로프(Stein & Nemeroff)는 대학생들을 대상으로 간단한 실험을 수행했다. 대학생들에게 몇몇 여성들이 평소에 먹는 음식의 종류를 구체적으로 알려 주고 이들의 성격에 대해 평가하게 했다. 그러자 대학생들은 평소에 건강식품을 먹는 여성에 대해 그렇지 않은 여성들보다 더 긍정적으로 평가했다. 그들은 건강식품을 즐겨 먹는 여성들은 그렇지 않은 여성들보다 더 매력적이며 좋아할 만한 대상이라고 응답했다. 이는 여성들이 먹는 음식의 종류가 긍정적/부정적 후광효과를 발생시킨 결과이다. 여성들이 먹는 음식과 여성들의 성격에는 실제로 큰 연관성이 없지만, 건강식품에 대한 긍정적 편견이 이것을 먹는 사람에 대한 평가로 옮겨짐으로써 긍정적 후광효과가 일어난 것이다.

치장효과

치장효과(*artifacts effect*)는 어떤 사람의 외형이나 소유물의 특성 등이 그 사람에 대한 인상 형성에 영향을 주는 것을 말한다. 사람들은 타인을 평가할 때 그 사람의 외형적 요인들이 그의 공신력이나 사회적 지위를 설명한다고 믿는 경향이 있다. 이는 사회적이고 물질적인 재화가 우리 자신의 확장된 형태로 인식되기 때문인데, 이러한 휴리스틱을 통한 판단은 오류를 유발할 수 있다.

로렌스와 왓슨(Lawrence & Watson 1991)은 기부금 모금원의 복장에 따라 모금액이 달라지는지를 실험했다. 실험에 참여한 사람들은 각각 경찰복, 간호복, 평상복을 착용하고 일정 기간 기부금을 모았다. 그 결과, 경찰복과 간호복을 착용한 사람은 평상복을 착용한 사람보다 훨씬 더 많은 기부금을 모았다. 이러한 실험결과는 사람들이 제복을 입은 사람에게 보다 더 순응하는 경향이 있음을 보여 준다. 즉, 사람들은 경찰복이나 간호복을 단순히 옷이 아닌 옷을 입은 사람의 공신력과 사회적 지위라고 인지하고 이들의 말에 더 순순히 따른 것이다.

(4) 시뮬레이션 휴리스틱

사람들은 문제에 직면했을 때, 선택에 따라 일이 어떻게 진행될지를 예측하기 위한 가상 시나리오를 구축하고자 한다. 이러한 시도는 선택에 대한 결말을 미리 평가해 봄으로써 판단에 대한 손실을 최소화하기 위한 것인데, 이는 예측이나 인과 관계 파악과 관련한 광범위한 분야에서 사용된다. 사건이 어떻게 진행될 것인가를 미리 상상하는 것은 사람들로 하여금 미래에 대한 예측과 대비를 할 수 있게 해 준다.

예를 들어, 누군가 아버지 차를 몰래 타다가 교통사고를 냈다고 생각해 보자. 교통사고로 인해 아버지가 아끼던 차가 심하게 망가졌다면, 이 사람은 시뮬레이션을 통해 다음 행동을 결정할 수 있다. 이를테면, 아버지는 내가 다치지 않았으니 괜찮다고 말할 것(시나리오 1)이라고 예상해 볼 수 있다. 또는 아버지가 불같이 화를 내며 나를 집에서 내쫓아버리거나(시나리오 2), 나에게 직접 돈을 벌어 차 수리비를 내라고 요구할 것(시나리오 3)이라고 예상해 볼 수도 있다. 이 사람은 자신이 가정할 수 있는 여러 시나리오 중 아버지의 평소 성격과 가장 잘 부합하는 시나리오를 선택하고, 이를 기준으로 미래를 예측하고 문제에 대비하려고 시도하게 된다.

만약 시나리오를 통한 미래 예측 과정이 지나치게 소망적이거나 공상적이면 실제 상황과의 간극이 크게 벌어지고, 이는 문제를 야기하게 된다(Oettingen & Mayer 2002). 따라서 시뮬레이션 휴리스틱은 미래에 대한 소망이나 공상에 빠지기 쉽지 않은 주제에 한하여, 향후 목표 도달에 필요한 과정상의 문제를 명백하게 밝히고자 할 때에만 한정적으로 사용할 필요가 있다(Oettingen et al. 2001).

(5) 기준점과 조정 휴리스틱

기준점과 조정 휴리스틱은 특정 숫자나 값을 기준으로 상황 인식에 대한 일련의 조정 과정을 거쳐 최종 판단에 이르게 되는 추론 방식을 의미한다. 사람들은 사회규범, 법칙, 관습 등과 같은 사회적 실재를 이해하기 위한 기준으로 자기개념, 자기 스키마 등과 같은 자기중심적 특성을 준거점으로 활용한다. 심리학자들은 사회를 보는 방식을 일방적으로 결정해 버리는 자기(self)를 일컬어 '독재정권'이라고 부르며, 개인을 통제하는 강력한 힘이라고 설명하기도 한다(최인철 2007). 이와 같은 자기중심적 기제는 사회현상을 이해할 때뿐 아니라 별도의 심사숙고 없이 타인에 대한 인상을 형성할 때도 동일하게 적용되기 때문에, 휴리스틱을 통한 광범위한 영역의 판단 과정에서 때로 위험요소로 작동하게 된다(Fiske & Taylor 2013).

닻내림 효과

배가 어느 지점에 닻을 내리면 물결에 따라 선체가 흔들린다 하더라도 결국 그 부근을 맴돌게 된다. 닻내림 효과(anchoring effect)는 이처럼 특정한 숫자나 정보가 제시되면 어떤 것에 대한 최종 판단이 그 숫자에서 크게 벗어나지 않는 현상을 말한다. 사실 아무 의미 없는 숫자나 정보가 제공된다고 해도 닻내림 효과는 변함없이 나타나는데, 이는 합리적 추론이나 판단 과정과는 거리가 멀다. 카네만과 트버스키는 사람들에게 0에서 100에 이르는 숫자 중 하나를 제비뽑기로 뽑아 확인하게 하였다. 그 후, 유엔 가입국 중 아프리카 국가가 차지하는 비율이 몇 퍼센트인지 짐작하게 하였다. 그 결과, 숫자 10을 뽑은 사람은 유엔 가입국 중 아프리카 국가가 차지하는 비율이 평균 25퍼센트에 이를 것이라고 짐작한 반면, 숫자 65를 뽑은 사람은 이 비율이 평균 45퍼센트에 이를 것이라고 짐작하였다. 이러한 연구결과는 설령 문제의 본질과 아무런 관련이 없는 숫자라 하더라도, 추론 과정에서는 이 숫자가 중요한 판단기준이 될 수 있음을 보여 준다.

소유효과

어떤 물건을 소유한 사람은 그렇지 않은 사람에 비해 물건의 가치를 더 높게 평가하는 경향이 있다. 사실 어떤 물건의 가치는 소유 여부와 상관없이 항상 동일하다. 하지만 사람들은 자신이 소유한 물건을 포기하기 싫어하는 손실기피적 태도를 가지기 때문에, 이로부터 소유효과가 발생하게 된다. 소유효과에 대한 대표적인 연구로 테일러(Tailor)의 연구가 있다. 테일러는 학생들에게 학교 로고가 새겨진 머그컵의 가치를 측정해 달라고 요구했다. 구체적으로 한 집단의 학생들에게는 값을 매겨야 하는 머그컵을 하나씩 나누어 주며 판매 가격을 측정해 달라고 요구하였고, 다른 집단의 학생들에게는 머그컵에 대한 희망 구매 가격을 측정해 달라고 요구하였다. 그 결과, 머그컵을 이미 소유한 학생들은 이를 평균 5.25달러에 팔겠다고 대답한 반면, 컵을 소유하지 못한 학생들은 이를 평균 2.75달러에 구매하겠다고 응답하였다. 학생들이 동일한 컵에 대해 서로 다른 가치를 매긴 것을 소유효과로 설명할 수 있다. 즉, 머그컵을 이미 소유한 학생들은 심리적 기저에 손실기피적 태도가 형성되어, 이를 해소할 수 있을 만한 수준의 상대적으로 더 높은 가격을 책정하게 되는 것이다.

허위합의 효과

허위합의 효과(*false consensus effect*)[2]는 자신의 의견이나 선호, 신념, 행동, 판단 등이 실제보다 더 보편적이라고 착각하고, 실제보다 더 많은 사람들이 자기 의견에 동의하리라고 오해하는 것을 말한다(Ross 1977). 사람들은 자기 자신을 긍정적으로 평가하고자 하는 기본적 욕구를 가진다. 따라서 사람들은 자신이 있는 그대로의 세상을 보고 있으며, 자신의 주관적 경험과 객관적 현실 사이에 어떤 왜곡도 없다고 믿는다. 심리학에서는 이러한 경향을 '소박한 실재론'이라고 부르는데(최인철 2007), 이는 허위합의의 원인이 된다. 로스(Ross 1977)는 스탠퍼드대학교 학생들에게 '회개하라' 문구가 적힌 피켓을 들고 캠퍼스를 돌면서 다른 학생들의 반응을 관찰하는 실험 과제를 수행할 수 있겠느냐고 물었다. 이후, 참가에 동의한 학생들과 동의하지 않은 학생들에게 각각 본교 학생 중 몇 퍼센트가 실험에 참가할지 추정하게

---

2 허위합의 효과는 관련 문헌에 따라 '허위합의 효과', '거울 일치효과', '합의착각', '의사합의' 등의 다양한 용어로 해석된다. 이 책에서는 이 효과의 주원인이 심리학적 측면에서의 개인의 인지적 프레임에 있다고 보고 최인철의 《프레임, 나를 바꾸는 심리학의 지혜》(2007)에 표기된 방식인 '허위합의 효과'로 통일하여 표기하였음을 미리 밝힌다.

하였다. 그 결과, 실험에 동의한 학생들은 전체 학생의 64퍼센트가 실험에 응할 것이라고 예측한 반면, 실험에 동의하지 않은 학생들은 전체 학생의 23퍼센트만이 실험에 응할 것이라고 예측했다. 이러한 결과는 대부분의 사람이 자신을 보편적 존재로 믿고, 자신의 의견에 많은 사람들이 동의할 것이라고 생각하고 있다는 점을 보여 준다.

사후판단 편향

사후판단 편향(hindsight bias)은 어떤 상황을 판단하는 기준을 항상 현재에 둠으로써 일어나는 추론 오류이다. 실제 사건이 발생하기 이전에 그 사건의 발생 가능성을 명확하게 예측하지 못했음에도 불구하고 사건 발생 후 마치 그것을 사전에 예견했다고 생각하게 되는 것이 대표적인 사후판단 편향의 추론 오류이다. 어떤 사건이 발생하면 그 일에 대한 인상이 강하게 기억에 남게 된다. 이때 상황에 대한 판단의 기준을 지금에 두면, 내가 마치 사전에 그 결과에 대해 예측했던 것 같은 착각을 하게 된다. 사람들이 어떤 일의 결과에 대해 '내가 그렇게 될 줄 알았어'라고 생각하거나 '만약 ~다면 그 결과는 달라졌을 거야'라고 판단하는 것이 바로 이러한 사후판단 편향에서 발생하는 휴리스틱의 오류에 해당한다.

4) 휴리스틱의 의의

행동경제학 이론은 사람들이 자신의 이익을 합리적으로 추구하는 존재라는 전통적 경제이론의 기본 가정이 비현실적이라는 것을 밝혀냈다는 점에서 중요한 공헌을 했다. 특히 행동경제학의 토대가 된 휴리스틱에 관한 연구는 사람들이 어떤 판단을 하는 데 완벽하게 합리적인 존재가 아닐 뿐 아니라, 언제나 물질적인 목적 추구를 위하여 이기적으로 행동하는 존재가 아님 또한 증명했다는 점에서 큰 의의를 지닌다.

사람들이 사회를 인식하거나 특정 문제에 대한 선택을 해야 하는 경우에 정보처리의 인지적 지름길로 휴리스틱을 적극적으로 사용한다는 사실은 이미 자명하다. 휴리스틱이 사람들의 삶에 긍정적 역할을 수행하는지 아니면 부정적 역할을 수행하는지에 대한 논쟁은 혼재해 있다. 휴리스틱이 사람들의 삶에 긍정적 영향을 미친다고 주장하는 연구자들은 이것이 지적 능력이나 정보의 부족을 메워 주는 효율적인 수단이 된다는 점을 강조한다. 반면, 부정적으로 바라보는 연구자들은 휴리스틱이 인식의 편향을 가져온다는 점에서 우려의 시선을 보낸다. 이들은 휴리스틱을 통한 사회인지가 세상을 객관적으로 바라보고 문제를 합리적으로 해결하는 데 방해가 된다고 주장한다. 어떤 사안에 대한 의사결정이나 불확실한 상황에서, 휴리스틱을 통한 정보처리는 정보의 과부하 시대에 제한되어 있는 인간의 인지적 능력을 보완함으로써 매우 경제적이고 보편적인 정보처리를 가능하게 한다는 점에서 매우 효율적인 방법이 될 수 있다. 하지만 많은 연구자의 우려와 같이 휴리스틱을 통한 추론은 문제처리 과정을 지나치게 단순화함으로써 편향된 사고, 오류, 잘못된 정보처리 결과 등이 발생할 가능성을 높인다는 위험성을 동시에 지닌다.

사람들이 일상생활의 많은 상황에서 비공식적 판단방법인 휴리스틱에 의지한다는 것은 사람들의 의사결정 상황에서 발생할 수 있는 인식 과정의 취약성을 드러내는 계기가 되었으며 결과적으로 관련한 많은 연구를 촉발했다. 물론 사람들이 휴리스틱을 사용한다고 해서 항상 왜곡되거나 편향된 결정을 하는 것은 아니다. 하지만 이러한 잘못된 판단에 대한 위험성이 있음을 항상 인지하고, 이러한 한계 극복을 위한 목적으로 휴리스틱에 대한 다면적인 연구가 진행될 필요가 있다.

4. 정교화 가능성 모델

정교화 가능성 모델(Petty & Wegener 1999)은 사회인지의 이중처리 모드를 토대로 설득 메시지의 영향력에 대해 연구한 가장 대표적인 이론 중 하나이다. 정교화 가능성 모델은 외부에서 제공된 정보를 처리하는 두 가지 인지처리 방식을 가정한다. 구체적으로, 정교화 가능성 모델은 태도를 행동과 연계시키는 과정이 자동적이고 즉각적으로 일어나거나 의도적이고 통제적으로 일어난다고 주장한다. 정교화 가능성 모델에서 특정 정보가 자동적이고 즉각적으로 처리되는 과정은 주변경로를 통한 처리라고 하며, 정보가 의도적이고 통제적으로 처리되는 과정은 중심경로를 통한 처리라고 한다.

1) 정교화 가능성 모델의 기본개념

(1) 정교화 가능성

설득이라는 자극에 대한 활발한 인지반응으로 합리적이고 이성적인 판단과 평가가 이뤄지는 것을 '정교화'라고 한다. 즉, 정교화 가능성이란 설득 메시지 내용을 인지적으로 숙고(熟考)하는 정도를 의미한다.

(2) 중심경로와 주변경로

정교화 가능성 모델을 이해하려면 우선 중심경로와 주변경로의 개념을 알아야 한다. 정교화 가능성에서 말하는 중심경로와 주변경로는 인간이 설득 자극을 처리하는 정보 흐름의 서로 다른 두 경로를 지칭하는 것이다. 정교화 가능성의 두 가지 경로에 대한 개념은 앞서 설명한 사회인지 과정에 작용하는 통제처리 모드와 자동처리 모드의 개념과 일맥상통한다. 페티와 카치오포(Petty & Cacioppo 1981)는 사회인

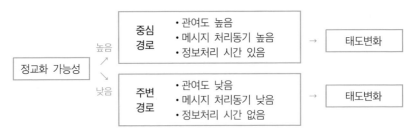

5-1 정교화 가능성 모델

| | | 중심 경로 | • 관여도 높음
• 메시지 처리동기 높음
• 정보처리 시간 있음 | → | 태도변화 |

정교화 가능성 → 높음 / 낮음

중심 경로: • 관여도 높음 • 메시지 처리동기 높음 • 정보처리 시간 있음 → 태도변화

주변 경로: • 관여도 낮음 • 메시지 처리동기 낮음 • 정보처리 시간 없음 → 태도변화

지 과정의 두 가지 처리모드를 바탕으로 인간의 사고체계에 중심경로와 주변경로가 있다고 가정하고, 인지된 설득 메시지의 질이나 자아관여도 또는 설득의 정보원에 따라 메시지가 어느 한 경로로 이끌려 처리되게 된다고 주장했다.

중심경로를 거치는 태도변화는 메시지 수용자가 특정한 설득적 메시지 내용에 주의를 기울이게 되면서, 이를 능동적이고 논리적으로 이해하고 평가하는 과정을 의미한다. 주변경로를 통할 때보다 더 많은 인지적 노력을 필요로 하지만, 중심경로를 통해 태도가 바뀌면 태도변화의 폭도 클 뿐만 아니라 바뀐 태도가 지속되는 시간도 길어진다. 중심경로를 통한 정보처리는 필연적으로 설득에 대한 인지반응으로 이어진다. 만약 수용자가 메시지의 주장이 적절하고 타당하다고 생각하면 그 메시지에 대해 호의적 태도를 형성한다. 그러나 메시지가 논리적이지 않거나 타당하지 않다고 판단하면 태도변화는 일어나지 않는다.

반면, **주변경로를 거치는 태도변화**는 메시지 수용자가 설득적 메시지의 주장 자체를 심사숙고하기보다 주변단서의 영향으로 태도를 형성하거나 바꾸는 경우를 가리킨다. 이때 주변단서는 설득적 메시지가 노출되는 순간에 메시지 수용자의 태도변화에 영향을 주는 여러 가지 상황적 요소들이다. 즉, 주변경로를 거친 태도변화는 메시지에 대한 숙고가 전혀 없는 상황에서 오직 주변단서에 의해서만 태도가 바뀌는 것이다. 사람들은 설득적 메시지를 제공하는 정보원의 전문성이나 호감도 또는 이슈에 대한 주변 분위기 등을 토대로 태도를 결정하기도 한다. 이러한 경우, 정보원의 전문성이나 호감도 그리고 주변 분위기 등을 결정에 영향을 미친 주변단서라고 볼 수 있다.

(3) 메시지의 객관적 처리와 편향적 처리

중심경로를 통한 메시지 처리 방법은 다시 객관적 처리와 편향적 처리로 나뉜다. 둘 중 어느 방식으로 메시지를 처리할 것인가는 수용자가 메시지의 질에 영향을 받는 정도에 따라 달라진다. 여기서 메시지의 질은 수용자가 자신이 제공받은 설득적 메시지가 얼마나 설득력 있는가 혹은 얼마나 논리적인가를 판단한 정도를 말한다. 일반적으로 설득적 메시지를 이루는 주장이 강하고 설득력 있을 때 메시지의 질이 높다고 판단되며, 설득적 메시지의 주장들이 빈약하고 설득력이 없을 때 메시지의 질은 낮다고 판단된다.

객관적 처리는 메시지를 처리하는 과정에 메시지의 질만이 영향을 미치는 경우를 말한다. 메시지를 구성하는 주장이 논리적이라면, 즉 메시지의 질이 높으면 수용자는 메시지의 입장대로 태도를 바꾸게 된다. 한편, **편향적 처리**는 특정한 설득적 메시지를 중심경로로 처리하기는 하지만 어떤 편향에 따라 처리하는 것이다. 메시지 수용자가 특정 편향에 기대어 메시지를 처리하는 경우 메시지의 질에 따라 태도가 바뀌게 될 가능성은 상대적으로 작아진다. 사람들이 주제에 대해 높은 수준의 사전지식을 갖고 있거나 선입관을 가지고 있을 때는 특정 편향적 관점을 통해 메시지가 처리될 가능성이 높아진다.

편향적 처리는 다시 부정적 편향과 긍정적 편향에 따른 메시지 처리로 세분할 수 있다. **부정적 편향**에 따른 메시지 처리는 사람들이 질 높은 메시지에 노출되더라도 설득 대상에 대한 태도를 부정적으로 유지하는 경우(긍정적으로 바꾸지 않는 경우)를 말한다. 부정적 편향에 의거해 메시지를 처리하는 사람들이 질 낮은 메시지에 노출될 경우, 이들에게는 오히려 기존 태도를 더욱 확고히 하는 부메랑 효과가 나타날 수도 있다. 한편 **긍정적 편향**에 따른 메시지 처리는 사람들이 질 낮은 메시지에 노출되더라도 설득 대상에 대한 태도를 긍정적으로 유지하는 경우(부정적으로 바꾸지 않는 경우)를 말한다. 사람들이 설득 대상에 대해 이미 긍정적 태도를 가진 경우에는 설득 대상과 관련한 질 낮은 메시지도 기존의 긍정적 태도를 강화시키는 요인으로 작용할 수 있다. 때때로 사람들은 메시지 정보원이 자신이 좋아하는 사람이거나 혹은 설득 메시지를 지지하는 사람들 대부분이 자신과 같은 집단에 속한 사람들이기 때문에 설득 메시지에 동조하고 지지하는 모습을 보이기도 한다. 이러한 경우는 설득 메시지의 질과 무관하게 특정한 편향에 따라 메시지가 처리되는 대표적인 예라고 볼 수 있다.

구체적으로 예를 들어 처리 방식의 차이를 살펴보자. 만약 어떤 사람이 특정 이슈에 대한 긍정적 관점의 질 높은 메시지를 제공받았다고 생각해 보자. 이 사람이 자신이 제공받은 메시지를 객관적 메시지 처리 방식으로 수용한다면, 설령 특정 이슈에 대해 부정적 인식이었더라도 질 높은 메시지를 토대로 특정 이슈에 대한 자신의 태도를 긍정적으로 변화시킬 가능성이 크다. 반면, 이 사람이 자신이 제공받은 메시지를 부정적 편향 방식으로 처리한다면, 특정 이슈에 대한 긍정적 관점의 질 높은 메시지를 받았다 하더라도 자신의 태도를 긍정적으로 변화시킬 가능성은 매우 낮다. 더 나아가, 만약 이 사람에게 특정 이슈에 대한 긍정적 관점의 질 낮은 메시지가 제공된다면, 이를 토대로 자신의 태도를 더욱 부정적으로 변화시키는 부메랑 효과가 일어날 가능성이 크다.

그렇다면 만약, 이 사람이 특정 이슈에 대한 긍정적 편향을 갖고 있다면 어떨까? 특정 이슈에 대한 긍정적 편향을 지닌 사람은 긍정적 관점의 질 높은 메시지를 토대로 자신의 태도를 더욱 강화시킬 것이다. 그러나 설령 이 사람이 제공받은 메시지의 질이 굉장히 낮다 하더라도 (긍정적 태도형성에 대한 근거가 약하다 할지라도), 특정 이슈에 대한 긍정적 방향의 태도가 강화되는 양상에는 변함이 없을 것이다.

이렇게 보면 편향적 메시지 처리는 주변경로를 거친 태도변화와 유사해 보일 수 있다. 하지만, 이 두 가지 처리 사이에는 큰 차이가 있

5-2 정교화 가능성 모델에 따른 태도변화 과정

설득 커뮤니케이션

일시적 태도 이동

커뮤니케이션을 할 의사가 있는가? → 아니오

논점에 대해 사고할 수 있고 동기화할 수 있는가? → 아니오

설득단서가 있는가? → 예

커뮤니케이션을 할 능력이 있는가? → 아니오

예

아니오

원래 태도

메시지 내 주장의 본질은 무엇인가?		
주관적으로 강함(긍정적 사고 반복)	주관적으로 약함(부정적 사고 반복)	주관적으로 모호함

주장의 본질은 무엇인가?		
반태도적 (부정적 사고 반복)	친태도적 (긍정적 사고 반복)	중립

부메랑 효과 (지속적)

설득 (지속적)

출처: Petty & Cacioppo 1981 재구성.

다. 주변경로를 거친 태도변화는 메시지에 대한 심사숙고 과정이 없기 때문에 메시지의 질이 사람들에게 전혀 영향을 미치지 않는다. 따라서 사람들은 어떤 설득 메시지에 노출되고 난 다음에도 메시지 내용을 알지 못한다. 하지만 편향에 따른 메시지 처리는 사람들이 메시지 자체는 이성적으로 처리하면서도 해당 주제에 대한 사전지식이나 선입관으로 인해 설득당하지 않는 경우를 말하는 것이다. 따라서 편향에 따른 처리를 한 사람들은 주변경로를 거쳐서 태도를 바꾼 사람들과 달리, 제공받은 설득 메시지의 내용을 충분히 이해하고 있다.

2) 정교화 가능성에 영향을 미치는 요인

그렇다면 어떤 상황에서 정교화 가능성이 높으며 어떤 상황에서 정교화의 가능성이 낮은 것일까? 페티와 카치오포는 동기와 능력이라는 두 가지 요소가 정교화 정도에 영향을 준다고 주장한다. 이들에 따르면, 사람들이 메시지 처리 과정에 인지적인 노력을 기울이려면 우선 메시지 처리에 대한 그럴 만한 동기가 있어야 한다. 그러나 중심경로를 이용해 메시지를 처리하고자 하는 동기가 아무리 높다 해도 메시지를 처리할 능력이 없다면 중심경로를 이용할 수 없다고 주장한다. 결과적으로 정교화 가능성 모델에서는 메시지에 대한 심사숙고가 이뤄지기 위해서는 동기와 능력이라는 두 가지 요소가 필수적으로 갖춰져야 하며, 이 중 하나라도 없다면 중심경로를 이용한 메시지 처리는 일어날 수 없다고 가정한다.

(1) 동 기
정교화 가능성 모델에서 동기는 중심경로를 거친 태도변화가 일어나는 하나의 조건이다. 동기에 관한 연구는 개인적 연관성, 업무의 중요성 그리고 인지욕구로 나뉜다.

개인적 연관성

개인적 연관성은 어떤 주제와 사람들이 개인적으로 관련을 맺는 정도이다. 사람들이 설득적 메시지의 주제와 연관이 있다고 느끼면 해당 메시지를 중심경로를 이용해서 처리할 가능성이 더 높다. 페티와 카치오포(Petty & Cacioppo 1979)는 대학생들을 두 집단으로 나눈 뒤, 한 집단의 대학생들에게는 내년부터 졸업시험이 실시될 것이라는 정보와 함께 졸업시험의 필요성에 대한 설득적 메시지를 읽도록 했다(개인적 연관성이 높은 집단). 한편, 다른 집단의 대학생들에게는 10년 뒤부터 졸업시험이 실시될 것이라는 정보와 함께 졸업시험의 필요성에 대한 설득적 메시지를 읽도록 했다(개인적 연관성이 낮은 집단). 실험 결과, 개인적 연관성이 높은 집단의 피험자들은 질 높은 메시지(강한 주장)에 의해 태도를 바꾸었으며, 질 낮은 메시지(약한 주장)에 대해서는 태도를 바꾸지 않는 것으로 나타났다. 이는 개인적 연관성이 높은 주제에 대해서는 피험자들이 설득적 메시지를 인지적으로 주의 깊게 처리하도록 동기화된다는 점을 보여 준다.

업무의 중요성

사람들이 메시지 내용을 인지적으로 처리하는 것을 중요하다고 느끼는 정도를 '업무의 중요성'이라고 한다. 마헤스와란과 차이켄(Maheswaran & Chaiken 1991)은 업무의 중요성이 동기적 요소로 작용할 수 있는지에 대해서 실험했다. 연구자들은 피험자들을 두 집단으로 나눈 다음, 어떤 제품의 효능이 높다고 주장하는 메시지를 제공하였다. 이 과정에서 한 집단의 피험자들에게는 그들이 특별히 선정된 집단으로 자신들의 평가가 해당 제품의 전국적 마케팅에 활용될 것이라고 알려 주었다

(업무의 중요성이 높은 집단). 반면, 다른 집단의 피험자들에게는 이들 평가가 다른 여러 집단에서 하는 평가와 합산되어 특정 지역의 마케팅에 활용될 것이라고 말했다(업무의 중요성이 낮은 집단). 실험 결과, 업무의 중요성이 높은 피험자들이 그렇지 않은 피험자들보다 제품에 대한 메시지를 인지적으로 더 주의 깊게 처리한 것으로 나타났다.

인지욕구

동기에 영향을 주는 마지막 요인인 인지욕구는 수용자가 메시지를 인지적으로 처리하려는 경향이나 인지적 처리를 즐기는 정도를 말한다. 인지욕구는 개인마다 차이가 있다. 어떤 사람에게는 인지적 노력을 즐기는 성향이 있는 반면 어떤 사람들은 그렇지 않다. 인지욕구가 큰 사람들은 인지욕구가 작은 사람들에 비해 주어진 이슈에 대해 그와 관련한 생각을 더 많이 하며, 상대적으로 메시지의 질에 더 많은 영향을 받는다. 이와 같이 인지욕구는 사람들로 하여금 중심경로를 이용해 메시지를 처리하도록 유도한다(Petty & Cacioppo 1981). 즉, 메시지를 인지적으로 처리하려는 경향이 강한 사람들은 그렇지 않은 사람들보다 메시지 내용에 더 주의를 기울이고 이성적으로 처리하며, 질 높은 메시지를 토대로 태도를 바꾸는 데 주저함이 없다.

(2) 능 력

정교화 가능성 모델에서는 동기 외에도 수용자의 능력이 중심경로를 통한 메시지 처리가 일어나는 데 필수적 조건임을 강조한다. 메시지 수용자가 설득적 메시지를 중심경로를 이용해 처리하려는 동기가 아무리 높다 해도 해당 메시지를 처리할 수 있는 능력이 없다면 중심경로를 이용한 메시지 처리는 일어날 수 없기 때문이다. 수용자의 메시지 처리 능력이 뛰어날수록 메시지에 대한 인지적 처리가 일어날 가능성이 크다. 능력에 관한 연구는 설득적 상황에서의 분산과 사전지식을 위주로 이뤄져 왔다.

분 산

분산은 주의 대상에 주목하지 못하는 상황을 의미한다. 메시지 처리 과정에서 분산 요인의 영향력을 살펴본 다양한 연구가 진행되었다. 관련 연구들은 매우 간단한 결과를 제시하는데, 이는 사람들이 설득적 메시지를 중심경로를 이용해서 처리하도록 동기화됐다 하더라도 이들을 혼란시키거나 교란하는 잡음 등의 존재가 메시지의 인지적 처리를 방해한다는 것이다(Petty & Brock 1981; Buller 1986). 페티와 브록(Petty & Brock 1976)은 분산 요인이 증가할 경우 반태도적 주장이 약하게 담긴 메시지의 효과는 커지는 반면 반태도적 주장이 강하게 담긴 메시지의 효과는 감소함을 연구로 증명하였다. 즉, 분산 요인이 증가할수록 자신의 태도와 반대되는 약한 주장에 쉽게 설득당하는 반면, 강한 주장에 대해서는 태도변화 가능성이 약해지게 된다. 이러한 연구 결과는 분산 요인이 많은 상황에서는 주변경로를 이용한 메시지 처리가 상대적으로 더 쉽게 일어나며, 중심경로를 이용한 메시지 처리는 쉽게 일어나지 않음을 보여 준다.

사전지식

설득 메시지의 주제에 대한 사전지식은 수용자의 능력에 영향을 미치는 두 번째 요인이다. 즉, 사람들이 설득 메시지에 대해 갖고 있는 사전지식이 풍부하고 방대할수록 중심경로를 통한 메시지의 인지적 처리가 일어날 가능성이 더 높다. 실증적 연구는 이러한 정교화 가능성의 명제를 뒷받침하는 실험결과들을 제시했다(Wood 1982). 관련 연구들에 따르면, 사전지식으로 인한 정교화 가능성은 태도변화 정도에 영향을 미친다고 한다. 사전지식이 많은 수용자는 자신의 태도와 반대되는 주장에 대한 반론을 더 많이 가지고 있기 때문에 사전지식이 적은 사람들에 비해 새로운 메시지에 의해 설득당할 가능성이 낮다. 그러나 한편으로 풍부한 사전지식은 메시지 주장의 강도 변화에 더 큰 영향을 받는다. 사전지식이 많은 수용자에게 논리적으로 타당한 반태도적 주장을 강하게 제기하면, 사전지식이 적은 사람에게보다 더 큰 영향을 끼칠 수 있다.

3) 정교화 가능성 모델의 설득

(1) 연속체로서의 정교화 가능성 모델

정교화 '가능성'이라는 용어가 암시하듯이 정교화 가능성 모델은 연속체적 성격을 갖는다. 어떤 경우에 우리는 특정 이슈에 대한 메시지를 이해하려고 큰 노력을 기울이지만, 어떤 경우에는 주어진 메시지에 대한 인지적 노력을 거의 하지 않기도 한다. 또한 경우에 따라서는 이러한 두 극단 사이의 어느 지점에 애매하게 위치할 때도 많다. 앞서 살펴보았듯이 중심경로와 주변경로를 이용한 인지는 연속체의 양극단에 해당한다. 우리는 이 둘을 구별함으로써 메시지 처리의 두 가지 방법에 대해 보다 쉽게 이해할 수 있다.

정교화 가능성 모델은 정교화의 정도에 따라 설득의 특성이 달라진다고 주장한다. 따라서 정교화 가능성 모델의 설득은 매우 복잡한 과정이다. 우선, 정교화의 방향과 주변단서는 서로 상충하는 상쇄관계에 있다. 정교화 정도가 증가하면 주변단서의 영향력은 줄어들고 수용자가 발휘하는 이슈 관련 사고의 영향력이 증가한다. 예를 들어, 주장의 강도를 점차 증가시켰을 때 정보원의 전문성 변인이 주변단서로서 하던 역할은 점점 줄어든다. 다시 말해, 정교화 가능성이 높아지면 설득의 효과는 정교화 방향에 의존하게 되고, 동시에 주변단서에는 덜 의존하게 된다. 반면에 정교화 가능성이 낮아지면 주변단서의 효과는 커지지만 정교화 방향의 영향력은 작아진다. 따라서 정교화 연속체의 중간 지점에서는 중심경로와 주변경로를 통한 처리가 복잡한 조합을 이루며 동시에 발생한다는 점을 알 수 있다.

정교화 가능성 모델에서 변인은 설득 과정에서 복합적 역할을 한다. 하나의 변인은 정교화의 정도나 방향에 영향을 미칠 수도 있고, 주변 단서의 역할을 할 수도 있고 메시지 그 자체일 수도 있다. 예를 들어, 일반적으로 문자로 쓰인 메시지는 길이가 긴 경우가 짧은 경우보다 설득의 효과가 더 크다. 이는 긴 메시지가 내포한 주장 때문이라기보다 '긴 메시지엔 그럴 만한 이유가 있다'라는 주변단서에 대한 편향적 처리가 일어나기 때문이다(Wood et al. 1985). 이렇듯 주제에 따라 긴 메시지는 짧은 메시지보다 살펴볼 만한 가치가 있는 것으로 여겨질 가능성이 크다.

그런데, 가치가 있다고 여겨지는 긴 메시지가 메시지 처리에 인지적 노력을 기울이고자 하는 정교화 동기 그 자체에 영향을 미칠 수도 있다는 점에 주목할 필요가 있다. 즉, '가치가 있는 메시지를 살펴보는 것은 의미가 있다'는 판단이 메시지에 대한 정교화 가능성을 높인다. 일반적으로 성실하게 작성된 긴 메시지는 짧은 메시지보다 주장에 대한 논리적이고 객관적이며 구체적인 근거를 포함할 가능성이 크다. 따라서 이러한 경우 '긴 메시지'는 메시지에 대한 빠른 판단을 유도하는 주변단서(긴 메시지엔 그럴 만한 이유가 있을 것이라는 판단)인 동시에 중심경로로의 메시지 처리를 유도하는 객관적 단서(긴 메시지가 포함하고 있는 논리적 메시지)로 작용하게 된다. 물론 경우에 따라서는 결과적으로 긴 메시지에 아무런 설득 효과도 없을 수 있다. 그러나 긴 메시지가 주변단서의 역할을 할 뿐만 아니라 정교화 가능성의 정도나 방향에도 영향을 끼칠 수 있다는 점에 의심의 여지는 없다. 마찬가지로 대표적인 주변단서로 불리는 정보원의 매력도 역시 경우에 따라서는 그 자체로 중심경로로의 메시지 처리를 유도하는 단서가 될 수 있다. 예를 들어, 정보원의 메시지가 '피부 관리의 중요성'에 관한 것이며 미용상품 광고를 통해서 제공된다면, 정보원의 매력도는 주장 그 자체가 되기도 한다(O'Keefe 2002).

(2) 전략적 처리 과정의 관여도

설득 과정에서 관여도는 매우 중요한 역할을 한다. 관여도 연구자들은 수용자가 설득적 메시지와 관련을 맺고 있는 정도에 따라 메시지 처리 과정뿐 아니라 메시지의 영향력이 달라진다고 가정한다. 새먼(Salmon 1986)은 관여도를 '서로 관련을 맺는 정서적·인지적 의미의 개념 부류를 포괄하는 모호한 메타개념'이라고 설명한 바 있다. 따라서 이렇게 포괄적이고 모호한 관여도라는 개념을 명확하게 인지하기 위해서는 관여도의 복잡성과 그 기능에 대한 이해가 필요하다.

우리가 메시지의 '무엇'에 주의를 두며, 어떤 종류의 주의를 기울이느냐는 그 메시지를 처리하려는 이유가 무엇이냐에 따라 달라진다(Slater 2002). 예를 들어, 실제 범죄사건을 재연한 TV 프로그램을 보는 이유는 사람마다 다르다. 범죄 재연 프로그램은 어떤 사람에게는 도시생활의 위험함을 인지하는 정보적 도구이지만, 어떤 사람에게는 고된 일과 후 휴식을 위한 단순한 유희적 도구에 불과할 수도 있다. 또한 경우에 따라서는 범죄 재연 프로그램을 즐겨 보는 가족의 영향일 수도 있다. 그렇기 때문에 범죄 재연 프로그램이 제공하는 여러 메시지가 시청자에게 어떠한 영향을 미칠 것인가를 단정하기란 결코 쉬운 일이 아니다. 특히 범죄 재연 프로그램에서 제공하는 메시지들은 학술적 실험이나 이론을 바탕으로 구성된 전형적인 설득 메시지와는 차이가 있기 때문에, 이러한 종류의 메시지가 개인의 신념이나 태도에 미치는 영향이 어떠한가를 명확하게 밝히기는 매우 어렵다.

연구자들은 메시지 처리 동기나 관여의 정도에 따라 동일한 메시지에 대한 개인의 신념이나 태도에 차이가 있을 것이라 가정하고 관련 연구를 수행했다. 다채로운 연구결과들은 메시지나 미디어가 갖는 영향력에 대한 이해를 높이고, 나아가 명백한 설득 메시지의 과정을 보다 풍부하고 완전하게 이해할 수 있게 했다. 정교화 가능성 모델을 확장할 수 있는 관여도에 관한 연구들을 간략히 살펴보면 다음과 같다.

관여도에 대한 전통적 관점

연구자마다 자신의 관점에 따라 조금씩 다르게 정의를 내리지만, 관여도는 대체로 수용자와 메시지 내용과의 연관성을 의미한다. 메시지가 수용자와 깊은 관련을 맺을수록 수용자는 메시지에 더 주의를 기울이게 된다.

관여도는 크게 두 가지 차원에서 접근할 수 있다. 우선 메시지를 처리하려는 목적의 관여도인데, 관여도의 유형을 결정하는 중요한 요인이다. 동시에 관여도는 메시지를 처리하려고 노력하는 정도를 결정한다. 결과적으로 주어진 메시지에 수용자가 어떻게 반응할 것인지는 관여도에 따라 변하게 된다(Slater 2002).

존슨과 이글리(Johnson & Eagly 1989)에 따르면, 메시지의 내용에 따라 관여도의 유형만이 아니라 메시지의 처리 과정 또한 달라진다. 이들은 관여도를 세 가지 유형으로 구분했다. 결과와 관련된 관여도, 가치와 관련된 관여도, 인상과 관련된 관여도가 그 셋이다. 결과 관련 관여도는 메시지가 개인의 현재 목적이나 결과와 관련을 맺을 때 발생하는 관여도로 '이슈 관여도'라고도 불린다. 가치 관련 관여도는 메시지 내용이 개인의 중요한 가치와 관련을 맺는 정도를 말하며, 인상 관련 관여도는 메시지 내용과 관련된 사회적 상호작용에서 발생하는 관여도이다. 존슨과 이글리는 결과 관련 관여도와 가치 관련 관여도가 설득 과정에서 서로 다른 방식으로 작용한다고 보았는데, 주장의 강도는 결과 관련 관여도에서만 영향을 미치고 가치 관련 관여도에는 영향을 미치지 않는다고 주장했다.

동기화된 전략적 처리 과정의 관여도

앞서 언급한 가치 관련 관여도는 주장의 질과 무관하다고 보기 쉽다. 그러나 이는 가치 관련 관여도를 너무 단순하게 본 결과이다. 가치 관련 관여도는 가치 방어적 처리와 가치 확인적 처리로 구분할 수 있다. **가치 방어적 처리**는 개인의 가치를 공격하는 메시지를 처리하는 경우로, 주어진 주장의 강도가 강해지면 개인은 이를 반박하는 주장을 강화한다. 이는 중심경로를 통한 객관적 처리를 방해하며 따라서 태도 변화가 일어나기 어렵다. 한편 **가치 확인적 처리**는 개인의 가치체계를 강화하는 메시지를 처리하는 경우에 해당한다. 자신의 가치와 일치하는 주장에 대해 사람들은 이를 머릿속에서 시연해 보고 중심 통로를 통해 정교화한다. 이때는 메시지의 질이 중요하다. 그리고 가치에 대한 태도가 극단적일수록 메시지 근거의 신뢰도는 덜 중요시되고 처리의 강도는 증가한다. 다음으로는 **결과 중심적 처리**가 있는데, 이는 전통적 정교화 가능성 모델에서 말하는 관여도와 같은 의미이다.

사실 관여도는 단순히 주어진 메시지와 개인이 얼마나 관련을 맺느냐 정도만으로는 볼 수 없는 매우 복잡한 개념이다. 메시지를 이해하기 위해서는 먼저 그 내용을 소화해야 한다. 메시지의 내용을 완벽하게 이해하지 못한 상태에서 그 내용을 반박하기는 매우 어렵다. 특히 내용에 대한 본질적 관심이 크거나 중요할 때에는 이를 받아들이려고 적극적으로 애쓰게 되기 때문에 반박하기 더욱 어려워진다. 따라서 메시지의 중요성이나 관심도가 큰 경우 이러한 종류의 메시지에 의해 비교적 쉽게 태도가 형성될 수 있다. 그러나 메시지 내용이 자신에게 중요하지 않거나 흥미를 끌지 못할 때에는 정보를 대충 훑어보게만 된다. 대체로 이렇게 관여도가 낮은 정보는 주변경로를 통해 처리되고 이로 인해 형성된 태도변화는 오래 지속되지 못한다. 한편, 주어진 메시지에 대한 사전지식이 없는 경우에는 태도형성에 크게 영향을 미칠 수 있다. 사람들은 익숙하지 못한 정보나 직접 경험하지 않은 정보를 강도 높게 처리하지 못하고 주어진 메시지를 그대로 받아들일 수 있기 때문이다. 이러한 상황에서 정보를 처리하는 개인의 목표와 동기를 고려한다면, 관여도가 태도변화와 설득 효과에 미치는 영향력에 대해 보다 정교하고 풍부한 설명이 가능해진다.

4) 정교화 가능성 모델에 관한 평가

정교화 가능성 모델은 기존 설득이론들의 장점을 종합적으로 흡수하여 체계화한 영향력 있는 모델로 평가받는다. 전통적인 정보처리 이론들과 설득 모델들에서는 메시지 수용자들의 태도가 설득적 메시지 또는 주제 관련 정보의 적극적이고 능동적 처리 과정을 통해 바뀐다고 보았다. 반면, 정교화 가능성 모델은 정보원의 호감도나 전문성, 그리고 다른 사람들의 의견 등과 같은 수동적 요소에 의해서도 태도변화, 즉 설득이 이뤄질 수 있음을 가정한다. 결과적으로 정교화 가능성 모델은 기존 설득이론들의 특징을 하나의 모델로 수렴하여 기존의 모델이나 이론보다 더 포괄적으로 설득 현상을 설명한다는 점에서 중요한 의의를 지닌다.

정교화 가능성 모델에서는 동기와 능력에 따라서 태도변화가 일어나는 두 가지 경로, 즉 중심경로와 주변경로를 모델화함으로써 다양한 상황에서의 설득 현상을 설명한다. 정교화 가능성에 기초한 많은 실증연구들은 어떤 상황과 조건하에서 적극적이고 인지적인 메시지 처리가 일어나며, 어떤 상황과 조건하에서 수동적 태도변화가 일어나는지에 대해서 보다 명쾌한 이해를 제시한다. 이처럼 정교화 가능성 모델은 설득적 메시지의 내용, 설득적 메시지 수용자, 정보원 그리고 여러 상황적 변인이 태도변화에 어떤 영향을 미치는지 이해하는 데 크게 기여했다.

정교화 가능성 모델은 하나의 요소, 즉 하나의 변인이 다양한 설득 커뮤니케이션 상황에서 여러 역할을 수행한다는 점을 암시함으로써 서로 상반되는 연구결과들이 공존할 수 있게 한다. 예를 들어, 사전지식은 어떤 상황에서는 중심경로를 통한 태도변화를 유도하는 요소로 작용하지만, 또 다른 상황에서는 주변경로를 유도하기도 한다. 즉, 만약 어떤 사람이 메시지 주제에 대해서 사전지식이 많다면, 해당 설득적 메시지로부터 더 많은 정보를 얻기 위해서 메시지를 중심경로를 이용해서 처리할 것이다. 반면, 메시지 주제에 대해서 사전지식이 많은 수용자가 이미 사전지식이 많으므로 설득적 메시지를 굳이 중심경로를 이용해서 처리할 필요를 느끼지 못한다면 주변경로를 이용해서 태도를 변화시킬 것이다. 따라서 실험연구들이 설득 효과에 대한 사전지식의 영향력에 대해 상반되는 결과를 제시하더라도 정교화 가능성 모델은 가능한 설명을 제시한다. 이는 하나의 변인이 여러 역할을 수행한다는 정교화 가능성 모델의 가정 덕분이다.

하지만 정교화 가능성 모델도 한계점을 가진다. 첫째, 정교화 가능성 모델은 동기와 능력에 따라 중심경로와 주변경로를 다루는 이분법적 설명구도를 가진다. 따라서 정교화 가능성 모델은 동기와 능력이 높은 상황에서 주변단서가 어떤 역할을 하는지에 대해서는 아무런 설명을 제시하지 않는다. 즉, 사람들은 정교화 가능성이 높은 상황에서 다수의견이나 정보원의 매력도와 같은 주변단서를 완전히 무시하는 것일까? 만약 사람들이 정교화가 높은 상황에서도 주변단서의 영향을 받는다면 어떻게 영향을 받는 것일까? 이러한 질문에 답할 수 없는 이유는 정교화 가능성 모델이 동기와 능력에 따라 중심경로를 이용한 태도변화와 주변경로를 이용한 태도변화만을 설명한다는 데 있다.

둘째, 정교화 가능성 모델은 설명적이라기보다는 기술적이라는 한계점을 지닌다. 정교화 가능성 모델은 질 높은 메시지를 구성하는 강한 주장들이 왜 강한지 또는 질 낮은 메시지를 구성하는 약한 주장들이 왜 약한지를 설명하지 못한다. 또한 왜, 어떤 요소들이 주변단서로 작동하는지에 대해서 설명하지 못한다.

5. 사회인지주의 이론의 의의

1970년대 본격적으로 시작된 사회인지 분야의 연구는 사람들을 효율적으로 정보를 습득하는 인지적 구두쇠로 보고 주어진 정보를 자신의 프레임에 따라 선택적으로 지각한다는 점에 초점을 맞춘다. 이들은 사람들이 각자 다른 기준을 통해 정보를 습득하고 처리함으로써 발생할 수 있는 여러 위험성에 대해 경고하면서, 이에 대한 대표적인 오류의 경우로 휴리스틱을 든다. 하지만, 자기(self)의 틀을 통해 즉각적으로 사회를 인지하거나 타인을 판단하는 것이 항상 나쁘지만은 않다. 현대사회의 사람들이 수용해야 하는 정보의 양이 점점 많아지고 복잡해지고 있다는 점을 볼 때 오히려 개인의 프레임을 활용한 휴리스틱은 정보처리의 효율성 측면에서 긍정적 역할을 수행한다. 따라서 사회인지 측면에서 스키마, 프레임, 휴리스틱 등의 개념에 대해서 살펴볼 때 이들이 가진 역기능에만 집중해서는 안 된다. 개념이 가지고 있는 무한한 확장성과 잠재성을 바탕으로 각 개념을 정보처리의 효율적 수단으로 판단해야 하며, 이러한 순기능을 극대화하는 데 방해요인으로 작용할 수 있는, 즉 만일의 경우 발생할 수 있는 오류를 최소화하기 위한 목적으로 계속해서 연구하고 학습해야 할 것이다.

사회를 인지하는 과정에서 휴리스틱에만 의존하면, 즉 정보의 자동처리 방식에만 의존할 경우, 새로운 정보는 기존의 스키마를 강화하는 방식으로 발전할 가능성이 크다. 즉, 새로운 상황이나 정보 자체에 대해 심사숙고하기보다 기존에 가지고 있던 기준을 새로운 상황에 적용하려는 시도가 강하게 일어나게 되는 것이다. 이 경우, 새로운 정보나 변화된 상황을 효율적으로 빠르게 판단할 수 있다는 장점을 가짐과 동시에 기존에 지니고 있던 부정적 견해로 인하여 잘못된 판단을 내리게 될 위험이 있다. 반면, 사회를 인지하는 과정에서 정보의 통제처리 방식이 더 부각되는 경우, 새로운 정보는 스키마의 구조 자체를 변형시킬 수 있다. 특정 대상에 대한 스키마는 새로운 정보를 토대로 그 방향성(긍정/부정)을 바꿀 수 있을 뿐 아니라, 경우에 따라서는 완전히 새로운 스키마가 형성될 가능성도 있다. 그러나 인간이 수용할 수 있는 정보의 양은 한정되어 있기 때문에, 새롭게 제공되는 모든 정보를 통제처리 방식으로 수용하는 것은 현실적으로 불가능하다.

인지 능력의 한계로부터 오는 이러한 부작용을 최소화하기 위하여 사람들은 개인의 인지적 틀뿐 아니라 상황적 맥락을 함께 고려한 판단을 한다. 개인이 이미 지각하고 있는 과거의 경험이나 학습된 정보뿐 아니라 정보가 제공된 상황이나 맥락이 함께 고려될 때는 잘못된 판단으로 이어질 위험성이 낮아진다. 그러나 자동처리 방식에 의한 직관적 선택이 내포한 여러 위험 요소에도 불구하고, 이러한 판단이 항상 더 나쁜 것만은 아니라는 점을 주의할 필요가 있다.

거듭 강조하듯, 어떠한 선택 과정에 주어진 모든 정보를 숙고하는 것은 비현실적일 뿐 아니라 때로는 매우 비효율적인 방식일 수 있다. 새로운 정보나 상황을 어느 정도의 수준으로 숙고할 것인가의 문제는 단순히 항상 모든 정보를 다 소화하고자 노력하는 편이 좋은지 나쁜지의 문제가 아니라, 그 상황과 정보에 더 적합한 사고방식이 무엇인가에 따라 결정되어야 한다. 다시 말해, 경우에 따라서는 특정한 상황을 인식하는 과정에서 모든 정보를 숙고하려는 시도를 하기보다 순간적인 판단으로 편향적인 선택의 오류를 범하지는 않을지 주의하는 편이 더 현명한 방법일 수 있음을 기억해야 할 것이다.

제 6 장

설득의 모델과 응용

1. 초기 설득 커뮤니케이션 과정 모델

설득 커뮤니케이션 과정을 도식화한 초기 모델로 호블랜드(Hovland)의 메시지 학습 모델과 맥과이어(McGuire)의 입출력 모델을 들 수 있다. 각 모델에서 설득이 어떤 과정으로 이해되는지 살펴보자.

1) 메시지 학습 모델

호블랜드, 재니스 그리고 켈리(Hovland et al. 1953)는 커뮤니케이션을 "누가 누구에게 무엇을 이야기한 결과 어떤 효과가 나타나는가?"라는 질문에 대한 답으로 보았다. 이들은 정보원의 특성, 메시지의 특성, 메시지 수용자의 특성, 메시지가 전달되는 채널 등이 모두 태도와 행위에 영향을 주는 요소라고 주장하였다.

호블랜드와 동료들이 제시한 메시지 학습 모델은 커뮤니케이션 상황(즉, 정보원이나 메시지 특성)이 수용자로 하여금 자신의 태도를 되돌아보고 새로운 태도를 갖게 유도한다고 가정한다. 수용자는 정보원으로부터 제공받은 새로운 메시지에 주의를 기울이고, 이해하고, 수용하고, 파지함으로써 결과적으로 대상에 대한 신념, 태도, 행동의 변화가 일어나게 된다는 것이다.

호블랜드 등은 설득 커뮤니케이션을 몇 가지 단계를 거쳐 일어나는 체계적 과정으로 보았다. 이들에 따르면, 설득은 단순히 설득 메시지가 존재한다고 해서 일어나는 것이 아니다. 설득이 일어나기 위해서는 사람들이 단순히 설득 메시지에 주의를 집중하고 이를 이해하는 것만으로 충분하지 않으며, 피설득자가 설득 메시지를 정신적으로 음미하고 결론을 기억하는 **시연(rehearsal) 과정**이 동반되어야 한다. 또한 궁극적으로 설득이 성공하기 위해서는 수용자가 설득 메시지에서 강조된 내용이 자신에게 유리한 결과를 가져올 것이라고 믿는 **동기화 과정**이 반드시 필요하다. 시연 과정을 통해 메시지에 담긴 논의와 결론을 기억하더라도, 동기화 과정이 없다면 설득 메시지의 수용은 일어나지 않는다. 수용자의 신념, 태도, 행동의 변화는 동기화를 유발할 만한 충분한 요인을 지닌 설득 메시지가 주의와 이해의 단계를 거쳐 수용되고, 수용자가 최종적으로 이를 파지함으로써 일어난다. 이때 파지는 메시지에 대한 주의-이해-수용의 과정이 모두 완료된 다음 단계이다.

호블랜드 등은 메시지를 통한 수용자의 신념, 태도, 행동의 변화가 커뮤니케이션의 과정의 최종적 효과라고 보았다. 결과적으로 이들의 논의에서 커뮤니케이션의 효과는 특정 채널을 통해 정보원이 제공한 메시지가 수용자의 주의-이해-수용-파지의 과정을 거칠 때 비로소 일어나게 된다. 그들은 태도가 경험을 통해 학습된다고 보고, 학습이론적 방법을 통해 커뮤니케이션 과정을 설명했다. 이런 논의의 연장선에서 제시된 메시지 학습 모델은 커뮤니케이션의 과정을 체계적으로 연구하고, 태도변화에 미치는 인지적 요인들의 영향력을 강조했다는 점에서 이후의 커뮤니케이션 연구들에 큰 영향을 미쳤다. 그러나 신념,

6-1 메시지 학습 모델

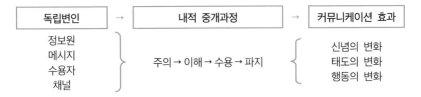

출처: Petty & Cacioppo 1981 재구성.

태도, 행동의 변화 과정을 모두 인지적 요인에 따른 학습의 과정(주의-이해-수용-파지)으로 설명하려고 했다는 점에서 너무 단순화된 모델이라는 비판도 받았다.

2) 입출력 모델

맥과이어(McGuire 1985)의 입출력 모델은 호블랜드의 메시지 학습 모델을 진전시킨 것으로, 설득에 관한 고전적 연구에 이론적 기반을 둔다. 맥과이어는 정보원, 메시지, 채널, 수용자 그리고 목표(효과)를 독립변인인 입력(input)으로 간주하며, 주의-이해-승복-파지-행동의 모델에 기초한 12개의 설득 반응을 종속변인인 출력(output)으로 간주하는 매트릭스를 제시했다. 이 모델은 메시지가 일정한 경로를 통해 전달됨으로써 수용자의 특정 행동을 유발하거나 변화시킨다고 가정한다.

맥과이어는 출력 과정에서 순차적으로 제시된 12개의 설득 반응 중 어느 하나도 누락될 수 없다고 강조한다. 커뮤니케이션 효과가 일어나기 위해서는 우선 설득 메시지가 수용자에게 **노출**되고, 수용자의 **주의**를 끌어야 한다. 만약 메시지가 수용자의 **흥미**를 끈다면 이는 메시지에 대한 **이해**로 이어진다. 수용자는 메시지 내용을 분석하고 구분 짓는 인지 과정을 통해 이를 활용할 수 있는 **방법을 습득**하고, 메시지에

6-2 입출력 모델

독립변인	→	종속변인(반응 단계)
정보원 • 수 • 일치도 • 인구학적 특성 • 매력 • 공신력		노 출 ▼ 주 의 ▼ 흥 미
메시지 • 정보 종류 • 소구 종류 • 포함/생략 • 조직 • 반복		이 해 ▼ 방법 습득 ▼ 수용 · 태도변화
채 널 • 양식 • 직접성 • 정황		기 억 ▼ 회 상
수용자 • 인구학적 특성 • 능력 • 인성 • 생활양식		의사결정 행 동 ▼
목표(효과) • 즉각적/장기적 • 직접/예방		강 화 ▼ 공고화

출처: McGuire 1989 재구성.

동의할 경우 이를 **수용**하여 태도변화를 일으키게 된다. 이후, 설득 메시지는 수용자에게 **기억**되고, 필요한 순간 **회상**되어 **의사결정**에 관여하고 **행동**을 일으킨다. 만약 앞선 행동에 따른 적합한 보상이 있을 경우, 이는 수용자의 신념 시스템 내에서 **강화**되고 **공고화**되어 이후 일정한 규칙에 따라 나타나게 된다.

이러한 12개의 설득 반응 과정이 반드시 앞의 과정에 대한 후속 과정으로 진행된다는 점에 주의할 필요가 있다. 따라서 어느 하나가 누락될 경우 설득 메시지는 제대로 기능하지 못하며, 설득 역시 일어날 수 없게 된다. 맥과이어는 실제로 많은 설득 메시지들이 이 과정의 1단계인 노출 단계에도 이르지 못하는 경우가 대부분이라고 보았다. 예를 들어, 사회경제적 지위가 낮은 사람들은 건강이나 안전에 관한 최신의 정보에 그리 민감하지 못한 편이다. 또한 사람들은 자신이 원하는 정보들만을 선택적으로 지각하는 경향이 있기 때문에, 특정 정보의 노출이 이뤄졌다 하더라도 수용자의 주의를 얻지 못하는 경우도 많다. 한편, 설득 메시지가 1단계(노출)~9단계(의사결정)의 과정을 모두 거쳤다 하더라도 그것이 결과적으로 행동을 이끌어 낸다는 보장은 없다. 이를테면, 유머러스한 메시지의 경우 수용자의 주의를 끌고 긍정적 감정을 유발할 수 있으나, 수용자가 메시지의 유머에 너무 집중한 나머지 정작 메시지가 전달하고자 하는 내용에 주의를 기울이지 않을 수도 있다.

맥과이어의 입출력 모델에는 세 가지 중요한 특징이 있다. ① 메시지 처리는 고정된 순서대로 일어난다. 따라서 메시지가 어느 한 단계에서 그 다음 단계로 넘어가는 데 실패한다면 설득은 일어나지 않는다. ② 커뮤니케이션의 효과가 메시지 학습 모델에 비해 제한적이다. 호블랜드의 메시지 학습 모델은 커뮤니케이션 효과를 신념, 태도, 그리고 행동의 변화로 규정하였다. 그러나 입출력 모델에서는 커뮤니케이션의 효과를 행동의 변화에 초점을 맞춰 제한적으로 다루고 있다. ③ 입출력 모델은 메시지 수용자가 왜 수용의 과정을 거치는지에 대해서는 아무런 설명도 제시하지 않는다. 즉, 메시지 수용자는 이해의 과정을 거쳐 메시지에 동의하고 태도를 바꾸는데, 수용자가 왜 메시지에 동의하고 태도를 바꾸게 되는지는 설명하지 못한다.

3) 초기 설득 과정에 대한 종합적 이해

차배근(1992)은 맥과이어와 호블랜드의 정보처리 모델을 비롯한 정보처리 과정의 다양한 견해를 종합하여, 설득 커뮤니케이션의 과정이 대체로 주의 - 지각 - 이해 - 학습 - 태도변화 - 파지 - 외적 행동의 일곱 단계로 이뤄진다고 보았다. 각 단계가 의미하는 바가 무엇인지를 간단히 살펴보자.

(1) 주 의

주의(注意)는 외부로부터 들어오는 여러 가지 자극을 분류해 선별하는 감각적 작용을 말한다. 하나의 자극이 수용자들에 의해 주목을 받으려면 그 자극은 우선 수용자들의 감각역(感覺閾, *threshold*)을 넘을 정도로 강해야 한다. 또한 감각역을 넘은 자극은 다른 경쟁적 자극보다 주의 환기력이 높아야만 시선을 끌 수 있다. 이런 주의 환기력을 결정하는 요인은 그림 〈6-3〉과 같이 크게 세 가지로 구분할 수 있다.

인간이 외부 자극에 주의할 수 있는 지속시간은 5~8초 정도이고, 건강한 성인의 경우 평균 8개의 자극들에 대해 동시에 주의할 수 있다고 한다. 영상 광고의 경우 컷이 최소한 매 10초마다 바뀌는데, 이는

6-3 주의 환기력에 영향을 주는 요인

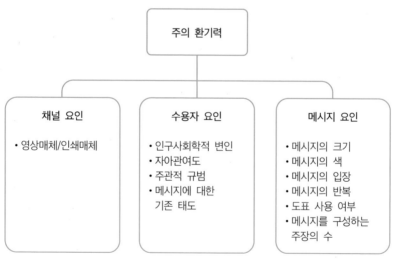

인간이 자극에 주의하는 지속시간을 감안해 시선을 계속 고정하려는 전략이다.

(2) 지 각

지각은 주의를 기울인 외적 자극을 받아들여 나름대로 의미 있게 조직하는 과정을 말한다. 인간의 지각에는 네 가지 속성이 있다. 첫째는 **조직성**으로, 사람들은 어떤 외적 자극으로부터 그 자극의 본질만을 추출해 의미 있는 형상으로 조직할 능력이 있다. 둘째로 **항상성**은 어떤 외적 자극에 대해 태도를 형성하고 행동하면 그 태도와 행동을 쉽게 변화시키지 않는 경향을 말한다. 셋째로 **간결성**은 외적 자극을 되도록 단순화해서 지각하려는 경향이다. 넷째, **피영향성(被影響性)**이 있다. 이 속성은 동일한 외적 자극이라도 각 개인이 처한 상황이나 기존의 태도에 따라 다르게 지각하게 되는 속성을 말한다.

(3) 이 해

이해는 수용자가 주어진 메시지나 정보의 의미를 파악하려는 지적 작용을 말한다. 이해의 정도는 학습과 파지, 태도변화의 정도와 질에 영향을 미친다. 메시지의 이해 정도를 결정하는 요인으로는 가독성과 청이성(聽易性, *listenability*)을 들 수 있는데, 이는 대부분의 설득 메시지가 시청각 이미지로 구성되기 때문이다. 가독성은 해당 메시지가 어느 정도로 읽기 쉬운가를, 청이성은 해당 메시지가 어느 정도로 알아듣기 쉬운가를 가늠한다. 가독성과 청이성에 영향을 미치는 요인은 여러 가지가 있으나, 일반적으로 사용빈도가 높은 단어(익숙한 단어), 길이가 짧은 단어 등이 가독성과 청이성을 높이는 데 도움이 된다.

(4) 학 습

커뮤니케이션에서 '학습'은 정보의 습득을 의미한다. 또한 학습은 조건화이론의 기본 가정에 기초하여 '경험이나 연습의 결과로 얻어지는 비교적 영속적인 태도와 행동의 변화'로도 정의되기도 한다. 즉, 어떤 대상에 대한 호의적 또는 비호의적 태도는 연속적 경험으로 학습될 수 있으며, 태도형성과 태도변화는 거의 동시에 일어난다는 점을 이 정의는 암시한다.

(5) 태도변화

태도변화는 설득 커뮤니케이션의 목표 중 하나이다. 개인이 이미 가지고 있는 기존 태도의 변화에 더해 새로운 태도의 형성과 기존 태도의 강화까지 포함하는 포괄적 개념이다. 앞에서 살펴보았듯, 태도는 경험을 통해 형성된 심리적 상태를 말한다. 태도는 항상 대상을 가진다. 사람들은 물질적 또는 비물질적 대상에 대해 태도를 가짐으로써 인지적, 정서적, 행동적 반응을 하게 된다.

(6) 파 지

파지는 수용자들이 설득 메시지에 의해 변화된 자신의 태도를 기억 속에 저장하는 것을 말한다. 사람들은 어떤 행동을 해야 할 때 기억 속에 저장된 특정 태도를 바탕으로 행동의 방향과 강도를 결정한다. 만약 파지의 시간이 짧으면, 즉 기억에 저장된 태도가 지속되는 기간이 짧으면 행동과 같은 설득 효과 역시 단발성에 그칠 가능성이 크다. 반면, 파지의 시간이 길어지면, 행동과 같은 설득 효과 역시 장기적으로 이어질 가능성이 크다.

(7) 행동

광고나 선거 캠페인 등의 설득 커뮤니케이션에서는 수용자의 행동을 이끌어 내는 것을 최종 목표로 한다. 특히 광고계에서는 광고의 효과를 제품에 대한 인지도나 태도로 측정하지 않고 구매를 측정하는 경우가 더 일반적이다. 따라서 행동 단계는 중요한 커뮤니케이션 효과 중 하나이다. 일반적으로 행동은 태도변화의 결과로 여겨진다. 하지만 때때로 사람들은 자신의 태도대로 행동하지 않기도 한다. 이는 태도와 행동 사이에 제3의 중재변인이 존재하기 때문이다. 예를 들어, 사람들은 어떤 대상에 대해서 긍정적 태도를 가지고 있다 하더라도 주변 사람들이나 사회적 여론을 인식하여 자신의 태도대로 행동하지 않기도 한다.

2. 설득 위계모델의 다양화

앞서 설명한 위계모델들은 학습이론적 관점에 기초하여 외부자극 (설득적 메시지 또는 광고)에 대한 수용자의 인지가 감정과 행동에 선행함을 가정한다. 하지만 이러한 학습이론적 관점은 복잡한 인간의 행동을 설명하기에는 너무 단순하다는 비판을 받았다. 대표적으로 그린월드(Greenwald 1968)는 인지반응이 반드시 감정과 행동보다 선행하는 것은 아니며, 감정 차원에서 행동 차원으로 넘어가는 과정도 불명확하다고 지적했다. 대상에 대한 인지나 태도가 불명확한 상태에서도 구매는 일어날 수 있기 때문에 인지-감정-행동의 선형적 관계로 단순화한 학습위계만으로 소비자들의 행동을 예측하는 것은 매우 어려운 일이다. 예를 들어, 치약이나 비누 같은 생필품을 구매하는 단순한 소비행위는 상품에 대한 태도나 감정과 무관하게 일어날 수 있다. 어떤 광고 메시지는 정보처리 능력이 없는 어린이들을 감정적으로 흥분시켜서 상품 구매를 유도한 다음 그 제품에 대한 태도를 갖게 하는 전략을 쓰기도 한다.

학습이론적 관점에서 행동이 대상에 대한 긍정적 태도를 바탕으로 일어난다고 가정하는 것 역시 비판의 대상이 될 수 있다. 일반적으로 행동은 대상에 대한 긍정적 태도를 바탕으로 일어난다고 생각하기 쉽다. 하지만 경우에 따라서 행동은 부정적인 태도를 통해서도 일어날 수 있다. 예를 들어, 정치에 환멸을 느끼면서도 투표에 빠짐없이 참여하는 시민들의 행위나 특정 브랜드를 선호하지는 않지만 마땅히 다른 대안이 없어서 해당 브랜드의 상품을 구매하는 경우 등을 생각해 볼 수 있다.

레이(Ray 1982)는 커뮤니케이션 목표 수행에서 이러한 설득의 다양한 상황적 요인들을 고려할 필요가 있음을 강조하면서, 다그마 모형을 활용한 **설득의 3위계**를 제안했다. 학습 위계, 부조화 - 귀인 위계, 저관여 위계가 그것이다. 설득의 3위계는 설득자가 처한 상황과 가장 유사한 위계모델을 선택하고 여기에 합당한 커뮤니케이션 요소들의 조합하여 구체적인 커뮤니케이션 전략을 짤 수 있다는 점에서 매우 유용하다.

1) 학습 위계: 학습-느낌-행동

학습 위계는 가장 보편적인 위계모델로 태도와 행동변화 이전에 대상에 대한 인지와 지식 습득을 통한 학습이 전제됨을 가정한다. 즉, 대상에 대해 학습하고(*learn*), 느끼고(*feel*), 행동하게(*do*) 된다는 것이다.

레이(Ray 1982)는 학습 위계가 적용되는 커뮤니케이션의 상황적 요건을 다음과 같이 두 가지로 정리하였다. ① 수용자들은 설득 메시지의 주제에 대해 어느 정도 관여하고 있어야 한다. ② 설득 메시지와 다른 대안적 메시지들 사이에 명백한 차이가 존재해야 한다.

6-4 세 가지 위계모델 비교

	학습 위계모델	인지부조화-귀인 위계모델	저관여 위계모델
설득 메시지에 대한 관여도	관여도 높음	관여도 높음	관여도 낮음
대안들 간 차별성 정도	차별성 높음	차별성 낮음	차별성 낮음
선호되는 채널	매스 커뮤니케이션	대인 커뮤니케이션	매스 커뮤니케이션
설득 메시지의 적용 시기	제품 도입기(출시)	제품 성숙기	제품 성숙기

　학습 위계모델은 소비자들에게 구체적으로 입증 가능한 많은 정보를 제공하는 정보 제공형 광고에 적합한 커뮤니케이션 전략이다. 따라서 비교적 고가의 신제품을 각종 미디어를 통해 소개할 때 학습 위계모델은 매우 적합한 커뮤니케이션 전략이 될 수 있다. 예를 들어, 고가의 스마트폰을 구매하려는 소비자는 선택에 도움이 될 만한 가능한 많은 정보를 학습하려고 하는 경향이 있다. 이러한 경우 스마트폰에 대한 상품 광고는 소비자에게 효과적인 정보 습득의 수단이 될 수 있다. 소비자는 광고를 통해 새로운 스마트폰을 인지하고, 흥미를 가지며, 평가하고, 다른 제품과의 비교를 통해 최종적으로 구매를 결정한다. 결과적으로 새로운 정보를 제공하는 데 매우 유용한 학습 위계모델은 새로운 제품의 출시 단계 또는 시중판매를 개시하는 단계에서 매우 효과적인 커뮤니케이션 수단이 될 수 있다.

2) 부조화-귀인 위계: 행동-느낌-학습

　부조화-귀인 위계는 위에서 언급된 학습 위계와 정반대의 구조를 보인다. 즉, 행동(do)에 의해 태도(feel)가 영향을 받고 이로 인해 학습

(*learn*)이 이루어진다는 관점이다. 부조화-귀인 위계가 나타나는 조건은 인지부조화이론과 귀인이론의 개념으로 설명할 수 있다.

우선 인지부조화이론에 따르면, 사람들은 차이가 거의 없는 두 가지의 선택지 중에 하나를 선택해야 할 때 또는 선택의 결과가 자신에게 매우 중요한 것이라고 여겨질 때 자신의 선택을 합리화하기 위한 태도를 취하게 된다. 즉, 어떤 선택을 한 후에 자신의 선택이 잘못되었을 수도 있다는 심리적 불안감과 인지적 부조화를 최소화하기 위하여, 자신의 선택에 호의적인 정보(일치하는 정보)만을 추구하고 이와 반대되는 정보는 의도적으로 외면하는 것이다. 이러한 선택적 정보처리 방식은 결과적으로 특정 대상에 대한 태도를 변화시키게 되는데, 이것을 커뮤니케이션 전략으로 활용하는 것이 바로 부조화-귀인 위계모델이다.

실제로 마케팅 분야에서는 소비자의 구매 확신을 유도하고, 차후 반복적인 구매를 끌어내기 위하여 인지부조화이론을 적극적으로 활용한다. 최근에 자동차를 구매한 소비자는 다른 사람들보다 자동차 광고를 더 열심히 보는 경향이 있다. 이는 최근에 차를 구매한 소비자들이 광고를 통해 자신의 선택이 옳았음을 증명하는 추가 정보를 찾고자 하기 때문이다(Ehrlich 1969). 마케팅 커뮤니케이션 실무자들은 소비자들의 구매행위에 대한 확신을 유도하고, 차후 반복적인 구매를 위해 행위에 대한 태도를 긍정적으로 강화시킬 필요가 있다. 이러한 경우, 마케팅 커뮤니케이션 실무자들은 부조화-귀인 위계모델을 토대로 소비자들에게 그들의 선택이 옳았음을 알려 주는 정보를 지속적으로 제공하는 전략을 사용할 수 있다.

한편, 귀인이론은 부조화이론보다 더 다양한 상황에 적용된다. 귀인이론에 따르면 사람들은 어떤 사건에 대한 원인을 자기 자신 또는 외적 상황으로 돌리는 경향이 있다. 마케팅 실무자들은 소비자들이 어떤 제품을 선택한 원인을 외적 요인이 아니라 제품에 대한 소비자 자신의 긍정적 태도 때문이라고 생각하도록 유도해야 한다. 예를 들어, 어떤 회사가 가격인하 정책을 실시하여 제품 구매가 늘어났다면, 소비자들은 자신이 제품을 구매한 이유가 저렴한 가격(외적 요인) 때문이라고 생각할 수 있다. 소비자들이 제품 구매의 원인을 외적 요인에 둘 경우, 해당 제품의 장기적인 구매 신장은 기대할 수 없게 된다. 이러한 문제를 막기 위하여, 마케팅 실무자들은 소비자들이 특정 제품을 구매한 이유가 제품에 대한 소비자의 긍정적 태도 때문이라고 생각할 수 있도록 전략을 세워야 한다. 이를테면, 소비자가 가격뿐 아니라 성능 면에서 최고의 선택을 한 것임을 강조하거나 가장 좋은 제품을 운 좋게도 가장 저렴한 가격에 이용할 수 있었음을 강조하는 설득 메시지를 사용함으로써, 소비자가 제품의 가격이 아닌 성능에 중점을 둔 합리적인 소비를 한 것임을 강조할 필요가 있다.

부조화-귀인 위계모델은 이미 제품을 소비한 사람들에게 적용할 수 있는 접근법으로, 제품에 대한 수용자들의 관여도가 높고 제품과 다른 대안 간의 차이가 거의 없다고 여겨지는 경우에 더 효과적이다. 신제품 출시 단계에 효과적으로 작용하는 학습 위계모델과 달리 부조화-귀인 위계모델은 제품이 성숙 단계에 있을 때 더 효과적이다.

3) 저관여 위계: 학습-행동-느낌

저관여 위계모델은 소비자들이 낮은 관여 수준을 보이는 제품에 대한 광고 전략을 세울 때 효과적이다. 예를 들어, 소비자들은 생필품을 구매할 때 그 제품이 가진 속성들을 구체적으로 고려하기보다 광고를 본 기억을 되살려 일단 구매하는 경우가 많다. 이러한 경우, 사람들은 자신의 사용 경험을 토대로 제품과 광고를 평가하게 된다.

크루그만(Krugman 1965)에 따르면, 소비자는 저관여 제품의 광고에 노출되었을 때 광고 메시지를 소극적이고 수동적으로 처리함으로써 제품에 대한 구체적 태도를 형성하지 않는다. 그러나 동일한 광고에 반복적으로 노출되면, 기억 속에 저장된 정보가 구매 상황에서 자연스럽게 떠오르고 결국 구매로 이어진다. 결과적으로 제품에 대한 소비자의 태도는 학습을 통한 구매 이후, 즉 실질적 소비 경험을 통해 형성된다. 이러한 설득 과정은 일반적으로 제품에 대한 소비자들의 관여도가 낮은 경우 일어나기 쉽다. 또한 선택해야 하는 대안들 간의 차이가 거의 없을 때 더욱 효과적인 커뮤니케이션 전략이 될 수 있다.

설득 위계모델의 확장

본문에서 살펴본 기본적 모델 외에도 '행동-학습-느낌', '느낌-학습-행동', '느낌-행동-학습' 등 커뮤니케이션 과정에 다양한 설득 위계모델이 활용될 수 있다. 소비자가 편리 위주의 습관적 구매행동을 할 때에는 '행동-학습-느낌'이라는 일련의 반응이 형성된다. 그리고 신중하게 선택해야 하고 정서적 영향력이 큰 제품들, 예를 들어 보석이나 화장품, 오토바이 등의 제품을 구매하는 경우에는 '느낌-학습-행동'의 단계를 거친다. 한편, 광고를 보고 받은 느낌이 좋아서 제품을 구매하고 그 후에 제품에 대해 알게 되는 것은 '느낌-행동-학습'의 과정으로, 최근 감성에 소구하는 많은 광고들이 이러한 효과를 노리고 있다. 이와 같이, 마케팅 실무 담당자들은 광고하고자하는 대상의 특징이 무엇인지를 파악하고, 이에 적합한 설득 위계모델을 설정하는 과정을 통해 보다 효과적인 설득 전략을 세울 수 있다.

제3부

설득 커뮤니케이션의
구성요소

제 7 장

커뮤니케이터

일반적으로 '커뮤니케이터'는 설득자와 피설득자 모두를 가리키는 말이다. 설득은 기본적으로 쌍방의 상호작용을 통해 이뤄지는 것이기 때문에, 경우에 따라 설득 과정에서 설득자와 피설득자를 명백하게 구별하기란 매우 어려운 일일 수 있다. 따라서 이 장에서는 정보원과 수용자의 특성을 개별적으로 먼저 살피면서도, 설득 과정에 영향을 미치는 커뮤니케이터의 속성들을 다루는 논의에서는 정보원과 수용자를 포괄하여 다룬다.

1. 정보원의 공신력

특정한 이슈에 대해서 판단해야 할 때, 우리는 관련한 여러 정보를 동시에 고려하게 된다. 정보사회의 도래로, 하나의 판단 상황에 고려해야 하는 정보의 양은 무한대로 늘어났다. 하지만 인간의 인식 능력은 여전히 한정되어 있기 때문에 사람들은 여러 정보 중에서 자신에게 필요한 정보를 선별적으로 채택하여 고려한다. 자연스럽게 여러 정보

중에 더 신뢰할 만한 정보가 무엇인가가 선택에 큰 영향을 미치게 되며, 믿을 만한 정보원이 제공한 정보일수록 수용될 가능성이 높다.

똑같은 메시지라고 하더라도 인터넷 논객이 전하는 것과 정치 지도자가 전하는 것 사이에는 영향력의 차이가 있다. 여러 연설을 통해 우리는 정보원, 즉 설득자의 여러 가지 면모가 설득 행위에서 얼마나 중요한 위치를 차지하는지 어렵지 않게 확인할 수 있다. 그렇다면 우리는 과연 어떤 정보원을 믿을 만한 정보원이라고 생각할까? 다시 말해 정보원은 어떤 속성을 지녀야 메시지 수용자들의 신뢰를 얻을 수 있을까?

정치, 종교, 문화 등 사회의 각 영역에는 언제나 열띤 관중을 이끌고 다니며 강한 영향력을 행사하는 지도자급의 인물이 있다. 마틴 루서 킹, 존 F. 케네디, 제시 잭슨, 빌리 그레이엄 등 명사들의 강연에는 대중을 압도하는 힘이 있다. 근래에는 스티브 잡스나 버락 오바마 같은 명사들의 연설이 많은 열광을 받기도 했다. 연설자가 대중을 압도하는 힘을 우리는 일반적으로 '카리스마'라고 부른다. 막스 베버는 카리스마를 "어떤 초자연적 힘에 의해 일반 사람과 같지 않은 권위와 영향력을 가진 것으로 여겨지는 인간의 일면"으로 정의했다(Weber 1968). 그러나 과학적 관점에서 볼 때, 이러한 카리스마는 학문적으로 정의하기 매우 어려운 개념이다. 그 이유는 설득자, 즉 정보원의 특성이나 메시지 전달의 독특한 방식, 커뮤니케이션 채널 등 여러 요인이 종합적으로 어우러진 것이 카리스마라는 개념이기 때문이다. 따라서 카리스마라는 측정이 어려운 개념에 대한 대안으로 공신력이라는 개념이 대두되고 있다.

1) 공신력의 개념

정보원의 공신력이라는 속성을 처음으로 개념화한 것은 아리스토텔레스다. 오늘날 설득이론의 고전으로 평가받는 《수사학》에서 아리스토텔레스는 에토스, 파토스, 로고스를 설득의 세 요소로 제시하는데, 이후 라슨(Larson 1989)은 설득자의 공신력이나 카리스마라는 개념을 이 중 에토스와 일맥상통하는 개념이라고 보았다. 그에 따르면, 화자의 평판은 청중이 화자의 정직성, 지식, 경험, 유머감각 등을 평가하는 과정에서 형성된다. 화자는 보도자료, 이미지 컨설턴트, 사진 등을 이용해 청중으로 하여금 자신의 평판을 더 높게 평가하도록 유도할 수 있으며, 이렇게 형성된 화자의 평판은 결국 청중의 설득 정도에 영향을 주게 된다. 최근의 연구들은 아리스토텔레스의 에토스 개념에 라슨의 논의를 덧붙이고, 이를 보완하여 공신력의 개념을 설명하고 있다. 결과적으로 오늘날 공신력의 개념은 화자의 성실성, 신뢰성, 전문성, 역동성 등의 차원을 두루 포함한다.

공신력은 수용자의 입장에서 판단되는 주관적 개념이며, 복잡하고 다차원적으로 구성된다(Gass & Seiter 1999). 이러한 관점에서 공신력은 상황적(맥락적) 현상으로 이해해야 하는 역동적 개념이다. 이와 관련한 논의를 정리해 보면 다음과 같다.

공신력은 **수용자(피설득자)의 입장에서 판단되는 개념**이다. 공신력은 전적으로 커뮤니케이션 메시지 수용자가 판단한다. 즉, 공신력은 정보원이 가진 특질이 아니라 이를 느끼고 판단하는 측의 지각과 관련된 개념이다. 예를 들어, 동일한 대통령에 대해서도 어떤 사람은 공신력 있는 인물이라고 평가할 수 있지만 다른 사람은 공신력이 전혀 없다고 판단할 수 있다.

공신력은 **다차원적 개념 구성체**이다. 공신력은 정보원의 여러 가지

기질적이고 행위적 요소로 구성된다. 예를 들어, 어떤 아나운서가 공신력을 갖추었다는 평가를 받을 때, 이 아나운서의 공신력은 높은 정보 수준, 우수한 정보전달 능력, 신뢰할 만한 외형적 모습 등과 같이 다차원적으로 구성된다.

공신력은 **상황/맥락적 현상**이다. 공신력은 상황과 맥락에 따라 달라질 수 있다. 따라서 어떤 상황에서는 특정 정보원을 공신력 높은 인물로 평가할지라도, 다른 상황에서는 같은 정보원을 공신력 낮은 인물로 평가할 수도 있다. 예를 들어, 정치적 문제를 논함에 있어 정치학과 교수는 공신력 높은 인물로 평가될 수 있다. 그러나 환경 문제를 논하는 과정에서 정치학과 교수의 공신력은 환경운동가보다 낮게 평가될 가능성이 크다.

공신력은 **역동성**을 가진다. 공신력은 고정되는 것이 아니라 시간의 흐름에 따라 계속 변한다. 공신력의 역동성을 가장 잘 대표하는 인물은 리처드 닉슨 미국 전 대통령이다. 그는 아이젠하워 대통령 시절 부통령으로서 높은 공신력을 누렸으나 워터게이트 사건[1] 이후에는 매우 낮은 공신력을 가지고 있었다. 이렇듯 공신력은 청중, 상황 그리고 시간에 따라 계속해서 변화한다는 속성을 갖는다.

2) 공신력에 대한 연구

심리학이나 사회학에서 아리스토텔레스의 에토스 개념을 실증적으로 연구하기 시작한 1930년대에 공신력의 개념은 지도력, 카리스마 또는 권위적 영향력 등과 같이 다소 혼재된 개념으로 정의되었다. 이

---

[1] 1972년 6월 미국 대통령 리처드 닉슨의 재선을 도모하는 비밀공작반이 워싱턴의 워터게이트 건물에 있는 민주당 전국위원회 본부에 침입하여 도청장치를 설치하려다가 발각되어 체포된 사건이다.

전의 연구들에서 공신력은 커뮤니케이터가 가진 객관적 속성으로 이해되었다. 하지만 호블랜드 등 예일학파는 공신력을 수용자에 의해 지각되고 평가되는 주관적 요인으로 인식하였다. 이들은 이전에 존재하던 지도력, 카리스마, 권위적 영향력 등의 개념을 통일하여 '공신력'이라는 용어를 확립하고, 기존의 철학적 사고에서 벗어나 본격적으로 이를 과학적 커뮤니케이션 개념으로 발전시켰다.

호블랜드와 와이스(Hovland & Weiss 1951)의 연구가 대표적이다. 호블랜드와 와이스는 실험에서 사람들에게 '머지않아 원자력 잠수함을 만드는 것이 가능하다'라는 내용의 글을 자료로 제시하였다. 이 과정에서 일부 피험자들에게는 이 자료가 미국의 저명한 물리학자 오펜하이머의 주장이라고 이야기하였고, 다른 피험자들에게는 이 자료가 소련 공산당 기관지 〈프라우다〉(Pravda)의 주장이라고 이야기하였다. 호블랜드와 와이스는 제시된 자료를 읽기 전후에 원자력 잠수함에 대한 피험자들의 태도를 조사하였다. 그 결과, 오펜하이머의 주장으로 꾸며진 정보를 제공받은 피험자들은 자료를 제시받기 전보다 원자력 잠수함 개발 가능성을 긍정적으로 평가하게 되었다. 반면, 프라우다의 주장으로 꾸며진 정보를 제공받은 피험자들은 자료를 제시받은 이후 원자력 잠수함에 대한 기존 태도가 거의 바뀌지 않았다. 이러한 연구결과는 동일한 메시지라 하더라도 이를 제공하는 정보원이 누구냐에 따라 설득 효과가 달라질 수 있음을 보여 준다.

호블랜드와 와이스의 실험결과는 이후 다른 유사 연구들에 의해 반복적으로 검증되었다. 한편, 공신력에 관한 이후의 연구에서는 동일한 정보원이라 하더라도 이를 평가하는 상황과 맥락에 따라 공신력의 정도가 다르게 측정될 수 있음 또한 증명되었다. 이후 연구들은 공신력이 단순히 정보원의 평판으로만 결정되는 것이 아니며 수용자의 입장에서 판단되는 주관적 개념에 따라 달라질 수 있음을 보였다.

3) 공신력의 구성요소

공신력에 대한 개념은 연구자에 따라 여러 차원으로 나뉘어 연구되어 왔다. 우선 아리스토텔레스는 정보원의 지능, 도덕적 성격, 그리고 선의를 공신력의 구성요소라고 보았다. 반면, 호블랜드와 와이스 (Hovland & Weiss 1951)는 공신력이 크게 전문성과 신뢰성으로 구성된다고 주장했다. 가스와 사이터(Gass & Seiter 1999)는 호블랜드와 와이스의 논의에 덧붙여 공신력을 일차적 차원과 이차적 차원으로 분류하여 설명하고자 하였다. 관련한 논의를 간략하게 정리하면 표 〈7-1〉과 같다.

(1) 일차적 차원

가스와 사이터(Gass & Seither 1999)의 공신력에 대한 일차적 차원은 호블랜드와 와이스가 제시한 공신력의 구성요소와 일치한다. 즉, 가스와 사이터는 정보원의 공신력에 대한 일차적 차원을 크게 전문성과 신뢰성으로 구분했다.

전문성이란 설득 메시지를 제공한 정보원이 그 분야에 대해 잘 알고 있으며 정확한 지식을 가지고 있을 것으로 인식하는 정도를 말한다. 따라서 설득 메시지의 정보원은 자신이 주장하는 바에 대해서 잘 알거나 적어도 잘 아는 것처럼 보여야 한다. 때때로 정보원은 학위, 직함 또는 자격증 등을 수용자에게 제시함으로써 자신의 전문성을 높일 수 있다. 한 가지 흥미로운 사실은 특정 분야에서 전문성을 인정받은 정보원은 다른 분야에서도 전문성이 높다고 평가되기 쉽다는 것이다. 이러한 전문성의 특징은 후광효과로 설명할 수 있다. 한편 정보원에 대한 지식 편향은 전문성의 낮은 평가로 이어질 수 있다. 지식 편향은 주어진 문제에 대한 정보원의 지식이 편향되었기 때문에 신뢰할 만한

7-1 공신력을 측정하는 의미분별 척도 항목

일차적 차원		이차적 차원	
전문성	• 경험이 많은/경험이 적은 • 정통한/정통하지 않은 • 숙련된/숙련되지 않은 • 입증된/입증되지 않은 • 능숙한/능숙하지 않은 • 지능적/지능적이지 않은 • 전문적/전문적이지 않은	외향성	• 소심한/대담한 • 말이 많은/조용한 • 온순한/공격적인
		침착성	• 안정된/신경질적인 • 편안한/긴장된 • 평온한/걱정스러운 • 격하기 쉬운/차분한
신뢰성	• 정직한/정직하지 않은 • 믿음이 가는/믿음이 가지 않는 • 개방적인/폐쇄적인 • 정당한/정당하지 않은 • 공정한/불공정한 • 이기적이지 않은/이기적인	사회성	• 선량한/성마른 • 쾌활한/침울한 • 친절한/불친절한
		고취성	• 고취적인/고취적이지 않은
선의	• 상대를 배려하는/배려하지 않는 • 신경을 쓰는/무신경한 • 상대를 이해하는/이해하지 않는		

출처: McCroskey & Young 1981.

것이 못 된다고 느끼는 수용자의 신념을 말한다. 이글리 등(Eagly et al. 1978)은 정보원의 지식이 부분적이거나 편향적일 것이라는 사람들의 신념이 정보원의 전문성을 낮게 평가하는 요인이 된다고 설명한다.

신뢰성이란 정보원이 특정 주제나 이슈에 대해 아무런 사심 없이 순수한 동기를 바탕으로 그 자신의 입장, 생각 또는 의견 등을 솔직히 제시하고 있다고 사람들에게 받아들여지는 정도를 의미한다. 정보원이 자신의 분야에서 높은 전문성을 인정받는다 하더라도 정보원에 대한 신뢰성이 낮다면 설득 효과는 낮아지게 된다. 정보원에 대한 낮은 신뢰성 평가는 보고 편향과 밀접하게 연관된다. 보고 편향은 정보원이 개인적이거나 상황적 요인으로 인해 진실한 정보를 전달하지 않을 것이라고 느끼는 수용자의 신념을 말한다. 이글리 등(Eagly et al. 1978)

은, 정보원에 대한 보고 편향이 존재한다는 것은 곧 정보원에 대한 신뢰성이 떨어진다는 의미라고 강조하였다.

한편, 맥크로스키와 테번(McCroskey & Teven 1999)은 공신력을 논하는 과정에 **선의**(*good will*)의 개념을 고려할 필요가 있다고 주장했다. 선의는 상대방을 염려하고 진심에서 우러나온 관심을 보여 주는 것으로, 지각된 배려 혹은 진실성이라고도 볼 수 있다. 선의는 다른 사람의 생각이나 감정, 욕구에 대한 이해를 표명함으로써 드러난다. 또한 선의는 상대방이 처한 상황에 공감을 나타내는 것으로도 드러나며, 상대방의 커뮤니케이션 시도를 알아차리고 이에 반응하는 과정에서도 나타난다. 즉, 커뮤니케이션 과정에서 커뮤니케이터가 상대방을 위한다고 느끼게 하는 것이 선의라는 개념의 핵심이다.

선의는 정보원의 공신력 판단에 중요하게 작용한다. 전문적 지식이 많더라도 선의가 없다면 수용자는 정보원의 정보를 선별적으로 배제하고 커뮤니케이션 자체를 회피할 수 있다. 국가에 큰 재난이 발생했을 때 대통령 등 고위 공직자들이 피해자나 그 가족을 찾아가 위로를 표하는 것이 선의의 대표적인 예이다. 공감과 유감을 표명하는 것은 재난에 대해 보이는 전문성이나 신뢰성과는 무관한 것이다. 하지만 재난 피해자에게 진심으로 공감하는 이들의 모습을 통해 사람들은 이들을 공신력 있는 사람이라고 평가하게 된다. 이러한 맥락에서 맥크로스키와 테번은 선의의 반대 개념으로 악의적 의도가 아닌 '무관심'을 들기도 하였다.

(2) 이차적 차원

가스와 사이터는 공신력의 이차적 차원으로 외향성, 침착성, 사교성 그리고 고취성을 들고 있다. 공신력에 대한 이차적 차원의 구성요소들은 일차적 차원의 구성요소들보다 좀더 구체적인 커뮤니케이션 상황에 적용된다.

외향성은 정보원이 얼마나 활기차며 열정적인가를 판단하는 요소이다. 외향성은 상황에 따라 그 정도가 다르게 표출될 때 설득 효과를 높일 수 있다. 예를 들어, 케이블 TV의 각종 인포머셜에 출연하는 쇼 호스트는 원기왕성하고 적극적 말투와 행동으로 쇼를 진행해야 상품 구매를 유도할 수 있다. 이때 쇼 호스트가 무기력한 어투와 몸짓으로 쇼를 진행한다면 그 광고의 소구력은 결코 높을 수 없을 것이다. 하지만 필요 없는 상황에서 지나치게 외향적이고 적극적 태도를 보이는 것은 오히려 공신력을 떨어뜨릴 수 있다. 만약 뉴스 앵커가 뉴스를 전하는 과정에서 마치 쇼 호스트와 같은 말투와 행동을 한다면 사람들은 뉴스 앵커에 대한 공신력을 매우 낮게 평가할 것이다.

침착성은 정보원이 안정적으로 침착한 태도를 유지할 수 있는가에 대한 평가이다. 우리는 발표나 연설을 들을 때, 연사가 침착한 태도와 안정된 톤으로 정보를 전달할 것이라고 기대한다. 만약 정보원이 매우 긴장하여 불안정한 톤(어조)으로 정보를 전달한다면 우리는 상대적으로 이러한 정보원의 공신력을 낮게 평가하게 된다. 영화 〈007〉 시리즈의 주인공 제임스 본드나 추리소설 〈셜록 홈즈〉의 주인공 셜록 홈즈는 어떤 급박한 상황에서도 침착한 태도를 유지한다는 공통점이 있다. 이러한 태도는 그들의 모든 행동과 말에 신뢰감을 부여한다. 만약 제임스 본드가 매사 불안해하는 성격이거나 셜록 홈즈가 확신 없는 목소리로 추리를 진행했다면 우리는 이들 주인공에 대한 공신력을 높게 평가하지 않았을 것이다.

사회성은 정보원이 얼마나 친근하며 호감을 주는가에 의해 결정된다. 사회성이 높은 사람은 인기가 많고 여러 사람으로부터 좋은 평가를 받기 때문에 정보 수용자들은 그러한 사람을 잘 따르게 된다. 사회성은 특히 세일즈, 교육, 법률 그리고 사회사업 등과 같이 사람을 많이 다루며 공신력을 필요로 하는 분야의 사람들이 반드시 갖춰야 하는 특성으로 여겨진다.

고취성(inspiring)은 외향성과 비슷한 개념이나, 정보원 자신이 얼마나 활기차며 열정적인가가 아니라, 정보원이 수용자들을 얼마나 활기차고 열정적으로 만드는가 하는 것이다. 다시 말해 고취성은 정보원이 커뮤니케이션 과정에서 상대를 편안하게 함으로써, 상대방의 잠재력을 이끌어 낼 수 있는 능력을 말한다. 간혹 어떤 사람과 대화를 한 것만으로 큰 힘을 얻고 무엇이든 해낼 수 있을 것 같은 기분이 들 때가 있다. 이러한 느낌은 고취성이 높은 정보원이 커뮤니케이션 과정에서 나의 내재된 능력을 끌어낸 결과라고 볼 수 있다. 예를 들어, 정치 지식이 많은 사람과 대화를 한다고 하여 항상 정치적 이슈에 높은 관심을 갖게 되는 것은 아니다. 하지만 경우에 따라서는 정치 지식이 많은 사람과 대화를 통해서 정치적 이슈에 관심을 갖는 일이 매우 중요하게 느껴지거나 앞으로 정치적 이슈에 관한 행동에 적극적으로 참여해야겠다는 생각이 드는 경우가 있다. 이러한 경우가 바로 고취성이 높은 정보원과 커뮤니케이션을 한 결과라고 볼 수 있다.

4) 공신력의 지속성: 수면자 효과

공신력에 관한 많은 연구들은 설득의 효과를 단발적인 과정으로 간주하고 태도변화를 측정했다. 즉, 설득 메시지를 만든 직후 이것은 피험자들에게 보여 주고 그들의 태도를 측정하곤 했다. 그러나 설득의 효과는 시간이 지날수록 감소하기 마련이며, 사람들은 자신이 언제 누구를 통해 어떤 정보를 받았는지 명확하게 기억하지 못하는 경향이 강하다. 호블랜드 등(Hovland et al. 1949)은 사람들의 이러한 특성을 토대로 공신력의 지속성에 관한 수면자 효과를 제시하였다.

수면자 효과는 메시지를 처음 접한 초기에는 정보원의 공신력이 설득 정도에 큰 영향을 미치지만 일정 시간이 지나면 메시지와 정보원 간의 결합이 약해지면서, 결과적으로는 정보원의 영향력은 사라지고 인상 깊은 메시지 자체만을 기억하게 된다는 것이다. 이러한 수면자 효과의 가정에 따르면, 공신력이 낮은 정보원에 의해 메시지를 제공받은 사람들은 설득 메시지에 노출되고 난 직후보다 얼마간의 시간이 지난 후 설득 메시지에 대해 보다 긍정적인 태도를 갖게 될 수 있다.

예를 들어 '과일과 야채는 시장에 유통되기 전에 박테리아를 살균하기 위하여 방사선을 쬐어야 한다'라는 주장에 찬성하는 설득 메시지를 제시하였다고 가정해 보자. 한 집단의 사람들은 이 설득 메시지가 생물학자의 주장이라는 정보를 접했고, 다른 집단의 사람들은 이 설득 메시지가 농산물업계 관계자의 주장이라는 정보를 접했다. 이 경우 첫 번째 집단의 수용자들은 정보원에 대한 별다른 지식 편향이나 보고 편향이 가지고 있지 않을 가능성이 큰 반면, 두 번째 집단의 수용자들은 정보원에 대한 지식 편향과 보고 편향을 가지고 있을 가능성이 크다. 따라서 첫 번째 집단의 수용자들은 두 번째 집단의 수용자들보다 정보원의 공신력을 더 높게 평가하고, 설득 메시지에 대한 긍정적 태도를 갖게 된다.

하지만 일정 시간이 지나고 나면, 설득 메시지를 제공받았던 수용자들은 자신이 제공받았던 메시지를 작성한 사람이 누구였는지에 대한 정보를 잊게 된다. 즉, 정보원과 메시지와의 연합이 끊어지는 분리 과정을 거치면서, 설득 메시지 자체는 기억하지만 설득 메시지를 제공한 정보원이 누구인지는 기억을 못하게 되는 것이다. 결과적으로 첫 번째 집단의 사람들은 메시지에 노출되고 난 직후 높은 공신력의 효과로 메시지에 대해 매우 긍정적인 태도를 가지게 되지만, 시간이 지나 메시지 정보원을 지각하지 않게 됨으로써 메시지에 대한 긍정적 태도가 다

7-2 수면자 효과

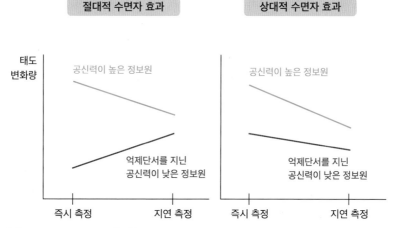

출처: Gass & Seiter 2003 재구성.

소 완화된다. 반면 두 번째 집단의 사람들은 메시지에 노출되고 난 직후 낮은 공신력의 효과로 메시지에 대해 매우 부정적 태도를 가지게 되지만, 마찬가지로 일정 시간이 지나 메시지 정보원을 지각하지 않게 됨으로써 메시지 자체에 대한 중요성을 인식하고 다소 긍정적인 방향으로 태도를 변화시키게 된다.

수면자 효과에 따르면, 정보원의 공신력과 무관하게 설득 메시지의 영향력은 일정 시간이 지나면 비슷한 수준이 된다. 따라서 설득 메시지를 통한 장기적인 태도변화를 유도하기 위해서는 기본적으로 설득 메시지를 잘 구성하는 것이 매우 중요하다는 사실을 알게 된다.

후속 연구들에 의해서 수면자 효과는 절대적 수면자 효과와 상대적 수면자 효과로 구분되었다. 절대적 수면자 효과는 앞서 설명한 수면자 효과와 원리가 같으며 많은 연구자들이 이를 지지하는 연구결과를 발표했다. 한편, 공신력이 높은 정보원에게 메시지를 제공받은 사람들의 태도변화 수준은 지속적으로 감소하고 공신력이 낮은 정보원에게 메시지를 제공받은 사람들의 태도변화 수준은 지속적으로 증가하게 된다는 절대적 수면자 효과의 가정과 달리, 상대적 수면자 효과는 애당초 설득 메시지의 효과 그 자체는 시간이 흐를수록 감소할 수밖에 없다고 가정한다. 즉, 상대적 수면자 효과는 공신력이 높은 정보원의 메시지와 공신력이 낮은 정보원의 메시지 모두 시간이 지날수록 처음보다 설득 효과가 떨어질 수밖에 없음을 강조한다. 다만, 상대적 수면자 효과는 공신력이 낮은 정보원으로부터 메시지를 제공받은 사람들보다 공신력 높은 정보원으로부터 메시지를 제공받은 사람들에게서 시간의 흐름에 따른 설득 효과의 감소 추세가 더 심하게 나타난다고 주장한다.

5) 정보원의 공신력이 설득에 미치는 영향

수면자 효과가 커뮤니케이션 상황에서 공신력의 지속적인 영향력을 다소 부정적으로 평가하기는 하지만, 단시일 내에 일어나는 설득 상황에서 공신력은 여전히 매우 중요한 커뮤니케이션 요소이다. 프랫카니스와 아론슨(Pratkanis & Aronson 2001)에 따르면 공신력은 처음부터 주어지는 것이 아니라 만들어지는 것이며, 사람들은 연출된 공신력에 의해 영향을 받게 된다고 주장하였다. 그렇다면 공신력은 어떻게 형성되며 수용자에게는 어떠한 영향을 미칠까?

(1) 공신력 있는 커뮤니케이터

미술 작품에 대한 의견을 변화시키는 데는 유명한 화가나 미술비평가의 의견이, 청소년 비행에 관한 태도를 변화시키는 데는 가정법원 판사의 의견이 다른 사람들보다 더 효과적이다. 이 경우에서 화가나 가정법원의 판사가 더 큰 영향력을 발휘하는 이유는 무엇일까? 우리는 앞선 논의를 토대로 화가나 가정법원의 판사가 전문성과 신뢰성을 갖춘 공신력 있는 정보원으로 지각되었을 것이라고 추측할 수 있다. 하지만 우리는 정보원의 공신력에 대한 평가가 절대적이지는 않으며, 같은 정보원이라도 수용자가 이 사람의 공신력을 어느 정도로 지각하느냐에 따라 설득 메시지의 효과가 달라질 수 있다는 사실을 확인했다. 정보원의 주변 속성은 수용자가 정보원의 공신력을 평가하는 데 생각보다 큰 영향을 미친다. 수용자는 정보원의 인종이나 외모 등과 같은 주변적 속성을 토대로 이들의 영향력을 실제보다 과대평가하거나 과소평가할 수 있다.

만약 모든 사람이 합리적 선택을 한다면 강사의 강연 내용이 학생들에게 미치는 영향 정도는 강사의 피부색이나 매력도와 상관없이 모두 동일해야 할 것이다. 하지만 학생들은 백인이나 흑인 혹은 다른 유색 인종에 대한 편견의 정도에 따라 큰 영향을 받으며 강사를 얼마나 매력적인 사람으로 지각하느냐에 따라서도 설득 정도에 큰 영향을 받는다. 이러한 반응은 대개 도덕적으로 올바르지 않다고 여겨진다. 하지만 설득 메시지를 수용하는 과정에서 정보원이 지닌 주변적인 속성을 함께 고려하는 것은 거의 무의식적 수준에서 매우 즉각적으로 일어나는 일이기 때문에, 이를 완벽히 통제하기는 사실상 매우 어렵다.

그러다 보니 마케터들은 종종 광고의 효과를 높이기 위해 정보원의 주변적 요인을 적극적으로 활용하는 전략을 사용하기도 한다. 예를 들어, 투병 경험이 있는 연예인을 금연 캠페인 광고모델로 채택하거나, 드라마에서 경찰 역을 맡았던 배우를 음주운전의 위험성을 경고하는 캠페인 광고모델로 채택하는 경우 등을 들 수 있다. 투병 경험이 있는 연예인이나 드라마에서 경찰 역을 맡았던 배우라고 해서 금연이나 음주운전에 대해 일반 시청자나 실제 전문가보다 더 많이 아는 것은 아니다. 그러나 사람들은 투병 경험이 있는 연예인의 경험을 공유하거나 드라마의 역할과 배우를 동일시하는 과정을 통해 이들에 대한 높은 수준의 공신력을 갖게 된다.

(2) 매력적인 유명인의 영향력

‘완판남’, ‘완판녀’라는 말이 있다. 자신이 광고하는 제품이나 출연한 프로그램에서 착용한 옷이나 액세서리가 단기간에 높은 판매율을 보이는 연예인에게 붙는 수식어다. TV에서 연예인이 착용한 제품이 폭발적인 판매율을 보이는 것은 사람들이 그 연예인을 해당 제품에 관한 신뢰할 만한 전문가라고 생각해서가 아니다. 사람들은 단순히 연예인이 제품을 착용한 모습을 매력적이라고 느끼고, 자신이 해당 제품을 착용했을 때의 모습을 상상하며 이를 구매하는 경우가 대부분이다.

사람들은 타인이라면 몰라도 자기 자신만큼은 단순하게 유명인사의 광고에 설득당하지 않을 것이라고 확신한다. 그러나 실제로 대부분의 사람은 매력적이고 호감이 가는 모델이 광고하는 제품을 무의식적으로 선택하곤 한다. 따라서 효과적인 광고를 기획하는 과정에서 모델의 전문성이나 신뢰성만큼 모델이 지닌 인간적인 매력과 호감의 정도를 고려하는 것이 매우 중요하다.

사람들은 매력 있는 유명인이 모델로 등장하는 제품을 구입함으로써 유명인과 자신을 동일시하고 자신의 자아를 향상시킨다. 즉, 인기 있는 축구선수가 광고하는 운동화를 신으면서 ‘나도 저 축구선수처럼 멋지게 경기장을 누빌 거야’라고 생각하는 것이다. 광고주들은 이 같은 사람들의 속성을 이용하여 그들이 팔고자 하는 상품에 **퍼스낼리티**를 부여한다. 아침식사로 커피를 마시고 베이글을 먹는 것에는 ‘뉴요커와 같은 세련됨’을, 여자들이 담배를 피우는 것에는 ‘자유를 추구하는 진취성’을 부여하는 것이 그 예이다. 스핀 닥터(*spin doctor*)와 같은 여론조작가나 PR 전문가들은 정치인에게도 매력적인 퍼스낼리티를 부여하곤 한다. 이러한 과정을 통해 정치인들은 그들의 이미지를 창조하고, 유권자들은 정치인의 이미지를 지지함으로써 때로 애국자가 되기도 하고 보다 강하고 숭고한 인물이 되기도 한다.

단, 정보원이 지나치게 매력적일 경우 메시지에 대한 수용자의 집중이 분산되어 오히려 설득 효과가 감소할 수 있다는 점은 주의할 필요가 있다. 지나치게 매력적인 정보원이 제공하는 메시지는 정보원에 대한 수용자의 질투심을 자극하여 메시지에 대해 무조건적인 부정적 인식으로 이어질 수도 있다. 또한 정보원의 매력도는 굉장히 역동적이기 때문에 정보원의 매력도에서 형성된 메시지에 대한 긍정적 인상 역시 가변적인 경우가 많다. 따라서 설득 메시지 제작에 유명인의 매력도를 적극적으로 활용하려는 광고주는 이러한 점에 유의하여, 수용자가 지각하는 모델의 매력도 변화에 대해 보다 예민하게 반응할 필요가 있다.

6) 공신력을 높이기 위한 방법

정보원이 지지하는 입장이 정보원의 이익에 반대되는 경우, 수용자들은 정보원의 공신력을 더 높게 평가하는 경향이 있다. 즉, 정보원이 수용자의 지식 편향이나 보고 편향에 반대되는 주장을 하면 그렇지 않은 것보다 정보원에 대한 공신력이 커진다. 결과적으로 성공적인 설득을 위해서 정보원은 자신의 의견이 특정 방향으로 편향되지 않고 믿어도 되는 사람이라는 인상을 심어주어야 한다.

《한비자》의 〈세난〉(說難) 편에 등장하는 다음의 이야기는 정보원이 자신을 신뢰할 수 있는 사람으로 보이게 하는 것이 설득에서 얼마나 중요한지 보여 준다(Oliver 1971).

호나라를 공격하고 싶었던 오나라 왕은 자신이 가장 신임하는 신하에게 백성들 앞에서 '호나라를 공격해야 한다'고 주장하도록 시켰다. 그 후 오나라 왕은 자신이 호나라를 공격할 의사가 없음을 극적으로 알리기 위하여 그 신하를 죽였다. 이것을 보고 호나라는 오나라 왕을 신뢰할 만한 인물이라고 판단하고, 오나라에 대한 무장을 해제하였다. 그러자 오나라 왕은 이 틈을 이용하여 즉각적인 기습공격으로 호나라를 정복하였다.

오나라 왕이 자신이 가장 신임하는 신하를 죽인 일은 호나라 왕이 오나라 왕에게서 기대한 행동에 반하는 것이었다. 즉, 오나라 왕 스스로의 이익에 반하는 행동으로, 호나라 왕이 기대한 보고 편향에 반하는 것이었다. 오나라 왕은 호나라 왕의 보고 편향에 반하는 행동을 통해 호나라 왕이 자신을 신뢰할 수 있도록 한 것이다. 하지만 오나라 왕이 신하를 죽이면서까지 호나라를 침범할 의향이 없음을 보인 것은 오나라 왕의 실제 태도가 아니라는 점에서, 설득 과정에서 정보원은 자신의 목표를 달성하기 위하여 거짓된 태도와 행동을 보일 수도 있다는 점을 알 수 있다.

상대방이 자신을 설득하려는 것이 아니라고 생각할 때, 메시지 수용자는 메시지에 대한 선입견을 버리게 되고 상대에 대한 신뢰도가 증가한다. 대표적으로 사람들은 우연히 어떤 사실을 엿듣게 될 때 그 메시지를 쉽게 믿는 경향이 있다. 이는 자신이 메시지를 전달받은 상황이 정보원도 모르게 진행된 것이고 정보원의 메시지에는 자신에게 해가 될 만한 악의적인 의도가 전혀 없다고 생각하게 되기 때문이다. 때로 잘 짜인 설득 메시지보다 사람들의 입소문이나 인터넷의 구전 마케팅 전략이 더욱 효과적인 이유가 바로 여기에 있다.

진짜로 공신력을 갖기보다 공신력이 있는 것처럼 꾸미는 편이 더 쉽다. 실제로 정치 여론 조사자나 이미지 컨설턴트들은 이벤트를 연출하여 정치 후보자 자신보다도 후보자 이미지에 투표하도록 유권자를 부추긴다. 정치인들이 선거철이 되면 재래시장을 방문하여 사람들과 함께 국밥을 먹는다거나 작업복을 입고 산업 현장을 방문하는 것 등이 모두 이러한 공신력 만들기의 일환이다. 또한 정치 토론장에서 정치적 쟁점에 대한 자신의 생각을 밝히는 것이 아니라 예능 프로그램에 출연하여 자신이 살아온 인생 이야기를 하는 것 역시 다양한 유권자층에게 호감을 얻음으로써 공신력을 만들기 위한 수단 중 하나이다. 공신력을 만들기 위해 매우 다양한 방법이 동원되지만, 여기에서는 크게 두 가지로 나누어 설명하고자 한다.

의사사건 만들기

기업의 임원들이 공장에 가서 작업복을 입고 일을 하고 정치인들은 TV 프로그램에서 악기를 연주한다. 이처럼 뉴스 미디어에 보도되는 것을 목적으로 계획된 이벤트를 '의사사건'(*pseudo-event*)이라고 한다. 잘 꾸며진 의사사건은 정치인들로 하여금 긍정적 이미지를 갖게 하고, 유권자들로 하여금 그들에 대한 호감을 갖게 한다.

의사사건은 광고 분야에서도 활발하게 이용된다. 1957년 빌 카터슨(Bill Kaduson)이란 사람이 아이젠하워 대통령의 67세 생일을 축하하기 위하여 67년 묵은 1만 달러짜리 프랑스 코냑을 선물하였다. 당시 〈워싱턴 데일리 뉴스〉는 코냑 사진과 함께 이를 크게 보도했고, 해당 제품의 매출이 급격히 증가하게 되었다. 그러나 빌 카터슨이 아이젠하어 대통령에게 코냑을 선물한 것은 미국 주류시장에 진입하고자 했던 프랑스 코냑회사의 계획된 행동이었다는 점이 이후 밝혀졌다. 프랑스 코냑회사는 빌 카터슨을 고용하고 적합한 이벤트를 계획하여 자사의 제품이 언론에 홍보되기를 계획한 것이다.

의사사건으로 만들어진 공신력은 자칫 잘못된 인물 숭배로 이어질 수 있다. 사람들은 중요한 이슈에 대해 스스로 생각하기보다 공신력이 있다고 믿는 지도자에게서 해결책을 구하는 경우가 많다. 예를 들어, 언론사들은 대통령 후보자 간의 토론이 끝난 후 그것을 분석한다. 일부 언론사는 정치인의 공약이나 정치적 쟁점 사안과 같은 본질적인 것에 집중하기보다 후보들이 어떤 옷을 입었는지, 어떤 제스처를 사용했는지, 다른 후보자를 몇 번이나 쳐다보았으며, 자신이 준비한 자료는 몇 번이나 들여다보았는지 등에 더 집중한다. 즉, 누가 더 대통령다워 보이는지 혹은 복잡한 이슈를 당황하지 않고 더 능숙하게 다루는지 등 피상적인 것에 대해 논한다. 쟁점의 핵심에 집중하지 않는 이러한 보도 방식은 특정 후보에 대한 맹목적인 지지를 이끌어 냄으로써 결과적으로 인물 숭배를 조장한다.

호감 유도하기

커뮤니케이션 상황에서 호감은 매우 중요한 요소이다. 호감의 개념은 앞서 설명했던 매력과는 조금 다른 차원으로 이해될 필요가 있다. 일반적으로 매력은 정보원의 신체적 측면과 같은 외적 요인에 의해서 얻어지는데, 호감은 정보원의 성격적 측면과 같은 내적 요인으로 얻어진다. 사람들은 호감 가는 정보원이 잘못을 할 경우 이를 상대적으로 더 쉽게 용서하는 경향이 있다. 반면 수용자가 좋아하지 않는 정보원은 어떤 전략을 구사해도 수용자를 설득하기 힘들다. 그렇다면 사람들의 호감을 얻기 위해서는 어떻게 해야 하는가? 정보원은 우선 청중이 생각하는 것(여론조사를 통해 알아냄)을 말해야 한다. 그리고 사람들을 편안하게 만들어야 하고 상황을 자신에게 유리하도록 통제해야 한다 (Ailes 1988).

7) 공신력의 유형

사람들이 정보원이 제공하는 메시지를 수용하는 것은 메시지가 정말로 타당하다고 믿기 때문이기도 하지만, 때로는 정보원의 권위나 정보원과의 유사성 같은 메시지 외적인 이유 때문인 경우도 많다. 따라서 사람들이 메시지를 수용하도록 하기 위해서는 메시지의 내적인 공신력뿐 아니라 메시지를 제공하는 정보원과 관련한 외적인 공신력도 함께 고려해야 한다.

(1) 외적 공신력

외적 공신력은 정보원이 갖는 공신력을 의미한다. 외적 공신력의 대표적 요인으로 권위와 반(反)권위를 들 수 있다. 사람들은 상식에 반하는 정보를 들었을 때 이를 잘 수용하지 않는다. 하지만 정보의 출처가 정부기관이나 공신력 있는 협회와 같은 권위 있는 기관이라면, 이 메시지는 좀더 쉽게 수용하게 된다. 이때 권위 있는 정보원은 정보에 대한 믿음을 향상시키는 결정적 이유가 된다. 그러나 때로는 오히려 권위를 탈피한 정보원이 설득 메시지의 효과를 더 높이기도 한다. 반권위적 정보원을 활용하는 가장 대표적인 방식은 설득 메시지의 핵심과 유사한 경험을 가진 사람을 정보원으로 활용하는 것이다. 때로 오랜 투병 생활을 한 사람이 전달하는 메시지는 그 병에 대한 실제적인 권위를 가지고 있는 의사의 메시지보다 더 효과적일 수 있다. 또한 각고의 노력 끝에 마침내 빚을 청산하고 재기에 성공한 청년 사업가의 메시지는 재벌 총수의 메시지보다 더 효과적일 수 있다. 이렇듯 설득 메시지의 효과는 권위적인 정보원이 메시지를 전달하는 상황에서 더 높게 나타나기도 하고, 반권위적인 정보원이 메시지를 전달하는 상황에서 더 높게 나타나기도 한다. 따라서 커뮤니케이션 전략을 짜는 과정에서 메시지 전달에 적합한 정보원의 권위 정도가 무엇인지 심사숙고할 필요가 있다.

(2) 내적 공신력

내적 공신력은 메시지가 내포하는 공신력을 말한다. 메시지에 대한 확신이 항상 정보원의 외적 공신력을 통해 만들어지는 것은 아니다. 잘 짜인 설득 메시지는 그 자체로 공신력을 갖는다. 내적 공신력을 높이기 위한 몇 가지 전략이 있다.

첫째, 추상적 설명보다 **관련한 세부사항을 자세히 묘사**하는 편이 메시지 공신력 증가에 더 효과적인 방법이다. 세부사항이 자세히 묘사되면 메시지가 더욱 현실적이고 믿을 만한 것으로 보인다.

둘째, 메시지를 구성하는 과정에서 **통계 수치를 적극적으로 활용**하는 것이 좋다. 지나치게 많은 통계적 수치는 수용자를 피곤하게 한다. 하지만 이를 전략적으로 사용하면 오히려 메시지의 공신력을 증가시킨다. 통계 수치는 구체적인 숫자로 제시되는 편이 좋다. 이를 테면 '거의 모든 치과의사가 선택한 치약'이라는 문구보다 '치과의사 10명 중 9명이 선택한 치약'이라는 문구가 더 높은 공신력을 얻게 된다.

셋째, 메시지 구성에 **시나트라 테스트를 통과한 실제 예시를 활용**하는 것이다. 시나트라 테스트(sinatra test)는 '여기서 성공한 경험이 있다면 다른 곳에서도 반드시 성공할 수 있다'는 메시지를 담는 것을 말한다. 이를테면 '까다로운 서울 시내에서 운전을 해봤다면 고속도로 운전도 문제없이 할 수 있다'라거나 '전쟁 이후의 경제적 어려움을 이겨 낸 우리 국민이라면 지금의 경제적 어려움 정도는 손쉽게 극복할 수 있다'라는 식의 메시지를 구성하는 것이다. 시나트라 테스트를 이용한 사례는 비교 대상이 되는 '더 어려운 일'을 토대로 '비교적 손쉬운 일'과 관련한 새로운 메시지를 제시함으로써 메시지에 대한 높은 공신력을 획득할 수 있다.

마지막으로 **검증 가능한 신용을 제시하는** 방법이 메시지의 내적 공신력을 높이는 방법이 될 수 있다. 검증 가능한 신용을 제시한다는 것은 메시지의 실제 장점에 초점을 맞추어 수용자가 이를 직접 확인하도록 권하는 것이다. 예를 들어, 정치인들은 선거기간에 '5년 전보다 지금 더 행복하십니까?' 등의 문구를 앞세워 구체적인 통계 수치 없이 청중을 설득하고 공신력을 확보하는 전략을 사용하곤 한다. 이러한 전략은 국민들이 메시지를 통해 5년 전의 생활과 현재의 생활을 직접 비교하도록 함으로써 이전보다 나은 삶을 살기 위해서는 새로운 선택을 해야 한다고 결심하도록 유도한다.

지금까지 살펴본 바와 같이, 커뮤니케이터의 공신력은 설득을 좌우하는 중요한 요소이다. 하지만 현대사회에서는 실제로 공신력을 갖기 위해 노력하기보다 공신력이 있어 보이도록 하는 데 더 많이 치중하는 경향이 있다. 이제 공신력은 만들어 사고팔 수 있는 상품이 되었다. 대부분의 사람은 연출된 공신력에 의해 영향을 받는다. 결국 신중하고 사려 깊은 설득보다 감정과 편견에 의한 프로파간다(선전)가 증가하게 된다.

2. 커뮤니케이터의 유사성

유사성은 메시지 수용자가 정보원을 자신과 비슷하다고 인식하는 정도를 말한다. 선거철에 정치인들이 시장을 방문하여 사람들과 함께 국밥을 먹거나 대중교통을 이용하여 출퇴근하는 모습을 보이는 것은 자신이 일반 시민과 다를 바 없는 사람임을 강조하기 위한 유사성 전략이다. 유사성은 이질성과 함께 태도변화를 설명하는 주원인일 뿐 아니라 정보원의 공신력 평가에 핵심적인 역할을 한다.

1) 유사성의 유형

일반적으로 유사성은 수용자가 정보원에 대해서 인식하는 개념으로, 정보원 평가의 기준이 되는 중요한 속성 중 하나이다. 유사성은 그 성격에 따라 다양하게 구별할 수 있다. 여기서는 시몬 등(Simon et al. 1970)과 맥크로스키 등(McCroskey et al. 1970)이 수행한 유사성의 유형을 살펴보고자 한다.

시몬 등은 정보원의 유사성을 구성원 유사성과 태도적 유사성으로 나누어 분석했다. **구성원 유사성**은 정보원이 수용자 자신과 같은 모임, 같은 사회 또는 같은 국가에 소속되어 있다고 인식하는 것이다. 반면에 **태도적 유사성**은 어떤 사안에 대해서 정보원이 수용자 자신과 비슷한 태도, 가치, 의견을 가지고 있을 것이라고 기대하는 것이다.

맥크로스키 등은 유사성의 개념을 더 세분화하였다. 구체적으로 이들은 유사성을 **태도, 도덕관, 배경, 외모**로 나눴다. 메시지 수용자는 자신이 정보원과 같은 태도를 가지고 있는지를 알아보기 위해 주의를 집중하는 경향이 있다. 수용자는 정보원에 대해 '저 사람의 품행은 나와 비슷한가?', '저 사람의 사회적 배경은 나와 비슷한가?', '저 사람은 외적으로 나와 닮았는가?'와 같은 생각을 끊임없이 한다. 특히 네 가지 종류의 유사성 중에서 태도와 도덕관은 수용자 자신과 정보원의 유사성을 평가하는 데 가장 핵심적인 역할을 한다.

메시지 수용자들은 정보원의 태도가 자신과 유사하다는 것을 다양한 방법을 통해서 알 수 있다. 우선 정보원이 자신의 태도를 직접적으로 전달하는 방법이 있다. 둘째로, 수용자들이 제3자를 통해 정보원의 태도에 대한 정보를 얻게 되는 경우도 있다. 마지막으로 수용자들이 정보원의 학력, 나이, 직업 혹은 성격 등을 통해 자신들과 태도 유사성을 추론하는 방법이 있다.

2) 유사성에 관한 연구

유사성은 태도변화에 많은 영향을 미친다. 따라서 보통 정보원과 수용자 사이의 유사성이 높으면 설득 효과도 높으리라 기대한다. 하지만 다양하고 역동적인 설득 커뮤니케이션 상황에서는 때로 낮은 유사성, 즉 높은 이질성이 태도변화에 더 효과적인 경우도 있다. 높은 수준의 유사성이 설득에 미치는 영향에 대한 연구들은 다소 혼재된 결과를 제시한다. 즉, 어떤 연구는 유사성이 높을수록 설득 효과가 높아진다고 주장하는 반면, 다른 연구는 유사성이 높을수록 오히려 설득 효과가 낮아진다고 주장한다. 한편 유사성이 실제로는 설득에 아무런 영향을 미치지 않는다는 연구결과도 있다.

그러나 유사성에 관한 다양한 연구는 공통적으로 유사성이 다른 요소들과 함께 상호작용하여 태도변화에 영향을 미칠 것이라고 가정한다. 여기에서는 유사성이 호감도, 전문성, 신뢰성에 미치는 영향에 대해서 조금 더 살펴보자.

호감도

태도적 유사성은 정보원에 대한 호감도를 높인다. 즉, 정보원이 자신과 비슷한 태도라고 인식하면, 메시지 수용자는 정보원에 대해 더 큰 호감을 갖게 된다. 궁극적으로, 이렇게 형성된 호감도는 설득 효과를 높이는 데 긍정적으로 작용한다.

전문성

때때로 유사성은 전문성과 관련을 맺고 태도에 영향을 미친다. 유사성과 전문성의 관계 연구는 쉽게 일반화할 수 없다. 따라서 여기에서는 유사성과 전문성의 관계를 실증적 연구결과와 함께 소개하고자 한다.

첫째, 수용자와 정보원의 유사성이 설득의 메시지와 연관되어 있으면 수용자는 정보원의 전문성을 높이 평가하게 된다(Swartz 1984). 다시 말해, 정보원과 수신자 사이에 인구사회학적 유사성이 있다고 해도 이것이 전달되는 메시지와 실질적으로 아무런 상관이 없다면, 이는 수용자의 태도변화에 큰 영향을 미치지 못한다(Berscheid 1966). 예를 들어, 컴퓨터 판매원이 고객과 정치적 견해가 같다는 사실을 강조한다면 이는 판매에 별다른 영향을 미치지 못한다. 반면 판매원이 컴퓨터에 대한 고객의 태도(가령 어떤 문서작성 소프트웨어가 다루기 쉽고 어떤 것은 어렵다는 등)가 자신과 비슷하다는 것을 밝히고 이에 공감하는 모습을 보여 주면, 판매원의 전문성은 높게 평가되고 판매 가능성도 높아지게 된다.

둘째, 정보원과 수용자가 메시지 주제에 대해 유사한 수련과정을 거쳤을 때 두 사람 사이의 유사성은 오히려 정보원에 대한 전문성 평가와 설득 효과를 감소시킨다(O'keefe 2002). 만약 수용자가 자신이 정보원과 비슷한 수련과정을 거쳤다는 것을 알게 되면 '나도 이 분야에서 정보원이 아는 만큼은 알고 있다'고 생각하게 된다. 이러한 생각은 자연스럽게 정보원의 전문성을 낮게 평가하는 결과로 이어진다. 한편 수용자가 자신이 정보원과 이질적 수련과정을 거쳤다고 판단하면(이질성) 상황은 정보원에 대한 전문성의 평가 수준을 높일 수도 있고 낮출 수도 있다. 만약 수용자가 정보원이 훌륭한 수련과정을 거쳤다고 판단하면 정보원의 전문성을 높이 평가할 가능성이 크다. 그러나 수용자가 정보원이 빈약한 수련과정을 거쳤다고 판단하면 정보원의 전문성을 오히려 낮게 평가할 것이다.

셋째, 수용자가 지각하는 유사성은 여러 상황적 요소와 결합하여 수용자들의 전문성 판단에 영향을 준다. 델리아(Delia 1975)는 미국 남부 억양을 가진 피험자들을 둘로 나눈 뒤, 첫 번째 집단의 피험자들에게는 남부 억양을 가진 정보원의 연설을, 두 번째 집단의 피험자들에게는 표준영어를 구사하는 정보원의 연설을 듣게 했다. 또한 표준영어를 구사하는 피험자들 역시 둘로 나눈 뒤, 첫 번째 집단의 피험자들에게는 남부 억양을 가진 정보원의 연설을, 두 번째 집단의 피험자들에게는 표준영어를 구사하는 정보원의 연설을 들려주었다. 이때 실험에 사용된 메시지 주제는 미국 남부 주지사에 관한 것이었다. 그 결과 남부 억양을 가진 피험자들(유사성 집단)과 표준영어를 구사하는 피험자들(이질성 집단) 모두에게서 남부 억양을 가진 정보원의 메시지가 더 설득력이 있는 것으로 나타났다. 정보원의 메시지 주제가 남부 주지사에 관한 것이었던 만큼, 피험자들은 남부 억양을 가진 남부 출신의 정보원이 그렇지 않은 정보원보다 상황에 대해 더 잘 알고 있다고 생각한 것이다. 즉, 피험자들은 정보원과 자신의 유사성 정도보다 출신, 즉 정보원의 전문성을 더 중요한 요인이라고 보았다. 이러한 결과는 모든 상황에서 유사성이 설득 효과의 증대를 가져오는 것은 아니며, 이질성이 설득 효과의 감소를 유발하는 것 또한 아님을 암시한다.

신뢰성

수용자가 인식하는 유사성은 정보원의 신뢰성에도 영향을 미치지만 유사성이 항상 신뢰성을 높이는 것은 아니다. 때때로 수용자는 자신과 유사한 정보원보다 자신과 이질적인 정보원의 신뢰성을 더 높게 평가하기도 한다.

델리아(Delia 1975)는 앞서 언급한 유사성과 전문성에 관한 실험을 더 정교화하여 미국 남부 억양을 가진 정보원이 남부 주지사에 관해서 우호적 메시지를 전달하는 상황과 적대적 메시지를 전달하는 상황을 설정했다. 그 결과, 남부 억양을 가진 피험자들은 남부 억양의 정보원 (유사성이 높은 정보원)이 주지사에 대해서 우호적 메시지를 전달할 때 보다 적대적 메시지를 전달할 때 정보원의 신뢰성을 더 높게 평가했다. 한편, 표준영어를 구사하는 피험자들 역시 남부 억양의 정보원(이질성이 높은 정보원)이 주지사에 대해서 우호적 메시지를 전달할 때보다 적대적 메시지를 전달할 때 정보원의 신뢰성을 더 높게 평가했다. 이 실험에서 피험자들은 남부 억양을 가진 남부 출신 정보원이 남부 주지사에 대해서 우호적 메시지를 전달할 것이라는 지식 편향을 갖고 있었다. 따라서 남부 억양을 가진 정보원이 남부 주지사에 대한 긍정적 메시지를 전달했을 때는 유사성이 높은 피험자(남부 억양을 가진 피험자들)조차 정보원의 신뢰성을 높게 평가하지 않았다. 하지만 남부 억양을 가진 정보원이 전달하는 남부 주지사에 대한 적대적인 메시지는 피험자들의 지식 편향에 대한 기대를 깨트림으로써 정보원에 대한 신뢰성을 높게 평가하는 요인으로 작용한 것이다.

앞에서 살펴본 바와 같이 높은 수준의 유사성이 항상 태도변화에 효과적이지는 않다. 정보원과 수용자 간의 유사성의 수준은 다양하고, 역동적 설득 커뮤니케이션 상황에서 태도변화에 긍정적일 수도 있고 그렇지 않을 수도 있다.

3. 수용자의 특성

정보원의 특성을 파악하는 것만큼 설득의 대상, 즉 피설득자의 특성을 파악하는 것 또한 매우 중요한 연구 주제다. 설득 커뮤니케이션에서 메시지의 효과는 정보원에 따라 달라지기도 하지만 수용자에 따라 달라지기도 한다. 조금 더 구체적으로, 커뮤니케이션 과정에서 동일한 정보원이 동일한 메시지를 동일한 방식으로 전달한다 하더라도 이를 받아들이는 수용자에 따라 커뮤니케이션의 결과는 다를 수 있다.

분야에 따라 수용자는 그 명칭이 조금씩 다르다. 예를 들어, 신문의 수용자는 구독자가 되고, 라디오의 수용자는 청취자, TV의 수용자는 시청자가 된다. 뿐만 아니라 광고 분야의 수용자는 소비자가 되고, 정치 선거 캠페인에서 수용자는 유권자가 된다.

1) 수용자에 대한 인식의 변화

초기 커뮤니케이션 연구에서 수용자는 정보원이 전달하는 메시지를 받기만 하는 수동적인 존재로 지각되었다. 대표적으로 매스미디어 효과에 관한 초기 모델인 '탄환이론'에서 수용자는 매스미디어가 전달하는 메시지를 즉각적이고 획일적으로 받아들이는 무비판적 존재로 가정되었다. 탄환이론은 수용자를 수동적이고 원자화된 존재로 인식하고, 매스미디어의 메시지에 쉽게 설득되고 조작되는 존재라고 보았다. 그러나 탄환이론 이후 제시된 많은 매스미디어 효과이론들은 수용자가 단순히 수동적이기만 한 존재가 아님을 증명하였다. 대표적으로 미디어의 '이용과 충족 이론'은 사람들이 저마다의 동기에 따라 미디어를 선택적으로 이용할 뿐 아니라 미디어 이용을 통해 수용하는 정보의 유형과 종류도 다양하다는 사실을 밝혔다.

여러 연구자들은 항상 수동적이지 않으며 충분히 능동적인 수용자의 특성을 개념화하려고 시도하였다. 이때 수용자는 이미 그 자체로 받아들인다는 의미를 갖게 때문에, 여기에 '능동적'이라는 표현을 더해 '능동적 수용자'라는 용어를 사용하게 되었다. 여기서는 바우어(Bauer 1964)가 제시한 '완고한 수용자'의 개념과 비오카(Biocca 1988)가 제시한 '능동적 수용자'의 차원을 살펴보려 한다.

(1) 완고한 수용자

바우어(Bauer 1964)는 수용자가 능동적인 존재일 뿐 아니라 경우에 따라서 매우 완고하고 불복종적인 성격을 갖는다고 보았다. 그가 설명하는 수용자의 성격은 다음과 같다. ① 수용자는 커뮤니케이션 과정에서 정보원과 적극적으로 상호작용하면서 커뮤니케이션 메시지를 단절, 굴절, 변형시키는 중재자의 역할을 한다. ② 수용자는 제공되는 모든 메시지를 수신하는 것이 아니라 주어진 정보 중 일부만을 선별적으로 수용하는 정보처리자의 속성을 갖는다. ③ 때로 수용자는 정보원의 주장에 쉽게 동조하기도 하지만, 또 한편으론 자신의 자아를 적극적으로 방어하고자 하는 자아방어자의 속성을 토대로 정보원의 주장을 적극적으로 반박하기도 한다. ④ 경우에 따라서 수용자는 문제 해결을 위해 적극적이고 능동적으로 정보를 추구한다. 따라서 커뮤니케이션 효과를 예측하기 위해서는 '수용자가 메시지로 무엇을 하려고 하는가?'라는 질문에 먼저 집중할 필요가 있다. ⑤ 수용자는 다른 사람들과의 사회적 관계 속에서 메시지를 수용하고 이에 대해 반응한다. 수용자가 메시지를 독립적으로 처리하지 않는다는 사실은 수용자가 소속된 집단이 무엇인지에 따라 커뮤니케이션 효과가 달라질 수 있음을 시사한다.

(2) 능동적 수용자

비오카(Biocca 1988)는 이용과 충족 이론을 토대로 수용자의 능동성을 설명한다. 이용과 충족 이론은 미디어의 이용 자체가 수용자의 욕구를 기반으로 일어난다고 본다. 따라서 이 이론에서는 굉장히 높은 수준의 수용자 능동성을 가정하는데, 이때 수용자의 능동성 정도는 개개인의 동기와 욕구에 따라 가변적일 수 있다. 비오카는 수용자의 능동성이 선택성, 실용성, 의도성, 저항성, 관여성의 다섯 가지 특성에 따라 달라질 수 있다고 설명하였다.

선택성: 미디어와 콘텐츠를 선별적으로 채택하는 경향이 클수록 능동적인 수용자라고 할 수 있다. 미디어 이용은 그 의도에 따라 도구적 시청과 의례적 시청으로 구별할 수 있다(Perse & Rubin 1990). 도구적 시청은 특정한 목적을 가지고 미디어를 이용하는 것을 말하는 반면, 의례적 시청은 시간을 보내거나 주의를 돌리기 위해서 습관적으로 이용하는 것을 말한다. 따라서 단순히 미디어의 이용 시간이 많다고 해서 수용자가 모두 능동적 존재가 되지는 않는다. 짧은 시간을 이용하더라도 미디어를 도구적으로 이용하는 수용자는 스스로 미디어와 콘텐츠를 선택하려는 경향이 강하기 때문에, 미디어를 의례적으로 이용하는 수용자에 비해 훨씬 능동적이다.

실용성: 수용자는 저마다 다른 미디어 이용 동기를 갖는다. 수용자의 이용 동기에 따른 미디어 이용은 특정한 욕구를 충족시키는 방향으로 작용하는데, 수용자가 자기중심적으로 미디어를 소비하려는 경향이 강할수록 수용자의 능동성이 커진다. 능동적 수용자는 과거의 경험이나 기대에 근거하여 프로그램을 선택하는 경향이 있다. 즉, 자신이 원하는 것이 무엇인지 분명히 알고 이를 추구하는 방향으로 미디어를 소비하게 된다. 이 과정에서 수용자는 자기중심적 속성을 가지기 때문에 능동성은 커지게 된다.

의도성: 미디어를 통해 전달되는 정보나 경험을 능동적 인지처리 과정을 통해 수용하는 경우 수용자의 능동성은 커진다. 예를 들어, 월정액제로 영화채널을 시청하는 사람은 보고 싶은 영화가 있을 때마다 콘텐츠를 개별 결제하는 사람보다 미디어를 더 의도적으로 이용한다고 볼 수 있다.

설득에 대한 저항성: 자신이 원하지 않는 설득 메시지에 저항하는 과정에서 수용자의 능동성은 커지게 된다. 설득에 대한 저항성이 높은 수용자는 앞서 설명한 바우어의 '완고한 수용자'의 개념과 유사하다. 즉, 능동적 수용자일수록 미디어 메시지에 대해 매우 완고하고 불복종적인 성격을 갖게 된다.

관여성: 미디어 메시지에 몰입할수록 수용자의 능동성은 커진다. 능동적 수용자는 자신과 관련되거나 자신이 보기를 기대한 메시지에 더욱더 집중하는 경향이 있다. 때때로 사람들은 자신이 미디어에서 본 메시지를 다른 사람에게 적극적으로 이야기하기도 하는데, 이러한 사람들은 다른 수용자에 비해 더 높은 능동성을 가지고 있다고 볼 수 있다.

2) 현대사회의 수용자 진화

정보기술의 발전은 수용자에게 스스로 미디어 콘텐츠를 생산, 유통, 통제할 수 있는 능력을 주었다. 사람들은 단순히 어떤 미디어와 콘텐츠를 이용할 것인가를 결정하는 차원을 넘어서 어디에서 이용할지 또한 선택할 수 있게 되었다. 수용자가 진화함에 따라 자연스럽게 수용자를 설득하기 위한 새로운 접근방식이 필요하게 되었다. 현대사회의 수용자 진화에 대한 다차원적 논의가 가능하지만, 여기에서는 그중에서도 현대사회의 미디어 세분화와 수용자 진화에 관해 이야기한 필립 나폴리(Napoli 2013)의 논의를 정리한다.

(1) 미디어 세분화와 수용자 진화

필립 나폴리(Napoli 2013)에 따르면, 수용자 진화는 미디어 세분화를 토대로 진행되었다. 미디어 세분화는 수용자들이 이용 가능한 콘텐츠의 선택 범위가 늘어났다는 의미다. 미디어 세분화는 크게 미디어 간 세분화와 미디어 내 세분화로 구분된다. **미디어 간 세분화**는 콘텐츠의 전달 플랫폼의 수가 증가하는 것을 말하며, **미디어 내 세분화**는 하나의 미디어 기술 안에 여러 개의 선택지가 존재하거나 하나의 콘텐츠가 여러 개의 더 세분화된 콘텐츠로 나누어지는 것을 의미한다.

미디어 세분화 이전에 수용자는 일반 대중을 겨냥한 방송(放送, *broadcasting*)을 통해 설득 가능한 존재로 인식되었다. 하지만 미디어가 세분화되면서 방송의 개념 역시 협송, 점송, 캐칭으로 세분화되었다. 협송(狹送, *narrowcasting*)은 대중을 대상으로 하는 방송과 대비되는 말로 지역적, 계층으로 한정된 시청자를 대상으로 하는 방송을 말한다. 점송(點送, *pointcasting*)은 이보다 더 세분화된 미디어의 형태로 디지털 기술과 수용자가 일대일로 대면하게 되는 상황을 말한다. 즉, 인터넷 기술과 이용자가 이러한 점송 개념에 따른 미디어와 수용자의 형태라고 볼 수 있다. 마지막으로 캐칭(*catching*)이란 개념의 등장은 현대사회의 세분화된 수용자를 대상으로 하는, 보다 세밀한 전략의 필요성을 시사한다.

(2) 미디어 소비의 긴 꼬리 현상

크리스 앤더슨은 그의 저서 《롱테일 경제학》(*the Long Tail*)에서 인터넷과 같은 다양한 유통 채널의 등장이 수용자가 소비할 수 있는 상품의 종류를 훨씬 더 다양하게 함으로써 종래에는 소수의 히트 상품의 매출을 감소시키게 될 것이라고 설명하였다(Anderson 2006). 앤더슨의 설명은 일종의 '역(逆) 파레토 법칙'이라고 볼 수 있다. 파레토 법칙

7-3 미디어 소비의 긴 꼬리 현상

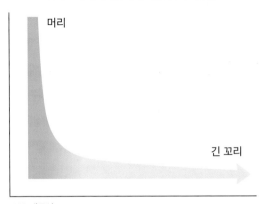

머리

긴 꼬리

출처: Napoli 2013, 116 재구성.

은 소수의 히트 상품(약 20퍼센트)에 대한 수요가 전체 매출의 80퍼센트를 이루기 때문에, 마케팅 과정에서 소수의 제품에 대한 선택과 집중이 필요함을 강조한 법칙이다. 이에 반해 롱테일 법칙은 수용자가 세분화되고 이들의 욕구가 다양화되면서 넓은 영역의 상품들(80퍼센트)에 대한 수요의 총합이 결국 소수의 히트 상품에 대한 수요 및 매출을 넘어설 것이라고 주장한다. 구체적으로, 극심하게 세분화된 미디어 환경에서는 미디어 소비의 꼬리(tail) 부분에 해당하는, 소수의 욕구를 충족시키는 콘텐츠의 수가 계속 늘어나게 된다. 이러한 현상은 미디어 소비 과정에서 꼬리가 계속 길어지는 현상(긴 꼬리 현상)으로 이어지고, 마침내 꼬리 부분에 속하는 콘텐츠에 대한 수용자들의 관심의 총합이 히트 상품(head)에 속하는 관심의 합을 능가하는 현상이 일어나게 된다.

앤더슨은 수용자가 선택할 수 있는 콘텐츠의 수가 많아지고 콘텐츠에 접근할 수 있는 기술(다양한 검색과 추천 시스템)이 발전할수록, 꼬리는 길어질 뿐 아니라 동시에 두터워지게 될 것이라 강조한다. 그에 따르면, 결과적으로 이러한 현상은 단순히 꼬리의 양상을 변화시킬 뿐 아니라, 동시에 머리가 짧아지는 양상으로 이어지게 된다.

디지털 기술이 증가하고 능동적으로 선택할 수 있는 콘텐츠의 종류가 다양해짐에 따라 수용자들은 자신이 원하는 콘텐츠만을 선별적으로 수용할 수 있게 되었다. 이러한 변화는 수용자들의 각기 다른 욕구를 충족시키기 위해 미디어 콘텐츠를 더욱 세분화시키고 수많은 틈새(*niche*) 시장을 개발하는 계기가 되었다.

4. 커뮤니케이터의 특성

1) 커뮤니케이터의 심리적 특질

심리적 특질이란 개인의 감정 상태나 성격이다. 심리적 특질과 설득의 관계는 오랫동안 논란거리가 되어 왔다. 특질은 보통 어떤 사람이 가진 지속적이고 안정적 특성이라고 정의된다. 그러나 상황주의자들은 특질의 이러한 개념 자체에 의문을 제기한다. 상황주의자들은 인간이 가진 속성이 절대적이지 않다고 주장하며, 이를 근거로 인간의 행동이 항상 일관적이지 않다고 지적한다. 행동은 별개의 상황에서 별개의 양상으로 나타날 수 있다. 예를 들어, 매우 공격적인 플레이 방식으로 악명 높은 스포츠 선수라 해도, 자신의 일가친척에게나 장례식에서는 공손하고 예의 바른 모습을 보일 수 있다.

그러나 상호작용론자들은 특질의 절대성에 의문을 표하면서도 특질이 설득에 미치는 영향력 자체를 부정하지는 않는다. 상호작용론에 따르면 인간의 행동은 특질과 상황의 상호적 관계에서 결정된다. 다시 말해, 인간의 행동은 인간이 지닌 고유한 특질과 상황적 변인이 상호작용한 결과라고 본다. 이러한 논의의 연장선에서 상호작용론자들은 어떤 상황을 조건으로 하는 특성이라는 **상태**의 개념을 제안한다. 예를 들어, 어떤 사람이 느끼는 '불안감'은 이 사람이 보유한 절대적 특질이 아니라 특정 상황에서 발현된 상태적 속성이다. 이 불안감은 이 사람이 놓인 특정한 상황, 이를테면 중요한 시험이나 발표를 앞두고 있을 때 발현되는 단기적 특질일 뿐 이 사람이 처한 모든 상황에서 지속되지는 않는다. 만약 언제 어디서나 불안한 사람이 있다면 그는 사회생활이 불가능할 것이다. 이때 그의 불안감은 그가 지닌 특질이라기보다 상황에 근거한 것이라고 볼 수 있다.

2) 설득에 영향을 미치는 심리적 특질

(1) 자아존중감

자아존중감은 자기 자신을 평가하고 존중하는 정도를 말한다. 일반적으로 자아존중감이 낮은 사람은 높은 사람에 비해 설득하기 쉽다고 여겨진다. 하지만 자아존중감과 설득의 관계에 대해 명확하게 증명된 것은 없다. 자아존중감과 설득 간의 관계는 일면적으로 단순화하여 설명하기 어렵기 때문이다.

자아존중감이 낮은 사람은 자기 자신에 대한 확신이 낮기 때문에 설득 메시지에 승복하기 쉽다고 가정할 수 있다. 그러나 이런 사람은 자신의 외적 행동을 남에게 드러내는 데 상대적으로 더 민감하기 때문에 설득 메시지를 수용하지 않을 가능성도 높다. 그와는 반대로 자아존중감이 높은 사람은 남들의 시선과 관계없이 메시지를 수용할 확률이 높은 반면, 그 자신에 대한 과도한 확신 때문에 이에 따른 태도변화나 행동변화가 일어날 확률이 적다. 결국 적당한 수준의 자아존중감을 가진 사람의 경우가 그것이 너무 높거나 너무 낮은 사람보다 설득받기 쉽다고 할 수 있다.

(2) 불안감

보통 불안감이 높은 사람들은 설득 메시지대로 행동했을 때의 결과에 대한 높은 수준의 불안감을 가지기 때문에 최종적으로 이를 수용하지 않을 확률이 높다. 이와 반대로, 불안감이 적은 사람들은 그렇지 않은 사람들에 비해 메시지를 받아들이기는 쉽지만, 불안감이 낮으므로 설득 메시지에 따라 자신의 행동을 실제로 바꿔야 한다고 생각하게 되는 경우가 상대적으로 매우 드물다. 따라서 불안감이 지나친 사람을 설득하기 위해서는 설득을 따르지 않았을 경우 닥칠 위험에 대해 경고하고, 설득을 받아들였을 때 그에 따른 긍정적 결과가 무엇인지를 분명히 명시해 주는 것이 좋다.

일반적으로 사람들은 이익보다 손실에 민감하게 반응한다(Kahneman & Tversky 1979). 따라서 설득자는 사람들의 손실에 대한 불안감을 자극하여 설득 효과를 높일 수 있는데, 이러한 설득 사례는 일상생활에서도 쉽게 찾아볼 수 있다. 보험 판매원이 상담자에게 아직 닥치지 않은 질병이나 사고를 예상하게 하거나, 연금 상품을 판매하는 금융사 직원이 상담자의 불안전한 노후에 대해 이야기하는 것, 그리고 홈쇼핑 판매에서 초 단위로 마감시간이 줄어드는 모습을 실시간으로 보여 주는 것 등이 바로 이러한 불안감을 이용한 대표적인 설득 전략이다.

(3) 자기감시

자기감시는 타인에게 인정받기 위해 상황적인 단서에 따라 자기 자신을 관찰하고 통제하며 관리하려는 경향을 말한다(Snyder 1974). 자기감시의 정도가 높은 사람은 자신의 내적 상태와 행위를 사회적 기준에 맞추려는 성향이 강하다. 따라서 자기감시의 정도가 높은 사람은 준거집단에 의해 많은 영향을 받는다. 자기감시도가 높은 사람들은 타인의 행동을 유심히 관찰하며, 서로 다른 상황적 맥락에 적합한 폭넓은 사회적 기술을 활용하는 데 능숙하다. 반면 자기감시 정도가 낮은 사람은 사회적 단서, 즉 사람들이 자신을 어떻게 생각하는지를 말해 주는 주변단서에 대한 감각이 둔하며, 자기 자신의 감정 표현에 더 솔직한 경향이 있다.

화이트와 거스타인(White & Gerstein 1987)은 장애인이 도움을 요청했을 때 사람들의 행동이 자기감시의 정도에 따라 어떻게 달라지는지 관찰했다. 피험자들은 사전에 미국 뉴욕시에서 일어난 살해사건 당시 많은 사람들이 지켜보았으나 도움을 받지 못했던 피해자에 관한 강의를 들었다. 강의 내용은 두 가지였다. 당시 피해자를 도왔던 사람들은 사회적으로 보상을 받았다는 내용과, 다른 하나는 그 사람들이 사회적 보상을 받지 못했다는 내용이었다. 연구자들은 강의 후 피험자들에게 향후 시각장애인들을 돕는 운동에 동참할 수 있는지 물었다. 그 결과, 사회적으로 보상을 받는다는 내용의 강의를 들은 사람 중 자기감시가 높은 사람들은 80퍼센트, 자기감시가 낮은 사람들은 48퍼센트가 시각장애인을 위한 활동에 참여하겠다고 약속했다. 반면 사회적 보상을 못 받았다는 내용의 강의를 들은 사람들의 경우에는 자기감시가 높은 사람들은 40퍼센트, 자기감시가 낮은 사람들은 68퍼센트가 이 활동에 참여하겠다고 약속했다.

자기감시도가 높은 사람들은 자신의 행위가 사회적으로 보상 받을 것이라는 판단(사회적으로 긍정적 평가를 받는다는 판단)이 들 때 이를 행동으로 옮기는 경향이 있는 반면, 자기감시도가 낮은 사람들은 이러한 소구에 별다른 영향을 받지 않는다는 것을 이 실험결과로 알 수 있다. 즉, 자기감시도가 높은 사람은 사회적 맥락과 상황에 적합한 행동을 하려고 노력하는 반면, 자기감시도가 낮은 사람은 자기 자신이 어떤 사람이라고 생각하며 무엇을 하고자 하는가에 대한 일치 정도만을 중요하게 생각한다는 것을 알 수 있다.

(4) 권위주의와 독단주의

권위주의는 지배자의 독단적 판단이나 권위 그 자체에 의해 질서가 유지되는 것을 말한다. 인간을 구성하는 한 단면인 권위주의에 대한 연구는 어떤 인물 또는 사상에 맹종하는 사람들의 행동을 설명해 준다. 권위주의적인 사람들은 권위적인 리더를 맹목적으로 따르는 경향이 있다. 실제로 나치 전범의 공판, 베트남전쟁 중 민간인 대학살에 대한 재판의 증언 등을 살펴보면, 비인간적 참극을 빚은 사람들은 모두 "우리는 그저 지도자의 명령을 따랐을 뿐"이라고 말한다.

나비 등(Narby et al. 1993)의 연구에 의하면, 권위주의자들은 인간 존재에 대해 깊이 불신하는 경향이 있고 전통적 규범으로부터 벗어나는 것을 극도로 싫어하며, 외집단 구성원들에게 적대감을 갖고 있다고 한다. 또한 이들은 권력과 통제를 선호하며 물리적 처벌을 사용하는데 거리낌이 없다.

인지적 측면에서 권위주의적 성격을 가진 사람들은 인지적 경직성과 애매함을 잘 참지 못하고, 태도적 측면에서는 소수집단 성원을 배척하고 보수적인 정치·경제적 태도를 가지며 권력자나 권위자의 태도에 쉽게 동조하는 모습을 보인다. 마지막으로 행동적 측면에서 이들은 보다 높은 권위에 복종하고 보수적이고 권위적인 후보자에게 투표하는 경향이 있다.

권위주의적인 성향이 높은 사람들은 그렇지 않은 사람에 비해 소속집단의 우월의식, 즉 내집단 중심성이 높다. 이들은 상대를 파악하는 과정에서 상대가 지닌 고유한 개인의 속성보다 집단의 구성원으로서 개인들이 지닌 보편적 속성을 더 적극적으로 활용하는 경향이 있다. 이를테면, 타인의 성격이나 성향보다 그 사람이 속한 집단의 성격과 성향을 더 중요한 판단기준으로 삼는 경향이 있다.

권위주의와 관련 깊은 또 하나의 성격적 특성으로 **독단주의**(*dogmatism*)가 있다. 독단주의는 특정한 권위자의 교의나 사상을 절대적인 것으로 여기고, 이성적이거나 과학적인 판단 없이 이를 사수하고 기계적으로 적용하려는 경향을 말한다. 크리스티(Christie 1991)에 따르면, 독단주의는 권위주의의 일반적 형태이다. 그러나 권위주의가 폐쇄적 보수주의만을 의미하는 반면, 독단주의는 폐쇄적 보수주의뿐 아니라 폐쇄적 자유주의까지 아우르는 보다 포괄적인 개념이다. 따라서 권위주의는 특정한 이데올로기적 입장에 초점을 맞추고 있는 반면, 독단주의는 상대적으로 이데올로기로부터 독립적이라는 특징을 지닌다.

권위주의와 독단주의 간에 개념적 차이가 있기는 하지만, 독단주의적인 사람은 권위주의적인 사람처럼 권위에 맹종하며, 객관적 판단에 기초하여 행동하기보다는 오직 하나의 방법만이 존재한다고 믿는다. 따라서 독단주의적 성향을 가진 사람들은 일반적으로 피설득성향이 낮은, 즉 잘 설득되지 않는 사람이라 여겨진다. 그러나 독단주의적인 사람이 권위 있는 인물로부터 정보를 받을 경우, 설득적 메시지의 내용이나 질과 무관하게 정보원의 권위에 순종함으로써 스스로 설득되는 경향이 있다. 반면, 정보원의 공신력이 낮을 경우에는 강한 어조와 문체를 사용하는 정보원의 메시지에 더 많은 영향을 받는다(Harvey & Beverly 1961). 이러한 연구결과들은 권위주의적이거나 독단주의적인 사람들이 권위적 인물이나 권위적인 특성을 내포한 메시지를 통한 설득에 취약하다는 점을 시사한다.

(5) 인지적 복잡성

구성주의(*structuralism*)에 따르면, 인간은 자신을 둘러싼 사물에 의미를 부여하는 데 있어 일정한 구성체를 사용한다. 이때 구성체는 사물을 판단하는 데 쓰이는 다양한 지각 범주로, 우리는 이 범주를 통해 사물을 평가한다. 안경과 같이 두꺼운 렌즈를 사용하는지 얇은 렌즈를 사용하는지에 따라 사물이 달리 보이는 것처럼, 구성체는 같은 사물에 대해 상이한 판단을 하는 개인적 판단기준으로 작용한다. 사람은 저마다 독특한 구성체 시스템을 가지고 있다. 어떤 사람들은 다른 사람들보다 더 많은 구성체를 통해 사물을 본다. 여러 가지 다른 추상적 구성체가 하나의 인지적 틀 안에서 잘 통합된 사람의 경우, 인지적 복잡성이 높다고 한다.

인지적 복잡성이 높은 사람은 상대적으로 더 설득력이 높은 메시지를 구성할 수 있다. 오키프(O'keefe)에 따르면, 일반적으로 커뮤니케이션 메시지는 표현적, 규범적, 수사적으로 구분되는 세 가지 고안논리 중 하나가 작동됨으로써 작성된다. 이때 **표현적 고안논리**를 작동하는 사람은 언어를 생각과 감정을 표현하기 위한 매체라고 인식하고, 말하는 사람의 생각과 입장, 감정 그리고 정서 전달에 충실하려고 노력한다. 또한 **규범적 고안논리**를 작동하는 사람은 커뮤니케이션을 사회규범적 규칙과 절차를 준수하는 협력적 게임으로 인식한다. 따라서 이들은 자신의 생각과 감정을 있는 그대로 전달하기보다 사회적 규범과 원칙에 부합하도록 메시지를 작성하려고 노력한다. 마지막으로 **수사적 고안논리**를 작동하는 사람은 커뮤니케이션 과정에서 자신의 주장이나 입장 외에 커뮤니케이션의 상황을 함께 고려한다. 이들은 커뮤니케이션의 목적이 무엇인지에 따라 여러 상황적 맥락을 함께 고려한 메시지를 작성한다.

인지적 복잡성이 높은 사람들은 세 가지의 메시지 고안논리 중에서 수사적 고안논리를 통해 메시지를 작성하는 경향이 있다. 또한 커뮤니케이션 상황 중에도 수사적 고안논리를 토대로 타인의 이야기를 해석하기 때문에 자신의 생각과 일치하지 않는 메시지에 대해서도 비교적 관대한 모습을 보인다(McGill et al. 1994). 즉, 인지적 복잡성이 높은 사람들은 그렇지 않은 사람보다 청자의 입장을 이해하는 데 뛰어나며, 타인을 설득하는 데도 능하다. 한 연구결과에 따르면, 인지적 복잡성이 높은 경영자가 그렇지 않은 경영자보다 조직의 경직된 규범에 저항하며 창의성을 발휘하는 경우가 더 많다고 한다. 이러한 연구결과는 인지적 복잡성이 높은 지도자일수록 변화하는 환경에 조직을 적응시킬 수 있는 능력이 뛰어나다는 사실을 보여 준다.

(6) 인지욕구

사람들은 인지욕구에서도 차이를 보인다(Cacioppo & Petty 1982). 인지욕구는 인지적으로 노력을 기울이는 것을 의미하며, 인지욕구가 높다는 것은 인지적으로 노력을 기울이는 것 자체를 즐기는 경향이 있다는 뜻이다. 예를 들어, 인지욕구가 높은 사람들은 낮은 사람에 비해 어떤 사안에 대해 깊이 생각하려는 경향이 있어서 바둑, 체스, 퍼즐과 같은 취미를 즐기는 사람이 많다. 일반적으로 인지욕구가 높은 사람은 그렇지 않은 사람보다 더 많은 인지적 구성체를 가진다.

제5장의 4절 '정교화 가능성 모델'에서 살펴보았듯이, 피설득자가 인지욕구로 인해 동기화됐을 때 설득적 메시지의 질은 메시지 판단에 큰 영향을 미친다. 인지욕구가 높은 사람은 낮은 사람에 비해 주제와 관련된 생각을 하도록 동기화되는 정도가 높다. 인지욕구가 높은 피험자들과 낮은 피험자들을 대상으로 설득 효과를 측정해 보면, 인지욕구가 높은 사람들은 메시지의 설득 강도가 높을 때(질이 높은 경우) 더 잘 설득되어 사안에 대한 긍정적 태도를 형성하는 경우가 많았다. 그러나 설득 강도가 낮은 메시지를 전달했을 때(질이 낮은 경우)에는 인지욕구가 높을수록 그 설득에 대해 부정적 태도를 형성하는 것으로 나타났다.

(7) 공격성

공격성은 신체적 또는 심리적 고통을 유발하는 데 목표를 두는 의도적 행동으로 정의할 수 있다(Aronson 2002). 만약 주차장에서 운전에 서툰 사람이 접촉사고를 냈다면 이는 의도적 행위가 아니기 때문에 공격적 행동으로 인식되지 않는다. 반면, 어떤 운전자가 다른 차를 무리하게 앞지르거나 앞에서 일부러 급브레이크를 밟는 등 위협을 가하는 난폭운전을 했다면, 이는 실제 접촉사고로 이어지지 않았다 하더라도 공격적 행동으로 인식된다.

인판테 등(Infante et al. 1997)은 인간의 공격성을 네 가지 유형으로 구분했다. 이 중 적대감과 언어적 공격성은 파괴적 유형이며, 주장성과 논쟁성은 건설적 유형의 공격성이라고 볼 수 있다.

적대감은 화를 내며, 흥분하고, 부정적이고, 분노하고, 의심하는 파괴적 유형의 공격성이다. 부정주의(*negativism*)는 적대감을 구성하는 한 단면으로 협력을 싫어하고 권위나 규칙, 관습에 대해 적대적인 성향을 지칭한다. 따라서 매사에 적대적인 사람을 설득하기는 쉽지 않다. 또한 적대감은 학습되는 것이기 때문에 적대적 커뮤니케이션 전략은 상대방으로 하여금 그러한 성향을 이어받도록 한다. 이는 매질을 하거나 윽박지르는 것으로 '설득'을 대신하는 부모의 아이들이 적대적이고 공격적 인성을 가지게 되는 것에서도 볼 수 있다.

언어적 공격성은 상대를 언어적으로 위협하거나, 음담패설을 하거나, 모욕을 주거나, 괴롭히는 파괴적 유형의 공격성으로, 공격의 구체적 대상은 상대의 성격, 능력, 배경, 외모 등이다. 언어적 공격성은 적대감과 다르다. 이는 언어적으로 공격적 사람들은 상대에게 적대적이지만 적대적 사람이 항상 언어적으로 공격적이지는 않기 때문이다. 부부싸움이 잦거나 폭력적 가정 분위기가 만들어지는 것은 한 사람의 언어적 공격성이 높거나 그 배우자의 논쟁성이 낮기 때문이다. 한편,

만약 어떤 사람이 친절하지 않은 방식으로 요구를 거절할 경우, 거절당한 사람의 언어적 공격성은 높아진다.

주장성이 높은 사람은 자신의 권리를 보호하고 다른 사람의 권리를 침해하지 않는 범위 내에서 자신의 이익을 극대화하기 위해 행동하는 경향이 있다. 주장성이 높은 사람은 자신의 기분을 표현하거나 의견을 개진하는 데 거리낌이 없으며 주도권을 잡고자 하는 성향이 있다. 주장성이 높은 사람은 논리적이지 않은 요구는 당당히 거부하고, 자신이 먼저 남에게 요구하며, 반대해야 할 때는 능동적이고 공격적인 리더십을 발휘한다.

논쟁성은 쟁점이 되는 이슈에 있어 자신의 입장을 고수하고 다른 입장을 반박하는 공격성이다. 논쟁성이 높은 사람들은 논쟁 그 자체를 즐긴다. 따라서 논쟁성이 높은 사람은 대개 주장성이 높지만, 주장성이 높은 사람이 언제나 논쟁을 좋아하는 것은 아니다. 보통 '논쟁'이라는 말은 부정적 함의를 갖는 것으로 생각할 수 있다. 하지만 일의 효율을 중요하게 여기는 조직 환경에서는 논쟁성이 높은 피고용자가 상사로부터 높은 평가를 받기도 한다. 일반적으로 남성이 여성보다 논쟁적 성향이 높다고 인식되지만, 이러한 차이는 사회적 역할과 기대에 의한 편견에 기인한 것일 가능성이 크다. 달리 말해, 여성은 자신이 논쟁적인 사람으로 비치지 않도록 더 많은 노력을 하는데, 이는 남성에 비해 여성이 논쟁적 성향을 지녔다고 인식될 때 더욱 부정적으로 평가받을 가능성이 높기 때문이다.

공격성과 상황의 상호작용

공격적 커뮤니케이션에 대한 대부분의 연구는 한 사람의 공격적 성향이 커뮤니케이션에 어떤 영향을 미치는가를 분석하는 데 중점을 두었다. 그러나 레빈과 보스터(Levine & Boster 1996)는 이에 대해 상호작용적 접근방법을 취할 것을 주장한다. 연구자들은 커뮤니케이션에 미치는 심리적 특질의 영향을 이해하기 위해서는 커뮤니케이션 참가자들의 특성이 커뮤니케이션을 형성한다는 것을 이해할 필요가 있다고 주장했다.

레빈과 보스터는 논쟁적 사람들과 비논쟁적 사람들로 구성된 피험자 집단에게 5분 동안 하나의 논쟁적 주제(총기 규제나 마약 등)에 대해서 이야기하도록 하고 이를 관찰했다. 그들은 애당초 대부분의 논쟁이 논쟁적 사람들 사이에서 생성될 것으로 기대했다. 하지만 연구 결과, 논쟁은 논쟁적 사람과 비논쟁적 사람이 짝을 이룬 집단에서 가장 많이 일어났다. 논쟁적 사람과 비논쟁적 사람이 짝을 이룬 집단에서는 논쟁 과정에 사용된 논의의 수가 가장 많았고, 논쟁이 합의점에 다다른 경우도 가장 적었다. 연구자들은 이러한 결과를 토대로, 논쟁적 사람들은 논쟁하는 것 자체를 좋아한다기보다 논쟁에서 '이기는 것'을 좋아하는 것이라고 결론 내렸다. 즉, 논쟁적인 사람이 다른 논쟁적인 사람과 짝을 이뤘을 때 비논쟁적인 사람과 짝이 될 때보다 논쟁을 주도하면서 자신의 우월성을 드러내는 것이 어렵기 때문에 논쟁의 총량 자체가 감소하였다는 것이다.

공격성의 설득 효과

공격성이 설득에 유리한 요인으로 작용할지에 대한 논의가 있을 수 있다. 인판테 등(Infante et al. 1997)은 공격성의 유형 중 주장성과 논쟁성은 건설적인 속성을 갖기 때문에, 경우에 따라서 공격성은 얼마든지 설득 과정에 유리하게 작용할 수 있다고 보았다.

때로 공격적 성향의 메시지를 통해 판단 대상에 대한 부정적 인상을 심어 주는 것이 설득에 효과적일 수 있다. 부정적인 정보는 긍정적인 정보보다 사물에 대한 판단에 더 큰 영향을 미친다. 부정적인 정보의 영향은 새로운 대상에 대한 태도형성뿐 아니라, 이미 태도를 갖고 있던 대상에 대한 재평가 과정에도 동일하게 적용된다. 한번 형성된 부정적 인상을 긍정적으로 바꾸는 것은 매우 어려운 일이다.

공격적인 정치 광고의 효과를 살펴보자. 일반적으로 공격적인 정치 광고는 유권자의 감성에 호소하기 쉽다. 대개 공격적인 광고는 단순한 내용으로 구성되기 때문에 공격적 메시지는 수용자에게 기억되거나 인식에 영향을 주기 쉽다. 그러나 공격적 광고가 항상 메시지 정보원이 의도한 효과만을 가져오는 것은 아니다. 때로 수용자는 공격적 광고를 제공하는 정보원에 대해서도 비판적인 인식을 갖는다. 예를 들어, 특정 후보에 대해 지나치게 공격적으로 작성된 정치 메시지의 경우, 유권자는 이 메시지를 비윤리적이라 여기고 오히려 메시지를 제공한 정보원(다른 후보)에 대해 부정적으로 평가하게 된다. 만약 이 과정에서 공격적 메시지의 내용이 공정하지 않고 거짓된 내용으로 구성되어 있다고 생각되면, 이는 오히려 피해자를 보호하고자 하는 심리를 자극하여 메시지의 대상이 되는 특정 후보에 대한 긍정적 태도로 이어지기도 한다(Sabato 1981). 이렇듯 공격적 메시지의 설득 효과는 단언하기 어려우며, 경우에 따라서 정보원의 의도와 정반대로 부메랑 효과가 나타날 위험성도 내포하고 있다.

설득 과정에 영향을 미치는 인간의 속성을 모두 파악하는 것은 현실적으로 매우 어려운 일이다. 하지만 설득 대상자의 성격적 기질이 무엇인지 알고, 이러한 특질이 설득에 어떠한 영향을 미치는지 살피는 과정은 보다 나은 커뮤니케이터가 되기 위해 반드시 필요하다.

5. 커뮤니케이터를 고려한 설득 전략

　효과적인 설득을 위해서는 설득 대상자가 누구이며 설득 상황이 어떠한지를 이해하고, 커뮤니케이션의 상황적 맥락에 따라 적절한 전략을 제시할 수 있어야 한다. 이에 광고주들은 실질적인 광고를 제작하기 이전에 철저한 소비자 조사를 통해 무엇이 소비자들의 관심을 끌것이며, 어떠한 마케팅 전략이 제품 판매를 유도할지 분석하고자 노력한다. 그러나 이러한 노력에도 불구하고 적절치 못한 상황적 이해와 분석으로 마케팅 전략이 실패하는 경우가 많다.

1) 효과적 설득을 위한 고려사항

　설득자가 설득 효과를 높이려면 다음의 사항을 미리 고려하는 것이 필수적이다.

　첫째, 설득자는 설득 행위가 일어나는 상황에 주의를 기울일 필요가 있다. 설득자가 모든 상황적 요인에 대한 사전지식을 갖기란 거의 불가능하지만, 설득 상황과 관련한 어느 정도의 사전지식은 설득적 메시지를 구성하고 전달하는 데 도움을 준다. 예를 들어, 수용자가 한 명인지 다수인지, 설득 행위가 아침에 일어나는지 저녁에 일어나는지, 설득 행위가 일어나는 장소가 어디인지 등 상황적 지식은 설득 효과를 높일 수 있다.

　둘째, 설득자는 피설득자의 특질과 상태를 염두에 둘 필요가 있다. 앞에서도 언급했듯이, 특정한 상태에 있거나 특질을 가진 사람들은 설득에 어려움이 따른다. 예를 들어, 불안감이 많은 사람을 대상으로 공포 소구를 사용할 경우, 설득자는 자신의 메시지에 대한 안심과 확신을 주는 데 주력해야 할 것이다. 또한, 권위적이거나 독단적 사람을 설득할 경우에는 더 높은 공신력을 가진 정보원을 이용하는 것이 효과적이다. 이렇듯 설득 효과에 영향을 미치는 인성적 특질을 미리 고려하면 더 큰 설득 효과를 끌어낼 수 있다.

셋째, 설득자가 피설득자의 인구사회학적 변인들에 대해 충분히 고려하면 그렇지 않을 때보다 더 만족스러운 설득 효과가 나타날 수 있다. 예를 들어, 연령이 낮은 청중을 대상으로 한 설득적 메시지에 여러 가지 통계적 수치들이 포함되어 있으면, 청중은 내용을 제대로 이해하지 못하여 메시지에 설득되지 않을 것이다. 이렇듯 피설득자들의 인구사회학적 변인들에 대한 고려는 설득 효과를 극대화할 수 있다.

2) 피설득자의 분석에 맞는 전략 수립

앞서 설명한 세 가지 고려사항 외에도, 피설득자가 설득 메시지 주제에 대해 무엇을 알고 있으며, 얼마나 관심을 가지고 있는지 그리고 설득 메시지 주제에 대한 사전 태도가 어떠한지를 고려해야 한다. 설득자는 전략에 따라 피설득자가 이미 알고 있는 이야기를 할 수도 있고, 아직 모르는 새로운 정보를 제공할 수도 있다. 또한 이 과정에서 수용자에게 친숙한 개념을 이용한 쉬운 말로 할 수도 있고 낯선 개념이나 생각을 말할 수도 있다. 만약 피설득자가 설득 메시지 주제에 대해 이미 높은 관심을 가지고 있다면, 설득자는 피설득자의 관심을 유지하기만 해도 일정 정도의 설득 효과를 얻을 수 있다. 하지만 피설득자가 설득 메시지 주제에 대해 전혀 관심이 없다면, 설득자는 설득 메시지 주제에 관심을 갖는 것이 왜 중요한 일이지를 피설득자에게 먼저 납득시켜야만 한다. 한편 피설득자가 설득 메시지 주제에 대해 이미 태도를 가지고 있다면, 설득자는 피설득자의 사전 태도에 따라 서로 다른 설득 전략을 세워야 한다. 경우에 따라서 피설득자는 설득 메시지가 아닌 설득자에 대한 기존 태도를 토대로 메시지에 대한 자신의 태도를 결정할 가능성도 있다. 따라서 설득자는 피설득자가 설득 주제에 대해 기존에 어떤 태도를 취하는지뿐만 아니라 설득자 자신에 대한 피설득자의 태도가 어떠한지에 따라 차별화된 전략을 세워야 한다. 피설득자가 설득 주제 혹은 설득자에 대해 갖는 태도에 따라 피설득자를 적대적 집단, 어떠한 의견도 없는 집단, 지지적 집단으로 나눌 수 있다.

(1) 적대적 집단

피설득집단이 설득 메시지의 주제에 대해 강한 적대감을 가지고 있을 때 설득은 상당히 어려운 일이 된다. 보통 메시지의 주제에 대한 강한 적대감을 가진 피설득자들은 관련 주제에 대한 관심이 많은 경우가 많다. 해당 주제에 대한 관심이 높은 적대적 집단을 설득하기 위해서는 직접적인 메시지를 제시하기보다 우회적인 접근방식의 전략이 더 유용하다. 설득자는 전달하고자 하는 메시지를 구체적으로 이야기하기 전에 주장을 뒷받침할 수 있는 자료를 충분히 준비하고 논리적으로 이야기를 전개할 필요가 있다.

(2) 어떠한 의견도 없는 집단

어떠한 의견이 없는 집단은 다음의 세 가지 유형으로 구분된다. 첫째 설득 메시지 주제에 대한 충분한 정보가 없는 집단이고, 둘째는 설득 메시지 주제에 대한 중립적 태도를 갖는 집단이며, 셋째는 설득 메시지 주제 자체에 무감각한 집단이다.

첫째, **충분한 정보가 없는 집단**을 대상으로 설득을 진행할 때에는 현실적으로 설득 메시지의 목표를 줄이는 것이 현명할 수 있다. 이는 설득 메시지에 대한 배경지식을 전달하는 것만 해도 굉장히 많은 시간이 걸리기 때문에, 주어진 시간 내에 실현 가능한 현실적인 설득 전략을 세워야 한다.

둘째, **중립적 집단**은 자기를 통제하는 능력이 뛰어난 지적 능력이 높은 사람들로 구성되어 있을 가능성이 높다. 이러한 사람들에게는 논리적인 설득을 시도하는 것이 효과적이다.

마지막으로 **무감각한 집단**은 관련 주제에 대해 지식은 있지만 관심이 없는 집단이다. 설득 주제에 관심이 없는 사람들의 마음을 사로잡는 일은 매우 어렵다. 무감각한 사람들은 관련 주제가 자신과는 전혀 상관없는 별개의 것이라고 생각하기 쉬우므로, 이들에게 접근할 때에는 감정적 측면(파토스)을 자극하여 지지를 얻어내도록 해야 한다.

(3) 지지적 집단

설득자에 대한 지지를 보이는 것과 설득자의 메시지를 지지하는 것은 전혀 별개의 문제이다. 설득자를 이미 지지하는 사람들, 즉 지지적 집단에 속하는 사람들은 설득자의 주장 내용을 이미 숙지하고 있을 가능성이 크다. 만약 설득자가 이들에게 친숙한 메시지를 반복하면, 이들은 설득자의 메시지가 지루하고 따분하다고 생각하기 쉽다. 또한 지나치게 기초적 얘기를 하면 자신들을 무시한다고 생각할 수도 있다. 따라서 이미 어느 정도 설득이 된 집단에 접근할 때는 피설득자로 하여금 자신의 태도대로 행위를 하게 유도하는 설득 전략을 짜는 것이 좋다.

(4) 복합적 집단

설득자가 피설득자에게 일대일로 설득을 진행하거나 모두 동일한 태도를 지닌 집단을 대상으로 설득을 진행할 때에는 피설득자(혹은 피설득자 집단)의 태도에 따른 적합한 전략을 사용하면 된다. 하지만 경우에 따라 다수를 대상으로 진행되는 설득 상황에서는 설득자나 설득 메시지에 대해 서로 다른 태도를 가진 피설득자들이 섞여 있을 가능성이 높다. 특히 피설득자의 수가 많을수록, 즉 규모가 큰 설득 상황일수록 설득 메시지 주제에 대한 피설득자들의 태도가 이질적일 가능성이 높다. 이러한 경우 설득자는 전체를 아우르는 설득 전략을 사용하기보다 상황에 따라 더 적합한 피설득자 집단을 선택적으로 공략하는 편이 좋다. 예를 들어, 설득 메시지가 이슈에 대한 기본적인 지식으로 구성되어 있으면, 설득자는 정보가 없는 집단을 대상으로 한 커뮤니케이션을 진행하는 것이 좋다. 반면, 피설득자 중 과반수가 커뮤니케이션 상황에서 설득자에게 큰 관심을 보이지 않는 것 같으면, 중립적이고 무관심한 청중을 대상으로 하는 설득 전략을 사용하는 편이 더 효과적이다. 만약, 설득 상황에서 서로 이질적인 속성을 가진 피설득자들을 모두 아우르고자 하면, 설득자가 특정 집단에 한정된 설득을 진행하고 있다는 인상을 주지 않도록 최대한 균형 잡힌 설득 전략을 사용해야 한다.

제 8 장

언어와 설득

언어가 설득 커뮤니케이션 과정에서 갖는 힘은 상상 이상이다. 언어는 커뮤니케이션에서 가장 기본적이면서도 중요한 요소이다. 설득 메시지를 구성함에 있어 하나의 상징체계로 작용하는 언어는 태생적으로 우리의 사유를 결정하는 힘을 가지고 있다. 언어는 그 자체로 매우 다양한 수준에서 광범위한 학문적 접근이 가능한 분야이다. 따라서 이 책에서 언어에 대한 모든 내용을 다룰 수는 없다. 다만 우리는 이 장에서 언어가 갖는 기호학적 측면과 수사학적 측면의 논의를 간략히 살펴봄으로써 언어의 상징체계를 이해하고, 언어 연구와 설득 연구가 교차하는 지점에서 언어가 태도형성과 설득에 미치는 영향은 어떠한지를 살펴보겠다.

1. 언어와 커뮤니케이션

언어는 사유의 도구인 동시에 메시지의 송신자와 수신자가 서로를 인지하고 상호작용할 수 있도록 돕는 커뮤니케이션의 도구이다. 인간은 언어로 사유하고, 언어로 판단하며, 언어로 현실을 해석한다. 모든 생각의 근원에 언어가 있기 때문에 언어는 인간의 사회인식에도 영향을 준다. 따라서 커뮤니케이션의 핵심요소로 언어가 갖는 영향력을 살펴보기에 앞서, 언어가 갖는 고유한 특성을 먼저 살펴보자.

1) 언어를 통한 커뮤니케이션의 특성

언어가 커뮤니케이션의 핵심요소이지만, 언어만으로 커뮤니케이션이 완벽하게 이뤄지지는 않는다. 이는 언어를 통해 사회를 인지하는 사람들이 가진 몇 가지 특성 때문이다. 거듭 강조하지만, 언어는 사고의 근원으로서 인간의 사회인식에 영향을 주기 때문에 언어의 속성과 사회인식에 대한 인간의 속성을 명쾌하게 분리하여 설명하는 것은 거의 불가능에 가깝다. 따라서 지금부터 살펴볼 것들은 언어가 가진 고유한 특성인 동시에 언어를 통해 사회를 인지하고 커뮤니케이션하는 사람들의 속성이다. 또한 지금부터 설명하는 내용은 언어의 장점인 동시에 한계이기도 한데, 이는 언어를 이용하여 사고하는 사람들의 효율적인 정보처리 과정에서 발생하는 장점이자 한계를 의미하기도 한다.

첫째, 언어는 **추상적 속성**을 갖는다. 언어는 특정한 사물을 재현하는 과정에서 사물을 이루는 여러 속성 중 무엇은 채택하고 어떤 것은 배제한다. 일반적으로 언어의 추상적 속성은 신속한 정보처리를 가능하게 한다. 예를 들어, 사과, 딸기, 바나나, 포도, 수박, 파인애플을 구매하기 위해 마트에 가려는 사람은 자신이 마트에 가는 이유를 '과일'이라는 추상적 단어로 함축함으로써 대화 상대자와 보다 효율적으로 의사소통할 수 있다. 그러나 경우에 따라서 언어의 추상적 속성은 커뮤니케이션 과정에 오해를 일으키기도 한다. 이를테면 '사랑', '행복'과 같은 추상적 개념은 대화 속에서 다르게 해석될 가능성이 있다.

즉, 개인적 경험을 토대로 주관적 감정이 개입되어 생성되는 언어의 경우, 송신자와 수신자 사이에 완벽하게 공통된 경험이 전제되지 않기 때문에 의미 전달에 문제가 생길 수 있다. 따라서 추상적 언어를 사용할 때 의미전달을 분명히 하려면 되도록 지시대상이나 개념을 구체적으로 밝히려고 노력해야 한다.

둘째, 언어는 **단순화되어 이해되는 경향**이 있다. 사람들은 많은 메시지를 담고 있거나 복잡한 생각을 요구하는 글을 보게 되면, 이를 단순화해 이해하고자 한다. 그러나 복잡한 현실을 과도하게 단순화된 언어로 표현하면 실제 현실을 명확하게 포착하기 어려워진다. 예를 들어, 어떤 대상에 대한 개인의 태도는 굉장히 다양한 차원으로 구성되는데, 우리는 이를 좋거나 나쁘다고 이원화하여 이해하는 경향이 있다. 언어를 통해 단순화된 현실은 양자택일의 사고를 유도하고, 세상을 양극화된 곳으로 인식하게 한다.

셋째, 언어는 **일반화되는 경향**이 있다. 여섯 명의 장님이 코끼리의 각기 다른 부위를 만지고 자신이 알고 있는 모양이 진짜 코끼리라고 주장하며 다투었다는 이야기를 들어본 적이 있을 것이다. 이처럼 사람들은 실제 현실의 극히 일부를 경험하고도 마치 모든 것을 다 경험한 듯 이야기하는 경향이 있다. 이러한 경향을 가리켜 '모두 다(allness) 현상'이라고 한다. 언어의 일반화 경향을 토대로 한 '모두 다 현상'은 갈등 상황의 대화에서 자주 나타난다. 예를 들어, 서로 다투면서 흔히 "너는 항상 그런 식이라 문제야", "나는 항상 부지런한데 너는 왜 맨날 게으름만 피우니?" 등의 말은 몇 번의 사례만을 통해서 실제로 전부를 겪은 것처럼 꾸며 말하는 언어의 일반화 경향성이 반영된 것이다. 이러한 말하기는 경우에 따라 갈등을 증폭해 커뮤니케이션 문제를 일으킨다.

넷째, 언어는 **사실과 추론을 혼동**하게 한다. 사람들은 종종 사실적 진술과 추론적 진술을 혼동하여 추론을 마치 사실인 것처럼 말하곤 한다. 언어의 사실적 진술과 추론적 진술을 문법적으로 명확하게 구별하는 것은 사실 매우 어려운 일이지만, 보통 실제적 관찰에 근거한 진술을 사실적 진술이라고 하고 실제 관찰이 불가능한 것에 대한 진술을 추론적 진술이라고 볼 수 있다. 경우에 따라 추론적 진술을 사실적 진술로 받아들이면 오해가 생길 수 있다. 특히 기사를 작성하는 것과 같이 고도의 객관성과 정확성을 요구하는 행위에서 사실적 진술과 추론적 진술을 혼동하면 이는 큰 문제가 될 수 있다. 또한 자기 자신을 준거점으로 삼아 대상의 특성을 추론하는 과정에서 문제가 생기기도 한다. 예를 들어, 키가 150센티미터인 사람이 키가 170센티미터인 사람에 대해 "그 사람은 키가 170센티미터야"라고 하지 않고 "그 사람은 키가 정말 커"라고 말하는 것은, 키가 160센티미터인 사람과의 대화에서는 큰 문제가 되지 않지만 키가 180센티미터인 사람과의 대화에서는 경우에 따라 문제가 될 수 있다. 따라서 언어를 사용하는 과정에서 사실과 추론을 구별하는 것이 필요하다.

다섯째, 언어는 **연상작용을 유도**한다. 언어는 사람이나 사물 혹은 사건을 그 자체로 떠올리게 할 뿐 아니라 그들에 대해 말해진 바, 이름 지어진 방식 등을 함께 연상하도록 유도한다. 대상을 있는 그대로 인식하는 것이 바람직한 커뮤니케이션이겠지만 사람들은 어떤 대상을 인식할 때 그 대상 자체뿐 아니라 그 대상과 연관된 다른 정보를 함께 연상하는 오류를 범하곤 한다. 예를 들어, 사람들은 똑같은 추리소설이라 하더라도 유명 작가가 쓴 추리소설을 더 재미있을 것이라고 생각한다. 또한 똑같은 제품을 광고한다 하더라도 광고모델이 더 유명할 때 제품의 가치를 높게 평가한다. 이렇듯 언어의 연상작용은 메시지 자체에 대한 영향력을 흐리고 메시지와 관련한 부가적 요소들의 영향력을 더 높이는 커뮤니케이션 오류의 원인이 된다.

여섯째, 언어는 **고정적인 평가를 유도**한다. 언어로 표현되는 대상인 사물이나 사람은 끊임없이 변하게 마련이다. 하지만 사람들은 언어를 사용할 때 일정 시점에 고정된 묘사를 더 적극적으로 활용하는 경향이 있다. 예를 들어, 학창 시절 게임을 즐겨 하던 아이는 성인이 되어서도 '게임을 좋아하는 사람'으로 평가받기 쉽다. 설령 성인이 되어서 게임을 전혀 하지 않더라도, 사람들은 언어를 특정 시점에 고정하여 사용하는 경향이 있기 때문에 이러한 평가는 쉽게 바뀌지 않는다. 이렇듯 언어를 이용하는 커뮤니케이션 과정에는 시제가 분명하게 나타나지 않는 경우가 많다.

마지막으로, 언어는 **그 자체로 차별성이 부족하다**는 특징을 가진다. 사실 세상의 그 어떤 대상도 독특하지 않은 것이 없다. 하지만 우리가 사용하는 언어는 매우 추상적이고 포괄적이기 때문에, 세상의 모든 사물을 있는 그대로 각각 차별화하여 설명할 수 없다는 한계를 지닌다. 예를 들어, 우리는 강아지를 몇 가지의 종으로 나누어 구분한다. 하지만 똑같이 '푸들'로 구별되는 강아지라고 해도 각각의 푸들은 저마다 차별화된 고유한 특징을 지닌다. 그럼에도 불구하고 우리는 수백만 마리의 강아지를 모두 '푸들'이라는 하나의 종으로 분류하고, 동일한 특성으로 이를 설명하곤 한다. 이러한 언어의 비차별적인 특성은 개인을 특정 집단의 구성원으로 인식하게 함으로써 고정적인 인상을 낳는다. 말할 것도 없이 이는 결과적으로 매우 심각한 커뮤니케이션의 장애 요인이 된다.

2) 상징체계의 언어

언어는 상징체계를 통해 구성된다. 상징은 일정한 사물이나 의미를 전달하는 역할을 한다. 사회과학에서는 보통 기호(*sign*)와 상징을 구별하지 않고 단지 정보와 설득적 메시지를 구성하는 요소로 간주하는 경향이 강하다. 하지만 명확하게 말해서 상징은 기호와 구별된다. 퍼스(Peirce 1958)는 상징을 도상(icon), 지표(index)와 함께 기호의 하위 개념으로 보았다. 퍼스에 따르면 도상은 사진이나 초상화와 같이 기호와 그의 지시대상이 동일하거나 유사한 관계에 있는 기호를 말한다. 지표는 풍향계나 자동차의 유류계 바늘처럼 무엇인가를 지시하는 관계의 기호를 말한다. 반면, 상징은 도상이나 지표에 비해 관습적이고 문화적인 기호로, 특정한 규약에 의해 지시대상과 관계가 설정된 것을 말한다. 해골이 죽음을 의미한다거나 비둘기가 평화를 의미하는 등이 바로 이러한 문화적인 규약에 의해 만들어진 상징이다.

이렇듯 언어에 상징이 부여되면, 그 언어는 언어 자체가 아니라 사회적이고 문화적으로 약속된 다른 의미를 갖게 된다. 사람들에 의해 만들어지고 의미가 부여된 상징체계의 언어는 다른 사람을 설득하는 도구로 활용된다. 따라서 언어를 통한 커뮤니케이션을 이해하는 과정에서 상징적 의미를 내포한 언어의 특성을 함께 이해할 필요가 있다.

(1) 상징의 개념

우리는 체계화된 언어를 수없이 많이 습득하고 있지만, 사실 단어 그 자체는 우리가 의미를 부여하지 않는 이상 아무런 뜻을 가지지 못한다. 가령 침대를 '침대'로 부르는 것, 액자를 '액자'로 부르는 것, 의자를 '의자'로 부르는 것 등은 모두 사회적 문화적으로 규정된 약속이다. 특정한 대상에 하나의 이름을 붙이고 이를 사회적으로 공유하는 것, 이것이 바로 언어에 부여된 상징성이다.

일반적으로 상징은 '어떤 것을 가리키는 다른 어떤 것' 또는 '어떤 것으로 어떤 것을 대신하는 것'으로 정의된다. 인간은 상징을 만들고, 공유하고, 사용한다는 점에서 다른 동물과 차이를 갖는다. 상징은 많은 사람에게 받아들여지고 통용되는 과정을 통해 마침내 커뮤니케이션의 주요한 수단으로 활용된다. 따라서 인간에 대하여 그리고 그들이 서로에게 어떻게 영향을 주고받는가에 대하여 알기 위해서는 상징의 특징을 이해하는 것이 매우 중요하다.

(2) 상징의 특징

상징체계의 언어가 가진 특징은 크게 세 가지로 설명할 수 있다.

첫째, 상징체계의 언어는 **임의적인 속성**을 갖는다. 즉, 언어로 묘사되는 상징은 그것이 실제로 나타내는 대상과 어떠한 연관도 없다. 예를 들어 '여우'라는 단어를 살펴보자. '여우'라는 단어는 포유류 동물 중 하나라는 상징과 연결되며, '교활하다'는 임의적인 상징도 결합되어 있다. 그 결과 사람들은 눈치가 빠르고 태세전환이 재빠른 사람을 '여우'라고 부른다. 한편, 언어에 부여되는 상징성은 임의적이기 때문에 고정되지 않고 경우에 따라 변하기도 한다는 점에 주의할 필요가 있다. 예를 들어 '여우'라는 단어에는 종종 '교활하다'는 상징 외에도 '애교가 많다'라는 상징이 결합되기도 한다.

둘째, 상징체계의 언어는 **관습적인 속성**을 가진다. 하나의 언어에 특별한 상징을 부여하기 위해서는 이와 관련한 사회적 합의가 이뤄져야 한다. '여우'라는 단어에 '교활하다'라는 상징적 의미를 부여하기 위해서는, 이에 대한 사회 구성원들의 합의가 있어야 한다. 만약, 어떤 다른 사회에서 사람들 대다수가 '여우'라는 단어에 '아둔하다'라는 상징적 의미를 부여하면, 그 사회에서 '여우'는 우리 사회와 같은 의미로 통용되지 않을 수도 있다. 이렇듯 커뮤니케이션 과정에서 적극적으로 사용되는 언어적 도구의 상징은 관습적이고 문화적인 속성을 지니기 때문에, 누군가를 설득하는 과정에서 상징을 이용하고자 하면 그것이 피설득자가 속한 문화권에서 무엇을 의미하는지 먼저 살펴봐

야만 한다.

셋째, 상징체계의 언어는 **외연적 의미와 내포적 의미를 동시에 갖는다**. 우리가 사용하는 모든 단어는 최소한 두 가지 의미를 가진다. 그 중 하나가 외연적 의미인데, 외연적 의미는 단어가 가진 직접적이고 명시적인, 사전적 정의를 말한다. 다시 말해 상징이 갖는 외연적 의미는 단어와 지시대상물 사이의 연결 기능을 제공한다(Bettinghaus & Cody 1987). 설득자는 피설득자가 어떤 단어에 대하여 자신과 같은 외연적 의미를 갖고 있으리라 가정하고 커뮤니케이션 하는 경향이 있다. 하지만 경우에 따라서 사람마다 단어에 부여하는 외연적 의미가 다를 수도 있기 때문에 커뮤니케이션 오류가 발생할 수 있다.

언어가 가진 다른 의미는 내포적 의미이다. 내포적 의미는 어떤 단어에 대해 개인이 가진 생각이나 감정을 말한다. 즉, 사람들이 단어를 사용하는 과정에서 느낀 주관적인 태도를 반영한 것이다(Bettinghaus & Cody 1987). 사람마다 특정 단어에 대한 태도는 다를 수 있다. 예를 들어, 자연 다큐멘터리에서 진짜 여우를 본 아이와 영화나 드라마를 통해서 여우 같은 사람만을 본 아이는 '여우'라는 단어에 대해 서로 다른 태도를 갖게 된다. 성공적인 설득을 위해서는, 사람들이 단어에 대해 서로 다른 태도를 가지고 있다는 것을 인식해야 한다. 의미라는 것은 대상을 지칭하는 단어에 있지 않고 대상을 지각하는 사람에게 있다. 설득자는 이러한 사실을 인지하고 피설득자가 지각하는 단어의 상징적 의미를 토대로 적합한 메시지를 작성하려고 노력해야 한다.

2. 언어와 기호학

언어학과 기호학의 관계에 대해서 연구자들은 저마다 서로 다른 의견을 내 왔다. 프랑스의 구조주의 철학자 롤랑 바르트(Roland Barthes)는 언어학이 기호학보다 더 상위 개념으로, 언어학으로부터 빌려 온 관점과 개념을 자연언어 외의 커뮤니케이션 현상에 적용한 것이 바로 기호학이라고 설명한다. 반면, 기호학이 언어학을 포함하는 더 상위 개념이라는 시각도 존재한다. 미국의 기호학자 찰스 모리스(Charles William Morris)와 이탈리아의 기호학자 움베르토 에코(Umberto Eco)는 언어학이 자연언어를 묘사하기 위해 특별하게 개발된 특수화된 기호학적 개념에 불과하다고 주장한다. 한편 언어학자 조르주 무냉(Georges Mounin)은 기호학과 언어학이 서로 분리된 독립적인 분야라고 주장한다. 그는 기호학의 범위와 언어학의 범위는 각기 비언어적 기호체계와 언어적 기호체계로 구분될 수 있다고 보았다.

언어학과 기호학의 관계에 대한 다소 상반된 주장이 존재하지만, 이 책에서는 언어학을 기호학의 한 지류로 이해하고, 언어를 특정 상징체계를 포함한 기호로 정의하겠다. 이러한 논의를 위해서 우리는 여기서 기호학의 발전 과정에 대해 간략히 살펴보고자 한다.

1) 소쉬르의 구조주의 기호학

여우는 정말 교활할까? 아니면 사람들이 여우를 교활하다고 생각했기 때문에 여우가 교활한 동물이 됐을까? 만약 현대 언어학의 아버지로 불리는 소쉬르(Ferdinand de Saussure)에게 이러한 물음을 던지면, 소쉬르는 대상이 관점을 만드는 것이 아니라 관점이 대상을 만든다고 대답할 것이다. 소쉬르는 언어란 이를 사용하는 사람들이 공유하는 사회적 관습인 랑그(*langue*)에 개인적 특성인 파롤(*parole*)이 결합된 결과라고 보았다. 랑그는 사회 구성원이 사용할 수 있도록 사회집단이 채택한 규칙의 총체, 즉 **문법**이며, 파롤은 그 규칙들을 근거로 개인이 사용하는 구체적 발화(發話), 즉 **말**이 된다. 따라서 랑그는 추상적이고 보편적이며 형식적인 속성을 가진 반면, 파롤은 구체적이고 개별적이며 표면적인 속성을 가진다.

소쉬르 이전의 연구자들은 언어가 구체적 소리와 특정 대상이 직접적으로 대응한 결과라고 생각했다. 즉, 누군가가 '아침'이라는 소리를 내면, 그 소리가 아침이라는 특정 현상을 의미하게 된다는 것이다. 하지만 소쉬르는 소리가 소음이 아닌 의미를 가진 언어가 되기 위해서는 기호체계의 한 부분이 되는 과정이 필요하다고 생각했다. 이때 체계는 개별적인 원소들을 원소 그 자체로 두는 것이 아니라 전체적인 구조의 일부로 두도록 하는 규칙을 말한다. 예를 들어, '아침'이라는 단어가 우리에게 아침이라는 의미로 인식되기 위해서는 '날이 새고 오전 반나절쯤까지의 동안'이라는 성질과 연결되어야만 한다. 또한 '해가 질 무렵부터 밤이 되기까지의 사이'라는 대립적인 성질을 가진 '저녁'이라는 단어와 차이를 두어야 한다. 즉, 우리가 '아침'이라는 단어를 사용할 수 있는 것은 '아침'이라는 단어 자체가 존재하기 때문이 아니라, 이 단어가 특정한 의미와 연결되고 차별화되는 다른 의미와 대립관계를 이루는 체계 속에 있기 때문이다.

소쉬르는 우리가 사용하는 언어는 다양한 기호(記號, *sign*)들이 체계를 이룬 결과라고 생각했다. 이때 기호는 '기표'(記標, *signifiant*)와 '기의'(記意, *signifié*)로 구성된다. 구체적으로 기표는 말소리를 의미하며, 기의는 무엇인가의 본래 성질을 의미하는 것으로 기표가 지칭하는 어떤 것을 의미한다. 예를 들어 '날이 새고 오전 반나절쯤까지의 동안'이라는 의미화된 상태를 우리는 '아침'이라는 말소리로 지칭한다. 이때 '날이 새고 오전 반나절쯤까지의 동안'이라는 상태는 기의이며, '아침'이라는 말소리가 기표이다. 한 가지 유념할 점은 '날이 새고 오전 반나절쯤까지의 동안'의 상태를 한국에서는 '아침'이라는 말소리로 부르는 반면, 미국에서는 'morning'이라는 말소리로 부른다는 사실이다. 즉, 하나의 기의에 문화권에 따라 서로 다른 기표가 붙게 된다. 이렇듯, 기의는 언어권과 상관없이 모두 동일하지만, 기의를 지칭하는 기표는 고유한 언어를 가진 각각의 나라마다 다르다는 특징이 있다. 특정한 기호가 의미를 가질 수 있는 이유는, 이것이 같은 언어를 공유하는 사람들의 의식 속에서 동일한 문법적 체계로 이해되기 때문이다. 즉, 언어체계에서 모든 기표와 기의는 이를 사용하는 사람들이 공유하는 사회적 관습과 문화적 맥락 속에서 이해된다. 결과적으로 기호는 특정한 기의에 기표가 자의적으로 결합된 결과이며, 기의와 기표의 결합은 사회적으로 공유되는 의미화의 과정을 통해 이뤄진다는 것을 알 수 있다.

다양한 기호들은 체계를 이루어 하나의 언어가 된다. 조금 더 구체적으로, 다양한 기호들이 서로의 차이를 드러내고 대립관계에 놓여 체계화됨으로써 하나의 언어가 된다. 소쉬르는 기호가 체계를 이루는 과정에서 차이라는 개념을 매우 중요하게 여겼는데, 이는 앞서 설명한 '아침'과 '저녁'의 예를 통해 이해할 수 있다. 즉, 언어에서 '아침'과 '저녁'이라는 단어가 의미를 갖기 위해서는 두 단어 사이의 차이가 존재해야 한다. 만약, 두 단어가 모두 동일한 것을 뜻한다면, 언어 안에서 둘 중 하나의 단어는 가치를 잃고 퇴화하게 된다. 경우에 따라서, 하나의 기호는 다른 기호와 대립관계에 놓임으로써 가치를 더 높게 평가받기도 한다. 예를 들어 '좋다'는 단어가 긍정의 뜻을 갖는 것은 '나쁘다'라는 단어가 존재하기 때문이다. 하나의 기호는 다른 기호와 구별되는 과정에서 '관계적 정체성'을 갖게 된다. 이것을 소쉬르는 언어의 기본체계라고 불렀으며, 이러한 개념은 훗날 구조주의 언어학의 근간이 되었다.

2) 퍼스의 실용주의 기호학

소쉬르가 유럽의 기호학을 대표하는 인물이라면 미국의 실용주의적 관점에 입각한 기호학자로는 퍼스(Charles Sanders Peirce)가 있다. 퍼스는 '기호를 통해 우리가 무엇을 알 수 있는가?'에 대한 철학적 질문에서 기호에 대한 논의를 시작한다.

퍼스는 기호를 표상체, 대상체, 해석체의 세 가지 요인의 관계로 설명한다. 구체적으로 표상체는 누군가에게 무엇을 나타내기 위해 보여지는 것을 말한다. 대상체는 기호나 표상체가 나타내려는 실제의 무엇을 말한다. 마지막으로 해석체는 기호와 대상을 접했을 때 우리 관념 속에서 떠오르는 아이디어나 사상을 말한다. 즉, 해석체는 표상체와 대상체의 관계가 우리의 인지체계 안에서 특정한 의미로 이해되는 것을 말한다.

구체적인 예를 들어 설명해 보자. 여기 '안경'이라는 기호가 있다. 이 기호는 렌즈 두 개에 긴 다리가 붙어 있는 물체를 표현한 것이다. 우리는 '안경'이라는 단어를 볼 때 자연스럽게 안경이 가진 이미지(렌즈 두 개에 긴 다리)를 떠올린다. 이 사례에서 대상체는 안경 그 자체이다. 안경에 대해 우리가 떠올린 이미지는 안경의 해석체이다. 그리고 우리가 알고 있는 그 안경을 표현한 '안경'이라는 단어는 안경의 표상체이다.

퍼스의 논의에서 기호는 대상체에 대한 표상체의 표현이다. 퍼스는 기호를 다시 세 가지 유형으로 나누어 설명하고 있는데 이는 각각 도상, 지표, 상징이다.

도 상

도상(*icon*)은 실제 대상과의 유사성에 의해 정의되는 기호이다. 도상은 그것이 대표하는 대상체와 비슷하게 보이거나 비슷한 소리를 내

8-1 퍼스의 기호학 삼각형과 그 사례

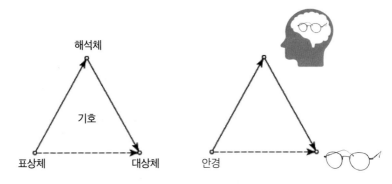

거나 비슷한 이미지를 가진다. 지도는 영토의 도상이며, 다양한 종류
의 교통 표지판도 모두 도상이다. 단, 도상이 시각적 이미지에만 국한
되지 않는다는 점에 유의할 필요가 있다. 딸기 향 시럽은 딸기의 도상
이 되며, 분장을 해 정치인 흉내를 내는 개그맨도 해당 정치인에 대한
도상이 될 수 있다.

지 표

지표(*index*)는 실제 대상과의 자연적 인접성이나 근접성에 근거하는
기호이다. 흔히 우리는 피어오르는 연기를 보면 불이 났다고 생각한
다. 이는 연기가 불과 자연적으로 인접한 속성을 갖는 지표이기 때문
이다. 일반적으로 사건의 인과관계를 보여 주는 것들이 지표에 해당한
다. 총구의 연기는 총이 발사되었음을 알리는 지표이고, 풍향계는 바
람의 세기와 방향을 알리는 지표이다. 언어에서 지시대명사로 쓰이는
'여기', '저기', '거기'는 모두 무엇인가를 가리키는 지표적 표현이다.

상 징

상징(*symbol*)은 임의로 만들어진 기호이다. 상징은 대상체에 실질적인 연관성이 없지만 사회적 약속에 의해 만들어진다. 신호등이 가장 대표적인 상징기호이다. 신호등은 빨간불, 노란불, 파란불로 구성되고 각각의 색깔에 따라 보행자와 차로 하여금 각기 다른 행동을 하도록 유도한다. 이는 특정 색깔에 특정 행동을 유도하는 힘이 있기 때문이 아니라, 사람들이 사회적으로 합의한 결과이다. 상징은 자의로 만들어지는 것이기 때문에 문화권에 따라 다르게 이해될 수 있으며, 시간의 흐름에 따라 다른 의미로 변하기도 한다.

3) 언어 연구의 분야

소쉬르의 구조주의 기호학 이래 언어학 연구는 언어의 체계, 즉 '구조'를 밝히는 것에 집중했다. 언어구조에 관한 연구는 언어의 위계적 조직구조를 구분하고자 하였다. 언어의 구조에 대한 연구는 음운론, 구문론, 어휘론, 그리고 텍스트 또는 서사구조에 대한 연구로 나뉜다 (Hosman 2002).

음운론(*phonology*)은 언어의 소리체계와 소리가 의미와 결합되는 방식에 관한 연구이다. 이름의 음운론적 속성이 매력도에 영향을 미친다는 연구, 선거에 당선된 정치인의 이름에는 공통적 음운론적 속성이 있다는 연구 등을 사례로 들 수 있다.

문장론(*syntax*)은 문장을 구성하는 규칙을 다룬다. 문장의 문법적 구조가 복잡할수록 설득 효과가 떨어진다거나 부정문보다는 긍정문이, 수동태보다는 능동태가 메시지의 이해도나 신뢰도를 증가시킨다는 연구 등이 문장론과 관련된 설득 연구에 해당한다.

어휘론(*lexicon*)은 본래 언어의 어휘에 관한 연구였으나 최근에는 단어와 의미, 숙어, 생략, 완곡어법 등 다양한 의미 단위를 포괄하고 있다. 어휘의 다양성, 강한 언어, 생생한 언어 또는 애매한 언어가 설득 효과에 어떠한 영향을 미치는지에 관한 연구가 어휘론 분야에 속한다.

마지막으로 **텍스트 또는 서사구조**는 내부적으로 일정한 형식을 가진 완결된 담화의 단위를 의미한다. 텍스트나 서사구조는 종종 언어의 음운론적 요소나 문법적, 어휘적 요소들을 해석하는 준거 틀이 된다.

언어의 사용에 관한 연구들은 커뮤니케이션 맥락에서 화자가 언어를 어떻게 사용하는지에 주목한다. 언어 사용의 지역적 차이, 인종이나 사회적 변인에 따른 차이, 화용론적 접근 등이 그 예이다. 설득과 관련된 언어 사용 연구로는 다음과 같은 예를 들 수 있다. 표준어는 그것을 사용하는 화자의 사회경제적 지위가 높다는 것을 상징하지만, 청자에게 익숙할 경우 비표준어를 사용해도 긍정적 평가를 가져올 수 있다. 그리고 힘찬 화법이 무기력한 화법보다 화자의 공신력과 매력도 등을 증가시킨다는 연구결과도 있다.

3. 언어와 설득

1) 언어의 태도와 설득

말과 글은 그 사람의 얼굴이라는 말이 있다. 이렇듯 언어는 쓰는 사람의 성격과 태도를 반영한다. 설득 커뮤니케이션에서 언어는 가장 중요한 설득 도구이다. 설득자는 언어를 이용하여 설득 메시지를 만든다. 설득자가 사용하는 언어는 피설득자를 주목하게 할 수도 있고, 피설득자의 주의를 분산시키고 집중을 방해할 수도 있다. 또 설득자가 사용하는 언어는 피설득자가 누구이냐에 따라 효과적일 수도 있고 비효과적일 수도 있다. 따라서 설득자는 설득 전략을 세우는 과정에서 말하고자 하는 메시지나 이를 받아들이는 수용자에 따라 적합한 언어가 무엇인지를 사전에 파악할 필요가 있다. 여기서는 설득 과정에 영향을 미칠 수 있는 언어적 전략에 대해 살펴보겠다.

(1) 명명화

프레임을 이용한 사전설득 전략으로 명명화를 다룬 바 있다. 사람이나 사물을 설명하기 위해 우리가 사용하는 명명화는 그 사람과 사물에 대한 우리의 태도를 반영한다. 만일 누군가가 경찰관을 '짭새'라고 부르면 경찰관은 '짭새'라고 불림으로써 사물화되고 멸시당했다고 볼 수 있다. 이러한 명명화는 우리의 태도를 반영할 뿐 아니라 그 자체로 힘을 지니게 된다. 이러한 예는 성(性)을 구별하는 지시어에서도 그 예를 찾아볼 수 있다. 만약 어떤 선생님이 남자 제자에게는 '씨'라는 호칭을 붙이고, 여자 제자는 '양'으로 부르면 그것은 단지 남자와 여자에 대한 그 선생님의 태도를 나타내는 것뿐만 아니라, 그 자체로서 태도를 형성하는 힘을 갖게 된다.

사피어-워프[2] 가설에 따르면, 우리가 사용하는 언어는 우리가 세계를 이해하는 방식을 결정한다(Whorf 1956). 따라서 여자가 남자보다 열등한 것처럼 들리는 언어를 사용하면 사람들로 하여금 여자가 정말로 열등한 존재라고 믿도록 만들 수 있다.

---

1 '명명화'와 '낙인'은 모두 영문으로 'labelling'으로 표기하지만 그 의미는 큰 차이가 난다. 사회심리학에서 낙인이론(labelling theory)은 일탈 행동을 설명하는 한 방법인데, 일탈된 사람이라고 낙인찍은 사람이 어떻게 행동하는가에 초점을 맞춘다. 한편, 여기에서의 'labelling'(명명하기, 이름 붙이기)은 완곡어법(euphemism)이나 애매한 말(doublespeak)과 같이 단어가 가진 내포적 의미의 충격을 줄이거나 더함으로써 언어가 태도형성에 미치는 영향력에 초점을 맞춘다.

2 벤저민 리 워프(Benjamin Lee Whorf)는 미국의 언어학자로 사고 및 인식과 언어와의 상관관계에 대한 가설, 히브리어와 히브리 사상에 대한 연구, 멕시코어와 마야어 및 그 방언에 대한 연구, 호피어에 대한 연구 등으로 유명하다.

명명화는 효과적인 설득 전략으로 쓰일 수 있다. 밀러(Richard Miller)와 브릭맨(Phillip Brickman), 그리고 볼린(Diana Bolin)의 연구는 교육에서 나타나는 명명화의 설득력을 보여 주었는데, 시카고 지역의 5학년 학생들을 대상으로 쓰레기를 버리지 않고 깔끔하게 지내도록 하는 설득을 시도하였다. 이 과정에서 일부 학생에게는 쓰레기를 버리지 않고 깨끗하게 하는 것의 중요성을 강조하는 강의를 듣게 하였다. 반면, 다른 학생들에게는 강의를 듣게 하는 대신에 그들이 이미 정돈을 잘하고 깨끗한 학생들이라는 칭찬을 반복적으로 해 주었다. 그 결과, 강의를 들은 학생들은 쓰레기를 버리는 행동이 개선되지 않았으나, 깨끗하다는 칭찬을 들은 학생들은 쓰레기를 지정된 장소에 버리는 정도가 다른 학생들에 비해 세 배 이상 높아진 것으로 나타났다. 이러한 결과는 특정 대상에게 라벨을 붙이는 명명화의 전략이 경우에 따라 라벨을 현실화시키는 효과적인 설득 전략임을 보여 준다.

(2) 완곡어법

완곡어법(*euphemism*)은 '불쾌하거나 감정을 상하게 하는 말을 부드럽고 간접적으로 표현하는 말'을 의미한다. 원래 'euphemism'은 고대 그리스의 'euphemia'에서 온 것으로 'use of good words'(좋은 단어를 쓰다)라는 뜻을 담고 있다. 즉, 완곡어법이라는 단어에는 그것을 듣기 좋은 단어로 표현한다는 의미가 담겨 있다.

상대의 감정을 상하게 할 수 있는 말을 완곡어로 바꾸어 표현하는 사례는 주변에서 쉽게 발견할 수 있다. 예를 들어, 오늘날 우리는 '해고', '탈북자', '후진국'이라는 표현 대신 '명예퇴직', '새터민', '개발도상국' 같은 표현을 사용한다. 또한 우리는 '청소부'를 '환경미화원'으로, '미용사'를 '헤어 디자이너'로, '보험판매원'을 '보험설계사'로 부르는데, 이러한 것은 모두 우리가 일상생활에서 사용하는 완곡어다.

경우에 따라서 완곡어법은 원래의 의미가 지닌 부정적 의미를 숨기기 위해서 전략적으로 사용된다. 예를 들어, 켄터키 프라이드치킨(Kentucky Fried Chicken)은 보다 건강한 느낌을 주기 위하여 'fried'(기름에 튀긴)라는 단어를 언급하는 것을 피하고, 그들의 상호를 'KFC'라고 간단하게 바꾸었다. 또한 어떤 대학에서는 학생들에게 부정적 의미를 주는 'F'(failed) 대신 'NP'(not passing)라는 학점 표기 방식을 쓰기도 한다. 이는 학생이 수업에서 가장 좋지 못한 결과를 받았음은 변하지 않는 사실이지만 '실패했음'이라는 원래의 말이 갖는 부정적 의미를 완화시킨 사례다. 하지만 경우에 따라서 이러한 완곡어법 전략은 어떤 정보나 사건에 대한 평가를 의도적으로 조작하는 데 오용되기도 한다. 예를 들어, 미국정부는 전쟁 후 귀환한 군인들이 겪는 육체적, 정신적 증상들을 '외상 후 스트레스장애'라고 부름으로써 이것이 전쟁과 별개로 인식될 수 있게 했다. 물론 그 이면에는 전쟁을 지속하고자 하는 정치적 의도가 개입되어 있었다.

완곡어법의 사용이 언제나 긍정적 결과를 낳지는 않는다. 과하게 조작되거나 현실과 동떨어진 언어는 듣는 사람에게 거부감을 일으키기 때문에 오히려 설득 효과가 감소되기도 한다. 다른 민족집단을 강제로 제거하는 '민족 말살정책'을 '인종 청소'라고 부르는 것을 이러한 예이다. 이러한 완곡어법의 사용은 대량학살이 가진 부정적 의미를 '청소'라는 긍정적 의미를 가진 단어에 녹여 넣음으로써 학살에 당위성을 부여하려는 시도라고 볼 수 있다. 하지만 사람을 죽이는 행위를 쓰레기를 치우는 '청소'라고 부르는 이 완곡어법은 말하는 사람을 냉혈한으로 인식하게 함으로써 오히려 역효과를 낳기 쉽다. 또한 직설적으로 쉽게 이야기하기를 좋아하는 사람들에게는 완곡어법이 자칫 고루하고 까다롭게 들릴 수 있다. 예를 들어, '죽었다'는 표현 대신 '승천하셨다'고 표현한다면 예의 바르고 정중하게 들릴 수도 있지만, 경우에 따라서는 까다롭고 잘난 척한다는 인상을 줄 수도 있다.

그럼에도 불구하고 직설적 표현보다 간접적 표현법이 중시되는 외교계나 정치계에서는 이러한 완곡어법이 더욱 발전하는 추세이며, 특히 언론이나 방송에서 이러한 완곡어법을 많이 찾아 볼 수 있다. 완곡어법은 특히 갈등의 소지가 있는 민감한 사안을 다룰 때 효과적이다. 예를 들어 '강간'보다 '성폭력'이라는 단어가 선호되거나, 낙태에 대한 논의에서 낙태죄를 유지하자는 입장이 '생명 중시'로, 낙태죄를 폐지하자는 입장이 '자기결정권 중시'로 표현되는 사례 등을 들 수 있다.

(3) 애매한 말

완곡어법과 비슷한 개념으로 모호한 언어, 즉 애매한 말(*doublespeak*)을 들 수 있는데, 이는 말 그대로 직설적이고 공격적으로 느껴질 수 있는 강한 표현을 애매하고 모호하게 둘러댄다는 뜻이다. 애매한 말은 설득자가 그 상황을 즉각 회피하고 싶을 때 주로 사용된다. 설득자는 메시지를 분명하게 전달할지 애매하게 전달할지 결정해야 한다. 일반적으로 애매한 말은 부정적으로 생각되기 쉽지만, 전략적 애매함은 때로 설득에 도움이 될 수도 있다. 예를 들어, 정치가에게는 낙태나 동성혼과 같은 특정한 이슈에 대해서 한 가지 분명한 입장을 취하는 것보다 애매한 입장을 취하는 것이 더 도움이 될 수도 있다.

윌리엄스 등(Williams & Goss 1975) 애매한 언어에서 공신력에 대한 지각, 메시지 회상 그리고 메시지에 대한 동의를 연구했다. 그는 연구에서 '얼버무리기'를 '분명치 않음'이라고 정의했다. 예를 들어, 연설자가 낙태 금지에 찬성한다고 정확히 말하는 대신 낙태 정책이 바뀌어야 한다고 말하는 것을 얼버무리기라고 규정지었다. 윌리엄스의 설명에 따르면 수용자는 자신과 반대되는 입장에서 말하는 연설자의 메시지가 애매할수록 연설자에게 더 높은 점수를 부여할 뿐 아니라, 메시지 내용에 대한 회상과 수용이 더 잘 일어난다. 이러한 연구결과는 수용자는 분명하게 전달된 반대 의견에 대해서는 쉽게 거부할 수 있지만, 애매하게 전달된 반대 의견에는 잘 거절하지 못하는 경향이 있음을 보여 준다. 윌리엄스는 애매한 전달법은 수용자들로 하여금 메시지가 자신의 태도와 반대되는 의견이라고 생각하지 않도록 만드는 힘이 있다고 주장하였다.

한편 아이젠버그(Eisenberg 1984)는 애매함(*ambiguity*)이 전략적으로 쓰일 때 설득이나 대인관계, 조직생활에 도움이 된다고 주장했다. 기업은 조직원들에게 소속감을 심어 주기 위해 애매모호한 말로 기업의 비전과 신화를 만든다. 즉, 한 가지 특정 의미로만 해석이 불가하도록 일부러 애매하게 만드는 것이다. 이는 여러 가지 특성을 가진 사원들이 회사의 비전을 자신에게 맞게 해석하게 함으로써 회사에 소속감과 통일감을 느끼도록 하는 전략이라고 할 수 있다. 예를 들어 어느 광고회사가 '창조적 사고와 도전정신을 바탕으로 혁신적 소통을 구현하여 최상의 가치를 추구한다'라는 비전을 내세우고 있다고 생각해 보자. 여기서 말하는 '혁신적 소통'은 무엇인가? 또한 '최상의 가치'는 무엇을 의미하는가? 이 광고회사는 각각의 개념을 애매모호하게 둠으로써 각각의 구성원이 나름의 사고를 통해 각자가 생각하는 혁신적 소통을 이용한 최상의 가치를 이루도록 유도한다.

(4) 극단적 용어

언어는 개인의 사고 과정에 따라 여러 가지 다른 의미를 가질 수 있지만, 어떤 단어는 대다수의 사람에게 보편적으로 공유되는 하나의 의미만을 갖기도 한다. 대다수의 사람들에게 보편적 의미로 공유되는 단어는 때로 매우 강력한 설득 도구가 될 수 있다. 위버(Weaver 1953)는 이러한 단어를 극단적 용어라고 불렀다. 극단적 용어는 대단히 숭배되고 널리 받아들여지며 특정 문화에서 힘을 갖는다.

극단적 용어는 크게 세 가지로 유형화되는데, 이는 신성시하는 언어, 죄악시하는 언어, 카리스마적 언어이다. 신성시하는 언어와 죄악시하는 언어는 다른 모든 표현 위에 군림하면서 지배력과 힘을 갖는다. **신성시하는 언어**는 그 자체로 순종과 희생을 요구하며 다른 어떤 언어로부터도 도전받지 않는 언어를 말한다. '건강', '행복'과 같은 단어가 신성시하는 언어의 대표적 예이다. 신성시하는 언어는 시간에 따라 변하기도 한다. 예를 들어, '과학'이나 '발전'이라는 말은 한때 절대적 가치로 신봉됐으나 살상 무기나 환경오염 등으로 그 신뢰성을 많이 잃어버렸다. 오히려 지금은 '과학'이나 '발전'이라는 말보다 '환경'과 '보호' 같은 말이 더 신성시되는 경향이 있다.

한편, 신성시하는 언어의 반대 개념으로 죄악시하는 언어가 있다. **죄악시하는 언어**는 그 자체로 혐오감을 주는 것들과 연계된다. 이 언어는 사람들에게 위협으로 여겨지기 때문에 설득 과정에 매우 효과적인 도구로 사용된다. 예를 들어 '폭행', '살인', '성폭력'과 같은 단어는 사람들이 위협으로 여기는, 대표적인 죄악시하는 언어이다. 신성시하는 언어와 마찬가지로 죄악시하는 언어 또한 시간에 따라 그 의미가 변하기도 한다. 예를 들어, 한국에서 '좌파'는 과거에는 사회체제에 반하는 사람이라는 의미의 죄악시하는 언어로 사용되는 경향이 강했으나, 현재는 보다 중립적인 언어가 되었다. 또한 1970년대 미국에서 'wasted' 라는 말은 베트콩(*vietcong*)을 죽인다는 의미로 쓰였으나, 1980년에는 '지쳐 있는', '쇠약한'이라는 의미를 갖게 되었다.

극단적 용어의 마지막 유형은 카리스마적 언어이다. **카리스마적 언어**는 그 실체가 가시적으로 나타나지는 않지만 상당한 효력을 가진 언어를 말한다. 예를 들어 '자유'나 '연대'라는 단어는 그것이 명시하는 구체적 대상물이 없으나 굉장히 큰 영향력을 갖는다. 우리가 흔히 사용하는 '민주주의'라는 단어 역시 사실은 눈에 보이지 않는 광범위한 체계를 함축적으로 의미하며 매우 추상적이지만, 우리는 이 단어에 상당히 큰 가치를 부여하고 영향을 받는다.

마케팅과 광고계에 종사하는 사람들은 광고의 효과를 극대화하고 판매를 신장하기 위해서 극단적 언어를 활용한 설득 전략을 적극적으로 사용한다. 예를 들어 한국의 화장품 브랜드 중에 '꽃을 든 남자'라는 브랜드가 있다. '꽃을 든 남자'가 처음 등장하던 시기에 한국 사회에서 '화장'이라는 단어는 여성의 전유물로 남성에게 죄악시되는 언어로 사용되었다. 하지만 이 브랜드는 외모에 대한 남자들의 관심이 높아지던 시기에 아름다움을 의미하는 '꽃'과 '남자'라는 단어를 연관 지음으로써 남자가 외모를 가꾸기 위해 화장품을 쓰는 것이 전혀 문제되는 일이 아님을 강조하였다. 또한 초기 광고모델로 외모가 매력적이라고 여겨지는 남성 축구선수를 선택함으로써 화장은 여자처럼 되는 것이라는 남성의 선입관과 기피 성향을 약화시켰다.

(5) 힘없는 언어

설득자의 주저함은 언어를 통해 표현되며, 이는 경우에 따라 설득에 부정적 영향을 미친다. 예를 들면, 설득자가 메시지를 전달하는 과정에서 "음", "어", "글쎄"와 같은 말을 남발하는 것은 대부분 원활한 설득을 방해한다. 이는 화자의 말버릇이 설득 메시지에 대한 수용자의 주의를 분산시키고 집중을 방해하기 때문이다.[3] 대표적인 힘없는 언어 표현은 다음과 같다.

---

3 준언어학(*paralinguistic*) 연구에서는 언어와 비언어 외에 다른 변인들에 주목하여 언어와 설득 사이의 관계를 고찰한다. 여기에서 주요 변인은 목소리의 질이나 발성법, 말하기의 속도 등인데, 힘없는 언어 역시 일종의 표현방법이라는 측면에서 신중하게 다루어지고 있다.

- **망설이는 표현**: "어", "글쎄", "너도 알듯이" 등과 같이 자신감이나 확신이 없음을 보여 주는 표현.
- **한정사**: "일종의", "나는 그렇게 생각해" 등과 같이 주장의 힘이나 명확성을 둔화시키는 어구.
- **강화하는 표현**: "정말로", "확실히", "실제로"와 같이 공식적이면서 딱딱한 표현.
- **예의를 갖추는 표현**: "그렇게 해 줘서 매우 감사합니다", "제발 해 주세요", "당신이 허락한다면"과 같이 발화자가 청자에게 종속되는 느낌을 주는 표현.
- **부가의문문**: "그렇게 생각하지 않으세요?", "그렇죠?" 등과 같이 자신이 없는 듯한 진술.
- **부인하는 표현**: "이건 약간 정상에서 벗어난 것 같지만", "난 물론 전문가는 아니지만" 등과 같이 청자로 하여금 이해나 관용을 보여 줄 것을 부탁하는 표현.
- **지시적 표현**: "거기에", "그때 거기" 등과 같이 화자 외부의 어떤 것을 모호하게 지칭하는 어구.

많은 연구는 힘없는 언어의 사용이 설득의 효과를 감소시킨다는 것을 증명하였다. 그러나 힘없는 언어에 대한 부정적 결론을 내세운 연구들은, 연구 과정에서 언어의 형식을 모두 일괄적으로 다룬다는 점에서 재고될 여지가 있다. 물론 힘없는 표현을 많이 사용하면 커뮤니케이터의 공신력이 낮게 평가될 가능성이 크다. 피설득자는 설득자가 힘없는 표현을 사용할수록 설득자가 지식이 부족하고 사회적 지위가 낮은 사람으로 인식할 가능성이 높다. 그러나 힘없는 표현이 적재적소에 사용되면 오히려 설득자가 예의 바르고 신중한 사람이라고 평가받을 수도 있다. 망설임, 한정사, 부가의문문 등은 전반적으로 설득자의 공신력을 낮추는 성향이 있지만 '실제로'와 같은 강화의 표현이나 '조언 감사합니다'와 같은 예의의 표현은 오히려 설득자의 공신력을 강화시킬 수도 있다.

(6) 비 어

비어(卑語), 즉 욕설의 사용은 윤리적으로 옳지 않다고 여겨지지만, 일상생활에서 비어는 매우 널리 사용된다. 한 연구에 의하면 대화 중 비어가 사용되는 비중이 대학생 사이의 대화에서는 8.1퍼센트, 성인이 업무에서는 3.5퍼센트, 여가시간의 대화에서는 12.5퍼센트로 나타났다. 이렇게 비어가 일반적으로 사용되기 때문에, 어떤 연구자는 비어가 설득의 한 방식으로 주목을 끌 수 있는 장점을 갖고 있다고 주장하기도 한다. 그러나 대부분의 사람은 비어를 '불쾌한 것'으로 받아들이며, 어떤 연구는 설득적인 정보원으로 인식되기 위해서는 되도록 비어를 사용하지 않는 것이 바람직하다는 결과를 제시했다. 또한 비어의 사용은 화자의 신뢰도를 저해한다고 알려져 있다.

(7) 정치적 올바름

일상에서 사용되는 언어 중에는 문화, 인종 그리고 성적 차원에서 차별적이거나 부당한 함의를 지닌 것들이 많다. 특히 정치, 사회, 문화적으로 소외된 계층을 멸시하거나 비인간적으로 취급하는 뜻을 가진 각종 비어가 존재한다. '정치적 올바름'(PC, *political correctness*) 이란 말의 표현이나 용어의 사용에, 앞서 설명한 것 같은 사회적 편견을 섞어 쓰지 않는 것을 의미한다. 이를테면, 'negro' 등 흑인을 멸시하고 차별하는 의미의 어휘들은 편견 없는 함의를 지니는 어휘로 대치되고 있다. 정치적으로 공정하며 완곡하게 표현하기 위해서다. 이런 완곡한 표현은 처음에는 주로 정치가들이 다양한 부류의 유권자에게 환심을 사기 위해 사용되기 시작했다. 하지만 지금은 하나의 사회운동(PC 운동)으로 발전하였다.

정치적으로 올바르지 않은 언어, 즉 정치적 차별성을 지닌 어휘의 사용은 설득자의 공신력을 실추시키거나 설득 효과를 감소시킨다. 따라서 설득자는 설득 메시지를 작성할 때 정치적으로 올바른 어휘를 사용하도록 노력해야 한다. 그러나 만약 설득 메시지가 정치적 올바름 그 자체를 주장하는 것이면, 이러한 메시지의 반복적인 제공은 그 자체로 피설득자에게 피로감을 줄 수 있기 때문에 주의할 필요가 있다. 다시 말해, 청자는 대체로 화자로 하여금 정치적으로 올바른 어휘를 사용한 주장을 듣고 싶어 한다. 하지만, 화자가 청자에게 정치적으로 올바른 어휘를 사용할 것을 권장하는 메시지를 반복적으로 제공하면 청자가 화자의 메시지에 피로감을 느끼거나 화자가 자신의 언어 활용 방식을 공격한다고 인식할 가능성이 있다. 이러한 경우 화자에 대한 공신력은 떨어지며 화자가 제공한 메시지에 대한 거부나 부정이 일어나게 된다.

정치적 올바름 운동에 대한 논쟁

보통 비하나 편견이 담긴 언어를 사용하지 않는 것은 예의 바른 행동으로 인식된다. 따라서 사람들은 화자가 연설이나 설득 과정에서 정치적으로 올바른 어휘를 사용할 것이라 기대한다. 하지만 이러한 메시지 제시방식은 청자에게 자기 자신도 항상 정치적으로 올바른 어휘를 사용해야 한다는 압박감을 주기도 한다. 즉, 화자의 말하기 방식을 토대로 자신이 관습적으로 써오던 언어표현에 문제가 있었음을 자각하고, 앞으로는 이를 더 완화된 표현으로 바꾸어 써야 한다는 필요성을 인식하게 되는 것이다. 언어는 사용자의 오래된 습관을 투영하기 때문에 모든 말하기 과정에서 정치적 올바름의 개념을 인식하고 공격적인 어휘를 완화된 어휘로 바꾸어 표현하는 것은 굉장히 많은 주의를 요하는 일이다. 따라서 정치적으로 올바른 어휘를 사용해야 한다는 도덕적이고 윤리적인 인식과 어휘 활용 과정에서 이를 직접 수행하는 것의 피로감이 대립함으로써 정치적 올바름 운동(PC운동) 자체에 대한 반발심을 가지게 될 수 있다.

1990년대 이후부터 시작된 PC운동은 오늘날 하나의 사회문제로 대두되고 있다. PC운동을 비판하는 사람들은 다양성을 존중하고 배려한다는 의미에서 시작된 언어 운동이 모두에게 획일적인 언어 사용을 강조하는 전체주의의 양상을 띠게 되었다고 주장한다. 언어는 그 자체로 관용적이고 경제적인 속성을 갖는데, 과도한 PC운동은 언어를 관용적이지 않고 비경제적이게 만든다는 것이 이들의 주장이다. 또한 PC운동을 주장하는 사람들이 자신이 올바른 일을 하고 있다는 도덕적 우월감에 도취되어 지나친 교조주의에 빠져 있다고 비판하였다. 이들은 언어가 사용되는 전체적인 맥락을 고려하지 못하고 오직 정치적 올바름 운동에만 집중하는 사람들을 'PC경찰'(PC police)이라고 비꼬아 부르고, 반(反)PC운동의 일환으로 보편적 가치를 중시하는 '자연적 올바름'(NC, natural correctness)운동을 전개하기에 이르렀다.

전문가들은 반PC정신이 가장 크게 표출된 사건으로 2016년 미국 대통령 선거를 든다. 당시 대선에서는 도널드 트럼프와 힐러리 클린턴이 경합을 벌였다. 경합 과정에서 트럼프는 "나는 PC를 거부한다"라고 공개적 입장을 표명하고, 강경한 어휘로 여러 차별적 발언들을 서슴지 않았다. 미국 언론과 주류 엘리트층은 트럼프의 이러한 발언을 일제히 비판하고, 여론조사 결과를 토대로 그가 절대로 당선되지 못할 것이라고 예측했다. 그러나 놀랍게도 실제 선거에서는 트럼프가 승리를 거두었다. 트럼프의 당선은 PC운동의 선두에 있었던 미국인 중에서도 PC운동에 피로감을 느끼고, 이를 거부하는 '침묵하는 다수'가 존재하고 있음을 보여 주었다. 즉, PC운동에 대한 거부감을 표현하는 것이 도덕적으로 지탄받을 수 있다는 두려움 때문에 자신의 본심을 숨기고 있었지만, 익명성이 보장되는 선거에서는 자신의 생각대로 반PC적 태도를 보이는 후보에게 투표한 다수가 존재했기에 그 누구도 예상치 못한 결과가 나온 것이다.

2) 문장 유형과 설득

설득 메시지를 구성하는 단어나 어휘가 설득에 영향을 미치는 것처럼 언어가 지닌 맥락적 특징, 즉 문법과 문장 유형 등도 설득에 영향을 미친다. 동일한 단어들로 구성된 메시지라도 각 단어를 연결하는 품사가 무엇인가에 따라 설득 효과는 달라질 수 있다. 또한 동일한 메시지라도 어느 정도의 생생함과 강도를 포함하느냐에 따라서도 설득의 정도는 달라진다. 따라서 여기에서는 단어나 어휘의 영역을 넘어 생동감을 부여하는 맥락적 요인이 함께 포함된 언어가 설득에 미치는 영향을 살펴볼 것이다.

(1) 품사의 사용

위버(Weaver 1953)는 품사의 활용이 태도나 설득에 미치는 영향을 강조했다. 이를테면 특정한 형용사는 명사와 결합하여 문장을 보다 특별하게 만든다. 예를 들어 포드의 에스코트 자동차 광고는 '확실한' 기동성과 '부드럽고 편안한' 승차감을 약속했는데, 여기서 쓴 형용사들은 전륜구동 운전의 효과에 대해 의심을 품는 고객들에게 확신을 주는 구실을 했다.

또한 위버는 부사가 판단의 기능을 한다고 주장했다. '분명히', '확실히' 또는 '아마도'와 같은 부사는 다른 사람이 동의할 수 있거나 설득자가 청자가 믿고 있다고 생각하는 것을 반영한 공동체적 판단을 나타낸다. 예를 들어 '저는 이 제품을 당신에게 추천합니다'라는 문장과 '저는 주저 없이 이 제품을 당신에게 추천합니다'라는 문장은 동일한 메시지를 담고 있지만, 이를 받아들이는 청자는 다른 뉘앙스로 읽을 수 있다. 또한 '이 제품이 가장 좋습니다. 저는 이 제품을 당신에게 추천합니다'라는 문장은 '확실히 이 제품이 가장 좋습니다. 저는 주저 없이 이 제품을 당신에게 추천합니다'라는 문장과 설득 효과에서 큰 차이를 가져온다.

(2) 생생함

사진이나 그림은 글보다 생생하며 주목을 끄는 데 훨씬 효과적이다. 수천 마디의 광고문구보다 단 하나의 사진이 더욱 효과적일 수 있는 이유는 생생한 정보가 우리의 주의를 끌어당기고 유지하며 상상력을 자극하기 때문이다. 언어도 이와 마찬가지이다. 생동감 있는 언어는 사람의 상상력을 자극하고 이는 설득으로 이어진다. 1996년 개봉된 영화 〈타임 투 킬〉(*A Time To Kill*)에서 변호사가 배심원들을 설득하는 장면은 생동감 있는 언어의 설득 효과를 잘 보여 준다. 미국 남부 미시시피주에서 대낮에 한 흑인 소녀가 마약에 취한 두 명의 백인 청년들에게 무참히 강간당하는 사건이 발생한다. 청년들은 이틀 만에 체포되지만, 어느 곳보다 백인우월주의가 심한 미시시피에서 이들이 중형을 받을 가능성은 거의 없다. 만신창이가 된 딸의 모습을 보고 분노한 소녀의 아버지는 법정에서 그 청년들에게 총을 난사하였다. 이 아버지에 대해, 100퍼센트 백인으로 구성된 배심원에게서 무죄 판결을 끌어내는 것은 거의 불가능한 일이었다. 하지만 변호사는 최종변론 때 배심원들의 눈을 감게 한 후 한 소녀가 청년들에게 잔인하게 짓밟히는 과정을 자세히 전달하여 그 상황을 이미지로 형상화하였다. 그 후 "이 소녀가 여러분의 딸, 백인 소녀였다면 어떻게 하시겠습니까?"라는 질문을 함으로써 이미 유죄 판결로 입을 맞춘 배심원들을 상대로 무죄 판결을 얻는 데 성공하였다.

(3) 표현의 강도

다음의 표현을 살펴보자.

① "너는 놀라울 정도로 현명하구나!"
② "너는 현명하구나!"
③ "벌목산업이 우리의 숲을 강탈하고 있습니다."
④ "벌목산업이 많은 나무들을 베고 있습니다."

문장 ①은 ②에 비해 강한 내포적 의미를 담고 있다. 여기에서 '놀라울 정도로'는 강하고 완고한 언어로, 비교적 뚜렷한 심상을 생성시키며 듣는 상대방의 기분을 더 좋게 만든다. 이렇듯 강도 높은 언어는 특정 대상에 대한 화자의 태도가 극단적으로 기울어 있음을 나타낸다. 앞의 또 다른 예에서 ③ 숲을 '강탈'하고 있다는 표현은 ④의 '나무를 베었다'라는 표현에 비해, 벌목산업에 대한 화자의 태도가 보다 덜 중립적이라는 사실을 드러낸다. 강한 언어의 사용은 설득적일 수도 있고 그렇지 않을 수도 있는데, 이는 몇 가지 이론적 틀을 토대로 설명이 가능하다.

강화이론

강화이론은 사람들이 고통은 피하고 즐거움을 추구하도록 동기화된다고 가정한다. 브라닥 등(Bradac et al. 1979)은 설득의 과정을 이러한 강화이론을 통해 설명할 수 있다고 보았다. 만약 정보원의 입장이 수용자와 일치한다면, 정보원의 메시지는 수용자의 기존 태도를 확신하게 하는 요인이 된다. 따라서 이때 수용자들은 정보원의 메시지를 받는 것과 정보원 자체에 대해 긍정적으로 평가할 가능성이 크다. 하지만 정보원의 입장이 수용자와 반대된다면, 정보원의 메시지는 수용자의 기존 태도에 대한 확신을 저해하는 요인이 된다. 이때 수용자들은 정보원의 메시지에 반발하고 정보원을 부정적으로 평가함으로써 기존 태도에 대한 자신의 확신을 높이려고 할 가능성이 크다. 한 가지 주목할 점은, 이때 언어의 강도가 자극의 효과를 더욱 강화시킨다는 것이다. 구체적으로, 자신이 지지하는 메시지를 화자가 강하게 주장할 때에는 그것에 동의하는 정도도 더 강해진다. 반면, 자신이 반대하는 메시지를 누군 가가 강하게 주장할 때는 그것에 대한 반발 역시 강해진다.

언어기대이론

수용자는 설득자의 인구사회학적 특성과 상황에 따라 설득자의 어 휘 선택에 대한 어떤 기대감을 가지고 있다. 예를 들어 '강간'과 같이 강한 단어는 점잖은 설득자가 사용하기에 적합하다고 생각되지 않는 다. 그러나 이러한 기대는 누가 그 언어를 사용하는가에 따라 달라질 수 있다. 버군(Burgoon 1983)은 일반적으로 남성은 여성에 비해 보다 강한 언어를 사용할 것으로 기대된다고 보고했다. 따라서 남성이 강한 언어를 사용하는 경우는 여성에 비해 효과적이라고 할 수 있다. 또한 이 이론에 따르면, 어떤 설득자가 수용자의 기대에 부합하지 않는 어 휘를 사용했을 때, 이것은 설득의 효과에 반드시 부정적 영향을 미치 는 것이 아니라 때에 따라 긍정적 영향을 미칠 수도 있다. 설득의 효 과는 기대 위반이 긍정적인 것이냐 부정적인 것이냐에 따라 달라지는 데, 신뢰도가 낮은 것으로 평가되는 정보원은 약한 강도의 언어를 사 용했을 때 효과적이며, 높은 신뢰도의 정보원은 강한 언어를 사용했을 때 더 효과적이라고 한다.

정보처리이론

해밀턴과 스튜어트(Hamilton & Stewart 1993)는 설득에 있어 언어 강도의 역할을 설명하기 위하여 맥과이어의 정보처리모델을 확장했 다. 정보처리모델에 따르면, 수용자는 먼저 설득 메시지에 대해서 주 목과 이해의 과정을 거친다. 그 후, 수용자는 메시지에 대한 자신의 입장을 정리하게 되고 마지막으로 정보원의 (메시지에 대한) 입장을 받아들이거나 거부하게 된다. 연구자들은 이때 언어의 강도가 정보원의 입장을 보다 극단적으로 만듦으로써 그 메시지 처리에 영향을 미친다고 주장했다. 일반적으로 강렬한 언어의 사용은 메시지 격차를 크게 만들고, 메시지 격차는 수용자의 주의를 끈다. 하지만 강렬한 언어 사용이 설득에 효과적인 경우는 수용자가 메시지에 동화작용을 일으킬 때만으로 한정된다. 만약 설득자가 사용한 강렬한 언어가 대비효과를 일으킬 정도로 메시지 격차가 커진다면 오히려 설득의 효과는 감소할 가능성이 크다.

커뮤니케이션 조절이론

설득자는 피설득자로부터 동의를 얻어내거나 커뮤니케이션 효과를 증대시킬 목적으로 자신의 발화 스타일(speaking style)을 피설득자의 발화 스타일에 맞추고 조절하는 성향이 있다. 설득 상황에서, 설득자는 피설득자의 발화 스타일과 유사하게 할 수도 있고, 차별화할 수도 있는데, 두 가지 방법 중에서 유사성을 택하는 것이 더 효율적이라고 한다(Perloff 1993). 예를 들어, 어린이를 설득하고자 할 때, 사람들은 자신도 모르게 아이의 수준에 맞는 단어를 고르고 말투를 따라 하는 화법을 구사한다. 이러한 화법의 변화는 피설득자인 어린이의 커뮤니케이션 수준에 설득자의 커뮤니케이션 수준을 조절한 대표적인 사례다.

이러한 논의의 연장선에서, 우리는 강한 언어를 사용하는 설득자는 강한 언어를 사용하는 피설득자에게 더욱 설득적이고, 강하지 않은 언어를 사용하는 설득자는 그와 같은 피설득자에게 더욱 설득적이리라 예상할 수 있다. 실제로 커뮤니케이션 조절이론에서는 피설득자의 커뮤니케이션 스타일과 유사하도록 화법을 조절한 설득자의 신뢰도가 그렇지 않은 설득자의 신뢰도보다 더 높게 평가되곤 한다고 설명한다.

제 9 장

설득 메시지의 특성

대중 앞에서 연설할 때 또는 회사에서 프레젠테이션을 할 때, 우리는 어떻게 하면 메시지를 잘 구성해서 설득력 있게 할 수 있을지 고민하게 된다. 같은 내용의 메시지라도 보다 기억하기 쉬운 메시지, 표현력이 뛰어난 메시지, 그리고 구성이 탄탄한 메시지가 더 효과적일 것이다. 이렇듯 설득 메시지의 구조나 구성에 따라 설득 효과는 달라질 수 있다.

설득 과정에서 정보원과 수용자의 특성을 이해하는 것은 매우 중요하다. 하지만 설득 메시지의 특성 또한 이해할 필요가 있다. 정보원과 수용자는 커뮤니케이션 과정에서 설득 메시지를 주고받게 된다. 아무리 매력적인 정보원이라 하더라도 아무 근거 없는 설득 메시지를 제공하면 수용자는 이를 받아들이지 않을 가능성이 크다. 또한 아무리 주의력이 높은 수용자라 하더라도 중구난방으로 작성된 설득 메시지에서 핵심을 찾아내기란 결코 쉽지 않을 것이다. 따라서 이 장에서는 효과적인 설득에 이르기 위해 설득자가 고려할 수 있는 메시지의 구조와 순서에 대해 이야기하겠다.

1. 설득 메시지의 구조

1) 일면적 메시지와 양면적 메시지

설득 메시지는 설득 논쟁을 뒷받침하는 내용이 어떻게 구성되느냐에 따라 일면적 메시지와 양면적 메시지로 구별할 수 있다. 일면적 메시지는 정보원이 주장하는 입장을 뒷받침하는 내용만을 담은 것이다. 반면, 양면적 메시지는 정보원의 주장과 상반되는 입장의 내용도 함께 포함한다. 많은 연구가 일면적 메시지와 양면적 메시지 중 어떤 유형의 메시지가 설득에 더욱 효과적인가를 다루었다. 일반적으로, 한쪽의 입장만을 제시하는 일면적 메시지보다 양쪽의 입장을 모두 제시하는 양면적 메시지가 더 효과적이라고 생각하기 쉽다. 그러나 설득 커뮤니케이션의 다양한 상황적 변인에 따라 일면적 메시지의 설득 효과가 양면적 메시지보다 더 클 때도 있다.

(1) 일면적 메시지와 양면적 메시지의 효과

1940년대 이후, 설득 메시지 유형에 따른 효과를 파악하기 위한 본격적인 연구가 시작되었다. 2차 세계대전 당시 미국 국방부는 태평양 전쟁이 오랫동안 계속될 것임을 알리는 가장 효과적인 수단이 무엇인지 알고자 했다. 이에 호블랜드와 그의 동료들(Hovland et al. 1949)은 군인들을 대상으로 일본군의 우월성만을 알리는 일면적 메시지와 일본군의 약점을 함께 언급하는 양면적 메시지 중 어떤 메시지가 설득에 더 효과적인지 연구하기 시작했다.

연구 결과, 일면적 또는 양면적 메시지는 다음과 같은 요인의 영향을 받아 그 설득 효과에 차이가 생긴다는 점을 확인하였다. 첫째, 설득 메시지의 효과는 **메시지에 대한 동의 여부에 따라** 차이가 있었다.

메시지의 입장에 이미 동의하는 수용자들은 양면 메시지보다 일면적인 메시지에 의해 더 많이 설득됐다. 한편, 양면적 메시지는 초기에 정보원의 입장에 반대하는 사람들에게 더욱 효과적이었다. 이때 수용자의 동의 여부는 메시지 주제에 대한 사전지식의 양에 영향을 받았다. 즉, 전쟁 상황에 대한 지식이 별로 없기 때문에 자연스럽게 전쟁이 지속될 수밖에 없다고 생각하던 사람들은 일면적 메시지에 의해 더 많은 영향을 받았다. 반면, 전쟁 상황에 대한 지식이 상대적으로 많아서 전쟁이 지속될 필요가 없다고 생각하던 사람들은 일면적 메시지보다 양면적 메시지에 의해 더 많은 영향을 받았다. 둘째, 설득 메시지의 효과는 **학력**에 따라 차이가 있었다. 양면적 메시지는 학력 수준이 높은 수용자들을 설득시키는 데 성공적이었으며, 일면적 메시지는 학력이 비교적 낮은 수용자들에게 더 효과적이었다.

이후 럼즈데인과 재니스(Lumsdaine & Janis 1953)는 호블랜드의 연구를 좀더 발전시켜 연구했다. 이들은 피험자들에게 '소련이 원자무기를 개발하기까지는 5년 이상이 필요하다'는 메시지를 제공했다. 이때 피험자 중 절반에게는 이 주장에 대한 의견만이 포함된 일면적 주장의 메시지를 제공하고, 나머지 절반에게는 이와 반대되는 주장에 대한 의견을 함께 포함한 양면적 메시지를 제공하였다. 그 결과 호블랜드의 연구와 마찬가지로 기존에 메시지와 동일한 생각을 하던 사람에게는 일면적 메시지가, 다른 생각을 하던 사람에게는 양면적 메시지가 더 효과적이었다.

럼즈데인과 재니스는 그로부터 일주일 후 피험자들에게 앞선 메시지와 반대되는 주장(소련이 곧 원자무기를 개발할 수 있다)이 담긴 메시지를 제공하였다. 흥미롭게도, 처음에 일면적 메시지를 봤던 피험자들은 이후 제공된 반대 의견에 더 쉽게 설득되는 모습을 보였다. 반면, 처음에 양면적 메시지를 받았던 사람은 이후 제공된 반대 의견에 따라 자신의 기존 의견을 별로 바꾸지 않았다. 이러한 연구결과는 앞서 제시받은 양면적 메시지가 이후 제공되는 반대 주장의 메시지에 예방접종 효과를 일으켰음을 보여 준다. 즉, 이미 메시지에 대한 반대 의견을 알고 있던 피험자들은 이후 제공받은 반대 의견에 별다른 영향을 받지 않은 반면, 이전에 메시지에 대한 반대 의견을 모르던 피험자들은 이후 제공받은 반대 의견의 논리적 타당성 정도에 따라 자신의 기존 태도를 바꾸게 되었던 것이다. 럼즈데인과 재니스의 연구에서 나타난 이러한 결과는 이후 맥과이어와 파파조지스(McGuire & Papageorgis 1961)에 의해 예방접종 효과이론으로 발전하였다.

한편, 일면적 대 양면적 메시지의 설득 효과에 대한 초기 연구들은 메시지 수용자가 메시지를 전달하는 정보원의 공신력을 어떻게 측정하는지를 함께 살펴보았다. 이들 연구에 따르면, 양면적 메시지를 전달하는 정보원은 일면적 메시지를 전달하는 정보원보다 더 공정하며 믿을 만한 사람으로 평가되는 경향이 있다. 즉, 메시지 수용자는 양면적 메시지를 전달하는 정보원이 자신이 지지하는 입장뿐만 아니라 반대되는 입장의 주장도 알고 있을 만큼 전문적일 뿐만 아니라 자신의 주장과 반대되는 입장을 함께 알려 줄 만큼 신뢰할 만한 사람이라고 평가한 것이다(Gass & Seiter 1999).

(2) 양면적 메시지의 종류에 따른 효과

초기 일면적 대 양면적 메시지의 효과에 대한 연구들은 종종 같은 상황에서도 상반되는 결과가 나왔다. 즉, 같은 상황에서도 일면적 메시지가 더 효과적일 때가 있고, 양면적 메시지가 더 효과적일 때도 있었던 것이다. 앨런(Allen 1991)은 이러한 상반된 연구결과의 원인이 양면적 메시지의 종류 때문이라고 주장했다. 그는 일면적 메시지와 다르게 양면적 메시지는 논박 여부에 따라 다시 두 종류로 나뉠 수 있다고 보았

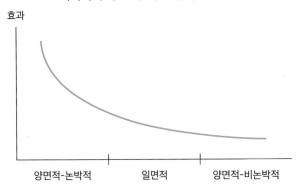

9-1 메시지의 구조에 따른 설득 효과의 정도

효과

양면적-논박적   일면적   양면적-비논박적

다. 하나는 메시지의 입장과 반대되는 입장을 제시하기는 하나, 두 입
장에 대한 논쟁은 하지 않는 **양면적이면서 비논박적인 메시지**이며, 다른
하나는 메시지의 입장과 반대되는 입장을 제시하면서 반대 입장이 열등
한 이유에 대해서도 주장하는 **양면적이면서 논박적인 메시지**이다.

앨런 등(Allen et al. 1990)은 일면적 메시지, 양면적이면서 비논박적
메시지 그리고 양면적이면서 논박적 메시지의 효과에 대해 실험하였
다. 그 결과, 양면적이면서 논박적인 메시지는 일면적 메시지보다 설
득 효과가 더 크고, 양면적이면서 비논박적인 메시지는 일면적 메시지
보다 설득 효과가 더 작다는 것을 확인하였다. 또한 메시지를 제공하
는 정보원에 대한 공신력 평가 역시 양면적이고 논박적인 메시지를 사
용한 정보원, 일면적 메시지를 사용한 정보원, 양면적이고 비논박적
메시지를 사용한 정보원 순으로 나타났다. 앨런 등은 이러한 연구결과
를 통해 수용자들이 설득적 메시지의 구조에 의해 영향을 받으며, 그
내용에 대해 이성적 판단을 내림으로써 설득 메시지를 수용한다고 주
장했다. 즉, 양면적이고 논박적인 메시지와 이를 전달하는 사람에 대
해 보다 긍정적인 평가를 내림으로써 결과적으로 이 메시지에 설득된
다는 것이다.

(3) 메시지 상황에 따른 효과

양면적이고 논박적인 메시지는 일면적 메시지보다 효과가 높고, 일면적 메시지는 양면적이고 비논박적인 메시지보다 효과가 높다는 사실은 이후 전략적인 설득 메시지를 구성하는 데 많은 영향을 미쳤다. 그러나 이후 연구들은 이러한 설득 효과의 차이가 메시지를 제공받는 상황에 따라 달라질 수 있음을 보여 주었다. 특히, 상업 광고의 메시지 효과에 관한 연구들은 메시지 종류에 따른 이러한 설득 효과의 차이가 일반적인 메시지 제공 상황과 광고 상황에서 다소 다른 양상을 보인다는 것을 밝혀냈다. 구체적으로 일반적인 설득 상황에서는 일면적 메시지가 양면적이고 비논박적인 메시지보다 더 설득력이 높지만, 상업 광고에서는 일면적 메시지와 양면적이고 비논박적인 메시지 간에 설득 효과의 차이가 없는 것으로 나타났다(O'keefe 2002).

비(非) 광고 상황과 광고 상황의 상반된 메시지 효과는 정보원의 신뢰도와 연관하여 설명할 수 있다. 일반적으로 사람들은 한 제품의 광고가 일면적 메시지(광고하고자하는 상품의 장점)만을 제시할 것이라고 기대한다. 그런데 만약 사람들의 기대와 달리 광고에 제품의 약점까지 함께 언급하면, 수용자는 해당 상품의 광고가 자신들의 이익에 반하는 주장을 한다고 생각하게 된다. 메시지에 대한 수용자의 지식 편향과 보고 편향의 위반은 정보원에 대한 신뢰를 높이는 중요한 요인이 된다. 결과적으로 광고에서 활용되는 양면적 메시지 전략은 경우에 따라 정보원에 대한 신뢰도를 증가시킴으로써 오히려 광고의 설득 효과를 높이는 결과로 이어진다.

이러한 연구결과를 토대로 최근 광고 분야에서는 타사 제품과 자사 제품을 비교하는 방식의 광고가 활발하게 진행되고 있다. 소비자가 경쟁사 제품에 대해 잘 알고 있는 반면 자사 제품에 대해서는 별다른 관심이 없을 때 또는 소비자가 자사 제품뿐 아니라 경쟁사 제품의 광고

양면적 메시지를 담은 광고.

에도 수시로 노출될 때 양면적 메시지를 활용한 비교 광고가 더 효과적일 수 있다. 펩시 광고에 코카콜라 제품이 등장하거나 KFC 광고에 맥도날드 캐릭터가 등장하는 것 등이 대표적인 양면적 메시지가 활용된 광고라고 볼 수 있다. 한편, 타사 제품을 강조하지 않고 자사 제품이 가진 부정적 이미지를 활용하여 양면적 메시지를 구성하는 경우도 있다. 예를 들어, 2002년 프랑스 맥도날드는 '맥도날드 햄버거는 진짜 쇠고기와 깨끗한 기름만을 사용한다'는 메시지와 함께 '정크푸드를 과도하게 섭취하면 어린이의 비만과 영양 상태에 악영향을 준다'라는 영양사의 말을 인용한 후 '그러니까 어린이는 일주일에 한 번만 맥도날드에 오라'라는 메시지를 제시하였다. 이러한 광고의 양면적 메시지를 접한 프랑스 사람들은 맥도날드가 진정으로 소비자의 건강을 생각하는 회사이며, 일주일에 한 번쯤은 먹어도 괜찮은 음식이라고 생각하게 되었다. 결과적으로 이 광고는 프랑스 맥도날드의 매출을 증가시켰다.

양면적 메시지를 담은 광고는 정보 제공자의 신뢰성을 높이고, 메시지에 대한 저항감을 감소시킨다는 점에서 효과적이다(Crowley & Hoyer 1994). 하지만 약 15초라는 한정된 시간 혹은 한정된 지면을 이용하는 광고에서 자사 제품의 단점이나 타사 제품을 함께 부각시키는 것은 굉장히 큰 모험일 수 있다. 특히 타사 제품과 자사 제품을 비교하는 광고는 기업 간 상호비방의 도구가 될 뿐 아니라 저관여 소비자들에게 혼란을 가져온다는 점에서 부정적으로 여겨지기도 한다. 정교화 가능성 모델에 기반한 연구들은 소비자가 제품에 대해 잘 알고 관심이 높으며 정보처리에 대한 능력과 충분한 동기가 있을 때, 양면적 메시지가 일면적 메시지보다 더 높은 설득 효과를 갖는다는 것을 밝혀냈다. 따라서 광고를 기획할 때는 이러한 점을 충분히 고려할 필요가 있다.

2) 논쟁의 양과 질

메시지에서 설득자의 입장을 뒷받침하는 주장의 수를 늘리면 설득 효과가 증가할까? 아니면 신빙성 있는 주장만을 제시하는 편이 유리할까? 이러한 질문은 설득 메시지가 포함하는 논쟁의 양과 질의 문제로 이어진다.

(1) 주장의 양과 질에 따른 효과

캘더 등(Calder et al. 1974)은 메시지에 포함된 논쟁의 수가 설득에 얼마나 영향을 미치는지 살펴보았다. 피험자들은 가상의 중혼죄 재판에서 배심원 역할을 맡아 원고를 위한 주장과 피고를 위한 주장을 각각 한 개에서 일곱 개까지 읽었다. 이후 피험자들은 피고의 죄를 평가하도록 했다. 그 결과, 더 많은 수의 주장을 읽은 배심원일수록 메시지의 주장에 더 잘 설득되었음을 알 수 있었다.

그러나 페티와 카치오포(Petty & Cacioppo 1981)는 설득적 주장의 양이 증가한다고 해서 설득 효과가 반드시 증가하지는 않는다고 지적한다. 질 높은 주장이 증가하면 설득 효과도 커지지만, 질 낮은 주장이 많아지면 오히려 설득 효과는 감소한다. 이는 페티와 카치오포의 정교화 가능성 모델로 설명될 수 있는데, 이들은 설득자가 제시하는

9-2 논쟁의 양과 질에 관련된 실험결과

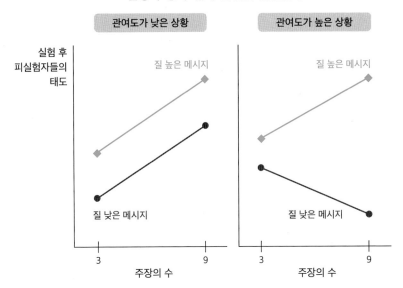

관여도가 낮은 상황 　　　　　　관여도가 높은 상황

실험 후
피실험자들의
태도

질 높은 메시지

질 낮은 메시지

3　　　　9
주장의 수

질 높은 메시지

질 낮은 메시지

3　　　　9
주장의 수

출처: Eagly & Chaiken 1993 재구성.

주장의 양이 주변단서의 한 유형으로 파악될 수 있다고 보았다.

　그들은 이를 입증하기 위해 대학교 초년생 집단과 대학교 3학년생 집단을 대상으로 하여, '고학년으로 진급하기 위해서는 학력 수준을 판단할 수 있는 시험을 통과해야 한다'는 내용으로 질 높은 메시지(근거가 분명한 주장들로 구성된 메시지)와 질 낮은 메시지(근거가 빈약한 주장들로 구성된 메시지)를 제시하고 그들의 태도변화 여부를 조사했다. 실험에는 질 높은 메시지 세 개의 주장과 질 낮은 메시지 아홉 개의 주장이 사용되었다. 그 결과, 관여도가 낮은 집단(대학교 초년생 집단)은 메시지의 질에 관계없이 주장의 수가 세 개일 때보다 아홉 개일 때 더 잘 설득됐다. 하지만 개인적 관련성이 높은 집단(대학교 3학년생 집단)은 질 높은 메시지의 경우에만 주장의 수에 영향을 받아 태도를 긍정적으로 변화시켰으며, 질 낮은 메시지의 경우에는 주장의 수가 많은 것이 오히려 부정적 태도를 형성시켰다. 이러한 결과는 정교화 가능성이 낮을 때는 주장의 양이 주된 주변단서로 작용해 설득 효과에 영향을 미칠 수 있지만, 정교화 가능성이 높을 때는 주장의 질이 중심적 단서로 작용하게 된다는 것을 보여 준다. 따라서 수용자가 메시지를 꼼꼼히 검토할 것이라고 생각되면 설득력이 큰 주장이 효과적인 반면, 수용자가 문제에 깊이 관여되어 있지 않으면 가능한 한 많은 양의 주장을 제공하는 것이 더 효과적일 것이라 예측할 수 있다.

(2) 논쟁의 질과 양과 관련한 고려사항

논쟁의 양을 늘릴 때에는 수용자의 관여도 외에 다음과 같은 측면 또한 고려할 필요가 있다(Petty & Cacioppo 1981).

첫째, 메시지가 길게 계속되면 사람들은 메시지에 더 이상 주의를 기울이지 않을 수 있다. 이는 사람들이 긴 시간 동안 메시지를 듣게 되면 주의가 분산되고 지루함을 느낄 수 있기 때문이다. 금융 상품에 가입하려고 은행에 방문하였다가 지나치게 많은 정보를 제공받고, 결국 선택을 미루고 수많은 팸플릿과 함께 그냥 돌아온 경험이 있을 것이다. 새로운 여행지를 알아보기 위해 여행사 사이트에 들어갔다가 결국 어디로 가야 할지 선택하지 못해서 이미 가 본 곳으로 다시 여행하는 경우도 있다. 이러한 사례는 때로 너무 많은 정보가 설득에 효과적이지 않을 수 있음을 단적으로 보여 준다.

둘째, 사람들은 주어진 시간 동안에 제한된 양의 정보만을 기억할 수 있다. 즉, 많은 양의 주장들이 제시되면, 사람들이 하나의 주장에 대해 사고하고 반복할 수 있는 시간이 줄어든다는 것을 의미한다. 아이엔거와 레퍼(Iyengar & Lepper 2000)는 식료품점에서 잼을 시식할 확률은 여섯 가지의 잼이 진열될 때보다 스물네 가지 잼이 진열될 때 더 높지만, 잼을 구입할 확률은 여섯 가지의 잼이 진열됐을 때가 열

배나 더 높음을 발견하였다. 이러한 연구결과는 많은 수의 메시지가 제공된다 하더라도 기억하는 정보의 양은 한정되어 있기 때문에, 설득에는 큰 영향이 없을 수 있음을 직관적으로 보여 준다.

셋째, 어떤 주장은 다른 주장보다 더 설득력이 있다. 이는 때로는 여러 개의 질 낮은 주장보다 강력한 몇 개의 질 높은 주장이 더 효율적일 수 있음을 시사한다.

3) 결론 제시방식

정보원이 설득적 메시지의 결론을 분명하게 언급하면서 메시지를 마치는 것, 즉 결론을 명시적으로 제시하는 것과 수용자가 스스로 도출하도록 결론을 암시적으로 제시하는 것 중 무엇이 더 효과적일까? 두 가지 결론 제시방식 모두 나름대로 장단점이 있다. 우선, 명시적 결론을 사용하는 설득자는 자신의 입장을 명확하게 전달할 수 있다는 장점이 있다. 하지만 설득자가 입장을 너무 강하게 표출함으로써 수용자가 거부감을 느낄 가능성 역시 존재한다. 반면, 암시적 결론을 사용하는 설득자는 수용자로 하여금 스스로 결론을 내리게 함으로써 설득효과가 커질 수 있다는 장점이 있다. 하지만 수용자에 따라서 결론을 제대로 이해하지 못할 수도 있기 때문에 암시적 결론이 항상 더 효과적이라고 말할 수는 없다. 따라서 어떤 형태의 결론 제시방법이 더 효과적인지 단정 짓기보다는 상황적 요인에 따라 무엇이 더욱 효과적인지 연구하는 것이 중요하다.

(1) 결론 제시방식의 효과에 영향을 주는 요인

호블랜드는 다음 세 가지 요인이 명시적 결론과 암시적 결론의 효과 차이에 영향을 준다고 주장한다.

첫째, **정보원의 유형**이다. 공신력 있는 정보원의 경우 명시적 결론을 제시하는 편이 암시적 결론을 제시하는 것보다 더욱 설득적이다. 예를 들어, 시급한 경제문제를 해결하는 방송 토론에서 특정 기업을 대표하는 회사 임원보다는 공신력 높은 경제학과 교수가 명료한 결론을 내리면 대중을 더 사로잡을 수 있다. 둘째는 **수용자의 유형**이다. 스스로 결론을 도출하기를 좋아하는 성향을 가진 사람과 다른 사람의 결론에 쉽게 수긍하는 사람들이 있으므로, 수용자의 특성에 따라 결론 제시방법을 달리할 필요가 있다. 즉, 스스로 결론을 도출하기를 좋아하는 사람들에게는 암시적 결론이 더욱 효과적이며, 다른 사람의 결론에 쉽게 수긍하는 사람들에게는 명시적 결론이 더욱 효과적이다. 마지막으로, **메시지 주제에 대한 수용자의 관여도**이다. 메시지 주제에 대한 관여도가 높은 수용자는 메시지의 결론을 추론할 수 있을 정도로 동기화되어 있다. 이때 설득자가 명시적 결론을 제시하면서 이해를 강요하면, 사람들은 지적 능력에 있어 모욕감을 느낄 수 있으며 특정한 사상을 주입받는 느낌을 받을 수 있다. 따라서 관여도가 높을 때에는 암시적 결론을 내리는 것이 더 큰 설득 효과가 있다.

하지만 파인(Fine 1957)은 이런 매개변인과 관계없이 모든 경우에 명시적 메시지가 더 효과적이라고 주장한다. 그에 따르면, 암시적 메시지는 동화효과와 대비효과를 유발하며, 이는 결과적으로 설득의 효과를 감소시킨다고 한다. 사회적 판단이론에서 언급된 동화효과와 대비효과는 수용자가 메시지의 입장을 왜곡하는 데에서 비롯된다. 암시적 메시지를 접한 청자에게 동화효과가 나타날 경우, 청자는 제공받은 메시지가 자신의 태도와 실제보다 더 가깝다고 느끼고 애초에 해당 메시지가 목표로 한 정도까지의 태도변화를 일으키지 않게 된다. 반면에 암시적 메시지를 접한 청자에게 대비효과가 나타날 경우, 청자는 제공받은 메시지가 자신의 태도와 실제보다 더 이질적이라고 느끼고, 이에 반발심을 가져 설득 효과가 떨어지게 된다.

(2) 광고 분야의 적용

광고에서는 명시적 결론을 경성 소구(*hard sell strategy*), 암시적 결론을 연성 소구(*soft sell strategy*)라고 한다. 예를 들어, "전자제품을 살 땐 하이마트로 가요!"라고 언급하는 광고는 결론을 직접 도출한 경성 소구인 반면, "내 마음대로 고를 수 있다"라고만 언급한 전자제품 광고는 수용자가 스스로 결정하도록 하는 연성 소구이다. 이렇듯, 광고 전략도 설득에 영향을 주는 요인을 파악한 뒤에 경성 소구를 택할지 연성 소구를 택할지 결정해야 한다.

소비자 스스로 결론을 맺게 하는 연성 소구의 광고는 고관여 제품에 한해 더 호의적인 반응을 이끌어 낸다. 이와 관련하여, 소이어와 하워드(Sawyer & Howard 1991)는 소비자가 광고 메시지에 대한 관여 수준이 높으면 스스로 결론을 맺게 하는 쪽이 훨씬 효과적임을 밝혔다. 이를테면 학부모에게 학교를 홍보하거나 얼리어답터(*early adapter*)에게 새로운 전자제품을 소개하는 경우에는 암시적 결론의 광고가 더 효과적이지만, 성적에 큰 관심이 없는 학생에게 학원을 홍보하거나 전자기기에 관심이 없는 사람에게 새로운 제품을 소개할 때에는 명시적 결론의 광고가 더 효과적이다.

4) 기타 메시지 특성

그 외에 설득 효과에 영향을 미치는 메시지의 특성은 다음과 같다.

(1) 메시지의 구체성

설득자가 피설득자에게 어떤 행위를 촉구할 때, 메시지의 구체성에 따라 설득의 효과가 다른 것으로 나타났다. 레벤살 등(Leventhal et al. 1966)은 구체성의 정도가 다른 두 메시지의 효과를 비교했다. 한 메시지는 피설득자인 학생들이 교내 의료원에서 예방접종 주사를 맞아야 한다는 단순한 내용이고, 다른 하나는 예방접종의 당위성과 함께 교내 의료원의 위치와 진료시간에 관한 정보를 포함한 구체적 내용이었다. 실험 결과, 구체적 정보를 포함한 메시지가 더 효과적인 것으로 나타났다.

아직까지 이러한 실험결과에 대한 이유는 확실하지 않다. 한 가지 가능한 설명은 구체적 정보가 피설득자의 '행동에 대한 통제감'을 높였기 때문에 설득 효과도 더불어 높아진 것으로 풀이된다. 아젠(Ajzen 1991)의 계획된 행동이론에 따르면, 사람들의 행동의도에는 사람들 자신이 어떤 행동을 수행할 능력이 있는지에 대한 인식이 포함된다. 따라서 구체적 내용을 포함한 설득적 메시지는 행동에 대한 통제감을 높이며, 행동에 대한 통제감이 설득 효과에 영향을 미친 것이다.

(2) 사례와 통계치의 효과

설득자가 메시지의 주장을 뒷받침하기 위해 사례나 통계치를 얼마나 잘 사용하느냐에 따라 설득의 효과가 달라질 수 있다. 그렇다면 설득자가 설득적 메시지를 전달할 때, 사례와 통계치 중 무엇을 사용하는 편이 더 효과적일까?

코발라(Koballa 1986)는 사례와 통계치에 대해 실험했다. 그의 실험에서는 어떤 커리큘럼의 효율성을 주장하는 두 개의 동일한 메시지 중, 한 메시지에는 해당 커리큘럼을 사용한 교사의 사례가 제시됐고, 나머지 다른 메시지에는 해당 커리큘럼의 성공을 증명하는 통계치가 삽입됐다. 실험 결과, 사례가 통계치보다 더 효과적인 것으로 나타났다. 이는 다른 조건이 동일하다면 사람들은 다수의 통계치보다는 명확하고 생생한 하나의 사례에 더 큰 영향을 받는 것은 보여 준다. 하지만 또 다른 연구는 이러한 결과가 모든 상황에 적용되지는 않으며, 때로는 통계치가 성공 사례보다 더 효과적이라는 결론을 내렸다(Taylor & Thompson 1982). 따라서 이 분야에 대한 연구는 좀더 이루어져야할 필요가 있는데, 사례와 통계치 중 무엇이 더 효과적인지보다는 사례 또는 통계치를 더 효과적으로 만드는 상황적 변인을 밝혀내는 데 연구의 초점을 맞춰야 할 것이다.

2. 메시지 제시 순서

1) 일면적 메시지의 제시 순서에 따른 효과

설득 효과는 설득적 메시지의 구조에 따라서 달라진다. 먼저 일면적인 메시지의 경우, 메시지 내용의 배열방식이 설득 효과에 어떤 차이를 유발하는지 살펴보도록 하자.

(1) 메시지 내용의 배열

메시지 내용의 배열은 크게 역클라이맥스형, 클라이맥스형 그리고 피라미드형의 세 가지로 나누어 볼 수 있다(Perloff 1993). 첫째로 **역클라이맥스형**은 가장 핵심적인 내용을 메시지의 앞부분에 제시하는 것을 말하며, **클라이맥스형**은 핵심 내용을 메시지의 끝부분에 위치시키는 것을 말한다. 마지막으로 **피라미드형**은 메시지의 가장 중요한 부분을 중간에 위치시키는 것이다.

그렇다면 이러한 세 가지의 형태 중 무엇이 가장 효과적일까? 많은 연구에 따르면, 역클라이맥스형 또는 클라이맥스형이 피라미드형보다 훨씬 효과적이라고 한다. 또한 역클라이맥스형이 클라이맥스형보다 약간 더 설득 효과가 높은 것으로 나타났으나, 그 차이는 매우 미미하다고 한다(Gilkenson et al. 1954).

(2) 내용의 배열에 따른 효과에 영향을 미치는 요인

메시지 내용의 배열 유형에 대한 많은 연구는 역클라이맥스형, 클라이맥스형, 피라미드형 순으로 설득 효과가 크다는 데 동의하는 듯하다. 하지만 설득 상황의 여러 가지 상황적 변인을 고려하면, 배열 유형에 따른 효과가 항상 일관적으로 나타나지 않는다는 것을 알 수 있다.

호블랜드 등(Hovland et al. 1953)에 따르면, 수용자가 메시지 주제에 대한 흥미와 알고자 하는 욕구가 없는 경우에는 처음에 강한 주장을 제시하는 역클라이맥스형이 클라이맥스형보다 더 효과적이라고 한다. 하지만 수용자가 익숙한 주제를 접하면, 메시지를 주의 깊게 처리할 것이므로 클라이맥스형이 역클라이맥스형보다 더 효과적이다. 운나바(Unnava et al. 1994)는 시각적 메시지가 제시됐을 때에는 클라이맥스형이 역클라이맥스형보다 더 설득적이지만, 청각적 메시지는 핵심적 내용이 앞에 오는 역클라이맥스형이 더 큰 설득 효과가 있다는 것을 입증했다. 이는 대중연설에서 핵심적 정보를 미리 제시하는 것의 중요성을 시사한다.

한편, 시간 제약이 있는 경우에도 클라이맥스형보다 역클라이맥스형의 주장이 더 효과적이다(O'Keefe 2002). 연설이나 강의 상황에서는 자신이 준비한 결론까지 도달하지 못하고 주어진 시간이 끝날 가능성이 존재한다. 따라서 이러한 경우에는 핵심적인 정보를 앞에 제시하는 역클라이맥스형의 주장이 설득에 효과적일 뿐 아니라 시간 배분에도 더욱더 효율적일 수 있다. 하지만 동일한 연설이나 강의 상황이라 하더라도 메시지나 화자에 대한 수용자의 태도에 따라서 메시지 내용의 배열 유형은 달라질 필요가 있다. 일반적인 연설에서는 시간의 효율적 배분이나 청자의 흥미를 이끌기 위해 핵심 내용을 앞에 두는 역클라이맥스형이 더 효과적이다. 하지만 만약 청자가 화자나 메시지에 대한 적의적인 태도를 갖고 있는 사람이라면 클라이맥스형이 더 효과적이다. 부정적 태도를 갖고 있는 수용자에게 처음부터 메시지의 핵심 내용을 밝히면, 수용자는 내용에 반발하여 화자의 연설에 집중하지 않을 가능성이 크다. 따라서 이런 경우에는 여러 자료를 통해 설득 메시지의 타당성을 충분히 보여 준 후, 말하고자 하는 핵심 내용을 마지막에 제시하는 편이 설득에 더 효과적이다.

2) 양면적 메시지의 제시 순서에 따른 효과

(1) 초두효과와 최신효과

양면적 메시지를 제공할 때 어떤 입장을 먼저 제시하느냐에 따라 설득 효과가 달라진다. 초두효과(primacy effect)는 설득자의 주장이 반대 주장보다 먼저 제시되는 것이 더 효과적일 때를 말한다. 초두효과는 설득의 주제가 수용자에게 흥미롭거나 익숙할 때, 주제가 상대적으로 덜 중요할 때, 설득 내용이 논란의 여지가 있을 때 더 많이 나타난다 (Rosnow & Robinson 1967). 이때 수용자의 관심과 주의는 메시지가 처음 전달될 때 가장 높고 점차 감소하는 경향이 있기 때문에 초반에 제시된 메시지 내용에 주의를 더 기울이고 더 많이 이해하며 기억하게 된다. 따라서 위와 같은 조건에서는 설득하려는 주제를 반대 주장보다 앞에 배치하는 것이 유리하다.

최신효과(recency effect)는 주장을 나중에 제시하는 것이 효과적인 경우를 말한다. 최신효과는 메시지 주제가 수용자에게 매우 중요하지만 상대적으로 덜 익숙할 때 나타난다(Rosnow & Robinson 1967). 이러한 상황에서 메시지 수용자는 주제의 중요성을 지각하고 설득자가 제공하는 모든 메시지에 참여하려는 욕구를 느끼게 되며, 자신의 결정에 도움을 줄 수 있는 유용한 정보를 얻기 위해 끝까지 설득자에게 경청하는 경향이 있다. 따라서 위와 같은 조건일 때는 설득자의 입장을 반대 주장보다 나중에 주장하는 것이 태도변화에 더 효과적일 수 있다.

(2) 두 사람 이상의 논쟁과 메시지 제시의 효과

초두효과와 최신효과는, 다수의 수용자를 대상으로 하는 토론이나 논쟁에서 발언 순서가 설득 효과에 어떠한 영향을 미치는지에 관한 문제와도 관련이 깊다. 초두효과와 최신효과가 나타나는 조건에 관한 대표적 연구로 밀러와 캠벨(Miller & Campbell 1959)의 실험을 들 수 있다.

밀러와 캠벨은 피험자를 네 개 집단으로 나누고, 첫 번째 집단에는 서로 상반된 주장을 하는 두 개의 메시지를 연이어 들려주고 시간 간격 없이 곧바로 메시지에 대해 평가하도록 했다(조건 1). 두 번째 집단에는 두 대조되는 메시지를 연이어 들려주고 일주일 후 메시지에 대해서 평가하도록 했고(조건 2), 세 번째 집단에는 첫 번째 메시지를 들려주고 일주일 후 두 번째 메시지를 들려준 후 곧바로 메시지를 평가하도록 하였다(조건 3). 마지막으로 네 번째 집단에게는 첫 번째 메시지를 들려주고 일주일 후 두 번째 메시지를 들려주고 다시 일주일 후에 메시지에 대해 평가하도록 했다(조건 4).

결과는 그림 〈9-3〉과 같다. 대개의 경우, 반대 주장보다 설득자의 주장이 먼저 제시됐을 때 설득 효과가 더 높았다. 그러나 이러한 효과는 두 개의 메시지가 제시된 시간에 따라 다르게 나타났다. 구체적으로, 설득 효과는 메시지가 제시된 후 일정한 시간을 두고 태도를 측정

9-3 밀러와 캠벨의 실험

조건 1	메시지 1	메시지 2	태도 측정		: 효과 없음
조건 2	메시지 1	메시지 2	…시간 경과…	태도 측정	: 초두효과
조건 3	메시지 1	…시간 경과…	메시지 2	태도 측정	: 최신효과
조건 4	메시지 1	…시간 경과…	메시지 2	…시간 경과… 태도 측정	: 효과 없음

출처: Miller & Campbell 1959 재구성.

했을 때 더 두드러지게 나타났다. 연구결과를 자세히 살펴보면, 우선 두 개의 메시지를 제시한 후 일정 시간이 지난 다음 태도를 측정한 경우 메시지의 초두효과가 일어났다(조건 2). 하지만, 첫 번째 메시지가 제시되고 시간이 흐른 후 두 번째 메시지를 제시하고 바로 태도를 측정했을 때는 메시지의 최신효과가 나타났다(조건 3). 이러한 결과를 통해 사람들이 일정 시간 이전에 얻은 정보를 쉽게 잊어버리는 경향이 있으며, 더 최근에 받은, 보다 선명한 정보에 영향을 더 많이 받는다는 점을 알 수 있다. 반면, 두 메시지가 연이어 제시되고 태도를 바로 측정하면 이 두 메시지에 대한 기억 손실은 없게 되고 초두효과나 최신효과 모두 일어나지 않는다(조건 1). 또한 메시지 제시마다 시간 공백이 있고 평가까지 공백이 있으면 두 메시지에 대한 기억이 모두 사라지기 때문에 초두효과나 최신효과 모두 일어나지 않는다(조건 4). 밀러와 캠벨은 이런 실험결과를 메시지 내용의 망각이라는 메커니즘으로 설명하고자 했다.

이러한 실험결과는 TV 토론 프로그램과 같이 두 사람 이상의 논쟁이 즉각적으로 이루어지는 경우에는 메시지의 제시 순서가 그다지 중요하지 않다는 점을 암시한다. 또한 모든 논쟁자의 메시지가 시간 간격을 두고 제공되고 태도 측정까지 일정 시간이 존재할 경우 또한 메시지 제시 순서가 그다지 중요하지 않다. 한편 조건 3의 경우를 활용하면 수용자에게 최신효과를 유도할 수 있다. 예를 들면 상대 후보자의 메시지가 제시된 시점과 일정 수준 간격이 있으면서 선거 직전인 경우에는 미디어로 전면공격을 하는 것이 매우 효과적일 수 있다.

(3) 평 가

초두효과와 최신효과에 관한 연구들은 서로 상반되는 연구결과를 제시한다. 어떤 연구는 초두효과를, 다른 연구는 최신효과를 효과적이라고 평가하며, 또 다른 연구는 메시지 제시 순서가 설득 효과에 영향을 미치지 않는다고 주장한다.

메시지 제시 순서의 효과는 메시지에 대한 수용자의 주목도, 논제에 대한 수용자의 친숙도, 메시지 제시 사이의 시간 간격 등의 맥락에 따라 달라지는 경향이 있다. 그러나 연구자들은 전반적으로 대부분의 설득 상황에서 메시지 제시 순서의 영향이 다른 요인보다 크지는 않으며, 제시 순서보다는 수용자에게 현저한 관심을 불러일으킬 수 있는 메시지 개발에 주력하는 것이 설득 효과를 높이는 데 더 기여한다고 전망한다.

3. 메시지 반복

'젊어 고생은 사서도 한다'라는 말이 있다. 이와 유사하게 한때는 '아프니까 청춘이다'라는 말이 유행처럼 번지기도 했다. 처음 들었을 때 청춘의 열정을 대변하는 것만 같던 이 문구는 이제 젊은 세대에게 '청춘에게 아픔을 강요하는 시대'라는 말로 비꼬는 데 사용되기도 한다.

일반적으로 동일한 메시지를 반복적으로 제공하는 것이 설득에 효과적이라고 보았다. 하지만 이런 예처럼, 처음 들었을 때 좋은 말이라고 해도 반복되다 보면 오히려 부정적 효과를 낳을 수도 있다. 메시지의 반복효과는 메시지의 내용이나 메시지가 제시되는 상황에 따라 각기 다르게 나타날 수 있다. 따라서 여기에서는 메시지 제시 과정에서 반복이 가져오는 효과와 이에 관한 학술적 논의를 살펴보고자 한다.

1) 메시지 반복의 효과

연구자들은 한 논점을 지지하는 하나의 주장을 1회 전달하는 것과 여러 차례 전달하는 것에 따라 설득 효과가 달리 나타나는 경향이 있음을 밝혀냈다. 페티와 카치오포(Petty & Cacioppo 1981)는 질 높은 메시지가 반복적으로 전달됐을 때의 태도변화와 그 메시지에 대한 피험자의 선호도를 조사했다. 그 결과, 메시지를 1회에서 3회까지 반복했을 때 피험자의 선호도가 증가한 반면, 3회 넘게 반복했을 때는 피험자의 선호도가 감소됐음이 나타났다. 페티와 카치오포는 이런 결과를 '2단계 태도변화 과정'으로 해석했다. 첫 번째 단계에서, 3회까지의 메시지 반복은 메시지 수용자로 하여금 메시지를 인지적으로 처리할 가능성을 증가시킨다. 하지만, 두 번째 단계에서 메시지가 4회 반복되면, 수용자들은 지루함을 느끼게 되고 메시지의 질에 상관없이 메시지에 대한 호감도가 떨어진다. 한 가지 유의할 점은 이러한 결과가 질 높은 메시지에 한해서만 나타났다는 것이다. 페티와 카치오포의 실험에서 질 낮은 메시지는 한 번 또는 여러 번 반복될 때의 차이에 관계없이 설득 효과가 작은 것으로 나타났다.

2) 메시지 반복의 효과와 관련된 이론

메시지 반복노출의 효과에 대해서는 여러 가지 학술적 논의가 존재한다. 여기에서는 그중에서도 정보처리 관점과 단순노출이론을 토대로 한 논의를 설명한다.

우선, **정보처리 관점**(McGuire 1968)은 메시지 반복이 설득에 효과적이라고 본다. 어떤 메시지를 통한 설득이 일어나려면 수용자가 메시지에 주의하고 이를 잘 이해해야 하는데, 메시지 반복은 메시지에 대한 주의와 이해를 높이는 역할을 하므로 결과적으로 설득 효과를 높일 수 있다는 것이다. 호블랜드 등(Hovland et al. 1953)도 메시지의 반복은 사람들의 주의, 이해, 기억을 증진시키므로 어떤 사람이 같은 글을 계속 반복적으로 접하면 그 글이 주장하는 바를 받아들이기 쉽게 된다고 주장한다. 윌슨과 밀러(Wilson & Miller 1968)는 연구를 통해 사람들이 변호사의 말을 한 번 들었을 때보다 두 번 들었을 때 더 잘 이해하고 기억하며 더 잘 설득되는 경향이 있다는 사실을 밝히기도 하였다.

한편 **단순노출이론**을 토대로 한 논의에서는 메시지 반복의 설득 효과에 대한 다소 상반된 주장이 공존한다. 이를테면, 소이어(Sawyer 1981)는 사람들이 어떤 메시지 또는 자극을 단순히 반복적으로 접하면, 처음에는 친숙하지 않았던 것일지라도 이전보다 더욱 호감을 갖게 된다고 주장하였다. 이러한 주장은 사람들이 많이 듣는 대중가요, 이름 또는 상징물 등에 점차 친숙해지는 이유를 설명하는 데 유용하다. 처음에는 별생각 없이 노래를 듣고 상징이나 사물을 대하지만, 이것에 반복적으로 노출되면 점차 그것에 친숙해져서 호의적 태도를 지니게 되는 것이다. 미국의 정치인들이 선거기간 중 공중전화나 자동차 범퍼 등에 자신의 얼굴이 나온 선전물을 부착하는 것 역시, 단순 노출이 호의적인 태도 형성에 도움이 될 것이라는 주장에 근거한다.

단순노출이론을 토대로 한 논의를 통해, 우리는 사람들이 많이 듣는 대중가요, 이름 또는 상징물 등에 점차 친숙해지는 원리를 설명할 수 있다. 사람들은 별 생각 없이 노래를 듣고 상징이나 사물을 대하지만, 잦은 노출로 인해 그것에 친숙해지고 호의적 태도를 형성하는 것이다. 미국의 정치인들은 선거기간 중 공중전화나 자동차 범퍼 등에 자신의 얼굴이 나온 선전물을 부착하기도 하는데, 이 같은 단순한 노출이 호의적인 태도형성에 기여하기 때문이다.

그러나 단순노출이론에 기반한 다른 연구들은 메시지의 반복이 오히려 설득의 역효과로 이어질 수 있음을 보여 주기도 한다. 자용 (Zajonc 1968)의 연구는 메시지 반복에 따라 설득의 효과가 높아진다 하더라도 노출의 반복 횟수가 일정 수준 이상을 넘어서게 되면 오히려 설득 효과가 반감된다는 사실을 밝혀냈다. 자용은 그의 연구에서 피험자들에게 아무 의미 없는 단어, 문자, 사진을 반복적으로 보여 준 후 노출 대상에 대한 태도를 측정하였다. 그 결과, 사람들은 노출의 반복 횟수가 3회에 이를 때까지 대상에 대한 긍정적 태도가 증가하는 모습을 보였지만, 노출의 반복 횟수가 3회 이상을 넘어서면 호의적 태도의 정도가 오히려 낮아지는 모습을 보였다. 이는 앞서 언급한 페티와 카치오포의 2단계 태도변화 과정과 일치하는 결과이다.

밀러(Miller 1976) 역시 지나친 반복노출은 오히려 메시지 설득에 역효과를 가져올 수 있다고 주장한다. 밀러는 피험자를 세 집단으로 나누어 이들에게 외국 원조를 중단할 것을 촉구하는 캠페인 포스터를 노출시켰다. 첫 번째 집단에게는 포스터를 전혀 보여 주지 않고, 두 번째 집단에게는 포스터를 30회 보여 주고, 마지막 집단에는 포스터를 200회 보여 주었다. 그 결과, 30회 포스터에 노출된 집단은 포스터에 대해 긍정적으로 반응했지만 200회 정도 노출된 집단은 부정적으로 반응했음이 나타났다. 이러한 결과는 메시지의 지나친 반복이 수용자로 하여금 메시지를 지겹다고 인식하게 함으로써 노출 대상에 대한 부정적인 태도를 끌어냈음을 보여 준다.

3) 메시지의 반복에 영향을 미치는 요인

앞서 지적했듯이, 지나친 메시지 반복은 역효과를 일으킬 수 있다. 그렇다면 메시지를 반복하는 수준은 어떤 상황을 고려해서 결정해야 하는가? 가스와 사이터(Gass & Seiter 1999)는 다음의 두 가지 요인을 고려해야 한다고 주장한다. 첫째는 **메시지의 복잡성과 추상성 정도**이다. 메시지 수용자는 복잡하고 추상적인 메시지를 접할 때는 반복을 보다 잘 견디는 경향이 있는데, 이는 수용자가 쉬운 메시지보다 복잡하고 추상적인 메시지를 이해하는 데 시간을 더 필요하기 때문이다. 둘째는 **메시지의 질**이다. 수용자는 질 낮은 메시지보다 질 높은 메시지의 반복을 더 잘 견디는 경향이 있다.

제 10 장

비언어적 메시지와 설득

비언어적 커뮤니케이션은, 완성된 언어 형태의 메시지로서 겉으로 드러나지 않는다고 해도 실생활에서는 중요하고 강력한 힘을 가진다. 예를 들어 수업시간에 자주 시계를 쳐다보는 학생, 집에 들어오자마자 방문을 쾅 닫고 들어가는 동생, 시선을 피하지 않고 힘주어 악수하는 기업가나 정치가 등은 그들이 의도했든 아니든 비언어적 메시지를 통한 커뮤니케이션을 효과적으로 수행했다고 볼 수 있다. 그들은 자신의 현재 상태에 대해 말하지 않으면서도, 보는 이로 하여금 '수업이 지루함', '기분이 몹시 안 좋으니 건드리지 말 것', '경쟁에서 지고 싶지 않음'이라는 메시지를 수용하게 한다.

인간의 커뮤니케이션 행위에서 비언어적 요소가 차지하는 범위를 고려하면 비언어 커뮤니케이션이 얼마나 중요한 영역인지 인식할 수 있다. 인류학자 버드휘스텔(Ray Birdwhistell)은 인간을 전적으로 언어로만 의사소통하는 존재가 아니라 모든 감각을 활용하는 존재로 보았다. 그는 면대면 커뮤니케이션 상황에서 언어적 수단이 차지하는 비율은 35퍼센트에 불과하고 65퍼센트 이상이 비언어적 수단으로 이루어진다고 하였다. 우리는 의식적이거나 무의식적으로 또는 의도적이거나 비의도적으로, 상대방의 비언어적 표현을 통해서 그 사람의 내면 상태를 파악하고 이를 토대로 중요한 판단과 결정을 내린다. 비언어적 메시지의 해석은 사람들 사이의 관계에 많은 영향을 준다.

비언어적 단서와 더불어 우리에게 영향을 주는 또 하나의 영역으로 준(準)언어적 단서가 있다. 준언어적 단서는 목소리의 질이나 발성과 관계된 것으로 상대방과의 상호작용에 중요한 요소로 작용한다. 이 장에서는 비언어적 및 준언어적 단서가 설득 과정에서 어떤 역할을 하고 어떤 방식으로 작용하는지를 살펴보자.

1. 비언어적 커뮤니케이션

1) 비언어적 커뮤니케이션과 언어적 커뮤니케이션의 비교

일반적으로 언어는 의미를 전달하며 비언어는 감정을 전달한다고 생각하기 쉽지만, 언어로도 충분히 감정을 표현할 수 있으며 비언어적 신호도 감정 전달이 아닌 다른 목적을 위해서 사용될 수 있다. 우리는 대화 속에서 시선 처리를 통해 상대방에게 신호를 보내기도 하고, 손 짓을 병행하여 의사 전달을 용이하게 하기도 한다. 따라서 우리는 메시지에 의미를 부여한다는 차원에서 언어와 비언어적 행위가 전혀 다르지 않다는 점을 이해해야 한다. 언어 행위처럼 비언어 행위 역시 한 가지 이상의 메시지를 동시에 전달할 수 있으며, 고정관념적이고, 개성적이고, 애매모호할 수 있다. 똑같은 비언어적 행위라 하더라도 상황과 맥락에 따라 그 의미는 다를 수 있다. 예를 들어, 미소는 상대방에 대한 감정과 태도를 나타낼 수도 있고, 단지 상대방에 대한 의례적 경청 반응을 의미할 수도 있다. 또한 바닥을 내려다보는 행위는 어떤

10-1 언어적 메시지와 비언어적 메시지

	언어	비언어
음성	언어/음성 행위 - 단어 - 상징	비언어/음성 행위 - 말의 뉘앙스, 크기, 속도 - 목소리의 특징
비음성	언어/비음성 행위 - 구조화된 상징체계 - 수화, 수신호 등	비언어/비음성 행위 - 외모, 표정 - 자세, 제스처, 신체접촉

출처: Malandro et al. 1989.

상황에서는 슬픔을 나타내고, 다른 상황에서는 복종이나 무관심을 의미할 수 있다.

그렇다면 사람들은 커뮤니케이션 상황에서 비언어적 정보와 언어적 정보 중 무엇에 더 의존할까? 비언어적 요인들의 중요성에 대해 강조한 메라비언(Mehrabian 1971)은 사람들은 어떤 메시지 단서들이 서로 다른 정보를 제공할 때 언어적 메시지보다 비언어적 메시지에 더 의존하는 경향이 있다고 설명한다. 또한 버군(Burgoon 1980)은 비언어적 채널은 언어적 채널보다 많은 정보를 제공하며, 시각 단서는 음성 단서보다 더 많은 정보를 전달한다고 보았다. 버군은 비언어 신호는 위장과 조작이 어렵기 때문에 상대적으로 사람들이 더 많이 신뢰한다고 주장하였다.

(1) 비언어적 메시지와 언어적 메시지의 차이점

기본적으로 언어적 메시지나 비언어적 메시지는 화자의 느낌이나 의사를 전달하는 데 쓰인다. 이 두 가지 차원의 메시지가 커뮤니케이션 상황에서 갖는 몇 가지 차이점을 간략하게 정리하면 다음과 같다.

메라비언의 법칙

1971년 메라비언(Albert Mehrabian)은 커뮤니케이션의 핵심 3요소로 언어(words), 청각(tone of voice), 시각(body language)을 제시하였다.

메라비언은 특정 커뮤니케이션 상황에서 세 가지 요소가 지니는 의미가 서로 상충할 때 사람들은 언어적 단서보다 청각적 단서를, 청각적 단서보다 시각적 단서를 더 신뢰하는 경향이 있음을 밝혔다. 이는 이후 '메라비언의 법칙'(Mehrabian's Law)으로 명명되었다.

메라비언의 법칙은 감정과 태도를 전달하는 맥락에서 연구자가 수행한 실험결과를 종합한 것이므로 이를 모든 커뮤니케이션 상황에 반영할 수는 없다. 하지만 이 법칙은 특정한 상황에서 언어적 단서와 비언어적 단서가 상충할 때 사람들이 비언어적 메시지를 더 선호하는 경향이 있음을 밝힘으로써, 비언어적 커뮤니케이션이 언어적 커뮤니케이션 못지않게 중요함을 알리는 중요한 계기가 되었다.

커뮤니케이션 상황에서 사용되는 요소와 비중

요소	특징	관여 비중(%)
언어	화자가 무엇을 말하고자 하는가	7
청각	화자의 목소리와 목소리의 높낮이가 어떠한가	38
시각	화자의 자세, 표정, 눈 맞춤 정도 등이 어떠한가	55
	- 눈을 포함한 얼굴 표정을 살펴보는 것	35
	- 행동을 살피는 것	20

구조적 차이

언어 커뮤니케이션은 고도로 구조화되어 있으며 문법체계가 있다. 모든 언어의 경우 이러한 규칙을 통해서 우리는 다른 사람의 말에서 의미를 포착한다. 그렇지만 비언어 커뮤니케이션의 경우 커뮤니케이션을 통제하는 공식적인 구조가 없다. 의식적이고 의도적인 수준에서 활용되는 언어적 커뮤니케이션과 달리 대부분의 비언어 커뮤니케이션은 무의식적인 수준에서 반사적으로 발생한다. 따라서 비언어 메시지를 정확하게 해석하려면 모든 가용한 단서를 주의 깊게 살펴야 한다. 비언어적 단서는 시간, 상황, 맥락에 따라 서로 다른 것을 의미할 수 있기 때문이다. 예를 들어, 동일하게 눈물을 흘리는 행위라고 할지라도 상황에 따라 슬픔을 의미하기도 하고 기쁨을 의미하기도 한다, 또 경우에 따라서는 아무런 의미를 갖지 않기도 한다.

상징적 차이

언어적 메시지가 사회 구성원들 간 약속된 상징체계라면 비언어적 메시지는 일종의 신호체계이다. 따라서 언어는 사회적으로 공유되는 반면 비언어는 대체로 생물학적으로 공유된다는 특징을 갖는다. 예를 들어, 머리를 위아래로 끄덕이는 행위는 동의를 나타내고 머리를 좌우로 흔드는 행위는 비동의를 나타낸다. 이러한 비언어적 신호는 문화권에 크게 영향을 받지 않는다. 반면 언어적 신호는 문화권에 따라 차이를 받는다. 즉, 동의와 비동의를 나타내는 한국의 언어(예/아니오)와 미국의 언어(yes/no) 사이에는 차이가 있다.

하지만, 비언어적 단서라고 해서 상징성을 전혀 내포하지 않는 것은 아니다. 특히 어떤 상징을 내포하게 되는 제스처의 경우, 문화권에 따라 서로 다른 차이를 갖게 되기도 한다. 따라서 비언어적 단서는 언어적 단서에 비해 상징적 의미를 갖는 경우가 상대적으로 적은 편이라고 이해해야 한다.

지속력의 차이

비언어적 커뮤니케이션은 언어적 커뮤니케이션에 비해 더 지속적이다. 비언어적 커뮤니케이션은 우리의 몸이나 얼굴 등을 이용해 진행된다. 따라서 신체가 존재하는 한 사람들은 자신의 의도와 상관없이 계속해서 비언어적 단서를 타인에게 제공한다. 반면, 언어적 커뮤니케이션에는 말이 시작하고 끝맺는 점이 있다. 따라서 비언어적 커뮤니케이션에 비해 화자의 의도에 따라 지속의 수준을 결정할 수 있다는 특징을 지닌다. 예를 들어, 두 사람이 논쟁을 했다고 생각해 보자. 언어적 커뮤니케이션은 논쟁을 시작한 순간부터 논쟁이 끝난 순간까지만 지속력을 가진다. 반면 비언어적 커뮤니케이션은 논쟁을 시작하기 전부터 논쟁이 끝난 이후에도 계속 지속된다. 즉, 논쟁에 앞서 긴장된 표정을 보이는 것, 논쟁이 끝난 후 서로를 차갑게 응시하는 것 등이 하나의 커뮤니케이션 단서로 상대에게 제공된다. 이러한 비언어적 커뮤니케이션 단서는 언어적 논쟁은 끝났지만 논쟁에서 발생한 의견의 불일치가 해결되려면 더 오랜 시간이 필요하다는 점을 시사한다.

학습의 차이

사람들이 사용하는 비언어적 행위 중에는 생득적인 행위가 많다. 예를 들어, 갓난아기는 웃거나 우는 방법을 알려 주지 않아도 기쁠 때 웃고 슬플 때 운다. 반면 언어적 커뮤니케이션은 전적으로 학습을 통해 습득된다. 사람은 소리를 내는 능력을 갖고 있지만, 언어를 학습하기 전에는 특정한 소리와 특정한 사물을 연관시키지 못한다. 뿐만 아니라 특정한 단어로 문장을 만들고, 문장에 의미를 부여하는 것 역시 체계적인 학습 없이는 불가능하다. 따라서 우리는 우리와 다른 언어를 쓰는 사람을 만나면, 본능적으로 손짓과 발짓을 동원한 보디랭귀지(*body language*)를 통해 커뮤니케이션을 시도하게 된다.

신호처리 과정의 차이

신경생리학적 접근법을 통한 비언어 커뮤니케이션에 대한 연구들에 따르면, 대부분의 비언어 자극은 뇌의 우반구에서 처리되며, 분석적이고 논리적인 일과 관련된 대부분의 언어 자극은 뇌의 좌반구에서 처리

된다. 일반적으로 좌뇌는 언어 처리, 수리 계산 등을 포함하는 계열적 정보처리를 관장하며, 우뇌는 얼굴이나 신체적 이미지, 미술, 음악 등에 관련된 통합, 창조, 상상 능력을 관장한다고 알려져 있다. 이처럼 언어/비언어 메시지를 처리하는 과정이 일반적인 좌뇌/우뇌의 신호처리 과정을 따른다는 것은 사람마다 메시지를 교환하고 해석하는 능력에 차이가 있다는 점을 시사한다.

(2) 언어적 메시지와 상호작용

이러한 차이에도 불구하고, 언어적 메시지와 비언어적 메시지는 커뮤니케이션 측면에서 몇 가지 동일한 전제를 바탕으로 구성된다. 구체적으로 설명하면, ① 정도의 차이가 있을 뿐 두 차원의 메시지 모두화자에 의해 의도적/비의도적으로 생산되고 전달된다. ② 언어적 메시지에 비해 덜 구체적일 뿐 비언어적 메시지도 일정한 규칙과 유형을 가진다. ③ 언어적 메시지와 마찬가지로 개인적, 문화적 차이와 상관없이 사람들에게 공통적으로 적용되는 보편적인 비언어적 메시지가 존재한다. ④ 다양한 형태의 언어적/비언어적 메시지는 서로 관계를 맺으며 보완적 혹은 모순적 관계를 이룬다. 따라서 두 차원의 메시지를 완벽하게 분리된 것으로 이해해서는 안 되며, 보다 원활한 커뮤니케이션을 위하여 총체적으로 이해하고 관리할 필요가 있다.

일반적으로 언어적 메시지와 비언어적 메시지는 하나의 총체적 커뮤니케이션 체계를 이루며 함께 작용한다. 따라서 비언어적 커뮤니케이션의 이해를 위해 언어적 커뮤니케이션을 하나의 체계로 관계 지어 파악하는 것이 더 효과적일 수 있다. 이러한 논의를 토대로 에크만 (Ekman 1965)은 인간의 상호작용 과정에서 언어와 비언어 행위의 상호관계를 반복, 불일치, 보완, 대체, 강조, 조절 등의 개념으로 설명하고자 하였다.

반복

비언어적 메시지는 언어적 메시지를 반복하는 역할을 한다. 사람들은 자신이 전하고자 하는 언어적 메시지를 분명히 하기 위해 비언어적 메시지를 사용한다. 모르는 사람이 길을 물을 때 보통 사람들은 말로 길을 설명하는 동시에 손가락으로 방향을 가리킨다. 이는 화자가 전하고자 하는 메시지를 더 명확하게 하기 위해 비언어적 요소를 사용하는 대표적인 반복 커뮤니케이션의 예라고 할 수 있다.

불일치

언어적 메시지와 비언어적 메시지가 서로 불일치할 때 사람들은 비언어적 메시지에 의존해 태도를 형성한다. 예를 들어, 손발을 떨고 이마에서 땀이 흐르는 연설자가 "나는 전혀 떨리지 않습니다"라고 주장한다면, 이러한 메시지를 받은 사람들은 화자가 떨리지만 떨리지 않는 척을 하고 있다고 생각하게 된다.

간혹 언어적 메시지와 비언어적 메시지 간의 불일치는 화자에 의해서 의도적으로 발생하기도 한다. 상대에게 건네는 "잘했네"라는 말은 목소리의 어조에 따라 칭찬이 되기도 하고 빈정거림이 되기도 한다. 또한 대하기 어려운 사람이 함께 있어서 사실대로 말할 수는 없지만, 거짓말을 하고 싶지 않을 때에 사용하는 비언어적 화법(이를테면 말하면서 딴 곳을 본다거나, 순간적으로 표정을 찡그린다거나, 말에 뜸을 들인다거나 하는 등) 역시 의도적인 불일치에 해당한다.

한편, 메시지 간 불일치는 비언어적 메시지 사이에도 발생한다. 입은 웃고 있는데 눈은 웃지 않는다거나, 몸을 꼿꼿이 세우고 당당한 표정으로 서 있는데 손가락을 쉴 새 없이 움직이고 있는 등이 이에 해당한다. 이 경우, 사람들은 거짓으로 꾸미기 더 어려울 것이라고 생각되는 신호에 의존하여 메시지를 이해하려고 노력한다. 하지만 메시지가 의도적으로 꾸며질 수 있다는 사실을 고려하면 커뮤니케이션 상황의 맥락과 관계자들의 이해관계를 반드시 함께 꼼꼼히 살펴볼 필요가 있다.

보 완

비언어적 메시지는 언어적 메시지를 수정하거나 더 정교화한다. 외모, 표정과 몸짓, 음성과 어조 등을 바탕으로 한 비언어적 메시지는 메시지에 대한 화자의 태도뿐 아니라 메시지 자체를 더 정확하게 해석하도록 돕는다. 예를 들어, 학생이 지난 수업 시간에 아파서 결석했음을 알리는 과정에서 교수에게 난처한 표정을 지어 보이는 것은 자신의 언어적 메시지를 보완하기 위한 비언어적 행위라고 볼 수 있다.

대 체

비언어적 메시지는 언어적 메시지를 대체하기도 한다. 사람들은 간혹 말로 표현할 수 없는 극적인 감동이나 슬픔 등의 감정과 마주하게 되는데, 이러한 때에는 언어적 표현보다 비언어적 메시지를 통해 감정을 표현하는 것이 더 효과적일 수 있다. 시험 성적이 심하게 떨어져서 실의에 빠진 친구의 어깨를 토닥여 준다거나, 연인과 헤어져 힘들어하는 친구의 술잔에 말없이 술을 채워 준다거나 하는 행위가 비언어적 행위가 언어적 표현을 대신하는 사례라고 볼 수 있다.

강 조

비언어적 행동은 언어적 메시지의 일부를 강조할 수 있다. 특히 손이나 머리의 움직임은 언어적 메시지 강조에 흔하게 사용된다. 예를 들어, 습관적으로 늦게 들어오는 아들에게 화를 낼 때 화가 난 이유를 단지 말로만 설명하는 것보다 시계를 손가락질하거나 인상을 심하게 구기거나 하는 등의 비언어적 메시지를 함께 활용하는 것이 메시지 전달에 보다 효과적이다.

조 절

때로 비언어적 메시지는 언어적 행동을 조절하기 위해서 사용된다. 이는 커뮤니케이션 과정에서 언어와 비언어적 메시지들이 서로 상호작용하며 균형을 맞춰 가기 때문에 가능한 것으로, 보통 특정 언어적 메시지에 대한 규제는 비언어적 메시지를 통한 피드백을 통해 일어난다. 예를 들어 연설을 듣고 있는 청자가 화자와 눈을 맞추면서 천천히 고개를 끄덕이는지, 창문을 통해 먼 산을 바라보는지, 팔짱을 낀 채 몸을 앞뒤로 흔드는지에 따라 화자는 '연설이 흥미로움', '지루해서 관심이 없음', '빨리 끝났으면 좋겠음' 등의 서로 다른 피드백을 인지하게 되며, 이를 통해 언어적 메시지의 양이나 내용을 수정하게 된다.

2) 비언어적 커뮤니케이션의 기능

비언어적 커뮤니케이션 기능의 정의는 다양하다. 아가일(Argyle 1975)은 비언어적 커뮤니케이션의 기능을 감정 표현, 대안적 태도 전달, 화자의 성격 표출, 반응과 주목 유도의 네 가지 측면으로 설명하였다. 한편, 하인드(Hinde 1972) 등은 비언어적 메시지의 가장 큰 기능은 모호한 언어적 메시지의 의미에 대한 이해를 돕는 데 있다고 설명하면서, 비언어적 커뮤니케이션 그 자체보다 언어적 커뮤니케이션에 더 큰 연구 초점을 맞추기도 하였다. 다양한 연구자들의 견해를 종합하여 비언어적 메시지가 커뮤니케이션 과정에서 어떤 역할을 수행하는지를 다음의 몇 가지 유형으로 구분할 수 있다(Burgoon, Guerrero, & Manusov 2011).

메시지 생산과 처리

일반적으로 비언어적 메시지는 이미 전달된 메시지를 처리하는 과정에만 영향을 미친다고 생각하기 쉽다. 하지만 관련 연구들은 비언어적 메시지가 메시지 처리뿐 아니라 생산 과정에도 일정한 영향력을 행사함을 보여 준다. 예를 들어, 사람들은 전화로 메시지를 전할 때에도 보이지 않는 수신자에게 관련된 손짓을 하거나 다양한 표정을 짓는다. 이는 화자가 메시지를 형성하고 언어화하는 과정에 비언어적 메시지가 일정한 영향력을 미치고 있음을 의미한다. 결과적으로 비언어적 커뮤니케이션과 언어적 커뮤니케이션은 복잡하게 얽힌 상태로 항상 동시에 작용하며, 두 채널을 통해 생성된 메시지는 일반적으로 더 명확할 뿐 아니라 이해하기도 쉽다.

인상 형성과 관리

비언어적 커뮤니케이션은 특정 인물의 이미지를 형성하고 관리하는 데 유용하다. 비언어적 메시지는 화자가 자신의 이미지를 정교하게 조작하기 위해 사용하는 도구인 동시에, 화자에 의해 의도적으로 표출된 이미지나 메시지를 판단하기 위해 수신자가 사용하는 주요 도구이기도 하다. 비언어적 메시지는 특히 타인에 대한 첫인상을 형성하는 데 중요한 영향을 미치는데, 이때 가장 큰 영향을 미치는 메시지로는 화자의 음성과 신체적 외양을 들 수 있다.

관계적 커뮤니케이션

관계적 메시지는 두 명 혹은 그 이상의 사람들 간의 관계 속성을 규정하는 단서이다. 우리는 상대방을 좋아하고 인정하고 신뢰하는 등의 메시지를 주고받을 때 비언어적 코드를 적극적으로 사용한다. 즉, 비언어적 메시지들은 호감, 인정, 신뢰, 지배 등의 관계적 메시지를 표현하거나 구축하는 데 지속적으로 사용되는데, 이는 말로 하는 것보다 비언어적 메시지를 통하는 것이 더 쉽고 안전하기 때문이다. 전통적으로 비언어적 커뮤니케이션의 관계적 기능을 토대로 한 호감과 매력, 지위와 권력에 대한 메시지 연구가 많이 진행되어 왔다.

표현적 커뮤니케이션

목소리와 신체는 사람의 기분이나 감정 상태를 전하는 데 효과적인 비언어적 요소로 사용된다. 예를 들어, 크고 높은 목소리는 흥분한 상태를 나타내고 빠르고 날카로운 목소리는 분노를 나타낸다. 또한 불규칙한 멈춤을 동반한 느린 목소리는 슬픔을 나타낸다. 한편 사람의 감정 상태는 얼굴을 포함한 신체를 통해서도 드러난다. 자세는 말하는 이의 기분이나 정서 상태를 알게 해주고 눈을 포함한 얼굴 표정은 구체적인 감정 단서를 파악하는 데 효과적으로 사용된다. 관련하여 버드휘스텔(Birdwhistell 1970)은 감정표현에 사용되는 표정이 약 2만 5천 가지에 이른다고 설명한 바 있다.

혼합된 메시지와 속이기

언어적 메시지와 비언어적 메시지가 모순되거나 비언어적 메시지들이 서로 모순되는 경우 혼합된 메시지가 나타난다. 앞서 메라비언의 법칙에서 밝혀진 것처럼, 혼합된 메시지를 마주한 경우 일반적으로 사람들은 시각 단서에 일차적으로 의존하며 이후 음성 단서, 언어 단서 순으로 영향력을 가진다. 하지만 만약 전달된 메시지 자체의 설득력이 높으면, 비언어적 메시지와 상관없이 언어적 메시지가 가장 높은 영향력을 갖게 되는데 이는 정교화 가능성 모델로 설명된 바 있다. 한편, 메시지를 전달하는 화자의 의도성에 따라 메시지의 혼합은 자유자재로 일어나며, 이 과정에서 속이기가 발생할 수 있다.

상호작용 관리

비언어적 메시지는 커뮤니케이션의 상황적 맥락을 정의하고 이 과정에서 상호작용의 흐름을 규제하는 기능을 한다. 커뮤니케이션이 이뤄지는 환경에 따라 사람들은 전달받은 메시지에 대한 이미지를 형성하고, 이에 부합하는 메시지를 전달받았을 때 이를 더 쉽게 수용하는 경향이 있다. 예를 들어, 격식을 갖춘 사무공간에서 진행되는 상사와의 대화에서 사람들은 업무나 회사의 경제적인 손익과 관련된 이야기를 듣게 될 것이라 기대하고, 이와 관련된 내용을 더 잘 수용한다. 반면, 사무공간에서 화자의 가족이나 친구들에 관한 개인적인 메시지를 듣게 되면, 수용자는 이를 다른 의미가 내포된 것으로 인식하고 불안해하게 된다.

사회적 영향

비언어적 메시지는 커뮤니케이션 상황에 있는 사람들이 사회적 영향력을 행사할 수 있게 한다. 버군(Burgoon 1994)은 신체접촉과 같은 비언어적 메시지는 상호신뢰와 같은 사회적 친밀감을 형성하는 데 도움을 주며, 어떤 사람에 대한 지배력, 능력, 지위, 권위, 공신력, 매력에 대한 개인과 사회 인지에 영향을 미칠 수 있게 된다고 설명한다. 또한 비언어적 메시지는 학습을 강화하거나 모방을 창조하는 요인으로 작용하기도 한다. 예를 들어, 칭찬받기를 원하는 학생들이 청소를 잘한 친구에게 선생님이 엄지손가락을 들어 보이며 웃는 것을 보았다면 이때의 비언어적 메시지는 학생들이 더 열심히 청소하는 요인으로 작용하게 된다.

다양한 비언어적 커뮤니케이션의 기능을 고려하여 화자는 다양한 설득 전략을 세울 수 있다. 버군(Burgoon 1994)의 연구에 따르면, 동일한 메시지라 할지라도 화자의 목소리가 크고 빠르며 거침없으면 설득 효과가 더욱 높다고 한다. 또한 말하는 이와 듣는 이의 말하기 속도가 비슷하면 서로 협조하는 경향이 더 높아진다고 한다. 이렇듯 비언어적 단서를 이용하는 설득 전략은 수용자의 태도변화를 이끄는 데 매우 효과적인 수단이 된다.

비언어적 단서 유형과 각각의 기능이 서로 완벽하게 독립적이거나 명백하게 다른 목적을 가진다고 가정하는 것은 매우 위험하다. 각각의 비언어적 단서들은 특정한 메시지를 전달하기 위하여 서로 의존적으로 작용하기 때문이다. 물론 어떤 비언어적 단서 유형은 다른 것에 비해 특정 부분의 커뮤니케이션을 원활하게 하는 데 더 특성화되어 있을 수 있다. 하지만 이것은 극히 일부에 지나지 않으며, 대부분의 커뮤니케이션 상황에서 비언어적 메시지들은 서로 복합적으로 작용하게 된다.

3) 비언어 커뮤니케이션의 영향력을 결정하는 요인

커뮤니케이션에서 비언어적 요인의 영향력에 대해서는 매력, 권력, 기대라는 세 가지 관점에서 조망해 볼 수 있다(Burgoon et al. 2002). 매력의 관점에서는 비언어적 요소가 매력이나 유사성, 친밀성 등에 어떠한 영향을 미치는지에 대해 바라보고, 권력의 관점에서는 지배나 힘을 표현하는 비언어적 메시지를 살펴보며, 기대 관점에서는 기대되는 신호와 기대를 위반한 신호의 영향력에 대해 주로 관심을 둔다.

(1) 매력과 유사성

평범해 보이는 정보원보다 외양적으로 매력적으로 보이는 정보원이 전하는 메시지가 일반적으로 더 설득력이 높다(Newcomb 1961). 심지어 정보원의 매력은 메시지의 질이나 전문성, 신뢰성과는 관계없이 설득 효과를 좌우하기도 한다. 이러한 매력을 결정하는 중요한 요소 중 하나는 정보원과 수용자 간의 유사성이다. 이와 관련하여 호블랜드 등은 설득 메시지의 성패 여부는 커뮤니케이션 과정에서 수용자가 인식한 정보원의 매력과 유사성의 정도에 달려 있다고 주장하기도 하였다. 이렇듯 매력이나 유사성을 상징하거나 조장하는 비언어적 단서들은 상대방에게 영향을 미칠 가능성이 크다(Burgoon et al. 2002).

번(Byrne 1971)의 주장에 따르면, 한 사람의 매력도는 그 매력을 평가하는 사람과의 유사성과 비례 관계에 있다. 즉, 정보원과 수용자 간의 행동적 유사성이 높으면 수용자는 정보원을 보다 매력적인 사람으로 인지하게 되는데, 이때 유사성 평가에 비언어적 메시지가 영향력을 발휘한다. 다시 말해, 정보원의 비언어적 행동을 통해서 수용자가 자신과 정보원이 비슷하다고 생각하게 되면, 정보원이 전하는 메시지가 더 높은 설득력을 가진다는 것이다.

매력과 유사성이 설득 효과에 긍정적 영향을 미치는 원인은 다음과 같다(Chaiken 1979). 첫째, 사람들은 정보원의 매력을 긍정적인 것으로 평가하고 이를 닮길 원한다. 또한, 자신과 유사한 사람의 의견에 동의함으로써 유사성을 높이고 심리적 안정감을 유지하고 싶어 한다. 둘째, 정보원의 매력은 휴리스틱 처리 과정을 유발하는 요인으로 작용한다. 이에 사람들은 별도의 숙고 없이 정보원의 메시지를 긍정적인 것으로 인식하게 된다. 셋째, 일반적으로 좋은 사교기술(social skill)을 가진 사람은 매력도가 높다고 평가된다. 사교기술이 좋은 사람들은 커뮤니케이션을 통해 스스로에 대한 자신감을 자유자재로 전달하곤 하는데, 이는 수용자에게 정보원에 대한 위엄을 형성하여 설득에 영향을 준다.

(2) 권력, 지배, 지위

권력, 지배, 지위는 그 자체로 '영향력'을 의미한다. 따라서 이러한 요소들을 상징하는 비언어적 지표들은 상대방을 설득시키는 능력에 영향을 미칠 수밖에 없다. 이러한 관점에서 비언어적 행동들은 정보원이 전달한 메시지와 무관하게 권력, 지배, 지위에 의해서 직접적인 영향력을 행사하게 된다. 예를 들어, 같은 메시지더라도 직장 동료가 전한 메시지와 직장 상사가 전하는 메시지는 수용자에게 서로 다른 영향력을 미칠 것이다. 결과적으로 권력, 지위, 지배를 토대로 비언어적 메시지는 정보원의 공신력과 연관되게 된다. 실제로 직접적인 눈 맞춤, 가벼운 접촉, 힘차고 굵은 목소리, 즉각적 반응, 유창함 등의 지배적 행동 등의 비언어적 단서들은 공신력을 증가시키는 요인으로 지목되곤 한다(Burgoon et al. 1989).

사람들은 타인과의 관계에서 발생하는 이익이 자신에게 얼마나 중요한지에 따라 타인에 대한 의존성의 정도를 결정한다. 만약 자신과 타인의 관계가 유지할 만한 가치가 있고 이것을 대체할 대안적 관계가 존재하지 않으면, 그 사람은 나에게 일정한 권력을 행사할 수 있게 된다. 이렇게 두 사람간의 권력관계가 형성되면 이는 비언어적 단서로 표현되는데, 권력자에게 자신을 더 매력적인 사람으로 보이게 시도한다거나 관계 발전에 흥미가 없다는 것을 의미하는 비언어적 신호를 보내는 것 등이 그 예이다.

한편, 사람들은 지위를 토대로 타인의 행동을 예측하고, 이에 대응하고자 하는 경향이 있다. 예를 들어, 고용주는 고용인이 회사에 기여할 것으로 예상되는 수준에 따라 그들의 지위를 결정한다. 이렇게 결정된 지위는 회사 내 동료 간에 권력구조를 형성하는 요인이 되며, 더나아가 개인으로 하여금 자신의 지위에 적합한 비언어적 행위를 수행하게 하는 동력으로 작용한다.

(3) 기대와 기대 위반

우리는 커뮤니케이션을 할 때 상대방의 배경이나 태도, 신념, 기호 등에 대해 기대를 한다. '기대'라는 용어는 인간행동 연구에서 스크립트, 스키마, 프레임, 규칙 등의 다양한 개념으로도 표현된다(Burgoon et al. 2002). 이렇게 기대는 사람들의 일상적 커뮤니케이션 행동에 기본적으로 수반된다.

정보원은 메시지를 전달하는 과정에서 수용자의 기대를 우선적으로 파악함으로써 수용자의 입맛에 맞는 정보를 제공하고 이에 대한 태도를 강화시킬 수 있다. 그뿐 아니라, 수용자의 기대에 반하는 메시지를 의도적으로 전달함으로써 특정한 방향의 태도형성이나 저항을 유도할 수도 있다. 이러한 관점에서 비언어적 메시지를 바라보는 이론들은 다음과 같다.

자기 충족적 예언[1]

한 초등학교에서 전교생을 대상으로 지능 검사를 실시하였다. 이후 검사결과와 상관없이 무작위로 한 반에서 20퍼센트 정도의 학생을 선별하고, 교사에게 이들이 '지적 능력이나 학업성취도 향상 가능성이 높은 학생'이라고 거짓으로 알려 주었다. 3개월 후, 이전과 동일한 내용의 지능검사를 전교생을 대상으로 재실시하였다. 그 결과, 놀랍게도 무작위로 도출되었던 20퍼센트 학생들의 지능 점수가 다른 학생들에 비해 더 높게 측정되었다. 그뿐 아니라 일반적인 학과 성적 역시 다른 학생들에 비해 크게 향상되었음을 확인할 수 있었다. 연구 결과, 무작위로 선출된 학생들의 성적이 오른 것에는 교사가 학생에게 거는 기대와 보이지 않는 비언어적 메시지를 통한 격려가 주요인으로 작용

---

1 '피그말리온 효과', '로젠탈 효과', '자성적 예언'이라고도 한다.

했음이 밝혀졌다.

이는 로젠탈 등(Rosenthal & Jacobson 1968)의 실험 결과로, 이들은 타인의 기대나 관심을 받는 것만으로도 업무의 능률이 오르거나 결과가 좋아질 수 있음을 발견하였다. 즉, 학생들에 대한 교사의 단순한 기대가 그 기대에 부합하는 지도와 반응을 끌어냄으로써, 결과적으로 학생의 실제 성적 향상에 영향을 준 것이다. 이렇듯 커뮤니케이션 상황에서 사람들은 자신을 존중하는 누군가가 자신에게 무엇인가 기대하는 것이 있다고 인지하게 되면, 무의식중에 그 기대에 부응하는 방향으로 점차 행동을 변화시키게 된다. 이때 비언어적 메시지는 타인의 기대를 인식하게 만드는 주요인으로 작용한다.

기대 위반이론

버군(Burgoon 1978)은 때로 다른 사람의 상식과 기대를 위반하는 것이 훌륭한 커뮤니케이션 전략이 될 수 있다고 주장하였다. 이 이론에서 '기대'는 '바람직한 것'이 아니라 '어떤 일이 일어나리라 예측하는 것'을 의미한다. 커뮤니케이션 상황에 상대에게 너무 가까이 다가감으로써 공간적 거리에 대해 가지고 있는 기대를 위반하거나, 상대방과의 시선을 피하거나, 지나치게 똑바로 응시한다거나 하는 등의 행위가 이러한 사례다. 커뮤니케이션 상황에서 이러한 기대 위반이 부정적 결과를 가져올 것이라고 생각하기 쉽지만, 이는 상황과 맥락에 따라 달라진다. 만약, 커뮤니케이션 상황 이전에 정보원이 매우 매력적인 사람이라고 평가되었다면, 오히려 이런 기대 위반이 더 긍정적인 결과를 가져올 수도 있다. 즉, 청자가 기대한 공간적 거리를 깬다든가 눈 맞춤을 피한다거나 하는 비언어적 단서를 통해 상대방을 각성상태에 놓이게 하고, 그 상황에 대해 곰곰이 생각하게 만들 수 있다.

버군과 존스(Burgoon & Jones 1976)는 이러한 기대의 위반이 긍정적 또는 부정적 결과를 가져올지 여부는 커뮤니케이터에 대한 평가에 따라 달라진다고 보았다. 커뮤니케이터가 매력적이고 신뢰할 만하며 우호적인 사람으로 인식될 때, 사람들은 이 커뮤니케이터의 보상가치를 높게 평가하게 된다. 높은 보상가치를 가진 커뮤니케이터가 기대를 위반하는 행위를 할 경우, 이는 설득에 효과적으로 작용할 수 있다. 그러나 그와 반대로 부정적으로 평가되는, 즉 낮은 보상가치를 가진 커뮤니케이터가 청자의 기대를 위반하는 행동을 하게 되면, 이는 설득에 부정적 영향을 미친다.

2. 비언어 커뮤니케이션의 유형

비언어적 커뮤니케이션에 관한 연구는 그 체계나 범위가 확실하게 정해지지 않기 때문에 연구자 관점에 따라 다양한 세분화가 가능하다. 그럼에도 불구하고 관련 연구자들은 비언어 행위들이 서로 상호의존적으로 작용한다는 점을 들어, 비언어적 메시지의 이해에 여러 요인을 복합적이고 통합적으로 해석해야 한다는 데 동의한다. 이러한 전제 아래 비언어적 커뮤니케이션의 연구 유형은 크게 다음과 같이 정리할 수 있다.

1) 동작연구

'동작연구'(kinesics)란 용어는 그리스어로 'kinein', 즉 '움직임'이라는 뜻이며, 눈 맞춤, 얼굴 표정, 제스처(또는 몸짓), 신체 동작, 자세에 대한 연구를 말한다. 몸의 움직임은 메시지를 명확히 하는 데 도움이 되지만, 때로는 문화적 차이로 오해를 부르는 주원인이 되기도 한다.

(1) 눈 맞춤

눈 맞춤은 관심, 매력, 친밀감을 표현하는 수단으로 사람들과 관계 설정에 중요한 역할을 한다. 일반적으로 대화 과정에서 자신이 좋아하는 사람의 눈을 그렇지 않은 사람보다 약 2.7배 더 많이 쳐다본다고 한다. 메라비언(Mehrabian 1968)은 사람들이 싫어하는 사람과는 최소한의 눈 맞춤을 하는 반면, 좋아하는 사람과는 최대치에서 약간 감소한 정도의 눈 맞춤을 시도한다는 점을 증명하였다.[2] 또한 루빈(Rubin 1970)은 연인들이 사랑에 빠진 정도가 상호 응시의 비율과 정적인 상관관계가 있음을 밝혔는데, 이때 시선교환은 서로 간에 메시지를 교환할 채비가 갖춰졌음을 의미한다.[3] 때로 높은 정도의 응시는 호의적 관계에서만 일어나는 것이라고 생각하기 쉽다. 하지만 사람들은 대화 상대를 위협하거나 적대감을 표하기 위해 그들의 눈을 응시하기도 하는데, 이는 그 자체만으로는 구분이 어렵기 때문에 얼굴 표정이나 눈썹 모양과 같은 다른 비언어적 단서와 함께 통합적으로 이해해야 한다.

눈 맞춤은 지배력, 설득력, 공격력 그리고 공신력을 표현하는 수단이 된다. 비브(Beebe 1974)의 연구는 연설 상황에서 연설자가 청자와 눈을 맞추는 정도가 많을수록 청자가 연설자를 더 정직하고 자격을 갖춘 사람으로 인지하는 경향이 있음을 밝혔다. 버군(Burgoon 1994)은

---

2 좋아하는 사람과의 눈 맞춤 정도가 최대치가 아닌 것은 아가일과 딘(Argyle & Dean 1965)의 '친밀감 평형 모델'로 설명할 수 있다. 이 모델은 개인 공간, 몸의 방향, 눈의 접촉 등이 함께 상호작용하여 친밀성의 수준에 맞는 정도로 조정되는 것을 말한다. 엘리베이터에 잘 모르는 사람과 단 둘이 탈 때보다 여러 사람과 탈 때 서로 눈을 마주치고 인사할 확률이 더 낮은 것이 이에 대한 사례인데, 이 모델에 따르면 상대에 대한 호의가 어느 정도 커지면 응시 정도는 더 이상 증가하지 않고 감소하게 된다.

3 파스크(Fask)는 모르는 두 사람이 지나칠 때 약 3미터 내외에서 반드시 눈길을 피하는데, 이는 이 거리보다 안쪽에서의 눈 맞춤은 상대에게 할 말이 있다는 신호로 여겨지기 때문이라고 설명하였다.

눈 맞춤을 이용하는 사람들이 그렇지 않은 사람들보다 더 유쾌한 얼굴 표정을 짓고 제스처의 특정 유형을 더 많이 사용할 뿐 아니라, 더욱 설득적인 경향이 있다고 설명했다. 이러한 연구결과들은 눈 맞춤이 설득에 영향을 주는 요인으로, 설득 상황에서 이를 전략적으로 사용하는 것이 매우 중요하다는 의미다.

한 가지 주의할 점은 눈 맞춤이 항상 설득에 긍정적 영향력을 미치는 것은 아니라는 사실이다. 클라인케(Kleinke 1977)의 연구에 의하면, 눈 맞춤의 효과는 요구의 정당성 등 다른 요소에도 의존한다고 설명한다. 그는 실험공모자들로 하여금 공항에서 사람들에게 돈을 요구하도록 실험 환경을 조성하고 행인의 반응을 관찰했다. 한 실험공모자는 돈을 구걸하면서 그 돈으로 고국에 아주 중요한 전화를 하려 한다고 설명함으로써, 행인들에게 자신의 요구를 이성적이고 정당한 것으로 인식시키도록 노력했다. 반면, 다른 실험공모자는 간식을 사 먹기 위해 돈이 필요하다고 설명함으로써 행인들에게 자신의 요구를 부당한 것으로 인식시켰다. 그 결과, 부당한 요구를 할 때 눈 맞춤은 사람들의 순응을 감소시켰으며 시선 회피가 오히려 더 높은 정도의 순응을 이끌어 냈다. 시선 회피는 행인들로 하여금 실험공모자를 초라하거나 당황스러운 상태에 있는 것으로 여기게 했으며, 이러한 감정이 심리적 동정으로 이어진 것이다.

(2) 얼굴 표정

얼굴은 개인과 개인을 구별하고 개인의 인상을 결정하는 중요한 요소로 작용한다. 사람의 얼굴은 약 2만 5천 가지의 다양한 표정을 지을 수 있다. 얼굴 표정은 기쁨, 슬픔, 분노, 두려움 같은 감정을 표현하는 데 주로 사용되며, 언어적 메시지를 대신하거나 보완하는 역할을 한다. 하지만 얼굴이 수많은 메시지를 표현할 수 있음에도 불구하고 표정의 역할에 대한 연구는 상대적으로 미미한 수준이다. 몇몇 연구결과에 따르면, 어떤 사람이 사회적(외향적이고, 대화에 관여된 상태를 표하는)이고 긴장이 풀린 상태(유쾌하고, 적극적이며 긴장하지 않는)일 때 더욱 신뢰감 있어 보이는 경향이 있다고 한다(Leathers 1986). 그러므로 웃는 직원이 더 많은 팁을 받고, 열정적으로 자신을 표출하는 피면접자가 직장을 구할 수 있는 것이다.

얼굴 표정과 관련한 설득 연구들에 따르면, 정보원이 외향적이고 적극적으로 보일수록 신뢰성이 높게 평가되고 더 높은 설득 효과를 낸다(Leathers 1986). 이때 정보원의 적극성은 머리를 끄덕이거나 잘 웃는 등의 얼굴을 사용하는 표현으로 평가되는데, 때로 설득 상황에서 이러한 행위가 역효과를 가져오는 경우도 있다. 관련 연구를 수행한 메라비언과 윌리엄스(Mehrabian & Williams 1969)는 비슷한 지위를 가진 사람들 간에서는 이러한 예의 바른 행위가 설득에 긍정적인 영향을 주지만, 위계가 확립된 관계에서는 좀더 거만하고 위엄 있어 보이는 행위들이 설득에 효과적으로 작용한다고 밝히고 있다.

(3) 신체언어

눈 맞춤이나 머리 끄덕이기가 사람들을 더욱 설득적으로 만들 수 있는 것처럼 신체언어, 즉 제스처도 설득에 영향을 줄 수 있다. 아가일(Argyle 1988)은 여러 몸짓 기호들 중 표상, 일러스트레이터, 자기접촉 세 가지에 초점을 맞추어 신체언어를 설명한다.

첫째, **표상**(*emblem*)은 그 자체가 하나의 언어적 단위로 작용하는 몸짓인데, 이는 단독으로 사용될 수도 있고 다른 언어적 메시지와 같이 쓰일 수도 있다. 예를 들어, 야구 심판이 "터치다운"이라고 외치는 것(동작+언어), 히치하이커가 "차 좀 태워 주시오"라고 외치면서 엄지손가락을 흔드는 것(동작, 또는 동작+언어) 등은 대표적인 표상의 예이다. 어느 정도 사회화된 사람이라면 히치하이커의 몸짓, 어깨를 움찔거리며 모르겠다고 표현하는 것, 엄지와 검지를 동그랗게 하여 돈을 표시하는 것, 목에 손날을 댐으로써 죽음을 표시하는 것 등의 다양한 표상을 인식하고 사용할 수 있다. 이러한 표상의 체계는 문화의 영향을 받는다. 그러므로 커뮤니케이션 상황에서 특정한 제스처를 사용할 때 이것이 해당 문화에서 무엇을 의미하는지 사전에 파악하는 것이 매우 중요하다.

둘째, **일러스트레이터**(*illustrator*)는 발화와 수반되는 비언어적 행위 또는 몸의 움직임을 말한다. 일러스트레이터는 화자가 말하는 내용을 설명해 주는 비언어적 행위로서 표상과 같이 독립적인 언어적 의미를 갖지는 않는다. 금방 잡은 물고기의 크기를 다른 사람에게 말할 때, 두 손을 벌려서 물고기의 크기를 가늠하는 몸짓이 일러스트레이터의 사례다. 어떤 사물에 대하여 설명할 때 이러한 일러스트레이터는 단어를 강조하고 사물을 지적하는 효과가 있다. 사람들은 흥분되거나 열정적일 때 더 많이 일러스트레이터를 사용하며, 일러스트레이터를 얼마나 많이 사용하는 것이 전형적이거나 정상적인지는 문화의 차이에 따라 다르게 나타난다. 우달과 폴거(Woodall & Folger 1981)는 피험자들에게 어떤 영상을 보여 주고 나중에 영상 속 대화의 일부분을 회상하도록 하는 실험을 했다. 그 결과, 말이 상징적 몸동작(일러스트레이터)과 함께 전달된 경우에 피험자들은 대화의 내용을 더 잘 회상하는 것으로 나타났다. 이러한 결과는 설득자가 수용자에게 메시지의 중요한 부분을 강조할 때 손짓과 같은 몸짓을 전략적으로 사용하면 설득 효과가 높아질 수 있음을 암시한다.

셋째, **자기접촉**(*self-touching*)은 긴장한 상태에서 의식적이거나 무의식적으로 긴장을 완화시키기 위한 신체의 움직임을 뜻한다. 예를 들면 손으로 머리 긁기, 코 만지기, 뺨 비비기, 턱을 괴는 행위 등이 이에 해당한다. 그런데 이러한 행위들은 앞서 살펴본 표상과 일러스트레이터와는 달리 설득력을 감소시키는 경향이 있는 것으로 알려진다.

앞서 설명한 신체언어의 세 가지 특징은 설득 상황에서 유의미한 영향력을 발휘한다. 설득 상황에서 높은 동의를 이끌어 내기 위해서는 수용자의 주의를 우선적으로 끌 필요가 있는데, 이때 표상을 적당히 사용하여 말하는 전략이 효과적이다. 또한 일러스트레이터를 활용하여 설득 메시지를 적절하게 강조하면 수용자로 하여금 메시지의 타당성을 더 높게 인지하게 한다. 반면, 메시지를 전달하는 정보원이 지나치게 많은 자기접촉 행위를 보이면, 수용자는 그가 긴장 상태에 있다고 판단하고 그의 메시지를 신빙성이 낮다고 판단하게 된다.

2) 신체접촉

앞서 자기접촉이 설득력을 낮춘다고 언급한 바 있다(Argyle 1988). 그렇다면 타인과의 '신체접촉'(haptics)은 설득 행위에 어떤 영향을 미치는가? 많은 연구에 따르면 접촉은 대화자 간 분위기를 좋게 하고, 설득 행위에 대한 순응을 높이는 경향이 있으며, 접촉하는 사람은 접촉을 통해 자신의 인상을 더 호의적으로 만들고 설득력을 높인다. 호닉(Hornick 1992)은 레스토랑에 온 고객을 대상으로 직원과의 접촉과 팁 액수의 관계에 대해 실험했다. 연구자는 매력적인 직원과 매력적이지 않은 직원으로 하여금 손님의 팔을 가볍게 건드리거나 아무런 접촉을 하지 않도록 했다. 실험 결과, 가벼운 접촉은 팁 액수를 크게 증가시켰을 뿐만 아니라 고객들로 하여금 직원과 레스토랑에 대해 더 호의적으로 평가하게 만들었다.

적당한 강도의 신체접촉은 커뮤니케이션에 관련된 사람들 사이의 친밀감을 형성하고, 수용자에게 메시지에 대한 심리적 안정감을 갖게 하여 설득자의 요구에 더 쉽게 순응하게 만든다. 이러한 설득 효과 증가를 위한 신체접촉은 설득자가 의도적으로 행할 수 있다. 하지만 수용자 입장에서는 설득자의 의도적인 신체접촉을 깨닫지 못하는 경우가 많아 합리적 선택을 방해하는 요소가 되기도 한다. 피셔 등(Fisher et al. 1976)은 도서관 사서에게, 고객이 도서관 카드를 반납할 때 일부 고객의 손바닥을 만지도록 지시하였다. 그 결과, 고객들은 가벼운 손바닥 접촉이 있었던 사서를 그렇지 않은 사서보다 더 호의적으로 평가했다. 하지만 흥미롭게도 이 연구에서 고객의 57퍼센트는 사서가 자신의 손바닥을 만졌다는 사실을 인지하지 못했다. 이러한 결과는 고객들이 스스로 사서들의 업무 태도, 친절함의 정도 등을 종합적으로 고려해 합리적인 평가를 했다고 생각하는 것과 달리, 작은 신체접촉이 고객들의 합리적 선택을 효과적으로 방해했음을 보여 준다.

3) 근접학

'근접학'(proxemics)은 개인이 타인과 사이에서 필요로 하는 공간을 연구하는 비언어 커뮤니케이션 분야이다. 근접학이란 용어는 홀(Hall 1959)이 만든 것으로 인간의 공간 사용법을 상호연관적으로 관찰하고 이론화하기 위해 제시되었다. 홀은 근접학을 인간이 일상에서 접촉하는 타인과의 거리와 개인 활동에 필요한 공간의 정도를 무의식적으로 어떻게 구조화하는가에 대한 연구라고 정의한 바 있다.

홀은 대인 커뮤니케이션 상황에서 행위자 사이의 물리적 거리가 그들의 심리적 친밀도와 비례한다고 주장하고, 사회적 상황에서 인간의 거리를 네 가지로 나누어 분석하였다. 첫 번째는 친밀한(intimate) 거리이다. 친밀한 거리는 다른 사람의 존재가 확연해지고 때로는 크게 증가된 감각 때문에 압도적으로 느껴질 수 있다. 시각, 후각, 체온, 숨소리 등이 모두 혼합되어 다른 사람이 근접해 있다는 명백한 신호를 보낸다. 두 번째는 개인적(*personal*) 거리이다. 개인적 거리는 접촉을 꺼려하는 사람들이 일정하게 유지하는 거리를 지칭한다. 이 거리는 한 사람이 자신과 다른 사람 사이에 유지하고자 하는 최소한의 보호영역이라고 볼 수 있다. 세 번째는 사회적(*social*) 거리이다. 사회적 거리는 세부적 모습은 감지되지 않는 거리로, 특별한 노력이 없는 한 상대방과 닿지도 않고 그럴 기대조차 하지 않는 정도이다. 마지막으로 공적(*public*) 거리는 개인적 거리나 사회적 거리로부터 훨씬 벗어난 거리를 말한다. 공적 거리에 있는 사람들은 서로 형식적 문체나 과장된 목소리를 사용하고 상대에게 과장된 행위를 보여 주게 된다.

사람들은 모든 커뮤니케이션 상황에서 자신이 형성한 개인적, 사회적, 공적 공간을 지각하고 이에 민감하게 반응한다. 이를테면 우리는 개인적 공간을 구성하고 이 공간에 타인이 허락 없이 침입했을 때 심리적 불안감과 거부감을 느낀다. 집에 불쑥 방문판매원이 찾아와 불쾌감을 느끼는 것은 내가 사회적 공간의 거리감을 둔 사람이 허락 없이 나의 개인적 공간을 침해했다고 느끼기 때문이다. 이렇듯 사람들은 잘 모르는 사람으로부터 자신의 개인적 공간을 유지하려는 본능적 속성을 갖는다. 다른 예로, 사람들은 지하철의 의자가 모두 비어 있을 때 양 끝자리를 가장 선호하며, 의자의 양 끝이 차 있을 때는 그들의 바로 옆 끝자리보다 앉아 있는 사람들과의 공간을 확보할 수 있는 한가운데 자리를 더 선호한다. 이렇듯, 잘 모르는 상대와의 공간적 거리는 정신적이거나 물리적인 외부의 위협에서부터 스스로를 방어할 수 있는 완충 역할을 하며, 최소한의 정보교환이 가능한 정도로 책정된다.

버군(Burgoon 1983)은 수용자의 허락 없이 개인적 공간을 침해하는 행위가 때로는 설득 상황에 더 효과적일 수 있다고 주장한다. 버군에 따르면, 설득 행위자가 개인적 공간을 침범하면 수용자는 정보원과 메시지에 대한 심리적 불안감을 느끼고 이를 빨리 해소하고자 하는 욕구를 갖게 된다. 이 경우에 설득 행위자가 제시한 메시지에 쉽게 순응할 확률이 높아지게 된다.

대화에서 상대방이 지킬 것이라고 예상했던 물리적 거리에 대한 기대가 깨졌을 때 상대방에 대한 인식은 설득 효과를 결정한다. 구체적으로, 설득 행위자가 직관적으로 매력적인 사람이라고 인지되었을 때에는 이러한 물리적 거리에 대한 기대 위반이 설득에 더 긍정적인 영향을 미칠 수 있지만, 상대방이 매력적이지 않거나 신뢰성이 낮은 때에는 물리적 거리에 대한 기대 위반이 오히려 부정적 효과로 이어질 가능성이 크다.

4) 시 간

간혹 '시간'(chronemics)은 말보다 더 명료하게 뜻을 전한다. 시간이 전하는 메시지는 언어에 비해 의식적으로 조작되는 경우가 적기 때문에 그만큼 왜곡되는 일도 적다. 예를 들어 시간은 맥락에 따라 의미를 가질 수 있다. 이른 아침에 걸려온 전화는 대개 긴급하고 극도로 중요한 사태를 알리는 의미로 간주된다. 밤늦은 시간에 걸려온 연인의 전화는 또 다른 의미를 가질 수도 있다. 이렇듯 시간은 그 자체로 메시지를 담고 있다.

경우에 따라 한 사람이 사용하는 시간은 그가 가진 사회적 지위를 나타내기도 한다. 예를 들어, 한 기업의 사장은 자신의 업무시간과 휴식시간을 유동적으로 정할 수 있는 반면, 말단 직원은 결재문서 승인을 위해 계속해서 사장의 업무시간을 기다려야 한다. 이는 비언어적 메시지로서의 시간이 모두에게 공평하게 주어지지 않고 커뮤니케이션 상황에 함께 놓인 상대방과의 힘겨루기4를 통해 획득되는 것임을 의미한다. 이와 관련하여 가스와 사이터(Gass & Seiter 1999)는 회사 상사, 군조직 간부, 의사 등 높은 지위를 가진 사람은 시간을 지키지 않아도 부하 직원이나 환자들에게 신뢰성을 잃지 않는다고 주장했다. 하지만 버군 외(Burgoon et al. 1989)의 연구는 아무리 지위가 높아도 시간을 어길 경우 유지될 수 있는 신뢰성에는 한계가 있다고 설명한다. 그들의 실험은 사람들이 15분 지연(遲延)을 기준으로 상대의 유능함, 침착성, 사회성을 폄하하는 경향이 나타남을 밝혀냈다.

5) 치장효과

'치장효과'(the effect of artifacts)는 어떤 사람에 대한 인상이 형성되는 과정에 그 사람의 외형이나 소유물의 특성 등이 영향을 미치는 것을 말한다. 옷과 화장, 자동차, 가구 등과 같은 물건들은 이를 이용하는 사람의 공신력과 사회적 지위에 대해서 많은 것을 알 수 있도록 한다. 그 이유는 우리 사회에서 물질적 재화가 우리 자신의 확장으로 인식되기 때문이다. 사람들은 왜 롤렉스 시계나 아르마니 정장을 위해 수천만 원을 지불하는가? 이는 치장이 가진 효과로 이해할 수 있다.

---

4 힘겨루기(power play)란 시간 요소에서 가장 중요한 원칙 중 하나로, 동등한 시간을 어떻게 활용하여 상대방을 제압할 것인가에 대한 설명이다. 예를 들어, 타인과 원만한 관계를 유지하거나 설득의 영향력을 최대한으로 높이기 위해서는, 배려해야 하는 상대에게는 가급적 많은 시간을 할애하고, 통제해야 하는 대상에게는 최소한의 시간만을 제공하는 것이 좋다. 따라서 커뮤니케이션 상황에 놓이면 우선적으로 상대가 어떤 유형의 사람인지를 결정하고 적합한 전략을 통해 상대의 시간을 나의 의도대로 사용하는 것이 중요한데, 이 과정을 '시간의 힘겨루기'라고 말한다.

사람들은 본능적으로 자신과 유사한 성향이나 스타일을 가진 사람에게 호감을 느끼고, 설득 행위자에게서 자신과의 유사성을 찾고자 노력한다. 이러한 경향은 설득 행위자가 인간적으로 매력적이거나 대외적으로 지위나 공신력이 높은 사람일수록 더 강하게 나타난다. 따라서 어떤 경우에는, 정보원이 옷차림이나 액세서리를 바꾸기만 해도 자신의 이미지를 더 긍정적으로 형성하고 수용자의 태도변화를 유도할 수 있다. 헨슬리(Hensley 1981)는 사람들이 자신과 유사한 옷차림의 정보원에게 더 잘 순응하는 경향이 있다고 주장한다. 그는 연구에서 정장을 입은 사람이 더 많은 공항과 일상복을 한 사람이 더 많은 버스 정류장에서, 정장 차림과 일상복 차림의 사람들에게 각각 판촉을 진행하게 하였다. 실험결과, 공항에서는 정장 차림의 사람들이 더 효과적인 판촉을 수행하였고, 버스 정류장에서는 일상복 차림의 사람들이 더 효과적인 판촉을 수행하였음이 나타났다. 헨슬리는 이와 같은 연구결과가 사람들이 자신과 유사한 옷차림의 정보원에게 더 잘 순응한다는 증거라고 설명했다.

한편, 커뮤니케이션 상황에서 사람들은 지위나 권력을 상징하는 옷차림에 압도되어 메시지의 내용과 상관없이 설득되기도 한다. 이러한 경우, 정보원이 지니는 액세서리는 단순한 장식이 아니라 그들의 지위와 권력을 부각시키는 비언어적 강조 메시지로 사용된다. 사람들은 제복을 입은 사람의 말에 더 순응하는 경향이 있는데, 이는 제복의 어떤 특성이 사람들을 복종하게 만든다고 볼 수 있다(Lawrence & Watson 1991). 하지만 앞서 유사한 옷차림이 설득에 미치는 효과에서 밝힌 것처럼, 멋진 양복이나 제복을 입는 것이 설득에 항상 효과적이지만은 않다. 따라서 커뮤니케이터들은 설득 상황에 따라 사람들에게 긍정적 이미지를 유도하는 데 적합한 옷차림이 무엇인지 생각해 볼 필요가 있다.

6) 신체적 외양

 냅과 홀(Knapp & Hall 1992)은 정보원이 매력적일수록 사람들은 그를 더 똑똑하고 친근하다고 느낄 뿐 아니라 그의 인격이나 능력이 자신보다 더 좋을 것이라고 인식하는 경향이 있다고 설명한다. 유사한 관점에서 노먼(Norman 1976)은 매력적인 정보원은 명확한 메시지가 없어도 수용자를 설득할 수 있다고 주장하였는데, 이후 치알디니(Cialdini 1993)는 이를 '후광효과'(halo effect)라고 불렀다.

 정보원의 신체적 외양이 설득 상황에 큰 영향을 미치는 이유는 타인에 대한 인상 형성에 첫인상이 가장 중요하기 때문이다. 타인에 대한 인상 형성은 첫 만남 중에서도 최초의 4분 안에 이뤄진다. 하지만, 보통 첫 만남의 4분 동안 나누는 대화는 안부인사와 같이 대부분 무의미하기 때문에 외모에 대한 인식이 상대방의 인상 형성에 큰 영향을 미친다. 상대에 대한 첫인상은 세 번째 만남까지만 영향을 주기 때문에 그 효과가 크지 않다는 주장도 있다. 하지만, 대부분의 설득 상황이 단발적인 만남에서 이뤄진다는 점을 들 때 정보원의 신체적 외양이 설득에 미치는 효과는 무척 크다고 볼 수 있다.

 아가일(Argyle 1988)에 따르면, 사람들은 어려 보이는 인상을 가진 사람들에게는 신뢰감을 느끼고, 성숙한 인상을 지닌 사람들에게는 전문성을 느낀다. 또한 사람들은 타인을 평가할 때 몸의 형태를 함께 살피는데, 일반적으로 근육형의 사람들은 모험심이 강하다고 생각하고, 마른 사람들은 비관적이고 조용할 것이라고 생각하며, 살찐 사람들은 부드럽고 동정적이라고 생각하며 신뢰감을 느끼는 경향이 있다.

3. 준언어학과 설득

준언어는 비언어적 커뮤니케이션의 다른 유형에 해당한다. 앞서 다루었던 비언어적 단서들이 비언어적인 동시에 비음성적인 것이었던 반면, 준언어는 비언어적이면서 음성적인 단서를 의미한다. 단, 여기서 다루는 준언어학(*paralinguistics*)은 음성으로 구현된 언어에 대한 연구를 의미하는 것이 아니라, 단어의 언어적 내용과는 분리된 음성적 자극에 대한 연구를 의미한다는 점에 유의할 필요가 있다. 따라서 여기서 다루는 준언어학은 '음성학'(*vocalics*) 또는 '유사언어학'이라 불리기도 한다.

준언어학이 가진 언어전달 속성 때문에 이를 비언어적 커뮤니케이션으로 볼 수 있는가에 대한 논쟁이 존재한다. 하지만 이것이 언어 자체에 대한 연구가 아니라 이를 전달하는 음성에 대한 연구에 초점을 맞추고 있다는 점에서 비언어적 커뮤니케이션의 일부로 보는 것이 더 합리적이라고 하겠다. 사람들은 준언어를 통해서 자신의 기분과 태도를 무심코 왜곡할 수 있다. 준언어는 말하는 사람에 대한 듣는 사람의 인식에 영향을 주어 인상 형성뿐 아니라 이미지 평가에도 영향을 미친다 (Knapp 1980). 예를 들어 '여성 해방'이라는 단어는 어떻게 말하느냐에 따라 냉소적으로, 고무적으로, 슬프게 또는 유머러스하게도 들린다 (Bettinghaus & Cody 1987). 따라서 화자가 이 단어를 어떻게 소리 내느냐에 따라 '여성 해방'에 대한 청자의 인식 또한 달라질 수 있다.

1) 준언어학의 요소

트래거(Trager 1958)는 준언어학에 관한 연구를 크게 음질과 발성이라는 두 가지 요소로 나눠 설명하였다.

음질(vocal qualities)은 연설의 속도, 목소리의 특성, 목소리의 높낮이, 발음의 정확성 등을 의미하는데, 사람들은 이러한 음질을 통해 커뮤니케이션 대상자의 성격과 성향, 그리고 그가 처한 상황을 예측하게 된다. 음질과 관련된 연구들은 목소리의 특성이 어떠한 식으로든 설득에 영향을 미친다고 주장한다. 한편 스튜어트 홀(Stuart Hall)은 대화 상대자와의 거리와 목소리 크기를 통해 메시지를 예측할 수 있다고 주장하였다. 즉, 아주 가까운 거리에서 작은 목소리로 나누는 이야기는 메시지에 극비사항이 내포되어 있음을 의미하며, 먼 거리에서 큰 소리로 나누는 이야기는 남이 들어도 무관한 공적인 이야기임을 의미한다는 것이다. 설득 상황에서는 청자의 호기심을 자극하기 위하여 일부러 별것 아닌 이야기로 귓속말하거나, 청자의 조급함을 유도하기 위하여 불특정 다수에게 큰 소리로 정보를 주거나 하는 등의 전략을 사용할 수 있다. 따라서 단순히 말하기의 거리와 목소리의 크기만으로 메시지의 중요성을 예측하기는 매우 위험한 일일 수 있다.

이와 비교하여 **발성**은 목소리를 내는 행위 자체를 말하는데, 이는 언어적 메시지와 수반되어 감정을 나타내는 요인으로 작용한다. 예를 들어 침을 삼키는 소리, 기침 소리, 가쁜 숨소리, 하품하는 소리 등은 화자의 긴장감이나 무료함과 같은 감정을 알 수 있게 해 준다. 또한, 별다른 의미 없이 대화 중간에 사용되는 "예", "참" 등과 같은 삽입어를 통해 화자에게 이야기를 계속하거나 중단하라는 일종의 신호를 보낼 수도 있다. 발성을 잘 하는 사람은 말을 크게 또는 부드럽게 하면서 메시지의 강렬함을 나타내고, 높은 어조를 사용하여 감정을 드러내며, 말하는 속도를 천천히 그리고 정확하게 함으로써 메시지의 중요성을 강조한다.

2) 준언어와 설득

사람들은 남성의 부드러운 저음과 여성의 비음이 살짝 섞인 약간 허스키한 목소리가 매력적이라고 인식한다. 그러나 현대의 음성 전문가들은 이러한 목소리가 꼭 이성에게 호감을 주는 것은 아니며, 좋은 목소리에 대한 정의와도 거리가 있다고 설명한다. 좋은 목소리는 특정한 음색을 의미하기보다 커뮤니케이션 상황에 따라 상대방을 매료시킬 수 있는 적절한 목소리를 의미한다. 예를 들어 연설가에게는 청중의 주의를 끌기에 좋은 강한 악센트와 높은 톤이 좋은 목소리인 반면, 상담가나 컨설턴트에게는 대화 상대의 안정감을 유지하고, 개인적인 이야기를 유도해 낼 수 있는 부드럽고 중성적인 목소리가 좋다고 인식된다. 또한 일반적인 설득 상황에서는 낮고 부드러운 목소리가 좋은 음성이라고 여겨지지만, 고객의 충동구매를 유도하기 위한 쇼호스트에게는 높고 다양한 톤을 가진 빠른 목소리가 더 좋은 음성으로 요구될 수 있다. 쇼호스트의 이러한 목소리는 시청자들의 구매욕을 자극해 그것이 '꼭 사야만 하는 물건'이라고 인식하게 한다. 이러한 측면에서 앞서 살펴본 준언어적 요소들이 설득에 미치는 영향에 대해 다시 한 번 정리하면 다음과 같다.

(1) 연설장애와 설득

먼저 연설장애(말 끊김, 같은 말 반복)가 **이해도**에 미치는 영향에 대한 기존 연구를 살펴보면, 연설장애를 가진 설득자가 피설득자의 신경을 초조하게 만드는 것은 사실이지만, 그렇다고 메시지에 대한 수용자의 이해를 감소시킨다는 명백한 증거는 없다. 많은 연구들이 다양한 유형의 눌변(반복, 잘못된 발음, 망설임, 더듬기)이 청자의 이해를 감소시킨다는 증거를 발견하지 못했다(Bettinghaus & Cody 1987).

잦은 연설장애는 메시지에 대한 수용자의 이해를 감소시키지는 않지만, 화자의 **신뢰성**에는 다소 부정적인 영향을 준다. 밀러와 휴길(Miller & Hewgill 1964)은 실험공모자로 하여금 100번 정도의 반복과 정지를 하면서 설득적 메시지를 피험자에게 들려주도록 했다. 그 결과, 피험자들은 실험 공모자를 언어능력이 낮으며 활력이 없다고 평가했으며, 결과적으로 연설 내용에 대한 진실성도 낮게 평가했다.

(2) 전달방식과 설득

피어스와 콘클린(Pearce & Conklin 1971)은 화자의 전달방식이 광범위하게 청자의 지각에 영향을 미친다고 했다. 이들은 배우를 고용하여 동적인 전달방식과 대화체의 전달방식으로 된 메시지를 녹음한 뒤, 피험자들에게 메시지의 느낌을 평가하게 했다. 대화체의 전달방식은 동적인 전달방식에 비해 음의 굴곡이 상대적으로 적고, 소리의 크기나 음높이를 낮고 일관적이게 유지하는 것이었다. 그 결과, 피험자들은 대화체를 사용하는 화자를 더 합리적이고 철학적이며 지식이 있는 차분하고 성실한 사람으로 판단했다. 한편, 피험자들은 동적인 화자를 감정적이고 흥분을 잘하며 위압적인 사람으로 판단했다.

전달방식에 대한 또 다른 연구로서, 쉐러 등(Scherer et al. 1973)은 배우를 고용하여 자신감 있는 목소리와 의심에 찬 목소리의 메시지를 녹음했다. 자신감에 찬 목소리는 의심에 찬 목소리보다 크고 빠르며, 작고 짧은 정지(停止)를 수반하도록 했다. 그 결과, 자신감 있는 목소리는 의심에 찬 목소리보다 더욱 유창하고 더욱 표현력이 있다고 판단되었다. 자신감 있는 화자는 더욱 열정적이며 힘이 있고 능동적이며 능력 있는 사람으로 판단되었다.

(3) 말하는 속도와 설득

스트릿과 브래디(Street & Brady 1982)는 말하는 속도에 관한 광범위한 실험을 했다. 연구자들은 동일한 메시지를 빠른 속도, 중간 속도, 느린 속도로 제시했을 때 중간 정도의 속도나 빠른 속도를 가진 화자가 더 똑똑하고, 더 자신감 있고, 더 효율적인 것으로 인식됐다는 결과를 발표했다. 또한 지나치게 빨리 말하는 사람은 중간 정도의 속도를 가진 사람보다 높은 평가를 받지 못했다. 한편, 느리게 말하는 사람은 유창하지 못하며 피동적이고 설득적이지 못하다고 판단되었다.

말하는 속도의 영향력은 화자의 성별에 따라서 차이를 보인다. 남자는 빨리 말하는 쪽이 더 유능하며 사회적으로 매력 있는 사람으로 보인 반면, 빨리 말하는 여성은 더 유능하기는 하지만 매력도가 낮은 것으로 나타났다. 비록 빠른 속도를 가진 화자가 유능하다고 판단되기는 하지만, 그런 화자의 설득이 효과적이라고 결론지을 수는 없다. 그 이유는 발화 속도의 효과는 메시지의 주제와 수용자의 관여도에 따라서 다르기 때문이다.

메시지 수용자는 빨리 말하는 화자를 더욱 유능하다고 판단하는 경향이 있지만, 메시지 주제가 의학이나 성(性)과 같은 개인적 문제일 때에 메시지 수용자는 천천히 말하는 화자에 더 동감하는 것으로 나타났다. 또한, 메시지에 대해서 수용자의 관여도가 낮을수록 빨리 말하는 화자의 설득 효과가 더 커지는 것으로 나타났다. 반면, 관여도가 높은 주제일 때는 메시지 수용자들이 메시지 자체에 주의를 기울이게 되므로 말의 속도가 느린 화자가 더 설득적인 것으로 나타났다. 이는 수용자의 관여도가 낮으면, 말하는 속도가 정교화 가능성 모델의 주변 단서 역할을 한다는 것을 암시한다.

(4) 목소리의 질

많은 연구들은 목소리의 질이 어떤 식으로든 설득에 영향을 미친다고 주장한다. 대표적으로, 목소리 특징에 따른 수용자의 정보원 인식을 구분한 애딩턴(Addington 1971)은 화자의 목소리에 콧소리가 섞인 경우, 성량이 부족한 경우, 성량이 넘치는 경우, 목소리가 얇은 경우, 목소리에서 긴장이 느껴지는 경우 그리고 쉰 목소리가 강한 경우 등은 설득에 부정적 영향을 미친다는 결과를 발표하기도 했다.

4. 그 외의 비언어적 커뮤니케이션 단서

1) 색채학

색채학(*chromatics*)은 눈을 통해 지각되는 색채 현상의 본질을 밝힘으로써 색과 인간 생활의 상호관계를 연구한다. 색은 인간의 정신 상태에 긍정적이거나 부정적인 영향을 미치는데, 이는 커뮤니케이션 상황에서도 동일한 역할을 수행한다. 예를 들어, 사람들은 새빨간 벽지의 방에서보다 은은한 분홍빛 벽지의 방에서 대화를 더 편안한 것으로 인식하고, 조도(照度)가 낮은 방보다 높은 방에서 더 활발히 대화하는 경향을 보인다. 이렇듯 특정한 색은 각각의 독특한 성질을 가지고 사람들에게 직간접적인 영향을 미친다.

사람들이 어떠한 색을 선호하는지를 알면 그 사람의 성격과 성향을 예측할 수 있다. 일반적으로 특정 색을 선호하는 것은 개인적 경험, 문화적 훈련, 정치적 성향 등이 종합된 결과이기 때문에, 한 가지 색에 대한 지속적인 선호는 자신의 진정한 성격을 외부로 드러내는 것과 같다.

비언어적 커뮤니케이션에서의 색상 연구는 단순히 대화 상대의 성향을 파악하는 데 그치지 않고 마케팅 설득 전략에도 자주 사용된다. 예를 들어 우리나라 대형마트의 외부 인테리어는 주로 빨간색, 주황색, 노란색 등이다. 이는 붉은 계열의 색상이 식욕을 돋우고 충동구매를 일으키기 때문이다. 반면, 대형마트 내부에 푸른색 계열을 거의 사용하지 않는 것은 푸른색이 이성을 통제하여 충동구매를 방지하기 때문이다.

다른 비언어적 커뮤니케이션과 마찬가지로, 색채 또한 문화적 맥락에 영향을 받는다. 예를 들어 우리나라와 유럽에서는 붉은 색이 육류를 연상시켜 식욕을 돋우지만, 일본에서는 피를 연상하게 하여 오히려 식욕을 저하시키는 역할을 한다. 또한, 일본에서는 밥, 두부, 우동, 떡, 무, 김, 다시다 등을 연상시키는 흰색과 검은색이 식욕을 돋우는 색으로 인지되는 반면, 유럽에서는 검은색이 탄 음식, 죽음 등을 연상시켜 식욕을 억제하는 색상으로 작용한다.

2) CMC 상황의 준언어

(1) CMC 상황의 준언어적 메시지 유형

모바일과 컴퓨터 네트워크의 발전으로, 문자메시지를 통한 교류는 사교적 동기를 위한 하나의 주요한 커뮤니케이션 과정으로 인식되었다. 하지만 초기의 문자메시지는 비언어적 요소가 생략된 상태로 면대면 상황과 같이 원만한 감정 전달이 어려웠는데, 이때 이모티콘, 통신언어, 글꼴 등이 이러한 비언어적 메시지를 대체하게 되었다.

이모티콘

'이모티콘'(emoticon)은 '감정'(emotion)과 '아이콘'(icon)의 합성어로, 문자, 기호, 숫자를 활용하여 미세한 감정을 전달하는 사이버 공간의 특유한 언어이다. 이모티콘은 단순히 문자를 통해 이뤄지는 기계적이고 단순한 메시지 교류를 보다 친근한 커뮤니케이션 과정으로 인식하게 한다. 초기 이모티콘은 컴퓨터 매개 커뮤니케이션(CMC, *computer mediated communication*) 상황에서 텍스트를 통한 의사표현의 한계를 극복하기 위해 사용하기 시작했는데, 이후 네트워크상에서 현실의 음성 언어와 같은 역할을 수행하게 되어 '전자적 준언어'라고 불리게 되었다. 이러한 이모티콘은 아스키(ASCII) 기호를 이용하던 초기의 단순한 이모텍스트(*emotext*)에서 점차 발전하여 감정 상태를 이미지화한 스티커, 스티커에 행동력을 더한 플래시콘(*flashcon*) 등의 형태로 진화하고 있다.

통신언어

통신언어는 고의적 오타, 구두점, 영어 대문자 사용 등을 통해 새로운 의미를 담은, CMC에서 사용되는 고유한 언어를 의미한다. 이러한 통신언어는 젊은 층을 중심으로 개발되어 SNS를 통해 급속도로 전파되었는데, 때로 온오프라인의 경계를 넘어 현실세계의 새로운 언어로 등장하기도 한다. 예를 들어, '즐'이라는 단어는 CMC 상황에서 '즐거운', '즐겁게' 등의 '즐-'을 어두로 한 모든 종류의 언어를 축약해 포괄하는 약어로 등장하였지만, SNS와 미디어를 통한 적극적인 활용을 토대로 오늘날에는 '상대를 무시하거나 어떤 제안에 거부권을 행사하고자 할 때 사용하는 말'이라는 새로운 의미로 실제 대화에서도 자주 사용되고 있다.

10-2 초기의 이모텍스트와 현재의 이모티콘

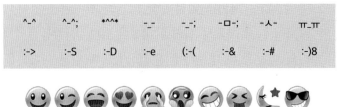

출처: 카카오톡.

글 꼴

이모티콘이나 새로운 통신언어의 개발 외에, CMC 상황에서는 글꼴 자체의 변형을 통해 감정을 전달하는 경우도 있다. 오늘날 CMC 환경에서 제공하는 기본 글꼴은 약 250가지에 이르며, 사용자의 필요에 따라 수천 가지의 글꼴을 추가로 구입하여 사용할 수 있다. 사람들은 블로그 등에서 글꼴을 통해 자신의 개성이나 감성을 나타낼 수 있다고 생각하는 경향이 있다. 이러한 사용자들의 성향은 모바일이나 CMC 상황의 문자메시지 교류를 사교적 동기로 이용하는 경향성과 결합하여 온라인 상황에서 글꼴이 비언어적 커뮤니케이션 메시지로 작용할 수 있게 돕는다.

(2) 마케팅적 활용

CMC 환경에서 사용되는 준언어적 커뮤니케이션 요소에 대한 연구의 증가와 더불어, 마케팅 전략 차원에서 이들 요소의 활용 역시 증가하고 있다. 오늘날 기업이나 정치가들은 SNS의 준언어적 커뮤니케이션 요소를 적극 활용함으로써 소비자나 국민과의 친근감 형성을 위해 노력하고 있다.

한편, 전통적인 비언어적 커뮤니케이션이 마케팅이나 설득 전략을 위한 도구에 한정되어 사용되었던 반면, CMC 환경의 준언어적 커뮤니케이션 요소들은 그 자체로 마케팅 대상이 된다. 사람들은 CMC 환경에서 자신의 감정을 더 명확하게 전달하기 위해 일정한 가격을 주고 이모티콘이나 글꼴을 구매한다. 준언어적 커뮤니케이션 요소가 모든 사람에게 공평하게 제공되던 시대가 끝났다는 것은, 향후 CMC 환경의 감정 공유가 현실보다 더 세밀한 정도까지 가능해질 것이라는 긍정적인 측면과 함께 준언어적 커뮤니케이션 요소의 보유 수준에 따라 CMC 환경 내에 일정한 지배와 지위 계층이 형성될 가능성이 있다는 위험성을 동시에 시사한다.

5. 결론

지금까지 비언어 커뮤니케이션과 설득의 관계에 대해서 살펴보았다. 설득에서 비언어 커뮤니케이션의 영향은 최근에 많은 관심을 받는 영역이다. 특히 비언어 커뮤니케이션은 문화권에 따라 효과가 다르게 나타나는데, 이러한 이유로 비언어 커뮤니케이션이 문화 간 연구의 중요한 영역으로 자리 잡아가고 있다.

이 분야의 선구자인 피즈 부부(Allan Pease & Barbara Pease)는 현대를 살아가는 사람들이 언어적 메시지에 신경을 쓰느라 원시시대 조상보다도 비언어적 단서를 읽어 내지 못한다고 지적했다. 그들은 사람들이 하루에 15분만 스스로와 타인의 신체언어에 주의를 기울이면, 타인의 느낌과 감정을 보다 정확히 이해할 수 있을 뿐 아니라 타인의 속이기 행위로부터도 자유로울 수 있다고 주장한다. 이러한 맥락에서 비언어적 커뮤니케이션의 학습은 스스로를 제대로 알고 타인들과 원만한 인간관계를 향상시키는 데 필수적인 과정이라고 할 수 있다.

한편, 비언어적 커뮤니케이션의 연구는 다양한 학문 분야에 걸쳐 있으며 연구방법 역시 다양하기 때문에, 어떠한 방법이 이러한 현상을 규명하는 데 가장 적합한지에 대해 단언할 수는 없다. 하지만, 그동안 언어적 커뮤니케이션에 대한 많은 연구가 대인 커뮤니케이션과 매스 커뮤니케이션 분야에서 진행되었다는 점은, 이와 유사한 맥락에서 비언어적 영향력에 대한 연구 또한 다양한 커뮤니케이션 분야에서 이뤄질 필요가 있음을 시사한다.

제 4 부

설득 커뮤니케이션의
맥락과 도구

제 11 장

속이기

햄플(Hample 1980)에 따르면 보통 사람들은 일주일에 평균 13.03번 거짓말을 한다. 사람들이 나누는 대화의 61퍼센트가 속이기와 관련이 있다는 연구결과도 있다. 이렇듯 '속이기'(*deception*)는 주위에서 흔히 볼 수 있는 커뮤니케이션 행위이다. '저의'(底意, *ulterior motive*), '숨은 의제'(*hidden agenda*)와 같은 용어에서 알 수 있듯이, 사람들은 진짜 목적을 숨기고 있을지도 모른다는 부정적 의미를 내포한다(Reardon 1981).

속이기는 설득 행위이기도 한데, 왜곡된 거짓 메시지를 통해 듣는 사람의 태도나 신념, 행위에 영향을 미치려는 전략적 행위이기 때문이다. 속이기의 예는 우리 주변에서 쉽게 찾아볼 수 있다. 협상가들이 거짓말하고, 정치가들이 지킬 마음이 없는 공약을 남발하고, 범죄자가 경찰의 심문에서 거짓말하는 것은 모두 속이기의 사례다. 뿐만 아니라 나쁜 의도가 없다고는 하나 어른들이 어린이들에게 산타클로스가 실제로 있다고 말하는 것 역시 속이기라고 볼 수 있다.

속이기는 언어적 메시지뿐 아니라 비언어적 메시지를 통해서도 일어난다. 사실 속이기에는 다양한 유형이 존재하지만 비언어적인 것이 훨씬 많으며, 속이기를 밝혀내는 것 또한 비언어적 단서를 주의 깊게 확인하면 가능한 경우가 많다. 사람들은 무의식적으로 비언어적 메시지를 잘못 사용하기도 하지만, 때로는 의도적으로 이를 비생산적인 방향으로 사용하기도 한다. 따라서 비언어적 커뮤니케이션에 의한 의도적인 속이기를 간파하기 위해서 혹은 이를 활용한 완벽한 속이기를 수행하기 위해서, 비언어적 커뮤니케이션의 관점에서 속이기가 설득 상황에서 가진 영향력에 대해 좀더 자세히 살펴볼 필요가 있다.

일상 속에 속이기가 산재하다 보니 누군가 거짓말하는지 아닌지를 알아내기 위한 전문적인 직업도 있다. 재판관, 법무관, 협상가, 세관 검사관, 면접관 등은 자신이 커뮤니케이션하는 상대가 하는 말이 거짓 인지 아닌지를 밝히기 위해 온 힘을 다한다. 그렇다면 이들은 상대방의 메시지가 거짓말(속이기)이라는 것을 어떻게 알아낼 수 있을까? 천성적으로 남들이 거짓말하는지 잘 구분해 내는 사람은 어떤 사람인가? 어떻게 하면 거짓말과 진실을 잘 구분할 수 있을까?

이 장에서는 이러한 질문들에 초점을 맞추어 속이기의 개념을 살펴보고, 속이기가 설득과 어떤 관계가 있으며, 속이기와 관련해서 어떠한 이론이 있는지 그리고 거짓말을 간파하는 방법은 무엇인지 등에 대해 살펴보고자 한다.

1. 속이기의 개념

속이기는 한 개인이 다른 사람들로 하여금 거짓 신념을 갖게 하거나 계획적으로 타인에게 허위 진술을 하는 행위를 말한다. 많은 연구자들이 속이기를 다양한 시각에서 개념화하고 분류했다. 여기에서는 속이기를 개념화하는 방법으로, 거짓말의 동기를 연구하는 관점과 정보조작이론의 관점에 대해서 살펴보자.

1) 거짓말의 동기에 기초한 관점

거짓말에 대한 대부분의 연구는 거짓말하는 동기에 초점을 맞추었다. 예를 들어, 고프만(Goffman 1974)은 속이기를 '좋은 거짓말'과 '착취적 거짓말'로 구별했다. 전자는 상대방의 이익을 위하거나 상대방의 이익에 반하지 않는 거짓말인 반면, 후자는 거짓말하는 당사자의 사적 이익을 위해 타인에게 손실을 입힐 수 있는 행위를 포함한다. 하지만 거짓말의 동기가 언제나 이렇게 두 가지로 구별되지는 않으며, 보다 더 구체화할 수 있다. 기존 연구들에서 밝혀낸 거짓말의 동기와 그 사례는 다음과 같다(Gass & Seiter 1999).

- **남의 이익을 위한 거짓말**: 이미 알고 있는 사실이지만, 나에게 소식을 전하는 상대방의 체면을 세워주기 위해 처음 듣는 정보인 척한다.
- **친밀해지기 위한 거짓말**: 부모와 같이 시간을 보내고 싶은 아이는 혼자 할 수 있는 숙제인데도 부모에게 도움을 요청한다.
- **사생활을 침해받지 않기 위한 거짓말**: 회사 사람들이 내 사생활을 알 필요가 없다고 생각하기 때문에 지금 사귀는 사람이 없다고 거짓말한다.
- **갈등을 피하기 위한 거짓말**: 친한 친구가 자신의 단점을 이야기해 달라고 할 때 단점이 없는 것이 단점이라고 이야기한다.
- **더 잘 보이기 위한 거짓말**: 책 읽는 것을 별로 좋아하지 않지만, 소개팅에서 독서가 취미라고 이야기한다.
- **자신을 보호하기 위한 거짓말**: 늦잠을 자서 약속시간에 늦었지만, 차가 많이 막혀서 늦었다고 이야기한다.
- **자신의 이익을 위한 거짓말**: 시험 족보를 가지고 있지만, 족보가 있냐고 묻는 친구에게 없다고 이야기한다.

- **남에게 피해를 주기 위한 거짓말**: 무례한 태도로 길을 묻는 사람에게 일부러 잘못된 다른 길을 알려 준다.

2) 정보조작이론

정보조작이론은 속이기를 전략적 정보조작 행위로 보고 정보를 조작하는 여러 가지 전략에 따라 속이기 행위를 분류한다. 맥코넥(McCornack 1992)은 정보조작이론을 통해 화자가 정보에 관한 양, 진실성, 적절성, 명확성과 같은 질적 측면을 위배할 때 속이기가 발생한다고 설명하였다. 다시 말해 사람들이 다양한 이유로 정보의 양, 진실성, 적절성 그리고 명확성을 조작함으로써 다양한 형태의 거짓 메시지가 발생하게 된다는 것이다. 구체적 예를 살펴보자(McCornack 1992).

A는 B와 3년째 교제 중이다. A는 B에 대해 매우 친밀하고 가깝게 느낀다. 이들은 다른 학교에 다니며 서로 각자의 학교에서 다른 이성 친구들과 친하게 지내는 것에 대해 큰 갈등이 없었다. 그러나 B는 원래 질투심이 많고 소유욕이 강한 성격이다. 어느 날, A의 친구는 A를 토요일 밤의 커플 모임에 초대했고, 그녀는 모임에 참석하기 위해서 파트너를 물색했다. A는 B의 사정상 토요일에 함께 모임에 참석할 수 없다고 생각하여, 다른 이성 친구 C에게 모임에 같이 가자고 말했다. A는 C와 함께 모임에서 즐거운 시간을 보냈다. 그런데 다음날 B가 갑자기 찾아와서 "어제 밤에 계속 전화해도 받지 않던데 뭐 했어?"라고 묻는다.

- **명확하고 직접적이며 진실한 대답**: "네가 오기 힘들 것 같아서 다른 사람과 함께 모임에 가서 즐겁게 보냈어. 만약 네가 올 수 있었다면, 난 너랑 갔을 거야."

- 정보의 양을 어기는 대답: "친구가 초대한 모임에 갔는데 정말 소란스러웠어."
- 정보의 진실성에 어긋나는 대답: "심부름 때문에 나갔는데 차가 고장 났었어. 차 견인하느라고 밤새 바깥에 있었어. 정말 시간이 오래 걸리지 뭐야."
- 정보의 명확성을 해치는 대답: "그냥 여기저기 돌아다녔어."
- 정보의 적절성을 위반하는 대답: "왜 온다고 말하지 않았어? 내가 집에 있는지 확인하기 위해서 여기까지 온 것은 조금 우습다고 생각 안 해? 내가 만약 얘기도 하지 않고 몰래 너를 찾아간다면 넌 기분이 어떨 것 같니?"

이러한 내용을 토대로 볼 때, 속이기는 설득의 한 형태로 이해할 수 있다. 밀러와 스티프(Miller & Stiff 1993)는 "속이기 커뮤니케이션은 의도적으로 메시지를 왜곡함으로써 타인의 신념, 태도 그리고 행동에 영향을 미치려는 일반적 설득 전략"이라고 지적했다. 정보조작이론은 속이기 행위의 다양한 형태를 설명하고 있다는 점에서 속이기 연구의 근간이 되었다. 그러나 정보조작이론은 정보조작에 영향을 미치는 요인이 무엇이며, 이를 간파하기 위해서 어떤 요소들을 살펴보아야 하는지에 대해서는 설명하지 못했다는 한계가 있다.

2. 속이기 행위의 거짓말

속이기 간파를 위한 많은 연구가 있지만, 실제 속이기 과정에서 나타나는 거짓말의 단서는 대부분 눈 깜짝할 순간에 지나가 버린다. 따라서 이를 통해 어떤 속임수를 파악하는 것은 결코 쉬운 일이 아니다.

그럼에도 불구하고 속이기에 영향을 미치는 언어적이고 비언어적인 단서들의 유형과 거짓 상황에서 나타나는 그 특성을 이해해 둘 필요가 있다. 타인의 속이기에 넘어가지 않기 위한 노력인 동시에 타인을 잘 속이고 설득하기 위한 학습 과정이기도 하기 때문이다.

1) 거짓말에 관한 이론적 틀

거짓말하는 사람들에게 나타나는 행동 유형을 이해하려는 이론으로는 '4요소 모델'(Zuckerman 1981)과 '대인간 속이기 이론'(Buller & Burgoon 1994)이 있다.

(1) 4요소 모델

4요소 모델은 사람들이 거짓말할 때와 진실을 말할 때 왜 다르게 행동하는지를 설명한다. 구체적으로 4요소 모델은 사람들이 거짓말할 때 행동에 영향을 미치는 네 가지 요소, 즉 각성, 통제 시도, 감정 그리고 인지적 노력에 대해서 설명한다.

각 성

4요소 모델은 사람들이 진실을 말할 때보다 거짓말할 때 더 흥분하거나 불안해한다고 가정한다. 거짓말 탐지기는 이 원리를 응용한 것이다. 물론, 거짓말 탐지기의 결과가 100퍼센트 정확하지는 않지만 양심의 가책을 느끼는 대부분의 사람은 거짓말할 때 불안해한다. 이러한 이유로 거짓말하는 사람은 특이한 행동을 하게 되는데 말실수, 말더듬, 동공 팽창, 단어와 어구의 반복 사용, 잦은 손짓 사용, 잦은 눈깜빡임이 그러한 행동이다. 이러한 행동은 거짓말하는 당사자 자신도 모르게 나타나며, 하나의 행동이 나타나는 경우도 있으나 복합적으로 여러 행동이 함께 나타나는 경우도 많다.

통제 시도

4요소 모델에 따르면 사람들이 거짓말할 때 들키지 않기 위해서 자신의 행동을 통제하려 한다. 사람들은 거짓말할 때 자신의 모든 행동을 다 통제하기는 어렵기 때문에 얼굴과 같이 정보를 전달하는 능력이 높은 부분을 중점적으로 통제하게 된다. 이 과정에서 통제의 영향력에서 다소 벗어난 부분, 즉 다리 등 전달능력이 낮은 신체부위는 통제되지 못하고 속이기의 단서가 노출된다. 결국 거짓말하는 사람들은 얼굴에만 신경을 쓰기 때문에 신체의 다른 부분에서 속이기의 단서가 노출될 수 있다. 이러한 이유로 적은 정보를 전달하는 신체의 부분들은 속이기를 파악할 때 유용한 단서로 활용된다.

감 정

대부분의 문화권에서는 속이기가 매우 불쾌하고 부정적인 것으로 간주된다. 따라서 일반적으로 사람들이 거짓말할 때 걱정스러운 감정이나 죄의식을 느끼게 된다. 따라서 거짓말하는 사람들은 죄의식을 느끼기 때문에 진실을 말하는 사람들보다 덜 웃으며 비난조의 논평을 많이 한다고 한다. 그러나 거짓말하는 사람들이 항상 걱정스러운 감정이나 죄의식을 갖지는 않는다. 오히려 거짓말하는 사람들은 타인을 성공적으로 속일 수 있다는 자신감으로 얼굴에 기쁜 표정을 나타내기도 한다(Ekman 1985). 이렇게 속이기 행위를 할 때에는 부정적 감정과 긍정적 감정이 모두 생겨날 수 있다. 따라서 어떠한 경우에 어떤 종류의 감정이 일어나는지, 각 감정은 어떻게 서로를 상쇄하는지 등에 대한 연구가 더 진행되어야 할 것이다.

인지적 노력

사람들은 진실을 얘기할 때보다 거짓말할 때 더 많이 생각한다. 왜냐하면 이미 들었거나 경험한 내용을 이야기하는 것은 매우 쉽지만, 사람들이 거짓말할 때는 '이야기를 지어내야' 할 뿐만 아니라 그전에 했던 말과 모순되는 말을 하지 않도록 유의해야 하기 때문이다. 이와 같이 거짓말할 때 더 많은 인지적 노력이 필요하기 때문에, 거짓말하는 사람들은 진실을 말하는 사람에 비해 반응하는 시간이 오래 걸리고, 말할 때 자주 쉬며, 구체적이고 상세한 사항을 전달하지 않는 경향이 있다.

(2) 대인간 속이기 이론

대인간 속이기 이론은 속이기 행동을 이해하기 위한 종합적인 관점을 제공하는데, 이 이론은 속이기를 송신자와 수신자 모두가 메시지의 암호화와 해독에 동시에 관여하는 상호작용적 현상으로 바라본다. 속이는 사람과 그것을 간파하려는 사람은 모두 서로의 사고와 행동에 영향을 준다. 그리고 이러한 양쪽의 생각과 행동은 속이기를 얼마나 정확히 파악하는 데, 그리고 속이는 사람 자신이 의심받고 있다는 점을 알아차리는 데 영향을 미친다. 대인간 속이기 이론에서는 속이기가 전략적 행동과 비전략적 행동으로 구성되어 있다고 가정한다. 전략적 행동은 얼마나 효과적으로 속일 것인가에 대한 의도적 행동과 계획을 말한다. 반면 비전략적 행동(또는 비전략적 누설)은 거짓말하는 사람이 통제하거나 조작할 수 없는 비의도적 행동을 말한다.

전략적 행동

전략적 행동이란 상대방이 속임수를 간파하지 못하도록 거짓말하는 사람이 전략적으로 메시지를 전달하는 것을 의미한다. 구체적으로 이야기할수록 상대방이 거짓말을 간파할 가능성은 높아진다. 따라서 거짓말하는 사람들은 정보를 불확실하거나 모호한 형태로 제시한다. 뿐만 아니라, 이들은 자신이 한 말에 책임을 회피할 수 있도록 정보를 조작하기 때문에 반응시간이 지연되는 경향이 있다. 또한 이들은 속이기 단서를 감추기 위해서 전략적으로 자신의 행동을 통제한다. 예를 들어, 사람들의 반응이 긍정적이지 않으면 바로 자신의 입장을 변경한다. 그리고 믿음직스럽게 보이도록 일부러 상대방과 계속 시선을 맞추고 미소를 짓거나 고개를 끄덕임으로써 전략적으로 자신의 이미지를 조작한다.

비전략적 행동

비전략적 행동은 거짓말할 때 자신이 인지하거나 통제하지 못한 채 속이기의 단서가 노출되는 것을 말한다. 비전략적 행동은 각성과 흥분, 부정적 감정 그리고 부적절한 커뮤니케이션 수행 등으로 나누어 볼 수 있다.

앞의 4요소 모델에서도 언급했듯이, 각성과 흥분은 거짓말이 포함된 커뮤니케이션에서 목소리의 떨림, 말실수, 발이나 신체의 움직임 또는 짧은 응답의 형태로 나타날 수 있다. 또한, 부정적 감정 때문에 거짓말하는 사람은 진실을 말하는 사람에 비해 덜 웃거나 부정적이고 비난조의 논평을 많이 한다. 거짓말할 때 이러한 비전략적 행동들이 표면화되는 것은 거짓말을 금기시하는 문화적 훈련의 결과라고 할 수 있다.

거짓말하는 사람들은 흔히 불안, 긴장 및 초조를 비전략적 행동을 통해서 무의식적으로 드러낸다. 따라서 말하기 방식이나 음성의 높낮이에 주목함으로써 어떤 사람이 거짓말하고 있는지를 알아낼 수 있다. 사람들은 거짓말할 때 상대적으로 더 높은 음성으로 말하는 경향이 있다. 그 밖에도 거짓말하고 있거나 거짓말하도록 지시받은 사람들은 평소보다 짧게 대답하고, 진지하지 못하며, 반응이 늦고, 말실수와 신경과민적 행동이 평소보다 많아지는 경향을 보인다. 화자의 말하기 방식에서 나타나는 어색함을 통해 드러나는 비전략적 행동을 '부적절한 커뮤니케이션 수행'이라고 한다.

한편 이러한 비전략적 행동은 개인에 따라 차이가 있다. 어떤 사람들은 거짓말에 너무 능숙해서 아무리 애를 써도 거짓말인지 아닌지를 잡아내기가 쉽지 않다. 하지만 또 어떤 사람은 거짓말인 티가 너무 나서 이를 쉽게 알아챌 수 있다.

(3) 두 이론에 대한 비판

4요소 모델과 대인간 속이기 이론은 모두 속이기 행위가 진실을 말하는 것보다 인지적 노력이 더 들고 각성 수준이 높다고 가정한다. 그러나 그 반대의 경우도 많다. 예컨대 친한 친구가 머리를 새로 하거나 옷을 새로 산 것에 대한 의견을 물었을 때, 그것이 자기 마음에 들지 않더라도 친구에게 잘 어울린다고 칭찬하는 것이 훨씬 더 쉽고 간편한 일일 수 있다. 대개 선의의 거짓말을 하는 경우에는 각성이 덜 일어나고 부정적 감정 역시 발생하지 않는다. 따라서 진실을 말하는 상황과 거짓말하는 상황의 특성을 단순하게 일반화할 수는 없으며, 상황적 요인이나 목적, 전달자와 수용자의 개인적 특성 및 관계 등 여러 가지 요인이 복합적으로 고려될 필요가 있다.

2) 거짓말에 영향을 주는 요인

(1) 더 잘 속이는 사람들의 특징

속이기는 속이는 사람의 개인적 특징이나 상황과 관계가 있다. 먼저 속이기에 관련된 개인적 특성을 살펴보면, 다른 사람에 비해 남을 더 잘 속이는 유형으로 권모술수형과 자기감시형이 있다.

권모술수 정도가 높은 사람은 대인관계에 별로 관심이 없고, 이기적인 목적으로 남을 조종하며, 사회적 도덕성이 낮다. 이들은 '양의 탈을 쓴 늑대'로 비유될 수 있으며 거짓말할 때 상대방보다 더 결백한 것처럼 보인다. 브래긴스키(Braginsky 1970)는 한 연구에서 권모술수 정도가 높고 낮은 두 집단의 어린이들에게 쓴 과자를 맛보게 한 후 다른 반 친구에게 그 과자를 먹게 하면 돈을 주겠다고 제안했다. 연구 결과, 권모술수 정도가 높은 아이들은 매우 성공적으로 다른 아이들을 설득했을 뿐만 아니라, 그렇지 않은 아이들보다 오히려 순진하고 정직해 보였다.

자기감시도 역시 얼마나 성공적으로 남을 속일 수 있는가에 영향을 미친다. 예를 들어, 자기감시도가 높은 사람은 자기감시 정도가 낮은 사람에 비해 상황적 정보를 더 많이 사용하고 남을 속일 때도 행동을 더 잘하는 경향이 있다.

이 외에도 표현력이 좋고 재치 있는 사람, 능숙한 사람, 전달력이 유능한 사람, 그리고 커뮤니케이션 상황에서 세심하고, 친절하고, 꼼꼼한 사람이 그렇지 못한 사람보다 남을 더 잘 속인다는 연구결과가 있다.

한편 성별은 더 잘 속이는 경향과는 그다지 관련이 없는 것으로 보인다. 이는 남자와 여자 모두 속이기 상황에서 나타나는 특징이 있기 때문이다. 남성은 거짓말할 때 속이기 단서를 노출하지 않기 위해 비언어적 행동을 엄격히 통제하려는 경향이 있는데, 이것이 지나친 경우가 많아 오히려 쉽게 의심받는다. 반면 여성은 거짓말할 때 더 적극적으로 대화에 참여하는 경향이 있는데, 이 과정에서 흥분하거나 불안한 모습이 드러남으로써 속이기 단서를 노출한다.

(2) 더 쉬운 거짓말

속이기 행위를 보다 쉽게 성공하게 만드는 요인으로는 의도성, 메시지의 길이, 메시지의 내용을 들 수 있다. 의도적으로 미리 계획된 거짓말을 하는 사람은 무심코 거짓말하게 된 사람보다 불안으로 인한 각성이 덜 일어나고 자신의 행위를 더 잘 통제하며 인지적 노력 역시 덜 든다. 이런 경우의 속이기 행위는 더 믿을 만하게 느껴지고 간파되기 어렵다. 그러나 갑작스럽게 거짓말하게 될 때에는 속이기 단서가 보다 쉽게 노출된다. 그리고 일반적으로 메시지의 길이가 길면 거짓말이라는 사실을 알아차리기 어렵다. 또, 객관적 사실이나 정보에 관한 것보다는 개인적이고 감정에 관련된 내용일 때 거짓임을 알아차리기 어렵다.

(3) 속이기 쉬운 상황

거짓말하는 상황 또한 거짓말의 성공에 영향을 미친다. 상황적 특징 중에서도 동기는 거짓말의 성공 여부와 관련이 깊다. 드파울로 등 (DePaulo et al. 1983)은 한 피험자 집단에게는 속이기가 직업적 성공과 관련이 있는 기술이라고 이야기하고, 다른 피험자 집단에게는 아무런 이야기도 하지 않은 채 속이기 행동을 관찰했다. 그 결과, 높은 동기를 부여받은 피험자(속이기가 직업적 성공과 관련된다고 믿은 피험자)가 속이기를 더 성공적으로 수행했다. 연구자들은 거짓말에 대한 동기가 높은 사람은 낮은 사람에 비해 눈을 덜 깜박이고, 고개 끄덕임을 더 하고, 목소리가 더 큰 것을 밝혀냈다. 즉, 높은 동기가 발각되지 않으려는 욕구가 증가해 거짓말하는 사람으로 하여금 자신의 행동을 더 통제하게 만든 것이다.

3. 속이기 간파

일부 사람들은 어떻게 하면 들키지 않고 상대방을 잘 속일 수 있을까에 관심이 있는 반면, 다른 사람들은 어떻게 하면 다른 사람으로부터 속이기를 당하지 않을까에 관심이 있다. 그렇다면 상대방의 속이기를 간파할 수 있는 방법은 무엇인가?

사람들은 흔히 상대방의 눈을 보면 상대방이 속이는지 아닌지를 알수 있다고 이야기한다. 그러나 우리가 속이기의 행동이라고 인지하는 많은 행동은 사실과 다를 수 있다. 리지오와 프리드만(Riggio & Friedman 1983)에 따르면, 대부분의 사람은 거짓말하는 사람들이 시선을 덜 마주칠 것이라고 생각하지만, 실제로는 거짓말하는 사람들이 상대방을 더 잘 응시하는 경향이 있다고 한다. 또한 속이기에 관한 한 연구는 속이기와 전혀 상관없는 신호들(즉 시선을 덜 마주치고, 덜 웃고, 자세를 많이 바꾸고, 말을 천천히 하는 등)이 속이기의 증거로 인식되고 있다고 지적한다(DePaulo et al. 1985). 이는 사람들이 속이기를 간파하는 데 있어 상당히 부정확한 단서에 의존하고 있다는 점을 보여 준다.

1) 속이기 간파와 관련된 요인

(1) 개인적 특성

속이기를 잘 간파하는 능력은 사람마다 다르다. 어떤 사람은 잘 간파하지만, 어떤 사람은 타인의 거짓말에 쉽게 속는다. 성별과 속이기 간파와의 관계에 대한 연구도 있지만 연구결과를 일반화하기는 어렵다.

앞서 **자기감시도**가 높은 사람이 자기감시도가 낮은 사람보다 다른 사람을 속일 때 더 능숙하다는 점을 언급했다. 관련 연구들에 따르면, 자기감시도의 정도는 다른 사람을 속일 때뿐 아니라 다른 사람의 속이기를 간파할 때도 영향을 미친다. 일반적으로 자기감시도가 높은 사람은 자기감시도가 낮은 사람보다 비언어적 단서에 더 많은 주의를 기울인다. 따라서 다른 사람들이 놓치기 쉬운 속이기 행동을 더 잘 알아차린다.

개인의 관여도 또한 속이기 간파와 관련이 있다. 정교화 가능성 모델에 의하면, 개인의 관여도가 높으면 메시지 내용에 보다 주의를 기울이고 그것을 중심경로로 처리하는데, 이때 비언어적 단서보다는 언어적 단서에 주목하는 경향이 있다. 한편 주변경로를 통한 정보처리 과정에서는 언어적 단서보다 비언어적 단서에 보다 초점을 맞춘다. 대개의 경우, 속이기 행위를 간파하는 데는 비언어적 단서가 언어적 단서보다 더 유용하기 때문에 사람들은 관여도가 낮을 때 주어진 메시지가 거짓임을 더 잘 알아차린다.

(2) 친밀한 정도

대인간 속이기 이론에 따르면, 커뮤니케이터 사이의 친밀도는 속이기를 간파하는 데 도움이 될 수도 있고 방해가 될 수도 있다. 사람들은 자신이 잘 알지 못하는 타인의 거짓말보다 자신이 잘 아는 사람의 거짓말을 더 잘 간파한다. 사람들은 친밀한 사람에 대한 배경지식이 있기 때문에 그 사람이 말하는 내용에서 모순을 더 잘 발견할 수 있다. 그러나 한편으로는 오히려 자신이 잘 알고 있는 사람의 거짓말을 잘 파악하지 못하는 경우도 있다. 왜냐하면 사람들은 자신이 알고 지내는 사람들이 정직하다고 믿는 진실편견을 가지고 있기 때문이다. 즉, 상대방에 대한 친밀함으로 인해 상대방에 대한 지식은 많지만, 상대방이 거짓말을 할 것이라고 의심하지 않기 때문에 거짓말을 간파하지 못하는 것이다.

상대방에 대한 진실편견은 전달자와 수용자가 신뢰감이 형성된 호의적 관계일 때에만 해당한다. 만약 잘 알고 지내는 사람이 평소에 부정직하다고 생각하는 경우, 즉 전달자와 수용자 사이가 적대적 관계일 때에는 거짓편견이 작동한다. 거짓편견이란 상대가 진실을 말할 리 없다고 생각한다는 의미다. 진실편견과 거짓편견이 작용하는 상황은 모두 정확한 속이기 간파가 어렵다. 속이기 간파는 서로 잘 알고 있지만 정서적으로 친밀한 관계가 아닌 상황, 즉 친숙한 사이이지만 서로에게 진실편견이 없는 상황에서 보다 정확하게 일어난다.

(3) 의 심

두 사람이 상호작용하는 가운데 한 사람의 속이기가 드러나면, 두 사람 사이의 신뢰가 깨지고 특정한 행동이 야기된다. 구체적으로 속임을 당하는 사람은 상대방이 자신을 속이고 있다고 생각하면 자신이 상대방을 의심하고 있음을 표현하게 된다. 이때 표현되는 의심의 정도는 속이기를 시도하는 사람의 행동에 영향을 미친다. 즉, 거짓말하는 상황에서 상대방이 자신을 의심하고 있다고 생각하면, 상대방에게 더 큰 확신을 주기 위해 자신의 이야기에 근거를 덧붙이거나 다른 이야기를 더 꾸며 내는 것이다.

이렇듯 속이기를 당하는 사람과 속이기를 시도하는 사람의 행동에 의심이 영향을 미치는 것은 확실하다. 하지만 의심이 속임을 간파하는 데 도움을 주는지에 대해서는 더 논의가 필요하다. 한 연구에서는 의심이 속임을 간파하는 데 도움을 준다고 결론짓지만, 다른 연구에서는 의심하는 사람은 모호한 정보를 모두 거짓말로 해석하는 경향이 있기 때문에 속이기 간파에 별로 큰 도움이 되지 않는다는 결론을 내린 바 있다.

(4) 확 인

메시지 수용자는 때때로 많은 정보를 얻기 위해 또는 메시지 전달자가 거짓말하는지를 확인하기 위해 메시지 내용을 자꾸 확인한다. 하지만, 많은 연구결과는 정보를 더 얻기 위해서 메시지 내용을 재차 확인하는 것은 속이기를 정확하게 파악하는 데 도움이 되지 않는다고 지적한다. 더욱이 수용자가 전달자의 메시지 내용을 자꾸 확인하면, 이를 지켜보는 다른 사람들은 오히려 거짓말하는 사람을 진실하다고 평가하는 확인효과가 나타난다고 한다(Levine & McCornack 1996).

한편 에크만(Ekman 1985)은 경우에 따라 확인효과의 반대 현상이 일어날 수도 있다고 주장한다. 이를테면 수용자가 전달자를 의심하면 정직한 사람이라도 불안해할 수 있는데, 이를 지켜보는 다른 사람들은 화자의 불안해하는 행동을 속이기의 단서로 여기고 그가 거짓말한다고 오해하게 된다는 것이다. 이를 일컬어 '오셀로의 실수'라고 하는데, 셰익스피어의 희곡 〈오셀로〉에서 오셀로가 데스데모나를 죽이는 장면을 보면, 데스데모나는 오셀로가 자신을 의심하고 있지만 결백을 증명할 길이 없다는 절망적 상황 때문에 두려움과 고통을 느낀다. 그러나 오셀로는 데스데모나의 두려움과 고통이 사랑하는 사람 캐시오의 죽음 때문이라고 생각하고 데스데모나가 부정을 저질렀다는 믿음을 더욱 확신하게 된다. 이처럼 '오셀로의 실수'는 정직한 사람도 강한 스트레스를 받고 있을 때에는 거짓말하는 것처럼 보일 수 있음을 암시한다.

2) 속이기 행위를 파악할 수 있는 단서들

(1) 말하기

• 말실수: 어떤 메시지를 전달하기 위해 열변을 토하다가 침착함을 잃고 스스로 거짓말의 단서를 폭로하게 되는 경우가 있다. 이렇듯 메시지를 정교하게 짜는 데 충분한 주의를 기울이지 않았을 때 사람들은 부주의로 말실수를 하게 된다.

- **말하는 태도:** 사람들은 거짓말할 때 주저하거나 질문을 피해 가는 듯한 태도를 보일 수 있다. 그러나 우물쭈물하거나 회피하는 투로 말하는 것이 그 사람에게 일상적 행동양식일 때에는 이러한 단서가 오히려 진실을 거짓으로 오해하게 할 위험이 있다.
- **말의 중단:** 오랫동안 말을 중단하거나 말이 자주 끊기는 경우, 특히 질문에 대답할 때 망설이는 행동은 거짓말한다는 의심을 불러일으킬 수 있다.
- **연설 장애:** 말하는 도중에 "아", "어" 등과 같이 말을 끄는 'ah' 장애와 생략, 말더듬, 낱말과 구의 반복, 문법적 실수와 같은 'non-ah' 장애가 있다. 이러한 경우는 거짓말을 미리 사전에 생각해 두지 못했거나, 생각해 놓았더라도 거짓말을 들킬지도 모른다는 두려움 때문에 발생할 수 있다.

(2) 목소리

- **목소리의 높낮이:** 사람들은 거짓말할 때 목소리가 고조되고 음높이가 더 불안해지는 경향이 있다.
- **감정 표현:** 거짓말할 때 속이려는 감정이 두려움이나 분노라면 목소리가 크고 높아지며 말이 빨라지는 경향이 있다. 그러나 목소리에 감정을 드러내는 단서가 전혀 없다는 점이 그 사람이 진실한 메시지를 전하고 있다는 증거는 될 수 없다.

(3) 메시지

- **메시지 길이:** 거짓이 담긴 메시지는 진실한 메시지보다 훨씬 짧은 경향이 있다.
- **메시지 내용:** 거짓말할 때 부정적이고 덜 직접적인 표현을 많이 사용하고, 관련 없는 정보를 제공하는 경향이 있으며, 단순한 용어를

사용하여 일반적인 진술을 하고, 메시지 내용에 모순이 많다.

(4) 신체언어

- **표 상**: 표상이 온전히 행해지지 않고 일부만 행해질 때, 혹은 일반적 위치(허리와 목 사이)를 벗어나서 행해질 때 이를 속이기의 단서를 노출시키는 것이라고 생각할 수 있다.
- **일러스트레이터**: 거짓말할 때 사람은 일러스트레이터를 적게 사용하는 경향이 있다. 이는 그가 말하는 내용에 감정적으로 몰두해 있지 않거나(대화의 주제에 관심이 없는데 관심이 있는 척할 때), 말할 내용을 모순되지 않게 하기 위해 단어의 선택이나 표현에 신중해지기 때문에 일러스트레이터 사용에 관심을 기울이지 못하기 때문이다. 그러나 일러스트레이터는 개인에 따라 차이가 많이 나기 때문에 정확하게 판단하기 위해서는 상대방의 평소 행동양식을 알고 있어야 한다.
- **자기접촉**: 거짓말하는 사람들을 자기접촉 행위가 잦은 편이다. 손으로 다른 신체부위를 잡거나 긁고 쓰다듬는 행위, 입술을 살짝 깨물거나 혀로 입속을 문지르는 것 등 다양하다.

(5) 자율신경계

- 진실을 말할 때보다 동공이 더 팽창한다.
- 긴장과 흥분으로 호흡이 불안정하거나 거칠어질 수 있다.
- 침을 삼키는 횟수가 늘어난다.
- 진실을 말할 때보다 땀을 많이 흘린다.

(6) 동 작

전략적으로 아무리 완벽한 메시지를 구성하여 제시했다 하더라도, 무의식적인 수준의 비언어적 커뮤니케이션 요인까지 완벽하게 통제하지 못하는 한 속이기는 간파될 가능성이 있다. 그러나 행위자의 동공 크기나 얼굴 근육의 미세한 변화 등과 같은 자율신경계의 변화에 따른 움직임을 수용자가 인식하는 것은 행위자가 무의식적 수준에서 일어난 스스로의 행동을 인지하는 것만큼이나 어렵다. 하지만 상대적으로 동작이 커서 쉽게 확인 가능한 손짓이나 몸짓을 유심히 관찰하면, 무의식적으로 일어나는 행위자의 속이기 단서를 파악하고 이를 간파할 수 있다.

이를테면 대화 중에 상대방이 입을 가리거나 코나 귀를 자주 만진다면 혹시 속이기를 시도하고 있지 않은지 주의 깊게 살펴볼 필요가 있다. 속이기를 시도하는 사람은 무의식중에 자신의 입을 막아 거짓말이 입 밖으로 새어 나가지 않게 시도하거나 자신의 말에 대한 상대방의 반응을 듣고 싶어 하지 않는 경향을 보이기 때문이다. 뿐만 아니라, 거짓말하는 사람은 진실을 말하는 사람보다 눈을 더 자주 깜빡이거나 어깨를 더 많이 으쓱대는 경향을 보이기도 한다. 물론 이러한 동작에서 거짓말 여부를 확인하기는 매우 어려운 일이다. 하지만 속이기의 단서는 말하는 사람의 동작을 통해 언제든지 노출될 수 있다. 움직임은 상황에 따라 다양하게 해석되기 때문에 거짓말 여부를 판단할 때 매우 높은 주의를 기울여야 하지만, 이러한 단서의 경우에 따라서는 속이기를 파악하는 데 매우 핵심적인 정보가 될 수 있음을 잊지 말아야 한다.

4. 속이기에 관한 이후의 논의

속이기를 간파하는 데 영향을 미치는 요인에 대해서는 지금까지 많은 연구가 이루어졌지만, 정작 사람들이 메시지의 진위 여부를 판단하는 과정 자체에 대한 연구는 거의 없다. 메시지의 진위 여부를 판단하기 위해 필요한 모든 정보(언어적/비언어적 단서들, 기존 지식, 추론 등)를 어떻게 배치할 것인가? 그 정보가 서로 모순될 때(상대방이 초조해하지만 메시지 내용은 그럴듯함)에는 어떻게 생각할 것인가? 새로운 정보를 얻게 되면 판단은 어떻게 변할 것인가? 메시지의 진위 여부를 판단하는 정보는 매우 많고 또 다양하기 때문에, 우리의 판단 역시 시간이 흐르면서 새로 얻게 되는 정보들에 따라 달라질 수 있다.

사이터(Seiter 1997)는 '결합주의적인 인지과학적 접근'을 통해 이런 질문들의 답을 제시하려고 했다. 전달자의 메시지가 진실인지 거짓인지를 판단할 때 우리의 머릿속에서는 '저 사람은 거짓말하고 있다'와 '저 사람은 진실을 말하고 있다'는 두 가지 가설이 서로 경합하며, 판단을 내리기 위해 수집한 많은 정보를 어떻게 통합하느냐에 따라 어느 가설을 최종 결론으로 채택할지가 결정된다. 타가드(Thagard 1989)는 한 가설이 다른 가설을 압도하는 과정에는 여러 가지 원칙이 영향을 미친다고 보았다. 그중 한 가지는, 보다 많은 사실을 설명할 수 있는 가설이 그렇지 못한 가설을 압도한다는 것이다.

이 같은 연구결과들은 사람들이 메시지의 진위 여부를 판단할 때 시간이 지남에 따라 원래의 판단을 변경하게 되는 이유와 그 과정을 설명하고, 그러한 판단이 개인의 개별적 특성에 따라 각각 다른 과정을 거쳐 일어나는 특유한 것이라는 사실을 제시한다. 하지만 속이기, 그리고 속이기 간파에 관한 연구는 여전히 많이 부족하며 이후 지속적으로 연구될 필요가 있다.

지금까지 속이기와 관련한 선행연구들을 토대로 거짓말하는 사람과 진실을 말하는 사람의 행동에 어떤 차이가 있는지를 살펴보았다. 살펴본 것처럼, 거짓말하는 사람과 진실을 말하는 사람 사이의 행동 차이가 나타나는 이유는 여러 이론을 통해 설명될 수 있다. 또한 우리는 속이기를 간파하기 위해서 여러 가지 저해 요인과 도움을 주는 요인을 두루 유의할 필요가 있음을 확인하였다.

　속이기를 정확하게 간파하는 것은 무엇보다 실용적 측면에서 필요하다. 그럼에도 불구하고 사람들은 속이기 간파에 그다지 능숙하지 않다. 이를 손쉽게 이해하기에는 지나치게 다면적이고 복잡한 커뮤니케이션 현상이기 때문이다. 반면, 상대를 완벽하게 속이는 것은 일정 기간의 연습을 통해 가능하다(Pease & Pease 2004). 예를 들어, 상대를 속일 때 몸짓을 통해 드러나는 비언어적 단서들이 두려우면 몸을 보이지 않는 상태에서 거짓말하면 된다. 따라서 전화나 이메일을 통해 시도하는 속이기는 때에 따라 완벽할 수 있다. 속이기와 속이기 간파에 대한 앞으로의 논의는 단순히 학술적인 차원뿐 아니라 다채로운 속이기 상황의 수많은 실습과 경험을 토대로 더 실용적인 차원에서 진행될 필요가 있다.

제 12 장

감성적 소구

소구(訴求, *appeal*)는 일반적으로 커뮤니케이션의 효과적인 목적 달성을 위하여 수용자에게 메시지의 중요성을 호소하고 공감을 얻어내려는 시도 또는 그를 위한 전략을 말한다. 소구에는 다양한 방법이 있는데, 어떤 소구를 사용하여 메시지를 처리하느냐는 설득 커뮤니케이션 분야에서 매우 중요하다. 이 장에서는 감성적 소구와 이성적 소구의 차이점을 간략히 살펴보고, 일반적으로 설득 과정에 많이 사용되는 감성적 소구에는 무엇이 있는지 살펴보고자 한다.

1. 소구에 대한 이해

1) 이성적 소구와 감정적 소구

설득은 본질적으로 이성과 감성의 양면을 가진다. 사람들은 설득자의 주장을 이성적으로 타당하다고 인식해도 감성적으로 수용하지 못하기도 하고, 감성적으로는 호감이 가지만 이성적으로는 납득할 수 없다고 생각하기도 한다. 따라서 효과적인 설득을 위해서는 이성과 감성 모두를 납득시킬 수 있는 메시지와 설득 전략을 고려해야 한다.

소구를 분류하는 여러 방법이 있지만, 이성적 소구와 감성적 소구로 나누는 것이 가장 일반적이다. 이성적 소구는 실증적이고 논리적인 자료를 토대로 수용자의 이성에 호소하는 방식으로, 설득자가 자신의 의견과 함께 이를 뒷받침하는 실증적이고 논리적인 자료들을 함께 제시함으로써 수용자로 하여금 설득자의 주장을 받아들이도록 하는 방법이다. 이성적 소구는 일찍이 아리스토텔레스가 말한 설득의 3요소 중 로고스(logos)에 근거한 설득 방식으로, '로고스적 소구'라고도 불린다. 반면 감성적 소구는 파토스(pathos)를 이용하는 방식이다. 감정적 소구는 청자의 감정을 설득에 이용하는 것으로, 공포, 동정, 분노, 자부심과 같은 감정을 자극하는 것은 다른 방법보다 설득에 더욱 효과적이다.

여러 연구는 이성적 소구와 감성적 소구 중에서 무엇이 더 설득에 효과적인가에 대한 문제를 다루었다. 그러나 이러한 연구들이 어느 한 가지 방법이 더 효과적이라는 일반적인 결론을 내리지는 못했다. 맥과이어(McGuire 1969)는 이성적 소구와 감성적 소구 각각이 나름대로의 조건에 따라서 모두 효과적일 수 있음을 지적하였다. 그에 따르면, 이성적 소구는 메시지의 내용에 대한 수용자의 이해도를 높여 주기 때문에 메시지의 내용이 복잡할 때 더욱 효과적이며, 감성적 소구는 수용자들에게 즐거움이나 두려움 등의 감정을 유도하기 때문에 메시지 수용에 대한 저항감을 낮추는 데 보다 효과적이다. 즉, 이성적 소구와 감성적 소구의 상대적 효과는 메시지가 제공되는 조건이나 수용자의 상태에 따라서 달라질 수 있다. 따라서 둘 중 어느 방식이 설득에 더 효과적인지를 따지는 것보다, 특정한 조건들에서 어느 방식이 더 효과적인지를 이해하려고 노력하는 편이 설득에 더 큰 도움이 될 수 있다.

2) 감정적 소구에 대한 이해

일반적으로 설득에서 많이 사용되는 감성적 소구는 동기적 소구[1]를 포괄하는 개념이다. 동기적 소구는 외적 유인을 활용하는 방식을 말한다. 여기서 '외적 유인'이란 개인으로 하여금 어떠한 행동을 하려는 충동을 증가시키는 단서로서, 갈증 등의 생리적 욕구나 사회적 승인과 같은 개인의 내적 동기와는 구분된다. 따라서 감성적 소구는 외적 유인을 설득 도구로 활용하여 청자의 감정을 유발하는 **외적 동기**를 만들어 내고, 이를 토대로 특정한 행위를 유도하는 일련의 과정을 말한다.

매일 쏟아지는 TV 광고와 정치 연설, 설교, 사설 등은 끊임없이 우리의 정서와 감정을 변화시키는 외적 동기를 제공하면서 설득 효과를 노린다. 근심, 죄책감, 연민, 심리적 안정감, 신체적 편안함, 안정감, 즐거움 등의 감정을 유발하는 이러한 메시지는 사람들로 하여금 충성심, 자애, 헌신, 봉사, 애국심 등을 자아내어 메시지의 내용을 따르도록 한다.

3) 감성적 소구의 중요성

1964년 로버트 케네디는 인디애나폴리스에서 열린 연설에서 청중에게 다음과 같이 말했다. "백인에 대한 흑인 여러분의 분노가 들끓고 있습니다. 저는 여러분께 이 한마디만큼은 확실하게 드릴 수 있습니

---

1 동기(*motivation*)는 인간이나 동물로 하여금 어떤 목적을 향하여 특정한 행동을 취하도록 유도하는 자극물이라고 할 수 있다. 그런데 여기서 동기라고 부르는 것은 본능이나 요구, 충동과는 구별되는 개념으로, '동기가 부여됐다'(*motivated*)는 뜻으로 사용된다. 그러므로 '동기'는 어떤 특정한 목표를 향해 에너지를 동원하는 것이며, 이러한 힘의 작용에는 반드시 역동적 측면과 방향이 포함된다.

다. 저도 여러분과 똑같은 감정을 느끼고 있다는 것입니다. 제 가족도 암살당했습니다. 그리고 암살범은 백인이었습니다." 이 연설은 당시 흑백갈등으로 흥분해 있던 흑인 청중의 감성을 자극하고 백인에 대한 분노를 잠재우는 데 효과적으로 작용했다. 즉, 자신 역시 백인이지만 자신의 가족을 암살한 백인에 대해 흑인들과 마찬가지의 분노를 공유하고 있다는 점을 강조함으로써 이들을 설득하고 분노를 잠재우는 데 성공한 것이다. 이렇듯 때로 사람의 마음을 움직이는 데 논리적으로 완벽한 문장이나 표현보다 더 효과적인 것들이 있다.

설득 메시지의 합리성이 아닌 감정적인 호소에 의존하여 이를 수용하게 한다는 점에서 설득 상황에서 사용되는 감성적 소구를 부정적으로 보는 시각들이 많다. 그러나 이러한 문제점을 염려하여 감성적 소구의 필요성 자체를 무시해서는 안 된다. 흔히 설득 메시지에서 이성과 감성을 독립적인 것이라고 생각하기 쉽다. 하지만 이들은 절대 별개의 것이 아니며 상호보완적으로 작용한다. 즉, 메시지에 의해 논리적으로 설득된다 해도 거기에는 수용자가 공감할 만한 감성적 요인이 포함되어야 하고, 감성적으로 설득되는 경우라고 해도 태도를 지속시킬 수 있을 만한 합당한 논리와 증거가 있어야 한다. 따라서 사람들을 완벽하게 설득하기 위해서는 이성적 소구와 감성적 소구를 적절하게 함께 활용할 필요가 있음을 결코 잊어서는 안 된다.

2. 다양한 감성적 소구의 유형

설득에서 사용되는 감성적 소구의 유형은 매우 다양하다. 여기에서는 설득에서 일반적으로 많이 사용되는 감성적 소구를 중심으로 살펴보고자 한다.

1) 공포 소구

(1) 공포 소구에 대한 이해

공포 소구는 사람들이 메시지가 권유하는 내용을 수용하도록 만들기 위해 공포심을 유발하는 기법이다. 공포 소구는 사람들이 특정한 행위를 하지 않도록 주의 또는 금지시키거나 안전의식을 향상시키기 위한 캠페인에 주로 사용된다. 금연 캠페인이나 음주운전 방지 캠페인, 마약퇴치 캠페인, 에이즈 예방 캠페인 등과 같은 공중건강 캠페인의 대부분은 공포 소구를 활용한다. 예를 들어, 금연 캠페인에서는 흡연으로 인해 일어날 수 있는 건강문제를 부각하고, 음주운전 방지 캠페인에서는 음주운전 때문에 일어난 끔찍한 교통사고 현장을 강조한다. 공포 소구가 사용된 캠페인을 본 사람들은 이러한 행위가 초래할 부정적 결과에 대한 공포심을 느끼게 되어, 금연을 하거나 음주운전을 하지 않도록 동기화된다.

공포는 강력한 동기로 작용하여 사람들의 모든 생각과 에너지를 위협요인 제거에 쏟게 함으로써 그 외에 다른 것은 생각하지 못하게 만드는 힘을 가진다. 돌린스키와 나우랫(Dolinski & Nawrat 1998)은 무단횡단 하는 보행자들에게 호각을 불거나 자동차의 앞 유리에 범칙금 스티커와 같은 종이를 부착함으로써 도로교통법을 위반한 데 대한 벌금을 물게 될 것이라는 공포심을 유발시켰다. 하지만 경고에만 그칠 뿐 벌금을 물리는 등의 실제 공포요인은 제공하지 않았다. 그 다음, 연구자들은 보행자와 자동차 운전자에게 설문지 작성과 자선단체에 대한 도움을 요청했다. 그 결과, 일전에 공포심을 유발당했던 보행자들과 자동차 운전자들은 그렇지 않은 사람들에 비해 연구자의 요구에 더잘 호응하는 모습을 보였다. 돌린스키와 나우랫은 이 결과를 토대로, 특정한 것에 대한 공포심을 가진 사람들은 공포요인을 제거해야 한다는 생각에 집중하는 경향이 있기 때문에, 그 과정에서 요청받은 다른 요구사항에 대해 충분히 생각하지 않고 참여를 결정하게 된다고 설명하였다.

이러한 실험결과는 '공포 유발 후 안도감의 원칙'이라고 불리는데, 이는 오늘날 범죄자를 심문하는 방식으로 활용된다. 예를 들면, 일정 기간 고문한 뒤 친절하게 자백을 요구하는 것이다. 심문관이 보여 주는 한순간의 친절함은 이전에 경험한 공포요인(고문)을 제거해야 한다는 강한 욕구에 사로잡혀 있는 피의자의 자백(혹은 거짓 자백)을 아주 효과적으로 유도해 낸다. 이렇듯, 공포 소구는 ① 사람들에게 강한 공포를 느끼게 할 때, ② 공포를 유발하는 위협을 극복할 수 있는 구체적인 제안을 할 때, ③ 제안한 행동이 위협을 감소시키는 데 효과적인 것으로 지각될 때, ④ 사람들이 제안을 받은 행동을 실행할 수 있다고 믿을 때 가장 효과적이다(Pratkanis & Aronson 2001).

공포 소구는 '잘못된 칫솔 사용은 충치를 야기한다'와 같이 대체로 합리적 위협에 근거하지만 때로는 불합리한 위협에 근거하기도 한다. 그 예로 히틀러는 연설을 통해 독일인들에게 "유대인은 우리에게 해로우며 다른 사람들을 착취하기 위해 일하고 사람들을 분열시키기 위해 애쓴다. 그들은 무엇인가를 파괴하려는 존재이다. 유대인의 목표는 보이지 않는 그들의 국가를 확장시켜 전 세계 모든 나라를 지배하는 최악의 전제국가로 군림하는 것이다"라는 메시지를 제공하였다(Prange 1944). 독일인들은 유대인을 엄격하게 통제하지 않으면 인간의 영혼이나 국가 정신이 황폐화될 것이라는 위협을 느꼈으며 이에 대한 행동을 하고자 하였다. 독일인들은 히틀러가 위협에 대한 구체적인 대비책으로 제시한 일들(나치 후보자에게 투표하고 나치당에 가입하라는 제안)을 했으며, 이는 이후 유대인 학살이라는 끔찍한 사건으로 이어졌다. 집권자가 국민을 위협하여 공포를 조장한 역사적 사례는 스탈린 시대의 소련, 중국 마오쩌둥의 문화혁명 등 매우 다양하다. 우리나라에서도 선거기간에 후보자들이 자신이 아닌 다른 후보를 선택하면 경제가 지금보다 더 어려워지게 될 것이라는 메시지를 전달하는 것 역시 이러한 공포 소구의 일환이다.

대개 공포 소구는 효과적인 설득방법으로 작용하지만, 경우에 따라 공포 소구가 예측하지 못한 효과를 일으킬 수도 있다. 딜라드 등 (Dillard et al. 1996)은 에이즈에 대한 공포를 일으키도록 고안된 공익광고가 설득자가 의도하지 않은 다른 감정(이를테면 놀람, 슬픔, 당황함, 분노 등)을 함께 일으킨다는 사실을 발견하였다. 놀람과 슬픔과 같은 감정은 메시지 수용에 도움이 될 수도 있지만 당황함이나 분노 같은 감정은 메시지 수용에 오히려 방해가 될 수 있다. 따라서 설득자는 메시지에 사용된 공포 소구가 의도한 것과 다른 감정을 불러올 수 있음을 명심하고, 공포 소구의 사용에 보다 신중할 필요가 있다.

(2) 공포 소구의 효과에 관한 연구

공포 소구에 관한 연구들은 공포, 위협 그리고 지각된 효율성이라는 세 가지 개념을 중심으로 이루어졌다. 이 개념들의 정확한 정의를 구체적으로 살펴보면 다음과 같다.

먼저 **공포**는 높은 심리적 각성이 수반되는 부정적 감정이다. **위협**은 메시지 수용자가 부정적 상황이나 결과를 인지할 수 있도록 수용자의 지각에 도달하는 외적 자극이다. 예를 들어, 흡연이 암을 유발한다는 메시지는 흡연자뿐 아니라 담배를 피우지 않는 사람들에게도 위협으로 지각되는데, 이는 '흡연으로 인한 암의 발병'이라는 메시지가 죽음이라는 부정적 결과를 초래한다고 지각되기 때문이다. **지각된 효율성**은 개인이 메시지에서 제시한 대로 행동했을 경우, 공포 소구로 인한 두려움을 감소시키거나 제거할 수 있다는 신념이다(Witte 1992). 즉, 공포 소구가 지향하는 태도의 변화는 개인들로 하여금 메시지의 권고를 따르면 위협적 상황을 피할 수 있을 것이라는 믿음을 갖게 만든다. 공포 소구는 이러한 방법으로 지각된 효율성을 높임으로써 성공적일 수 있다.

연구자들은 공포 소구가 어떠한 기제를 통해 설득의 효과를 일으키는지에 관해 여러 가지 의견을 내놓았다. 공포 소구에 효과에 관한 가장 대표적인 모델로 위협-동인 모델, 평행반응 모델, 보호동기 이론 등을 들 수 있다.

위협-동인 모델

동인(*drive*)은 사람들이 불쾌한 심리적 상태를 감소시키거나 제거하려고 노력하려는 동기를 가리킨다. 사람들은 불쾌한 감정을 가지면 긴장하거나 들뜨고 몸을 좀더 활발하게 움직이는 경향이 있다(Newcomb et al. 1965). 수용자가 메시지의 권고를 지키지 않았을 때 경험하게 될지 모르는 부정적 결과를 그림으로 보여 주면 수용자는 일종의 충동을 겪는다. 예를 들어, 음주운전으로 피투성이가 된 사고 피해자가 등장하는 영상을 보여 주면 그 영상을 본 수용자들은 공포를 느끼며 이를 제거하려는 동기를 갖는다. 그 결과, 수용자들은 공포를 제거하기 위해 안전한 운전에 관한 권고를 따르게 된다.

위협-동인 모델은 '충동모델'이라고도 불린다. 재니스(Janis 1967)가 제시한 위협-동인 모델은 공포 소구가 메시지 수용자에게 공포를 일으키는 일련의 과정을 보여 준다. 공포 소구의 강도가 증가하면 메시지 수용자의 불안이나 공포 같은 내적 긴장이 증가하고, 이를 감소시키고자 수용자는 메시지에 주어진 해결책에 따라 반응하게 된다. 구체적으로 수용자는 메시지에 나타난 권고사항을 따름으로써 공포를 감소시키는데, 이 과정에서 태도와 행동의 변화가 이루어지게 된다. 그러나 경우에 따라서 메시지 수용자는 메시지가 제시하는 부정적 결과 자체를

12-1 위협-동인 모델

부정하거나 이를 수용하기를 거부함으로써 공포를 회피하는 방법을 선택할 수도 있다. 이를테면, 흡연의 위험성에 대해 강조하는 공포 소구가 금연을 유도하기도 하지만, 경우에 따라서는 흡연의 위험성에 대한 메시지 내용을 왜곡하여 받아들이거나 메시지를 받는 상황 자체를 피해갈 가능성도 있다. 따라서 위협-동인 모델에서는 수용자가 이렇게 메시지를 왜곡하거나 회피할 가능성을 함께 고려하고 있다.

위협-동인 모델은 메시지에 나타난 공포 소구의 정도와 메시지의 수용 사이에 역U자형 관계를 가정한다. 이 모델에 의하면, 매우 작은 공포를 일으키는 메시지는 효과가 없다. 그 이유는 사람들이 상대적으로 부드러운 경고에는 영향을 받지 않기 때문이다. 즉, 낮은 공포를 유발하는 자극은 메시지 권고를 받아들이도록 하는 동기를 충분히 일으키지 않는다. 따라서 높은 수준의 공포 소구가 수용자로 하여금 메시지 권고를 받아들이도록 하는 데 더욱 효과적이다. 그러나 만약 공포의 정도가 너무 크면, 수용자들은 메시지에 포함된 두려움을 무시하거나 부정하기 위해 스스로 방어기제나 기피기제를 발동하게 된다. 결과적으로, 수용자들로 하여금 메시지 권고를 받아들이도록 하는 동기를 불러일으키기 위해서는 적당한 수준의 공포 소구가 필요하다.

위협-동인 모델의 타당성에도 불구하고, 이 모델의 가정은 경험적으로 충분한 수준에서 입증되지 않았다. 그 결과, 이후 공포 소구와 관련된 이론적 접근은 공포 소구가 적절한 인지구조를 자극함으로써

12-2 위협-동인 모델의 역U자형 그래프

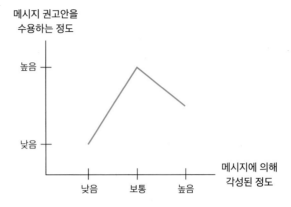

메시지 권고안을
수용하는 정도

높음

낮음

낮음 보통 높음

메시지에 의해
각성된 정도

태도변화를 유도한다고 주장하기 시작했다. 이러한 논의는 설득을 위해서 공포감을 발생시키는 것보다 문제행동(흡연, 과식 등)에 대한 신념과 기대의 변화를 유도하는 것의 중요성을 강조하였는데, 이는 평행반응 모델의 토대가 되었다.

평행반응 모델

레벤탈(Leventhal 1970)의 평행반응 모델에 따르면, 공포 소구는 두가지의 서로 다른 반응을 일으킨다. 위험통제와 공포통제가 그것이다. 우선 위험통제는 메시지 수용자가 불행한 결과를 방지하려 취하는 문제 해결의 성격을 띠는 인지적 과정이다. 메시지 수용자가 위험통제의 과정을 거치면, 그는 메시지에 포함된 위협의 특성을 인지하고 가능한 대처방안을 찾는 것이다. 반면 공포통제는 메시지 수용자가 공포 소구로 생겨난 불쾌한 감정을 완화시키려는 반응이다. 이는 공포 소구의 정서적 요소와 관련된 것으로 메시지에 제시된 권고대로 따르지 않아 끔찍한 결과를 낳게 되리라는 위협에 대하여 이성적이기보다는 감정적으로 대처하는 것이다. 수용자는 공포 소구를 그 자체로 무시하거나

12-3 평행반응 모델

휴식을 취하거나 다른 메시지에 집중하는 등의 행동을 통해서 공포 소구가 주는 위협의 수준을 최소화할 수 있다.

공포 소구가 유도하는 두 가지 다른 반응에 따라서 메시지 수용자의 행동도 다르게 나타난다. 위험통제는 메시지 수용자가 공포 메시지에서 제시된 대로 태도와 행동을 변화시키는 적응적 행동을 하게 되는 반면, 공포통제는 메시지 수용자는 위험한 상황을 회피하거나 두려움을 부정하는 부적응적 행동을 하게 된다.

평행반응 모델에서 위험통제와 공포통제는 어느 한 과정이 다른 과정의 원인이 되지 않는 서로 독립적인 과정으로 작용한다. 평행반응 모델은 공포 소구에 대한 위험통제와 공포통제를 구별함으로써 공포 소구에 대한 광범위한 이해의 폭을 제시했을 뿐만 아니라 향후 이론화 연구에 크게 기여했다는 점에서 중요한 의의가 있다. 하지만 오늘날 평행반응 모델은 경험적으로 증명될 만큼 정밀하지는 못하다고 평가된다. 실제로 여러 연구가 평행반응 모델의 가정에 따라서 공포 소구의 효과를 예측하는 데 실패했다. 그럼에도, 평행반응 모델을 계기로 공포 소구가 성공적이기 위해서 고려되어야 할 부가적 요소에 대한 연구가 계속 진행되고 있다. 그중 중요한 몇 가지 요인을 살펴보면 다음과 같다.

지각된 위험의 정도: 공포 소구가 성공적이기 위해서는 수용자 스스로가 위험에 노출되어 있다고 느껴야 한다. 만약 수용자가 공포 소구

의 내용을 자신과 무관한 일이라고 느끼면 공포 소구의 효과는 나타나지 않게 된다. 수용자로 하여금 위험에 노출되어 있다는 것을 느끼게 하기 위해서는 피해의 유해성과 심각성, 피해가 일어날 수 있는 가능성, 피해의 절박함 등 세 가지가 강조되어야 한다.

권고안의 구체성: 공포 소구 메시지는 수용자에게 공포를 불러일으켜야 할 뿐 아니라 그러한 공포를 줄이거나 위협을 피하기 위해 취해야 할 행동지침을 구체적으로 명시해 주어야 한다.

권고안의 제시 순서: 일련의 연구결과에 의하면, 공포 소구가 효과적이기 위해서는 부정적 결과를 방지할 수 있는 권고안이 공포 메시지 직후에 위치해야 한다. 이러한 '공포 유발→해결방안 제시' 순서는 권고안, 즉 해결방안이 공포 메시지 전에 제시되는 것보다 더 효과적이다.

논의의 질: 몇몇 연구결과에 의하면, 질 높은 공포 소구 메시지가 질 낮은 공포 소구 메시지에 비해 훨씬 더 효과적이라고 한다. 이는 강한 주장들로 구성된 질 높은 공포 메시지가 수용자로 하여금 위험에 대한 인식을 더 명확하게 갖도록 하기 때문이다.

수용자의 자아존중감: 자아존중감은 공포 소구 메시지의 효율성에 영향을 미친다. 공포 소구는 자아존중감이 낮은 사람보다 높은 사람들에게 더 성공적인데, 이는 자아존중감이 높은 수용자가 공포를 더 잘 각성하고 이에 대한 대응을 모색하려고 노력하기 때문이다. 반면 자아존중감이 낮은 사람들은 높은 수준의 공포 소구 메시지에 압도되어 즉각적인 행동을 이끌어 내지 못한다.

수용자의 불안감 정도: 어떤 사람은 다른 사람들보다 근심이 더 많고 민감하며 걱정이 많다. 이러한 특성을 '불안감'이라고 할 수 있는데, 불안감이 높아지면 공포 소구의 효율성이 떨어질 수 있다. 이는 불안감이 높은 수용자가 공포를 일으키는 메시지에 노출됐을 때 위험통제보다는 공포통제에 의지할 가능성이 높아짐에 따라 메시지 자체를 거부하게 되는 경향이 높기 때문이다.

보호동기이론

로저스(Rogers 1975)는 평행반응 모델을 좀더 정교화한 보호동기이론을 제안했다. 로저스에 따르면, 평행반응 모델의 위험통제는 세 가지의 구체화된 인지반응을 수반한다. 첫째는 해당 위협 메시지에 대한 인지된 심각성이고, 둘째는 수용자 자신이 해당 위협에 노출되어 있다고 느끼는 인지된 취약성이며, 마지막으로 수용자가 공포 메시지에서 제안하는 행동에 대한 수용자 자신의 인지된 효능감이다.

인지된 심각성은 특정 위험에 대한 부정적인 느낌을 의미한다. 위험 상황의 심각성은 생물학적 중요성(죽음, 장애, 고통 등)과 사회적 중요성(직장, 가족생활, 사회관계 등)에 대한 종합적인 평가를 통해 측정되기 때문에, 사람에 따라 메시지가 지니는 위협의 심각성 정도를 다르게 인지할 수 있다. 수용자가 위협에 노출되어 있다고 느끼는 **인지된 취약성**의 정도 역시 주관적으로 측정된다. 사람들은 질병, 재난, 사고 등 자신에게 위협적이라고 느끼는 요소가 가까이 있을수록 자신을 보호하기 위한 행동의 정도를 강화시킨다. 수용자의 **인지된 효능감**은 특정 위험상황을 스스로 해결할 수 있다고 믿는 정도를 말한다. 위협요인에 대한 대처방법이 자세하고, 대처방법에 대한 신뢰 정도가 개인이 느끼는 위험 수준을 능가할 때 가장 높은 효능감을 보인다.

로저스에 따르면, 공포 메시지를 접한 수용자들은 이 세 가지 요소에 대한 인지반응을 거치면서 자신을 보호하고자 하는 동기를 갖게 된다. 즉, 수용자는 공포 소구를 접했을 때 자신의 마음속에서 메시지에 대한 심각성, 취약성, 효능감의 정도를 저울질하고, 그 결과에 따라 태도변화의 정도를 결정한다. 만약 인지된 위협이 실제로 일어날 가능

12-4 보호동기 모델

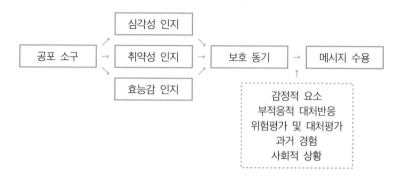

성이 없다고 생각되거나 설령 일어나더라도 그렇게 심각한 결과로 이어지지 않으리라 예상되거나, 또는 위협요인을 해소하기 위해 제시된 대처방안이 적합하지 않다고 생각되면, 자신을 보호하기 위한 동기가 충분히 발현되지 않고 이에 따른 태도변화 역시 일어나지 않게 된다. 하지만 이러한 보호동기이론의 가정의 따른 연구들은 일관된 결과를 제시하지 못했다.

순서화된 보호동기이론

이에 따라 이후 행동의도에 영향을 미치는 변인들이 추가된 순서화된 보호동기이론이 제시됐다. 순서화된 보호동기이론은 인지적 요소만을 강조하는 보호동기이론에 감정적 요소를 추가하고, 위협에 대한 평가가 대처행동에 대한 평가보다 먼저 발생하며, 과거의 경험이나 사회적 상황이 대처행동의 선택이나 수행 여부에 영향을 미친다고 본다. 또한 대처반응을 채택하지 않고 공포의 수준만을 감소시키는 부적응적 대처반응의 가능성 역시 고려한다.

평행과정 확장 모델

위티(Witte 1992)는 공포 소구에 대한 이전의 이론적 관점을 모두 통합한 평행과정 확장 모델을 제시하였다. 이 모델은 공포 소구 메시지에 노출된 사람들은 두 가지 인지적 평가를 하게 된다고 설명한다. 이때 인지적 평가의 대상이 되는 요인은 위협과 효능감이다.

평행과정 확장 모델에 따르면, 위협과 효능감에 대한 평가는 수용자에게서 무반응, 위험통제, 공포통제 중 한 가지 반응을 유도해 낸다고 한다. **무반응**은 수용자가 공포 소구 메시지에 반응하지 않는 것으로, 메시지에 대해 별다른 위협을 느끼지 않을 경우에 발생한다. **위험통제**는 수용자가 공포 소구에 대한 위협을 크게 지각하고(높은 위협 지각) 메시지에서 제시한 대처방안의 실행이 즉각적으로 가능하다고 지각하는 경우(높은 효능감 지각)에 발생한다. 이 경우 수용자들은 메시지에서 제시한 대응방안을 빠르게 이행하게 된다. 마지막으로 **공포통제**는 수용자가 공포 소구에 대한 위협을 크게 지각하지만(높은 위협 지각) 메시지에서 제시한 대처방안의 실행이 불가능하다고 지각하는 경우(낮은 효능감 지각)에 발생한다. 이 경우 수용자는 메시지에 대한 방어적 회피, 거부 그리고 반발 등과 같은 부적응적 행동을 보이게 된다.

평행과정 확장 모델은 공포 소구 메시지가 왜 성공하고 실패하는지에 대한 이유를 체계적으로 설명한다. 사람들은 위협이 자신에게 심각한 해를 입힐 것이라고 생각할 때 공포를 느끼며 이와 관련한 행동을 할 동기를 갖게 된다. 이때 지각된 효능감이 지각된 위협보다 강하면 사람들은 위험통제 과정을 거치게 되고 지각된 효능감이 지각된 위협보다 약하면 공포통제 과정을 거치게 된다. 따라서 공포 소구 메시지가 성공하기 위해서는 사람들이 메시지에 대해 높은 위협과 높은 효능감을 지각하게 해야 한다. 반면, 공포 소구 메시지가 수용자에게 위협을 지각하게 하는 데 실패하거나(무반응), 위협을 높게 지각하게 하였다 해도 효능감을 높게 지각하게 하는 데 실패하면(공포통제), 공포 소구에 따른 메시지 설득 전략은 실패할 가능성이 크다.

이러한 논의를 토대로 평행과정 확장 모델은 공포 소구 메시지의 효과가 고위협-고효능감 상황에서 가장 크며, 고위협-저효능감 상황에서 가장 낮다고 설명한다. 또한 저위협-고효능감 상황과 저위협-저효능감 상황에서 공포 소구 메시지의 효과는 서로 별다른 차이가 없다고 주장하였다. 하지만 평행과정 확장 모델을 이용한 최근의 연구들은 평행과정 확장 모델의 이러한 예측(공포 소구의 효과가 고위협-고효능감 > 저위협-고효능감 또는 저위협-저효능감 > 고위협-저효능감의 순이라는 예측)이 항상 적용되지는 않는다는 점을 보여 준다. 이들의 연구결과는 공통적으로 고위협-고효능감 상황에서 메시지의 공포 소구가 가장 높은 설득 효과를 보임을 검증하였지만, 고위협-저효능감 상황에서 공포 소구의 효과는 저위협-고효능감 상황이나 저위협-저효능감 상황의 효과와 별다른 차이가 없음을 보여 주었다.

2) 일체감 소구

(1) 일체감 소구에 대한 이해

일체감 소구, 또는 일치감 소구는 개인이 지각하는 사회정체성을 자극하는 방식을 말한다. 일체감 소구는 다른 말로 그랜팰룬(Granfalloon) 테크닉이라고도 하는데, 이는 '최소집단 패러다임'이라는 사회심리학 이론을 바탕으로 만들어졌다.

사회심리학자 타지펠(Henry Tajfel)은 전혀 알지 못하는 낯선 사람들을 아주 사소하고 이치에 맞지 않는 기준을 이용해 몇 개의 집단으로 나누어 실험을 진행했다(Tajfel 1981). 예를 들어, 동전을 던지게 해서 앞면이 나온 집단과 뒷면이 나온 집단을 나누거나, 무작위로 감상하게 한 작품이 무엇인지에 따라 집단을 나누었다. 이렇게 나눈 집단의 사람들은 서로 만난 적도 없고 이름도 모르는 완전하게 낯선 사람들이었다. 그러나 놀랍게도 사람들은 아무런 의미가 없는 방법을 통해 자신과 같은 집단에 속하게 된 사람들이 자신과 다른 집단의 사람들에 비해 더 성격이 좋다고 생각하는 경향을 보였다. 뿐만 아니라 자신과 같은 집단의 사람들이 다른 집단의 사람들보다 더 좋은 환경에서 성장했을 것으로 생각했고, 마치 오래전부터 알고 지낸 친구처럼 친근한 태도를 보였다. 이후 타지펠은 피험자들에게 일정한 보상물을 다른 피험자들에게 임의로 배분할 것을 요청하였는데, 피험자들은 자신과 다른 집단에 속한 사람들보다 자신과 같은 집단에 속한 사람들에게 더 많은 양의 보상물을 제공하는 양상을 보였다.

타지펠은 이러한 연구를 바탕으로 '자신이 속한 집단을 자랑스러워하지만 실제로는 아무런 의미도 없는 인간관계'를 의미하는 '그랜펠룬'이라는 개념을 제시하였다. 그는 사람들이 어떤 그랜펠룬에 속하게 되면, 자신과 같은 그랜펠룬에 속한 사람들과 유대감을 형성해 그들을 다른 사람들보다 더 좋아하게 된다고 설명하였다. 그에 따르면, 이후 자신과 같은 그랜펠룬에 속한 사람들을 자신의 편으로 지각하고, 그들이 공유하는 행동양식이나 관습을 받아들이기 위해 어떠한 일도 서슴지 않게 된다고 한다.

(2) 일체감 소구의 작동 원리

일체감 소구가 작동하는 원리는 두 가지 기본적인 심리 과정을 토대로 설명할 수 있다. 구체적으로, 자신이 소속된 집단을 지각하는 인지적인 과정과 어딘가 소속됨으로써 안정감을 얻고자 하는 동기적 과정을 통해 설명할 수 있다(Pratkanis & Aronson 2001).

인지적 과정

'나는 이 집단에 속한다'는 자각은 내가 속한 집단과 내가 속하지 않은 집단을 구분하고 그 차이를 과장되게 지각하게 할 뿐 아니라, 같은 집단에 속한 구성원들 사이의 유사성을 더 잘 지각하게 한다. 사람들은 자신이 속한 집단의 관습을 적극적으로 수용함으로써 '우리'의 유사성을 높이고, 내가 속하지 않은 집단의 사람들과 다른 점을 더욱 강조함으로써 '그들'과의 차이를 극대화시킨다. 차이를 강조하는 과정에서 때로 상대를 비하하는 방법이 동원된다. 예를 들어, 미국인은 동양인을 '쿡'(kook)이라는 말로 비하하고, 동양인은 미국인을 '양키'(yankee)라는 말로 비하한다. 또 백인은 흑인을 '니거'(nigger)라는 말로 비하하며, 흑인은 백인을 '화이티'(whitey)라는 말로 비하한다. 이러한 표현들은 단순하지만 경멸적인 의미를 내포하는 라벨(label)을 붙여 자신과 상대가 서로 다른 존재임을 각인시키는 역할을 한다.

동기적 과정

인간은 특정한 사회집단에 소속되는 과정을 통해 자존심과 긍지를 얻는다. 어딘가에 소속되어 안정감을 얻고자 하는 것은 인간의 근본 욕구 중 하나이다. 따라서 사람들은 자신을 받아 주는 집단의 구성원이 되는 것에 큰 거리낌이 없으며, 한 집단의 구성원으로서 집단의 관습에 따르는 것을 어려워하지 않는다. 한 집단의 구성원이 되면 사람들은 다른 집단으로부터 자신이 속한 집단을 방어하려는 동기를 갖는다. 뿐만 아니라, 자신이 속한 집단의 상징, 의식, 믿음을 만들고 따르도록 동기화된다.

(3) 일체감 소구의 적용

일체감은 감정과 기분을 공유하는 과정을 통해 만들어진다. 기쁨,

분노, 슬픔, 행복 등의 감정을 함께 경험하고 나누는 것은 다른 사람과 하나가 된 듯한 느낌을 준다. 미국의 레이건 대통령은 선거 연설에서 일체감 소구를 적극적으로 활용하였다. 그는 외아들을 전쟁터에 보낸 가족의 심정에 대해 언급하거나 2차 세계대전 참전용사인 아버지와 노르망디해변을 방문하겠다는 약속을 지킨 딸의 경험 등을 언급함으로써 국민의 일체감을 고취시켰다. 이러한 전략은 국민에게 애국심을 고취시켰을 뿐 아니라, 일반적인 미국 국민들과 같은 감정을 공유하는 레이건 대통령에 대한 공격이 마치 자신들에 대한 공격인 것 같은 느낌을 가지게 했다. 즉, 그의 연설이 청중으로 하여금 감정과 기분을 공유하는 그랜펠룬을 만들어냄으로써 효과적인 설득을 이뤄낸 것이다.

사람들은 자신과 같은 집단 안에 있는 사람이면 평판이 좋지 않고 사악한 사람이라 해도 긍정적으로 생각하는 경향이 있다. 치알디니 등 (Cialdini et al. 1990)은 피험자에게 어떤 수도사와 그들의 생일이 같다고 믿게 만들었다. 이후 이 수도사에 대해 좋지 않게 평가한 글을 읽게 한 후, 수도사에 대해 평가하도록 하였다. 그 결과, 자신과 수도사의 생일이 같다고 믿던 사람들은 그렇지 않은 사람들에 비해 이 수도사에 대해 더 긍정적으로 평가하는 모습을 보였다. 또 다른 실험연구 (Miller et al. 1998)에서는 경쟁적인 게임을 하는 상황에 놓인 피험자가 자신과 생일이 같은 사람과 협력하려는 경향을 보임을 발견했다. 이러한 결과는 어떻게 사람들이 별자리나 혈액형과 같은 별 의미 없는 단서를 기준으로 타인과 자신의 유사성 정도를 판단할 수 있게 되는지 보여 준다.

일체감 소구는 상업적인 상황에도 적극적으로 활용된다. 홈쇼핑 호스트들은 상품을 직접 착용하거나 사용하는 모습을 보여 준다. 이 과정에서 물건을 판매하려는 특정 타깃층과 자신이 같은 그랜펠룬 안에 있다고 강조하는 멘트가 적극적으로 사용된다. 예를 들어, 두꺼운 겨울 외투를 판매하는 과정에서 "겨울 외투가 몸매를 부해 보이게 해서 싫어하시는 분들 많으시죠, 저도 그래요", "비싼 돈 주고 오리털 파카를 구매하셨는데, 막상 입어 보니 별로 안 따뜻해서 어이없으셨던 적들 있으시죠? 저도 그런 적 있어요" 등의 멘트를 하는 것이 그 사례다. 이는 판매원과 구매자 사이의 공통점과 유사성을 강조함으로써 구매자가 판매자의 메시지에 설득되도록 이끄는 대표적인 일체감 소구다. 화장품 구매를 고민하는 사람에게 판매원이 "저도 손님처럼 건성 피부예요"라고 말하거나 "이게 좀 값이 나가긴 하죠. 하지만 제가 써 보니까 좋긴 정말 좋더라고요"라는 등의 말 역시 일체감 소구를 통한 판매 전략이라고 볼 수 있다. 즉, 구매자의 공통점을 통해 그들이 하나의 그랜팰룬 안에 속에 있음을 보여 줌으로써, 판매자가 믿을 만한 사람이라는 점을 강조하는 것이다.

사람들은 보통 한 집단이 아닌 여러 집단에 동시에 소속되며, 여러 특징을 동시에 가진다. 따라서 이미 어떤 그랜팰룬에 의해 설득된 사람이라 해도 이를 다른 그랜팰룬으로 교묘하게 바꾸는 전략을 통해 대상을 설득할 수 있다. 이러한 전략을 **적응적 흡수**라고 한다. 적응적 흡수 전략은 일종의 포섭 전략이라고 볼 수 있다. 예를 들어, 노사 갈등이 심한 기업이 있다고 가정하자. 기업의 CEO가 노동자 전체를 설득하는 것은 매우 어려운 일이다. 따라서 CEO는 노동자 중에서 가장 힘이 있는 사람, 즉 그들의 리더를 기업 내 요직(이를테면 노사갈등 대책 지원협의회 의장)에 임명함으로써 그들 전체를 설득하는 전략을 구사할 수 있다. 노동자의 입장을 대변하기 위해 제안을 받아들인 것이라 해도, 막상 기업 내 요직을 맡게 되면 노동자의 입장뿐 아니라 기업의 입장을 함께 이해하게 되어 노동자들과 결속이 약해지거나 정체성이 희미해지게 될 가능성이 크기 때문이다. 리더와 노동자 간의 결속 약화는 노동자들 간의 결속을 약화시키고 노사갈등이 완화되는 결과로 이어지게 된다.

사람들이 어떤 집단에 속해 안정감을 갖기를 원하고, 집단의 구성원으로서 자부심을 느끼길 원하는 것은 너무나 당연한 일이다. 따라서 설득자와 수용자가 속한 하나의 집단이 공유하는 정체성에 호소하는 방법은 설득에 있어 매우 효과적이다. 설득자는 수용자를 특정한 그랜펠룬에 속하게 하여 자부심과 긍지를 느끼게 하는 전략을 통해 보다 효과적인 설득을 끌어낼 수 있다.

3) 죄의식 소구

죄의식 소구는 보통 동정심 소구와 함께 언급된다. 동정심 소구는 구세군 자선냄비나 걸인의 구걸 등 동정심을 통해 물질적 도움을 호소하는 방법이다. 반면 죄의식 소구는 수용자가 특정 행동을 하지 않았을 때 수용자로 하여금 죄의식을 느끼게 함으로써 설득 효과를 노리는 방법이다.

(1) 동정심과 죄의식 소구의 효과에 대한 연구

이레스와 엘리스(Eayres & Ellis 1990)는 동정심 소구와 죄의식 소구에 관해 실험했다. 연구자들은 피험자에게 자선모금을 위한 포스터 열 가지를 보여 주었다. 이 중 몇몇 포스터는 포스터에 묘사된 인물의 모습이나 분위기가 매우 어둡고 부정이었고 나머지는 밝은 분위기의 포스터였다. 그 결과, 부정적인 포스터를 접한 피험자들은 동정심과 죄의식이 유발되어 자선행위를 하는 경우가 많았으나 밝은 포스터를 접한 피험자들은 자선행위를 거의 하지 않았다. 이러한 결과는 자선을 위한 포스터를 성공적으로 제작하기 위해서는 사람들의 동정심과 죄의식을 자극할 수 있도록 어두운 분위기를 사용해야 한다는 점을 시사한다. 한편, 사람들에게 적극적으로 자원봉사에 참여하거나 자원봉사를 위해 시간을 내주도록 호소할 때는 밝은 분위기의 포스터가 더욱 효과적이었다. 결과적으로 이들의 연구는 포스터의 목적이 모금운동을 하려는 것인지, 자원봉사자를 모집하는 것인지에 따라 포스터 제작 방향이 달라져야 한다는 점을 시사한다.

귀인이론의 관점에서, 사람들이 다른 사람들의 결점(비만, 하반신 마비, 시각장애 또는 가난)에 대해서 어떻게 반응하는지는 이들이 다른 사람들의 결점에 대한 귀인을 어떻게 하느냐에 달려 있다(Weiner et al. 1988). 사람들이 타인의 질병이나 결점에 대해서 어떤 감정적 반응을 보이는지를 알아보기 위한 실험 결과, 그 결점의 원인을 무엇으로 인식하느냐에 따라 피험자는 반응에 차이를 보였다. 피험자는 결점의 원인이 통제 불가능한 것이라고 인식했을 때 타인에 대해 많은 동정심을 가졌으나, 통제 가능한 원인이었다고 인식할 때는 오히려 분노의 감정을 느끼는 경향이 있었다.

같은 맥락에서, 멕시코 국경과 인접한 미국 샌디에이고의 고속도로에서 멕시코 불법이민자들의 교통사고가 빈번히 일어나는 것을 줄이기 위한 표지판을 설계하기 위해 사전조사를 했다(Emry et al. 1991). 연구자들은 운전자에게 이러한 사태를 경고하는 표지판을 열네 가지로 테스트했다. 연구 결과, 가족과 함께 달려가는 여자아이의 모습을 표현한 표지판이 가장 효과적이었다. 아이의 모습은 운전자들에게서 가장 많은 동정심을 자아냈는데, 표지판에 보이는 조그만 여자아이는 고속도로를 가로질러 달려야 하는 어른들의 결정에 대해 아무런 통제력이 없는 상태에서 고속도로를 달릴 수밖에 없었다고 인식됐기 때문이다.

이러한 연구결과는 동정심이나 죄의식과 같은 감정적 소구를 통해 모금운동이나 캠페인 등을 실시할 때 수혜자들이 가지고 있는 신체적,

사회적 장애가 그들 자신의 잘못으로 인한 것이 아니라는 점을 보여 줘야 한다는 점을 시사한다. 기부나 모금을 유도하는 많은 광고가 어른보다 어린이들의 모습을 주로 비추고, 어린이들이 고통 받는 이유가 병든 부모, 충분하지 않은 사회보장제도 혹은 그들의 국적 때문이라고 강조하는 이유가 바로 여기에 있다.

(2) 동정심과 죄의식 소구의 관계

동정심과 죄의식 소구는 엄청난 설득 효과를 갖는다. 동정심 소구에 대한 초기 연구들은 동정심을 유도하는 것이 매우 효과적인 설득방법이라고 생각했다. 하지만 칼스미스와 그로스(Carlsmith & Gross 1969)의 실험은 어떠한 태도나 행동의 변화를 끌어내기 위해서는 단순히 동정심을 유도하는 것만으로는 충분치 않으며, 이와 관련한 죄의식을 함께 끌어내는 것이 중요하다는 사실을 보여 주었다. 연구자들은 피험자를 두 집단으로 나누고 지정된 대상에게 문제를 내라고 했다. 이때 한 집단에게는 문제를 받은 상대방이 잘못된 답을 말할 때마다 전기충격을 가하도록 지시했고(실제로 전기충격은 가해지지 않았다), 다른 한 집단에게는 상대방이 잘못된 답을 말할 때마다 부저를 울리라고 지시하였다. 이후, 모든 피험자는 자신이 문제를 내던 대상으로부터 '레드우드숲 보존위원회'라는 이름으로 전화를 걸어달라는 요청을 받았다. 그 결과, 자신이 상대방에게 전기충격을 가했다고 생각하는 사람들은 단순히 부저를 울린 사람들보다 훨씬 더 요구에 잘 응하는 모습을 보였다.

이 실험에서 실제로 전기충격은 가해지지 않았다. 하지만 자신이 상대방에게 전기충격을 가한다고 믿은 피험자들은 그 과정에서 큰 죄책감을 느끼게 되었다. 이러한 연구를 토대로 죄책감은 동정, 보상, 일반화된 죄책감 등의 감정을 불러일으킴으로써 효과적인 설득방법이 될 수 있다고 주장하였다. 이때, **동정**은 희생자에 대해 미안함을 느끼는 마음이며, **보상**은 자신이 잘못한 일에 대해 보상해야만 한다고 느끼는 기분을 말한다. 마지막으로 **일반화된 죄책감**은 자신이 저지른 행위로 인해 손상된 자아의 이미지를 회복하려는 욕구를 말한다. 즉, 사람들은 자신이 저지른 일로 인해 상대방에게 미안함을 느끼기 때문만이 아니라, 평소와 다른 행동을 하여 손상된 자기 자신의 이미지를 회복하기 위해서 어떠한 행동을 하게 된다는 것이다.

(3) 죄의식 소구의 활용

공포 소구를 직면했을 때와 마찬가지로, 죄의식 소구는 사람들로 하여금 자신의 사고와 행동에 대한 죄의식을 없애는 것에 집중하게 한다. 죄의식을 없애는 데 집중하는 경우 사람들은 제시받은 논의의 적절성이나 제안된 행동의 이점에 대해서는 거의 주의를 기울이지 않게 된다. 따라서 사람들에게 죄의식을 유도하는 것은 설득 과정에 매우 효과적일 수 있다. 예를 들어, 마틴 루서 킹 목사는 흑인차별 철폐운동을 진행하는 과정에서 흑인에 대한 백인의 폭력적인 공격에 대해 비폭력적으로 대항하였다. 이는 많은 백인으로 하여금 전혀 반항하지 않는 흑인에게 폭력을 행사했다는 것에 대한 죄의식을 느끼게 하였는데, 결과적으로 이는 차별행위를 멈출 필요에 대한 킹 목사의 설득 메시지를 더 효과적이게 만들었다.

그러나 죄의식을 이용한 설득이 항상 긍정적인 결과로 이어지지는 않는다. 설득 과정에서 죄의식 소구는 보통 억지로 만들어지는 경우가 많다. 예를 들어, 사실 아프리카 대륙의 아이들이 굶주리는 것은 내가 구매한 음식을 남기는 것과 아무런 연관성이 없다. 하지만 죄의식 소구는 내가 음식을 남기면 아프리카 대륙에서 굶주리는 어린이들에게 죄를 짓는 듯한 느낌을 들게 한다. 이러한 죄의식 소구에 기댄 설득 메시지는 음식을 남기지 않는 행동을 효과적으로 유발할 수 있으나, 이 과정에서 실제로는 저지르지 않은 잘못에 책임이 있는 것처럼 느끼게 함으로써 해소되지 않는 심리적 불편함을 갖게 한다. 그도 그럴 것이 내가 이미 구매한 음식을 남기지 않고 다 먹는다고 해서, 실제로 아프리카 대륙의 아이들이 굶주리지 않게 되는 것은 아니기 때문이다.

4) 상호호혜성 소구

사람들은 타인의 도움이나 호의를 받게 되면, 그것이 매우 사소할지라도 이를 돌려주어야 한다는 심리적인 불편함을 느낀다. 예를 들어, 대형마트에서 음식을 시식하고 난 뒤, 제품에 대한 관심을 보이지 않고 자리를 뜨는 것에 사람들이 불편함을 느끼는 이유는 자신이 제공받은 호의에 대해 보답해야 한다고 생각하기 때문이다. 상호호혜성 소구는 이러한 사람들의 심리를 이용한다. 즉, 내가 다른 사람에게 무엇인가를 받았다면 그 사람에게 보답해야 한다는 심리를 이용하는 것이다. 이러한 상호호혜성 소구는 오래전부터 줄곧 설득의 기법으로 사용되었다. 적절한 상호호혜성 소구의 활용은 사람들로 하여금 '신세를 갚을 합리적인 방법'을 제안함으로써 설득 메시지를 더 적극적으로 수용하게 한다.

레건(Regan 1971)은 상호호혜성 소구의 설득력을 보여 준다. 연구자는 대학생 피험자를 두 집단으로 나누어서 각 집단마다 실험공모자를 한 명씩 배정했다. 첫 번째 집단의 실험공모자는 피험자들과 한 교실에 함께 있다가 밖으로 나갔다. 잠시 후 실험공모자는 음료수를 가지고 교실로 들어와서 자신이 가져온 음료수를 피험자들에게 나누어 주었다. 실험공모자는 음료수를 나누어 준 후, 피험자들에게 새 고등학교 체육관 건립을 위해서 추첨복권 구입을 요청했다. 한편, 두 번째 집단의 실험공모자는 피험자들에게 음료수를 나누어 주지 않고 추첨복권 구입을 요청했다. 실험 결과, 음료수를 얻어 마신 피험자 집단은 아무것도 받지 않은 피험자 집단보다 두 배 가까이 많은 추첨복권을 구입했다. 이는 상호성 원칙이 피험자를 강하게 순응시킨 것이다. 즉, 첫 번째 집단의 피험자들은 실험공모자로부터 작은 호의를 제공받았으므로 그에 대한 보답으로 추첨복권을 산 것이다.

이러한 결과는 상호호혜 욕구에 소구하는 설득 방식이 생각보다 훨씬 더 효과적일 수 있음을 시사한다. 상호호혜 욕구에 소구하는 대표적인 설득 전략으로 역단계적 요청과 덤 주기를 들 수 있다.

(1) 역단계적 요청 기법

이 기법은 앞서 제 4장에서 언급한 바 있다. 처음에 터무니없을 정도로 극단적인 요구를 하여 의도적으로 거절당한 이후, 좀더 합리적인 제안을 통해 사람들로 하여금 이를 더 잘 수용하도록 만드는 기법이다. 설득자가 터무니없는 제안을 하면 사람들은 이를 거절하는 것이 당연하다고 생각하면서도, 한편으로는 거절했다는 미안함과 함께 설득자가 자신에게 한번 양보하였다는 심리적 부담을 지게 된다. 이러한 심리적 부담은 이후 설득자의 요구에 대해 단호하게 거절할 수 없도록 만드는데, 이때 처음 요청보다 다소 완화된 요청을 제시하면 수용자가 이를 받아들일 가능성이 더욱 커진다. 예를 들어, 사람들에게 '두 달에 한 번씩 3년 동안 헌혈하라'고 요구하면 사람들은 이를 거절할 가능성이 크다. 하지만 이후 '그렇다면 단 한 번만이라도 헌혈을 해 달라'고 요구하면, 이는 앞서 제시한 요청보다 상대적으로 '덜 부담되고 쉬운 요구'라고 생각하기 때문에 더 쉽게 수용하게 된다(Pratkanis & Aronson 2001).

(2) 덤 주기 기법

덤 주기(that's not all) 기법은 작은 덤을 제공함으로써 대비의 원리를 이용하는 것이다. 버거(Burger 1986)는 덤 주기 기법의 효과에 대한 실험연구를 수행하였다. 그의 실험에서 판매자는 컵케이크에 가격을 붙이지 않은 상태에서, 지나가던 사람이 가격을 물어보면 75센트라고 대답했다. 이후 고객이 어떤 반응을 하기 전에 "잠깐, 그게 전부가 아닙니다. 컵케이크와 함께 이 쿠키도 드려요"라고 말하며 쿠키를 보여 주었다. 버거는 판매자가 처음부터 쿠키와 컵케이크의 가격이 합쳐서 75센트라고 말하는 것보다 쿠키가 '덤'이라고 말했을 때, 이들의 판매량이 거의 두 배 높아짐을 알아냈다. 즉, 컵케이크와 쿠키를 동시에 판매했을 때 구매 비율은 40퍼센트에 그쳤지만, 덤 주기 기법으로는 73퍼센트의 판매율을 기록했다.

이러한 역단계적 요청 기법과 덤 주기 기법은 사람들의 두 가지 심리적 과정을 이용하는 것이다. 첫째로, 처음의 큰 요구와 제공한 작은 덤을 통해서 작동하는 **대비의 원리**를 이용한다. 헌혈을 한 번만 하는 것이 앞으로 3년간 정기적으로 헌혈하는 것과 비교했을 때 훨씬 나은 조건이고, 컵케이크에 쿠키를 덤으로 받는다는 말은 그냥 컵케이크와 쿠키라는 말에 비해 더 이익인 듯 들린다. 둘째로, 설득하는 사람이 처음과 다른 조건을 제시하는 것은 **상호호혜의 법칙**을 이용하는 것이다. 한 번의 헌혈에 대한 요구는 "3년 동안 헌혈할 것을 한 번으로 줄여 주었다"고 말하는 것과 같고, 작은 쿠키를 덤으로 주는 것은 "내가 쿠키를 주었으니, 당신이 컵케이크를 살 차례"라고 말하는 셈이다. 설득의 표적이 된 많은 사람은 자신이 받은 도덕적인 호의를 되갚으려고 행동하게 마련이다. 따라서 이러한 상호호혜의 욕구를 활용한 전략은 사람들의 생각을 지배하고 그런 생각을 행동에 옮기도록 동기를 부여하기 때문에 설득에 매우 효과적이다.

5) 부조화 소구

사람들은 자신의 인지(신념, 태도, 가치관)와 조화를 이루는 방식으로 행동하기 때문에 자신의 인지와 일치하지 않는 방식으로 행동할 때 불안감을 느끼게 된다. 이러한 불안한 상태에 놓이면 사람들은 자신의 행동이나 태도를 수정하여 정신과 감정의 일관성을 회복하고자 한다. 일관성에 대한 이러한 욕구를 이용하여 설득자는 '사람들의 행동이 태도와 일치하지 않는다'는 점을 일깨움으로써 원하는 방향의 설득을 손쉽게 유도할 수 있다. 부조화 상태를 이용하는 가장 대표적인 설득 전략으로 단계적 요청 기법과 미끼 기법 등을 들 수 있다. 이러한 전략은 제4장 '인지부조화이론'에서 이미 언급한 바 있으며, 이후 제15장 '순응 획득하기'에서도 다시 한 번 다룰 것이다.

6) 유머 소구

설득에서 유머는 널리 사용되는 소구 중 하나이다. 설득자는 우스운 행동 또는 이야기를 통해 듣는 사람에게 감정을 이끌어 낼 수 있다. 유머를 불러일으키는 화술로는 재담, 풍자, 일화, 우회, 반어 그리고 은유 등이 있는데, 유머 소구는 설득 효과를 높이는 중요한 수단으로 인식되고 있다.

(1) 유머의 간접적 영향력

유머 소구는 보통 다음과 같은 기제를 통해 작용한다.

첫째, 유머는 사람들의 관심을 끌어서 설득 효과를 나타낸다. 이를테면 TV에 재미있는 광고가 등장하면 시청자들은 채널을 돌리거나 광고시간 동안 다른 용무를 보지 않고 오히려 광고를 적극적인 태도로 시청할 것이다.

둘째, 유머는 설득자에 대한 호감을 증가시킬 수 있다. 유머의 사용은 설득자를 더욱 친절하게 보이도록 만들고 수용자와 친교를 확립하는 데 도움을 준다. 그러나 유머가 너무 우스꽝스럽고 천박하게 제시됐을 때에는 설득 효과가 떨어지며, 상황에 적절하지 않은 유머는 화자의 신뢰도를 떨어뜨리는 것으로 나타났다.

셋째, 유머는 정보원에 대한 신뢰도를 높임으로써 정보원의 공신력을 향상시킬 수 있다. 또한 유머는 정보원의 사회적 매력도를 증가시키지만, 적절치 않은 상황에서 유머는 정보원의 능력이나 전문적 지식에 대한 평가를 저해한다.

넷째, 유머는 주의를 분산시키는 역할을 한다. 유머는 메시지 내용으로부터 주의를 다른 곳으로 분산시켜서 수용자로 하여금 메시지를 주의 깊게 처리하거나 반대되는 의견을 생각해 보는 것을 방해할 수 있다. 정교화 가능성 모델에 따르면 유머는 주변단서로 기능한다. 따라서 수용자들은 농담을 듣고 웃을 때 메시지 내용 자체에 주의를 덜 기울이는 경향이 있다.

다섯째, 유머는 사회적 증거로 기능한다. 사회적 증거는 다른 사람들의 행위와 반응 그리고 그로써 유추할 수 있는 태도를 모델링하는 것을 말한다. 예를 들어 TV 오락 프로그램 연출자는 종종 우스운 부분에 청중의 웃음소리를 삽입하는데, 시청자는 삽입된 웃음소리를 통해 다른 사람들이 해당 부분을 우습다고 생각한다고 유추한다. 따라서 시청자는 자신도 다른 사람들과 마찬가지로 해당 부분이 재미있다고 생각하는 것이다. 이러한 이유로 별로 우습지 않거나 보통 정도라고 느끼는 농담이라도 녹음된 웃음소리를 통해 더 재미있게 느껴지도록 할 수 있다(Cupchik & Leventhal 1974).

(2) 유머와 설득 전략

유머는 설득 효과를 높이기 위해 많이 활용된다. 유머를 설득의 전략으로 사용할 때는, 유머의 소재가 합당한지 확인할 필요가 있다는 점이 무엇보다 중요하다. 유머와 설득에 관한 일부 연구에 따르면, 유머 소구의 문제점은 소재 그 자체가 우습지 않다는 데 있다. 우습지 않은 유머는 효과적이지 않을뿐더러 신경을 거슬리게 할 수도 있다. 그렇다면 구체적으로 유머를 어떻게 활용할 때 효과가 높은지에 대해서 살펴보면 다음과 같다.

메시지 내용과 연관된 유머는 메시지 내용과 연관되지 않은 유머보다 설득 효과에 기여하는 정도가 크다. 유머가 메시지와 연결됐을 때 수용자는 유머를 이해하고 웃은 후 다시 메시지 내용으로 돌아오는 등의 분절된 인지적 노력을 할 필요가 없기 때문이다. 유머가 메시지 내용과 연관되면 유머 자체가 메시지 내용의 일부분이기 때문에 수용자는 메시지를 처리하는 데 그만큼의 인지적 수고를 덜 하게 된다. 이러한 인지적 노력의 경제성은 설득 효과로 이어진다.

자기폄하적 유머는 화자가 자기 자신을 유머 소구의 공격 대상으로 하는 메시지로 자기 자신을 낮추는 형태의 유머이다. 이와 관련해 자기폄하적 유머가 화자의 공신력을 낮춘다고 보는 견해가 있는 반면, 화자에 대한 호감도를 향상시킨다고 보기도 한다. 연구결과를 종합하면, 만약 설득자의 공신력이 낮거나 능력 차원에서 공신력이 강화될 필요가 있다면 자기폄하적 유머는 피하는 것이 좋다. 그러나 설득자의 공신력이 중간 이상이라면 인간적 단점을 약간 언급하는 것은 설득자에 대한 호감을 높일 수 있다.

7) 성적 소구

TV, 잡지 그리고 인터넷 등은 남녀의 성(性)적 면모를 부각시킨 광고로 넘쳐난다. 성적 소구는 청바지, 화장품, 향수, 속옷, 술 또는 자동차 광고 등에서 많이 이용되는데 이러한 소구는 오랜 시간 발전되었으며 양적으로도 계속 증가하는 추세에 있다. 다만 이전과 달라진 점이 있다면, 예전에는 광고가 성을 넌지시 암시한 데 비해 현대의 광고는 더욱 공공연히 시각적으로 성적 소구를 포함하고 있다.

(1) 성적 소구의 작동기제

성적 소구는 일반적으로 주변단서로 기능한다. 성적 소구는 수용자에게 성적 반응이나 관능성과 같은 감정적 반응을 자극하며, 주로 시각적으로 전달된다(LaTour & Henthorne 1993). 성적 소구가 사용된 광고는 구체적으로 다음과 같은 메시지를 내포한다. 첫째, 당신이 상품 A를 사용하면 당신은 매력적으로 보일 뿐 아니라 매력적으로 행동하게 될 것이다. 둘째, 당신이 상품 A를 사용하면 다른 사람들이 당신에게 매료될 것이다. 물론 성적 소구를 사용하는 광고는 명백한 인과관계에 대해서는 명시적이지 않고 상당히 암시적이다. 하지만 효과적인 성적 소구를 사용한 광고를 접한 사람들은 제품에 대한 호감을 가지게 되고 구매까지 하게 된다.

(2) 성적 소구의 부정적 영향

성적 소구는 주로 제품 광고에 많이 활용된다. 이는 제품과의 연상작용을 통해 제품에 대한 태도를 형성시키려는 시도이다. 이러한 성적 소구는 다음과 같은 부정적 영향을 가질 수 있다.

일부 수용자들은 성적 소구가 적용된 광고를 보고 거부감을 느끼고

부정적으로 반응할 수 있다. 외국의 유명한 청바지 회사에서 10대 모델들이 선정적 자세를 취하는 일련의 광고를 제작했다가 아동 포르노와 맞먹는 광고라고 비판받은 사례가 있다. 이처럼 특정한 성을 상품화하는 것처럼 보이는 광고는, 상품의 구매를 막고 광고주의 이미지를 손상시킬 수 있다. 어떤 연구에서는 사람들이 강도가 강하고 명백한 성적 광고를 약하고 부드러운 성적 광고보다 더 저속하다고 느꼈으며 남성보다 여성이 더 부정적으로 평가하는 것으로 나타났다.

성적 소구는 또한 **주의를 분산**시키는 작용을 함으로써 오히려 제품 자체에 대해 회상하는 것을 저해할 수 있다. 만약 사람들이 광고에 등장한 매력적인 모델에만 주의를 집중한다면 상품에는 별 주의를 기울이지 않을 것이다. 보통 정도의 매력을 가진 모델이 등장하는 청바지 광고와 높은 수준의 매력을 가진 모델이 등장하는 청바지 광고를 접한 피험자들을 비교한 결과, 전자의 광고에 노출된 피험자들이 후자의 광고에 노출된 피험자들보다 제품명을 더 잘 기억하는 것을 밝혀냈다(Grazer & Keesling 1995).

마지막으로, **의도하지 않은 사회적 결과**를 가져올 수 있다. 한 설문조사에 의하면, 여성 중 56퍼센트와 남성 중 43퍼센트가 자신의 전반적인 외모와 체형에 불만을 나타냈다(Garner 1997). 이는 대부분의 사람이 성취하기 어려운 체형이나 외모를 이상적으로 묘사하는 미디어 영향이라고 볼 수 있다. 자신의 체형에 불만이 큰 사람들은 과도한 다이어트로 건강을 해치거나 우울증에 시달리며, 이를 보완하기 위해 약물을 잘못 복용하여 그 부작용으로 고생하기도 한다. 이렇듯 성적 소구는 외모와 체형에 대한 왜곡된 인식을 형성시킴으로써 사람들의 건강을 해치는 부정적 결과를 가져오기도 한다.

8) 그 외의 감성적 소구

(1) 따스함 소구

어느 커피회사의 광고는 늘 배우 두 명이 커피를 나눠 마시며 사랑스런 눈길로 서로를 쳐다보는 이미지를 그린다. 바로 이런 광고가 따스함으로 소구하는 광고이다. 따스한 느낌을 주는 광고는 설득 전략으로 오랫동안 사용되어 왔다. 따스함 소구를 사용하는 광고는 감각적 느낌, 우정 그리고 감성을 다룸으로써 보는 이로 하여금 좋은 느낌을 갖도록 한다(Aaker & Stayman 1990). 따스함 소구는 상당히 효과적인 설득 전략이 될 수 있으나, 성공 여부는 그 소구 내용이 얼마나 신뢰할 만한지에 달려 있다.

따스함 소구를 사용한 광고는 수용자에게 광고와 제품에 대해 호감을 형성할 뿐만 아니라 구매의도를 유발한다. 또한 따스함 소구는 메시지에 대한 회상도(recall)를 높이기도 한다. 따스함 소구가 효과적이기 위해서는 공포 소구나 유머 소구와 마찬가지로 메시지의 내용이 복잡하거나 인지적 노력을 많이 요하지 않아야 한다.

따스함 소구는 성적 소구와 마찬가지로 연상을 통해 작용한다. 따스함으로 소구된 제품이나 서비스 광고는 따뜻하고 친근하며 보살핌 받는 이미지와 관련한다. 이러한 따스함 소구 광고가 전달될 때 수용자는 일시적으로 이러한 따스한 느낌을 받게 된다. 즉, 광고가 노출되는 짧은 순간(7~15초)에 수용자에게는 따뜻하고 아늑한 느낌을 갖게 되는 변화가 발생한다. 하지만 따스한 느낌은 얼마간 시간이 지나면 점차 사라진다.

따라서 따스함 소구 광고는 다른 종류의 광고(심각한 광고, 유머 광고 등)와 함께 사용할 때 더욱 효과적이다. 이는 일종의 대조효과 때문인데, 대조되는 자극이 연이어 나타날 때 효과는 극대화된다. 예를 들어, 따스한 광고 후에 다른 따스한 광고를 보면, 나중의 광고는 처음의 광고보다 따스함 소구로 인한 설득 효과를 누릴 수 없게 된다. 하지만 다른 유형의 광고 이후에 따스한 광고를 보면 대조효과를 보여 효과가 발생한다.

(2) 환심 소구

환심 소구(상대방을 기분 좋게 만들기)에 대한 연구는 조직을 대상으로 하여 많이 이루어졌다. 와트(Watt 1993)는 상사의 환심을 사려는 직원과 그렇지 않은 사람을 비교연구한 결과, 환심을 사려는 사람이 그렇지 않은 사람에 비해 더 우수하고, 리더십의 자질도 더 갖춘 것으로 인식됐다. 다른 연구에서도 역시 환심 소구를 사용하면 상사나 동료들에게 더 큰 만족을 주는 것으로 나타났다(Wayne et al. 1995). 그렇다면 상대방을 기분 좋게 하는 환심의 종류는 어떤 것들이 있고, 환심은 어떤 기제를 통해 상대방으로부터 호감을 증진시키는 것일까?

환심의 세 가지 유형

첫 번째 유형은 상대방을 **칭찬**하면서 그에게 **아부**하는 방법으로, 이 경우 제 3자가 칭찬하는 것처럼 함으로써 환심을 좀더 진실해 보이도록 할 수 있다. 예를 들어 "J 씨가 당신을 매우 높게 평가하더군요. 그가 말하길 당신은 그가 만난 상사 중 최고랍니다"라고 말하는 식이다.

둘째는 상대방의 진술이나 생각, 견해에 **동조**하는 방법이다. 이 방법을 더 확실하게 하려면, 처음에는 상대방의 의견에 동의하지 않다가 점차 상대방의 주장에 자신의 마음이 바뀌었다고 말하면 된다. 이를테면 "처음에는 제 의견이 맞다고 생각했는데, 다시 생각해 보니 선생님 말씀이 맞는 것 같습니다"라고 말하는 식이다.

마지막으로는 자신에 대한 상대방의 평가를 좋게 하기 위해서 자신을 **자랑하거나** **선행을 내세우는** 것이 있다. "이런, 오랜만에 만났으니 너랑 차라도 한잔 마셔야 하는데, 하필 지금 봉사활동 하러 가는 길이었거든"이라고 말하는 등이 그 사례다.

환심 소구의 작동기제

이러한 환심 소구는 상대방의 호감을 높임으로써 설득 효과를 나타낸다. 이를테면, 어떤 사람이 "네 시계 참 예쁘다. 무엇보다 너한테 정말 잘 어울려"라고 말했을 때, 이 말을 듣는 사람은 상대방에 대해서 호감을 갖게 될 것이다. 또한 환심은 유사성 인식을 통해 생겨날 수 있다. 이를테면, 어떤 사람이 "너도 〈해리포터〉 시리즈 좋아하니? 나도야!"라고 말함으로써 자신과 상대방의 유사성을 지적하여 호감과 설득 효과를 높일 수 있다. 또한 사회적 명명화(social labelling)를 통해 설득 효과를 높일 수 있다. 긍정적인 사회적 명명화는 상대방의 긍정적 자아 이미지를 끌어낼 수 있고, 이는 상대방의 행동을 변화시킬 수 있다. 예를 들어, 어떤 교수가 자신의 학생에게 "너는 참 성실하고 바른 학생이구나"라는 말하면, 이 학생은 계속해서 성실하고 바른 모습을 보이려고 더 많은 노력을 할 것이다.

그렇다면 상대방은 과연 이것이 환심을 사기 위해 계획된 칭찬이라는 사실을 모를까? 최소한 의심해 보지 않을까? 상대방이 이 전략을 꿰뚫어 보고 있다면 어떻게 할 것인가? 너무나 명백한 환심 소구는 진심 어린 칭찬에 비해 성공할 확률이 낮다. 버군(Burgoon 1994)이 지적한 바에 따르면, 환심 소구는 배후동기가 드러나지 않았을 때 가장 효과적이다. 하지만 배후동기가 드러났다고 해서 환심 소구가 전혀 효과적이지 않은 것은 아니다. 사람들은 환심을 사려는 상대방의 의도를 알고 있다 해도 그들의 환심 소구에 동요한다. 즉, 거짓된 칭찬이고 그것이 거짓임을 상대가 알고 있다고 해도 환심 소구 전략은 상대방에 대한 호감을 만들어 낼 수 있다(Cialdini 1993).

이러한 이유로 환심 소구가 비윤리적인 것으로 비추어지고, 환심을 사려는 모든 메시지를 경계해야 한다고 생각할 수도 있다. 그러나 환심을 사려는 행동이나 칭찬이 거짓일 경우에는 문제가 될 수 있다 해도, 그 칭찬이 진심이라면 전혀 문제되지 않는다. 오히려 칭찬이 진심이라면 이 전략은 커뮤니케이터 모두에게 모두 가장 큰 이익이 될 수 있다.

(3) 희소성 소구

희소성 소구는 가장 일반적이고 수용자가 알아차리기 쉽지만, 매우 효과적인 설득 전략이다. 어떤 제품이나 서비스의 희귀성이 증가하면 사람들은 그것의 가치를 높게 평가하고 소유하고자 하는 강한 충동을 갖게 된다. 즉, 희소성은 사람들로 하여금 호감을 갖게 만든다. '한정판', '기간 내에만 구매 가능', '마감 임박' 등 한정판매와 시간제한의 가치는 별로 관심이 없던 상품에 대해서도 관심을 갖게 한다.

심리학자 브렘(Brehm 1966)이 제시한 **심리적 반발이론**에 따르면 인간은 어떤 대상에 대한 선택의 자유가 제한되거나 위협당하면 그 자유를 유지하기 위한 동기로 그 대상을 이전보다 더욱 강렬하게 원하게 된다고 한다. 즉, 그 대상을 이전보다 소유욕이 더 강해지는 심리적 저항을 하게 된다는 것이다. 이 과정에서 자신이 소유욕을 가진 대상이 분명히 가치 있으리라고 생각하게 된다.

사람들은 이득보다 손해에 더 민감하게 반응하기 때문에, 어떤 물건을 희소성 있고 구하기 어려운 것으로 보이게 하거나 얻기 어려운 장벽을 설치함으로써 그 매력을 증대시킬 수 있다. 흥미로운 사실은 이러한 반응이 사람들이 실제로 소유한 물건에서뿐만 아니라, 자신이 소유할 수 있는 물건이라고 생각할 때도 동일하게 작용한다는 점이다.

사람들은 어떤 상품을 구매할 수 있는 기회를 잃을 수도 있다는 사실을 인지하는 것만으로도 해당 상품에 대하여 더 많은 관심을 갖게 된다. 따라서 홈쇼핑에서 "물량을 얼마 확보하지 못했습니다!"라는 한정판매의 가치와 "이제 곧 구매할 수 있는 시간이 종료됩니다!"라는 시간제한은 그 상품에 별로 관심이 없던 사람들에게도 매우 효과적인 설득전략이 될 수 있다.

(4) 연상 소구

우리의 뇌는 충분하게 생각할 시간이 부족할 때 주변 상황적 요소들과의 연상을 통해 결정을 내린다. 연상 소구는 설득 과정에서 연상작용을 자극해 설득자가 전달하고자 하는 메시지에 부합하는 긍정적인 감정과 사고를 끌어낼 수 있게 한다.

연상 소구는 광고에서 많이 활용된다. 특정한 제품의 광고에는 사실 제품과 별다른 연관이 없는 유명인이 많이 등장한다. 유명한 사람이 광고에 나오면 우리는 그 유명인의 이미지를 제품과 연관시킨다. 비타민음료 광고에 등장하는 밝은 이미지의 연예인을 통해 그 비타민음료를 마시면 그 연예인처럼 밝고 활기찬 이미지를 가질 것으로 연상하고, 커피 광고에 등장하는 우아하고 따뜻한 느낌의 배우를 통해 커피를 마시면 그 배우처럼 우아한 삶을 즐길 수 있을 것으로 연상한다. 이렇듯 광고에 활용되는 연상 소구는 제품의 실제 품질과는 관계없이 연예인이나 유명인의 이미지를 제품과 연관시킴으로써 제품에 대한 이미지를 만들어 낸다. 기업이 자사 제품과 가장 잘 어울리는 연상을 생성할 수 있는 최고의 모델을 찾는 데 엄청난 비용을 지불하는 이유가 여기에 있다.

물론 이러한 연상 소구의 효과가 긍정적인 반응만을 일으키는 것은 아니다. 만약 특정 상품의 광고모델이 구설에 오르면 이는 부정적인 연상으로 이어지고, 그들이 광고하는 제품과 기업에 부정적인 영향을 미치기도 한다.

특정 반응을 유발하는 연상을 끌어내기 위해 특정 자극을 사용하기도 한다. 예를 들면, 빵집과 커피숍은 빵과 커피의 향을 내기 위해 노력하고 쇼핑몰의 식당은 음식 냄새로 손님들을 유인한다. 제품과 좋은 향기를 연결시키는 전략은 사람들의 구매를 촉진한다. 음악도 마찬가지다. 헬스클럽은 지나가는 행인에게 헬스클럽 안의 넘치는 에너지와 즐거운 시간을 연상하도록 만들기 위해 일부러 거리 밖까지 신나고 즐거운 음악을 들려준다. 이렇듯 연상 소구는 설득 과정에서 사람들을 설득하고 영향력을 행사하는 데 도움이 되는 강력한 도구이다. 연상 소구를 이용한 올바른 설득 전략은 설득 대상자에게 바람직한 느낌과 감정 그리고 행동을 유발할 수 있다.

9) 복합적 소구: 여러 소구의 결합

앞서 설명한 것들 외에도 긍지, 명예, 애국심, 젊음, 아름다움, 수치, 자유 등 여러 종류의 감성적 소구가 있다. 이러한 감성적 소구는 복합적으로도 사용될 수 있는데, 예를 들어, 벌을 주는 위협과 상을 주는 약속이 함께 이용될 수 있다. 검사가 피고에게 "당신이 수사에 협력하면 형을 줄여 주겠지만, 그렇지 않으면 당신은 끝이야"라고 말하는 것이 이러한 예이다. 경찰 심문에서 사용되는 '좋은 경찰/나쁜 경찰' 기법(the good cop bad cop technique) 또한 긍정적 소구와 부정적 소구를 결합한 것이라고 볼 수 있다. 보통 자선모금에서는 "당신이 돕지 않으면 이 불쌍한 어린이를 누가 돕겠습니까?"라는 식으로 죄의식과 연민을 부추기는 전략이 이용된다. 또한 동물권을 주장하는 한 단체가 제작한 반(反)모피 광고에는 모피를 입느니 차라리 아무것도 걸치지 않겠다고 주장하는 매력적인 슈퍼모델이 등장한다. 이는 성적 소구와 죄의식 소구가 결합된 예라고 볼 수 있다.

3. 감성적 소구의 의의

감성적 소구는 설득에 매우 유용한 도구이다. 하지만 합리적인 범위를 벗어난 감성적 소구는 오히려 설득 과정의 오류로 인지될 가능성이 크다. 따라서 감성적 소구는 상식적이면서 합리적인 범위 내에서 이루어져야 한다.

사실 어떤 메시지를 이성적 소구와 감성적 소구로 엄밀하게 구별해 내기는 어려운 일이다. 이성적 소구에 기반을 둔 설득 메시지라도 인간 내면의 특정 감정을 유발해 낼 수 있으며, 아무리 감성적 소구에 기반을 둔 설득 메시지라도 기본적인 논증구조를 갖추고 있게 마련이다. 사람들은 어떤 메시지를 받아들일 때 메시지의 이성적이고 감성적인 수준을 종합적으로 판단한다. 따라서 설득자는 감성적 소구를 사용한 설득 메시지를 작성할 때도 이성적 측면에 유의하여 최소한의 논리적 오류를 범하지 않도록 조심해야 한다.

설득 메시지가 아무리 논리적이더라도 자신과 전혀 상관없다고 느끼면 피설득자의 태도변화를 기대할 수 없다. 피설득자는 논리적 주장과 근거를 철저히 개인화하여 받아들이기 때문에, 메시지의 주제를 개인의 감정과 연결시킨다는 차원에서 감성적 소구는 설득에 매우 중요한 역할을 한다. 경우에 따라서 정확한 통계 수치나 구체적인 사례를 제시하는 이성적 소구보다 감성을 자극하는 언어 표현에 기댄 감성적 소구가 태도와 행동변화에 훨씬 효과적이다. 감성적 소구는 정확한 개념이나 근거와 함께 사용되지 않기 때문에 이성적 소구에 비해서 속임수로 받아들일 가능성이 크다. 따라서 설득자는 감성적 소구를 활용한 설득 메시지 전략을 수립할 때, 감성적 소구가 속임수가 아님을 강조해야 한다. 설득자는 설득 대상자로 하여금 자신이 제공하는 메시지에 활용된 표현이 연출한 것이 아님을 믿게 해야 하고, 자신이 느낀 감정을 진심을 담아 전달하고 있다는 것을 무엇보다도 강조할 필요가 있다. 결과적으로 설득자의 진심이 담긴 메시지는 피설득자에게 설득자의 감정을 공유하게 함으로써 보다 효과적인 설득 전략으로 작용하게 된다.

제 13 장

이미지와 설득

우리는 이미지의 시대에 살고 있다. 사람이 다니는 곳은 모두 이미지로 덮여 있다 해도 과언이 아니다. 이러한 이미지는 비언어적 메시지로서, 일종의 단서로 작용해 설득적 효과를 가질 수 있다. 광고가 바로 이미지를 통해 설득이 이뤄지는 대표적인 예이다. 또한 이미지는 언어적 설득을 보조하는 역할을 하기도 한다. 그렇기에 공식적 자리의 강연 등에서 시각적인 이미지 자료를 적절히 사용할 필요성이 강조되곤 한다. 오늘날 순수하게 문자만으로 이뤄진 설득 메시지는 오히려 찾아보기 어려울 정도이며, 몇몇 연구자는 사람들의 태도와 신념에 이미지가 언어 못지않게 혹은 언어보다 더 큰 영향력을 미친다고 주장한다.

다니엘 부어스틴(Daniel Boorstin)에 따르면, 이미지는 우리의 경험과 모든 생활을 강력하게 지배하는 단순하고 직접적인 언어다. 설득에 있어 이미지의 중요성은 지속적으로 증가하고 있지만, 언어적 설득에 관한 연구에 비해 이미지 설득에 관한 연구는 여전히 부족한 실정이며, 이미지에 대한 일반적인 이해 역시 매우 부족하다. 따라서 이 장에서는 이미지의 속성을 살펴본 후, 이러한 이미지의 속성이 건축물,

예술, 영화와 광고, 저널리즘에서 어떻게 설득적 도구로 기능하는지 살펴본다.

1. 이미지의 특성

이미지는 언어로 표현하지 못하는 것을 표현할 수 있으며, 언어로는 불가능한 방식으로 우리에게 감동을 주고 의미를 전달한다. 이렇게 이미지와 같은 시각적 자극이 강력한 설득적 힘을 가지게 되는 이유는 무엇일까? 메사리스(Paul Messaris)의 개념을 중심으로, 이미지가 어떤 방식으로 우리에게 영향을 주는지 살펴보자. 메사리스(Messaris 1997)는

이미지가 가진 설득적 힘은 광고 분야에서 가장 효과적으로 이용된다. 이 사진은 윈쇼 페스티벌, 클리오 어워즈 등 10여 개의 국제 광고제에서 상을 받은 반전(反戰)광고다. 군인이 겨눈 총구가 결국 자신에게 향하는 이미지는 보는 이에게 언어로는 전달하기 힘든 감정과 의미를 유발해 낸다.

퍼스의 기호학을 바탕으로 이미지의 설득 효과를 도상성(iconicity), 지표성(indexicality), 구문상의 불확정성(syntactic indeterminacy) 등 세 가지로 개념화했다. 퍼스의 기호학은 앞서 제8장에서 다룬 바 있으므로 여기에서는 설득에 활용되는 이미지의 효과를 이해하는 데 필요한 각각의 개념에 대해 간략하게만 언급하겠다.

1) 도상성

도상(icon)이란 '나타내고자 하는 것과 닮은 것'을 의미하는 단어로, '상'(像)을 뜻하는 그리스어 'eikon'에서 유래되었다. 도상성은 이미지의 가장 중요한 특징으로, 이미지가 어떤 아이디어나 개념을 함축할 수 있게 한다. 이미지는 도상적인 기능을 토대로 설득적인 힘을 가진다. 이미지는 아이디어나 개념을 대신할 수도 있고 사람이나 사건, 사물 등을 표현할 수도 있다. 도상이 무엇을 나타내고 있는지 사람들이 이해하기만 하면, 그 도상이 대상을 얼마나 정확하게 재현했는지 여부는 별로 중요하지 않다.

이미지의 도상성은 사람들에게 감정적 반응을 불러일으킨다. 광고에 나오는 귀엽고 사랑스런 아기나 강아지는 따뜻한 감정이 생기게 하고, 향수 광고에 나오는 매력적인 모델은 수용자의 각성 수준을 높인다. 또한 음주운전 사고로 부서진 차의 이미지가 담긴 포스터는 부정적 감정을 유발한다.

이러한 도상의 이미지는 선택적일 수 있다. 이미지는 대상의 어떤 특성은 강조하고 어떤 것은 축소한다. 예를 들면, 마스카라나 아이섀도 같은 눈 화장과 관련된 제품의 광고는 모델의 눈을 여러 가지 수단을 동원하여 강조하지만, 이에 비하여 얼굴의 다른 부분은 무시한다. 또, 특정 항공사는 다른 항공사의 비행기 좌석은 좁아 보이고 자사 비

손 부분만 선택하여 보여 주면서 '헐크로 변해도 붙어 있을 정도로 신축성과 접착력이 뛰어난 밴드'라는 메시지를 과장되게 전달하고 있다.

행기 좌석은 넓어 보이는 이미지의 광고를 만들 수도 있다. 이렇게 이미지는 현실을 재현하지만, 미묘하게 혹은 과장되게 특정 측면을 강조하게 마련이다.

이미지의 선택성은 더 나아가 현실을 위반하기도 한다. 비현실적 과장이 이루어지기도 하고 존재하지 않는 것을 실제처럼 보여 주기도 한다. 약을 바르자마자 상처가 없어진다거나, 머리가 너무 아픈 것을 머리가 쪼개지는 이미지로 표현한다거나, 집안일이 너무 많아서 팔이 네개 달린 주부가 허둥댄다거나 하는 등의 광고 이미지는 모두 존재하지 않는 현실을 묘사한다. 이러한 도상성의 비현실적 특성은 윤리적 문제를 낳을 수 있다. 즉, 화장품이나 의류 광고모델의 아름답고 날씬한 외모나 영화 및 TV 드라마에 등장하는 주인공의 비현실적인 이미지를 반복적으로 접하면서, 사람들로 하여금 실제 삶이 그렇지 못한 것에 상대적 박탈감을 느끼고 자신의 삶을 불만족스럽다고 여기거나 비현실적인 이미지를 실현 가능한 것이라고 잘못 인식하게 만들 수 있다.

2) 지표성

설득의 측면에서 바라본 이미지의 두 번째 특성은 지표성이다. 지표(index)는 지문, 발자국, 풍향계 사진과 같이 지시하는 대상이나 사건과 물리적인 연관을 지닌 기호를 뜻하며(Peirce 1991), 이미지가 어떤 사건에 대한 증거나 기록으로 기능하는 것을 이미지의 지표성이라고 한다. 이러한 특성은 사진이나 영상에서 두드러진다. 지표적 이미지는 보는 이에게 명백할 수도 있고 해석이 필요할 수도 있다. 레스터(Lester 2003)에 따르면, "지표적 기호는 해변의 발자국, 달의 표면, 굴뚝에서 피어나는 연기, 고열(fever)과 같이 의사가 환자를 진단하는 증상 등을 말한다. 발자국은 그것을 새긴 사람을 대신하고, 연기는 기계나 엔진에서 생기는 공해를 상징하며, 고열은 환자가 감염됐다는 것을 의미한다".

이처럼 지표적 이미지는 제시된 기호를 추론하게 만든다. 예를 들어, 다이어트 광고에서 모델이 커다란 바지를 들어 보인다고 하자. 이때 바지는 이 사람이 이전에 얼마나 뚱뚱했는지 그리고 살을 얼마나 많이 뺐는지를 보여 준다. 이미지의 지표적 특성이 갖는 시각적 설득력은 거리의 '일반 소비자 인터뷰' 광고, 식량원조나 열대림 보존과 같은 사회운동을 위한 시각적 캠페인 등에서 광범위하게 활용되고 있다.

그러나 이미지가 갖는 지시적 혹은 증거적 측면은 오해나 잘못된 해석을 유발하기도 한다. 즉, 사진도 거짓말을 한다. 날씬한 모델 사진은 기술적으로 조작된 것일 수 있고 인터뷰 내용이 거짓일 수 있다. 우리는 가끔 TV에서 연예인이나 유명인이 농촌을 방문하여 하루 동안 농사일을 돕는다거나 공장에서 일꾼들과 같이 일하는 장면을 볼 때가 있다. 이때 과연 그 사람들은 카메라가 비추지 않을 때에도 TV에 나온 모습과 똑같이 일했을까? 그들이 일하지 않을 때에는 카메라도 그들을 찍지 않는다. 또 다른 예로, 미국의 성조기를 불태우며 반미시위를 하는 사람들이 TV에 나왔다고 하자. 성조기는 미국을 대표하는 도상이다. 그러나 시위자가 성조기를 불태웠기 때문에 카메라가 출동했는지, 카메라가 자신을 비추고 있었기 때문에 성조기를 태웠는지는 생각해 봐야 한다. 이처럼 시각적 이미지나 기호의 지표성은 항상 비판적으로 바라볼 필요가 있다. 미디어가 다루는 사건들은 연출된 것일 수 있기 때문이다. 카메라나 필름의 존재 자체가 사람들의 행동을 바꿀 수 있고 사진이나 영상은 얼마든지 부각과 제거를 통해서 편집되고, 철저하게 선택되며, 맥락을 무시한 채 제시될 수 있다.

3) 구문상의 불확정성

때로는 말없이 이미지를 보여 주는 것만으로도 의미를 전달할 수 있다. 그러나 경우에 따라서 이미지를 특정한 사회적 맥락과 함께 이해하면 다양한 해석의 근거가 되기도 한다. 따라서 이미지가 제시하는 의미를 명확히 이해하기 위해서는 이를 파악하는 능력, 즉 '이미지 리터러시'(image literacy)가 매우 중요하다.

이미지를 통해 메시지를 전달받을 때 이미지 리터러시가 중요한 이유는 이미지가 구문상의 불확정성을 갖기 때문이다. 언어와 달리 이미지는 사물들 간의 정확한 관계를 전달하지 않는데, 이를 구문상의 불확정성이라고 한다. 메사리스(Messaris 1997)가 지적하기를, 시각적 구문은 인과관계나 유추와 같은 것을 가리키는 장치가 근본적으로 부족하다. 구체적으로, 이미지는 멈춰져 있는 특정 순간을 묘사하기 때문에 "만약 A라면 B이다", "A 아니면 B이다", "A가 B를 유발한다", "A는 B와 유사하다" 등과 같은 언어적 논리 연산자를 가질 수 없다. 즉,

이미지는 사람이나 사건, 사물 간의 논리적인 관계를 명시적으로 진술할 수가 없다.

이미지의 이러한 특성은 긍정적으로 여겨지기도 하고 부정적으로 여겨지기도 한다. 이미지의 논리성 부족이 긍정적으로 작용하는 경우는 이미지가 어떤 것 A와 다른 것 B를 연합하여 동등한 것으로 만드는 데 이용될 때다. 광고주는 언어로 명백하게 표현하지 않고도 그림을 통해 소비자에게 자신의 제품과 다른 어떤 것 간의 연합을 형성할 수 있다. 예를 들어, 자사 제품을 섹시함, 우아함, 쿨(cool)함, 높은 사회적 지위 등을 나타내는 이미지에 넣으면 사람들은 그 제품과 이미지가 주는 느낌을 동일시하게 된다.

그러나 이미지에 두 가지를 병치했다고 해서 그것이 항상 연상작용을 일으키는 것은 아니다. 게다가 연상작용이 일어난다 해도 정확히 어떤 결과로 이어지는지는 알 수 없다. 그것은 순전히 수용자의 몫이다. 예를 들어, 모든 지형에 강한 SUV를 광고하는 CF에서 카약을 싣고 강가로 놀러 가는 가족의 모습을 보여 준다고 하자. 수용자는 그 광고를 보고 SUV를 갖고 싶다는 생각이 들기보다는 가족과 캠핑을 가고 싶다거나 카약을 사고 싶다고 느낄 수도 있다. 또 아이스크림 광고가 시원한 느낌을 강조하기 위해 바닷가를 배경으로 촬영했지만 수용자는 아이스크림보다 모델의 수영복이나 바다에 더 관심을 가질 수 있다. 이렇게 의도하지 않은 결과가 발생하는 부작용을 최소화하기 위하여, 오늘날의 광고들은 카메라 앵글, 조명, 색깔 등 다양한 조작 기법을 동원한다. 또 수많은 광고가 이미지와 언어적 표현을 병행하여 사용함으로써 이미지를 해석하는 과정에서 발생할 수 있는 문제를 통제하려고 노력한다.

이미지가 갖는 구문상의 불확정성은 일종의 결점처럼 보이기 쉽다. 하지만 이미지 수용자의 적극적인 참여를 통해 개방적인 편집이 가능

2013년 칸 국제광고제 옥외부문 금상 수상작으로, 처진 피부를 올리기 위해 물구나무 선 모델의 힘겨운 모습을 통해 처진 피부를 당겨줄 리프팅 크림의 필요성을 광고하고 있다. 그러나 이 광고는 보는 사람에 따라 해석이 달라질 위험이 있다. 실제로 어떤 사람은 물구나무를 서도 흐트러지지 않는 머리 모양에 주목해 헤어스타일링 제품 광고로 오인하기도 했다.

하다는 점과 여러 가지 의미를 하나의 이미지에 함축적으로 담을 수 있다는 점에서 오히려 이러한 속성이 더 적극적인 이미지 활용의 이유가 되기도 한다.

2. 이미지의 시각적 조작

　시각적 이미지에 의해 잘못된 인식은 잘못된 확신과 믿음을 낳게 하고, 그것이 사회적 차원의 문제라면 잘못된 이데올로기를 강화하는 데 악용될 수도 있다. 바슐라르(Gaston Bachelard)는 주체적 판단의 과정을 거치지 않고 외부로부터 주어진 이미지를 통한 의견이나 판단력, 믿음 등을 자신의 확고한 의견이나 믿음으로 착각하면 결국 현실과 자아에 대한 올바른 성찰과 비판 능력을 상실하게 된다고 말했다.

1) 연 출

2012년 런던올림픽 당시 MBC 〈뉴스데스크〉는 서울과 런던을 쌍방향으로 중계하는 코너를 마련했다. 이때 '서울의 한 기업체 사무실'에서 사람들이 올림픽을 보는 모습이 방영되었는데, 이후 이 장면이 촬영된 곳이 당시 여의도 MBC 사옥 6층에 위치한 뉴미디어 뉴스국이고 시민으로 등장한 사람들은 MBC의 계약직 직원이라는 사실이 밝혀져 심한 연출 논란이 일었다.

이처럼 카메라 앞에서 일어나는 모든 사건은 연출될 수 있다. 오늘날 이미지의 연출은 사실과 허구의 경계를 모호하게 흐림으로써 우리의 판단력을 흐린다. 만약 수용자가 연출된 이미지를 조작되지 않은 진실의 기록으로 오해하면 해당 이미지는 연출된 거짓이라고 볼 수 있다(Messaris 1997). 사진은 실재가 아닌 이미지에 불과하다. 이미지의 연출이 심할수록 수용자는 정보적 가치 전반에 대한 회의감을 갖게 된다(Slattery & Tiedge 1992). 이러한 이미지 연출의 기법으로 편집과 선택을 들 수 있다.

이미지는 얼마든지 **편집**이 가능하다. 편집된 이미지나 이미지들의 관계가 현실에서 일어난 실제 사건을 기록한 듯하다는 오해를 사면, 이는 조작된 거짓 정보로 여겨지기 쉽다. 편집을 통한 이미지 조작은 언론보도 분야에서 심도 깊게 논의되어 왔지만 실상 광고에서는 그다지 많은 주목을 받지 못했다.

우리는 늘 현실에서 **선택**된 이미지의 일부분만을 접한다. 동일한 이미지라고 해도 어떤 프레임을 활용하느냐에 따라 인상이 달라질 수 있다. 이때 특정 상황에서 대표성이 없는 이미지를 선택하는 것은 수용자에게 현실에 대한 인상을 왜곡시킬 수 있는 가장 단순하면서도 가장 보편적인 방법이다(Messaris 1997). 편집과는 다르게 선택은 필수불가

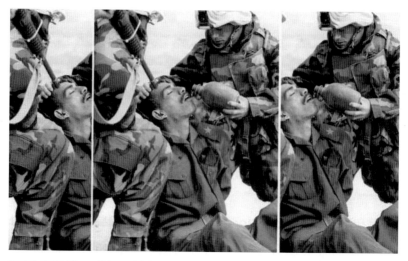

한 장의 사진을 어느 프레임으로 선택하여 보도하느냐에 따라 이미지에 대한 인상이 달라질 수 있다. 머리에 총구를 겨눈 채 수통으로 물을 먹여 주는 장면을 담은 이 사진(가운데)은 프레임에 따라 잔혹한 전쟁의 참상(왼쪽)을 보여 주기도 하고, 전쟁 상황을 초월한 인도주의적인 모습(오른쪽)을 보여 주기도 한다.

결하다. 커뮤니케이터는 어떤 이미지를 제공할 것인가를 선택하는 과정에서 수용자에게 무엇을 보여 주거나 보여 주지 않을지를 판단함으로써 수용자를 쉽게 기만할 수 있다.

2) 표제 오류

표제 오류(*mislabel*)는 시각적 이미지와 언어적 표현을 통해 진실과는 거리가 먼 이야기를 하는 것이다. 쉽게 말하자면, 특정한 이미지를 편집하고 언어적 표현을 더해서 의도적으로 오해하게 유도하는 전략이다. 표제 오류는 보통 네거티브 캠페인에서 많이 사용되는데, 가장 대표적인 예로는 조지 부시가 1988년 대통령 선거 캠페인에서 사용한 '보스턴 항구'(Boston Harbor) 광고를 들 수 있다. 당시 조지 부시는 경쟁자인 마이클 듀카키스를 공격하기 위하여 그가 매사추세츠 주지사로 재임할 때 보스턴 항구 오염을 개선하는 법안을 반대했음을 알리는 광고를 제작하였다. 이 광고에는 오염된 보스턴 항구의 충격적인 모습의 이미지가 여럿 담겨 있었다. 이러한 네거티브 캠페인을 통해 부시는 듀카키스에 대한 초반 열세를 만회하고 끝내 대통령에 당선될 수 있었다. 그러나 이후 부시가 사용한 이미지 중 일부는 실제 보스턴 항구의 모습을 담은 것이 아님이 밝혀졌다. 뿐만 아니라 많은 사람을 충격에 빠트렸던 방사능 경고 표식은 보스턴 항구에 있는 것이 아니라 부시가 부통령으로 재직할 때 관할하던 보스턴 해군시설 내에 있던 것임이 드러났다. 즉, 이미지를 교묘하게 편집하여 실제 진실과는 거리가 먼 이야기를 꾸며 낸 것이다. 이렇듯 전략적으로 사용되는 표제 오류는 대중을 시각적으로 기만하고 잘못된 해석을 끌어낸다(Messaris 1997).

이미지와 환상

다니엘 부어스틴(Boorstin 2012)은 그의 저서 《이미지와 환상》에서 '그래픽 혁명'에 의해 만들어진 공통된 이미지와 경험을 공유하는 대중문화의 폐해를 지적한다. 그는 오늘날 사람들이 생각하고 말하는 방식이 '이상'(ideal) 중심에서 '이미지' 중심으로 바뀌어 감에 따라 실제 사건과 무관한 의사사건(pseudo-event)을 토대로 세상이 구성되고 있다고 주장하였다. 그에 따르면, 이미지가 특정 대상의 외형을 모방하여 인공적으로 만들어진 것에 불과한 반면, 이상은 원래부터 존재하던 것으로 가장 완벽한 형태를 가진 무엇인가를 말한다.

그가 말하는 이미지는 실제와 다른 '의사이상'(pseudo-ideal)을 뜻하며, 우리가 이 장에서 다루는 일반적 사진이나 영상 이미지보다 훨씬 더 포괄적인 개념이다. 하지만 그가 설명하는 이미지의 특성을 통해서 우리는 이미지와 설득에 관한 논의의 폭을 확장할 수 있다. 따라서 우리의 논의와 연관해 설명할 수 있는 이미지의 특성을 간략하게 설명한다.

① **이미지의 인공성**: 이미지는 특정한 목적을 갖고 인상을 심어 주기 위해 계획적으로 만들어진 인공적인 것이다. 이미지의 인공성을 보여 주는 대표적인 예로 등록상

표와 브랜드명이 있다. '국제 사무용 기계 주식회사'(International Business Machines Corporation)라는 거추장스런 이름이 'IBM'이라는 간단한 이름으로 사람들에게 알려진 것은 정밀하게 기획된 디자인 덕분이다. 이미지는 끊임없이 조작되고 보강되고 다듬어지고 향상되어 원래의 자연적인 모습과는 달라진다.

② **이미지의 신뢰성**: 사람들이 이미지를 믿지 않으면 설득 효과가 나타나지 않는다. 설득 효과가 가장 높은 이미지를 얻기 위해서는 사람들을 믿게 하는 것이 중요하다. 가령, '최고' 등 최상급 표현을 남발하는 것보다 우회적으로 표현하는 편이 더 높은 신뢰성을 얻을 수 있다. 다시 말해, 비누 광고에서 이 비누가 최고라고 직접적으로 표현하기보다 '99.44퍼센트의 순도'를 지녔다고 광고하는 것이 더 효과적일 수 있다.

③ **이미지의 수동성**: 이미지와 실제 대상과의 관계는 수동적이다. 하나의 이미지를 유지하고 발전시키기 위한 노력은 이미지를 제작하고 담당하는 사람들에 의해 이루어진다. 이미지가 만들어지면 그것은 독립적인 하나의 이미지로 보이는 것이 아니라 주체인 회사와 회사의 상품 그리고 소비자까지 다 합쳐진 구도로 보인다.

④ **이미지의 생생함**: 화장품이나 의류 광고는 신문에 자주 광고를 내지 않는데, 이는 이미지의 생생함이 매우 중요한 기능을 하기 때문이다. 따라서 색조에 민감한 제품은 주로 잡지나 영상 광고를 더 많이 한다. 사람들의 감각에 성공적으로 호소하기 위해서는 제품의 여러 가지 특징 중에 가장 효과적인 하나의 이미지에 집중해 이를 선명하고 구체적으로 묘사해야 한다.

⑤ **이미지의 단순성**: 대상보다 더 복잡한 이미지는 아무리 효과적이라도 짧은 시간 안에 진부해진다. 또한, 의도하지 않은 설득 효과를 피하기 위해서도 이미지는 대상보다 더 단순해야 한다. 진부해진 이미지는 의사이상이 아닌 하나의 단어가 되어버리는데, 그때는 이미지가 어떤 목적을 위해 만들어졌다는 사실까지 잊히게 된다. 예를 들어, '봉고'는 원래 다인승 밴 회사의 상표였지만, 지금은 보통명사처럼 쓰인다. 이런 경우 이 이미지는 특정 회사의 본래 홍보목적을 상실하고 다른 회사도 자기 목적을 위하여 그 이미지를 이용할 수 있게 된다.

⑥ **이미지의 모호성**: 이미지가 모호하지 않고 뚜렷할 때에는 해당 이미지를 혐오하는 사람의 감정을 상하게 할 수 있다. 모호한 이미지는 다양한 사람에게 접근할 수 있고 다의적 해석이 가능하기 때문에 예측이 힘든 미래에도 적용될 수가 있다. 광고에서도 모호하고 추상적인 광고는 예측하기 힘든 소비자들의 기대감을 충족시켜 준다.

3. 이미지와 설득

지금까지 설득에 사용되는 이미지의 속성에 대해서 알아보았다. 이제 이미지가 우리에게 영향을 끼치는 방식에 대해서 시각적 자극의 형식에 따라 구별하여 살펴보자.

1) 건 축

건축물이 위엄을 보여 주는 수단으로 사용된 것은 매우 오랜 역사를 갖는다. 고대 도시에서는 권력과 권위, 위대함 등을 상징하기 위해 건물과 기념비, 조상(彫像) 등을 세웠다. 아테네 파르테논 신전은 당시 그리스 문화가 얼마나 발전했고 세련됐는지를 상징한다. 로마의 콜로세움도 로마제국의 군사력과 용맹함을 상징하며, 이집트의 피라미드는 파라오의 절대 권력과 영생에 대한 믿음을 나타낸다. 이러한 건축물들은 정치적이고 사회적인 목적을 갖는다.

중국의 만리장성을 보라. 5천 킬로미터에 이르는 만리장성은 몽골족의 침입을 막기 위해 1천여 년에 걸쳐 세워져 명나라 때 완성됐다. 사실 만리장성은 군사를 배치하기에는 너무 길어서 침입자를 막는 데는 그리 효과적이지 않았다. 그러나 만리장성은 그것이 효과적이든 아니든 간에 위대하다. 그것은 명나라의 힘과 독창성, 의지를 나타내고, 나아가 성의 안과 밖을 구분하는 문화적 고립주의를 상징했다. 이처럼 고대 문명에서 세워진 건축물은 단순히 안식처나 외부인을 막는 수단만이 아니었다. 기념물이나 대경기장, 조상, 궁전 등은 통치자를 찬미하기 위한 것이었고, 권력과 권위를 선언하는 것이었다. 건축물은 영향력을 행사하기 위한 형식이었다.

그렇다면 현대의 건축물은 어떠한가? 물론 현대의 건축물도 설득 의도를 가지고 설계된다. 건물은 말로 영향을 끼치지는 않지만 그것이 창조하는 구조와 공간은 사람들의 인식과 행동에 다소 심오한 방식으로 영향을 미친다. 예컨대, 뉴욕 마천루는 자본주의 사회의 기념물이라고 할 수 있다. 9·11 테러의 목표물이 세계무역센터 빌딩이었던 것은 우연이 아니다. 이 빌딩은 단순히 커다란 건물이 아니라 미국으로 대표되는 자본주의의 힘을 상징하는 도상이었다. 자유의 여신상 또한 전 세계인에게 자유의 상징으로 다가온다. 1989년 중국의 톈안먼 사건 당시에 시위하던 사람들은 '민주주의의 여신'이라는 조상을 세웠다. 비록 나흘 만에 군대가 철거했지만 그것은 짧은 기간에 자유에 대한 갈망이라는 설득력 있는 힘을 발휘했다. 또한 일제강점기에 우리나라에서도 일제가 경복궁 앞에 조선총독부 건물을 세워 식민지배의 위엄을 보인 적이 있다. 후에 이 건물은 중앙청, 중앙박물관으로 쓰이다가 철거되었는데, 이 또한 건물의 상징적 기능을 보여 준다.

이러한 건물의 상징적 기능 외에도 환경 디자인은 사람들에게 보다 직접적으로 영향을 끼친다. 시각적 특징과 구조적 특징의 상호작용은 특정 종류의 행동을 조장하기도 하고 억제하기도 한다. 예를 들어, 어떤 회사의 직원들이 비좁은 칸막이 안에서 일한다고 하자. 이렇게 칸막이로 구분된 환경은 시각적으로나 공간적으로 대화하는 것을 막는다. 벽을 넘어서 다른 사람을 보는 것조차 어려운 곳에서는 고립감이 생기게 마련이다.

건물의 환경이 사람들에게 영향을 끼친 예로 1942년 미국 매사추세츠공과대학교(MIT)의 방사선실험실 확장공사를 들 수 있다. 당시 포화 상태인 방사선실험실을 급하게 확장하느라 동선 등 건물 내부 디자인을 충분히 고려하지 못했다. 따라서 건물은 구조적으로 비효율적일 수밖에 없었는데, 1988년 철거될 때까지 이곳에서는 혁신적인 과학기술이 꾸준히 개발되었다. 이후 연구에 따르면, 건물의 비효율성이 과학자들의 창의성을 발현시킨 것으로 밝혀졌다. 동선이 엉키면서 과학자들은 동료와 자주 엉뚱한 장소에서 만나고 대화를 더 자주 하게 되었는데, 이 덕분에 사고를 확장할 수 있었던 것이다.

테마파크 또한 시각적인 동시에 공간적인 자극이 사람들의 지각에 어떻게 영향을 끼치는지를 보여 준다. 사람들은 길게 줄을 서서 기다리는 것을 싫어한다. 따라서 테마파크의 매표소 앞에는 무엇인가를 '타고 가는 기분'을 주는 배경에 구불구불한 선이 그려져 있다. 이는 선을 따라 서 있는 사람들이 줄이 길다고 느끼지 않도록 하기 위함이다. 카지노, 병원, 극장, 감옥, 쇼핑몰, 학교, 운동장, 대형마트 등을 설계할 때에도 시각적 요소와 공간적 배열이 조합된다. 이러한 환경 설계의 목적은 사람들의 지각과 기분에 영향을 미쳐서 특정 종류의 행동을 하게 하거나 못하게 만든다.

조선총독부 건물 철거 전후.

톈안먼 사건 당시 '민주주의의 여신' 조상.

2) 예 술

예술작품 또한 고대부터 정치적이고 종교적인 목적으로 이용되었다. 국가는 자신의 목적을 고무하고 전파하기 위하여 조각, 회화, 도자기 등의 예술품 창작을 지원한다. 그리스 신화를 나타낸 그리스의 건물 벽화나 프레스코화는 그리스 국민들에게 도덕적 교훈을 주었다. 종교도 종교적 목적을 위하여 예술을 지원한다. 한 예로 로마의 시스티나 성당(Cappella Sistina) 천장에 그려진 미켈란젤로의 〈천지창조〉는 성서적 관점에서 창조를 전파하는 기능을 한다.

전체주의 국가에서의 예술은 정치적 선전의 한 형태이다. 스탈린 치하 소련에서 모든 예술은 국가의 이해에 복종했고, 이로 인해 '사회주의적 사실주의'라는 사조가 탄생하기도 했다. 중국의 마오쩌둥 정부도 공산주의 이데올로기를 찬양하는 목적의 수많은 미술품을 만들어 냈다. 당시의 포스터와 벽화들은 마오쩌둥 주석을 신격화했고, 문화혁명 동안에는 사람들을 동원하고 그들을 교화시키는 기능을 했다.

그러나 정부의 지원을 받는 예술과는 반대로 정부에 반대하는 목적을 갖는 예술도 많다. 들라크루아(Eugène Delacroix)의 〈민중을 이끄는 자유의 여신〉은 프랑스혁명 당시 혁명에 참여한 여러 계층의 인물이 상징적으로 배치되었고, 그 한가운데에 자유의 여신이 깃발을 들고 민중을 이끄는 장면을 묘사했다.

현대의 많은 예술가들은 사회적, 정치적 이슈에 대해 확고한 의견을 가지고 그것을 작품으로 표현하는 데 주저하지 않는다. 이들은 예술을 통해 사회에 참여하고 사회를 비판하며 나아가 사회변화를 일으키기 위해 노력한다. 예컨대, 어떤 작가는 전시회의 의미를 생각하게 하거나 작가가 말하려는 바를 생각하게 만들도록 고안된 전시회를 기획한다. 또 어떤 작가는 자신의 창작활동에 일반인도 직접 참여할 수 있게

1996년 11월(왼쪽)과 2007년 11월(오른쪽) 워싱턴에서 '에이즈 메모리얼 퀼트'가 전시된 모습.

한다. 많은 사람이 참여하는 협동예술의 대표적인 사례는 'NAMES 프로젝트'라고도 불리는 '에이즈 메모리얼 퀼트'(AIDS Memorial Quilt)를 들 수 있다. 에이즈로 죽은 사람들을 추모하기 위한 이 프로젝트는 개인이 만든 퀼트 조각을 모아 붙여 거대한 하나의 작품으로 만든 작업이다. 현재까지도 계속 진행 중인 이 프로젝트는 너무 많은 퀼트가 모여서 조각들을 모두 이어붙이면 한 지역에 전시하는 것이 거의 불가능할 정도라고 한다.

이렇게 예술은 단순히 아름다운 것만을 표현하는 것이 아니라 때에 따라 논쟁의 중심에 설 수도 있고 기존의 사회질서에 도전하기도 한다. 또 사람들을 화나게 하기도 하고 사람들의 의식을 깨우치기도 하며, 사람들이 세상을 보는 방식을 바꿀 수도 있다. 다시 말해, 사람들은 예술을 통해 어떤 이슈에 대해 능동적으로 생각하게 되어 중심경로를 통해 정보처리를 하고, 궁극적으로 태도변화가 일어날 수 있다. 이것이 바로 예술이 갖는 설득의 힘이다.

3) 영 화

(1) 영화의 특성

영화의 영향력에 대해서는 의문을 가질 사람이 아무도 없을 것이다. 영향력은 영화에 대한 등급제가 존재하는 것으로 그 영향력은 이미 증명된다. 영화의 가장 주요한 특징은 이미지가 전개되는 영상매체라는 점이다. 영화는 영상매체가 가진 다음의 몇 가지 중요한 특징 때문에 강한 설득 효과를 갖게 된다.

먼저 영화는 국경을 초월하여 수많은 대중에게 전달된다. 똑같은 메시지가 전 세계인에게 전달될 때의 잠재적 영향력은 그 어떤 매체보다 막강하다.

둘째로, 영화는 내러티브 형식으로 전개된다. 영화의 이야기는 다른 미디어가 갖지 못하는 '그럴듯함'(*believability*)이라는 특징을 갖고 있다. 따라서 이야기를 따라가는 동안 사람들은 영화의 세계 속에 빠져서 자신을 잃어버린다.

셋째, 극장에 영화 보러 가는 사람들은 설득당하러 가는 것이 아니라 즐기기 위해 간다고 생각한다. 따라서 그들은 메시지를 덜 의심하고 영화의 제안이나 암시에 대해 열린 자세를 가진다.

마지막으로 영화는 매우 신중하게 만들어지는 작품이다. 연출방식이나 배경음악과 같은 기법들은 보는 이를 보다 감정적 상태로 만든다. 즉, 영화는 매우 정교하게 다듬어진 메시지를 전달하는 것이다.

영화가 행사하는 설득적인 힘은 의도적일 수도 있고 그렇지 않을 수도 있다. 가령, 2017년 개봉한 조던 필의 〈겟 아웃〉은 현대사회에 여전히 존재하는 인종차별과 편견에 대해 이야기한다. 이 영화는 흑인에 대한 편견뿐 아니라 백인에 대해 사람들이 가진 편견을 일깨우기 위한 의도로 기획되었고, 많은 관객들로 하여금 영화를 통해 인종문제와 고정관념에 대해 생각해 보게 해 주었다. 반면 베트남전쟁의 상처를 사실적으로 묘사했다는 호평을 들었던 1978년 〈디어 헌터〉의 제작자들은 의도치 않은 결과에 맞닥뜨려야 했다. 이 영화에는 러시안룰렛 게임 장면이 나오는데, 무려 43명의 사람들이 이 게임을 모방하다 죽음에 이르렀다.

(2) 영화의 설득

영화는 어떠한 방식으로 사람들에게 영향을 미칠까? 영화의 설득 방식은 크게 다섯 가지 정도로 생각해 볼 수 있다.

우선 영화는 **해당 문화의 가치관을 전달**한다. 세계적으로 인기를 끌고 있는 '마블코믹스'나 'DC 코믹스'의 히어로 영화는 미국의 서구적 가치를 담고 있다.

두 번째는 **대중문화를 형성하고 전파**하는 방법이다. 영화 이미지가 갖는 도상성으로 인해 사람들은 영화 속 패션과 헤어스타일, 생활양식, 구사되는 언어 등을 이상적이고 낭만적으로 인식하며 그것을 모방하고 싶다는 생각을 한다. 〈트랜스포머〉에서 '범블비'로 나온 자동차가 많이 팔린다거나, 〈겨울왕국〉 주인공 '엘사'의 화장법이 유행하는 것 등이 그 예이다. 많은 기업들이 영화에 PPL(*product placement*)을 삽입하려고 하는 것은 바로 이러한 효과를 기대하기 때문이다.

다음으로 영화는 **행동 모델링**을 통해 우리를 설득한다. 사람들은 때때로 영화 속 특정한 상황에서 주인공의 행동을 기억하고 그것을 따라하려고 한다. 가령 로맨스 영화를 보고 사랑고백을 하는 방법 등을 익히는 것을 예로 들 수 있다. 2003년 개봉한 〈러브 액츄얼리〉에서 스케치북을 이용해 사랑을 고백하는 장면은 많은 연인들에 의해 재현되었다. 한편, 이러한 학습효과로 인한 폭력이나 살인, 범법행위 등의 모방범죄 문제도 심각하게 제기되고 있다. 2011년 플로리다의 은행 강도들은 검거되자 영화 〈타운〉을 본 후 모방범죄를 계획했다고 실토하였으며, 2012년에는 〈다크 나이트 라이즈〉 상영관에 영화의 등장인물인 '조커'라고 자칭하는 사람이 난입하여 총기난사 하는 사건으로 무려 70여 명의 사상자를 내었다.

영화가 설득하는 네 번째 방식은 **동일시**다. 관객은 영화 속 배우의 캐릭터를 자신과 동일시할 수 있다. 배우가 좋아서일 수도 있고, 실제 영화 속 인물이 자신과 비슷하기 때문일 수도 있다. 물론 동일시는 자신과 비슷하지 않아도 일어날 수 있다.

한편 영화는 특정한 인종, 성별, 문화, 사회계층 등을 묘사하는 방식을 통해 사람들이 지닌 **고정관념을 강화하거나 약화**시키는 역할을 수행하기도 한다. 과거 많은 수의 할리우드 영화에서 유색인에 대한 묘사는 서구가 가진 유색인에 대한 편견을 그대로 드러내고 그것을 강화시킨다는 비판을 받아 왔다. 또 여성의 역할이나 노년층에 대한 묘사가 제한적이라는 점도 마찬가지이다. 그러나 최근에는 이러한 고정관념에서 벗어난 내용의 영화들이 제작되고 또 흥행하고 있다. 앞서 언급한 〈겟 아웃〉이나, 1900년대 중반 NASA에서 활약한 세 명의 여성 과학자를 다룬 데오도르 멜피의 2017년 영화 〈히든 피겨스〉 등을 그 대표적인 예로 들 수 있다.

4) 광고

광고는 우리 사회에서 가장 널리 퍼진 설득의 형태이다(Woodward & Denton 1999). "우리가 숨 쉬는 공기는 산소와 질소, 수소, 그리고 광고로 이루어졌다"는 프랑스의 광고학자 쿼렝(Robert Querren)의 말처럼 TV, 라디오, 길거리, 인터넷, 이메일 등 다양한 매체를 통해 우리가 하루에 접하는 광고는 수천 건이 넘는다. 광고도 언어적 요소를 갖고 있지만 광고 효과의 가장 중요한 결정요인은 언어보다 이미지이다. 이미지 중심의 광고는 다양한 방식으로 설득 효과를 발휘하는데, 그중에서도 특히 중요한 설득 전략을 간추려 살펴보자.

(1) 주의 끌기

광고 이미지의 설득 전략 중에는 '주의 끌기'가 가장 흔하다. 우리는 수많은 미디어의 잡음에 둘러싸여 있다. 따라서 많은 광고에는 소비자의 주의를 끌기 위해 생생하고 강력한 이미지가 사용된다. 요즘에는 디지털 편집기술 덕분에 이전에는 불가능했던 종류의 이미지가 만들어진다. 그러나 너도나도 디지털 기술로 생생한 이미지를 만들기 때문에, 오늘날 소비자의 주목을 끄는 이미지를 만들기는 결코 쉬운 일이 아니다.

(2) 안티 광고

무분별하게 범람하는 광고로 인해 사람들은 광고를 점점 더 냉소적으로 바라보기 시작했다. 다시 말해, 모든 광고는 거짓말이라고 생각하게 되었다. 광고주들은 이러한 소비자들의 태도를 광고에 활용할 방안을 모색하였는데, 그 결과 광고에 대한 회의론을 바탕으로 만든 '안티 광고'가 탄생하였다. '전복적(subverting) 광고'라고 불리기도 하는 안티 광고는 전통적 광고문법을 거부한다. 안티 광고의 대표적 사례로 이탈리아 청바지 회사 '디젤'의 '성공적인 삶을 위한 가이드'라는 캠페인을 꼽을 수 있다. 그중에서 '권총을 빨리 뽑아라'라는 제목의 TV 광고를 보면, 예쁜 아내와 딸이 있는 멋진 남자 주인공은 디젤 청바지를 입고 주변 사람들에게 친절하기까지 하다. 반면에 못생기고 뚱뚱하고 늙은 남자는 못생긴 아내를 두었으며 아이를 괴롭히는 나쁜 사람이다. 그런데 이 둘이 만나서 총싸움을 한 결과, 못생긴 남자가 승리한다. 디

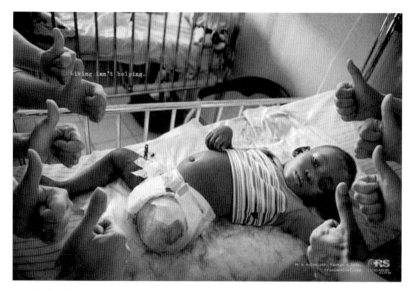

2013년 칸 국제광고제 인쇄부문에서 금상을 수상한 싱가포르 비영리단체 'Crisis Relief'의 광고로,
SNS에서 '좋아요'만 누르지 말고 실질적으로 자원봉사에 참여해 달라는 메시지를
강력한 이미지를 통해 효과적으로 전달하고 있다.

젤 청바지를 입은 멋있는 주인공이 총싸움에 져서 죽는 것이다. 광고
는 주인공이 성공하는 모습만을 보여 주는 기존의 광고 이미지를 거부
함으로써 소비자의 주의를 끄는 데 성공하였다.

(3) 이미지 광고

세 번째 설득 전략은 이미지가 가진 구문상 불확정성이라는 특징을
이용한 전략이다. 이런 이미지 광고는 오늘날 광고에서 가장 중요한
설득 전략이라고 할 수 있다. 화장지를 만드는 회사는 산에 나무가 베
어 없어진 것을 보고 사람들이 자신의 회사를 떠올리기를 원하지 않을
것이다. 이에 '유한킴벌리'는 1984년부터 친환경 캠페인을 전개하고
이미지 광고를 꾸준히 내보내고 있다. 이미지 광고는 이렇게 특정 제
품에 대한 광고뿐만 아니라 기업 전반에 대한 이미지 제고를 위해 이

용되기도 한다.

옷이나 구두, 자동차, 고급 시계, 맥주 광고 등에서 이상적인 생활양식을 누리는 광고모델이 나오는 것 모두가 이미지 광고이다. 이미지 광고는 타깃층에 따라 사용하는 이미지의 종류가 달라지는데, 고급 시계나 고가의 자동차와 같은 제품에는 고전적이고 우아한 이미지, 높은 사회적 지위나 엘리트를 연상시키는 이미지가 제시되고, 맥주나 컴퓨터, 음료와 같은 광고에서는 역동적이고 젊은 이미지가 사용되며, 화장품이나 향수, 헤어스타일링 제품 등에는 섹시하고 로맨틱한 이미지가 사용된다. 또한, 은행이나 보험, 레스토랑 광고 등은 안전한 느낌이나 소속감, 편안한 느낌을 주는 이미지가 이용된다.

(4) 충격 광고

광고가 사람들을 설득하는 네 번째 방식은 '충격 광고'이다. 충격 광고는 적절함이나 예의, 기호(taste)의 경계를 넘어서는 광고 전략으로, 강한 정서를 일으키는 이미지를 사용하며 주로 18세에서 25세 사이를 타깃으로 한다. 이를테면, 멋지게 잘 차려 입은 남녀가 길을 걸어가는데 길가의 쓰레기통 앞에서 여자가 갑자기 멈춘다. 여자는 쓰레기통 속에서 샌드위치 포장지를 꺼내더니, 그것이 깨끗해질 때까지 혀로 핥는다. 미국의 한 샌드위치 광고의 장면이다. 이러한 광고는 대체로 기성세대에게는 거부감을 사게 마련이다. 그러나 기존의 가치를 전복하는 반항적이고 도발적인 이미지는 젊은 층에게 강한 호소력을 발휘한다. 또, 때에 따라서는 충격 광고가 사회적으로 중요한 문제를 부각하는 촉매제 역할을 하기도 하고, 잘 알려져 있지 않던 회사를 유명하게 만들기도 한다.

충격 광고의 대표적 사례는 1989년부터 시작된 '베네통'의 '언헤이트'(UNHATE) 캠페인이다. 문화적 관용과 인종 간 조화를 강조하는

베네통은 '증오를 거두고 화해하자'는 의미를 담은 '언헤이트' 캠페인을 진행하였다. 이 캠페인에는 당시 정치, 경제, 종교 등의 이유로 불편한 관계에 있던 각국의 지도자들이 등장한다.

이 광고는 흑인 여자가 백인 아이에게 젖을 먹이는 장면, 다운증후군의 아이가 베네통 옷을 입고 웃고 있는 모습, 보스니아 내전에서 숨진 병사의 피 묻은 군복, 수녀복과 사제복을 입은 남녀의 키스, 사형수의 얼굴 사진 등 자극적이고 충격적인 광고를 제작했다.

(5) 새로운 시대의 설득 이미지

기술의 발전으로 인해 현대사회에서는 증강현실과 가상현실을 이용한 광고가 등장하기 시작했다.

증강현실(AR, *augmented reality*)이란 사용자가 눈으로 보는 실제 현실세계에 가상의 물체를 겹쳐 보여 주는 기술을 말한다. 증강현실은 현실세계에 가상의 정보를 부가적으로 합쳐서 보여 준다는 의미로 '혼합현실'(MR, *mixed reality*)이라고 불리기도 한다. 사람들은 증강현실 프로그램을 통해, 물건을 구매하기 이전에 집의 인테리어를 해 보거나 익숙한 환경을 배경으로 하는 게임 등의 활동을 할 수 있다. 가구회사 '이케아'에서 제공한 가상현실 앱(application)은 자사에서 판매하는 실제 제품을 집에 배치해 볼 수 있도록 함으로써 소비자의 구매를 촉진시켰다. 또한 최근 큰 인기를 끌었던 게임 '포켓몬고'는 사용자에게 익숙한 실제 환경에 배치된 가상의 포켓몬을 포획하는 것을 게임의 목적으로 두기도 한다.

반면 가상현실(VR, *virtual reality*)이란 특정한 가상세계를 컴퓨터로 만들고 이를 시각적으로 완벽하게 구현함으로써, 사람들이 일상적으로 경험하기 어려운 것들을 간접적으로 체험할 수 있도록 하는 것이다. 가상현실 프로그램을 통해서 사람들은 비행기, 항공모함, 탱크 등을 조종해 보거나 우주여행이나 전쟁 등 현실적으로 경험하기 어려운 일을 생생하게 경험해 보기도 한다.

증강현실과 가상현실을 이용한 광고는 스마트폰의 보급과 함께 본격적으로 가속화되었다. 또한 이러한 기술은 상업 분야뿐 아니라 게임이나 교육 분야에서도 적극적으로 활용되고 있다.

5) 포토저널리즘

사진은 언어 없이도 이야기를 가지며, 그 이야기는 우리에게 영향을 미친다. 사진의 효과는 때로 매우 강력하다. 줌월트는 "사진에는 우리의 감정에 불을 지를 엄청난 것이 잠재되어 있다"고 했다(Zumwalt 2001). 사진은 언어적 능력을 요구하지 않으므로 보다 보편적으로 이해될 수 있지만, 한편으로는 현실을 왜곡할 수도 있다는 위험성이 있다. 포토저널리즘에 관한 논의는 무궁무진하다. 여기에서는 사진, 특히 '미디어에 실린 사진이 일종의 강력한 주장이고 그것은 진실이기보다는 하나의 관점일 수 있다'는 점에 대해 살펴보도록 하자.

2015년 9월 터키 해변에서 익사체로 발견된 세 살배기 시리아 난민 아이를 찍은,
'쿠르디의 비극'이라는 제목의 이 사진으로 시리아의 난민 문제가 대두되었다.

유명한 사진은 대부분 역사적 사건이나 특정 시대의 도상적 재현이
라는 기능을 수행한다. 예컨대, 그 시대를 살지는 않았더라도 우리는
가끔 구한말 사람들의 모습이나 일제강점기 혹은 한국전쟁 당시의 장
면이 담긴 사진을 접한다. 우리는 그 사진을 보고 당시 사람들의 모습
과 생활을 머릿속에 그리게 된다. 특히 일제강점기나 전쟁 상황의 사
진은 당시의 비참함을 상징한다. 이렇게 사진은 사회문제나 갈등을 함
축하기도 하는 등, 글이 할 수 없는 방식으로 사건을 기록한다. 사진
의 이러한 도상성으로 인해 어떤 사진은 수많은 사람의 마음에 깊이
새겨진다.

그러나 중요한 것은 사진의 이미지가 중립적이며 객관적이거나 공
정하지는 않다는 사실이다. 앞서 '이미지의 시각적 조작'에 대한 논의
에서 살펴보았듯, 사진도 거짓말을 할 수 있고 우리를 속일 수 있다.
사진은 단지 그것을 찍은 기자나 작가의 관점을 보여 줄 뿐이다. 사진
작가는 어떤 사건이나 장면을 필름에 담을 것인지 결정하고, 어느 정
도의 거리에서 어떤 각도로 얼마만큼의 셔터스피드로 찍을지도 결정한

다. 또, 찍은 사진을 어떻게 현상하고, 자르고, 편집할지를 결정하고 마지막으로 수많은 사진 중 어떤 것을 발표할지를 결정한다. 이렇게 정교한 과정을 거쳐 세상에 나온 사진은 우리의 생각과 태도에 영향을 미칠 수밖에 없다. 따라서 우리는 사진을 실재와 혼동해서는 안 된다. 우리가 신문이나 잡지에서 보는 사진은 사건 그 자체가 아니라 사진작가가 재구성한 현실인 것이다.

4. 결 론

지금까지 건축물, 예술, 영화, 광고, 사진을 중심으로 각각의 장르가 가진 시각적 설득 기제에 대해 살펴보았다. 우리는 앞으로 점점 더 많은 영상물을 접하게 될 것이다. 이렇게 쏟아지는 이미지를 비판적으로 바라보고 이것에 어떠한 설득 전략이 사용됐는지를 따져 보는 것은 보다 현명한 소비자, 독자 그리고 커뮤니케이터가 되는 길이다.

제 14 장

특수한 형태의 설득

1. 잠재의식적 설득

잠재의식적 설득(*subliminal persuasion*)은 수용자로 하여금 설득 행위를 의식하지 못하게 한 상태에서 설득하려는 목적을 갖는다. '잠재의식'은 인간의식의 식역 또는 역치(*threshold, limen*) 아래(*sub*)를 의미한다. 따라서 잠재의식적 메시지는 의식하지 못한 채 처리되는 설득 메시지로, 의식적으로 인지되고 처리되는 대부분의 설득 메시지와는 다른 설득 기제를 가진다. 메시지가 매우 희미하게 혹은 너무 빠르게 제시되어 사람들이 이를 감지할 수 없을 때 이는 잠재의식에 의해 처리될 가능성이 높다.

반면, 메시지가 순간적으로 제시된다고 하더라도 사람들이 이를 인식할 수 있고 들을 수 있다면 잠재의식이 아닌 의식 영역에서 처리된다. 영화나 드라마 속에 기업의 로고, 브랜드, 이미지 혹은 상품 그자체가 소품으로 등장하는 PPL 광고가 시청자의 잠재의식을 자극하는 것이라고 생각하기 쉽지만, 엄밀하게 말하면 이는 간접 광고의 일종이라고 보는 것이 더 적합하다. 왜냐하면 광고 제작자들은 영화나 TV를 보는 사람들이 그 상품을 인식하기를 원하기 때문이다.

잠재의식에 대한 연구의 문제점은 연구자마다 잠재의식적 처리 과정을 다르게 정의한다는 데 있다. 어떤 연구자는 잠재의식성의 역치를 관찰자가 자극의 존재를 감지할 수 없는 지점으로 간주하고, 다른 연구자는 잠재의식성의 역치를 관찰자가 보고 듣는 것을 정확하게 감지하는 지점으로 간주한다. 이러한 차이 때문에 잠재의식에 대한 연구결과들을 비교하는 것이 쉽지 않은 경우가 많다.

1) 잠재의식적 설득에 대한 논란

많은 연구자들은 광고의 잠재의식적 메시지에 설득적 효과가 있다고 주장한다. 광고업계는 잠재의식적 자극의 효과에 대해서 공식적으로 부정하는 입장을 취하고는 있지만, 사실 잠재의식적 광고는 굉장히 광범위하게 사용되고 있다.

잠재의식적 설득에 대한 공중의 믿음은 1957년 비카리(James Vicary)의 잠재의식 광고에 대한 보고에서 비롯됐다. 비카리는 미국 뉴저지주의 한 영화관이 팝콘과 콜라의 판매를 촉진하기 위하여 잠재의식적 자극을 사용했다고 주장했다. 비카리에 따르면, 영화관이 영화 필름의 매 5초 169회씩 6주 동안, 2천 분의 1초간 "콕(콜라)을 마셔라"(*drink coke*)와 "팝콘을 먹어라"(*eat popcorn*)는 자막을 삽입하여 상영함으로써 콜라와 팝콘을 각각 18.1퍼센트, 57.7퍼센트 더 판매했다고 한다.

그 후 많은 연구자들은 비카리의 연구가 여러 가지 상황적 변인을 고려하지 않았으며 통제집단을 사용하지 않았다는 점을 비판했다. 이러한 비판에도 불구하고, 대중은 잠재의식적 메시지를 서서히 의식하기 시작했다. 이후 1970년대와 1980년대에 윌슨 브라이언 키(Wilson Brian Key)가 잠재의식 설득에 대한 대중의 관심을 다시 불러일으켰다. 그는 자신의 여러 저서에서 광고 속에 잠재의식적 이미지나 메시지가 숨겨져 있다고 주장했다.

키가 잠재의식 광고의 예로 든 것 중 하나는 1971년 7월 〈타임〉지에 게재된 런던 드라이진 광고이다. 이 광고에는 술병 옆에 서리가 낀 컵이 놓여 있다. 키는 컵에 있는 얼음 세 조각에 각기 'S', 'E', 'X'라는 글자가 새겨져 있으며, 테이블에는 남자 성기가 부분적으로 투영돼 있다고 설명했다. 그리고 이 광고를 1천 명에게 보여 주고 조사한 결과, 62퍼센트가 흥분과 성욕 등을 느끼는 것으로 나타났다고 주장했다.

최근에 영화사 디즈니가 〈알라딘〉, 〈인어공주〉, 〈라이온 킹〉 등의 영화에 잠재의식적 설득을 사용했다고 하여 논란이 됐다. 디즈니는 영화 〈누가 로저 래빗을 모함했나〉의 프레임 사이에 X 등급의 이미지가 숨겨져 있음을 인정하기도 했다. 이들은 회사가 의도한 것이 아니라 몇몇 직원의 장난이었다고 해명하였지만, 이 사건으로 많은 사람들은 잠재의식적 메시지가 광고에 적극적으로 이용되고 있다고 믿게 되었다.

2) 잠재의식물의 유형

(1) 숨겨진 이미지

숨겨진 이미지는 몇백 분의 1초나 몇천 분의 1초 동안 잠깐 보이는 그림이나 단어들을 의미한다. 이 이미지는 단 한 번 나타날 수도 있고 규칙적으로 반복될 수도 있다.

이렇게 숨겨진 이미지는 소비자의 잠재의식을 자극하여 설득 효과를 높일 것 같지만, 실제 실험연구는 상반된 결과를 제시했다. 예를 들어, 게이블 등(Gable et al. 1987)은 광고에 숨겨진 성적 자극의 효과를 연구하기 위해 일군의 피험자들을 대상으로 실험했다. 연구자는 피험자에게 동일한 두 장의 사진을 보여 주었는데, 한 장에는 성적 이미

한때 미국에서 방영된 이 광고는 "고어의 처방전 의약품 계획, 관료들이 결정한다"는 메시지 끝에
'쥐새끼들'(rats)이라는 글씨가 순간적으로 비친다. 이에 대해 민주당은 광고주인 공화당이
시청자들의 잠재의식을 이용하여 민주당의 가치를 떨어뜨리는 수법을 구사했다고 주장했다.
그러나 당시 대통령 부시는 고의가 아닌 실수라고 말했다.

지가 교묘하게 숨겨져 있었고 나머지 다른 사진에는 아무런 이미지가
숨겨져 있지 않았다. 실험 결과, 이러한 잠재의식적 이미지가 성적 소
구의 역할을 하지 못했으며 광고에 대한 피험자들의 선호 또한 끌어내
지 못했다. 즉, 많은 사람이 믿는 것과는 달리, 숨겨진 이미지는 성적
욕구나 브랜드 선호에 별 영향을 미치지 않은 것이다.

이와 관련, 스미스와 로저스(Smith & Rogers 1994)는 TV 광고에
"이것을 선택하세요"라는 단어가 숨겨져 있는 잠재의식적 메시지보다
공공연하게 "이것을 선택하세요"라고 제시하는 의식적 메시지가 훨씬
더 효과적이라는 점을 밝혀냈다. 연구자들에 따르면, 잠재의식적 메
시지가 효과를 발휘한다 하더라도, 그 효과는 의식적 메시지의 효과보
다 훨씬 작다고 결론지었다.

(2) 잠재의식적 음향 메시지

잠재의식적 음향 메시지란 너무 희미하여 들을 수 없거나 너무 빠르
게 재생되어 감지할 수 없는 소리를 의미한다. 미국에서는 많은 사람
이 잠재의식적 음향 메시지가 담긴 자기계발 테이프를 사용하여 과식
하지 않도록, 자신감을 갖도록, 혹은 편안한 마음을 갖도록 노력하고
있다. 이러한 자기계발 테이프는 1억 달러가 넘는 시장을 형성하고 있

는데, 많은 사람이 잠재의식적 자기계발 테이프가 효과 있는 것으로 기대한다는 점을 알 수 있다.

그러나 많은 연구결과는 이러한 테이프의 실용성을 반박하고 있다. 자기계발 테이프가 효과적이라고 믿는 사람들은 실제로 이러한 테이프가 효과적이기 때문이 아니라 사람들이 효과가 있다고 믿기 때문이라고 한다. 즉, 자기계발 테이프의 효과는 플라시보 효과(placebo effect) 때문이며 테이프의 내용과는 아무 관련이 없다는 것이다.

예를 들어, 그린월드 등(Greenwald et al. 1991)은 피험자에게 두 가지 다른 테이프를 듣게 했다. 하나는 기억을 증진시킨다는 자기계발 테이프였고, 다른 하나는 자긍심을 증진시킨다는 자기계발 테이프이었다. 그러나 연구자들은 피험자가 모르는 사이에 테이프를 바꾸어 놓았다. 따라서 자긍심을 증진시킨다는 테이프를 받았다고 생각한 피험자들은 실제로는 기억을 증진시킨다는 테이프를 받았고 다른 쪽도 마찬가지로 바뀐 테이프를 받았다. 시간이 지난 후 피험자들에게서 강한 플라시보 효과가 나타났다. 즉, 기억을 증진시킨다는 라벨이 붙은 테이프를 받은 피험자들은 그들이 비록 다른 테이프(자긍심을 증진시킨다는 테이프)를 받았음에도 자신들의 기억이 좋아졌다고 보고했다. 자긍심을 증진시킨다는 라벨의 테이프를 받은 피험자들도 마찬가지였다. 이러한 결과는 잠재의식적 음향을 이용한 자기계발 테이프가 실제로는 별다른 효과가 없으며, 자기계발 테이프로 인한 변화는 심리적 기대에 따른 효과였을 뿐임을 보여 주었다.

3) 잠재의식적 설득의 가능성과 한계

이런 내용을 토대로 판단할 때 잠재의식적 메시지는 설득 효과가 없는 듯하다. 그러나 잠재의식적 설득을 연구하는 과정에서 연구자들은 정보를 인지하지 않은 상태에서도 무엇인가를 인식할 수 있다는 사실, 즉 내재적 인식의 가능성을 발견했다(Bornstein & Pittman 1992). 이러한 내재적 인식이 반드시 신념, 태도, 의도, 동기, 행동에 변화를 가져오는 것은 아니지만, 자극적 메시지에 대해 정서적 혹은 감정적 반응을 일으킬 수 있다.

예를 들어, 실버만(Silverman 1976)은 잠재의식적 메시지를 전달하는 장치인 터키스토스코프(tachistoscope)를 사용하여 피험자에게 "엄마를 살해해"라는 메시지를 제시했는데, 그 결과 피험자의 우울한 감정이 심해졌다. 이와 비슷한 다른 연구에서는 알코올 중독자를 두 집단으로 나누고 처치집단에게는 "엄마와 나는 하나야"라는 메시지를, 통제집단에게는 "사람들이 걷고 있어"라는 메시지를 제시했다. 그 결과, 처치집단에 속한 알코올 중독자의 긴장과 우울의 정도가 낮아지고 자기의식이 고양됐으며 석 달 후에는 알코올 섭취량이 줄어든 것으로 나타났다.

잠재의식을 통해 이루어지는 인식은 실제로 일어나는 현상이다. 그러나 이러한 내재적 메시지의 효과를 실험적 상황에서 만들어 내기 위해서는 주의 깊은 계획과 실행을 요구한다. 많은 연구는 잠재의식을 이용한 설득보다 의식 작용을 유도하는 메시지가 더 큰 설득 효과를 발휘한다고 주장한다. 또한 잠재의식적 설득에 대한 대부분의 연구는 통제집단을 사용하지 않았기 때문에 플라시보 효과의 가능성을 배제할 수 없다고 말한다. 잠재의식적 설득의 자체에 대한 의심에도 불구하고 잠재의식적 설득을 믿는 이유는 사람들이 음모이론에 매력을 느끼기 때문일 수도 있다.

2. 음악과 설득

많은 사람들은 광고에서 상품명에 맞춘 흥겨운 멜로디와 가사를 듣고 이를 하루 종일 흥얼거려 본 경험이 있을 것이다. 이것은 상품에 대한 회상을 촉진하는 수단으로서 음악의 힘을 보여 준다. 음악이 어떻게 설득의 요소로 작용할 수 있는지 알아보도록 하자.

1) 음악의 기능과 설득

(1) 상품의 이미지 보강

음악은 종종 상품의 이미지를 보강하는 역할을 한다. 광고에 사용되는 음악의 형태는 상품과 그 사용자의 이미지에 대해 말해 준다. 예를 들어, 고급 자동차 광고에 사용되는 클래식 음악은 고급 자동차의 이미지를 더욱 고양시키며, 스포츠카 광고에 사용되는 록 음악은 젊고 섹시한 이미지를 전달한다. 또한 백화점 등은 고객을 즐겁게 하는 음악을 사용하여 구매에 대한 긍정적 심리를 유도할 수 있다.

(2) 기억을 돕는 장치

광고에 사용되는 음악의 한 형태인 '징글'(jingle)은 소비자가 상품명을 회상하는 데 도움을 줄 뿐 아니라 상품에 대한 긍정적 느낌을 갖게 한다. 징글이란 기업명, 브랜드명 또는 상품명에 멜로디를 주어 소비자에게 브랜드를 더 쉽게 기억하도록 하는 광고 소재를 말한다. 예를 들어, 특정한 통신사를 생각하면 떠오르는 신호연결음이나 특정한 마트를 생각하면 떠오르는 CM송(commercial song) 음률 등이 대표적인 징글이다.

징글의 효과를 연구한 한 실험에서는 피험자들에게 스무 가지 광고

슬로건을 보고 각 슬로건에 해당하는 브랜드명을 기억하도록 요구했는데, 이때 슬로건의 절반은 징글이 있는 광고였고 나머지 반은 징글이 없는 것이었다. 실험 결과, 징글이 있는 브랜드에 대한 회상도가 더 높은 것으로 나타났다. 효과적 징글이 사용된 광고를 접한 소비자는 대형마트에서 두 개의 브랜드 중 하나를 선택해야 할 때 자신이 기억하는 브랜드를 선택할 가능성이 더 높다.

광고의 징글은 그 광고의 내용이 기억하기 어려울 때 가장 효과적이다. 만약 상품명이나 특징을 기억할 수 있는 다른 단서가 있다면 징글의 효과는 떨어진다. 또한 징글은 단순할수록 효과적인데, 이것은 징글이 언어적 의미보다는 음성과 리듬이 종합된 하나의 결과로서 인지적으로 처리되는 경향이 있기 때문이다.

(3) 배경음악과 설득

배경음악은 설득 과정에서 중요한 역할을 한다. 배경음악은 매장의 분위기를 고양시켜 소비자로 하여금 기쁜 마음으로 물건을 구매하는 데 영향을 주며, 구매자의 기분이나 직원의 작업수행에도 영향을 준다. 배경음악의 설득적 효과에 대해 좀더 구체적으로 살펴보면 다음과 같다.

배경음악과 구매속도

배경음악은 일의 속도에 영향을 미칠 수 있다. 밀만(Millman 1982)은 음악의 템포가 소비자의 구매행위에 미치는 영향력을 연구했다. 첫 번째 연구에서 밀만은 매장에서 쇼핑하는 소비자들에게 빠른 템포의 음악(분당 94비트)과 느린 템포의 음악(분당 72비트)을 들려주면서 소비자들의 구매행위를 관찰했다. 그 결과, 느린 템포의 음악을 들으면서 쇼핑한 소비자들이 빠른 템포의 음악을 들으면서 쇼핑한 소비자들보다 상품을 38퍼센트 더 구입한 것으로 나타났다. 이는 소비자들이 느린 템포의 음악을 들었을 때 쇼핑을 더 천천히 하며 매장에 더 오랫동안 머물러 있었기 때문인 것으로 풀이된다. 그 다음으로, 밀만은 레스토랑 고객을 대상으로 배경음악의 속도와 식사의 속도에 관해 실험했다. 그 결과, 템포가 느린 음악에 노출된 고객들이 빠른 템포의 음악에 노출된 고객보다 더 오랫동안 식사하는 것으로 나타났다. 이때 느린 템포의 음악에 노출된 고객들이 더 많은 음식을 주문하지는 않았지만 음료를 더 많이 주문했다. 이에 따라 패스트푸드점은 고객 회전율을 높이기 위해 빠른 음악을, 고급 레스토랑은 느린 음악을 튼다고 한다.

배경음악과 기분

배경음악은 긴장을 풀어 주고 기분을 좋게 하는 데 효과적인 도구가 될 수 있다. 특히 상품을 판매하는 상황에서 배경음악은 구매자를 기분 좋게 함으로써 도움이 된다. 브루너(Bruner 1990)는 배경음악이 소비자의 행동에 가장 효과적인 때를 예측하기 위한 유용한 법칙을 제시했다. 그에 따르면, 배경음악은 소비자가 상품에 대하여 정서적으로 관여도가 높고, 인지적으로 관여도가 낮은 상황에서 구매 촉진에 큰 영향을 미친다고 한다. 즉, 향수나 보석, 맥주 혹은 의류와 같이 소비자가 좋은 느낌을 가지고 있으나(정서적으로 고관여) 이러한 상품을 구매해야 할 인지적 필요성이 낮을 경우에(인지적으로 저관여) 음악의 효과가 가장 크다. 반면, 음악은 소비자가 상품에 대하여 인지적으로 관여도가 높을 때 가장 효과가 떨어진다. 즉, 컴퓨터나 카메라와 같이 소비자가 제품의 특성을 인지적으로 파악해야 하는 상황에서 음악은 상품 구매에 크게 영향을 미치지 않는다. 이러한 브루너의 법칙은, 소비자가 저관여 상품을 구입할 때 음악이 구매를 촉진하지만 고관여 상품을 구입하고자 하는 소비자는 음악을 들었을 때 주의가 산만해져 오히려 상품을 더 구매하지 않는다는 이전의 연구결과를 확장한 것이다.

배경음악과 작업수행

배경음악은 작업수행에 도움을 준다. 보우처와 트렌스케(Boutcher & Trenske 1990)는 실내 자전거로 운동하는 여성들이 배경음악을 들을 때 덜 힘들어한다는 사실을 밝혀냈다. 이러한 연구는 음악과 함께 하는 운동이 더 재미있고 즐겁다는 광범위한 견해를 뒷받침한다. 밀러와 쉬비(Miller & Schyb 1989)는 여러 종류의 음악이 학생들의 구어적/비구어적 작업의 능률을 증진할 수 있는지 여부를 실험했다. 학생들은 네 가지 조건(음악이 없는 경우, 클래식 음악, 팝 음악, 디스코 음악)에 노출됐다. 그 결과, 배경음악은 작업수행을 촉진하지만 이는 피험자가 여성일 때에만 그렇다는 점을 밝혀냈다. 또한 팝 음악과 디스코 음악이 가장 효과적인 것으로 나타났다. 또 다른 연구에서는 빠른 템포의 음악(분당 120비트)에 노출된 직원들이 느린 템포의 음악(분당 60비트)에 노출된 직원들보다 더 생산적이라는 것을 밝혀냈다. 덧붙여 선율이나 조가 없는 불협화음이 이해도를 높였으며 가사가 있는 음악보다는 단순 연주곡이 집중력을 높이는 효과가 있다고 한다.

(4) 뮤직비디오와 설득

뮤직비디오는 패션이나 유행, 속어 그리고 성적 관습 등 사회적 행위에 커다란 영향을 미친다. 뮤직비디오의 영향은 경우에 따라 긍정적일 수도 있고 부정적일 수도 있다. 또한 영향력의 크기가 클 수도 있고 작을 수도 있다.

부정적 관점에서 뮤직비디오는 물질주의를 확산시키고 사회적 부에 대한 열망을 증가시킬 뿐 아니라 성차별을 강조하는 것으로 비난받았다. 랩(rap), 특히 갱스터 랩이나 힙합 음악 등은 신성모독, 여성경멸, 여성혐오 그리고 폭력 등을 지지한다는 이유로 비판받았다. 뮤직비디오의 효과를 긍정적으로 보는 사람들은 이러한 비난에 대응하여 뮤직비디오가 중요한 사회적 문제점을 지적하며 사회에 만연한 성차별과 지독한 물질만능주의를 투영한다고 주장한다. 이렇듯 사람들이 뮤직비디오의 메시지를 긍정적으로 인식하든 부정적으로 인식하든, 이것이 인간의 인지 과정과 태도의 형성에 영향력을 가진다는 점을 부인하기는 어렵다.

2) 음악의 설득 기제

(1) 중심단서와 주변단서로서의 음악

음악에 가사가 있다면 중심경로를 이용한 메시지 처리를 유도할 수 있다. 가사에는 내용이 있기 때문에 사람들은 이를 심사숙고하는 과정을 통해 메시지를 수용할 수 있다(Gass & Seiter 1999). 하지만 대개 아무런 리듬 없이 제시되는 진술문이 음악 가사보다 더 높은 수준의 인지적 처리를 유도하는데, 이는 음악의 리듬이 수용자로 하여금 더 느긋하게 가사를 접하도록 하기 때문이다.

음악은 또한 주변단서의 역할을 하기도 한다. 음악은 설득에 있어서 사람들의 기분과 감정에 호소하여 태도변화를 일으킬 수도 있다. 음악이 주변단서의 역할을 하는 사례는 시사 프로그램에서 쉽게 찾아볼 수 있다. 시사 프로그램 연출자들은 사회의 소외된 계층을 다룰 때, 구슬픈 배경음악을 사용하여 이들에 대한 도움을 요청한다. 또한 외국의 정책을 비판하는 시사 프로그램의 연출자는 애국심을 고취하는 호전적 배경음악을 사용하여 정부에 대한 지지를 호소한다.

(2) 단순노출이론

음악의 설득 효과에 대한 또 다른 설명은 단순노출이론이다. 앞에서 살펴보았듯, 단순노출이론에 따르면 자극에 노출되는 횟수가 증가할수록 피험자의 태도는 긍정적이었으나 노출 수준이 일정 정도를 초과했을 때는 호감도가 오히려 감소했다(Zajonc 1968). 음악도 자극의 일종이라고 생각해 보면, 배경음악 또한 이러한 설득 효과를 가진다는 점을 알 수 있다.

3) 설득을 위해 음악을 사용할 때 주의할 점

설득을 위해 음악을 사용할 때는 다음과 같은 점에 주의할 필요가 있다. 첫째, 사용되는 음악의 종류는 그 상황과 듣는 사람의 음악적 취향에 맞아야 한다. 예를 들어, 맥주 광고에 클래식 음악을 사용하거나 와인 광고에 메탈 음악을 사용하는 것은 음악의 효과를 제대로 활용하지 못하는 예라고 할 수 있다. 둘째, 음악은 원래의 목적인 메시지의 전달을 압도하지 않는 정도에서 제공되는 것이 좋다. 조용한 음악은 판매원과 고객 간에 더 많은 상호작용을 가능하게 한다. 이러한 상호작용이 중요한 상황에서 시끄러운 음악은 오히려 부정적 결과를 가져온다. 마지막으로 음악은 메시지를 주변경로로 처리하는 수용자에게 효과가 있지만, 메시지를 중심경로로 처리하는 수용자에게는 부정적 효과가 나타난다. 따라서 수용자의 특성을 고려한 후에 음악을 사용해야 한다.

3. 향기와 설득

향기와 설득의 관계를 다룬 연구는 여전히 미비한 상황이지만, 냄새는 설득의 과정에 매우 중요한 역할을 한다.

1) 향과 매력에 대한 연구

향수 광고에서는 향수를 사용하면 성적 매력이 증가하는 듯한 메시지를 전달한다. 그러나 현재까지 향수의 사용이 성적 매력이나 호감도에 미치는 영향에 관해서는 상반된 연구결과가 존재한다. 바론(Baron 1983)은 실험을 통해서 향수가 매력도를 증가시킨다는 연구결과를 발표했다. 이 연구결과에 따르면, 남학생들은 향수를 사용하지 않은 여학생보다 향수를 사용한 여학생을 더 매력적으로 평가했다. 하지만 다른 연구에서 향수는 호감도에 아무런 영향을 미치지 않은 것으로 나타났다. 칸과 로스(Cann & Ross 1989)는 피험자에게 슬라이드에 등장하는 여성의 매력을 평가하도록 요청했다. 실험에서 남성 피험자들은 슬라이드의 사진과 더불어 좋은 향기를 맡거나, 나쁜 냄새를 맡거나 혹은 아무런 향기를 맡지 않았다. 실험 결과, 냄새에 따라 매력도에는 아무런 차이가 없는 것으로 나타났다.

향수의 매력에 의문을 던지는 또 다른 연구자인 허쉬(Hirsch 1993)는 의대 남학생의 몸에 혈압모니터를 부착하여 샤넬의 '넘버5'와 캘빈클라인의 '옵세션' 등 다양한 향수를 맡게 하고 그들의 혈압 변화를 측정했다. 이 실험에서 혈압 상승은 성적 흥분을 나타내는 것으로 정의됐다. 실험 결과, 혈압을 일관되게 증가시킨 유일한 냄새는 시나몬 향이었다. 즉, 좋은 음식 냄새가 혈압 상승을 유도한 것이었다.

이렇듯 향수와 매력도의 관계에 대한 논의는 다소 혼재된 결과를 보여 준다. 향수가 매력도를 증가시킨다는 결과도 있고 그렇지 않은 결과도 있다. 그러나 이러한 연구들은 모두 피험자의 개인적 특성을 고려하지 않았다는 한계가 있다. 향수가 정말로 매력도를 높이는지에 대한 연구는 사람들이 처한 상황에 따라 다의적이다. 즉, 향수나 향기가 어떤 효과가 있는지를 질문함에 있어서 명심해야 할 것은 냄새에 대한 개인의 선호가 존재한다는 사실이다. 또한 냄새가 전체적인 매력에 영향을 미치는 하나의 요소에 불과하다는 점도 잊지 말아야 한다. 냄새는 그 자체로 매력과 직결되는 요인이 아니라 외모, 성격 혹은 공통의 관심사와 같은 다른 요소와 결부되어 매력도 평가에 영향을 미친다.

2) 주변 향기와 사회적 영향력

많은 연구들이 주변 향기가 사람들에게 영향을 미친다는 결과를 제시하고 있다. 이러한 연구에 따르면, 향기는 뇌파, 혈압, 심장박동 혹은 동공 팽창 등에 영향을 준다고 한다. 향기가 주는 영향력은 다양하지만 기분과 작업수행, 그리고 소비자 행동에 미치는 영향에 대해서 살펴보면 다음과 같다.

(1) 향기와 기분

향기는 의학적 상황에서 사람들의 기분을 푸는 데 도움을 줄 수 있다. 레드와 마네(Redd & Manne 1991)는 암 검사를 위해 MRI 촬영을 하는 환자들에게 아기용 파우더의 향과 유사한 헬리오트로핀 향을 맡게 했다. 그 결과, 대체로 환자들은 그 향기로 편안함을 느꼈다고 보고됐다. 그러나 모든 향이 효과가 있는 것은 아니었다. 같은 연구에서, 연구자들은 노루발풀 향(멘톨 향)을 사용하여 실험했는데 어떠한 안정 효과도 없는 것으로 나타났다. 이는 환자들이 노루발풀 향을 긴장을 푸는 것보다 기운이 나게 하는 향으로 인식했기 때문이다.

향기는 비의학적 상황에서도 사람들의 기분에 영향을 미칠 수 있다. 하니시(Hanisch 1982)는 좋은 향기가 거미 공포증을 감소시킬 수 있는 지를 실험했다. 연구자는 피험자들의 얼굴로부터 거리를 달리하여 거미를 접근시켰다. 그 결과, 연구자는 좋은 향기를 이용해서 피험자의 거미 공포증을 감소시킬 수 있었으며 향기가 없는 상황에서보다 피험자의 얼굴에 더 가까이 거미를 가져갈 수 있었다. 다른 여러 연구 또한 주변 향기가 기분이나 감정을 변화시킬 수 있다는 결과를 발표했다. 이를테면 초콜릿 향이나 회향유, 아기용 파우더 향이나 꽃향기는 적절하게 사용됐을 때 심리적 스트레스와 피로를 감소시킨다고 한다.

(2) 향기와 작업수행

여러 연구에 따르면 은은한 향기는 작업의 속도, 정확성 그리고 효율성을 개선한다고 한다. 예를 들어, 바론과 브론펜(Baron & Bronfen 1994)은 학생들에게 높은 스트레스 상황과 낮은 스트레스 상황에서 단어문제를 풀게 했다. 실험에서, 일부 학생들은 좋은 향기(파우더 향이나 사과 향)가 나는 방에서 문제를 풀었고 나머지 학생들은 향기가 나지 않는 방에서 문제를 풀었다. 실험 결과, 파우더 향에 노출된 학생들은 그렇지 않은 학생들보다 단어문제를 더 많이 풀었다. 이런 결과는 낮은 스트레스 상황과 높은 스트레스 상황에서 모두 같게 나타났다.

다른 연구들에서도 라벤더 향이 학습과 회상을 증진시키는 것으로 나타났다. 그러나 가장 좋은 결과를 위해서는 향기가 강한 것보다는 은은해야만 한다. 향기가 강하면 기억의 효과는 떨어지는데, 이는 강한 향기가 사람들의 주의를 산란하게 만들거나 알레르기 반응을 유발할 수 있기 때문이다.

이런 결과들을 종합하면 서로 다른 향기는 각각 다른 효과를 나타내는 점을 알 수 있다. 또한, 같은 향기라도 사람마다 각기 다른 효과를 일으킬 수 있다. 백합 향과 페퍼민트 향이 시각적 주의를 요하는 어려운 작업의 효율성을 증가시킨다는 연구결과가 있는 반면, 페퍼민트 향을 사용한 다른 연구에서는 그 효과가 작업에 지친 피험자에게만 나타났다고 한다.

(3) 향기와 소비자 행동

많은 상점이 쇼핑행위를 조절하기 위해 향기를 사용한다. 구매를 결정하는 것은 너무나 복잡한 과정이어서 단지 향기만이 구매에 영향을 미치지는 않는다. 그러나 향기는 구매자의 기분을 좋게 만들고 쇼핑하는 시간을 조절할 수 있다.

한 실험에서 구매자들은 향기 나는 방과 그렇지 않은 방을 방문하여 나이키 테니스화의 가격을 평가하고 그것을 살 의향이 있는지에 대해서 조사했다. 실험 결과, 향기가 없는 방의 피험자에 비해 향기 나는 방의 피험자들은 나이키 신발의 가치를 평균 10달러 이상 더 높게 평가했으며, 그 신발을 구매하는 데 더 많은 관심을 표명했다. 놀랍게도 해당 향기를 싫어한다고 답한 피험자조차도 향기 나는 방에서 신발을 살 의사를 더 많이 표시했다(Gass & Seiter, 1999).

또한 좋은 향기는 소비자들을 상점에 더 오랫동안 머물게 하는 효과가 있는데, 이것은 상점이나 레스토랑의 배경음악 효과와 유사하다고 할 수 있다.

3) 한계점

향기에 대한 연구는 다음과 같은 점에서 한계가 있다. ① 향기에 대한 개인의 선호에는 많은 변수가 있다. 어떤 사람에게는 효과가 있는 향기가 다른 사람에게는 그렇지 않을 수 있다. ② 잠재의식의 연구에서와 마찬가지로 향기에 대한 연구결과들도 플라시보 효과일 가능성이 있다. 즉, 향기가 인간의 행동을 달라지게 할 수 있다는 피험자의 기대 때문에 그러한 결과가 나타났을 수 있다. ③ 향기의 반복적 사용은 역효과를 불러일으킬 수 있다. 즉, 좋았던 향기라도 계속된 노출로 불쾌하게 느껴질 수 있다.

4. 결 론

잠재의식적 설득이나 음악, 향기를 이용한 설득은 상황적 맥락 속에서 여러 요인과 연관되어 일어나기 때문에 독립적인 효과를 명료하게 밝히기 어렵다는 특징이 있다. 이러한 요인의 독립적인 설득 효과를 밝히기 위해서는 설득 상황에 관여하는 여러 개인적이고 상황적인 요인을 완벽하게 통제한 실험연구가 앞으로 더 많이 진행되어야 한다.

제 15 장

순응 얻어내기

한 어머니가 10살 난 아들의 방문을 열고 들어가 컴퓨터게임은 그만하고 공부하라고 얘기한다. 아들은 잔뜩 찌푸린 표정으로 귀찮다는 듯이 "지금 말고 나중에 할게요"라고 대답한다. 그러나 어머니는 "네가 어떤 생각이든, 게임 그만하고 공부해!"라고 소리 지른다. 이에 아들은 마지못해 컴퓨터게임을 끝내고 책을 들춘다. 이러한 아들의 행동은 어머니에게 설득되어 일어난 것이라기보다는 지시를 따르지 않았을 때 자신이 받을 꾸짖음이나 멸시, 물리적 처벌을 두려워했기 때문이다. 또한 어머니도 아들이 그러한 지시에 대해 어떻게 생각할지에 대해서는 고려하지 않고, 오직 자신의 지시에 따르기만을 원하는 상황이다.

우리는 이미 설득을 메시지에 의해 수용자의 태도와 행동이 변화하는 것이라고 정의한 바 있다. 하지만 이 예시와 같이 태도의 변화 없이 행동만 변하는 경우도 있다. 행동의 변화 없이 외부 자극에 의해 태도만 변하게 되는 것을 순응(compliance)이라고 한다. 이 장에서는 설득의 또 다른 유형인 순응에 대해 이야기하고자 한다. 구체적으로 우리는 순응의 개념에 대해 이야기한 후 대인간 설득 상황에서 설득자가 상대방의 순응을 얻어내기 위해 사용할 수 있는 전략으로 어떠한 것들이 있는지 살펴볼 것이다.

1. 순응 얻어내기의 개념

순응 얻어내기의 의미를 명확히 파악하기 위해서는 순응의 의미가 전통적 설득과 어떻게 다른지를 살펴보는 것이 필요하다. 설득은 수용자의 신념, 태도, 의도 그리고 행동을 변화시키는 것과 관련한 반면, 순응은 태도나 신념 등 수용자의 내적 변화를 이루어내기보다는 겉으로 드러난 행동의 변화만을 최종 목표로 한다. 즉, 순응 얻어내기는 말하는 사람이 상대방으로 하여금 말하는 사람이 요구하거나 원하는 바를 수행하도록 하는 데 중점을 두고 있다.

순응 얻어내기와 전통적 의미의 설득이 구별되는 지점은 다음과 같이 정리할 수 있다. 첫째, 순응 얻어내기의 연구는 일대다(一對多) 커뮤니케이션 상황보다는 주로 대인간 커뮤니케이션 상황의 상호작용에 치중하는 경향이 있다. 둘째, 순응 얻어내기의 연구 대상은 수용자보다는 정보원에 치중하는 경향이 있다. 즉, 설득에 대한 논의가 정보원과 수용자의 특성을 모두 고려하는 반면, 순응 얻어내기에 대한 논의는 정보원이 어떤 전략을 이용하는지에 주요한 초점을 둔다고 할 수 있다.

2. 순응 얻어내기 전략의 유형

순응 얻어내기를 이해하기 위해서는 순응 얻어내기의 전략과 전술을 구별할 필요가 있다. **전략**이란 포괄적이고 총체적인 목표를 달성하기 위한 계획이라 할 수 있고 추상적 성격을 갖는데, 이는 어떤 행위에 대한 일반적인 지침으로 기능한다. 이에 비하여 **전술**은 구체적이고 실제적이며, 특정 목표를 이루기 위하여 만들어진 행동방법이라고 할 수 있다. 순응 얻어내기의 초기 연구는 사람들이 상대방에게서 순응을 얻어내고자 할 때 쓰는 일반적 전략을 알아내는 데 중점을 두었다. 즉, 초기 연구자들은 일상생활에서 사용되는 수많은 순응 전략의 공통점을 밝히는 데 주력하고 이를 체계화하였다. 순응 얻어내기의 전략을 도출하는 방법으로는 연역적 접근과 귀납적 접근이 있는데, 이와 관련된 연구결과를 살펴보면 다음과 같다.

1) 연역적 방법을 이용한 전략 연구

마웰과 슈미트(Marwell & Schmitt 1967)는 순응 얻어내기에 쓰이는 전략을 알아보기 위하여 다음과 같은 조사방법을 사용했다. 연구자는 네 가지 상황과 열여섯 가지 전술들을 설정하였다. 이후 응답자들이 각 상황에서 열여섯 가지 전술 중 무엇을 쓸 것인지에 대한 조사를 통해, 이를 다섯 가지 전략으로 묶었다.

연구자들이 제시한 순응 얻어내기 상황의 한 사례는 "당신에게 고등학생 아들이 있다. 그는 공부를 열심히 하지 않아 성적이 나쁘다. 어떤 방법으로 아들을 공부하도록 할 것인가?"였다. 이러한 종류의 질문들과 함께 마웰과 슈미트는 다음의 열여섯 가지 순응 얻어내기 전술을 제시했다. 응답자들은 각 상황에서 열여섯 가지 순응 얻어내기 전술 중에서 무엇을 사용할 것인지를 선택했다.

① **약속**: 순응하면 보상을 주겠다고 제안한다(공부하면 용돈을 올려주겠다고 말한다).

② **협박**: 순응하지 않으면 처벌하겠다고 말한다(공부하지 않으면 외출을 금지하겠다고 말한다).

③ **전문적 지식-긍정적**: 순응하면 필연적으로 긍정적 보상을 받게 될 것임을 알려 준다(좋은 성적을 받으면 좋은 대학에 갈 수 있고, 좋은 직장도 구할 수 있다고 말한다).

④ **전문적 지식-부정적**: 순응하지 않으면 필연적으로 부정적 결과를 얻게 될 것임을 알려 준다(좋은 성적을 받지 않으면 좋은 대학에 갈 수 없고, 좋은 직장도 구할 수 없다고 말한다).

⑤ **호감**: 친절하고 상냥한 행동으로 상대방을 기분 좋게 만듦으로써 요구에 응하도록 한다(공부하라고 말하기 전에 최대한 상냥하고 친절하게 대한다).

⑥ **미리 주기**: 상대방의 순응을 요구하기 전에 미리 보상을 준다(용돈을 먼저 올려주고 이제 공부하기를 기대한다고 당부한다).

⑦ **혐오적 자극**: 순응하면 처벌을 중단하겠다는 조건으로 순응할 때까지 처벌을 가한다(아들의 외출을 금지하고, 공부하면 외출할 수 있다고 말한다).

⑧ **빚**: 내가 과거에 베푼 것을 언급하며 빚을 갚기 위해서는 순응해야 한다고 말한다(교육비를 내기 위해 당신이 그동안 희생하며 돈을 모아 왔다는 점을 지적하고, 좋은 성적을 얻어 좋은 대학에 들어가는 것이 빚을 갚는 방법이라고 말한다).

⑨ **윤리적 호소**: 상대방이 순응하지 않는다면 비도덕적이라고 말한다(최선을 다하지 않아 좋은 점수를 받지 못하는 것은 도덕적으로 옳지 않으며 더 잘할 수 있다고 말한다).

⑩ **자아에 대한 긍정적 감정**: 순응한다면 자기 자신에 대하여 더 좋은 느낌을 가질 수 있을 것이라고 말한다(공부를 더 한다면 자신이 자랑스럽게 느껴질 것이라고 말한다).

⑪ **자아에 대한 부정적 감정**: 순응하지 않는다면 자기 자신에 대하여 좋은 느낌을 가지지 못할 것이라고 말한다(나쁜 성적을 받으면 나중에 스스로를 부끄러워하게 될 것이라고 말한다).

⑫ **긍정적 배역 심어 주기**: 좋은 기질을 가진 사람은 순응할 것이라고 말한다(성숙하고 똑똑한 사람은 더 많이 공부할 것이고 자연스럽게 더 좋은 성적을 얻게 되리라고 말한다).

⑬ **부정적 배역 심어 주기**: 나쁜 기질을 가진 사람은 순응하지 않을 것이라고 말한다(어리석고 성숙하지 못한 사람들만이 공부하지 않는다고 말한다).

⑭ **이타주의**: '나를 위해' 순응해 달라고 말한다(당신은 아들이 좋은 대학에 들어가기를 간절히 바라므로, 아들이 당신에 대한 개인적 호의로 공부를 더 해 주기를 바란다고 말한다).

⑮ **긍정적 자긍심**: 순응한다면 자신이 존중하는 사람들이 자신을 더 좋게 평가할 것이라고 말한다(좋은 성적을 받아 오면 온 가족이 그를 자랑스러워할 것이라고 말한다).

⑯ **부정적 자긍심**: 순응하지 않는다면 자신이 존중하는 사람들이 자신을 나쁘게 평가할 것이라고 말한다(나쁜 성적을 받아 오면 온 가족이 그에게 실망할 것이라고 말한다).

이후 마웰과 슈미트(Marewell & Schmitt 1967)는 이 열여섯 가지 전술들이 갖는 공통점에 의하여 순응 얻어내기 전술을 다음의 다섯 가지 전략으로 구분하였다.

① **보상적 방법**: 긍정적이고 능동적인 방식으로 순응을 얻어내는 방법이다.

② **처벌적 방법**: 위협이나 처벌과 같은 부정적 방법으로 순응을 얻어내

는 방법이다.

③ **전문성에 의존하는 방법:** 설득자가 특정 지식을 가지고 있다는 것을 강조하는 방법이다. 설득자가 높은 공신력을 가지고 있거나 전문적 지식을 가지고 있으므로, 그의 의도대로 따르는 것이 이익이라는 점을 강조한다.

④ **비감정적으로 개입하게 하는 방법:** 수용자의 내적인 책임감에 호소하는 방법으로, 요구에 순응하지 않으면 요구자가 언짢은 기분을 가지게 될 것이라고 말하는 등이 그 예이다.

⑤ **감정적으로 개입하게 하는 방법:** 수용자가 가진 설득자에 대한 책임감에 호소하는 방법이다. 요구받는 사람으로 하여금 요구자에게 은혜를 입고 있음을 강조함으로써, 그에 보답하기 위해 요구를 들어줘야 한다는 의식을 심어 준다.

마웰과 슈미트(Marewell & Schmitt 1967)의 순응 얻어내기 전략 분류법은 순응 얻어내기 연구의 중요한 토대가 되었다. 하지만 이는 응답자들로 하여금 임의로 작성된 전술 중 하나를 선택하도록 함으로써 도출된 결과였다. 따라서 이들의 연구는 실제 사람들이 일상생활에서 쓰는 전술을 반영하지 못했다는 비판을 받았다. 즉, 응답자들은 자신의 실제적 행동을 선택한 것이 아니라 제한된 순응 얻어내기 전술 중에서 자신의 행동과 가장 가까운 행동을 선택했다는 것이다. 이러한 문제를 해결하기 위해 이후 순응 얻어내기 전술을 판별하는 다른 방법으로 귀납적 연구방법이 제시되었다.

2) 귀납적 방법을 이용한 전략 연구

순응하기에 대한 귀납적 연구방법은 응답자로 하여금 여러 전술 중 하나를 선택하도록 하는 것이 아니라 응답자에게 어떤 전술을 사용할 것인지를 먼저 묻는 방식으로 수행된다.

팔보(Falbo 1977)는 응답자들에게 "내가 원하는 것을 어떻게 얻어내는가"에 대한 물음에 답하게 했다. 그는 응답을 열여섯 가지로 분류하고, 직접/간접 그리고 합리적/비합리적이라는 두 가지 차원에서 순응 얻어내기 전술을 정리했다. 팔보에 의해 정리된 두 차원은 서로 교차하는데, 직접적이고 합리적인 방법에는 고집이, 직접적이고 비합리적인 방법에는 위협이, 간접적이면서 합리적인 방법에는 거래가, 간접적이고 비합리적인 방법에는 속이기 등이 포함된다.

와이즈만과 쉔크햄린(Wiseman & Schenck-Hamlin 1981)은 팔보의 연구가 너무 일반적이라는 점을 지적하고, 순응 얻어내기 전략은 많은 상황적 요소의 영향을 받기 때문에 이를 함께 고려할 필요가 있다고 주장했다. 그들은 순응 얻어내기 유형이 상황적 요인에 따라 다르게 나타나는 것을 입증하기 위한 연구를 설계하였다. 우선 연구자들은 응답자들로 하여금 열 가지 순응 얻어내기 상황에 대해서 요구의 중요성과 합리성을 평가하게 하였다. 그 후 가장 쉽게 공감하는 세 가지 순응 얻어내기 상황을 선택하고, 각 상황에서 어떤 메시지를 이용할 것인지를 쓰도록 했다. 마지막으로 피험자들이 "나는 어떻게 다른 사람으로 하여금 내가 원하는 대로 하도록 할 것인가?"라는 주제로 에세이를 쓰게 했다. 연구자들은 이러한 절차를 거쳐서 얻은 결과를 바탕으로 순응 얻어내기 전술과 이에 따른 전략을 정리하였다. 구체적으로 이들은 응답자들의 순응 얻어내기 전략이 네 가지 차원으로 분류된다는 것을 발견했다. ① **설득자 의도의 명시성**(직설적 요구 또는 간접적 요구), ② **보상과 처벌의 조작**(순응하거나 하지 않았을 때 따라오는 보상과 처벌을 명시함), ③ **대인관계의 통제력**(설득자와 수용자 사이가 동등한지 또는 설득자가 더 높은 위치에 있는가의 여부를 강조함), ④ **메시지의 합리성**(순응 얻어내기를 담고 있는 메시지가 논리적으로 합당한지의 여부를 강조함)이 그것이다.

베팅하우스와 코디(Bettinghaus & Cody 1987)는 위와 같은 다양한 연구를 종합하여 순응 얻어내기 전략을 다음과 같이 일곱 가지로 분류했다.

- **직접적 요구**: 피설득자로 하여금 자신의 요구를 수용하도록 하기 위해서 별다른 동기 없이 단순히 제안만 하는 방법으로, 가장 흔하게 쓰이는 순응 얻어내기 방법이다. 이 방법이 효과적이기 위해서는 직접적 요구가 정당한 것이라는 인식이 수반되어야 하고, 그 요구가 피설득자의 노력과 양보를 너무 많이 요구해서도 안 된다.[1]
- **합리적 요구**: 설득자가 논리적 설명이나 증거 또는 데이터를 제시하여, 요구를 순응해야 하는 합리적 이유를 제시하는 방법이다.
- **교 환**: 설득자와 피설득자 간에 물품이나 서비스, 도움 등을 상호교환함으로써 타협적 관계가 이루어짐을 말한다. 예를 들어 "내가 월

---

1 직접적 요구는 가장 많이 사용되는 방법이며 설득 효과도 높을 수 있다. 사람들은 자신들의 요구가 매우 합리적이어서 상대방이 자신의 요구에 대해 사고할 필요가 없다고 느낄 때 이 방법을 사용한다. 예를 들어, 어떤 사람이 30쪽 분량의 강의록을 복사하려 할 때, 이보다 뒤에 온 사람이 한 장짜리 공문서를 가지고 "미안하지만 제가 먼저 복사기를 사용할 수 있을까요?" 하고 부탁하는 것은 충분히 가능한 제안이라 할 수 있다. 따라서 뒤에 온 사람은 복사기를 먼저 사용하는 데 대해서 별다른 이유를 제시하지 않고 직접적 요구를 한 것이다. 그러나 뒤에 온 사람이 40쪽가량의 문서를 가지고 복사기를 먼저 사용할 수 있게 해 달라고 직접적 요구를 하면, 이러한 요구는 받아들이기 어려울 것이다.

요일에 너의 이사를 도와줄 테니, 일요일 오후에는 내 이사를 좀 도와줘"하고 요구하는 방법이다.

- **조 작**: 설득자가 자신의 이미지를 조작하여 피설득자의 감정적 반응을 얻어내는 순응 얻어내기 방법이다. 조작에는 환심 사기와 부정적 정체성 관리의 두 가지 종류가 있다. **환심 사기**는 설득자가 피설득자에게 칭찬이나 찬사를 표현하거나 또는 설득자가 피설득자와 같은 의견을 가지고 있는 것처럼 가장함으로써 피설득자로 하여금 설득자에 대해서 긍정적인 감정을 갖게 하는 방법이다. 한편, **부정적 정체성 관리**는 요구를 거절당한 설득자가 실망스러워한다는 것을 표현함으로써 피설득자로 하여금 미안한 마음이나 죄의식을 느끼게 하는 방법이다. 사람들은 죄의식을 느끼게 되면 이를 감소시키기 위해 스스로 노력한다. 따라서 죄의식을 느끼는 사람들은 그렇지 않은 사람들에 비해 타인의 요구나 제안을 순응할 가능성이 크다.

- **강 압**: 설득자가 피설득자에게 물리적이거나 정신적인 제재를 사용함으로써 피설득자로 하여금 순응하게 하는 방법이다.

- **간접 전술**: 이는 설득자가 대화 중 자신의 요구와 관련된 내용을 피설득자에게 암시적으로 알리는 것이다. 즉, 피설득자에게 직접적 요구를 하지 않고 설득자 자신의 의도에 대한 일종의 힌트를 주는 방법이다.

- **정서적 소구**: 설득자는 순응 획득을 위해서 피설득자의 애정이나 호감에 호소할 수 있다. 이때, 설득자는 순응을 얻어내면 자신과 피설득자 간 관계가 증진될 것이라는 점을 암시한다.

3. 순응 얻어내기 전략에 영향을 주는 요인

1) 상황적 요인

순응 얻어내기 전략에는 여러 가지가 있으나 모든 전략이 모든 상황에서 만족스러운 결과로 이어지지는 않는다. 따라서 설득자는 설득 상황에 따라 가장 적합한 순응 얻어내기 전략이 무엇인지를 파악해야 한다.

밤마다 시끄럽게 짖는 개를 가진 이웃에게 개를 잘 단속해 달라고 요구하는 상황을 가정해 보자. 실라스(Sillars 1980)는 설득 상황에서 개인이 어떤 순응 얻어내기 전략을 선택할 것인지 여부는 세 가지 요인에 따라 달라진다고 주장했다. 첫째, 상대방이 나의 요구를 순응하도록 하는 것이 나에게 얼마나 중요한 일인가? 만약 내가 곧 다른 곳으로 이사를 갈 예정이면 차라리 그때까지 조금 더 참는 것이 이웃과 껄끄러워질 위험을 감수하는 것보다 훨씬 더 쉬운 일로 느껴질 수 있다. 둘째, 상대방에게 나의 요구를 순응토록 하는 것이 둘의 관계에 어떤 영향을 미칠 것인가? 만일 내가 급히 돈이 필요하고 주위에 돈을 융통해 줄 가능성이 있는 사람이 바로 그 이웃밖에 없으면, 나는 밤마다 개가 내는 소음에 대한 불만을 적극적으로 표할 수 없을 것이다. 셋째, 채택한 전략이 얼마나 성공적일 것인가? 만일 그 이웃이 다혈질이고 남의 말을 전혀 듣지 않는 사람이면, 다른 사람들을 대상으로 하는 순응 얻어내기 전략과는 다른 전략을 써야 할 것이다.

이렇듯 순응 얻어내기 전략은 설득 상황에 영향을 받는다. 순응 얻어내기 전략의 선택에 영향을 미치는 상황적 요인은 매우 많지만, 대략적으로 다음과 같이 정리할 수 있다(Cody & McLaughlin 1980).

● **지배력**: 순응 획득에서 통제력 내지 권력이 가진 영향력의 정도이

다. 예컨대, 직장 상사는 부하 직원보다 지배력이 강하기 때문에 요구 상황에서 그가 펼칠 순응 얻어내기 전략은 부하 직원의 순응 얻어내기 전략과 다를 수밖에 없다.

- **친밀감**: 순응 획득에서 상대방에 대한 감정적 요인의 영향력 정도이다. 친밀한 사람을 대상으로 한 순응 얻어내기 전략은 전혀 알지 못하는 사람들을 대상으로 한 순응 얻어내기 전략과 다를 수밖에 없다.
- **저항감**: 순응 얻어내기 전략이 상대방에게 불러올 저항감의 정도이다. 특정한 순응 얻어내기 전략이 상대에게 완강한 저항을 불러일으킬 것이라고 예상되면 다른 전략의 사용을 고려할 필요가 있다.
- **개인적 이익**: 순응을 획득하면 설득자와 피설득자 상호 간에 어느 정도의 개인적 이익이 생겨날 것인지에 대한 인식이다.
- **권 리**: 설득자의 요구가 정당한 것인지에 관한 상호 간 인식 정도이다. 앞의 사례에서, 이웃집 개에 대해 불평하는 것은 그 이웃의 헤어스타일이 어떠해야 한다고 요구하는 것보다 정당하다.
- **상호적 결과**: 설득자의 요구가 피설득자와의 관계에 있어 장기적 또는 단기적으로 미칠 영향 정도에 따라 순응 얻어내기 전략은 달라질 수 있다.
- **불 안**: 설득자가 순응 얻어내기 상황과 전략에 대해서 어느 정도의 불안감을 갖고 있느냐에 따라 순응 얻어내기 전략은 달라질 수 있다. 즉, 설득자는 자신이 생각하기에 비교적 부담 없고 편한 감정이 드는 순응 얻어내기 전략을 사용할 것이다.

순응 얻어내기 전략에 영향을 미치는 이 일곱 가지 상황적 요인 중에서도 지배력, 친밀감, 저항감, 그리고 이익이라는 요인의 영향력은 연구자들의 많은 관심을 받았다. 따라서 이들 요인에 대해서 좀더 구체적으로 살펴보도록 하자.

(1) 지배력

사회적 영향력으로서의 지배력

설득자와 피설득자와의 관계에서 나타나는 지배력은 순응 얻어내기 전략에 영향을 미친다. 프렌치 등(French Jr. & Raven 1960)은 사회적 영향력이라고 볼 수 있는 지배력을 보상적 영향력, 강압적 영향력, 준거적 영향력, 전문가적 영향력 그리고 합법적 영향력의 다섯 가지로 구별하여 설명했다.

- **보상적 영향력**: 설득자가 피설득자에 대해서 보상의 권한을 갖고 있을 때 영향력을 행사할 수 있다.
- **강압적 영향력**: 설득자가 피설득자에 대해서 처벌의 권한을 갖고 있을 때 영향력을 행사할 수 있다.
- **준거적 영향력**: 피설득자가 설득자에게 호감을 가지고 있어서 설득자와 닮고 싶어 할 때, 설득자는 순응 획득에서 준거적 영향력을 행사할 수 있다.
- **전문가적 영향력**: 피설득자가 설득자를 어떤 분야의 전문지식이나 능력을 가진 사람이라고 믿을 때 순응 획득이 잘 이루어진다.
- **합법적 영향력**: 설득자가 피설득자에게 어떤 지시를 내릴 만한 합당한 권한을 가지고 있는 경우를 말한다.

사회적 영향력의 정도는 설득자의 순응 얻어내기 전략 선택에 영향을 미친다. 그러나 이와 같은 영향력은 설득자와 피설득자가 서로를 어떻게 인식하느냐에 따라 달라진다. 예를 들어, 합법적 영향력은 개개인이 갖고 있는 사회화 개념에 따라 다르게 해석될 수 있으므로 주의할 필요가 있다. 또한, 이웃집 개가 밤마다 시끄럽게 짖을 때, 나는 이웃에 항의할 권리가 있다고 생각하겠지만 정작 그 이웃은 나의 권리를 인정하지 않을 수 있다.

공손이론과 순응

대인관계에 있어 지배력이 낮은 사람이 지배력이 높은 사람에게 순응을 요구하는 경우, 지배력이 낮은 사람은 어떤 순응 얻어내기 전략을 사용해야 하는가? 브라운과 레빈슨(Brown & Levinson 1978)은 권력과 합법적 영향력이 없는 사람이 이를 가진 사람으로부터 순응을 얻어내기 위한 방법으로 공손이론(politeness theory)을 제시한다. 공손이론에 의하면 세상 모든 사람들은 긍정적 체면과 부정적 체면을 갖는데, 상대방의 긍정적 체면과 부정적 체면을 손상시키지 않는 것을 공손이라고 한다. 긍정적 체면은 타인에게 인정받고, 사랑받고, 진정으로 이해되고자 하는 인성이며 남들에게 지속적이고 긍정적으로 평가받고자 하는 자아 이미지이다. 따라서 상대방을 이해하거나 애정을 보이는 행위는 상대방의 긍정적 체면을 지켜 주지만, 상대방에 대한 부정적 감정을 표출하거나 비난하는 행위는 상대방의 긍정적 체면을 손상시킨다. 한편, 부정적 체면은 개인의 고유한 권리 또는 방해받지 않을 자유 등에 대한 욕구를 가리킨다. 다시 말해, 부정적 체면이란 사람들이 자신의 일을 스스로 판단하고 결정할 수 있다고 생각하는 것을 말한다. 따라서 남에게 명령하거나 충고하는 행위는 상대방의 부정적인 체면을 위협한다.

브라운과 레빈슨은 이러한 개념을 토대로 발화자가 취할 수 있는 공손의 전략으로 네 가지를 제안했다. 이는 명시적 전략, 긍정적 전략, 부정적 전략 그리고 암시적 전략이다.

- **명시적 전략**: 화자의 발화 의도와 내용을 간단하고 효율적으로 전달

하는 방법이다. 이는 청자의 체면을 고려하지 않기 때문에 공손하지 않다.

- **긍정적 전략**: 청자의 긍정적 체면을 보호하고 존중하는 의미에서 경의를 표시하는 방법이다. 구체적으로 긍정적 공손 전략은 화자가 청자와 취미, 욕구 또는 기호에서 공통점을 가지고 있다는 점을 강조하거나 청자와 화자 사이의 협동적 관계를 알리는 방법이다.
- **부정적 전략**: 청자의 체면을 위협하는 요소를 감소시킴으로써, 화자가 청자의 부정적 체면을 존중한다는 것을 보여 주는 방법이다. 부정적 공손 전략은 청자가 자신의 의지대로 자유롭게 행동할 권리가 있다는 점을 화자가 인정한다는 사실을 전달함으로써 수행된다. 즉, 화자가 청자에게 어떤 요구를 할 때, 화자는 청자가 화자의 요구를 거절할 당연한 권리가 있다는 점을 알려야 한다.
- **암시적 전략**: 간접화법을 통해 화자의 본래 의도가 표면적으로 드러나지 않는 메시지를 고안하는 것으로, 체면 위협이 가장 적기 때문에 가장 공손하다. 하지만 암시적 전략을 사용하면 말의 표현이 애매하거나 불분명하기 때문에 청자가 화자의 의도를 오해할 소지가 있다.

설득적 상황에서 피설득자(순응자)의 체면은 설득자에게 순응하는 순간 위협받게 된다. 즉, 모든 종류의 설득과 요구는 설득 대상자가 다른 일을 하거나 가만히 있을 자유를 빼앗는 것으로 상대의 부정적 체면을 손상시키는 일이다.

브라운과 레빈슨(Brown & Levinson 1978)에 의하면, 체면이 손상될 경우 사람들은 체면 손상의 원인이 되는 설득적 행위에 동조하지 않는 것이 정상이다. 따라서 긍정적 체면과 부정적 체면을 건드리지 않기 위해서는 설득에 '공손함'이 깃들어 있어야 한다. 일반적으로 사람들은 윗사람에게 부탁할 때 더 공손한 태도를 취하는데, 이러한 공손한 행위는 손아랫사람에게 없는 '합법적 영향력'을 보완해 준다.

한편 켈러맨과 쉬(Kellerman & Shea 1996)에 따르면, 위협을 동반한 순응 얻어내기 전략은 암시적 순응 얻어내기 전략보다 상대적으로 덜 공손한 것으로 여겨지지만, 암시적 순응 얻어내기 전략이 언제나 공손하게 느껴지는 것은 아니라고 한다. 그들은 많은 사람이 위협적 순응 얻어내기 전략뿐 아니라 암시적 전략 또한 공손하지 않은 것으로 평가한다고 주장했다. 그들은 "순응을 얻어내는 가장 좋은 방법은 직접적으로 요구하는 것"이라고 결론지었다. 그들은 설득자가 자신이 요구하는 것이 정확히 무엇이라고 피설득자에게 밝히는 것이 가장 공손하고 효과적이라고 주장한다.

(2) 친밀감

순응 얻어내기 전략은 화자가 청자와 어떤 관계를 유지하고 있으며 앞으로 어떤 관계가 되기를 원하는지에 따라서 달라진다. 화자와 청자가 친할 때, 화자는 청자의 감정이나 욕구 등을 고려하여 순응 얻어내기 전략을 고안할 것이다. 하지만 화자와 청자가 서로 잘 모르는 사이일 때에 화자는 청자의 감정이나 욕구를 전혀 고려하지 않을 수도 있다. 밀러 등(Miller et al. 1977)은 상호 간 대인관계를 다음의 네 가지로 유형화하고, 그에 따라 순응 얻어내기 전략이 어떻게 달라지는지 살펴보았다. 여기서 '대인적'이라 함은 순응 얻어내기 전략이 이뤄지는 당사자들 간 대인관계의 친밀성 또는 서로를 예전부터 알았는가의 여부이고, '장·단기적'이라 함은 순응 얻어내기가 단기적 또는 장기적 목표를 위한 것인가의 여부이다.

• **대인적이지 않은 단기적 결과:** 예를 들어, 새로 이사 온 옆집 사람에게 이번 달 입주자 회의에 반드시 참여하라고 요청해야 하는 상황.

- **대인적이지 않은 장기적 결과:** 예를 들어, 새로 이사 온 옆집 사람에게 앞으로 그 집의 개가 짖지 않도록 해 달라고 요청해야 하는 상황.
- **대인적인 단기적 결과:** 예를 들어, 갑자기 다른 약속이 잡혀 친구와의 약속을 취소해야 하는 상황.
- **대인적인 장기적 결과:** 예를 들어, 고시 공부를 위해 친한 친구에게 당분간 만나지 말자고 이야기해야 하는 상황.

밀러 등의 연구 결과, 순응 얻어내기가 이뤄지는 대인적 상황이 전략의 선택에 유의미한 영향을 미치는 것으로 나타났다. 일반적으로 사람들은 사회적으로 용인될 수 있는, 상호 친근함을 유지할 수 있는 순응 얻어내기 전략을 선호하는 것으로 나타났다. 하지만 선호하는 전략은 대인적 상황과 관계의 장·단기적 결과의 전망에 따라 서로 다르게 나타났다. 예를 들어, 대인적이거나 장기적 결과가 예상되는 상황에서는 친밀감을 유지할 수 있는 전략이 선호됐으나, 대인적이지 않거나 단기적 결과의 상황에서는 위협의 전략도 곧잘 사용됐다. 또한 대인적이지 않은 상황에서 사람들은 그들이 설득하고자 하는 사람들에 대해 잘 모르기 때문에 훨씬 다양한 전략을 선택하는 경향이 있는 것으로 나타났다.

한편, 피츠패트릭과 윈케(Fitzpatrick & Winke 1979)는 동성 간과 이성 간의 관계에서 갈등을 줄이기 위해 사용되는 전략을 연구했다. 연구자들은 갈등을 줄이기 위해서 사용될 전략을 친밀도로 예측할 수 있다고 주장했다. 이를테면, 부부와 같이 친밀도가 높은 사람 사이에서는 갈등을 줄이기 위해 감정적 소구(상대방의 애정과 사랑에 호소)와 개인적 거부(애정을 중단하고 차갑게 대한다)가 많이 사용됐다. 그러나 친밀도가 낮은 관계에서는 감정적 소구 대신에 조작적 방법(불일치하는 문제를 제기하기 전 상냥하게 대한다)이 더 많이 사용됐다.

이러한 친밀감은 순응 얻어내기 전략을 선택하는 데 단독으로 영향을 미치기보다는 다른 변인들과 상호작용하면서 영향을 미친다.

(3) 저항감

코디와 맥로린(Cody & McLaughlin 1980)은 설득자가 순응 얻어내기를 시도하는 데 있어 첫 번째 전략과 두 번째 전략이 어떻게 달라지는지 연구했다. 연구 결과, 설득자들이 처음으로 설득 행위를 할 때에는 대부분 직접적 요구나 합리적 요구를 하지만, 순응하지 않는 수용자에게 두 번째로 요구할 때에는 부정적 정체성을 심어 주거나 강압적인 방법을 쓰는 것으로 나타났다.

드터크(DeTurck 1985)에 따르면, 자신의 요구를 거절당한 설득자는 재요구를 하게 되는데, 설득자가 재요구할 때에 사용하는 전략은 설득자와 피설득자 간의 친밀성에 영향을 받는다고 한다. 즉, 친밀한 관계(설득자와 피설득자가 평소 친밀한 관계를 유지하거나 오래전부터 알고 지냈던 관계)에서, 설득자는 상대방과의 관계를 고려하여 처벌을 지향하는 전략보다는 보상을 지향하는 전략으로 재차 순응 얻어내기를 시도한다. 반면, 친밀하지 않은 관계에서 설득자는 상대와 좋은 사이를 유지해야 될 필요성을 크게 느끼지 않으므로 보상보다는 처벌을 지향하는 전략을 사용하는 경향이 강하게 나타났다.

또한, 연구자에 따르면 설득자는 피설득자가 순응하지 못하는 이유에 의해서도 영향을 받는 것으로 나타났다. 즉, 피설득자가 조절할 수 없는 외적 이유로 순응하지 못한다면 설득자는 다시 순응을 얻어내려고 노력하지 않지만, 순응하지 못하는 이유가 피설득자가 조절할 수 있는 내적인 것이라면 설득자는 순응을 얻어내고자 다시 노력한다.

그렇다면 피설득자는 설득자의 요구를 거절할 때 어떤 전략을 사용할까? 맥로린과 그의 동료들(McLaughlin et al. 1980)은 설득자의 요구를 거절하는 피설득자의 전략으로 다음의 네 가지를 소개했다.

- **타협하지 않기**: 공공연하게 순응하기를 거부한다(그냥 "아니오"라고 말한다).
- **정체성 관리**: 상대방의 이미지를 조작하여 저항한다("내가 너라면 절대 그런 요구는 하지 않을 것이다"라고 말한다).
- **정당화**: 부정적 결과를 지적하면서 순응할 수 없는 자신의 상황을 정당화한다("내가 만약 당신 부탁을 들어주면, 나는 직장에서 쫓겨난다"고 말한다).
- **타협**: 다른 대안을 제시한다. 설득자의 부탁과 요구를 전적으로 수용할 수는 없지만 다른 부탁은 들어주겠다고 한다(라디오가 시끄러우니 끄라고 요구받았을 때 "라디오를 완전히 끌 수는 없지만 그 대신 소리는 낮추겠다"고 대답한다).

(4) 이 익

순응 얻어내기 전략을 사용할 때 고려해야 하는 또 다른 요인은 설득적 요구에 대한 순응이 설득자와 피설득자 서로에게 어떤 실제적 이익을 가져다 줄 것인가에 대한 인식이다. 사람들은 일반적으로 친밀한 상호관계를 유지하는 데 도움이 되는 전략을 선호하지만, 순응으로 생겨나는 이익에 대한 인식은 전략 선택에 영향을 줄 수 있다.

보스터와 스티프(Boster & Stiff 1984)는 순응이 설득자와 피설득자 중 누구에게 어떤 이익을 가져다주는가에 대한 인식이 순응 얻어내기 전략 선택에 영향을 미친다고 지적했다. 친구에게 며칠 동안 자동차를 빌려달라고 부탁하는 것은 나에게 이익이 되는 요구이지만, 친구에게 금연을 요구하는 것은 궁극적으로 친구에게 이익이 된다.

보스터와 스티프(Boster & Stiff 1984)는 순응으로 이익이 생길 것이라고 인식될 때, 사람들은 그 이익이 요구자와 수락자 중 어느 쪽에 발생하는가에 상관없이 부정적 전략을 취할 가능성이 높다고 지적했다. 이와 비슷하게, 딜라드와 버군(Dillard & Burgoon 1985)은 요구자에게 이익이 생길 때, 요구자는 공격적 언사를 동원해서라도 순응을 얻어내고자 하는 경향이 있으며, 수락자에게 이익이 생길 때 요구자는 순응 획득을 위한 공격적 전략을 정당화하는 경향이 있다고 주장했다.

2) 개인의 특성

설득 상황뿐 아니라 사람이 지니는 개인적 특성에 따라서도 다른 전략이 사용된다. 이는 사람마다 각 전략에 대한 용인 정도가 다르기 때문이다. 어떤 사람은 조작이나 사기의 방식을 쉽게 사용하지만, 어떤 사람은 그런 전략을 무조건 피한다. 어떤 사람은 감정적 호소를 적극적으로 사용하고, 어떤 사람은 위협적 전략을 주로 사용한다. 또, 독단적인 사람들은 대인관계에서 유연성이 결여되거나 보다 공격적인 언어를 많이 사용한다고 하며, 마키아벨리즘, 즉 권모술수주의에 깃든 사람은 다양한 설득 전략을 적극적으로 사용하는 데 익숙하다고 한다. 몇 가지 성격적 요인과 순응 얻어내기 전략과의 관계를 살펴보면 다음과 같다(Gass & Seither 1999).

(1) 마키아벨리즘

마키아벨리즘이란 자신의 목표 달성을 위해 도덕적 기준도 무시하고 어떠한 전략이라도 적극적으로 사용하는 성향을 가리킨다. 마키아벨리즘의 정도에 따라 순응을 얻어내기 위해 동원하는 전략이 다르다. 일반적으로 마키아벨리즘이 높은 사람들은 처벌 지향적 전술을 많이 이용하며, 자신이 원하는 바를 얻기 위해서는 자신의 얼굴 표정도 조작한다.

마키아벨리즘은 부도덕, 냉소, 아첨 그리고 기만의 네 가지 요소로 이루어져 있다. **부도덕성**은 사람들이 도덕적 기준을 따른다는 믿음을 거부하는 것이다. **냉소**는 사람들이 무자비하고 신뢰할 수 없는 존재라는 것에 대한 믿음을 말하며, **기만**은 타인에게 거짓말해도 괜찮다는 믿음이다. 그리고 마지막으로 **아첨**은 권력가에게 아첨하는 것이 현명하다는 인식이다. 이 네 가지 요소 중 부도덕성이 높게 나타나는 사람은 순응 얻어내기 전술 가운데 교환 전술을 거의 이용하지 않는 경향이 있다. 그도 그럴 것이 교환 전술은 상대방이 약속을 지키리라는 믿음이 뒷받침되어야 하는데, 부도덕성이 높은 사람은 인간에 대한 기본적 신뢰가 없기 때문에 이러한 전술을 사용할 수 없다. 또한 냉소적인 사람은 직접적 방법보다 간접적 방법을 더 많이 사용하는 경향이 있다.

(2) 통제소재

개인의 성격적 특성 중 통제소재에 따라서도 순응 얻어내기 전술과 전략이 달라질 수 있다. 통제소재는 개인이 자신의 환경을 통제한다고 믿는 정도라고 할 수 있는데, 내적 통제소재와 외적 통제소재로 나뉜다. 통제소재가 내재적이냐 외재적이냐 하는 문제는 어떤 행동에 대한 동기를 유발하는 개인의 통제력이 자기 자신의 내부에 있다고 느끼는가, 아니면 외부에 있다고 느끼는가를 의미한다. 내적 통제소재의 사람들은 자신의 행동의 결과에 대한 책임이 자신 내부에 있다고 생각하는 사람들로서, 이들은 주관적, 긍정적 그리고 진취적 경향이 있다. 반면에 외적 통제소재의 사람들은 자신의 행동의 결과가 환경이나 운과 같은 외부적 요인에 의해 결정된다고 믿는다. 이들은 자기 자신에 대해 보다 객관적으로 생각하는 경향이 있다.

이러한 관점의 차이는 타인에 대한 설득 전략을 선정하는 과정에도 차이를 보인다. 내적 통제소재의 사람들은 열심히 노력하면 언젠가 보상받을 수 있고, 미래가 희망적이며 전쟁이나 범죄, 가난은 물리칠 수 있는 것이라고 믿는다. 그에 비해 자기 자신에 대한 통제를 외재적 압력이나 자극에서 찾고자 하는 사람들은 자신의 노력이 반드시 보상받으리라고 믿지 않는다. 그들은 자신들의 행동을 내재적 부분에서 찾기보다는 외부적 자극에 대한 반응으로 인식한다. 따라서 내적 통제소재의 사람들은 자신에 대한 영향력이나 외부적 자극에 대해 저항적이며, 아울러 타인에 대해 어떤 영향력을 행사하고자 하는 것에 대해서도 부정적인 편이다.

(3) 귀인적 요인

사람들은 어떤 사건이나 사람들 간의 관계에 대한 인과관계를 어떻게 해석하는가에 따라(귀인을 어떻게 시키는가에 따라) 다른 설득 전략을 사용한다.

실라스는 실험을 통해, 귀인이 면대면 설득 과정에 어떤 영향을 미치는지를 알아보았다(Sillars 1980). 그는 한 학기 동안 룸메이트와의 갈등을 경험한 적이 있는 대학교 1학년생들을 대상으로, 갈등의 귀인과 안정도(다시 일어날 수 있는 것인지 아니면 완전히 해소된 것인지)에 대한 인식, 갈등을 해소하기 위해 사용한 방법과 그 방법에 대한 룸메이트의 협조 정도에 대한 인식을 조사했다. 실라스는 이런 조사를 통해 학생들의 갈등 해소방법을 세 가지 범주로 구별했다. ① 수동적이면서 간접적인 방법(52퍼센트), ② 상호 합의를 통해 문제를 해결하는 조정적 방법(19퍼센트), ③ 피설득자로부터 양보나 순응을 이끌어 내려는 제반 설득적 방법(강압적, 비강압적 방법, 29퍼센트) 등이 그것이다. 실라스에 따르면, 응답자들은 갈등이 재발할 가능성이 있고 갈등 해소에 대해 룸메이트가 비협조적일 것이라고 판단하면 수동적이면서 간접적인 전술을 사용했으며, 갈등 유발의 원인이 자신에게 있다고 생각되거나 문제가 쉽게 해결될 수 있다고 판단하면 조정적 방법을 사용한다고 한다.

4. 순차적 설득 전략

순차적 설득이란 순차적으로 순응을 얻어내는 설득 전략으로, 비동시적으로 이루어지는 설득 과정에서 어떤 방법을 이용할 때 순응을 쉽게 끌어낼 수 있는지에 역점을 둔 설득기법이라 할 수 있다. 즉, 순차적 설득은 한 번에 이루어지지 않고 단계별로 이루어지는 과정에 기초하는데, 각 단계는 다음 단계의 태도와 행동에서 변화의 토대가 된다. 여기서 피설득자는 점차 새로운 의견을 수용하게 되며, 궁극적으로 설득자의 원래 요구에 순응하게 된다.

대표적인 순차적 설득 전략에는 미리 주기 기법, 단계적 요청 기법, 역단계적 요청 기법 그리고 미끼 기법 등이 있다. 우리는 '감성적 소구'에 관한 앞선 제12장의 논의에서 이러한 설득 기법을 이미 접한 바 있다. 여기에서는 순응을 유도하는 차원에서 이러한 전략이 무엇인지 다시 한 번 언급하고, 이들 전략이 순응을 유도해 내는 원리에 대해서 자세히 살펴본다.

1) 미리 주기 기법

미리 주기란 설득자가 피설득자에게 좋은 물건이나 호의를 먼저 베푼 후 피설득자로부터 목표로 했던 순응을 끌어내는 기법이다. 미리 주기 기법은 우리가 타인으로부터 선물이나 호의를 받으면 답례를 해야 한다는 상호호혜성의 원칙을 이용하고 있다고 볼 수 있다.

이러한 기법은 현실에서도 많이 적용된다. 대표적으로 대형 마트의 무료 시식행사나 길거리에서 견본 화장품을 무료로 나눠 주는 것, 백화점의 문화행사 초대권, 무료 2시간 주차권 등이 이러한 미리 주기 기법을 사용한 사례다.

그러나 미리 주기 기법이 순응을 끌어내는 데 항상 성공적인 것은 아니다. 만약 피설득자가 미리 주기로 제공된 호의를 호의로 인식하지 않고 뇌물이나 당연한 권리로 간주한다면 오히려 역효과가 날 수도 있다. 이 경우, 피설득자는 자신이 어떤 행동을 하도록 강요받는다는 느낌을 강하게 받게 되며, 설득자의 요구를 부당한 것으로 인식할 수 있다. 따라서 미리 주기 전략이 성공적이기 위해서는 미리 주기가 이타적(利他的)인 대상물로 인식되어야 한다.

2) 단계적 요청 기법

단계적 요청은 피설득자로 하여금 애초에는 사소한 요청에 동의하게 하여 결국에는 좀더 부담이 되는 큰 요청에 순응하게 만드는 기법이다. 판매원이 행인들에게 접근하여 설문조사에 응하게 한 후 물건을 사게 만드는 것이 한 예인데, 판매원은 설문조사를 자신과 고객 간의 좋은 관계를 형성하기 위한 매개물로 사용한다.

(1) 순응 얻어내기 원리

다른 사람들의 작은 요청에 응하게 되면 순차적으로 그 이후에 제시되는 다른 큰 부탁도 들어주게 될 가능성이 크다. 이러한 단계적 요청 기법은 앞서 자기지각이론과 함께 살펴본 바 있다.

예를 들어, A가 길을 가다가 환경단체에서 주최한 '4대강 살리기 운동'을 위한 결의서에 서명할 것을 요구받았다고 가정하자. 이 때 그가 순순히 요구에 따랐다면, 그는 이전에 별로 관심이 없었던 4대강 환경 문제에 대해 관심을 가질 것이다. 왜냐하면, A는 자신이 행한 행동을 돌이켜보는 과정에서 자신이 그 부탁을 들어줄 필요가 없었는데도(낮은 특이성) 서명하였다는 사실을 깨닫게 될 것이기 때문이다. 따라서 A는 자신이 환경문제에 대해서 애초에 호의적이었다고 결론을 내리고, 이후 자신의 결론과 일치하는 방향으로 행동할 가능성(높은 일관성 유도)이 높아진다. 만약 A가 서명한 상황에서 그 부탁에 응하지 않는 다른 사람들이 있었다면(낮은 합의성), A의 이러한 자기지각과 동기화의 정도는 더욱 커질 것이다. 이러한 경우, 만약 A가 이후 환경단체에서 앞으로 2년간 환경신문 구독을 요청(첫 요청보다 큰 부탁)하면, 그는 자신의 일관성을 유지하는 방향으로 선뜻 신문 구독을 허락할 가능성이 크다.

이 기법은 자기지각이론뿐만 아니라 개입이라는 개념으로도 설명이 가능하다. 즉, 사람들이 공적으로 일련의 행위에 개입하면 그 행위에 대한 자신의 생각도 바뀐다. 예를 들어, 어떤 사람이 경마에서 특정한 말에 돈을 걸었다면 자신의 말이 이길 것이라고 확신하는 정도가 돈을 걸기 전보다 더 강해진다. 이는, 돈을 걸고 난 후에 그 행위를 정당화하려는 노력 때문이다. 따라서 단계적 요청 기법에서 처음의 요청에 순응한 사람은 그 행위에 대한 자신의 개입을 정당화하기 위해서 다음의 요청에도 순응할 확률이 높아진다.

(2) 순응 획득을 위한 조건

앞서 설명한 것과 같이, 단계적 요청 기법에서는 사람들이 자신의 태도를 선행하는 행동에 귀인한다. 드종(DeJong 1979)은 단계적 요청 기법을 사용하여 순응을 얻어내기 위한 조건을 다음과 같이 검토했다.

첫째, 처음의 요구가 너무 작으면 안 된다. 첫 번째 요구가 크면 클수록 피설득자가 두 번째의 더 큰 요구에 순응할 확률이 높아진다. 첫 번째 요구가 부담이 되는 것일수록 피설득자는 자신이 왜 그런 행동을 했는지에 대해 더 생각하게 된다.

둘째, 처음의 요구가 너무 커서도 안 된다. 기부를 부탁받은 사람들 중에 처음의 요구를 거절한 사람은 아예 요구를 받지 않은 사람보다 두 번째 요구를 수행할 확률이 작다. 이것은 첫 번째 요구를 거절한 사람들이 "나는 원래 다른 사람들을 돕지 않아"라고 자기 이미지를 고착시켜 버리기 때문이다.

셋째, 어떤 사람이 첫 번째 요구에 대한 순응을 외적 요인에 귀인한다면 그 사람이 두 번째 요청을 수락할 가능성은 줄어든다. 예를 들어, 당신이 만약 노점상에게서 제품에 대한 홍보설명을 듣는 대가로 선물을 받으면, 당신이 물건을 구매해야 한다는 두 번째 요청을 받았을 때 내적 귀인이 이루어지지 않는다. 이는 노점상의 설명을 들은 이유를 단지 물질적 보상에 대한 순응으로 귀인하기 때문이다.

넷째, 첫 번째 요구는 직접적 행동을 요구하는 것이어야 한다. 첫 번째 요구에 응하겠다는 피설득자의 동의만으로도 단계적 설득이 일어난다. 하지만 피설득자가 실제로 첫 번째 요구를 행동으로 수행하면 그 사람이 두 번째 요구를 실행하겠다는 의지가 좀더 두드러지므로 단계적 요청 기법이 성공할 확률이 증가한다.

다섯째, 피설득자가 첫 번째 요구를 수락했을 때 받는 평가가 중요하다. 피설득자가 첫 번째 요구를 승낙함으로써 좋은 평가를 받았다면 그가 두 번째 요구를 승낙할 확률은 더 높아진다. 또한 피설득자가 첫 번째 요구를 승낙하지 않아 좋지 않은 사람으로 평가됐지만 더 큰 요구를 들어줌으로써 이전의 불명예를 만회할 기회가 생겼을 때 두 번째의 더 커다란 요구를 수락할 것이다.

여섯째, 단계적 요청 기법은 개인적 이유로 사용됐을 때보다 친사회적으로 사용됐을 때 더 효과적이다. 따라서 단계적 요청 기법은 아마도 위탁판매자보다는 사회운동가에게 더 효과적일 수 있다.

일곱째, 성공적인 단계적 요청 기법에 대한 효과를 위해 첫 요청과 두 번째 요청을 하는 사람이 동일할 필요는 없다. 실제로 동일한 사람이든 아니든 첫 번째 요청에 순응한 사람이 두 번째 요청에도 순응할 가능성이 높다. 왜냐하면 단계적 요청 기법은 피설득자로 하여금 첫 번째 요구에 대한 승낙을 내적으로 귀인하기 때문이다. 따라서 첫 번째 요청자와 두 번째 요청자가 다르더라도 단계적 요청 기법의 효과는 지속될 수 있다.

3) 역단계적 요청 기법

역단계적 요청 기법에서 설득자는 상대방이 거절할 것으로 예상하는 큰 요구를 요청하며 설득을 시작한다. 상대방이 첫 번째 요구를 거절하면, 설득자는 애초 목표로 했던 더 작은 요청을 한다. 즉, 상대방이 너무 커다란 요청을 거절했을 때 설득자는 이보다 후퇴하여 처음에 목표로 한 요청을 시도해 순응을 끌어내는 기법이다.

(1) 순응 얻어내기 원리

지각 대조효과: 첫 번째의 큰 요구를 거절한 사람들이 두 번째의 작은 요청에 순응하기 쉬운 이유는 두 번째 작은 요청이 처음의 큰 요청과 대비되면서 두 번째 요청이 실제 크기보다 더 작아 보이기 때문이다.

상호양보: 어떤 사람이 우리에게 호의를 베풀면 우리는 그 호의에 보답해야 한다는 의무감을 느낀다. 이는 사람들이 양보할 때도 일어나

는데, 이를테면 어떤 사람이 양보하면 우리 역시 그 보답으로 양보해야 한다고 느끼는 것이다. 이처럼 설득자가 큰 요청에서 후퇴하여 작은 요청을 제안할 때, 피설득자는 이것을 양보로 지각하여 '양보에 대한 답례'로 두 번째 요청을 수락하게 된다.

자기표현: 대체로 사람들은 타인의 요청을 거절할 때 불편한 마음을 갖게 된다. 따라서 첫 요청을 거절한 사람들은 자신이 설득자에게 부정적인 사람으로 비춰지는 것을 우려하고, 이 때문에 두 번째 요청에서는 좋은 인상을 주기 위하여 보다 쉽게 순응하는 경향이 있다.

이 외에도 도움을 필요로 하는 사람을 도와주어야 한다는 일종의 사회적 책임감을 느끼게 되어 요청 메시지에 순응할 가능성이 높아진다고 보는 **친사회적인 관점**과, 첫 요구에 거절한 것에 대한 죄책감이 두 번째 요구에 순응함으로써 감소된다고 보는 **죄의식에 근거한** 설명도 있다.

(2) 순응 획득을 위한 조건

단계적 요청 기법과 마찬가지로 역단계적 요청 기법도 다음의 조건에서 그 효과가 나타난다.

첫째, 첫 번째 요청은 피설득자가 거절할 정도로 커야 하지만, 의심스러울 정도로 너무 커서는 안 된다(Cialdini et al. 1975). 첫 번째 요청이 피설득자로 하여금 분노, 분개 또는 회의를 일으킬 정도로 커서는 안 되는데, 이는 설득자가 처음에 너무 무리한 요구를 하는 경우 성실한 협상 의지가 없다고 간주하기 때문이다.

둘째, 단계적 요청 기법과 마찬가지로 역단계적 요청 기법의 요구들이 친사회적인 행동이었을 때 더욱 효과적이다. 딜라드 등(Dillard et al. 1984)의 연구에서는, 역단계적 요청 기법이 개인적 이유로 이용됐을 때는 설득 효과가 없었으나 친사회적 목적으로 사용됐을 때는 사람들이 더 순응을 보였다고 한다.

셋째, 첫 번째 요청과 두 번째 요청 사이의 시간적 간격이 성공 여부에 영향을 미친다. 순응을 얻어내기 위해서는 지각 대비효과가 일어날 수 있을 정도로 두 번의 요청 사이 시간이 짧아야 한다.

넷째, 단계적 요청 기법과 달리 역단계적 요청 기법에서는 첫 번째 요구를 하는 사람과 두 번째 요구를 하는 사람이 동일인이어야 한다. 만약 방문판매원이 진공청소기를 50만 원에 팔겠다고 했는데 다른 사원이 30만 원에 팔겠다고 하면, 우리는 두 판매원들이 제시한 가격을 비교할 수 있다. 하지만 우리가 첫 번째 판매원보다 더 좋은 가격을 제시하는 판매원을 만났다고 생각할 뿐, 판매원이 우리에게 기존 가격에서 20만 원을 양보한 값에 상품을 파는 것이라고 생각하지 않는다. 그러나 동일한 판매원이 이 같이 제안한 상황에서는 판매원이 가격을 양보했다고 인식하게 되기 때문에 이후 제시된 가격으로 상품을 구매할 확률이 더 높아진다.

다섯째, 사람들의 성격에 따라 역단계적 요청 기법의 효과가 다르게 나타날 수 있다. 매사에 타인과 공평한 교환관계를 유지해야 한다고 믿는 사람들일수록 역단계적 요청 기법에 순응하기 쉽다. 이러한 사람들은 자신들이 돈을 빌렸거나 호의를 입었을 때 그 사실을 잘 잊지 않을 것이다. 따라서 역단계적 요청 기법은 비교환적 속성을 가진 사람들보다 공평한 교환에 신경 쓰는 사람들에게 더 효과적일 수 있다.

4) 미끼 기법

미끼 기법은 피설득자를 낮은 가격 등 좋은 조건으로 유인하여 거래에 관여시킨 후 거래조건이 달라지더라도 설득자가 원하는 방향으로 순응을 획득하는 방법을 의미한다. 미끼 기법은 종종 비윤리적 방법으로 보이는데, 현실에서 우리의 예상보다 훨씬 더 많이 이용된다.

미끼 바꿔치기 기법(함정 기법)

함정 기법 역시 구매자들을 낮은 가격으로 유인하여 거래에 관여하게 한 후 조건이 달라지더라도 구매를 하도록 하는 기법이다. 예를 들어, 구두 가격을 인하한다는 광고를 하여 소비자를 유인한 후, 세일 중인 구두를 원하는 소비자에게 해당 상품은 이미 품절되었으니 비슷한 디자인의 더 비싼 구두를 사도록 하는 것이다. 이는 소비자가 두 번의 의사결정을 한다는 점에서(애초에 원했던 상황과 변화된 상황에서) 미끼 기법과 유사하지만, 같은 제품이 아닌 다른 제품에 대한 의사결정을 내려야 한다는 점에서 다르다.

대표적인 예로 자동차 대리점에서 사용하는 미끼 기법을 살펴보자. 자동차 대리점에서 판매원은 처음 거래를 시도할 때 실패로 끝내지 않기 위해 소비자가 원하는 차의 가격을 다른 지점보다 몇십만 원 싸게 부르고, 소비자는 이 제안에 흔쾌히 수락한다. 이후 판매원은 자신이 제시한 가격은 에어컨디셔너를 포함하지 않은 것이라고 말하거나 자신이 제시한 가격에 대해서 상사와 상의해야 한다면서 처음에 제시한 가격으로는 판매가 불가능하다고 이야기한다. 판매원은 원래의 견적서를 철회하고, 소비자에게 좀더 많은 비용을 부담하라고 요청한다. 이 경우, 소비자는 지금까지 자신이 정신적으로나 시간적으로 자동차 구입에 관여한 것을 생각해 변경된 가격에 자동차를 구매하게 될 가능성이 높다.

(1) 순응 얻어내기 원리

미끼 기법의 원리로는 다음의 두 가지가 제시되고 있다.

첫째, 치알디니 등(Cialdini et al. 1978)은 **개입**이 미끼 기법의 작용 원리라고 말한다. 자동차를 구입하는 사례의 경우, 고객은 처음의 제안에 동의했기 때문에 인지적으로 자동차를 소유했다는 생각으로 개입하게 된다. 따라서 거래조건에 변화가 생기면 자신들의 결심 수정과 개입 사이에서 갈등하게 되고, 개입의 정도가 크면 클수록 다소 차질이 생기더라도 구매할 가능성이 커진다.

둘째, 버거와 페티(Burger & Petty 1981)는 소비자가 첫 요청에 동의함으로써 구매해야 한다는 일종의 **책임감**을 느끼기 때문이라고 말한다. 즉, 사람들은 약속을 충실히 이행해야 한다는 의무감을 갖기 때문에 처음보다 비용이 더 요구되더라도 구매하게 된다.

(2) 순응 획득의 조건

미끼 기법이 효과적이기 위해서는 다음의 조건을 따라야 한다.

첫째, 피설득자가 처음의 거래에 능동적으로 의사결정을 해야 한다. 피설득자는 능동적으로 의사를 결정함으로써 일련의 행위에 강력히 관여하게 한다. 이러한 관여는 피설득자의 의사결정을 강화시키고 이미 내린 결정을 취소하지 못하게 한다.

둘째, 처음 거래를 제시한 사람은 두 번째 거래를 제시한 사람과 동일인이어야 한다. 이는 피설득자가 처음의 거래에 동의함으로써 설득자와의 약속에 대한 의무감이 생기기 때문이다. 사람들은 약속을 지켜야 한다는 의무감 때문에 두 번째 거래에도 동의하며, 이러한 이유로 거래를 제시하는 사람이 바뀌면 의무감도 사라진다.

5. 순응 얻어내기 연구의 새로운 방향

순응 얻어내기 전략이나 전술과 관련된 연구들은 무엇보다 연구결과가 실제와 다를 수 있다는 점에서 한계를 갖는다. 이를테면, 많은 연구에서 사용하는 순응 얻어내기 전략 및 전술 목록에는 사람들은 실제로 사용하는 전략이 빠져 있을 수 있다. 또한 목록이 잘 구성되었다하더라도 응답자들은 자신이 사용하는 전략을 고르기보다는 사회적으로 바람직하다고 여겨지는 전략을 고를 수도 있다. 다시 말해, 연구에 참여한 응답자들은 심사숙고의 과정을 통해 특정한 전략을 선택하게 되지만, 실제 상황에서는 사회화를 통해 습관화된 특정한 전략을 선택할 가능성이 크다.

그럼에도 불구하고, 순응 얻어내기 전략 및 전술에 대한 연구는 사람들이 왜 특정 방법을 동원해서 순응을 얻으려고 하는지에 대한 답을 얻기 위해 계속 진행되고 있다. 만약 협박이 상대방을 순응시키는 데 가장 효과적인 방법이라면, 왜 모두가 이 방법을 이용하지 않을까? 이는 순응을 얻어내야 하는 상황에서 사람들이 고려하는 것이 상대방의 순응만이 아니기 때문이다. 즉, 사람들은 대인관계를 고려할 뿐 아니라 사회적으로도 적절한 행동의 기대에 어긋나지 않으려고 노력한다.

이러한 점에서 순응 얻어내기에 대한 후속 연구들은 순응을 얻어내야한다는 일차적 목표 외에 어떤 부차적 목표가 있으며, 이러한 부차적 목표에 따라 사용되는 전략들이 어떻게 다른지에 초점을 맞추고 있다.

1) 일차적 목표와 부차적 목표

상대방의 순응을 얻는 것이 일차적 목표라면 그 외의 부차적 목표에는 어떠한 것들이 있는가? 딜라드(Dillard 1989)는 순응 얻어내기 전략 선택에 영향을 미치는 네 가지의 부차적 목표를 제시했다. 첫째, 사람들은 자신의 도덕적 기준과 원칙을 지키고자 하며, 비도덕적으로 보이는 전략은 피하려고 한다. 둘째, 사람들은 남들에게 좋은 인상을 남기고 싶어 하므로 자신이 부정적으로 비칠 전략은 쓰지 않으려고 한다. 셋째, 사람들은 대인관계를 좋게 유지하고자 하므로, 이 관계를 악화시키는 전략은 잘 사용하려 하지 않는다. 마지막으로, 사람들은 자신이 너무 초조해지는 전략은 쓰려 하지 않는다.

2) 설득자의 커뮤니케이션에 대한 신념

오키프(O'Keefe 1990)는 사람마다 커뮤니케이션에 대해 갖는 신념이 다르며, 이 신념은 그들의 전략 선택에 영향을 끼친다고 했다. 그는 사람들이 갖는 커뮤니케이션에 대한 신념과 설득 방식을 다음과 같이 세 가지 유형으로 분류했다.

첫째는 표현적 설득이다. 이는 설득자가 자신의 생각과 느낌을 있는 그대로 표현하는 방법이 가장 효과적인 커뮤니케이션이라는 신념을 가진 것이다. 이러한 신념을 가진 사람들은 남에게 말할 때 직설적이며 충동적인 경향이 있다. 예를 들어, 회의에 참석하지 않은 직원에게 상사가 "당신은 당장 해고당하게 될 겁니다"라고 말하는 경우를 들 수 있다.

둘째는 사회 관습적 설득이다. 이때 설득자는 커뮤니케이션이 사회적 관습에 따라 공동으로 연출되는 것이라고 생각한다. 이러한 신념을 가진 사람들은 자신의 생각과 느낌을 전달하면서도 주어진 상황에서 적절한 사회적 행동을 따라야 한다고 생각한다. 예를 들어, 직원이 회의에 참석하지 않았을 때 상사가 "나는 이러한 무책임한 행동을 좋게 평가하지 않아요. 한 번 더 이런 일이 있으면 당신은 해고당할 수도 있습니다"라고 말하는 경우를 들 수 있다.

셋째는 수사학적 설득이다. 이는 설득자가 커뮤니케이션에 의해 특정한 사회적 상황이 만들어진다고 믿는 것이다. 이런 신념을 가진 사람은 남을 설득할 때도 여러 가지 부수적 목표를 추구하며 합리적 논의를 이용하는 경향이 있다. 예를 들면 이런 신념을 가진 상사는 직원이 회의에 참석하지 않았을 때 "이는 그냥 지나칠 일이 아닙니다. 당신이 이 상황에 대해서 생각해 본다면, 당신의 행동이 사내에 어떤 문제를 일으킬지 알 수 있을 겁니다. 당신이 규칙을 좀더 잘 지켰으면 좋겠네요"라고 말할 수 있다.

6. 결 론

이 장에서는 순응 얻어내기의 개념, 순응 얻어내기 전략의 유형, 그리고 순응 얻어내기 전략에 영향을 미치는 요인들을 살펴보았다. 순응 얻어내기 연구에는 실제와 일치하지 않을 수 있다는 방법론적 문제가 꾸준히 제기되고 있음에도 불구하고 어린이, 청소년 교육, 남녀관계, 가정문제, 미디어 관련, 범죄 관련 그리고 조직체 내 순응 등 다양한 분야에서 꾸준히 연구 및 응용되고 있다.

제5부

사회적 설득과
미디어

제 16 장

집단의 영향력

사람들은 살아가면서 자연스럽게 많은 집단에 소속된다. 가족, 학교, 직장, 국가 등 우리는 집단과 완전히 분리된 삶을 생각하기 힘들 만큼 여러 집단에 속한다. 우리가 속한 모든 집단이 영구적으로 지속되지는 않으며, 때에 따라 특정 집단은 다른 집단에 비해 더 중요하다고 여겨지기도 한다. 예를 들어, 2018년 평창 동계올림픽에 자원봉사자로 참여한 미국인 A가 있다고 생각해 보자. A는 올림픽 기간에 일시적으로 한국 행사의 자원봉사자 집단에 속하지만, 평생 미국이라는 국가의 구성원으로서 존재해 왔다. 올림픽 기간 동안 A는 자신이 한국에서 진행되는 올림픽 행사의 자원봉사자라는 사실에 큰 자부심을 가지고 다른 자원봉사자들과 어울려 한국 팀의 선전을 응원할 수 있다. 하지만, 자원봉사 활동이 끝난 이후, A가 다른 경기대회에서 한국의 선전을 응원할 가능성은 A가 평창 올림픽에 참여했을 때만큼 높지 않을 것이다.

집단에 따라 정도의 차이가 있기도 하지만, 집단에 소속된 개인은 그 집단의 내적 규범에 의해 특정한 방식으로 행동하도록 직간접적인 압력을 받는다. 개인은 집단의 압력에 의해 자신의 실제 태도나 신념과 다른 행동을 취하거나, 태도와 신념 자체를 변화시키기도 한다.

이 장에서는 집단이 개인에게 어떠한 방식의 영향을 미치는지와 그 원인이 무엇인지를 살펴보고자 한다. 또한 집단의 영향력을 설명할 수 있는 여러 이론을 소개하고, 이를 토대로 집단 내에서 개인의 행동양식 변화와 집단 내 의사결정 과정을 어떻게 설명할 수 있는지 살펴보고자 한다.

1. 동조

동조란 집단이 구성원에게 가하는 실제 압력이나 집단 구성원이 스스로 느끼는 가상의 압력에 의해 개인의 행동이나 신념이 변하는 현상을 말한다. 스미스(Smith 1982)는 집단의 압력이 실제로 존재하지 않더라도, 개인이 그 압력을 느끼기만 해도 동조가 일어난다는 사실을 지적했다. 즉, 동조는 집단의 실제 압력 때문만이 아니라, 집단의 압력이 존재한다는 개인의 믿음에 의해서도 발생한다. 집단 구성원에게서 나타나는 동조 현상은 집단의 유지를 위해 필수불가결하다. 집단의 구성원들이 집단의 규범에 일정한 수준 이상으로 동조하지 않는다면 그 집단은 유지될 수 없다. 따라서 집단은 보상과 처벌이라는 수단을 통해 구성원들로 하여금 집단의 규범에 동조하도록 하는데, 이러한 보상과 처벌능력이 높은 집단일수록 구성원에 대한 압력이 보다 강해진다.

1) 집단의 특성과 동조

모든 집단이 각기 다른 고유의 특성을 가지고 있을 것이라 생각하기 쉽지만, 모든 집단은 기본적으로 몇 가지 공통적인 특성을 지닌다. 첫째, 모든 집단의 구성원은 자신이 속한 집단에 대한 소속감을 지니며, 다른 구성원들과의 동질감을 토대로 공동의 목표를 지닌다. 둘째, 집단에 속한 구성원은 다른 구성원들과 지속적으로 의사소통하는 과정을 통해 영향을 주고받는다. 셋째, 모든 집단은 집단의 규범을 가지고 있으며, 모든 구성원들은 이 규범을 따르도록 강제된다.

앞선 집단의 특성 중 집단의 규범은 동조와 밀접한 관계가 있다. 집단의 규범이란 집단에게 중요한 사안에 대하여 구성원들의 태도나 행동을 규율하는 규칙이나 기준을 말한다. 보다 넓게는 '어떠한 행동이나 의견이 옳은 것인지 그른 것인지, 선한 것인지 악한 것인지, 수용 가능한 것인지 불가능한 것인지, 적절한 것인지 부적절한 것인지를 판단함에 있어 집단의 구성원들이 적용하는 기준'으로 정의된다.

집단의 규범은 크게 명시적 규범과 묵시적 규범으로 나눌 수 있다. 명시적 규범이란 교통신호나 명문화된 회사의 규칙과 같이, 문서화되어 있거나 공개적으로 발표된 규범을 말한다. 반면 묵시적 규범은 명시적 규범처럼 공개되지는 않지만 사람들이 암묵적으로 동의하는 규범을 말한다. 예를 들어, 금연구역에서 담배를 피우면 안 된다는 것은 명시적으로 규정된 것이며, 이를 어길 경우 범칙금이 부과된다. 반면, 금연구역이 아니라 하더라도 어린이가 있으면 보통 그곳에서는 담배를 피우지 않는데, 이는 암묵적으로 규정된 규범이며 이를 어긴다고 해서 벌을 받지는 않는다. 규범은 일단 정해지면 집단의 구성원들은 이를 지켜야한다는 암묵적인 압력을 느끼게 된다.

2) 집단의 규범적 영향력과 정보적 영향력

많은 연구자들은 개인이 동조를 통해서 집단으로부터 무엇인가를 얻을 수 있을 것이라고 기대할 때 동조가 일어난다고 설명한다. 스미스(Smith 1982)는 개인이 어떤 집단의 규범을 따르는 것은 두 가지 목적을 성취하기 위해서라고 주장했다. 하나는 집단의 규범을 따름으로써 개인적 인정, 동료의식, 그리고 사회적 지지를 얻는 것이고 다른하나는 자기 자신과 세상에 대한 지식을 넓히는 것이다. 동조의 원인으로 지목하는 이러한 두 가지 집단 영향력을 규범적 영향력과 정보적영향력으로 규정할 수 있다.

규범적 영향력은 자신이 속한 집단으로부터 사회적 승인을 얻고자하는 구성원들의 욕구와 관계된다. 하나의 집단에는 명시적이고 묵시적인 수준의 다양한 규범이 존재한다. 일반적으로 집단규범을 성실히따르는 사람은 집단의 구성원으로 인정받고, 집단규범을 따르지 않는사람은 벌을 받거나 집단에서 배제된다. 한 집단에 속한 개인은 집단내에서 고립되지 않기 위해서, 구성원으로 받아들여지기 위해서 혹은처벌을 피하기 위해서 집단의 규범을 따른다. 집단규범은 구성원에게암묵적인 압력을 행사하기 때문에, 개인은 집단규범이 잘못된 것이라고 생각하면서도 이에 동조할 수 있다. 이러한 경우 동조는 개인의 내적이고 심리적인 변화와는 무관하게 외적인 수준에서 이뤄지게 된다.

반면, **정보적 영향력**은 자신이 속한 집단으로부터 자신이 필요로 하는 새로운 정보를 얻고자 하는 구성원의 욕구와 관계된다. 집단은 구성원이 필요로 하는 새로운 정보를 제공하는 역할을 하며, 개인은 이를 습득하는 과정에서 무비판적으로 집단규범에 동조할 수 있다. 낯선환경에 처한 사람은 상황에 맞는 적절한 행동을 하기 위하여 주변 사람들의 행동을 따라 하게 된다. 이를테면 난생처음 장례식장에 간 사람은 이미 장례식에 참석해 본 적 있는 다른 사람의 행동을 무조건 따라 한다. 장례식장에 적합한 옷차림이 무엇인지, 적절한 조의금의 액수가 얼마인지 그리고 고인이나 유가족에게 어떻게 예를 갖춰야하는지등을 같은 문화권(집단)에 속해 있는 다른 사람의 행동을 통해 배우는 것이다. 집단의 정보적 영향력이 작용하는 상황에서 나타나는 동조는 지각된 전문성이나 다른 구성원의 정보력에 근거해 이뤄진다. 따라서 규범적 영향력이 작용하는 상황과 달리, 정보적 영향력이 작용하는 상황에서의 동조는 훨씬 더 쉽게 내면화된다.

이렇듯, 동조는 자신이 속한 집단으로부터 긍정적 평가를 받고 부정적 평가를 피하고자 하는 규범적 측면, 그리고 다른 사람들의 행동과 태도를 통해 정보를 얻고 싶어 하는 정보적 측면으로 나누어 설명할 수 있다. 하지만 일상생활에서 이러한 두 가지 영향력을 완벽하게 구별하는 것은 결코 쉬운 일이 아니며, 대부분 한 상황에 두 가지 측면의 영향력이 동시에 작용한다.

3) 동조의 성격

독립된 개인은 비교적 자유롭게 생각하고 행동하지만, 집단의 구성원으로서 개인은 타인의 존재에 사회적으로 영향을 받는다. 상황에 따라 집단의 구성원들은 표면적이고 일시적으로 집단규범에 동조할 수도 있고, 이를 내면화하여 완벽하게 수용할 수도 있다. 어떠한 상황에 어느 정도로 동조하느냐에 따라 이를 순응, 동일시, 내면화의 단계로 나누어 설명할 수 있다.

순응은 특정한 보상을 얻거나 벌을 피하기 위해, 또는 다른 구성원들과 만족스러운 관계를 형성하고 유지하기 위해 일시적으로 동조하는 것을 말한다. 일반적으로 순응의 단계에서는 집단규범에 따른 행동의 변화가 있을 뿐, 신념과 태도의 변화는 나타나지 않는다. 집단규범에 대한 순응이 일어나기 위해서는 구성원의 태도나 행동에 대한 감시가 있어야 한다. 순응은 행위자가 집단에서 영향력을 지닌 누군가에게 자신이 감시당하고 있음을 인지할 때 가장 효과적으로 일어난다. 순응은 보상의 약속이나 처벌의 위협이 존재할 때 더 쉽게 일어나며, 그 자체로 단발적인 속성을 지닌다. 다시 말해 구성원이 특정한 행동을 지속시켜야 한다고 생각하는 다른 이유가 제시되지 않는 한, 특정 규범에 대한 순응의 결과는 내면의 태도나 신념의 변화로 이어지지 않는다.

동일시는 자신에게 영향을 준 사람과 같아지고 싶다는 욕망에서 비롯된다. 개인은 자신이 잘 모르는 행동을 해야 할 때 집단의 다른 구성원의 행동을 기준으로 삼는다. 이때 학습의 대상이 된 상대는 개인에게 하나의 준거점이 되어 일종의 지배력을 행사하게 된다. 동일시의 욕구는 개인이 준거점으로 삼은 타인이 더 매력적일수록 커지는데, 특정 인물에 대한 동일시의 욕구를 지니게 된 개인은 판단이 필요한 모든 상황에서 자신이 닮고자 하는 사람의 태도와 행동을 무비판적으로 따르게 될 가능성이 높다.

내면화는 집단의 규범 자체를 자신의 것으로 완벽하게 수용한 동조의 결과이다. 외부의 압력으로 인해 집단규범을 일시적으로 따르는 데 그치는 순응과 달리, 내면화의 단계에 이른 집단규범은 추가적인 외부 압력 없이도 자발적으로 유지된다. 한 번 내면화된 집단규범은 그 자체로 옳다고 지각되기 때문에 별다른 일이 없는 한 오랫동안 지속된다. 이 단계에서는 개인의 행동을 감시하는 외부 감시자나 새로운 행동의 기준이 되는 준거의 대상이 존재할 필요가 없다.

집단의 구성원이 그 집단규범을 완벽하게 내면화한 상태는 진정한 의미의 동조로 이해된다. 어떤 규범이 즉각적으로 내면화되는 경우는 많지 않으며, 대부분의 경우 진정한 의미의 동조는 순응과 동일시의 연속적인 과정을 따른다. 물론 단순히 순응의 단계에 머물던 어떤 집단규범이 반복적인 순응 과정을 통해 결국 내면화되는 경우가 존재하기는 하지만, 모든 순응과 동일시의 과정이 내면화로 이어지지는 않는다.

또한 동조의 각 단계를 명확하게 구분하기 애매한 경우 역시 많다.

예를 들어 설명해보자. K는 신입생 오리엔테이션에서 학생회 활동이 매우 중요하다는 선배들의 설명을 듣고, 학생회에 가입하지 않으면 여러 불이익을 받게 될 것임을 알게 되었다. K는 불이익을 피하기 위해 원치 않았지만 학생회에 가입하고 활동하였다. 이후, K는 학생회장인 P를 알게 되었다. P는 교수들의 총애를 받는 학생이었고 많은 학우들이 그를 신뢰했다. K 역시 P를 존경했으며 학교생활 중에 어려움이 생길 때면 P에게 조언을 구하곤 했다. 마침내 K는 P처럼 되고 싶다고 생각했고, P의 행동을 관찰하고 이를 따라 하기 시작했다. 그러던 어느 날, K는 P가 등록금 인상을 반대하는 학생회 시위를 주도한다는 것을 알게 됐다. K는 P의 생각이 옳으며 등록금 동결은 매우 중요한 일이기 때문에 자신 역시 그 시위에 반드시 참석해야겠다고 결심했다.

이 예시에서 신입생 K가 학생회에 가입한 것은 순응의 단계로 설명할 수 있다. 하지만 이후 K의 행동변화는 P에 대한 동일시의 욕구를 통해, 학생회 활동의 중요성을 내면화한 결과라고 볼 수 있다. 만약 K가 학생회에서 P를 알게 되지 않았다면, K가 학생회 활동의 중요성을 내면화하는 완벽한 동조는 일어나지 않았을 것이다. 또한 P가 충분히 매력적인 사람이 아니었더라면 그를 알게 되었다 하더라도 동일시의 욕구는 갖지 않았을 것이다. 물론 P의 존재와 무관하게, K가 비자발적으로 학생회 활동에 반복적으로 참여하다가 학생회 활동의 중요성을 내면화했을 가능성 역시 완벽히 배제할 수는 없다. 이러한 예에서 알 수 있듯이, 집단규범에 동조하는 개인을 설명할 때 순응, 동일시, 내면화를 완벽하게 분리된 단계로 보는 것은 적절하지 않으며, 보다 종합적인 관점에서 이해할 필요가 있다.

4) 동조에 관한 초기 연구

동조의 특성 중 순응의 과정을 밝히는 데 집중한 연구자들은 동조 현상을 힘 있는 개인과 이에 영향을 받는 다른 개인 사이에서 일어나는 개인적인 문제로 해석하곤 했다. 하지만 점차 많은 사회심리학자들이 동조를 개인과 개인의 문제가 아닌 집단이 연관된 사회적인 문제로 이해하기 시작했다. 이러한 주장을 한 연구자들은 사람이 사회적인 환경에 영향을 받을 수밖에 없는 존재임을 강조하였는데, 이러한 관점에서 진행된 주목할 만한 초기 연구 몇 가지를 소개하고자 한다.

(1) 셰리프의 연구

캄캄한 방안에서 점 크기의 작은 불빛을 바라보면, 이 불빛이 고정되어 있다고 하더라도 움직이는 것 같이 보인다. 이를 '자동운동 현상'이라고 한다. 사람마다 인식하는 자동운동 현상의 범위는 다르다. 즉, 사람들은 같은 어둠 속에서 동일한 빛을 바라보는 상황에서도 이 빛이 움직이는 범위를 서로 다르게 지각한다. 셰리프(Muzafer Sherif)는 이러한 자동운동 현상을 이용하여 동조에 대한 최초의 실험을 진행했다(Sherif 1935).

셰리프는 세 명의 피험자를 분리시켜 놓고 각자가 인식하는 빛의 자동운동 범위를 수치로 기록하게 했다(측정 1). 그 후 한 장소에 피험자들을 모으고, 서로의 예측치를 들을 수 있게 한 상태에서 빛의 자동운동 범위를 다시 기술하게 했다(측정 2, 3). 마지막으로 이들을 다시 분리시킨 후 빛의 자동운동 범위를 기술하게 했다(측정 4). 셰리프의 실험결과는 그림 〈16-1〉과 같다.

〈16-1〉에서 볼 수 있듯이 피험자들은 측정을 반복할수록 서로 비슷한 수준의 수치를 기록하게 되었다. 구체적으로, 서로 분리된 상태에

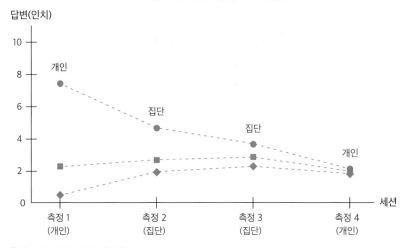

16-1 동조에 관한 셰리프의 실험

답변(인치)

개인

집단

집단

개인

측정 1
(개인)

측정 2
(집단)

측정 3
(집단)

측정 4
(개인)

세션

출처: Smith 1982, 168 재구성.

서 빛의 자동운동 범위를 측정한 시점에는 피험자들 간 인지 정도에 다소 차이가 있었지만(측정 1: 0~8 사이), 한 장소에서 다른 사람들의 생각을 들으며 인지 정도를 반복해 측정했을 때는 이 차이가 현저하게 줄어들었다(측정 2: 2~5, 측정 3: 2~4). 이러한 인지의 변화는 피험 자들을 다시 분리한 후에도 유지되었다(측정 4: 2~3).

셰리프는 이러한 연구결과를 집단규범과 동조의 차원에서 설명한 다. 처음 분리된 개인들에게 자동운동 범위를 측정하도록 한 상황은 명확한 정답이 없는 모호한 상태라고 볼 수 있다. 하지만 이후 피험자 들이 집단화되면서, 집단 내에서 수행된 측정은 짧은 시간 내에 변화 를 보였다. 피험자들이 보인 행동양상은 집단이 정보적 영향력을 가지 고 있음을 보여 준다. 즉, 자신이 잘 모르는 사안에 대해 다른 집단 구성원들의 대답에서 정보를 얻고, 이를 기준으로 이후 대답의 정도가 바뀐 것이다. 이러한 결과는 정답이 없는 모호한 상황에서는 짧은 시 간 내에 집단규범이 정해질 수 있으며, 그 규범에 따른 구성원들의 동조가 나타날 수 있음을 보여 준다.

이 실험에서 가장 흥미로운 사실은, 집단에 의해 즉흥적으로 결정된 규범에 각 구성원들이 단순 동조(순응)한 것이 아니라 개인적으로 이를 완벽하게 수용했다는 사실이다. 마지막 측정에서 피험자들은 다른 구성원들과 분리된 상태였음에도, 빛의 자동운동 범위를 다시 기술하도록 했을 때 처음 자신이 생각했던 정도(측정 1)가 아니라 집단의 합의를 통해 수렴된 수치를 기술했다. 이러한 결과는 집단이 존재하지 않는 상태에서도 집단규범이 지속적인 효과를 가질 수 있음을 보여 준다. 실제로 관련한 후속 연구는 이러한 집단규범의 영향력이 집단의 구성원들이 모두 바뀐 뒤에도 장시간 지속됨을 밝혀냈다.

셰리프의 실험을 통해, 집단규범은 임의로 산정된 결과물이 아니며 사회적 상호작용의 결과라는 점을 알 수 있다. 집단규범은 구성원이 지닌 특성들의 총합이라기보다 그 자체로 집단의 특성이라고 이해되어야 한다. 집단규범은 집단에 합류하려는 사람에게 동조를 강요하고, 더 이상 집단이 존재하지 않더라도 집단에 속했던 사람들에게 지속적인 효과를 갖는다. 하지만 이 과정에서 주목해야 할 점은, 모든 구성원이 집단규범에 동일한 수준의 영향을 받지는 않는다는 사실이다. 셰리프의 실험결과에서 알 수 있듯이 집단규범이 생성되고 유지되는 과정에서 누군가는 상대적으로 큰 변화를 보이고 다른 누군가는 아주 작은 변화만을 보였다. 이러한 결과는 집단 구성원 중 몇몇은 다른 사람들보다 더 큰 영향력을 지니고, 어떤 사람들은 다른 사람들보다 더 많이 영향받는다는 사실을 보여 준다.

(2) 애시의 연구

애시(Asch 1951)는 셰리프의 연구에서 사람들이 집단규범에 동조한 것은 평가 대상이 매우 모호했기 때문이라고 비판했다. 셰리프의 실험에서 피험자들이 평가해야 했던 불빛은 매우 애매한 자극물이었기 때문에 자신의 생각에 확신을 가질 수 없었던 피험자들이 자연스럽게 다른 사람의 판단에 의존할 수밖에 없었다는 것이다. 애시에 따르면, 동조 현상을 보다 명확하게 규정하기 위해서는 사람들이 자신의 판단에 확신을 가지고 있는 상황에서 작용하는 집단규범의 영향력에 대해 밝힐 필요가 있다.

이러한 문제 제기를 토대로 애시는 명확한 정답이 있는 상황에서 동조 현상을 살펴볼 수 있는 실험을 설계했다. 연구자는 피험자에게 제공할 카드 두 장을 준비하였다. 한 장의 카드(A)에는 1개의 선분이 그려져 있고, 다른 한 장의 카드(B)에는 각기 다른 길이의 3개의 선분이 그려져 있었다. 이때 B에 그려져 있는 3개 선분 중 하나의 길이는 A에 그려진 선분과 길이가 같았다. 연구자는 두 장의 카드를 피험자들에게 각각 제공한 후, B의 3개 선분 중 A의 선분과 길이가 같은 선분을 골라달라고 요청했다. 이 과정에서 일부 피험자들은 혼자서 실험에 임했으며(대조집단), 다른 피험자들은 미리 오답을 말하도록 공모된 여섯 명의 실험공모자들과 집단을 이루어 실험에 참가했다(실험집단). 그 결과, 대조집단의 피험자들은 거의 대부분 정답을 맞힌 반면, 실험집단의 피험자들의 36.8퍼센트는 실험공모자들의 의견에 동조하여 정답을 맞히지 못했다. 또한 애시의 실험에서 실험집단의 피험자들 중 75퍼센트는 적어도 한 번 이상 집단의 오답에 동조하는 모습을 보였는데, 이는 집단 구성원의 의견에 영향을 미치는 집단규범의 힘을 보여준다.

이 실험 이후 수행된 후속 연구(Asch 1956)에서 애시는 실험집단에게 정답을 말하는 과정을 말이 아닌 글로 적어 내도록 요구했다. 그 결과 실험집단의 피험자들 대부분이 집단의 구성원들(실험공모자들)로부터 잘못된 답을 들은 이후임에도 불구하고, 제대로 된 정답을 적어 냈다.

이러한 결과로부터, 동조의 압력은 구성원의 태도나 행동이 공개적으로 드러날 때 더욱 강해진다는 점을 알 수 있다. 즉, 다른 집단 구성원들과 내가 불일치하는 생각을 가졌다는 사실이 '공개되는 것'이 불일치하는 생각을 가졌다는 사실 그 자체보다 더 큰 위협으로 인식된다.

애시의 선분 실험은 셰리프의 실험과 달리 명확한 정답이 있는 상황에서 진행되었다. 실험 가정을 토대로, 셰리프의 실험은 집단의 정보적 영향력을 보였으며 애시의 실험은 집단의 규범적 영향력을 보였다고 해석할 수 있다.

5) 동조에 영향을 주는 요소

(1) 집단의 특성

집단의 규범적 영향력과 정보적 영향력에 영향을 주는 여러 특성이 있다. 여기서는 가장 대표적인 집단의 특성으로 집단의 응집력, 일탈에 대한 관용, 그리고 집단 구성원 간 상호의존성을 살펴보고자 한다.

집단의 응집력

응집력은 집단의 구성원들이 집단에 대해서 가진 친밀도나 관여도 또는 중요하다고 생각하는 정도 등을 나타낸다. 응집력이 높은 집단일수록 강한 규범적 영향력을 가지며, 구성원들이 집단규범에 대해 강한 동조 현상을 보인다. 더 쉽게 말하자면, 구성원들이 매력적이라고 생각하는 집단일수록 동조가 잘 일어난다. 개인이 특정 집단을 매력적이라고 생각하는 데는 두 가지 요소가 중요한 영향을 미친다.

첫 번째 요소는 **집단의 가입**과 관련된다. 일반적으로 가입하기가 힘든 집단일수록, 또는 가입하기 위해 많은 대가를 치른 집단일수록 동조가 잘 일어난다. 두 번째 요소는 **동일시의 정도**와 관련된다. 집단 자체나 집단 내 다른 구성원들과 동질감을 느끼는 구성원이 많을수록 동조가 더 쉽게 일어난다. 동일시 과정을 통해, 집단의 사고나 행동은 개인의 태도나 행동에 영향을 미치는 준거점이 된다. 그러나 항상 집단이 구성원에게 준거집단의 역할을 하는 것은 아니다. 때로 가입되지는 않지만 선망하거나 좋아하는 사람들로 이루어진 집단이 준거집단으로서의 역할을 하기도 한다. 좋아하는 연예인과 비슷한 옷차림을 하거나 존경하는 철학자의 생활방식을 닮으려고 노력하는 등의 경우를 이와 같은 예로 들 수 있다. 일반적으로 소속된 집단의 구성원들과 높은 수준의 응집력을 유지하는 것은 긍정적이라고 평가되기 쉽다. 하지만 경우에 따라서 과한 응집력이 부정적인 결과로 이어지기도 한다. 민족중심주의(*ethnocentrism*)나 집단이기주의 등이 그 대표적인 예라고 볼 수 있다(Gass & Seiter 1999).

일탈에 대한 관용

일탈에 대한 관용의 정도는 동조에 영향을 미친다. 일탈은 집단의 규범적 영향력을 감소시킬 뿐 아니라 일탈자들이 제공하는 정보에 의해 집단의 정보적 영향력 역시 감소된다. 앞서 살펴본 애시의 연구에서 실험공모자들이 모두 오답을 얘기했을 경우 피험자의 35퍼센트는 이에 동조하는 모습을 보였다. 하지만 실험 과정에서 공모자 중 한 사람이 나머지 공모자들과 다른 의견을 냈을 경우에는 동조 비율이 8~9퍼센트 정도 떨어지는 것으로 나타났다. 여러 집단 구성원들 가운데 마음을 정하지 못했거나, 다른 생각을 하는 일탈자가 존재함을 인식하는 것만으로도 동조 수준은 현저히 낮아진다(Smith 1982). 한 명의 일탈자는 집단의 압력으로부터 해방되는 데 강력한 힘을 제공한다. 따라서 오늘날에도 많은 집단이 중심적 규범에 대한 구성원의 일탈에 심한 제재를 가하고 있다. 대표적인 예로, 공산주의 국가가 자본주의로의 체제 변환을 주장하는 정치인들에게 매우 가혹한 조치를 취하는 것을 들 수 있다. 국가 지도자들은, 자국의 체제에 반하는 입장을 설파하는 정치범에게 관대할 경우 국가의 규범적 영향력과 정보적 영향력이 심각하게 훼손된다고 믿는다.

구성원 간 상호의존성

집단 구성원들 사이의 상호의존성 정도 역시 동조에 영향을 미친다. 집단이 특정한 목표를 가지고 있을 때 집단 구성원들은 상호의존적으로 규범에 더 강하게 동조한다. 다시 말해, 동조는 보다 강력한 집단 규범을 형성하고 집단의 목표를 달성하는 데 중요한 수단이 된다. 집단 내에서 구성원 간 상호의존성은 그들이 공동운명체라는 인식과 밀접하게 연관된다. 즉, 동일한 어려움을 겪고 있는 사람들끼리 서로 의지하고 힘을 합쳐 어려움을 극복해 나가겠다는 의지를 갖게 되고, 이것이 곧 집단의 규범에 기꺼이 동조하려는 결과로 나타난다.

(2) 집단의 규모

사회적 충격이론과 사회적 영향력 모델은 집단의 크기와 동조의 관계에 대한 설명을 제시한다. 이 두 가지 이론에서 등장하는 집단은 의견집단으로서, 한 가지 사안에 대해서 같은 의견을 공유하는 집단이다. **사회적 충격이론**[1]은 구성원 수가 많을수록 동조 역시 크게 일어난다고 가정한다. 이 이론에 따르면 집단에서 어떤 의견을 제일 처음 제시

---

1 사회적 충격이론(Latané 1981)에서는 집단 구성원들에게 잠재적인 영향(동조, 집단 소속감)을 미치는 요인으로 집단의 규모, 가까운 정도, 힘의 크기를 들었다. 구체적으로, 사회적 충격이론은 물리적으로 집단규범에 동조하는 사람이 많을수록, 구성원들이 서로 밀접하게 관계되어 있을수록, 잠재적 구성원들에게 주는 집단과 구성원들의 매력이 클수록 집단의 영향력이 크다고 가정한다.

한 사람(즉, 집단의 첫 구성원)이 가장 큰 영향력을 갖고, 두 번째 구성원부터는 집단에 미치는 영향력이 점점 감소한다. 따라서 새로운 구성원이 집단의 영향력에 기여하는 비중은 점차 감소하여 나중에는 매우 미미한 수준에 이를 수 있다. 하지만 의견에 동조하는 새로운 구성원은 집단 전체의 총영향력을 증가시키고 또 다른 구성원을 영입하는 데(동조 수준 증가) 일조한다(Latané 1981).

한편, **사회적 영향력 모델**은 집단의 첫 번째 구성원보다 두 번째나 세 번째 구성원의 영향력이 더 크다고 가정한다. 집단의 크기가 커질수록 구성원들 간의 완전한 합의는 점점 더 불가능에 가까워진다. 사회적 영향력 모델에서는 이러한 점을 들어 집단의 크기가 어느 정도까지는 압력으로 작용할 수 있지만, 일정 수준 이상이 되면 동조 압력은 점차 다시 떨어지게 된다고 주장한다(Tanford & Penrod 1984).

집단 규모가 동조에 미치는 영향력에 대한 실증연구 중 어떤 연구들은 사회적 충격이론을 지지하고 어떤 연구들은 사회적 영향력 모델을 지지한다. 따라서 두 이론 중 하나가 더 적합하다고 단정하기보다 각 이론이 어떤 상황에서 더 설명력이 높은지 생각해 볼 필요가 있다. 이를테면, 특정한 사안에 대해 결정하는 사람들의 동기가 무엇인지를 살펴보면 어떤 상황에 어떤 이론이 더 설득력이 있는지 결정할 수 있다.

우리는 어떤 사안에 대해 결정할 때 보통 두 가지 동기에 영향을 받는다. 하나는 자신의 결정이 옳은 것이기를 바라는 마음이고, 다른 하나는 자신의 결정에 대해서 다른 사람들이 좋아해 주기를 바라는 마음이다(Campbell & Fairey 1989). 만약 옳은 결정을 내리는 것이 다른 무엇보다 중요하다면 집단의 정보적 영향력이 더 큰 힘을 얻게 된다. 이러한 상황에서는 사회적 충격이론의 설명력이 더 높다.

사회적 충격이론은 사람들로 하여금 자신의 의견이 옳은 것인지 알기 위해 필요한 적절한 집단 크기를 예측해 준다. 첫 번째 의견 제시자 이후 지지자들 개개인의 영향력은 점차 감소하지만, 집단의 의견이라는 총체적인 합의 개념에서 볼 때 동의하는 사람의 수가 많아지면 집단의 규범적 영향력은 계속해서 증가한다. 옳은 결정을 내리고자 하는 사람은 조금이라도 더 많은 사람의 동의를 얻는 의견을 선택하고자할 가능성이 높기 때문에, 이런 상황에서는 집단의 규모가 커질수록 동조 압력이 커진다는 사회적 충격이론이 더 높은 설명력을 가진다.

반면, 다른 사람들이 자신의 결정을 좋아해 주는 것이 정말로 옳은 선택을 하는 것보다 중요하다면, 이는 그 자체로 집단의 규범적 영향을 받는 상황이라고 볼 수 있다. 사람들은 집단의 의견이 틀렸다고 생각하더라도 특정한 보상이나 처벌 때문에 그 의견을 그대로 따른다. 이런 사람들에게는 최초로 의견을 제시한 사람보다 이 의견이 다수의 것이 되도록 이끄는 두 번째, 세 번째 구성원의 역할이 더 중요하다. 이러한 상황은 사회적 영향력 모델을 적용하여 설명할 수 있다.

(3) 개인적 요소

집단 구성원의 개인적 특성도 동조에 영향을 미친다. 일반적으로 남성보다 여성이, 다른 연령층보다 10대가 집단압력에 더 쉽게 동조하는 경향이 있다. 또 더 쉽게 동조하는 성향을 가진 사람이 있는 반면 웬만해서는 잘 동조하지 않는 사람도 있다. 자기감시도가 높고 교우관계에 많은 신경을 쓰는 사람은 그렇지 않은 사람보다 집단규범에 동조하려는 경향이 더 크다. 자존감이 낮은 사람은 자존감이 높은 사람보다 집단압력에 훨씬 더 잘 굴복하는 경향이 있으며, 개인이 속한 집단에 오랫동안 소속되어 있을 것이라고 기대하는 경우에도 동조 정도는 증가한다. 한편 높은 인지적 복잡성을 지닌 사람은 그렇지 않은 사람보다 집단에 덜 동조하며, 자기 삶에서 일어나는 여러 사건에 대한 통제욕구가 높은 사람은 그렇지 않은 사람보다 집단규범에 덜 동조하는 경향이 있다.

보다 최근의 연구들은 집단이 속한 문화적 특성에 따라서 동조의 정도가 달라지기도 함을 밝힌 바 있다. 예를 들어 개인주의적 속성을 지닌 문화권보다 집단주의적 속성을 지닌 문화권에서 더 높은 수준의 동조가 나타난다. 또한 높은 권력 차이와 계층제도에 가치를 두고 권위에 복종하는 문화권의 구성원들은 그렇지 않은 문화권의 구성원들보다 집단에 더 쉽게 동조하는 경향이 있다고 한다. 하지만 특정 국가가 지니는 문화적 속성은 고정적이지 않고 유동적이기 때문에 특정 국가의 구성원이 다른 어떤 국가의 구성원에 비해 더 쉽게 동조한다는 결론을 내릴 수는 없다.

6) 동조를 설명하는 이론

집단의 영향력과 동조 현상을 설명하는 많은 사회심리학 이론들이 있다. 여기서는 동조 현상이 나타나는 원인을 설명하는 몇 가지 이론들을 간략하게 언급하고 넘어가고자 한다.

사회비교이론에서는 집단의 구성원들이 자신의 의견이나 행동의 합리성을 평가하기 위한 준거 틀로서 집단규범을 이용한다고 본다. 집단의 규범은 자신의 의견이나 행동을 평가하는 데 필요한 정보를 제공함으로써 구성원에게 정보적 영향력을 미치고, 타인에 비해 부족한 어떤 점을 비교하고 이를 보강하는 과정에서 규범적 영향력을 갖게 된다. 따라서 개인의 사회비교는 집단규범에의 동조로 이어진다.

집단전위 가설에 따르면 집단의 구성원들은 집단의 목표를 함께 달성하고자 하는 동기를 가진다. 이 가설은 구성원들이 집단규범에 따르는 것이 집단의 목표를 달성하는 데 도움이 될 것이라고 생각하게 되면 동조가 일어난다고 설명한다.

균형이론에 따르면 사람들은 심리적으로 안정된 상태에 놓여 있기를 원한다. 자신이 좋아하는 집단의 규범에 반하는 태도나 행동을 하면 심적으로 매우 불안정한 상태에 놓이게 된다. 사람들의 이러한 심리를 토대로, 심리적 불안정을 해소하고 균형을 되찾기 위해서 집단의 규범에 동조하게 된다고 설명하는 것이 균형이론이다.

인식론적 가중치 가설에서는 사람이 지식을 획득하는 방식에 두 가지가 있다고 본다. 하나는 개인적으로 시행착오와 관찰을 통해서 얻은 개인적 지식이고 다른 하나는 사람들과의 의사소통을 통해서 얻은 사회적 지식이다. 만약 개인의 관점이 집단규범에 반하는 경우, 이들 두 가지 지식은 서로 경쟁 관계에 놓인다.[2] 만약 이러한 상황에서 개인적 지식보다 사회적 지식에 더 큰 가중치가 주어지면 집단의 규범에 동조하는 결과가 나타나게 된다.

쾌락 가설은 사람들이 동조하지 않았을 때 예상되는 고통을 피하고, 동조를 통한 쾌락을 얻기 위해서 집단규범에 동조하게 된다고 설명한다.

2. 사회정체성과 집단심리

독립된 개인으로서의 의사결정과 집단 구성원으로서의 의사결정이 다르게 나타나는 경우가 많다. 예를 들어 교통사고로 뇌사 상태에 빠진 아이를 둔 아버지가 있다고 생각해보자. 그는 의사로부터 아이가 다시 깨어날 확률이 매우 낮다는 것과 만약 아이의 장기기증에 동의할 경우 여러 사람들의 생명을 구할 것이라는 이야기를 듣게 되었다. 이

---

2 이 가설을 토대로 하면, 애시의 실험에서 실험에 참여한 사람은 자신이 정답이라고 생각하는 것(개인적 지식)과 집단 내의 미리 공모한 다른 사람들이 정답이라고 이야기하는 것(사회적 지식) 사이에 경쟁이 일어났다고 볼 수 있다.

러한 상황에서 장기기증 여부를 개인으로서 결정하는 것과 한 사회의 구성원으로서 결정하는 것에는 차이가 있다. 따라서 혼자 결정할 때와 여러 사람들과 상의하여 결정할 때 그 결과는 달라질 수 있다.

집단은 특정 상황에서 개인이 어떻게 생각하고 행동해야 하는지에 대한 기준이 된다. 집단의 구성원으로서 개인은 자신이 누구인지를 규정한다. 일반적으로 한 개인은 국가, 종교, 성, 인종, 지역, 세대, 학교, 직업, 가족 등 여러 집단에 동시에 소속된다. 사람들은 자신이 속한 집단의 언어, 관습, 가치, 규범, 신화, 전통 등 고유한 삶의 양식을 획득한다. 자연스럽게 개인의 행동과 사고(思考)는 완벽하게 독립적이라기보다 집단적이고 사회적인 것이 된다.

이러한 인간의 행동을 설명하기 위해 여러 학술적 논의가 진행되었다. 여기서는 그중에서도 개인의 정체성 형성 과정에서 집단의 영향력을 강조한 **사회정체성이론**과 **자기범주화이론**을 살펴보고자 한다. 이 둘은 사회정체적 관점(*social identity perspective*)의 이론으로, 집단행동을 이해하는 과정에 있어서 개인의 의식보다 집단 간 관계, 사회적 범주화와 사회정체성의 역할을 강조한다.

1) 최소집단 패러다임

1970년 이전의 집단행동 연구들은 집단 간 대립이 한정된 자원에 대한 현실적 갈등에서 발생한다고 보았다. 이러한 관점에서 집단 간 관계는 경쟁적, 적대적, 대립적이라고 해석되었으며, 갈등은 집단의 손실을 막거나 이익을 성취하기 위한 노력의 일부로 해석되었다. 반면, 사회심리학자 타지펠은 현실적 갈등이 없는 아주 사소한 기준으로 사람들을 구별하는 것만으로도 집단의 갈등과 양극화가 발생할 수 있음을 주장하였다. 그의 주장에 대한 근거는 다음의 최소집단 패러다임

실험을 통해 확인할 수 있다.

제 12장의 '일체감 소구' 부분에서 보았듯, 타지펠은 집단 간의 적대적 관계가 집단이나 구성원들이 추구하는 경제적 이익과 무관하게 그저 다른 집단으로 구별된 형태 자체에서부터 발생할 수 있다고 보고, 이러한 현상을 최소한의 인지적 기준으로 구별된 최소집단 패러다임이라고 불렀다(Tajfel et al. 1971).

최소집단 패러다임은 여러 차례의 연구에 걸쳐 반복적으로 검증되었다. 이러한 연구들은 비교적 일관된 결과를 보이는데, 실험에 참가한 사람들이 자기 집단에게 작은 이익을 더 주는 것보다 다른 집단을 패배시키는 것을 더 중요하게 생각한다. 집단 간 경쟁이 반드시 현실적인 경쟁에서 일어나는 것이 아니며, 경우에 따라서는 현실적인 이득이나 손실과 무관하게 상대 집단과의 상대적 위치를 변화시키기 위한 '사회적 경쟁'의 형태로 일어날 수도 있음을 보여 준다. 최소집단 패러다임은 이후 집단심리와 집단행동에 대해 다룬 사회정체적 관점의 두가지 이론, 즉 사회정체성이론과 자기범주화이론의 주요한 토대가 되었다.

현실 갈등 이론과 로버스 동굴 실험

세리프는 집단 간 갈등과 행동을 설명하기 위해 현실 갈등 이론(realistic conflict theory)을 제시하였다. 그는 문화적, 신체적, 성격적 차이는 집단 갈등의 필요조건이 아니며, 한 집단만이 얻을 수 있는 목표 달성을 위해 경쟁하는 두 개 집단의 존재가 집단 간 갈등과 적대감을 일으키는 충분조건임을 강조한다. 또한 반드시 달성해야 하지만 한 집단의 힘만으로는 이룰 수 없는 상위 목표(superordinate goals)를 제공함으로써 집단 간 갈등이 해소될 수 있다고 설명한다. 이 이론의 근거는 이 집단 내 관계 형성과 갈등의 발생 과정을 밝히기 위해 실시한 몇 차례의 실험을 통해 제시되었다. 이 중 가장 잘 알려져 있는 로버스 동굴 실험을 살펴보자.

셰리프와 동료들(Sherif et al. 1961)은 1953년 오클라호마 주립공원 내에 있는 로버스 동굴(Robbers Cave) 근처에 캠프장을 꾸려 실험에 참가할 소년들을 모집했다. 실험에 참가한 소년들은 인종, 종교, 나이가 같았으며 모두 비슷한 가정환경을 가지고 있었다. 연구자들은 소년들을 임의로 두 개의 집단으로 나누어 캠프를 진행하였다. 캠프에서 소년들은 다양한 야외 활동을 통해 유대감을 형성했다. 소년들은 자발적으로 지도자를 선정하고 팀 이름을 정했으며 팀 고유의 문양, 은어, 별칭 등을 만들어 냈다. 이때 실험에 참가한 소년들은 자신이 속한 집단 외에 캠프에 참가한 다른 집단이 있다는 사실을 알지 못했다.

이후, 소년들에게 그들 외에 캠프에 참여한 다른 소년들이 있으며 농구나 보물찾기 같은 여러 활동을 함께하게 될 것임을 알렸다. 소년들은 다른 팀과 경쟁 관계에 놓이게 된다는 것을 안 순간부터 상대팀을 경쟁 대상으로 의식했다. 활동 중에 그들은 서로를 배척하고 비난했으며 상대방의 거처를 급습하는 등 물리적인 폭력을 행사하기도 했다. 두 집단의 구성원들은 항상 자신의 집단이 다른 집단보다 더 훌륭하게 업무를 수행하고 있다고 생각했으며, 자신들의 성과를 실제보다 과대 추정했다. 그들의 경쟁이 지나치게 과열되자 연구자들은 경쟁을 중단하고, 두 팀이 함께 힘을 모아서 수행해야만 하는 공동의 과제를 제시하였다. 이를테면 캠프장의 식수 공급로를 복구하거나 음식을 실은 트럭이 호수에 빠져 이를 끌어 올려야 하는 등의 일이었다. 공동의 업무를 수행하는 일이 반복되자 서로를 적대적으로 대하던 두 집단의 갈등 양상은 점차적으로 완화되고, 주어진 업무를 위해 협력하면서 다른 집단 구성원 역시 한 팀으로 인식하는 모습을 보였다.

셰리프와 동료들의 로버스 동굴 실험은 적대적인 집단 관계는 집단 구성원들의 특성이 아닌 집단이라는 존재 자체의 관계 작용임을 보여 준다. 또한 집단 갈등은 한정된 자원에 대한 경쟁 상태에서 나타나는 것이기 때문에 그보다 상위 단계의 공동 목표가 설정되면 어느 정도 해소될 수 있음을 보여주었다.

이 실험은 백인 소년들에 한정되어 다른 모든 집단(흑인, 소녀, 성인 등)에 일반화하기 어렵다는 한계를 가진다. 그럼에도 불구하고 이 연구는 집단행동에 대한 초기 연구로써 아직까지도 집단 간 갈등과 협력 상황을 설명하는 훌륭한 이론적 근거를 제시하고 있다.

2) 사회정체성이론

　사회정체성이론(Tajfel 1981)의 기본 가정은 사람들이 자신을 집단의 구성원으로 인식할 때에는 독립된 개인으로 인식할 때와는 전혀 다른 심리적 상태가 된다는 것이다. 집단행동을 이해하기 위해서는 독립된 개인들이 자신을 집단의 구성원으로 동일시하는 심리를 파악해야 한다. 이러한 문제 제기를 토대로 사회정체성이론은 개인이 어떤 상황에서 자신을 집단의 구성원으로서 동일시하며, 자기 자신을 사회집단의 구성원으로서 지각한 상황에서는 어떠한 집단행동을 하게 되는지 밝히고자 하였다. 사회정체성이론은 일상적 상황보다 논쟁적 상황에서 더욱 높은 설득력을 보이며, 집단 간 갈등에서 인간의 집단행동을 이해하는 데 중요한 이론적 토대를 제공한다.

　사회정체성이론은 사람들이 왜 자기 집단의 구성원을 다른 집단의 구성원보다 더 긍정적으로 평가하는지, 그리고 왜 자기 집단의 절대적 이익을 높이는 것보다 다른 집단을 이기는 것 자체에 더 주요한 초점을 두는지 밝히고 있다. 이를 위하여 사회정체성이론은 기존의 사회심리적 이론들을 토대로 다음의 세 가지 기본 가정을 활용한다. 첫째, 사람들은 자기 자신을 긍정적으로 평가하고자 하는 본능적인 자기고양의 욕구를 지닌다. 둘째, 특정한 사회집단의 구성원이 된다는 사실은 개인에게 긍정적이거나 부정적인 가치를 지닌다. 즉, 자신이 속한 집단이 긍정적으로 평가되느냐 부정적으로 평가되느냐에 따라 집단의 구성원인 자기 자신에 대한 평가 역시 달라진다. 셋째, 자신이 속한 집단에 대한 평가는 다른 집단과의 비교를 통해 이뤄진다. 이러한 가정을 토대로 사회정체성이론은 사람들이 보다 긍정적인 자아존중감을 유지하기 위해 특정 집단의 구성원이라는 '사회정체성'을 현저화하고, 자신이 속한 집단과 다른 집단을 사회적으로 끊임없이 비교하고 그들보다 더 우월한 위치에 이르기 위해 경쟁한다고 주장한다.

(1) 사회정체성과 자아개념

사회정체성이론에서 사회정체성은 '정서적으로 강한 유대감을 가지고 있는 어떤 사회집단에 자기가 속해 있다고 느끼는 개인의 의식'이라고 정의된다. 더 쉽게 말해, 사회정체성은 자신을 집단의 한 구성원으로 동일시하면서 자신의 정체를 개인적 특성이 아닌 소속한 집단에서 찾는 것이다. 옆자리의 친구에게 자기소개를 해 달라고 해 보자. 질문을 받은 사람이 누구이든 자신이 특정 집단의 구성원임을 강조하는 자기소개를 할 것이다. 이를테면, "나는 한국인이다", "나는 대학생이다", "나는 기독교인이다"와 같이 자신이 속한 집단(국가, 학교, 종교 등)에서 자신의 정체를 찾는 것이다.

사회정체성이론을 이해하기 위해서는 먼저 자아개념을 이해할 필요가 있다. 자아개념은 사람들이 스스로의 특성에 대해 가지고 있는 체계화된 내적 인식이다. 즉, 자신이 누구인가에 대한 가치 신념을 말하며, 이에 대한 평가적 속성을 포함하는 자아존중감의 개념과 밀접하게 연관된다. 사회정체성이론에서는 자아개념을 개인정체성과 사회정체성으로 나눈다. 개인정체성은 고유하고 개인주의적인 특성으로 신념, 기술, 신체적 특성과 같이 개인적 특징에서 나오는 반면 사회정체성은 개인이 자신을 특정한 사회범주와 동일시할 때 나타나는 자아개념이다. 사회정체성이론에서는 개인의 자아가 개인정체성이나 사회정체성 중 무엇이 더 현저화되느냐에 따라 사안에 대한 개인의 태도와 행동이 달라진다고 가정한다.

일반적으로 한 개인은 여러 모순되는 자아정체성을 동시에 지니는데, 이 중 어떤 정체성이 더 현저화되느냐는 개인이 어떤 시간과 장소에 있느냐에 따라 달라진다. 뇌사 상태인 아들의 장기기증 여부를 결정해야 하는 아버지의 예를 들어보자. 그가 장기기증 여부를 결정하기 위해 오랜 시간 혼자 고민한다면 이때는 개인정체성이 현저화될 가능성이 더 크다. 이 경우 그는 한 사람으로서 아들에 대한 사랑, 장기기증이나 죽음에 대한 두려움 등을 생각하고 장기기증에 쉽게 동의하지 않을 것이다. 그러나 만약 그가 다른 사람들과 의논한다면, 이때는 사회정체성이 현저화될 가능성이 더 크다. 그는 장기기증이 사회적으로 칭찬받아 마땅한 일이며 우리 사회에 장기이식을 받지 못해 죽어 가는 사람들이 무척 많다고 생각할 것이다. 이 경우 그는 아들의 장기기증에 동의할 가능성이 크다. 이 사례에서 아버지가 장기기증에 동의하는 과정은 '모든 생명은 소중하다', '장기기증에 동의하는 것은 사회적으로 옳은 일이다', '사회의 구성원으로서 사회에 공헌할 필요가 있다' 등과 같이 사회적으로 공유되는 관념과 사회규범에 따른 결정이라고 볼 수 있는데, 이는 개인정체성보다 사회정체성이 더 현저화된 결과라고 볼 수 있다.

(2) 사회정체성이론의 핵심요소

사회정체성이론에서는 자신을 보다 긍정적으로 평가하고자 하는 욕구가, 자기를 특정 집단의 구성원으로 범주화하고 집단의 구성원들과 자신을 동일시하며 다른 집단과 우리 집단을 비교하는 근본적인 원인이라고 설명한다. 사회정체성이 현저화되는 과정을 이해하는 데 핵심적인 요소인 범주화, 동일시, 비교의 개념을 살펴보자.

사회적 범주화: 범주화는 복잡한 현실을 단순화하여 지각할 수 있도록 돕는 체계적인 인지 과정이다. 사람들은 특정 객체나 상황을 쉽게 이해 가능한 수준으로 끊임없이 범주화한다. 사회적 범주화는 국적, 인종, 계층, 직업, 성별, 종교 등 다양한 기준으로 이뤄진다. 한 수준의 범주화는 상호배타적인 다른 집단과의 대응을 통해서만 일어나지만, 한 사람은 같은 수준에 있지 않은 여러 범주의 집단에 동시에 속

할 수 있다. 예를 들어, '성별'이라는 수준의 범주에서 '여성'은 '여성이 아닌 사람' 즉 '남성'과 대응할 때만 그 명확한 의미를 지닌다. 하지만 이 '여성'은 '성별'과 다른 수준에 있는 범주, 이를테면 '국적', '인종', '종교' 등에서 각기 다른 사회적 범주에 동시에 속할 수 있다.

사회적 동일시: 특정한 기준을 통해 집단을 구별하면 사람들은 자신이 속한 집단(내집단)의 사람들과 스스로를 동일시하는 경향을 보인다. 내집단에서의 유사성에서 사람들은 안정감을 느끼고 동일시 과정을 통해 개인의 자아존중감을 높일 수 있는 계기를 마련한다. 개인이 자신을 특정한 사회집단에 동일시했다는 것은 앞으로 이 사람이 해당 집단이 지닌 가치와 규범대로 행동하게 될 것임을 의미한다. 개인은 집단에 대한 소속감과 자부심을 갖게 된다.

사회적 비교: 사람들은 스스로를 타인보다 긍정적인 존재로 인지하고, 이를 인정받고자 하는 욕구를 가진다. 이 때문에 사람들은 자신의 집단과 다른 집단(외집단)을 끊임없이 비교한다. 사람들은 자기 집단의 규범을 실제보다 더 긍정적으로 인식하는 한편, 다른 집단의 것을 실제보다 더 부정적으로 인식한다. 이러한 특성은 집단 간 견해를 양극화하고 갈등을 극대화한다.

(3) 사회이동과 사회변동

개인은 기본적으로 자신이 속한 집단에 호의를 가지며 집단에 머무르려고 한다. 하지만 만약 집단이 개인이 원하는 것을 충족시켜 주지 못한다면 개인들은 자신의 사회정체성을 보다 긍정적으로 유지하는 데 도움이 되는 다른 집단으로 이동할 수 있다. 예를 들어, 여성 인권이 낮은 나라에서 태어난 여성은 자신의 주권을 찾기 위하여 다른 나라로 귀화할 수 있다. 이러한 사회이동은 개인의 자아존중감을 높일 뿐 아니라 새로운 집단의 다양성 정도를 높인다는 순기능을 지닌다. 하지만 경우에 따라 사회이동을 결심하는 것은 그 자체로 위험을 동반한다. 기존에 머물던 집단의 다른 구성원들이 개인의 이탈을 막는 과정에서 문제가 생기기도 하고, 새로운 집단에서 받아주지 않아 계속 주변인으로 머물게 될 가능성도 있다. 가장 가까운 예로 북한 주민이 탈북 과정에서 경험하는 위협이나 한국에서 정착하는 과정에서 겪는 여러 어려움을 생각해 볼 수 있다.

개인은 원할 때 자신이 소속된 집단을 떠날 수 있다. 하지만 집단 간 이동이 불가능하거나 그렇다고 느낄 때, 또는 집단을 떠나는 행위가 자신이 중시하는 다른 가치와 대립된다고 느낄 때 개인은 떠나지 못하고 머물게 된다. 변화를 원하지만 집단을 떠나는 것이 어려운 경우 사회변동을 위한 두 가지 대안적 전략이 제시될 수 있다(Tajfel & Turner 1979). 첫 번째 전략은 사회적 창조이고, 다른 전략은 사회적 경쟁이다. 사회적 창조 전략은 집단의 가치를 다시 규정하거나 새로운 차원에 적용하여 이해하는 것이다. 이를테면 한국 사회의 징병제가 불합리하다고 생각하는 사람이 군대를 '진짜 사나이가 되기 위한 관문'으로 재규정하거나 '국가를 위한 의무'와 같은 더 높은 차원의 가치로 이해함으로써 이를 수용한다. 새로운 외집단을 선정하는 것 역시 효과적인 사회적 창조 전략 중 하나이다. 어떤 집단 특성이 불합리하다고 생각하는 사람은 외부의 적을 만듦으로써 이를 받아들일 수 있다. 징병제가 불합리하다고 생각하는 사람이 '북한이 있는 한 어쩔 수 없다'고 이를 합리화하는 시도 등이 이에 해당한다. 이러한 사회적 창조 전략은 집단의 특성이나 구성원들의 관계가 이미 안정화된 상태라고 생각될 때 사용된다. 반면 사회적 경쟁 전략은 집단의 특성이나 구성원들의 관계가 아직 불안정하다고 인식될 때 나타난다. 사회적 경쟁 전략은 사회이동 전략과 달리 집단의 특성이 잘못되었다는 점을 인정하고 이를 바꾸기 위해 보다 특정한 사회적 행동을 취하는 것을 말한다. 사회적 경쟁은 주로 한 집단에 속한 두 하위집단에 의해 동일하게 가치가 있다고 인식된 것에 대한 하위집단과 상위집단 간의 직접적인 경쟁의 형태로 나타난다. 예를 들어 과거 노예 해방이나 여성 참정권 획득 등은 집단 내에서 약자에 속하는 하위집단 구성원들이 자신들의 인권을 보호하거나 신장하기 위해 사회적으로 치열하게 경쟁한 결과라고 볼 수 있다.

(4) 사회정체성이론에 대한 평가

사회정체성이론은 다음과 같은 한계점을 가진다. 첫째, 사회정체성이론은 특정 개인이 집단행동을 하게 되는 과정을 설명하는 것에 중점을 두기 때문에 개인이나 집단의 행동을 예측하는 힘이 부족하다. 둘째, 개인정체성과 사회정체성을 형성하고 더 나아가 집단의 규범에 따라 행동하게 되는 원인을 개인의 자아존중감이나 자기고양 욕구와 같은 단순한 자아개념을 통해서만 설명하는 것은 지나치게 편의주의적이다. 셋째, 동일한 무게를 가진 개인정체성과 사회정체성 간의 충돌 상황이나 여러 사회정체성 사이의 충돌 상황에 대한 해결 방안이 부재하다. 넷째, 집단주의, 개인주의 등의 문화권별로 사회정체성이 각기 다르게 형성될 수 있기 때문에 사회 전반에 특정 집단의 규범을 일반화시키는 것은 불가능하다.

이러한 한계점에도 불구하고 사회정체성이론은 여전히 활용가치가 높다. 사회정체성이론은 집단 간 협력과 갈등 현상의 원인을 구체적으로 밝혀내기 때문에 여러 집단 간 갈등의 원인을 설명하는 데 매우 유용하다. 사회정체성이론은 개인과 집단과의 관계에 대한 이해의 폭을 넓혀 주고 집단 안에서 개인이 가진 인식과 행동에 대한 연구의 토대가 되었으며, 오늘날에도 집단심리에 대한 대안 이론으로서 다양한 연구 주제들에 광범위하게 적용되고 있다.

3) 자기범주화이론

사회정체성이론은 사회적 범주화의 개념을 더욱 강화시킨 자기범주화이론(Turner 1985)으로 발전한다. 자기범주화이론은 개인이 특정한 사회정체성을 현저화하는 이유를 개인의 본능적인 자기고양 욕구로만 설명하는 사회정체성이론의 한계를 지적하고, 이전 이론에서 다루지 못한 자기범주화의 개념을 제시하였다. 이때 자기범주화란 자기가 속한 집단의 사람들을 내집단으로, 자기와 다른 집단에 속한 사람들을 외집단으로 범주화한다는 뜻이다. 자기범주화이론은 사회정체성이론과 기본 틀을 공유하면서 대안적 이론을 제시한다.

터너는 자기범주화 단계를 통해 특정한 사회정체성이 현저화되는 과정을 다음의 세 가지 단계로 설명한다. 첫째, 자신과 타인의 차이점을 사회정체성에 따른 집단 구성원의 차이로 인식한다. 자기범주화이론에 따르면 사람들은 자기 자신을 기준으로 다른 사람을 특정한 집단의 구성원으로 범주화한다. 다시 말해, 타인이 나와 같은지 다른지를 기준으로 타인이 나와 같은 집단에 속하는지 아닌지를 결정한다. 둘째, 비교 대상이 지닌 특성을 해당 집단의 구성원들이 공유하는 대표적이고 전형적인 속성으로 인식한다. 앞선 과정에서 만약 타인이 외집단 구성원으로 인식되면, 나와 타인의 차이점은 개인 간의 차이가 아닌 내집단과 외집단의 차이로 이해된다. 셋째, 외집단과 구별되는 특성을 지닌 내집단의 특성을 자신과 동일시하고, 자기 자신을 집단의 구성원으로 범주화한다. 즉, 자기를 중심으로 내집단과 외집단을 구별하는 과정에서 자연스럽게 자기 자신을 내집단의 일원으로 범주화한다.

자기범주화이론에 따르면 자기범주화의 과정은 내집단과 외집단에 대한 집단의식을 끌어내고 개인을 내집단 구성원들과 동일시함으로써 '개인'을 '집단의 구성원'으로 탈바꿈하는 주요한 기제로 작동한다. 이러한 자기범주화의 가정들은 개인이 집단의식에 따라 사고하게 되는 것이 단순히 자기고양 욕구에 따라 특정한 사회정체성이 현저화된 결과라고 보는 사회정체성이론과 차이가 있다.

(1) 자기범주화이론의 핵심요소

자기범주화이론은 자기범주화 과정이 자기와 내집단 구성원들 간의 차이는 실제보다 더 작게, 자기와 외집단 구성원들 간의 차이는 실제보다 더 크게 지각하게 함으로써 내집단과 외집단을 더욱더 이질적인 존재로 지각하게 한다고 주장한다. 이 이론의 핵심요소들을 구체적으로 살펴보자.

자기범주화

사람들은 객체나 타인, 주변 환경을 범주화하는 것과 마찬가지로 자기 자신을 범주화한다. 즉, 자기범주화는 자기 스스로를 내집단에 속한 사람들과 동일시하는 일련의 과정이다. 사람들은 자기범주화 과정을 통해 자신을 특정 집단의 일원으로 인식하고 그 집단의 사회정체성을 학습하게 된다. 이는 결과적으로 특정 개인을 집단 구성원들과 같은 존재로 지각하게 하여 탈(脫)개인화의 기제로 작용하게 된다.

흑인 아이가 태어나서 처음으로 백인을 마주친 상황을 생각해 보자. 이 아이는 판단 대상이 되는 백인이 자신과 차별화된 존재(외집단)임을 인식함과 동시에 자신을 특정한 집단의 구성원(내집단)으로 범주화하게 된다. 즉, 백인을 범주화하는 과정에서 자기 자신을 흑인으로 범주화하는 과정이 동반되고, 이런 자기범주화 과정을 통해 흑인들이 공유하는 문화규범을 학습하게 된다.

원 형

자기범주화 과정을 통해 특정 집단에 대한 사회정체성이 형성되면, 사람들은 집단과 관련된 특성을 학습하게 된다. 개인에게 내면화되는 집단의 특성은 단순히 성격적 특성뿐 아니라 행동, 태도, 신념, 규범, 감정적 반응, 물리적 외형 등 인지 가능한 모든 범위를 아우른다. 이때 사람들이 집단의 특성이라고 인지하는 가장 기본이 되는 이미지를 '원형'이라고 한다.

스스로에 대한 자존감을 높이기 위해서 사람들은 자기 자신의 행동이 옳은 것이라는 확신과 사회적 동의를 필요로 한다. 사람들은 자기범주화 과정을 통해 특정 집단의 정체성과 자신을 동일시함으로써 자신의 성향에 대한 당위성을 확립한다. 특정 상황에서 개인은 '이 상황에 적합한 우리 집단의 원형은 무엇인가'를 생각하고 그대로 따르려는 경향을 보인다. 즉, 집단의 원형이 무엇인가에 대한 지각이 준거적 정보로 작용하여 집단 구성원인 개인에게 영향력을 행사한다. 개인이 지각한 원형이 반드시 사회적인 합의를 이루지는 않는다. 합의를 이루지 못한 원형은 집단 내 상호작용을 방해하기 때문에 이를 제시한 개인은 집단 구성원으로 인정받지 못할 수 있다. 그러나 특정 상황에 대한 집단의 원형에 대해 사회의 구성원들이 일정한 합의를 이루고 다른 구성원들에게도 공유되면 이는 새로운 사회규범이 된다.

강조효과

특정한 개인이 범주화를 통해 집단을 구별할 때 기준이 되는 '자기'(self)는 주관적 관점이기 때문에 이를 통한 집단의 구별 역시 유사성의 정도에 따라 임의적인 경우가 대부분이다. 집단을 구별하는 과정에서 명확한 차이를 보이지 않는 특성은 구별 이후 차이를 공고화하는 단계를 거치는데 이때 강조효과가 나타난다. 강조효과는 같은 범주에 속한 자극들의 차이는 실제보다 작게 보고, 다른 범주에 속한 자극과의 차이는 실제보다 크게 보는 현상을 말한다. 강조효과는 내집단 구성원 간의 동질성과 외집단 구성원과의 이질성에 대한 인식을 왜곡시킴으로써 집단 간 차이를 극화(極化)한다. 결과적으로 강조효과는 또 다른 사회적 범주화의 기준이 되고, 특정 집단에 대한 고정관념 형성에 영향을 준다.

내집단 편향

집단심리에 관한 연구들은 사회적 범주화를 통해 내집단과 외집단을 구별하는 것만으로도 사회적으로 많은 차별이 야기될 수 있음을 경고한다. 연구결과들에 따르면, 내집단과 외집단으로 범주화하는 단순한 행위만으로도 집단 간의 지각된 차이가 과장되고 내집단 구성원들에 대해 더 호의적인 태도가 형성됨을 증명하였다. 사람들은 내집단 구성원과의 합의를 외집단 구성원과의 합의보다 더 진실하다고 받아들였을 뿐 아니라, 자신이 속한 집단이 여러 방면에서 우월하다고 여기고 특정 사안에 대해 외집단보다 내집단에 대한 보상이 더 많이 이뤄져야 한다고 판단했다. 이러한 연구결과는 사람들이 외집단에 대해서는 부정적 고정관념을 형성하고, 내집단에게는 호의적 고정관념을 형성하는 편향된 평가로서의 **내집단 편향**이 일어남을 증명한다.

집단 간 갈등에 대한 연구들은 외집단 배척보다 내집단 편향이 더 강한 힘을 가진다는 것을 보여 준다. 내집단 편향은 자신이 어떤 집단에 속해 있는지를 깨달음과 동시에 거의 자동적으로 일어나며, 자신의 정체감이 위협을 받거나 내집단 동일시 정도가 강할 때 더욱더 심하다. 이러한 비대칭성은 집단 간 갈등이 내집단 구성원 간의 응집성에 미치는 효과를 설명한다.

(2) 자기범주화이론에 대한 평가

자기범주화이론은 사회정체성이론을 폭넓게 보완한다. 사회정체성이론에서는 개인정체성과 사회정체성이 서로 배타적인 관계에 있다고 보았다. 사회정체성이론의 가정에서는 어떤 상황에서 사회정체성이 현저화되면 개인정체성이 흐려지는 완벽한 탈개인화가 이뤄진다고 보았다. 그러나 자기범주화이론에서는 개인이 집단의 구성원으로 탈개인화되는 과정이 자기 자신을 잃어버리는 것이라고 생각하지 않는다. 자기범주화이론에서는 개인정체성보다 사회정체성이 현저화된 것은 개인이 자신을 보다 포괄적이고 추상적인 수준에서 범주화하고 지각한 결과라고 이해한다. 또한 자기범주화이론은 사회정체성이론이 집단적 행동이 나타나는 원인을 개인의 자기고양 욕구에서만 찾고 있음을 지적하고, 자기범주화의 과정을 통해 일련의 집단적 행동이 일어날 수 있음을 주장한다는 점에서 차이가 있다.

자기범주화이론에서는 집단적으로 사고하고 행동하게 되는 과정에는 개인이 내집단의 원형을 인지하는 것이 무엇보다 중요하다고 강조한다. 특히 이론이 제시한 자기범주화, 집단의 원형, 내집단 편향 등의 개념은 개인이 내집단의 규범을 어떻게 동일시하며 다른 집단과 이를 차별화하는지 설명하는 주요한 이론적 근거가 되었다.

자기범주화이론은 집단 간 협력과 갈등 현상의 원인을 보다 구체적으로 밝히고 있기 때문에 여러 집단 간 갈등의 원인을 설명하고 예측하는 데 매우 유용하다. 이 이론은 사회정체성이론과 함께 집단 구성원들이 익명성을 보장받는 온라인 커뮤니케이션 환경에서 비이성적인 원인에 의해 감정적으로 치우치고 더 극단으로 분열되는 집단극화 현상을 설명하는 데 매우 유용하다는 평가를 받는다.

3. 집단극화

개인적 의사결정과 개인이 속한 집단의 의사결정은 종종 다른 결과로 나타난다. 흔히 개인보다 집단의 결정이 더 안전한 결과를 보장할 것이라고 여겨진다. 그러나 스토너(Stoner 1961)는 실험을 통해 개인보다 집단이 상대적으로 더 큰 위험을 수용하는 결정을 내린다는 사실을 발견하였다. 그는 의견 일치를 추구하는 집단이 몹시 낙관적인 상태에 빠져 극단적인 의사결정을 내리는 위험을 감수한다고 주장한다. 다시 말해, 집단의 합의 과정에서는 부정적 결과가 나올 가능성이 많은 사안에 대해서도 긍정적 측면을 부각하여 판단하는 경향이 나타난다. 스토너는 이를 위험전이 현상(*risky shift phenomenon*)[3]이라고 명명하였다.

한편 1920~1930년대 개인의 결정이 집단보다 더 극단적일 수 있다고 주장하는 연구자들이 나타났고, 1960년대 후반에 이르러서는 위험전이 현상이 집단 내에서 극단적 태도를 보이는 많은 현상 중 한 가지 유형일 뿐이라는 주장이 제기되었다. 실제로 스토너의 실험 이후의 연구들은 일반적인 통념과 같이, 집단이 개인보다 위험을 덜 수용하는 쪽으로 의사결정을 하는 '보수적 전이'의 경우가 존재함을 밝혀냈다. 결국 위험전이 현상은 집단 내에서 일어나는 여러 태도변화 현상 중 한 유형이라고 인식되었고, 이를 '집단극화'라고 부르게 되었다(Moscovici & Zavalloni 1969).

---

3 '모험전이 현상', '모험이행 현상' 등으로 번역되기도 한다.

1) 집단극화의 이해

어떤 사안에 대한 의견을 가지고 있는 개인이 그에 대해 집단과의 토론 과정을 거치게 되면, 본래 자신의 의견 방향성으로 더 강한 의견을 띠게 된다(Isenberg 1986). 이는 집단 의사결정에서 발견되는 독특한 현상인데, 개인이 집단 토론을 거쳤을 때 토론 이전보다 훨씬 더 극단적인 결정을 내리게 되는 현상을 집단극화라고 한다.

집단극화에 대한 연구결과에 따르면 위험을 수용하는 경향이 있는 사람은 집단 의사결정에서도 위험을 수용하는 쪽으로 극화되고, 보수적인 의사결정 경향이 있는 사람은 집단 내에서도 보다 보수적인 방향으로 극화된다(Gass & Seiter 1999). 높은 수준의 인종 편견을 지닌 사람은 집단 토론 후에 인종에 대한 더 강한 편견을 갖게 되는 반면, 낮은 수준의 편견을 지닌 사람은 토론 후에 기존의 편견이 훨씬 감소되는 경우가 이러한 집단극화의 예라고 볼 수 있다. 집단극화는 특정 이슈에 대한 집단 차원의 숙의(熟議)에서 주로 나타나는데, 이는 의사결정뿐 아니라 태도의 형성이나 변화에도 영향을 미친다.

집단극화는 구성원들 사이의 동질성을 강화시키고 이질성을 약화시켜 전체적으로 사회의 의견 다양성을 감소시킨다. 집단의 의견이 극화된다는 것은 중립적인 집단이 점차 사라짐을 의미하는데, 양극화된 U 자형 의견 분포를 가진 사회는 필연적으로 불안정성을 띠게 된다. 관련한 연구에 따르면 개인이 집단에 지나치게 몰입하게 되면 스스로에 대한 자각이 낮아지고 자신에 대한 타인의 평가를 의식하지 않는 탈개인화4 현상이 나타난다(Gass & Seiter 1999). 만약, 이때 개인이 몰입

---

4 경우에 따라 '탈개인화'(deindividuation)를 '몰(沒) 개인화'(depersonalization)로 쓰기도 한다. 하지만, 일반적으로 몰개인화는 개인적 정체를 상실한 채로 집단에 익명적으로 융합되었다고 느끼는 심리를 의미하기 때문에 정체성의 전환(shift)을

한 집단이 강한 응집력을 가진다면, 개인들은 집단의 목표를 자신의 가치보다 더욱 높게 측정하고, 그 목표에 자신의 행동이나 태도를 맞춤으로써 스스로에 대한 자각이 낮아지는 역기능을 경험하게 된다.

2) 집단극화의 원인

연구자들은 여러 개념과 이론을 통해 집단극화의 원인을 설명하려 시도해 왔다. 번스타인 등(Burnstein & Vinokur 1977)은 선유경향 개념을 토대로 특정 집단의 논쟁 풀(pool)은 집단의 구성원들이 본래 지니고 있던 의견을 공고화할 수 있는 정보가 수집될 수 있는 방향으로 생성된다고 주장한다. 즉, 사람들은 토론 과정에서 자신의 의견을 공고화할 수 있는 정보들만을 선택적이고 적극적으로 수집하기 때문에 서로 다른 입장을 지닌 사람들끼리의 대화에서 합의라는 것은 결코 이뤄질 수 없다.

이러한 맥락에서 선스타인(Sunstein 2009)은 집단극화의 원인을 세가지로 나누어 보다 자세히 설명한다. 첫째, 집단 구성원 간의 정보 교류가 기존의 믿음을 강화한다. 둘째, 증거의 뒷받침이 견해에 대한 확신을 주면 의견은 더욱 극단으로 흐르게 된다. 마지막으로, 사람들이 자신의 평판에 대해 갖는 우려가 극단화를 일으킨다. 선스타인의 주장의 토대가 된 사회심리학 이론은 다른 연구자들이 집단극화 원인을 설명할 때에도 자주 언급되는데, 그 대표적인 이론들은 다음과 같다.

표현하기에 적합하지 않다. 또한 일부 연구자들은 고전적인 의미의 탈개인화가 가진 부정적 함의를 피하기 위해 '탈개성화'라는 용어를 제안하기도 하였으나 (Spears et al. 2001), 이 개념은 그다지 널리 쓰이고 있지 않다. 따라서 여기서는 개인의 상태가 개인정체성에서 탈피(脫皮)하여 사회정체성에 기반을 두게 된다는 점에 초점을 맞추어 이를 '탈개인화'로 통일하여 표기하기로 한다.

(1) 사회비교이론

사회비교이론을 처음 제시한 페스팅거는 집단 의사결정 과정에서
사람들이 어떤 목표를 추구한다고 보았다. 즉, 사람들은 어떤 문제에
대한 자신의 입장을 다른 구성원과 비교하여 합리적인지 평가하려 하
고, 더 나아가 집단 내에서 좋은 인상을 유지하려고 노력한다. 또한
집단 구성원들은 자신이 타인보다 더 나은 사람일 뿐 아니라 사회적
으로 바람직한 사람이라고 평가되기를 원한다. 따라서 사람들은 집단
토의를 하는 동안 자신의 의견과 다른 사람의 의견을 계속 비교하여
다수가 주장하는 방향으로 의견을 변화시키게 되는데, 이 과정에서
집단극화가 발생하게 된다(Sanders & Baron 1977). 사회비교이론과
관련한 연구에 따르면, 다른 사람들의 주장을 단순히 들었을 때보다
그 주장의 상대적 분포 정도를 알았을 때 극화가 더 심화된다. 사람
들은 자신의 의견이나 태도가 다른 구성원들과 별다른 차이가 없다고
판단하면, 이에 대한 의견을 보다 극단적으로 바꾸어 자신의 의견이
다른 사람보다 우월하다고 인정받기 위해 노력한다. 집단 구성원들의
이러한 노력이 한데 모여 집단극화 현상으로 이어지게 된다.

(2) 설득적 논쟁이론

사회비교이론은 집단극화 현상이 일어나게 되는 가장 큰 동기를 개
인이 가지고 있는 긍정적 인상을 유지하고자 하는 욕구라고 본 반면,
설득적 논쟁이론에서는 집단에서 이루어지는 논쟁에 사람들이 설득당
하기 때문이라고 보았다.

설득적 논쟁이론은 집단극화를 설명하는 데 정보적 영향력을 강조
한다. 사람들은 토론 과정에서 여러 주장에 노출되고 이를 학습함으로
써 의견 변화를 일으킨다. 이때 집단의 의견 변화는 집단 구성원들이
주장과 유사한 의견을 얼마나 알고 있는지와 주어진 입장을 지지할 수

있는 주장이 얼마나 많은가에 따라 정도가 달라진다. 토의를 통해 결정된 집단의견은 구성원들의 주장이 우세한 방향으로 이뤄진다. 따라서 집단 구성원들이 자신의 기존 의견을 지지하는 주장에 노출된다면, 이들은 집단의견을 더 적극적이고 극단적으로 지지하게 된다. 따라서 집단극화는 구성원들이 자신의 주장을 반복적으로 인지할수록 강화되며, 이러한 과정을 통해 타인의 주장을 자신의 것처럼 포장하게 된다 (Brauer et al. 1995). 결론적으로 집단극화 현상은 다른 사람의 주장을 자기의 입장을 지지하는 증거로 채택하는 과정을 통해 이루어진다. 반면 사람들이 자신의 의견과 반대되는 정보만을 얻게 될 경우에는 집단에 의해 설득되어 자신의 의견을 버리고 다수의견을 받아들이게 된다. 설득적 논쟁이론은 집단 내에서 의견의 극화가 일어나는 것은 설명해 주지만 극화가 어떠한 방향으로 일어날지에 대해서는 설명하지 못한다는 한계를 지닌다.

(3) 사회정체성 관점

자기범주화이론을 토대로 웨더렐(Wetherell 1987)은 사회정체성의 개념을 통해 집단극화 현상을 설명하였다. 집단극화를 사회정체성을 통해 분석한다는 것은, 준거 극화에 정보적 영향력에 의한 동조가 중개된다는 의미다. 자기범주화이론에서 동조란 집단규범을 가장 모범적으로 보여 주는 사람의 행동양식을 따르는 것을 말한다. 즉, 사람들은 자신이 속한 집단의 전형적인 규범이나 의견에 동조하고자 하는데, 이때 외집단과의 차별성을 강조하기 위하여 내집단의 특성을 더욱 극단화하는 경향을 나타낸다. 실제 관련 연구들이 증명한 바에 따르면, 이러한 내외 집단의 관계 구별이 가장 중요한 상황으로 고려될 경우 사람들이 집단이 가진 특징들을 내집단의 규범으로 극단화하는 데 활용한다. 결과적으로 집단 구성원들의 견해는 토론을 거치면 극화될 뿐 아니라 동질화되고 덜 분산되는 경향을 가진다(Hogg & Abrams 2001).

이 이론들 중 어떤 것이 집단극화 현상을 설명하는 데 가장 적합한 이론인지는 쉽게 결정할 수 없다. 근래에 일부 연구자들은 이러한 이론들을 상호배타적이라기보다 상호보완적인 관점으로 이해할 필요가 있다고 주장한다. 이를테면, 집단극화가 일어나기 위해서는 사회적 비교와 설득적 논쟁 과정이 모두 필요하다는 것이다. 두 이론을 상호보완적 관점으로 보는 연구자들에 의하면, 사회적 비교는 집단 내 의견을 극단화시키며 이는 극단적 의견을 선호하는 설득적 논쟁을 거치면서 실질적인 집단극화 현상으로 나타나게 된다.

4. 집단 속에서 개인행동의 변화

경기를 관람하는 사람들은 자신이 응원하는 팀이 경기에서 졌을 때 상대팀 선수들에게 단체로 야유를 보낸다. 응원하는 팀이 이겼을 때는 큰 소리로 환호를 지르거나 사람이 많은 곳에서 흥겨움에 춤을 추기도 한다. 또 경우에 따라서는 같은 팀을 응원하는 사람들끼리 편을 나누어 응원전을 벌이기도 한다. 이렇듯 사람들은 특정한 집단에 소속되면 혼자 있을 때는 결코 하지 않을 법한 행동을 하게 된다. 여기서는 집단 속에서 나타나는 이러한 독특한 개인행동에 무엇이 있는지 살펴보고자 한다.

1) 군중심리와 행동의 전염

국가적인 중대 사태와 같이 다수가 높은 가치를 두는 특정 상황에서 조직화된 집단은 동일한 방향으로의 감정과 사상을 갖고, 이를 구성하는 개개인의 개성이나 이성은 배제된 새로운 군중심리를 공유하게 된다. 군중 속에서 개인들은 서로를 구별하는 독특한 개성을 잃어버리고 점차 평균화되며, 독립된 개인으로서는 가지고 있지 않던 새로운 특성을 드러내게 된다.

르봉(LeBon 1895)에 따르면 군중심리는 크게 익명성, 감염성, 피암시성의 특징을 지닌다. **익명성**이란 군중 속에서 사적이고 공적인 자아의식이 붕괴된 상태를 말한다. 군중 속의 일원이 되면 '내가 누구인가?'에 대한 자아의식을 잃어버린 익명적 특징을 갖게 된다. 르봉은 익명적 상황에서는 파괴적이고 공격적인 원초적 감정으로 구성된 인간의 본성이 더 쉽게 드러난다고 보았다. 그는 익명성이 보장된 군중 속에서 개인은 독립되어 있을 때보다 훨씬 더 폭력적이고 공격적인 성향을 보인다고 주장한다. 한편, 군중 속 개인이 어떤 감정에 노출되면 암시 작용에 의해 이 감정이 군중 전체에 급속도록 전파되게 되는데 이를 **감염**이라고 한다. 감염은 구성원 간 동조를 통해 가속화되며 자극적이고 공격적인 메시지일수록 더욱 빠르게 일어난다. 마지막으로 **피(被)암시성**이란 어떤 암시를 무비판적으로 받아들이고 그것이 마치 자신의 고유한 생각이라고 착각하게 되는 현상을 말한다. 르봉은 군중의 구성원들이 모두 동일한 암시에 감염되고 이것이 모두 자기 고유의 생각이라고 믿게 되면 암시된 행동을 즉각적으로 수행하게 된다고 주장한다.

르봉의 주장은 군중을 부정적인 존재로만 보았다는 점에서 많은 비판을 받는다. 그러나 그가 주장한 군중심리의 핵심개념들은 오늘날 집단심리 및 집단행동을 밝히는 연구의 토대가 되고 있다. 그중에서도 르봉의 군중심리에서 언급된 감염의 개념은 '행동의 전염'이란 개념으로 발전하였다.

평소에 하고 싶다고 생각은 했지만 억제해 오던 행동이, 집단 내의 다른 구성원의 행동을 토대로 표출되는 경우를 생각해 보자. 이를테면 형편이 되지 않아 외제차 구매를 참고 있던 사람이 외제차 애호가 커뮤니티에 가입하고 난 후 빚을 내서 외제차를 구매하게 된다거나 노동자 처우 개선이 필요하다고 생각하던 사람이 우연찮게 최저임금 인상을 요구하는 시위를 보고 이에 참여하여 적극적으로 활동하게 된다거나 하는 등의 예를 들 수 있다. 이렇듯 행동의 전염은 집단 내에서 모델의 역할을 하는 개인 또는 그로 인한 사건에 의해 행동 억제가 감소하는 현상을 말한다. 행동의 전염은 그 행동을 하기로 결정하는 데 참고하는 모델(대상)이 있어야 일어난다는 점에서 탈개인화와 구별된다.

2) 탈개인화

탈개인화란 사람들이 집단에 깊이 몰입하여 자신을 더 이상 독립적인 개인으로 생각하지 않는 것을 말한다. 집단 속 개인은 자기 자신에 대한 자각과 더불어 다른 사람이 자신을 어떻게 평가할 것인지에 대해서도 신경을 덜 쓰게 되는데(Gass & Seiter 1999), 이는 익명성과 집단의 응집력에 의해 그 정도가 결정된다(Smith 1982). 구체적으로 사람들은 익명적 환경에서 자신의 주체의식을 희석시키고 조직의 일원으로서 지각하는 탈개인화 현상을 더 쉽게 경험할 수 있다. 또한 강한 응집력을 지닌 집단에 참여한 사람들은 그 집단의 목표를 공유하는 과정에서 자신보다 조직을 더욱 중요하다고 생각하게 되는데, 이 경우에도 스스로에 대한 자각이 흐려지는 탈개인화 현상이 나타난다.

앞서 예를 들었던 단체행동(경기를 관람하며 응원하는 팀에게 환호하거나 상대 팀을 야유하는 것)은 모두 탈개인화의 결과이다. 이러한 예들은 비교적 무해하지만, 폭동과 같은 심각한 상황에서의 탈개인화는 파괴적 결과를 초래할 수 있다.

디너 등(Diener et al. 1976)은 탈개인화에 대한 고전적 연구를 수행했다. 연구자들은 핼러윈(Halloween) 밤에 1,352명의 미국 어린이들을 관찰했다. 실험공모자는 집에서 어린이들이 방문하기를 기다렸다가 사탕을 나눠 주는 역할을 수행했다. 아이들이 집을 방문했을 때, 실험공모자는 아이들에게 문 옆에 있는 바구니에서 일정량의 사탕을 가져가라고 말한 뒤 자리를 떠났다. 이때 실험공모자의 집을 혼자 방문한 아이들 집단과, 대여섯 명이 함께 방문한 아이들 집단으로 나누었다. 또한 실험공모자는 아이들이 방문했을 때, 절반의 아이들에게는 이름을 물어보고 나머지 절반의 아이들에게는 이름을 물어보지 않았다. 그 결과 실험공모자의 집을 혼자 방문한 아이들 중 단지 7.5퍼센트만이 정해진 양보다 많은 사탕을 가져간 반면, 여럿이서 방문한 아이들은 그중 20.8퍼센트가 정해진 양보다 많은 사탕을 가져간 것으로 나타났다. 또한 자신의 이름을 밝힌 아이들보다 밝히지 않은 아이들이 정량보다 더 많은 양의 사탕을 가져갔다. 이 실험결과는 집단 내에서의 탈개인화가 어린이들의 단순 절도를 유발한다는 점을 보여 준다.

때때로 탈개인화는 더 심각한 결과를 초래할 수 있다. 만(Mann 1981)은 사람들이 옥상에서 뛰어내리는 자살시도에 관한 150개의 신문기사를 분석했는데, 그 결과 많은 경우 빌딩 아래에 모여 있는 사람들이 옥상에 있는 사람의 자살을 유도했다는 점을 발견했다. 만은 빌딩 아래에 모여 있는 사람들이 단체로 옥상에 있는 사람에게 뛰어내리라는 적극적인 메시지를 보냈다고 주장했는데, 이러한 현상은 모여 있는 사람이 300명 내외일 때 흔하게 관찰됐다고 한다.

주어진 상황에 따라 탈개인화가 친사회적 행동을 강화한다는 것이 일부 연구에서 증명되기도 했지만, 대부분의 경우 탈개인화는 개인을 보다 공격적이고 잔인하게 만드는 반사회적 행동을 유발한다고 알려져 있다(Smith 1982). 따라서 사람들의 탈개인화를 막고 자신의 행동에 책임을 느끼도록 하는 방법을 밝히는 것이 탈개인화에 대한 연구에서 가장 중요하다. 일반적으로 탈개인화는 스스로에 대한 자각의 상실에서부터 비롯하기 때문에, 사람들로 하여금 자기 자신에 대한 높은 자각을 유지하도록 유도하면 탈개인화가 일어나지 않을 것이라고 예측할 수 있다.

이와 관련하여 프렌티스둔과 로저스(Prentice-Dunn & Rogers 1989)는 익명성과 집단의 응집력이 개인의 공적 자아인식과 사적 자아인식에 영향을 미쳐 탈개인화가 나타난다고 주장했다. 여기서 '공적 자아인식'은 개인이 사회적 존재로서 자신을 어떻게 바라보고 다른 사람에게 자신의 모습이나 인상이 어떻게 나타나는지에 대해 생각하는 것을 말하고, '사적 자아인식'은 밖으로 드러나지 않는 자신의 지각이나 생각, 감정 등과 관련한다. 익명적 환경에서는 공적 자아인식이 감소되어 행동에 대한 책임감을 덜 느끼게 된다. 그러나 이 경우 개인의 사적 자아인식은 감소되지 않으므로 개인은 자신의 행동이 가져올 결과에 대해 심각하게 고려하며, 대부분의 경우 자신에게 닥칠 부정적 결과를 미리 감지함으로써 탈개인화 현상이 일어나지 않게 된다. 따라서 프렌티스둔과 로저스는 익명적 환경이라도 사적 자아인식이 높으면 탈개인화는 일어날 가능성이 낮다고 주장하였다. 반면 집단의 응집력이 강화되는 환경에서는 생리적 각성과 함께 개인의 사적 자아인식도 함께 감소하기 때문에 탈개인화가 일어날 가능성이 높아진다.

한편, 온라인 공간에서 일어나는 탈개인화와 관련한 가장 대표적인 이론으로 SIDE 모델을 들 수 있다. SIDE 모델은 오늘날 큰 사회문제가 되고 있는 온라인 커뮤니티의 극단화된 집단행동에 대한 유용한 설명 틀을 제시한다. SIDE 모델은 그 자체로 매우 중요한 이론적 의의를 지니기 때문에 이 장의 후반부에 별도로 자세히 다루고자 한다.

3) 권위에 대한 복종

권위에 대한 복종에 관한 연구는 앞서 다룬 동조에 대한 연구들과 함께 집단심리를 파악하는 핵심이 되어 왔다. 흔히 동조와 복종은 집단 규범을 따를 때 나타난다는 점에서 유사한 개념으로 이해하기 쉽다. 하지만 동조와 복종은 몇 가지 측면에서 분명한 개념적 차이를 지닌다.

첫째, 동조는 자신이 속한 집단이나 집단 구성원들과 유사한 행동을 하고자 하는 것으로 개인에게 영향을 주는 구성원이 제한적이지 않다. 즉, 같은 집단의 구성원이라면 위계적으로 동등한 관계에 있는 사람에게도 영향을 받을 수 있다. 반면 복종은 권력 관계에서 자신보다 상위에 있는 사람의 행동이나 생각에만 제한적으로 영향을 받는다. 이를테면 위계적으로 상하관계에 있는 직장 상사와 부하의 경우, 부하는 상사의 의견에 복종과 동조를 모두 할 수 있지만 상사는 부하의 의견에 개념적으로 동조할 수 있을 뿐 복종할 수는 없다.

둘째, 동조는 기본적으로 모방의 의미를 지니지만 복종은 순종의 의미를 지닌다. 동조는 개인에게 영향을 주는 집단이나 다른 집단 구성원의 행동을 따라 하는 것으로 모든 집단 구성원의 행동이 일정한 방향으로 획일화된다는 특징을 지닌다. 반면 복종은 개인이 영향력 있는 다른 집단 구성원의 명령에 순응한다는 의미로 모든 개인은 각기 다른 역할의 수행을 요구받을 수 있다.

셋째, 동조는 집단이 구성원들로 하여금 따르길 요구하는 어떤 규범이 암시적인 형태로 드러나는 경우가 많다. 동조는 대부분 동등한 관계에서 일어나기 때문에 서로에게 직설적으로 요구사항을 제시하는 것이 거의 불가능하다. 반면 복종은 집단 구성원에게 요구되는 행동에 대한 지시가 매우 명확하며, 대부분의 경우 직설적으로 제시된다.

마지막으로 규범을 따르는 사람들이 자신의 행동을 어떻게 판단하느냐를 토대로 동조와 복종을 명확하게 구별할 수 있다. 동조는 암묵적인 집단압력에 의한 반응이기 때문에 사람들은 이를 자기 자신의 자발적인 선택과 행동의 결과라고 해석한다. 반면 복종은 권위 있는 누군가의 명확한 지시에 따른 결과이기 때문에 어떤 규범에 복종한 사람들은 자신의 행동에 대한 선택 권한이 없어 발생한 불가피한 결과로 이를 해석한다.

미국의 정치철학자 아렌트(Hannah Arendt)는 저서 《예루살렘의 아이히만》(1963)에서 '악의 평범성'이라는 개념을 제시한다. 아렌트는 독일 나치의 유대인 학살이, 반사회적인 인격장애를 가진 정신질환자 집단에 의한 것이 아니라 권위와 권력을 지닌 상부의 명령에 복종한 평범한 사람들에 의한 것이었다고 설명하면서 모든 평범한 사람들이 상황에 따라 악이 될 수 있다고 주장했다. 즉, 유대인에 대한 개인적인 악감정이 있는 사람들이 학살을 실행한 것이 아니라 그저 그들보다 더 높은 지위를 가진 책임자(히틀러)의 명령에 복종한 것일 뿐이다. 아렌트의 주장은 많은 논란의 대상이 되었지만 사실 이러한 예시는 우리 주변에서 쉽게 찾아볼 수 있다. 평소 온화한 성격의 사람이 종교 지도자의 명령에 따라 수백 명을 학살하는 테러에 가담하거나 군대 내 집단 가혹행위, 학내 따돌림 문제 등도 모두 이러한 악의 평범성을 증명하는 예가 될 수 있다. 이런 주장은 이후 짐바르도(Zimbardo 2007)의 스탠퍼드 감옥 실험으로 재확인되었다. 무작위로 죄수와 교도관 역할을 배정받은 피실험자들이 시간이 지남에 따라 자신의 역할에 몰두하여 태도, 감정, 행동의 변화를 보인 것에, 짐바르도는 '썩은 상자가 썩은 사과를 만든다'는 표현을 빌려 사람의 악함은 개인적 특성에 서부터 오지 않고 사람을 둘러싼 상황과 제도에서부터 온다고 주장하였다. 그는 이러한 자신의 주장을 '루시퍼 이펙트'(*Lucifer effect*)로 정리하였다.

4) 사회적 태만

여럿이 동시에 한 가지 일을 수행하는 상황에서 사람들은 일과 일에 대한 책임감을 함께 공유한다. 종종 사람들은 이런 상황에서 자신에게 할당된 일에 최선을 다하지 않거나 아예 노력조차 하지 않는 모습을 보이게 되는데, 이러한 현상을 '사회적 태만'이라고 한다. 사회적 태만은 사람들이 자신의 책임을 다하지 않더라도 다른 누군가가 그 책임을 떠맡을 것이라고 가정하기 때문에 발생한다. 여러 사람이 하나의 일에 대한 책임을 공유하게 되면 책임의 소재가 명확하지 않기 때문에 자신에게 주어진 책임을 다하지 않고 이를 타인에게 전가하게 된다. 즉, 혼자일 때보다 함께일 때 일하고자 하는 동기나 노력이 감소한다.

라타네와 달리(Latané & Darley 1970)는 실험을 통해 사회적 태만을 실증적으로 검증하였다. 이들은 피험자들을 연구실로 안내한 후, 이들이 장비를 이용하여 보이지 않는 다른 사람들과 이야기하게 될 것이라고 일러 주었다. 이때 한 집단의 피험자들에게는 그들이 다른 한 사람과 대화하게 될 것이라고 알려 주었고, 다른 집단의 피험자들에게는 그들이 2~5명의 사람들과 함께 대화하게 될 것이라고 알려 주었다. 연구자들은 대화가 시작되기 직전에 피험자들에게 대화 상대자가 천식에 걸렸다는 정보를 제공하였으며, 대화 도중에 상대방이 심하게 기침을 하다가 호흡곤란을 일으키는 소리를 듣게 하였다. 연구자들은 이러한 실험 상황에서 피험자들이 상대방을 돕기 위해 얼마나 노력하는지 관찰했다. 그 결과, 2~5명의 사람들과 함께 대화하게 될 것이라는 정보를 받았던 피험자들은 그중 30퍼센트만이 천식 환자를 돕고자 노력한 반면, 오직 한 사람과만 대화하게 될 것이라는 정보를 받았던 피험자들은 그중 62퍼센트가 천식 환자를 돕고자 노력하는 모습을 보였다. 이러한 결과는 행동적 측면에서 사회적 태만이 강하게 나타남을 단적으로 보여 준다.

페티 등(Petty et al. 1980)은 사회적 태만이 행동적 측면뿐 아니라 인지적 활동에도 영향을 준다고 주장한다. 연구자들은 피험자들에게 설득적 메시지를 주의 깊게 읽으라고 요구했다. 이때 일부 피험자들은 이를 혼자서 읽었고 다른 피험자들은 이를 열 명의 다른 사람과 함께 읽었다. 실험 결과, 혼자서 설득적 메시지를 읽은 피험자들은 다른 사람들과 함께 설득적 메시지를 읽은 피험자들에 반해 약한 주장보다 강한 주장에 의해 설득되는 경향을 보였다. 이러한 결과는 혼자 설득적 메시지를 읽은 피험자가 다른 사람들과 함께 설득적 메시지를 읽은 피험자와 달리 메시지를 중심경로를 이용해 처리했음을 시사한다. 즉, 혼자 설득적 메시지를 읽은 피험자는 이것을 읽고 이해하는 것 자체에 더 큰 책임감을 가지게 되어 웬만큼 강하지 않은 메시지에는 설득되지 않았다.

사람들은 자신의 노력에 대한 결과나 보상이 자신에게 직접 주어지지 않고 집단에게 나누어질 때 게을러진다. 사람들은 가능한 별다른 노력 없이 다른 사람이 지닌 이득을 함께 취하고자 한다. 즉, 자신의 노력은 들이지 않고 집단 구성원에게 똑같이 분배되는 보상을 즐기려는 무임승차 효과가 발생한다. 특히 다른 사람도 무임승차할 것이라 기대되는 상황에서 사람들은 모든 일을 다 떠맡는 사람이 되기보다 다른 사람이 행동하는 정도와 비슷한 수준의 노력만을 하는 사람이 되기를 선택한다. 이러한 경향은 자신이 누구인지 드러나지 않는 익명의 상황에서 더욱 커지게 된다. 이러한 사회적 태만을 줄이기 위해서는 전체 업무 중 개인의 수행 부분을 지속적으로 관찰하고 확인하는 것, 개인에게 특정한 과제에 대한 책임감을 부여하는 것, 일의 강제성을 높이고 개인의 기여가 과제 수행에 매우 중요하다는 점을 인식시키는 것, 그리고 업무 수행에 대한 성과를 비균등하게 배분하는 것 등의 방법이 사용될 수 있다.

방관자 효과

제노비스 신드롬(Genovese syndrome) 또는 구경꾼 효과라고도 불리는 '방관자 효과'(bystander effect)란 사건에 대한 목격자가 많을수록 책임이 분산돼 오히려 위험에 처한 사람을 돕지 않게 되는 현상을 말한다. 방관자 효과는 가장 대표적인 사회적 태만 행위로 여겨지는데 이 개념은 제노비스 피살 사건에서부터 발생한 것이다.

1964년 미국 뉴욕시 퀸스 지역의 주택가에서 키티 제노비스(Kitty Genovese)라는 사람이 강도에게 살해되었다. 놀라운 점은 제노비스가 강도에게 구타당하고 흉기에 찔리는 30분 이상의 시간 동안 무려 38명의 주민이 이를 목격하고도 아무도 그녀를 돕거나 경찰에 신고하지 않았다는 것이다. 〈뉴욕타임스〉는 이 충격적인 사건을 특종 보도하고 다른 언론사들도 이를 대대적으로 보도하기 시작하면서 미국 전역은 충격에 휩싸였다. 이후 많은 연구자들은 왜 그토록 많은 사람들이 아무도 피해자를 돕지 않았는가에 대해 연구하기 시작했다. 결과적으로 이 사건은 방관자 효과라는 개념을 탄생시켰으며 다양한 연구로 이어졌다.

그러나 2007년 〈아메리칸 사이칼로지스트〉에 실린 한 논문은 제노비스 살인사건 당시 목격자가 38명이 있었다는 것은 사실이 아니라고 주장하였다. 그들은 목격자들이 여자가 살해당하는 모습을 지켜보고 있었다는 점 역시 언론의 거짓된 보도이며, 그들 중 일부는 여자의 비명을 어렴풋이 들었을 뿐 그것이 살인사건이라는 사실을 전혀 인지하지 못했다고 주장하였다. 2016년, 피해자의 친동생 필 제노비스는 오랜 조사 끝에 기사에서 보도된 것과 달리 실제 목격자는 단 여섯 명뿐이었으며, 이중 두 명은 사건 당시 바로 경찰에 신고했음을 밝혀냈다. 필 제노비스의 주장을 확인한 결과 당시 이를 최초 보도한 〈뉴욕타임스〉 기자가 특종을 위해 확인되지 않은 경찰의 이야기를 기사화했음이 밝혀졌다. 당시 경찰은 최종 수사결과를 발표하는 과정에서 정확한 목격자 수를 언급했지만 이미 충격에 빠진 미국 사회는 이에 주목하지 않았고, 〈뉴욕타임스〉는 그들의 오보를 바로잡지 않았다. 약 50여 년의 시간이 흐른 후 밝혀진 진실에 사람들의 비난이 쏟아지자 〈뉴욕타임스〉는 뒤늦게 오보 사실을 인정했다.

〈아메리칸 사이칼로지스트〉에 실린 논문의 필자들은 제노비스 살인사건이 드라마틱한 연구 사례로 우화적 기능을 가지고 잘못된 정보의 형태로 계속해 구전되고 있다고 경고하였다. 그러나 이 사건은 방관자 효과라는 개념을 확립하고 이에 대한 수많은 연구를 양산해 냈다는 점에서 여전히 중요한 의미를 가진다.

5. 온라인 공간에서의 집단극화와 탈개인화

1) 온라인 커뮤니케이션에서의 집단극화

인터넷은 점차 세분화되고 개인화되어 사용자 개인이 원하는 정보만을 선택적으로 수용할 수 있는 형태로 변화하고 있다. 사람들은 인터넷의 상호작용적인 특성을 통해 '유사 의견을 지닌 개인들'을 보다 쉽게 찾고, 함께 모여 의견을 공유할 수 있게 되었다. 인터넷은 지리적으로 산재되어 있는 비주류 집단에게도 자유로운 결집의 공간을 마련해 주었다는 점에서 그 의미가 크다. 하지만 이러한 의견이 다른 집단에 교류되지 않고 오직 소속 집단의 믿음과 단결력을 강화시키는 데 사용된다는 점은 개인들이 상반된 의견으로부터 완벽하게 고립될 수 있는 위험성을 제시한다.

선스타인(Sunstein 2009)에 따르면, 사람들은 자신의 성향에 따라 비슷한 유형의 사이트에만 접속하는 경향이 있다. 사람들은 자신과 유사한 성향을 가진 사람들과의 정보 공유를 통해 의견을 강화했으며 자신의 의견과 반대되는 입장을 지니는 사이트에는 전혀 접속하지 않았다. 사람들의 이러한 선택적이고 편향적인 정보 습득 경향성은 시공간을 초월하는 인터넷의 속성과 결합하여 오히려 집단극화의 발생을 용이하게 함으로써 실재적인 사회문제로 대두되고 있다.

온라인 공간에서의 여론 지각은 외집단과의 차이는 늘리고 내집단의 여러 속성과는 일치하는 방향으로 작용한다. 온라인 공간의 익명성은 이용자들이 현실에서보다 더 자극적이고 강한 주장을 하도록 돕고, 온라인에서 제공하는 동의, 추천 기능 등은 소수의견이 마치 다수의견인 것처럼 과대 지각할 가능성을 높인다. 사람들은 자신의 의견에 동의하는 사람이 많다고 느낄수록 자기 의견을 더욱 극단화하는 경향을 보이기 때문에, 결국 이러한 온라인 공간의 특징은 사회적인 문제를 일으킬 가능성을 항상 내재한다고 볼 수 있다.

2) SIDE 모델

사람들은 왜 온라인 공간에서 더 집단적이며 극단적으로 행동하게 될까? 온라인 공간에서 개인이 자기 자신의 고유한 특질을 잃고 소속 집단이나 사회적 범주에 따라 집단 중심적으로 사고하고 더 극단적인 행동을 하게 되는 현상을 설명하는 대표적인 이론으로 SIDE 모델이 있다.

레이처(Reicher et al. 1995) 등에 의해 처음 제시된 SIDE 모델은 '탈개인화 효과에 관한 사회적 자아정체성 모델'(social identity model of deindividuation effect)의 약자로, 오늘날 온라인 공간에서의 집단행동을 설명하는 데 가장 유용한 이론 중 하나이다(Postmes et al. 1998; 2000). 이름에서 알 수 있듯이 SIDE 모델은 탈개인화 효과를 사회정체성과 관련하여 설명하는 데 초점을 맞추고 있다. 앞서도 다루었듯, 탈개인화란 개인정체성보다 사회정체성이 더 현저하게 대두되어 있는 상태를 말한다. 탈개인화된 사람들은 특정 집단의 구성원으로 자기 자신을 정의하고 집단의 정체성을 토대로 상황을 인식하고 정해진 집단규범에 따라 행동하는 모습을 보인다(이은주 2008). 이러한 탈개인화 개념을 토대로 SIDE 모델은 온라인 커뮤니케이션 환경에서 발생하는 극단화된 집단행동을 이해하는 데 유용한 이론적 틀을 제공한다.

(1) SIDE 모델의 특징

인터넷과 같이 컴퓨터로 매개된 커뮤니케이션(CMC) 환경은 익명성을 토대로 상대방에 대한 단서(*cue*)가 적다는 특징이 있다. 즉, 온라인에서 우리는 대화 상대가 누군지 잘 모르며 그를 파악하기 위해 이용할 수 있는 단서도 매우 제한적이다. 대화 상대에 대한 사회적 실재감[5]이 부재한 상황에서는 스스로에 대한 사적 인식(개인정체성) 역시 줄어들기 쉽다. 이러한 경우, 개인은 자기 자신이 누구인지를 규정하기 위하여 특정한 집단과 자신을 동일시하려는 경향(사회정체성)을 보인다. 즉, 대화 상대와 친밀감을 느끼거나 동질감을 형성하기 위하여 유사성을 찾으려고 노력하게 되는데 이 과정에서 사회정체성이 현저화되고 다른 사람의 행동에 동조하는 경향(집단규범의 영향력)이 증가하

---

[5] 사회적 실재감(*social presence*)이란 행위자가 커뮤니케이션 상황에 참여하고 있다고 느끼는 정도를 의미한다. 면대면 커뮤니케이션 상황에서 육안으로 확인 가능한 신분, 지위 등은 사회규범적 요인으로서 정보 교류나 의사 교환을 통제하거나 저지하는 역할을 한다. CMC 환경에서의 사회적 실재감이란 커뮤니케이션 중에 상대가 그곳에 있다고 느끼는 정도, 즉 상대와 직접 만나서 대화하는 것과 흡사하다고 느끼는 정도를 의미한다(Short et al. 1976). 사회적 실재감은 응시, 고개 끄덕임, 눈 움직임, 청자의 반응, 제스처, 공간적 근접성과 같은 비언어적 요소들을 인지할 때 높아지기 때문에 CMC 환경에서의 사회적 실재감은 면대면 채널과 비교했을 때 상대적으로 매우 낮다.

게 된다. 온라인 커뮤니티에서 활동하기 위하여 커뮤니티 구성원들이 사용하는 언어 방식을 그대로 활용하거나 특정 이슈에 대한 구성원들의 의견에 무조건 동의하는 등이 그 예이다. 이러한 경우 사적 자아는 계속해서 흐려지는 반면 집단의 응집력은 점차 증가하여 집단의 의견이 한쪽 방향으로 극화되는 경향을 보인다.

(2) SIDE 모델의 전제

온라인 커뮤니케이션 환경이 SIDE 모델이 발현되기 좋은 환경적 특성을 지녔다 하더라도 탈개인화와 집단행동이 모든 온라인 커뮤니케이션 환경에서 나타나는 것은 아니다. 이러한 현상은 크게 다음의 세 가지 조건을 충족할 때 나타난다.

첫째, 커뮤니케이션 참가자들 간에 공유된 집단적 정체성이 존재해야 한다. 탈개인화는 개인정체성보다 사회정체성이 현저화되는 것일 뿐, 애초에 존재하지 않던 사회정체성이 새로 발현되는 것을 의미하지는 않는다. 예를 들어, 온건한 수준의 보수적인 정치성향을 지닌 사람은 온라인에서 정치적 보수주의자 커뮤니티에 가입하고 구성원들과 대화를 나누면서 점차 극우주의적인 행동을 하게 될 수 있다. 그러나 애당초 진보적 정치성향을 지닌 사람은 이 커뮤니티에 가입조차 하지 않을 가능성이 높기 때문에, 이 사람이 온라인 커뮤니케이션 활동을 통해 이후 극우적인 행동을 하게 될 가능성은 거의 없다.

둘째, 개인의 고유한 특징이 커뮤니케이션 채널의 물리적 한계 등에 의해 드러나지 않아야 한다. 익명성은 온라인 대화에 참여하는 개인이 자신과 상대방의 개인정체성을 거의 지각하지 못하도록 돕는다. 다시 말해 익명성은 대화 참여자들이 서로의 사회적 지위나 신체적 외양 등을 평가하는 것을 불가능하게 한다. 이러한 평등한 커뮤니케이션 환경에서 사람들은 심리적 편안함을 느끼면서도, 익명적 상대와의 커뮤니케이션 상황에 대한 심리적 불편함과 고독감을 동시에 느끼게 된다. 결과적으로 익명적 환경에서 사람들은 자신의 심리적 불편함을 해소하기 위해 대화 상대와의 공통점을 찾으려 노력하고, 이 과정에서 탈개인화가 일어나게 된다.

셋째, 커뮤니케이션은 온라인상에서 텍스트를 기반으로 이뤄져야 한다. 텍스트 기반의 메시지는 면대면 커뮤니케이션에 비해 대화 상대에 대한 사회적 실재감이 낮기 때문에 이용자 간 원활한 감정표현과 전달에 한계가 있지만 한편으로는 사회적 규범으로부터 자유롭다는 특징을 지닌다. 또한 텍스트 기반의 메시지는 물리적인 시공간의 제약을 전혀 받지 않기 때문에, 단기간에 많은 수의 사람들이 집단적으로 사고하게 하고 경우에 따라 매우 극단적인 행동을 가능하게 한다.

SIDE 모델의 기본 전제를 살펴보면, 익명성의 수준을 감소시키거나 커뮤니케이션 상대의 개인정체성을 지각할 수 있도록 만들 경우 동조의 수준이 감소할 것임을 알 수 있다. 예를 들어, 온라인 환경에서 모르는 사람끼리 서로 얼굴을 보지 않고 대화를 나눌 때보다 얼굴을 보면서 대화를 나눌 때 서로에 대한 동조 현상이 감소할 수 있다. 따라서 인터넷상에서 대화에 참여하는 사람들이 자기 자신에 대해 인식하도록 유도하는 것은 무조건적인 동조와 극화현상을 막는 효과적인 방법이 될 수 있다.

(3) SIDE 모델과 집단행동

SIDE 모델이 처음부터 CMC 환경을 전제로 만들어진 것은 아니지만, SIDE가 전제하는 익명성 보장, 사회적 실재감의 부재 등의 주요 특성을 완벽하게 갖춘 환경이라는 점에서, 모델의 영향력은 CMC 상황에 한정되기도 한다. 결과적으로 SIDE 모델의 설명력은 CMC 상황에서의 집단행동을 설명할 때 가장 높은 효용성을 지니게 되는데, 익

16-2 SIDE 효과 매개모형

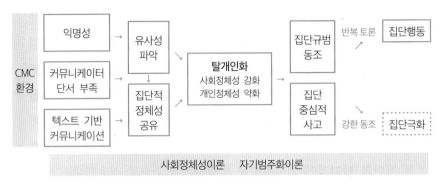

명성과 탈개인화의 개념을 바탕으로 설명할 수 있는 집단행동의 유형은 다음과 같다.

동 조

CMC 환경에서 사람들은 강한 결집력을 토대로 집단 구성원들의 사회적 매력, 고정관념, 내집단 편향에 더 민감하게 반응하고, 집단의 강력한 규범과 관습에 동조하려는 경향을 보인다. SIDE 모델의 초기 연구는 CMC 상황이 가진 익명성이 개인들을 동조에 대한 압박으로부터 해방시킬 것이라고 보았다. 하지만 점차 CMC 상황의 익명성은 개인정체성보다 집단적 정체성을 더 현저하게 하고 집단규범에 순응하고자 하는 동조 효과를 오히려 더 강하게 일으키는 주요인으로 평가되었다. 특히, SIDE 모델에서의 동조는 일반적인 규범이 아니라 현저화된 사회정체성과 연결된 집단규범으로의 동조를 의미하는데, 이때 집단적 정체성이 현저성에 영향을 미친다는 것은 SIDE 모델의 인지적 측면에서 설명될 수 있다(Reicher et al. 1995; Spears & Lea 1994).

집단사고

집단사고(*group thinking*)는, 집단 의사결정 과정에서 동조 압력 때문에 충분한 논의가 이뤄지지 못한 상태로 합의에 도달하는 현상을 말한다. 응집력이 높은 집단의 사람들은 만장일치를 이상적인 집단 의사결정이라고 생각하기 때문에, 집단 내 다른 구성원이 내놓은 생각을 뒤집으려는 노력을 하지 않게 된다. 이는 집단이 외부로부터 고립되어 다른 집단 구성원들과의 토의가 불가능한 경우에 발생하며, 결과적으로 집단의 합리적인 의사결정을 방해하는 요인으로 작용한다.

사회적 단서와 CMC 환경의 상호작용은 익명성이 보장된 상황에서 집단규범의 영향력을 더 강하게 만든다. 즉, 익명성이 보장되고 개인적 단서가 부재한 CMC 환경은 집단의 경계를 강화하고 사람들을 경계 안에 묶어 두는 역할을 한다. 이때 집단적 정체성에 대한 단서와 분명한 규범이 존재하면, 사람들은 제시된 집단규범에 따라 비합리적인 의사결정을 하게 된다.

CMC 환경의 탈개인화를 증명한 여러 실험연구들은 사람들이 전혀 모르는 타인과의 대화에서도 상대와의 유사점과 동질성을 찾고자 하는 노력을 통해 집단적 정체성을 확립하고자 하는 성향이 있음을 증명하였다. 하지만 현실의 CMC 상황에서 커뮤니케이션은 이용자의 선유경향에 많은 영향을 받는다. 사람들은 자신과 동일한 견해를 가지거나, 유사한 성향이나 특성을 가진 사람들을 선별하여 대화를 나누고 그들과의 집단을 구성해 동일한 집단규범을 공유한다. 이러한 경우, CMC 환경에서 나타나는 특정 집단에 대한 동조는 사회적 압력에 따른 개인주의적 관점이라기보다, 하나의 집단적 정체성을 공유한 사람들의 의지 표현이라고 볼 수 있다(Spears & Lea 1994; Turner 1991).

집단극화

CMC 환경에서 사람들은 개인적 특성보다 집단적 정체성을 통해 인지된다. 즉, 익명성을 토대로 한 탈개인화 현상은 내집단 구성원 각각을 개인이 아닌 집단의 대표자로 보이게 한다. 내집단 구성원의 탈개인화로 인해 더욱 현저해진 사회정체성은 집단규범의 강화와 기존의 고정관념을 바탕으로 한 강한 내집단 편향으로 이어진다. 탈개인화와 내집단 선호가 전제된 CMC 상황에서 외집단 구성원과의 토론은 면대면 커뮤니케이션 상황에서보다 더 극단적인 감정이나 강한 의견의 표출로 이어진다. 스피어스 등(Spears, Lea, & Lee 1990)은 CMC 상황에서 특정한 집단에 속한 사람들이 자신의 집단적 정체성을 중심으로 이야기를 나눌 경우, 집단 간 양극화가 심화된다는 점을 발견했다. 이는 애초에 빈약하거나 막연한 수준에 머물렀던 개인의 견해가 집단 토의를 거쳐 나름의 논리를 축적하면서 가능해진 것이었다. 사람들은 집단 구성원과의 의견 공유를 통해 동질성을 확보하고 점차 자신을 집단의 성원으로 인식하게 된다. 더불어 집단의 응집력이 계속해서 증가하고 결과적으로 한쪽 방향으로 극화되는 경향을 보이게 된다.

6. 결론

지금까지 집단의 영향력을 다양한 측면에서 살펴보았다. 이 장에서 살펴본 동조 현상이나 집단사고 및 집단행동에 관한 연구내용은 여전히 우리 사회에서 실제적인 유용성을 지닌다. 단, 집단의 영향력에 관한 다양한 논의가 주로 이를 부정적으로 묘사하는 경향이 있다는 점은 유념할 필요가 있다. 인간의 한정적인 정보처리 능력, 그리고 완벽하게 독립적인 존재로 살아갈 수 없다는 사회적 속성을 고려할 때 사회적 범주화와 동조의 과정은 어느 정도 필수불가결하다. 자신이 속한 집단의 특성에 대한 고려와 집단규범에 대한 최소한의 동조 없이 집단의 구성원들이 모두 각자 생각하는 대로만 행동한다면 사회는 극심한 혼란에 빠질 것이다. 따라서 개인에게 미치는 집단의 영향력을 무조건 부정적인 것으로만 이해해서는 안 된다. 다만 집단규범에 자신을 지나치게 동일시하여 그릇된 관습을 무비판적으로 수용하고 잘못된 행동을 반복하고 있지는 않은지 개인 스스로 성찰해 볼 필요가 있다.

제 17 장

미디어와 사회적 실재

　설득 커뮤니케이션에서 미디어의 역할에 대한 연구는 주로 신문의 사설이나 광고, 홍보와 같이 명백한 설득 행위에 초점을 맞춰 왔다. 그러나 다른 종류의 미디어 콘텐츠도 사람들에게 영향을 미친다. 사실을 보도하는 뉴스 기사나 재미를 위한 오락 프로그램도 사람들의 신념과 태도에 영향을 미칠 수 있다. 특정한 판단 대상에 대한 개개인의 신념과 태도의 집합은 여론을 이뤄 사회적 행동으로 전환될 수 있다.

　이 장에서는 미디어가 사람들의 신념, 그중에서도 사회적 실재(*social reality*)에 대한 인식에 어떻게 영향을 미치는지 살펴볼 것이다. 사회적 실재에 대한 인식이란 개인이 세상에 대해 가지고 있는 생각이다. 사람들은 저마다 자신이 속한 집단, 집단의 구성원, 집단규범, 여론 그리고 그 모든 것에 영향을 미치는 미디어의 속성이 어떠할 것이라는 믿음을 가지고 있다. 쉽게 말하면 이 모든 믿음들이 개인이 지각하는 사회적 실재라고 할 수 있다. 즉, 사회적 실재에 대한 인식이란 사람들이 사회의 규범, 법칙, 관습, 혹은 여론과 같은 다양한 측면에서 자신이 속한 사회가 어떤 특징을 가지고 있다고 믿는 것이다. 예를 들어, 어떤 사람이 30세 이전에 부모로부터 독립하는 것을 우리 사회의 관습이라고 여긴다면, 그는 '30세 이전에 독립하는 것'을 하나의 사회적 실재로 인식하는 셈이다. 마찬가지로, 어떤 사람이 '다수의 사람들이 쓰레기 분리수거에 찬성한다'고 생각한다면, 그는 쓰레기 분리수거에 대한 '다수의견'을 하나의 사회적 실재로 간주하는 셈이다.

인식은 의견을 형성하는 데 중요한 역할을 한다. 이러한 인식은 사람들이 자신의 모든 감각적 정보에 기초하여 형성된 태도라고 할 수 있다. 감각기관의 특성상 정확한 인식을 하는 데 한계가 있는데, 이는 다른 사람에 대한 인식이 불완전하고 부정확하다는 뜻이다. 사회적 실재 인식에 관한 연구들은 대부분 사람들이 사회적 실재를 잘못 인식한다는 결과를 제시한다. 이렇게 사람들이 다른 사람들의 행동이나 의견을 잘못 인식하는 것을 이르러 **다원적 무지**라고 한다.

1. 다원적 무지

다원적 무지란 특정한 개인이 사회적 실재나 어떤 사안에 대한 다른 사람들의 의견을 잘못 지각하고 판단하는 것을 말한다. 올포트(Floyd Henry Allport)는 다수의견 집단에 속한 사람들이 자신이 소수의견 집단에 속해 있다고 잘못 판단하는 경우에 한정지어 다원적 무지 개념을 설명하였다. 하지만 이후의 연구들은 이를 다른 사람들의 태도나 의견이 자신과는 다르다고 생각하는 근거 없는 믿음이나, 이를 통한 여론에 대한 잘못된 지각행위 등을 포함하는 좀더 확장된 개념으로 설명하였다. 결과적으로 오늘날 '다원적 무지'는 타인의 생각이나 기분, 행동 등과 관련된 잘못된 인지적 믿음을 갖는 것을 통칭하는 개념으로 사용되고 있다.

1) 다원적 무지의 종류

포괄적 의미에서의 다원적 무지는 다양한 개념들을 포함한다. 다원적 무지는 다른 사람의 생각이나 여론을 어떻게 잘못 지각하느냐에 따라 여섯 가지의 하위개념으로 구분될 수 있다. 이를 구체화하면 그림 〈17-1〉과 같다.

간략하게 살펴보면, **허위합의 효과**란 자신의 행동이나 판단은 상대적으로 일반적이고 적절한 데 반해 다른 종류의 행동이나 판단은 일반적이지 않고 부적절하다고 인식하는 경향을 말한다(Ross et al. 1977). **사회적 투사**는 자신의 태도, 행동 등이 사회적으로 공유된 바람직한 기준을 따르고 있다고 생각하는 것을 의미한다. **거울반사 지각**은 사회적 투사에 의해 발생하며, 사람들이 여론을 지각할 때 다른 사람들의 의견도 자신과 유사할 것이라고 인식하는 경향을 말한다. 거울반사 지각은 자신의 의견이 다수의견과 같다고 지각한다는 점에서 허위합의 효과와 유사하다. 하지만 거울반사 지각은 자신이 지각한 다수의견과 실제 다수의견이 일치하는 반면, 허위합의 효과는 자신이 지각한 다수의견이 실제 다수의견과 다르다는 점에서 차이가 있다.

일치의 과대평가는 사람들이 자신의 의견이 실제보다 더 많은 지지를 받는다고 착각하는 경향을 말한다. 일치의 과대평가는 흔히 허위합의 효과와 혼동된다. 이 둘을 구분하는 기준은 판단의 기준이 절대적이냐 상대적이냐의 차이인데, 허위합의 효과는 사람들이 자신의 입장을 상대방이 가진 다른 입장에 비해 보다 일반적이라 믿는 것으로 '상대적'인 특성을 지닌다. 반면 일치의 과대평가는 자신의 견해가 다수의 지지를 받는다고 믿는 '절대적' 오류와 연관된다.

침묵하는 다수는 다수에 속한 사람들이 자신을 소수라고 여기고 자신의 의견에 대해 침묵하는 경향을 말한다(Noelle-Neumann 1974). 침묵

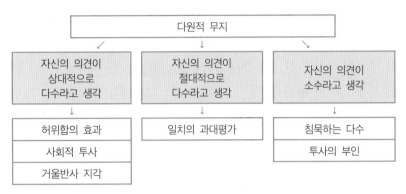

17-1 다원적 무지의 분류

```
            ┌──────────────────────────────────┐
            │            다원적 무지            │
            └──────────────────────────────────┘
              ↙              ↓              ↘
┌──────────────┐  ┌──────────────┐  ┌──────────────┐
│  자신의 의견이 │  │  자신의 의견이 │  │  자신의 의견이 │
│   상대적으로   │  │   절대적으로   │  │  소수라고 생각 │
│  다수라고 생각 │  │  다수라고 생각 │  │              │
└──────────────┘  └──────────────┘  └──────────────┘
        ↓                 ↓                 ↓
┌──────────────┐  ┌──────────────┐  ┌──────────────┐
│  허위합의 효과 │  │ 일치의 과대평가│  │  침묵하는 다수 │
│  사회적 투사   │  └──────────────┘  │   투사의 부인  │
│  거울반사 지각 │                    └──────────────┘
└──────────────┘
```

출처: Dillard & Pfau 2002, 695 재구성.

하는 다수는 '거짓특성 효과'라고도 한다. 마지막으로 **투사의 부인**은 자신의 의견을 표현해야 하는 순간이 오면 실제 그렇지 않더라도 무조건 다수의견과 자신의 의견이 같다고 말하는 것을 의미한다(Fields & Schuman 1976). 일반적으로 사람들은 자신의 의견을 말해야 할 때 사회적으로 바람직하다고 생각되는 대답을 함으로써 사회적 냉대로부터 자신을 보호하고자 하는 경향이 있는데, 이러한 상황에서 투사의 부인 현상이 나타난다. 다수의 생각을 자신의 관점에 투사하면 자신의 의견을 합리화시키기 훨씬 쉬울 뿐 아니라 소수의견을 표명할 때 받게 되는 사회적 냉대로부터 자신을 보호할 수 있게 된다.

다원적 무지에 관한 대표적 연구사례를 몇 가지 살펴보자. 인종차별에 대한 사람들의 태도와 지각에 관해 밝힌 연구에서는 많은 사람들이 인종차별에 반대하면서 자신을 제외한 다른 사람들은 인종차별적 태도를 가지고 있다고 잘못 지각하는 거짓특성 효과를 보이는 것으로 나타났다. 또한 대학생의 급진적 성향에 대한 지각 정도를 밝힌 연구결과는 실제로 많은 대학생들이 그다지 급진적이지 않음에도 불구하고 자신을 제외한 다른 학생들이 자신보다 모두 급진적인 생각을 갖고 있다고 잘못 추정하는 급진성 편향이 나타남을 보여 주었다.

다원적 무지 현상에 관심을 가진 연구자들은 왜 사람들이 다른 사람들의 의견에 대해 부정확한 인식을 가지고 있는지와 이러한 부정확한 판단이 사회적으로 어떤 함의를 지니는지에 대해 밝히고자 애써 왔다. 아직까지 이 두 질문에 대한 만족할 만한 대답을 얻지는 못했지만 연구자들은 다원적 무지가 발생하는 원인에 대해 나름대로의 설명을 제시하고 있다.

2) 다원적 무지의 원인

흔히 사람들이 다수의견과 자신의 의견이 같을 것이라고 생각하는 이유는 크게 두 가지가 있다. 첫째, 사람들은 주로 자신과 유사한 사람들과 어울린다. 자신과 유사한 성향의 사람들과 대화하다 보면 특정한 이슈에 대해 비슷한 의견을 지니게 되기 쉽다. 이러한 경우 사람들은 자신의 주변 사람들이 모두 자신과 동일한 생각을 하고 있다고 믿기 때문에 자신의 의견과 사회 다수의 의견이 일치한다고 판단하게 된다. 두 번째 이유는 심리적 특징에 의한 것이다. 사람들은 자신의 의견과 행동을 다른 사람들과 비교하여 평가하고자 한다. 이 경우 다수의견과 자신의 의견이 일치한다고 믿는 것은 그렇지 않을 때보다 훨씬 더 큰 심리적 안정감을 준다. 따라서 사람들은 실제와 다를지라도 자신의 의견이 절대 다수의 의견과 동일하다고 생각하고 싶어 한다.

프렌티스와 밀러(Prentice & Miller 1993)는 다원적 무지가 발생하는 원인을 조금 더 구체적인 네 가지로 설명한다.

첫째, **인상관리에 대한 욕구**가 다원적 무지의 원인이 될 수 있다. 사람들은 소수의견 집단이 사회로부터 냉대와 무시를 당한다고 생각하기 때문에 자신의 의견이 소수로 분류되기를 꺼려한다. 따라서 사람들은 자신의 의견이 실제와는 상관없이 다수의견이라고 믿고 이를 동기화하게 된다.

둘째, **인지적 오류**를 원인으로 들 수 있다. 사람들은 자신과 비슷한 태도를 가지고 있는 사람들과 어울리고 자신의 의견에 불일치하는 정보보다 일치하는 정보에 더 주목한다. 또한 타인과의 대화에서 자신과 반대 의견에 노출되더라도 이를 선택적으로 수용하며 자신의 기존 의견을 강화시키려는 선택적 주의(selective attention) 경향을 보인다. 결과적으로 사람들은 특정한 이슈에 대해 판단하는 과정에서 자신이 기억하거나 기억하고자 하는 편향된 정보만을 사용하는 접근성 편견을 일으키기 때문에 다원적 무지가 나타나게 된다.

셋째, 다원적 무지는 **차별적 해석**에 기인한다. 차별적 해석이란 사람들이 자신의 태도 및 행동을 판단할 때와 타인의 태도 및 행동을 판단할 때 서로 다른 기준을 사용한다는 것이다. 일반적으로 사람들은 사회적으로 다수라 여겨지는 입장에 대한 지지를 더 과도하게 표하는 경향이 있다. 대개의 경우 사람들은 자신의 적극적인 지지 태도 및 행동이 실제 자신의 의견에 비해 다소 과하다는 점을 인지한다. 하지만 다른 사람의 태도와 행동을 판단할 때는 그들의 적극적인 지지 태도 및 행동이 진심에서 우러나온 것이라고 생각한다. 즉, 타인의 의견을 해석함에 있어 그들도 자신과 마찬가지로 필요 이상의 지지 태도를 보이고 있다는 사실을 인식하지 못한다.

마지막으로 **차별적 부호화**를 다원적 무지의 원인으로 들 수 있다. 차별적 부호화는 차별적 해석과는 달리 사람들이 **무의식적으로** 자신의 의견을 왜곡시켜 표현한다고 본다. 사람들은 무의식적으로 자신의 의견과 반대되는 행동을 하더라도 이를 인식하지 못하고 자신이 일관되게 행동하고 있다고 믿는다. 이러한 믿음은 다른 사람들에게도 그대로 적용된다. 타인의 진술이나 행동 역시 자신의 진술이나 행동처럼 실제 그들의 신념에 반하는 것일 수도 있다. 하지만 사람들은 타인의 진술이나 행동은 타인의 태도를 그대로 반영했다고 믿으며, 이러한 잘못된 해석에서 다원적 무지가 발생하게 된다.

2. 허위합의 효과

1) 허위합의 효과와 여론

여론은 잘못 지각될 가능성이 높은 대표적인 사회적 실재 중 하나이다. 한 사회를 지배하는 여론과 개인의 의견은 상호보완적인 관계 속에서 형성된다. 다시 말해 여론은 개개인의 의견과 행동이 발현되는 방향에 따라 그 토대가 결정되지만, 개인의 의견은 여론을 구성하는 지배적인 방향성이 무엇인지에 따라 그 속성이 달라진다. 이러한 상호보완적 관계에서 개인의 잘못된 여론 지각은 공중의 올바른 인식과 판단을 방해하여 전반적인 여론 형성에 위협이 될 수 있다. 따라서 여론 연구에서 개인이 일으킬 수 있는 지각 오류의 가능성을 살펴보는 것은 매우 중요하다.

다원적 무지와 여론 지각에 대한 연구는 다양하게 진행되어 왔다. 그중에서도 자신의 관점에 대한 다른 사람들의 지지 정도를 과대평가하는 경향을 의미하는 허위합의 효과의 개념을 숙지하는 것은 여론 지각과 설득 과정을 이해하는 데 큰 도움이 된다. 따라서 여기에서 앞서 간략하게 살펴본 여러 다원적 무지 중 허위합의 효과에 대해 좀더 자세히 살펴보겠다.

2) 허위합의 효과의 이해

허위합의 효과란 자신의 의견이나 선호, 신념, 행동, 판단 등이 실제보다 더 보편적이라고 착각하고, 실제보다 더 많은 사람들이 자기 의견에 동의할 것으로 오해한다는 뜻이다. 사람들은 자신이 있는 그대로의 세상을 보고 있다고 생각하기 때문에, 자신의 주관적 경험과 객관적 현실 사이에는 어떤 왜곡도 존재하지 않는다고 믿는다.

허위합의 효과는 타인과 내가 유사하다는 **가정된 유사성**에 기반을 두고, 타인의 의견에 대한 확인 없이 자신의 의견이 여론과 동일하다고 믿는 자기중심적 성향에서부터 출발한다. 허위합의 효과에 빠진 사람들은 자신의 의견을 타인의 것보다 더 일반적이고 적절하다고 생각하며 자신의 의견과 반대되는 태도와 행동은 일반적이지 않을 뿐 아니라 부적당하다고 인식한다.[1]

허위합의 효과의 영향력은 특정 사안에 대한 개인의 태도 강도와 반대 의견에 대한 노출 정도에 따라서도 달라진다. 예를 들어, 특정 사안이나 인물에 대해 강한 의견이나 선호도를 가진 사람은 그렇지 않은 사람에 비해 여론 지각에 있어 허위합의 효과를 일으킬 확률이 더 높다. 하지만 만약 자신과 반대되는 의견에 노출되는 정도가 많아지면 허위합의 효과는 상쇄된다. 이렇듯 허위합의 효과는 개인의 의견과 태도의 강도와는 긍정적 방향으로 연관되지만 자신의 의견 외의 대안적

---

1 두 사람이 싸울 때 서로 '길을 막고 지나가는 사람에게 물어보자. 누가 옳다고 하는지…'라고 자신하는 경우가 대표적인 예이다. 또 다른 예로 대학교 캠퍼스에서 담배 피우는 것에 대한 찬반 의견을 물었을 때 본인의 찬성/반대 여부에 따라 다른 학생들의 찬성/반대 여부를 추론하는 것이나, 뇌물수수 혐의로 기소된 정치가나 기업인이 '뇌물을 나만 받은 줄 아느냐, 요즘은 다 받는다'라고 적반하장의 태도를 보이는 경우를 들 수 있다.

정보의 접근 가능성과는 부정적 방향으로 연관된다.

3) 허위합의 효과의 유사 개념

허위합의 효과는 자신의 의견과 다수의견이 같다고 지각한다는 점에서 거울반사 지각과 유사하다. 두 효과는 지각된 다수의견과 나의 의견의 방향성이 동일한 경우에 적용된다는 점에서 유사성을 갖는다. 하지만 허위합의 효과와 거울반사 지각은 실제 다수의견과 지각된 다수의견의 방향성이 다르다. 다시 말해, 거울반사 지각이 실제 다수의견을 제대로 지각하는 반면 허위합의 효과는 실제 다수의견을 잘못 지각하여 실제와 반대 방향으로 여론을 인지한다는 점에서 차이가 있다.

한편 자신의 의견이 실제로는 다른 사람과 같음에도 불구하고 이를 다르다고 잘못 인지하는 **허위불일치 효과**도 존재한다. 허위불일치 효과는 자신이 남다른 존재라는 착각 때문에 발생하는 것으로 주로 개인

17-2 허위합의 효과의 유사 개념

의 능력이나 성품과 관련된 의견을 형성할 때 나타난다. 일반적으로 사회규범에 따라 비난받을 수 있는 태도나 행동에 관한 상황에는 허위합의 효과가 강하게 나타나고, 개인적인 범위에서 능력이나 성격에 대한 긍정적인 평가를 받는 일에는 허위불일치 효과가 나타난다.[2] 허위합의 효과의 유사 개념을 정리하면 그림 〈17-2〉와 같다.

4) 커뮤니케이션의 상황적 요인과 여론 지각

선택적 지각과 접근성 편향에 의해 극대화되는 허위합의 효과는 이를 직접적으로 수행할 수 있는 대인 커뮤니케이션 상황에서 가장 잘 나타난다. 사람들이 일상생활에서 만날 수 있는 사람의 수와 활동범위는 한정되어 있기 때문에 자신과 유사한 상황에 놓인 비슷한 성향을 지닌 사람들과 주로 접촉하고 소통한다. 대인 커뮤니케이션 상황의 이러한 한계는 특정 개인이 자신의 의견에 대한 동조자를 더 쉽게 찾을 수 있도록 돕는다. 결과적으로 동질적인 사람들 간 이뤄지는 대인 커뮤니케이션 상황의 여론 지각은 허위합의 효과를 강화시키는 방향으로 작용한다(Marks & Miller 1987).

일반적으로 대중매체를 이용한 커뮤니케이션 상황에서는 대인 커뮤니케이션 상황에 비해 허위합의 효과가 덜 일어난다고 여겨진다. 대중매체는 보도의 공정성 원칙[3]에 의해 특정 사안에 대한 모든 의견을

---

2 각주 1의 뇌물수수에 관한 예는 사회규범에 따라 비난받을 상황에 처했을 때 자신의 행동을 보편화하려는 허위합의 효과를 설명한다. 반면 어떤 성과에 대해 긍정적 평가를 받을 수 있는 상황이 오면 자신이 남들과 다른 고유한 능력을 지녔기 때문에 그것이 가능했다고 생각하는 허위불일치 효과가 나타난다. 여론 조사에서 한 가지 사안을 놓고 '자신의 의견'과 '다른 사람들의 의견'을 구별해 물으면 결과가 전혀 다르게 나오는 것도 이러한 허위불일치 효과와 관련되어 있다고 할 수 있다.
3 언론보도는 공정성과 계도성의 두 가지 원칙을 따른다. 공정성 원칙은 어느 한쪽

제공하는 것을 원칙으로 하기 때문에, 대인 커뮤니케이션 상황에서보다 자신과 타인의 의견 차이를 지각하게 될 가능성이 높다. 이러한 관점에서 글린(Glynn 1987)은 대인 커뮤니케이션 상황에서 사람들이 자신의 의견을 다른 사람들과 비슷한 것으로 인식하는 반면, 매스미디어를 많이 접한 사람들은 자신이 다수의 사람들과 다른 의견을 가졌다고 생각하는 경향이 있어 의견 표명을 꺼리는 '침묵하는 다수' 현상이 발생하게 된다고 주장했다. 하지만 과거 제한된 채널만을 제공하던 것과 달리 다양화된 채널을 제공하는 오늘날의 대중매체 환경에서는 허위합의 효과가 나타날 가능성이 여전히 높다는 주장도 있다. 머츠와 마틴(Mutz & Martin 2001)은 전문 편성된 케이블 채널이나 정치적 성향이 뚜렷한 신문을 선택할 수 있는 영국의 예를 들어, 대조적인 관점에 대한 노출 정도가 지각에 차이를 가져올 수 있음을 경험적으로 증명했다. 이 연구는 만약 동질적인 집단만을 대상으로 하는 전문화된 매체들이 지상파와 같은 전형적인 대중매체를 대체할 경우, 여론 지각에서 허위합의 효과와 같은 인식적 편향이 극대화될 수 있음을 암시한다.

한편 온라인에 초점을 맞춘 컴퓨터 매개 커뮤니케이션에서는 집단 간 양극화가 심화되고 허위합의 효과가 강화된다는 주장이 큰 힘을 얻는다. 적은 수의 채널을 이용해 이질적인 다수 수용자들에게 균등한 정보를 제공하던 전통적인 대중매체와 달리 온라인 매체는 이용자를 소수의 동질적 집단으로 세분화하고 이들을 위한 차별화된 메시지를

의 견해나 주장에 치우치지 않게 보도 내지 논평해야 한다는 것으로 형평성 원칙이라고도 하며, 영국에서는 '적정한 불편부당성'이라는 개념으로 적용된다. 계도성 원칙은 언론이 환경변화에 대한 적절한 정보를 제공하고 올바른 여론 형성에 이바지해야 한다는 것과 함께 사회적 선, 즉 공익을 위해 봉사해야 한다는 공직과업과 관련된 원칙이다.

전달한다. 온라인 공간에서는 수용이 불가능할 정도로 많은 양의 정보가 제공되기 때문에 이용자들은 이를 선별적으로 습득할 수밖에 없다. 이 과정에서 사람들은 자신의 선호에 맞는 사이트를 선정하고 그곳에서 자신의 의견을 지지하는 다수의 동조자들과만 적극적으로 소통하게 된다. 결국 온라인 환경에서 접한 반대 의견은 의식적으로 무시되거나 비판의 글을 통해 기존 의견을 더욱 강화시키는 데 활용될 뿐 개인이 여론을 잘못 지각하고 있음을 인식하게 하지는 못한다.

설령 자신의 의견이 소수에 해당함을 지각한다 하더라도 온라인 커뮤니케이션 환경은 자신과 동일한 생각을 하는 사람들을 찾아내고, 익명성에 기대 자신의 의견을 적극적으로 표현하는 것을 두려워하지 않게 한다. 많은 연구자들은 이용자가 자신의 관심에 따라 정보를 선택할 수 있는 온라인 커뮤니케이션 환경이 지속적으로 확산될 경우 공통의 경험, 의제, 담론, 지각 등을 토대로 대중매체가 주도해 온 여론 시스템에 변화가 나타날 것이며, 사회는 더 많이 분할될 것이라고 전망한다.

3. 미디어와 잘못된 사회적 실재 인식

미디어와 사회적 실재에 관한 연구는 주로 두 분야에 초점을 맞췄다. 첫 번째는 사람들이 미디어의 내용과 효과에 대해서 잘못 인식한다는 것이고, 두 번째는 미디어가 사람들로 하여금 잘못된 사회적 인식을 갖도록 조장한다는 것이다. 여기서는 이들 두 연구 분야에서 발전된 커뮤니케이션 모델에 대해서 살펴보고자 한다.

1) 미디어의 내용과 효과에 대한 잘못된 인식

(1) 제 3자 효과

제 3자 효과에 대한 이해

제 3자 효과는 매스미디어가 '나'(제 1자, *me*), '너'(제 2자, *you*) 보다 '그들'(제 3자, *them*)에게 더 큰 영향을 미친다고 예상하는 것을 말한다. 즉, 사람들이 매스미디어가 나나 우리에게 미치는 영향은 실제보다 과소평가하면서 타인에게 미치는 영향은 실제보다 과대평가하는 현상을 말한다.

미국 프린스턴대학교의 사회학자 데이비슨(W. Phillips Davison)은 2차 세계대전 때 일본 이오지마섬에서 있었던 선전전(宣傳戰)의 결과에 주목했다. 당시 일본군은 대치하고 있던 미군부대의 흑인 병사들을 대상으로 백인의 싸움에 목숨을 걸지 말라는 내용의 선전물을 배포했다. 일본군의 선전 목적은 흑인 병사들의 사기를 저하시키기 위한 것이었는데, 엉뚱하게도 선전물은 미군의 백인 지휘관들에게 더 큰 영향을 미쳤다. 선전물이 배포되자마자 미군의 백인 지휘관들은 빠르게 그들의 부대를 철수시키는 모습을 보였는데 이는 부하들(흑인 병사)이 일본군의 선전에 영향을 받아 자신들을 버리고 항복할 것이라 생각했기 때문이었다. 데이비슨은 이러한 결과가 나타난 이유는 사람들이 특정 메시지에 대해 자기 자신보다 타인이 더 큰 영향을 받을 것이라고 생각하는 경향을 지니기 때문이라고 생각했다.

이후 데이비슨은 정치적 이슈를 다루는 매스미디어 보도에서도 이러한 경향이 그대로 나타남을 발견하고 이를 '제 3자 효과이론'으로 발전시켰다. 그의 연구(Davison 1983)는 신문 논설의 영향력을 묻는 질문에 대해 대다수의 기자들이 "당신과 나 같은 사람에게는 큰 영향을 미치지 않지만 일반 독자들에게는 큰 영향을 미칠 것이다"라고 대답했다는 사실에 집중한다. 데이비슨에 따르면 사람들은 매스미디어가 제공하는 메시지의 영향 정도를 일정 수준 잘못 지각하는 경향이 있는데, 이러한 잘못된 지각은 특히 제3자에 대한 효과를 과대평가하는 방식으로 두드러지게 나타난다.

제3자 효과를 지지하는 다양한 분야의 연구결과들이 발표되었다. 코헨 등(Cohen et al. 1988)이 밝힌 바에 따르면, 사람들은 진보적 성향의 신문기사가 자신들에게 미치는 영향은 과소평가하는 반면 다른 사람들에게 미치는 영향은 과대평가하는 경향이 있다. 또한 건서(Gunther 1991)는 사람들이 엘리트 신문이 다른 사람들에게 미치는 영향력을 실제보다 더 크다고 인식했으며, 엘리트 신문이 자신에게 미치는 영향력을 실제보다 작게 인식한다는 연구결과를 발표했다. 제3자 효과는 광고 분야에서도 증명되었다. 사람들은 술이나 담배와 같은 부정적인 광고의 효과가 자기 자신보다 제3자에게 더 강하게 나타난다고 생각했다(Gunther & Thorson 1992; Henriksen & Flora 1999). 건서(Gunther 1995)는 포르노그래피의 부정적 영향에 대해 제3자 효과를 보이는 사람들이 포르노그래피 규제를 더 강력하게 지지하는 경향이 있다고 주장했다. 이와 유사한 다른 연구결과들 역시 미디어가 제공하는 특정 메시지가 제3자에게 부정적 영향을 미칠 것이라고 생각하는 사람일수록 미디어에 대한 더욱더 강력한 규제가 필요하다고 생각하는 경향이 있음을 보여 준다.

제3자 효과의 요소

제3자 효과는 크게 지각적 차원과 행동적 차원으로 나뉜다(Davison 1983). 지각적 차원의 제3자 효과란, 사람들이 미디어가 자신보다도 다른 사람들에게 더 영향을 미친다고 예상하는 것을 말한다. 이러한 지각은 수용자 자신의 태도와 행동에도 영향을 주는데 이것이 행동적 차원의 제3자 효과이다.

그렇다면, 왜 지각적 차원에서 이러한 제3자 효과가 발생할까? 이는 메시지를 처리하는 수용자의 동기적 측면과 인지적 측면으로 나누어 설명할 수 있다. 먼저 동기적 측면의 설명을 살펴보자. 사람들은 긍정적인 자아 이미지를 형성하고 유지하려는 욕구를 지니기 때문에 자신을 비교 대상보다 더 우월한 존재로 평가하고자 한다(Gunther & Mundy 1993; Rucinski & Salmon 1990). 미디어 메시지에 영향을 받는다는 것은 자기 스스로 판단하는 통제능력을 상실했다고 비춰지기 쉽기 때문에 일반적으로 부정적이라고 여겨진다. 따라서 사람들은 자신은 미디어 메시지에 별다른 영향을 받지 않지만 다른 사람들은 상대적으로 영향을 더 많이 받는다고 생각하게 된다. 반면 인지적 측면에서는 사람들이 미디어 효과를 예상함에 있어 자신에 대해 예상할 때와 타인에 대해 예상할 때의 인지적 과정이 다르기 때문에 서로 다른 결론을 내리게 된다고 설명한다(Mutz 1998; Paek et al. 2005).

사람들은 미디어가 자신에게 미치는 효과를 예상할 때 자신의 인지적 능력을 고려하여 판단한다. 하지만 타인에 대한 효과를 예상할 때는 그들의 인지 능력에 대한 정보가 부족하기 때문에 상대적으로 단순한 과정을 통해 결론에 이르게 된다. 사람들은 일반적으로 미디어가 강력한 영향력을 가진다는 전제를 공유한다. 따라서 자기 자신이 미디어의 강력한 영향을 피할 수 있을 만큼의 인지 능력을 가지고 있다고 생각하는 반면 타인은 그렇지 못하다고 생각할 가능성이 크다. 이 때문에 대개의 사람들은 타인이 미디어 메시지를 통제하지 못하고, 이를 그저 수동적으로 받아들이게 될 것이라고 생각한다.

한편 행동적 차원의 제3자 효과는 인지적 차원에 근거한다. 사람들은 미디어가 타인에게 강력한 영향을 미친다고 생각하기 때문에 이를 완화시키기 위해서 특정한 행동을 취하게 된다. 즉, 사람들이 미디어 메시지에 받는 실제 영향력의 크기와 상관없이 '가정된 영향력의 크기'에 따라 행동을 취한다. 이러한 제3자 효과의 인지적 차원에 근거한 예측적 행동은 주로 미디어에 대한 검열과 규제로 이어진다. 사람들이 검열을 지지하는 이유가 미디어가 자신에게 부정적 영향을 미친다고 생각하기 때문인지, 혹은 타인에게 부정적 영향을 미친다고 생각하기 때문인지는 명확하지 않다. 그러나 만약 검열이 필요하다고 생각하는 이유가 제3자 효과의 결과라면 검열을 지지하는 행위는 잘못된 인식 때문이라고 결론지을 수 있다.

제3자 효과가 일어나는 조건

제3자 효과의 원인이나 조건에 대한 논의 역시 활발하게 이뤄졌다. 관련한 연구들은 제3자 효과가 특정한 조건에서 더 잘 나타나는 것을 발견하였다. 제3자 효과가 잘 나타나는 첫 번째 조건은 **지각된 사회적 거리감**이다. 지각된 사회적 거리감이란 개인이 판단 대상을 얼마나 친근하고 가까운 존재로 인식하는지를 의미한다. 일반적으로 사람들은 자신과 같은 집단(내집단)에 속하는 사람들에 대해 사회적 거리감이 가깝다고 느끼며, 자신과 다른 집단(외집단)에 속하는 사람들에 대해서는 멀다고 느낀다. 사람들은 사회적 거리감이 가까운 사람은 미디어 메시지로부터 자신과 비슷한 수준의 영향을 받을 것이라고 생각하는 반면, 자신과 사회적 거리감이 먼 사람은 미디어 메시지로부터 자신보다 큰 영향을 받을 것이라고 생각하는 경향이 있다. 이렇듯 제3자 효과의 정도는 사회적 간격이 멀수록, 즉 자기 자신을 중심으로 자신과 가장 가까운 집단에서 이를 포괄하는 더 큰 집단으로 갈수록 더 커진다. 예를 들면, 특정 대학생이 다른 학생들에게 느끼는 제3자 효과의 크기는 '같은 학교 학생 → 같은 지역 대학생 → 대한민국 대학생 → 외국 대학생' 등의 순서로 커진다.

제 3자 효과를 일으키는 두 번째 조건은 **메시지의 바람직성**이다. 사람들은 자기 자신을 부정적으로 보이게 하는 메시지에 영향을 받을 수도 있다는 사실을 쉽게 인정하지 않는다. 따라서 제 3자 효과는 메시지가 바람직하지 않다고 느낄 때, 즉 부정적 메시지일 때 더 강하게 나타난다. 관련한 연구들이 이를 검증했으며, 메시지가 긍정적인 것으로 인식될 때는 제 1자 효과(역 제 3자 효과)가 나타난다는 점 또한 밝혀냈다. 즉, 사람들은 미디어가 제공하는 메시지가 부정적인 것으로 인식될 때는 자기 자신보다 제 3자가 더 큰 영향을 받으리라고 생각하는 반면, 메시지가 긍정적인 것으로 인식될 때는 오히려 자기 자신이 더 많은 영향을 받는다고 생각하는 경향이 있었다(Gunther & Thorson 1992; Henriksen & Flora 1999). 그러나 긍정적 메시지라고 해서 모두 제 1자 효과가 나타나는 것은 아니다. 덕과 뮬린(Duck & Mullin 1995)의 연구에 따르면 메시지가 바람직하고 개인적으로 관련 있다고 생각하는 사람들에게서는 제 1자 효과가 나타나지만 메시지 내용이 바람직하지 않고 개인적으로 관련성이 없다고 생각하는 경우에는 제 3자 효과가 나타난다.

그 밖에도, **정보원의 신뢰도와 설득 메시지 주장의 강도** 역시 제 3자 효과에 영향을 미친다. 정보원의 신뢰도가 떨어지는 메시지는 설득 메시지 주장의 정도가 약하고 이는 제 3자 효과를 일으키는 원인이 된다. 또한 메시지 정보원이 부정적 편견을 가지고 있다고 인식되거나 정보원의 설득 의도가 메시지 안에 담겨 있다고 여겨지는 경우에도 제 3자 효과는 커지게 된다(Cohen & Davis 1991).

(2) 적대적 미디어 지각

적대적 미디어 지각에 대한 이해

특정 정파성을 띤 모든 집단은 미디어가 항상 자신들에 대해서는 더 불리하게, 상대편에 대해서는 더 유리하게 보도한다고 믿는다. 이렇게 논쟁적 이슈에 관여된 사람들은 미디어를 자신에게 적대적인 존재로 지각하는데, 이러한 개념은 발론 등(Vallone et al. 1985)에 의해 처음 제시되었다. 예를 들어 사람들은 일반적으로 미디어가 특정 정파성을 띠고 편향적으로 보도한다고 생각한다. 흥미로운 사실은, 이러한 믿음이 동일한 보도를 접한 진보주의자와 보수주의자 모두에게서 나타난다는 점이다. 적대적 미디어 지각은 바로 이러한 상황을 지적하는 용어로, 두 정치집단들이 중립적인 미디어 보도를 각자 자신에게 불리하다고 지각하는 상황을 말한다.

연구자들은 1980년의 미국 대통령 선거 직전에 미디어의 보도 편향성에 대한 설문 조사를 실시했다. 그 결과 응답자의 66퍼센트는 선거 과정에서 미디어가 어떠한 편향된 보도도 하지 않았다고 응답했다. 하지만 미디어가 편향된 보도를 했다고 응답한 나머지 34퍼센트의 사람들 중 90퍼센트는 미디어가 자신들이 지지하는 정당을 불리하게 묘사하는 편향된 보도를 했다고 응답했다. 이러한 결과를 토대로 사람들이 동일한 미디어 보도를 자신의 입장에 반하는 것으로 인식하는 경향이 있음을 파악하고 후속 연구를 진행하였다. 구체적으로 그들은 1982년 레바논에서 기독교 의용군에 의해 발생한 무슬림 난민 대학살, 즉 베이루트 대학살에 대한 뉴스 보도의 편향성에 대해 조사했다. 레바논전쟁을 다룬 13분 분량의 TV 뉴스를 시청한 결과, 친이스라엘주의자들은 뉴스 보도가 친아랍적이라고 인식한 반면 친아랍주의자들은 뉴스 보도가 친이스라엘적이라고 인식했다. 두 집단 모두 뉴스 보도가 자신에게 비우호적인 방향으로 편향되어 있다고 인식한 것 외에 이 연구에서 주목할 만한 다른 결과는, 두 집단 모두가 중립적인 입장을 가진 사람들이 자신에게 비우호적인 방향을 지지할 것이라고 생각했다는 점이다. 이는 뉴스 보도에 대한 적대적 미디어 지각을 바탕으로 미디어 메시지에 제3자가 큰 영향을 받을 것이라고 생각하는 제3자 효과가 발현된 결과라고 볼 수 있다. 적대적 미디어 지각은 이후 많은 연구에서 반복적으로 검증되었으며 여론이 형성되는 과정에서 언론의 역할을 이해하기 위한 핵심개념으로 자리 잡았다.

적대적 미디어 지각의 발생원인

발론 등(Vallone et al. 1985)은 적대적 미디어 지각이 나타나는 이유에 대해서 두 가지 설명을 제시한다. 첫 번째 설명은 **편향된 동화**이다. 편향된 동화는 개인이 자신의 태도와 일치하는 정보를 그렇지 않은 정보보다 더 타당하다고 지각하는 것을 말한다. 사람들은 평소에 자신이 지지하는 입장에 대해 많은 정보와 증거가 존재한다고 믿는다. 하지만 미디어는 시공간의 제약을 받을 뿐 아니라 대개의 경우 공정성 원리에 제한을 받기 때문에 특정한 견해에 대한 보도 시간을 충분히 할애하기 어렵다. 결과적으로 사람들은 자신의 견해에 부합하는 방향으로의 충분한 정보와 증거가 제시되지 않았다고 판단하고, 미디어가 자신의 의견에 반하는 방향으로 편향되어 있다고 결론짓게 된다.

적대적 미디어 지각이 나타나는 원인에 대한 두 번째 설명은 사람들이 **정보를 선택적으로 기억하는 경향**과 관련이 있다. 일반적으로 사람들은 자신에게 유리한 정보보다 불리한 정보를 더 잘 기억한다. 이에 따라 어떤 이슈에 대한 경쟁적 관계에 놓인 사람들은 자신들에게 불리한 정보를 더 많이 기억하는데 이러한 기억은 미디어 메시지 전체에 대한 평가기준이 된다. 자연스럽게 자신에게 불리한 정보는 자신이 취하는 입장에 대한 적대적인 태도로 지각되고, 이는 미디어가 자신의 의견에 반하는 방향으로 편향된 보도를 한다는 판단으로 이어진다.

적대적 미디어 지각이 일어나는 조건

제3자 효과와 마찬가지로 적대적 미디어 지각 역시 특정한 조건에서 더 두드러지게 나타난다. 적대적 미디어 지각이 잘 나타나는 첫 번째 조건은 **자아관여도**와 관련이 있다. 적대적 미디어 지각은 이론의 가정 단계에서부터 이미 특정한 이슈에 대한 입장이나 의견에 태도를 지닌 사람들을 대상으로 삼는다. 이슈에 대해 별다른 관심이 없는 사람은 특정한 태도나 의견을 가지고 있지 않을 가능성이 크기 때문에 이 사람들에게서는 적대적 미디어 지각이 거의 나타나지 않는다. 그러나 미디어가 다룬 이슈가 자신과 밀접하게 연관된 것이라고 생각하는 사람, 다시 말해 자기관여도가 높은 사람은 이슈에 관한 보도에 더욱 주의를 기울이고 자신에게 불리한 정보를 선택적으로 기억하여 미디어를 적대적으로 지각할 가능성이 더 높다. 즉, 자기관여도가 높은 사람일수록 미디어에서 다룬 이슈에 대한 더 확고한 태도를 가지고 있을 가능성이 크기 때문에 이런 사람에게서 적대적 미디어 지각이 더 강하게 나타나게 된다.

미디어 메시지를 전달하는 **정보원**이 누구냐에 따라 적대적 미디어 지각의 정도가 달라질 수 있다. 일반적으로 정보원에 대한 신뢰도가 높을수록 메시지의 설득 효과가 커진다. 적대적 미디어 지각에 대한 연구결과는 메시지 수용자가 정보원에 대해 어느 정도의 신뢰를 가지고 있느냐와 정보원의 설득 의도를 어떻게 판단하느냐에 따라 미디어를 적대적으로 지각하는 정도가 달라질 수 있음을 보여 준다. 또한 정보원이 제공하는 메시지의 도달범위에 따라서도 적대적 미디어 지각의 정도가 달라진다. 건서와 슈미츠(Gunther & Schmitt 2004)는 동일한 메시지를 하나는 신문기사의 형태로 제공하고 다른 하나는 학생 에세이의 형태로 제공하여 이에 대한 적대적 미디어 지각을 살펴보는 실험을 수행하였다. 그 결과 신문기사의 형태로 제공된 메시지가 에세이 형태로 제공된 메시지에 비해 더 높은 적대적 지각을 유발한다는 것을 발견했다. 이러한 결과는 동일한 메시지라 하더라도 메시지의 파급력이 높다고 여겨질 때 이를 더욱 적대적으로 지각하게 된다는 사실을 보여 준다.

마지막으로, 메시지를 제공받는 **대인적 환경**에 따라서 적대적 미디어 지각의 정도가 달라질 수 있다. 만약 사람들이 자신의 의견과 다른 입장을 가진 사람들과 대화한 경험이 많다면 미디어 보도에 대한 적대적 지각 정도는 약해질 수 있다. 반면 자신의 입장과 유사한 의견을 가진 사람들과만 교류해 왔다면 미디어 보도에 대한 적대적 지각 정도는 더욱 강해지게 된다(Eveland & Shah 2003). 사람들은 주로 다른 사람들과의 대화를 통해 여론을 유추하고 미디어 보도가 지각된 여론에서 얼마나 벗어났는가를 기준으로 미디어의 편향성 정도를 판단한다. 따라서 대인관계를 통해 지각된 현실은 종종 미디어의 편향 정도를 왜곡하여 판단하게 하는 기준이 될 수 있다.

2) 사회적 실재에 대한 오해를 조장하는 미디어

앞서 설명한 제3자 효과와 적대적 미디어 지각 현상은 사람들이 미디어의 내용과 효과에 대해 잘못 인식하는 경향이 있음을 보여 준다. 경우에 따라 사람들은 미디어의 내용과 효과를 잘못 인식하는 것에서 그치지 않고 이를 토대로 사회에 대한 잘못된 인식을 가지기도 한다. 여기서는 사회적 실재에 대한 오해를 조장하는 미디어에 관해 다른 대표적인 두 가지 이론을 설명하고자 한다.

(1) 침묵의 나선 이론

침묵의 나선 이론의 이해

독일의 커뮤니케이션학자이자 정치학자인 노엘레노이만(Elisabeth Noelle-Neumann)은 2차 세계대전 이전 독일에서 겪은 사회적이고 정치적인 경험들을 바탕으로 침묵의 나선(spiral of silence) 이론을 제시하였다. 이 이론에 따르면, 사람들은 자신의 생각과 여론이 일치할 때는 자신의 의견을 적극적으로 표명하는 반면 일치하지 않을 때는 사회로부터의 고립을 피하기 위하여 침묵하는 경향이 있다(Noelle-Neumann 1974; 1977). 특히 침묵의 나선 이론은 개인이 자신을 둘러싼 다수의 **여론 분위기**를 지각하는 과정에 매스미디어가 매우 강한 영향을 미친다는 사실을 강조하면서 등장 직후부터 많은 연구자들의 관심을 받았다.

침묵의 나선 이론은 매스미디어가 수용자에게 여론 분위기를 전달함으로써 일종의 사회적 압력을 가한다고 주장한다. 이 이론에 따르면 침묵의 나선은 몇 가지 가정을 토대로 단계적으로 형성된다. 그 첫 번째 단계는 **고립에 대한 두려움**과 관련한다. 사람들은 사회적 고립을 두려워하며 어떠한 주제에 대해 소수의견을 표명하는 것이 사회적 고립을 자초한다고 믿는다. 노엘레노이만은 사람들이 어떤 선택에서 실수하는 것보다 사회적으로 고립되는 것을 더 두려워한다고 가정한다. 따라서 개인의 선택 과정에는 옳은 선택지를 골라야 한다는 당위성보다 다수의 선택에 반하지 않는 선택지를 골라야 고립을 피할 수 있다는 두려움이 더 강력한 압력으로 작용한다.

두 번째 단계는 **여론 분위기에 대한 지각**과 관련한다. 노엘레노이만은 사람들이 **준통계적 감각**을 이용해 대체적인 여론, 즉 다수의견과 소수의견을 비교적 정확하게 감지해 낼 수 있다고 주장한다. 여기서 말하는 준통계적 감각은 자신에 대한 타인의 평가나 주변 분위기, 여론 분위기 등을 감지하도록 돕는 여섯 번째 감각을 의미하며, 인간의 오감(시각, 청각, 후각, 미각, 촉각)에 노엘레노이만이 새롭게 추가한 개념이다.

침묵의 나선이 형성되는 세 번째 단계는 **침묵하거나 말하고자 하는 의견 표명의 의지**와 관련한다. 사람들은 대체적인 여론을 판단하는 과정에서 매스미디어와 대인 커뮤니케이션의 영향을 받는다. 특히 매스미디어는 개인이 여론 분위기를 더욱 쉽게 지각하도록 돕는다. 사람들은 미디어를 통해 여론 분위기가 자신이 지지하는 방향과 일치하는지를 확인하고 일치할 경우 적극적으로 자신의 의견을 피력하지만, 일치하지 않을 경우에는 사회적으로 고립되지 않기 위해서 자신의 의견을 내세우지 않고 침묵한다. 이렇게 사회에서 소수의견을 가진 사람들은 계속해서 침묵을 지키고 다수의견을 가진 사람은 계속해서 적극적으로 자신의 의견을 피력하여, 점차 지배적인 여론이 형성되게 된다. 결과적으로 이러한 변화는 해당 이슈에 대해 아직 의견이 확고하지 않은 사람들의 의견을 다수 쪽으로 효과적으로 변화시키며 침묵의 나선을 완성하게 된다.

침묵의 나선 이론에서 미디어의 특징

노엘레노이만은 매스미디어가 소수의 침묵을 가속화한다고 믿었다. 모든 인간이 준통계적 감각기관을 이용하여 나름의 방식으로 여론을 관찰하지만 그것만으로는 충분한 정보를 얻을 수 없기 때문에 미디어가 제공하는 정보에 의지하게 된다는 것이다. 매스미디어는 사람들로 하여금 여론의 향방을 파악하는 데 매우 효과적인 매개체인데, 이는 미디어가 가진 다음의 특징 때문이다.

• **편재성(ubiquity):** 미디어는 정보 제공원으로서 어디에나 존재한다. 매스미디어는 사회 전반에 광범위하게 보급되어 있으며 사람들의 생

17-3 침묵의 나선

매스미디어가
지배적인 것으로 →
표현하는 의견

← 다른 의견에 대한
사람들의 지지 정도

다른 의견을 공개적으로 표현하지 않고 혹은 않거나
생각을 지배적인 의견으로 바꾼 사람들의 수

출처: Noelle-Neumann 1991 재구성.

활 깊이 파고들어 있다. 사람들은 일상생활의 모든 곳에서 미디어를 접하기 때문에 미디어의 영향력에 지속적으로 노출될 수밖에 없다.

- **누적성(cumulation)**: 미디어 메시지는 여러 미디어와 프로그램을 통해 반복적으로 제공된다. 매스미디어가 제공하는 메시지는 일회적이지 않고 일정 시간을 두고 반복적으로 제공된다. 이렇듯 사람들은 오랜 기간 누적된 미디어 메시지에 영향을 받는다.
- **일치성(consonance)**: 다양한 미디어가 존재하지만 사실상 뉴스 내용에 영향을 미치는 언론인들이 지닌 가치는 서로 유사하다. 따라서 매스미디어에 의해 공유되는 사건이나 이슈에 대한 동일한 시각이 존재하게 되는데, 이는 어떤 미디어를 이용하는가와 상관없이 수용자에게 특정한 이슈에 대한 통일된 상을 제공한다.

침묵의 나선 이론에서 미디어의 역할

침묵의 나선 이론에서 미디어는 사람들이 여론의 향방을 감지하게 돕는 역할을 한다. 구체적으로 풀어 설명하면, 이 이론에서 미디어의 역할은 다음의 세 가지가 있다. 첫째, 미디어는 사람들에게 특정 이슈에 대한 어떤 견해가 다수의견인지 알려 준다. 둘째, 미디어는 특정 이슈에 대한 어떤 견해가 지속적으로 늘고 있는지를 보여 준다. 마지막으로, 미디어는 사회에서 소외당하지 않고 자유롭게 표명할 수 있는 의견이 어떤 것인지에 대한 인상을 형성한다(Noelle-Neumann 1973).

노엘레노이만은 미국의 〈뉴욕타임스〉나 〈워싱턴포스트〉, 주요 TV 뉴스네트워크 등을 **경향 설정 매스미디어**라고 규정했다. 여기서 '경향 설정' 매스미디어란 다른 지역 신문이나 매체들의 의제를 설정해 주는 역할을 하는 미디어를 말한다. 사람들은 이러한 경향 설정 미디어로부터 여론을 감지한다. 이러한 측면에서 매스미디어는 일종의 사회통제 기능을 수행한다. 매스미디어는 때로 정확하지 않은 정보를 전달하지만 그들이 전하는 정보는 사회적 고립에 대한 두려움 없이 적극적으로 표현될 수 있는 의견으로 수용자들에게 인식된다. 매스미디어는 카메라 영상, 여론에 대한 기자의 진술, 거리 인터뷰 등 여러 다양한 방식으로 여론을 표현하며, 사람들은 이를 적극적으로 수용한다.

미디어 노출과 여론 지각에 관한 연구들은 침묵의 나선 이론이 가정한 것처럼 사람들이 여론을 지각하는 데 매스미디어가 특정 역할을 수행하고 있음을 증명하였다. 예를 들어, 글린(Glynn 1987)은 매스미디어를 많이 접하는 사람은 자신이 다른 사람들과 다른 의견을 가지고 있다고 생각하는 반면, 대인 커뮤니케이션을 주로 하는 사람은 자신이 다른 사람들과 비슷한 의견을 가지고 있다고 생각한다는 사실을 밝혀냈다. 일련의 연구결과들은 미디어를 많이 접하는 사람일수록 자신의 의견이 소수에 해당한다고 생각하는 경향이 있으며, 이러한 사람들은 타인과 대화를 나누는 상황에서 자신의 의견을 잘 표현하지 않는다는 사실을 반복적으로 보여 준다. 이러한 결과는 단지 미디어를 많이 이용하는 것이 침묵의 나선 현상을 일으킬 수 있으며, 이는 곧 지각된 여론과 실제 여론 사이에 큰 격차로 이어질 위험성을 시사한다. 침묵의 나선 이론의 한계를 지적하는 많은 연구자들은 미디어 이용을 통해 잘못 지각된 여론으로 인해, 실제로는 다수의견이 겉으로 표명되지 않는 경우가 많을 것이라고 예상한다. 연구자들의 이러한 비판은 오히려 경우에 따라서는 미디어 메시지의 잘못된 지각으로 인하여 '침묵하는 다수'가 존재하게 될 가능성을 제기하고 있다.

소셜미디어와 침묵의 나선 이론

덴마크의 인터넷 전문가 닐슨(Jakob Nielsen)은 온라인 공간, 특히 소셜미디어에서 자신의 의견을 표현하는 사람들을 '1 : 9 : 90의 법칙'으로 설명한다. 그는 일반적으로 인터넷이 쌍방향 의사소통이 활발한 공간으로 여겨지는 것과 달리 실제 인터넷 공간은 참여의 불균등이 심화된 공간임을 강조한다. 1 : 9 : 90의 법칙에 따르면 소셜미디어 공간에서 콘텐츠를 생산하는 사람은 오직 1퍼센트 정도에 불과하며 9퍼센트는 공유나 댓글로 콘텐츠의 확산에 어느 정도 기여하지만 나머지 90퍼센트는 아무런 활동도 하지 않고 이를 관망할 뿐이라고 한다. 또한 미디어 콘텐츠 생산의 관점에서 볼 때, 전체 1퍼센트에 해당하는 이용자들이 온라인 콘텐츠의 90퍼센트를 생산해 내고 9퍼센트의 이용자들이 나머지 10퍼센트를 생산해 낸다. 반면 관망자에 해당하는 90퍼센트의 사람들은 아무런 콘텐츠도 생산하지 않는데, 이는 대다수의 소셜미디어 이용자들이 자신의 생각을 공개적으로 표명하기를 꺼려한다는 사실을 보여준다.

이에 따라 소셜미디어에서 적극적으로 활동하는 사람들의 의견이 다수의견으로 지각되고, 나머지 사람들은 자신의 의견을 표명하는 것을 꺼리는 침묵의 나선 현상이 나타나게 된다. 단, 소셜미디어의 이러한 불균등한 참여 현상이 사람들로 하여금 소수의견을 다수의견이라고 잘못 지각하게 할 위험성이 있다는 점을 주의할 필요가 있다. 경우에 따라 1퍼센트의 콘텐츠 생산자들의 의견은 소수의견일 수 있다. 하지만 사람들은 이들이 생산한 전체 콘텐츠의 90퍼센트를 토대로 여론을 지각하기 때문에 이를 다수의견이라고 지각하게 된다. 소수의견이 여론이라고 잘못 지각하는 사람이 많아지면 실제 다수에 속하는 사람들이 침묵하는 역(逆)침묵의 나선 효과가 나타난다. 이를테면 소셜미디어에서 강한 지지를 받는 후보가 막상 선거에서 낙선하는

일을 그 사례로 들 수 있다. 대개 선거제도는 소셜미디어보다 더 완벽한 익명성을
보장한다. 따라서 실제 선거에서는 사회적인 고립의 두려움 없이 솔직하게 자신의
의견을 표현하게 된다. 이렇게 하여 소셜미디어에서 잘못 지각한 여론으로 인해
침묵하던 다수가 실제 자신의 의견을 냄으로써 예측을 벗어난 결과가 생긴다.

1 : 9 : 90의 법칙

출처: Nielsen 2006 재구성.

(2) 배양이론

배양이론에 대한 이해

1960년대 후반 미국에서 청소년 폭력이 심각한 사회문제로 대두되
자, 펜실베이니아대학교의 커뮤니케이션학자 거브너(George Gerbner)
는 TV 프로그램이 다루는 폭력적 콘텐츠가 수용자의 사회인식에 미치
는 영향을 밝힌 배양이론(cultivation theory)[4]을 제시하였다.

배양이론은 TV의 내용과 대중의 사회적 인식에 대한 관계를 다룬
다. 당시 TV는 미국 사회의 중심적인 문화도구로 보편적이고 비선택

---

[4] 문화계발 이론(cultural cultivation theory), 문화규범 이론(cultural norm theory)이
라고도 불린다.

적이며 습관적으로 시청되고 있었다. 시청자들은 TV를 볼 때 콘텐츠의 줄거리 외에도 부수적인 정보를 습득한다. 이러한 부수적 습득은 TV가 문화적이거나 사회 관습적인 측면의 여러 상징체계를 배양하는 과정에서 일어난다(Gerbner & Gross 1976). 거브너에 따르면, 미디어가 묘사하는 세상은 실제 세상과 차이가 있지만 TV를 많이 시청하는 사람들은 이를 간파하지 못하고 TV에서 묘사하는 이미지를 기준으로 실제 세상에 대한 잘못된 인식을 가질 것이라고 가정하였다.

거브너의 가정은 여러 연구를 통해 반복적으로 검증되었다. 폭력적 내용을 다루는 TV 프로그램을 시청한 사람들은 폭력이 현실에서 매우 일상적이며 세상이 매우 위험한 곳이라고 믿었다. 이러한 현상은 TV를 적게 시청하는 경(輕)시청자보다 하루에 TV를 4시간 이상 시청하는 중(重)시청자에게서 두드러지게 나타났다. TV는 시청자들로 하여금 사회를 보다 위험한 곳으로 인식하게 할 뿐 아니라 소수집단, 특정 직업군 그리고 성역할에 따른 편견을 조장하고 강화시킨다. 이러한 현상을 통틀어 거브너는 TV가 시청자의 마음속에 세상에 대한 잘못된 이미지나 인상을 배양하며, TV를 많이 시청하는 사람들은 TV에 묘사되는 세상이 현실이라고 믿는 '험한 세상 증후군'을 지니게 된다고 주장하였다.

배양이론의 핵심개념

1980년대에 들어서 많은 연구자들이 배양이론을 비판하기 시작했다. 이들은 TV 시청이 사람들로 하여금 현실세계에 대한 오해를 갖게 하는 유일한 원인이 아니라고 주장하였다. 또한 TV 시청을 많이 하면 할수록 현실세계에 대한 오해를 더 많이 하게 된다는 배양효과의 선형적 가정이 잘못되었다고 비판했다. 이들은 TV 시청에 따른 효과는 사람들의 특성에 따라서 선택적으로 다르게 나타날 수 있다는 점을 지적했다.

거브너는 현실을 있는 그대로 반영하지 않는 TV를 시청하여 사람들이 현실에 대한 왜곡된 인식을 갖게 된다는 원래의 주장을 굽히지 않았다. 하지만 TV 시청에 따른 효과가 시청자들의 시청 습관이나 그들이 지닌 다양한 배경적 특징에 따라 다르게 나타날 수 있음은 인정하였다. 그는 이론을 보완하기 위하여 주류화와 공명이라는 개념을 도입하였다.

주류화란 TV가 특정 대상에 대한 동일한 이미지와 부호를 지속적, 반복적으로 노출시킴으로써 이를 시청하는 사람들이 특정 판단 대상에 대한 동일한 견해를 가지게 되는 것을 말한다. 예를 들어, 범죄를 다루는 미국 드라마에서는 경찰은 백인으로 범인은 흑인으로 묘사되는 경우가 많다. TV 드라마는 이러한 이미지를 반복적으로 묘사함으로써 시청자의 마음속에 백인과 흑인에 대한 이미지를 배양한다. 즉, 선하고 정의로운 경찰의 이미지는 '백인'에게 투영하고 폭력적인 범죄자의 이미지는 '흑인'에게 투영하는 것인데, 이러한 과정을 통해 사람들은 백인과 흑인에 대한 특정한 이미지를 공유한다. 거브너는 이 같은 주류화가 TV가 주도하는 3B의 과정을 통해 일어난다고 설명하였다. 여기서 말하는 3B란 흐림(blurring), 혼합(blending), 왜곡(bending)을 의미한다. 즉, TV는 세상 사람들이 지니는 다양한 관점의 차이를 '흐리고', 주류와 '혼합'시키며, 현실을 '왜곡'하는 과정을 통해 사회에 대한 시청자들의 세계관을 하나의 관점으로 수렴시킨다.

공명이란 TV의 내용이 시청자들의 실제상황과 부합할 경우 배양의 효과가 증폭되는 것을 말한다(Gerbner et al. 1986). TV가 묘사하는 현실이 시청자들이 처한 상황과 비슷한 내용을 묘사할 경우 시청자들은 이에 더 크게 영향을 받는다. 이를테면, TV에서 범죄를 다룬 드라마를 본 후 여성은 남성보다 사회를 실제보다 훨씬 더 위험한 곳으로 지각하는 경향이 있다. 일반적으로 범죄 드라마에서 여성은 가해자보다 피해자로 더 많이 묘사되는데, 실제 현실에서도 여성이 남성에 비해 범죄에 노출되는 경우가 더 많다. 이러한 경우 TV 드라마와 현실세계 사이의 공명현상이 일어나 TV 범죄 드라마를 열심히 본 여성은 남성에 비해 실제 사회를 훨씬 더 위험한 곳으로 인식하게 된다.

이러한 공명효과는 시청자들의 배경적 특징에 따라 다르게 나타날 수 있다. 시청자들이 처한 상황과 비슷한 내용을 묘사할수록 TV의 영향력은 커지기 때문에, 서로 다른 배경적 특징을 가진 사람들이 특정 주제에 대한 상이한 견해를 가지게 될 수 있다. 예를 들어, 부유한 동네에 거주하는 사람들은 자신의 주위에서 범죄를 목격하는 경우가 별로 없지만 가난한 동네에 사는 사람들은 주변에서 범죄를 목격하는 경우가 상대적으로 더 많다. 이에 따라 범죄를 다루는 TV 프로그램의 내용은 부유한 동네에 거주하는 사람들보다 가난한 동네에 거주하는 사람들에게 더 큰 공명효과를 일으킨다. 따라서 동일한 프로그램을 시청하였다 하더라도 가난한 동네에 거주하는 사람들은 부유한 동네에 거주하는 사람들보다 범죄가 일상생활에서 흔하게 일어난다고 믿게 된다.

4. 새로운 미디어 환경과 사회적 실재 인식

이제까지 대부분의 미디어 이론은 대중매체를 중심으로 만들어졌다. 그러나 최근 미디어 관련 논의는 전통적 대중매체가 아닌 인터넷 기반의 소셜미디어가 주류를 이루고 있다. 물론 대중매체도 새로운 미디어 환경에 적응하기 위하여 부분적으로 새로운 변화를 수용하고 있긴 하지만 플랫폼의 본질적 측면에서 한계가 있다. 따라서 새로운 미디어 환경에서 수용자들의 사회적 실재인식에는 어떤 변화가 있는가를 살펴볼 필요가 있다.

　인터넷 도입 초기, 인터넷은 전통적 미디어의 한계점을 극복할 수 있는 대안 미디어로 큰 각광을 받았다. 획일적이고 일방향적인 내용 전달 방식 대신 수용자가 자신의 취향에 맞는 정보를 선택적으로 고를 수 있다는 점에서 다양성 증가와 관련하여 매우 낙관적 분위기가 지배적이었다. 그러나 시간이 지나면서 선택성 기반의 다양성 증가는 역설적으로 관심이 같은 사람들끼리만 모여서 만드는 공동체를 난립하게 하여 사회적 파편화 혹은 분절화를 심화시키는 심각한 부작용이 부각되었다.

　자신의 관심이나 성향과 일치하는 정보만을 선택하여 반대쪽의 이야기에는 관심을 기울이지 않고 같은 성향을 가진 사람들끼리만 의견을 주고받음으로써 점점 고립되고 특정 성향이 강화되는 이른바 '반향실'(echo chamber) 현상이 사회적 문제로 나타난 것이다. 인간의 심리적 속성인 **편향동화** 성향은 사회 구성원들을 '고립된 숙의'(enclave deliberation)로 몰아넣었고, 이는 다시 사회가 갈래갈래 찢어지는 사회 병리적 현상으로 이어졌다. 선스타인은 이런 현상을 유고슬라비아가 해체되면서 여러 개의 중소국가로 나뉜 사실에 빗대어 '사이버발칸화'(cyberbalkanization)라고 명명하기도 했다.

　대중을 상대로 한 전통적인 매스미디어 시대에 사회적 이슈에 관한 보도는 찬반양론을 모두 제시하는 것을 근본적인 원칙으로 두었다. 매스미디어에 노출되는 과정에서 사회 구성원은 그들의 선호와 무관하게 모두 동일한 메시지에 노출되었고, 이는 사회적 실재 인식을 위한 공통의 기반이 되었다. 매스미디어 시대의 대중은 자신과 다른 의견을 지닌 상대 진영의 정보에 노출되는 상황에서 자신의 의견과 일치하는 정보를 선별적으로 수용했다. 그러나 오늘날 온라인 미디어에서의 정보 수용 과정은 이러한 매스미디어 시대의 정보 수용과는 차이가 있다. 이제 사람들은 온라인에 떠도는 무수한 정보 중 자신의 취향에 맞는 정보만을 효과적으로 선별해 낼 수 있을 뿐 아니라, 자신의 취향에 맞지 않는 정보를 효과적으로 배제할 수도 있게 되었다. 다시 말해, 온라인 공간에서 사회적 실재 인식을 위한 공통의 기반은 더 이상 존재하지 않으며, 사회적 실재의 인식 역시 자신의 취향에 따라 결정되는 시대가 도래한 것이다. 이런 현상은 인터넷이 더 발달하여 모바일 위주의 커뮤니케이션이 주류를 이루고 동영상 송수신이 일반화되는 등 미디어 환경이 변화함에 따라 계속해서 강화되고 있다.

최근 AI와 빅데이터를 기반으로 하는 새로운 인터넷 시대가 전개되면서 미디어에 의한 사회적 실재 인식 또한 크게 변하고 있다. 구글, 페이스북, 아마존 같은 기업들이 주류 미디어가 수행했던 역할을 대체하면서 특이한 현상이 벌어지고 있다. 이들은 수용자의 미디어 이용 및 소비 행태에 관한 데이터를 체계적으로 수집하고 분석함으로써, 앞으로 이들이 어떤 미디어 내용을 어떻게 소비할지 예측하고 그들의 개별적 욕구를 충족시킬 수 있는 내용을 각 개인에게 제공한다. 뉴스는 물론이고 각 개인에게 제공되는 모든 정보는 철저한 예측 분석에 의하여 개인이 선호할 만한 내용을 중심으로 이루어진다. 잘 짜인 프로그램에 의해 제공된 맞춤 정보가 개인의 입맛에 맞는 정보를 효율적으로 소비할 수 있도록 돕는다는 것에는 의심의 여지가 없다. 그러나 아이러니하게도, 이러한 미디어 환경의 변화는 개인이 사회적 실재를 올바르게 파악하는 것을 어렵게 만들 가능성을 동시에 내포한다. 인터넷 등장 초기에 개인들은 자신의 취향에 맞는 정보를 선택적으로 찾아내기 위해 최소한의 노력을 기울여야만 했다. 그러나 현재는 개인의 정보 이용 패턴을 분석하고 예측하는 기업이 제공되는 정보를 별다른 노력 없이 수용하기만 하면 된다. 이러한 편이성의 증가는 개인으로 하여금 잘 짜인 프로그램이 설계한 인위적인 정보 틀을 사회적 실재의 전부라고 착각하고, 고립된 상황에 놓이게 될 위험성이 커졌음을 의미한다. 패리서(Eli Pariser)는 이런 새로운 미디어 환경을 물방울에 둘러 싸여 외부와 차단된 모습을 연상시키는 '필터 버블'(*filter bubble*)이라는 말로 표현했다. 패리서는 인터넷 세계에서 활동하는 개인과 집단이 자신들의 세계에만 몰입하게 됨으로써 객관적 실재의 파악이 더욱 어려워지게 되었다고 주장한다.

5. 미디어 모델과 설득

앞에서, 어떤 대상에 대한 개인의 신념과 태도가 곧바로 행동으로 이어지는 것은 아니며 여러 가지 요소가 행동에 영향을 준다는 점을 살펴보았다. 사람들의 사회적 실재에 대한 인식이 미디어에 의해 달라질 수 있다는 점 또한 확인했다. 이는 미디어에 의해 다르게 지각되는 사회적 실재가 특정 대상에 대한 신념, 태도 그리고 행동의 원인이 될 수 있을 것임을 짐작하게 한다. 그렇다면, 미디어에 의해 달라지는 사회적 실재에 대한 지각은 앞에서 다룬 설득이론들과 어떻게 통합될 수 있을까? 지금부터 앞서 다뤘던 몇 가지 설득이론을 들어 미디어 모델과 사회적 실재에 대한 지각이 미치는 영향을 다시 정리해 본다.

1) 균형이론

균형이론(Heider 1946)은 한 개인이 어떤 대상에 대해 지닌 태도, 다른 사람과의 관계적 특성, 그리고 다른 사람이 그 대상에 대해 지닌 태도에 관한 이론이다. 균형이론은 자신과 관계하고 있는 다른 사람의 의견에 대한 개인의 인식을 다루고 있다는 점에서 사회적 실재 인식에 관한 논의와 일맥상통하는 부분이 있다. 따라서 균형이론과 사회적 실재 인식에 관한 연구는 서로에게 이론적인 힘을 실어 주면서 상호보완적인 기능은 한다.

2) 합리적 행위이론

합리적 행위이론(Fishbein et al. 1975) 역시 한 개인이 지니는 다른 사람의 의견에 대한 인식을 기초로 태도와 행동을 설명한다. 합리적 행위이론에서, 개인의 행동을 예측하는 행동의도는 행동의 대상에 대해 개인이 지니는 태도와 주관적 규범에 의해 결정된다. 이때 주관적 규범은 다시 규범적 신념과 순응동기의 조합으로 얻어진다. 합리적 행위이론에서 주관적 규범을 구성하는 규범적 신념과 순응동기는 각각 사회적 실재에 대한 사람들의 인식과 관계가 깊은 개념이다. 즉, 사람들은 어떤 행동을 결정할 때 다른 사람들로부터 지지받기 위하여 그들의 의견을 반영한다.

다원적 무지 혹은 침묵의 나선 이론은 합리적 행위이론이 설명하는 주관적 규범 개념을 이해하는 데 중요한 단서를 제공한다. 구체적으로 침묵의 나선 이론은 사회적 고립을 두려워하는 사람들이 다수의견에 동조하며 소수의견은 표명하지 않게 된다고 설명한다. 침묵의 나선에서 주장하는 이러한 사회적 고립에 대한 두려움은 합리적 행위이론에서 가정하는 규범적 신념과 순응동기의 정도를 예측하는 데 효과적인 지표가 될 수 있다. 즉, 합리적 행위이론에서 규범적 신념과 순응동기에 영향을 미치는 여러 요소들이 제시될 수 있지만, 침묵의 나선 이론이 제시하는 사회적 고립의 개념은 그보다 포괄적으로 규범적 신념과 순응동기의 개념을 이해할 수 있도록 돕는다.

3) 인지반응이론

인지반응이론에 따르면 태도변화는 설득 메시지의 내적인 인지처리의 결과로 일어난다. 사람들은 스스로 메시지에 대한 찬반 의견을 만들어 내고 그 결과에 따라 태도를 변화시킨다. 이 과정에서 설득을 일으키는 것은 메시지 그 자체가 아니라 개인의 내적인 인지반응이다.

머츠(Mutz 1998)는 이러한 인지반응이론이 미디어의 효과와 함께 연구될 수 있다고 주장한다. 그는 미디어를 통해 다수의견에 해당되는 여론을 접하게 된 사람들은, 무조건 이를 따르기보다 왜 다수의 사람들이 그 입장을 지지하는지에 대한 이유(찬성 주장)와 다수의견의 약점(반대 주장)을 생각하게 된다고 주장한다. 그는 이러한 생각은 사람들이 해당 이슈에 대한 자신의 태도를 변화시키거나 강화시키게 하는 원인이 되는데, 이는 인지반응이론의 가정과 일맥상통한다고 설명한다.

4) 공신력과 사회적 실재

정보원의 공신력은 설득 효과에 가장 큰 영향을 미치는 변인 중 하나이다. 건서(Gunther 1992)는 미디어 공신력에 대한 인식은 정보 자체의 특성보다 이를 받아들이는 개인의 특성에 더 많은 영향을 받는다고 주장했다. 적대적 미디어 지각에서 살펴보았듯이 미디어 편향성에 대한 인식은 정보 그 자체보다 수용자가 속한 집단이 어디냐에 따라 달라지기 때문이다. 즉, 미디어가 어떤 사회집단이나 이슈에 대해 다룰 때 사람들이 이에 얼마나 관여되어 있는가가 미디어의 편향성 인식에 영향을 미치는데, 미디어의 편향성에 대한 인식은 필연적으로 미디어 공신력에 영향을 주게 된다.

한편, 연구자들은 수면자 효과와 배양효과를 통합해서 사회현상을 설명하고자 한다. 예를 들어, 메어스(Mares 1996)의 주장에 따르면, TV 오락 프로그램이 사회적 실재 인식에 미치는 영향은 사람들이 오락 프로그램으로부터 얻은 정보의 출처를 잊어버렸을 때 더욱 커진다. 개인이 어떠한 정보를 오락 프로그램에서 얻었다는 것을 기억하는 경우에는 그 정보를 그다지 신뢰하지 않지만, 정확한 출처를 기억하지 못하는 경우에는 그것을 뉴스나 다른 공신력 있는 프로그램에서 얻었다고 생각하기 쉽기 때문에 이를 보다 신뢰하게 된다는 것이다. 메어스는 정보의 출처를 정확하게 기억하지 못하는 사람들은 오락 프로그램에서 얻은 정보를 이용해 현실세계에 대한 판단을 내리게 되는데, 이 경우 현실세계가 실제보다 더 폭력적이며 위험한 곳이라는 왜곡된 인식을 갖게 된다고 경고한다.

6. 미디어를 활용한 캠페인

사회적 실재에 대한 잘못된 인식은 사회적으로 많은 문제를 일으킬 수 있다. 다원적 무지로 인해 다른 사람들의 견해를 정확하게 파악하지 못하고 사회적 고립이 두려워 자신의 의견을 정확하게 제시하지 못한다면, 모든 사람들이 자기 자신의 뜻에 반하는 행동을 할 것이다. 미디어가 사회적 실재를 인식하는 데 주요한 역할을 하며 때로는 왜곡된 인식을 이끄는 방해요인으로 작용한다는 사실은 미디어가 가진 사회적 책임이 매우 크다는 것을 의미한다. 하지만 미디어가 사회적 실재를 왜곡하여 지각하도록 하는 것이 수용자에게 항상 부정적 영향을 미치는 것은 아니다. 때로 미디어로 인한 사회적 실재의 왜곡된 지각은 수용자에게 긍정적 영향을 미치며, 미디어는 이를 전략적으로 활용하기도 한다. 이러한 논의의 연장선에서 여기에서는 사회적 실재 지각에 영향을 미치는 미디어를 적극적으로 활용한 캠페인에 대해 살펴본다.

1) 건강 캠페인

사회적 실재 인식은 여러 가지 건강 캠페인과 밀접한 관련이 있다. 건강 캠페인 연구자들은 TV 프로그램이 사회적 관습의 형태로 사회적 실재를 형성하며, 시청자들은 이렇게 형성된 사회적 관습에 의해 영향을 받는다고 주장한다. 이들의 주장에 따르면 시청자들은 TV 프로그램에서 묘사하는 음주, 흡연 혹은 그 외의 건강습관을 사회적 실재라고 믿고 이를 따라 하게 된다. 예를 들어 청소년 흡연에 대한 부정적인 묘사는 청소년으로 하여금 흡연이 잘못된 것이라고 인식하게 하고, 운전 중 휴대전화를 사용하다가 사고가 나는 드라마의 장면은 운전 중 휴대전화 사용의 위험성을 인지하게 한다. 즉, TV 프로그램은 음주, 흡연, 마약과 같은 주제가 가져오는 부작용에 대해 사실적으로 묘사하거나 건강한 음주문화와 같이 참고할 만한 기준점을 제시함으로써 건강한 사회적 실재 형성에 도움을 줄 수 있다. 이를테면 TV 드라마의 등장인물이 자동차에 승차하자마자 안전벨트를 착용하거나 운전 중에 걸려온 전화를 받기 위해 차를 정차시키는 모습을 보여 준다면 시청자들은 이를 하나의 사회적 실재, 즉 사회적 관습으로 인식하게 된다. 이러한 사회적 실재인식은 실제 생활에서 안전벨트를 착용하게 하거나 운전 중에 휴대전화를 사용하지 않는 행위로 이어지게 된다.

2) 인종 및 성적 편견

1990년대 말 미국의 인권협회는 TV 주시청시간대에 소수인종이 출연하는 오락 프로그램이 거의 없다는 점을 발견하였다. 인권협회는

TV 프로그램에 소수인종을 자주 등장시킬 필요가 있다고 미디어 기관들에 항의하였는데, 이는 미국 사회에서 소수인종이 생각만큼 드물지 않으며 때로는 주류적 위치를 점하기도 한다는 사회적 인식을 형성하는 데 도움이 되었다. 이렇듯 미디어는 사람들의 행동을 변화시키는 데 사용될 뿐 아니라, 소수민족에 대한 편견을 없애는 데도 이용될 수 있다. 오늘날 대표적인 다인종 국가인 미국의 TV 뉴스 프로그램에서는 범죄자의 인종을 언급하지 않는데, 이는 뉴스 프로그램이 특정 인종 범죄자들의 사진을 자주 노출시킴으로써 소수인종에 대한 잘못된 편견을 형성하는 것을 방지하기 위함이다.

한편, 미디어는 사람들이 지닌 기존의 성차별적인 사회적 인식을 바꾸는 역할을 담당하기도 한다. 과거에는 TV 프로그램에 등장하는 여성의 대부분이 전업 주부 역할이었다. 하지만 근래 TV 프로그램에 등장하는 여성의 직업은 매우 다양해졌으며 이는 여성의 직업에 대한 사회인식을 바꾸는 데 영향을 미치고 있다. TV 뉴스 프로그램은 정치적이고 사회적으로 높은 지위에 오른 여성의 이야기를 보도하고, TV 드라마는 남성이 육아와 가사를 책임지는 모습을 다룸으로써 새로운 사회적 인식을 형성하고 있다.

3) 정치 캠페인

정치 커뮤니케이션학자들은 선거기간 동안 후보자에 대한 유권자의 태도를 밝히기 위해 많은 노력을 기울였다. 유권자는 미디어에서 보도되는 여론조사 결과를 토대로 어떤 후보가 가장 많은 지지를 받고 있는지를 알게 된다. 일부 정치 커뮤니케이션학자들은 이러한 여론조사 결과 보도가 유권자로 하여금 당선이 유력한 후보자를 지지하는 데 가담하는 편승효과(*bandwagon effect*)를 일으킨다고 주장한다. 반면, 다른 연구자들은 여론조사 결과 보도가 오히려 유권자에게 열세인 후보자를 동정하고 선전을 기원하게 되는 약자효과(underdog effect)를 일으킨다고 주장한다.

편승효과에서 언급되는 '밴드웨건'은 서커스와 같은 행렬의 선두에 선 악대차를 의미한다. 밴드웨건이 등장하면 사람들은 호기심에 모여들고, 이렇게 몰리는 사람들을 바라보는 다른 사람들은 그곳에 무엇인가 있다고 여겨 무작정 행렬을 따르게 된다. 따라서 밴드웨건 효과, 즉 편승효과란 사람들이 다수가 생각하거나 행동하는 방향을 그대로 따르는 것을 의미한다. 사람들은 어떤 후보자가 많은 지지를 얻고 있다고 판단하면 이 후보자가 실제로 어떤 사람인지와 상관없이 다른 사람들을 쫓아 그를 지지하는 모습을 보인다. 즉, 별다른 의견이 없던 사람은 다수의견에 동조하고 이에 반하는 의견을 지닌 소수는 침묵하는 '침묵의 나선'이 형성되는 것이다.

후보자들은 유권자의 이러한 특성을 적극적으로 활용한다. 즉, 자신이 가장 많은 지지를 받고 있음을 강조하거나 거짓된 여론조사 결과를 미디어 기관에 제공하기도 한다. 또 TV 토론회에 참석한 후 서로가 자신이 TV 토론을 잘 이끌었다고 주장하거나 상대방이 언급한 여러 의견이 거짓된 것임을 검증하는 결과를 제시하기도 한다. 이러한 전략은 미디어를 통해 유권자에게 자신에 대한 승자의 이미지를 심고 선거에서 당선될 확률을 높이기 위한 것이다. 정치 커뮤니케이션학자들에 따르면 아직 선거 과정에서 편승효과와 약자효과 중 무엇이 더 효과적인가에 대해 명확하게 검증된 바는 없지만, 선거기간 동안 대다수의 후보자들은 약자효과보다 편승효과를 겨냥한 전략을 펼치는 경우가 더 많다.

7. 결론

현실에서 사람들은 흔히 자신의 의견이 소수에 속한다고 생각하기보다 다수에 속한다고 인식한다. 하지만 이는 대부분 사회적 실재에 대한 잘못된 지각에서 비롯했을 가능성이 크다. 사람들은 자신의 의견에 동의하는 사람들과만 선택적으로 소통하고 그런 상황만을 선택적으로 회상하는 편향을 통해, 무의식적으로 타인과 여론을 왜곡하여 지각한다. 또한 자신이 이성적이거나 평범한 사람으로 보이기를 원하는 마음에서 자신의 생각이 다수의견을 대변한다고 스스로를 끊임없이 합리화한다.

올바른 혹은 올바르지 않은 사회적 실재는 곧 현실을 창조해 낸다. 미디어가 묘사하는 많은 사회적 실재는 사실이 아닐 수도 있지만 사람들은 이를 사회적 실재로 받아들인다. 프로그램 제작자의 의도와 상관없이 사람들은 끊임없이 미디어의 내용을 해석하고 재구성하며 사회적 실재를 형성한다. 따라서 어떤 사람들은 종종 "인식하는 것이 곧 실재"라고 말하기도 한다.

이러한 맥락에서 커뮤니케이션학 연구자들은 현대인이 실제 현실이 아닌 매개된 세상 속에 살고 있다고 주장하였다. 드플레르와 로키치(DeFleur & Ball-Rokeach 1989)는 사람들이 주어진 생활환경을 넘어 여러 기술이 매개된 복잡한 표상들과 접촉하는 시간이 많아졌다고 지적했다. 리프만(Lippmann 1922)은 실제 세상의 특징과 사람들 머릿속의 세상에 대한 인식 및 신념 사이에는 아무런 연관성이 없다는 점을 강조했다. 또한 와이만(Weimann 1999)은 현존하는 대중매체와 무관하게 한 사회의 구성원이 스스로를 다른 구성원들과 대량적으로 연결된다는 점을 들어, 사람들이 그 자체로 대량 매개된 사회를 이룬다고 설명했다. 이러한 다양한 견해들은 현대인이 스스로 지각하지 못하는 사이 미디어와 타인이 제공하는 수없는 정보에 노출되어 있다는 점을 가정한다.

파편화되는 미디어와 이를 통해 더 복잡하게 매개되는 타인에 의한 간접 경험은 사람들로 하여금 사회적 실재를 객관적으로 인지하는 것을 더 어렵게 만든다. 이러한 현상을 단순히 미디어, 혹은 제공되는 보도나 정보의 내용이 거짓이기 때문이라고 단정되기 쉽다. 하지만 앞선 내용에서 확인한 바와 같이, 때로는 이들이 진실을 전달한다 하더라도 개인이 이미 가진 편견이나 왜곡된 인지체계 때문에 인지의 오류가 발생할 수 있다. 개인의 오해나 편견으로 발생한 오류를 발견하는 것은 미디어에 의해 왜곡된 진실을 파악하는 것보다 더 어렵다. 그러나 다원적 무지의 개념으로 대변되는 이러한 인지 오류가 개인의 태도와 행동, 의견 표명 의지뿐 아니라 여론 형성 및 지각에도 큰 영향을 미친다는 점에서 앞으로도 계속 이와 관련한 연구가 지속적으로 수행될 필요가 있다.

참고문헌

이은주(2008). "탈개인화 효과에 관한 사회적 자아정체성 모델: 이론적 함의와 향후 연구과제."《커뮤니케이션 이론》4권 1호, 7~31.
차배근 외(1992).《설득커뮤니케이션 개론: 광고·홍보학 개설》. 나남.
최인철(2007).《프레임, 나를 바꾸는 심리학의 지혜》. 21세기북스.
한국언론진흥재단(2018).《2018 언론수용자 의식조사》.

Aaker, D. A. , & Stayman, D. M. (1990). "A micro approach to studying feeling responses to advertising: The case of warmth." In S. J. Agres, J. A. Edell, & T. B. Dubitsky(Eds.), *Emotion in advertising: Theoretical and practical explorations*, pp. 53~58. New York: Quorum Books.

Addington, D. W. (1971). "The effect of vocal variations on ratings of source credibility." *Speech Monographs* 38: 242~247.

Ailes, R. , & Kraushar, J. (1988). *You are the message: Secrets of the master communicators.* Irwin Professional Pub.

Ajzen, I. (1985). "From intentions to actions: A theory of planned behavior." In J. Kuhl & J. Beckmann(Eds.), *Action control: From cognition to behavior*, pp. 11~39. Berlin: Springer-Verlag.

Ajzen, I. (1991). "Theory of planned behavior." *Organizational Behavior and Human Decision Process* 50: 179~211.

Ajzen, I. , & Fishbein, M. (1977). "Attitude-behavior relations: A theoretical analysis and review of empirical research." *Psychological Bulletin* 84: 888~918.

Allen, M. (1991). "Comparing the persuasiveness of one-sided and two-sided messages using meta-analysis." *Western Journal of Speech Communication* 55: 390 ~404.

Allen, M. , Hale, J. , Mongeau, P. , Berkowitz-Stafford, S. , Stafford, S. , Shanahan, W. , Agee, P. , Dillon, K. , Jackson, R. , & Ray, C. (1990). "Testing a model of message sidedness: Three replications." *Communication Monographs* 57: 275~291.

Allport, G. W. (1935). "Attitudes." In C. Murchison (Ed.), *A handbook of social psychology* (Vol. 2), pp. 798~844. Worcester, MA: Clark University Press.

Anderson, C. (2006). *The long tail: Why the future of business is selling less of more.* Hachette Books.

Anderson, C. (2007). *The long tail: How endless choice is creating unlimited demand.* Random House.

Anderson, R., Manoogian, S., & Reznick, J. (1976). "The undermining and enhancing of intrinsic motivation in preschool children." *Journal of Personality and Social Psychology* 34: 915~922.

Argyle, M. (1975). *Social interaction.* Atherton Press to the Study of Communication.

Argyle, M. (1988). *Bodily communication* (2nd ed.). Madison, CT: International University Press.

Aristotle (n. d.). *The rhetoric.* Roberts, W. R. (Trans.) (1954). New York: Random House.

Aronson, E. (1995). *The social animal.* New York: H. Freeman.

Aronson, E., & Carlsmith, J. M. (1963). "Effect of the severity of threat on the devaluation of forbidden behavior." *The Journal of Abnormal and Social Psychology* 66 (6): 584.

Asch, S. E. (1951). "Effects of group pressure upon the modification and distortion of judgments." In H. Guetzkow (Ed.), *Groups, leadership and men,* pp. 177~190. Pittsburgh, PA: Carnegie Press.

Asch, S. E. (1956). "Studies of independence and conformity: I. A minority of one against a unanimous majority." *Psychological Monographs: General and Applied* 70 (9): 1.

Asch, S. E. (1964). "The process of free recall." *Cognition: Theory, research, promise,* pp. 79~88.

Bandura, A. (1971). "Analysis of modeling processes." In A. Bandura (Ed.), *Psychological modeling: Conflicting theories,* pp. 1~62. Chicago: Aldine-Atherton.

Bandura, A. (1977). *Social learning theory.* Englewood Cliffs, New Jersey: Prentice Hall.

Bandura, A. (1982). "Self-efficacy mechanism in human agency." *American Psychology* 37: 122~147.

Bandura, A., Ross, D., & Ross, S. A. (1963). "Imitation of film-mediated aggressive models." *Journal of Abnormal and Social Psychology* 66: 3~11.

Baron, R. A. (1983). "The sweet smell of success?: The impact of pleasant artificial scents (perfume and cologne) on evaluations of job applicants." *Journal of Applied Psychology* 68: 709~713.

Baron, R. A., & Bell, P. A. (1976). "Physical distance and helping: Some unexpected benefits of 'crowding in' on others." *Journal of Applied Social Psychology* 6: 95~104.

Baron, R. A., & Bronfen, M. I. (1994). "A whiff of reality: Empirical evidence concerning the effects of pleasant fragrances on work-related behavior." *Journal of Applied Social Psychology* 24(13): 1179~1203.

Bauer, R. A. (1964). "The obstinate audience: The influence process from the point of view of social communication." *American Psychologist* 19(5): 319.

Beebe, S. A. (1974). "Eye contact: A nonverbal determinant of speaker credibility." *Communication Education* 23(1): 21~25.

Bem, D. J. (1967). "Self-perception: An alternative interpretation of cognitive dissonance phenomena." *Psychological Review* 74: 183~220.

Bem, D. J. (1970). *Beliefs, attitudes, and human affairs.* Belmont, California: Brooks/Coles.

Berger, C. R., & Calabrese, R. J. (1974). "Some explorations in initial interaction and beyond: Toward a developmental theory of interpersonal communication." *Human communication research* 1(2): 99~112.

Berscheid, E. (1966). "Opinion change and communicator-communicatee similarity and dissimilarity." *Journal of Personality and Social Psychology* 4: 670~680.

Bettinghaus, E. P., & Cody, M. J. (1987). *Persuasive communication* (4th ed.). New York: Harcourt.

Biocca, F. (1988). "Opposing conceptions of the audience: The active and passive hemispheres of mass communication theory." *Annals of the International Communication Association* 11(1): 51~80.

Birdwhistell, R. L. (1970). "Kinesics and context Philadelphia." *Kinesic stress in American English*, pp. 128~146.

Boorstin, D. J. (2012). *The image: A guide to pseudo-events in America.* Vintage.

Bornstein, R. F. (1989). "Exposure and effect: Overview and methodological research, 1968~1987." *Psychological Bulletin* 105: 265~289.

Bornstein, R. F., & Pittman, T. S. (Eds.) (1992). *Perception without awareness.*

New York: Guilford Press.

Boster, F. J., & Stiff, J. B. (1984). "Compliance gaining message selection behavior." *Human Communication Research* 10: 539~556.

Boutcher, S. H., & Trenske, M. (1990). "The effects of sensory deprivation and music on perceived exertion and affect during exercise." *Journal of Sport and Exercise Psychology* 12(2): 167~176.

Bradac, J., Bowers, J., & Courtright, J. (1979). "Three language variables in communication research: Intensity, immediacy, and diversity." *Human Communication Research* 5: 257~269.

Braginsky, D. D. (1970). "Machiavellianism and manipulative interpersonal behavior in children." *Journal of Experimental Social Psychology* 6: 77~99.

Brauer, M., Judd, C. M., & Gliner, M. D. (1995). "The effects of repeated expressions on attitude polarization during group discussions." *Journal of Personality and Social psychology* 68(6): 1014.

Brehm, J. W. (1966). *A theory of psychological reactance.* NY: Academic Press.

Brown, P., & Levinson, S. (1978). "Universals in language usage: Politeness phenomena." In E. N. Goody (Ed.), *Questions and politeness: Strategies in social interaction*, pp. 56~289. New York: Cambridge University Press.

Bruner II, G. C. (1990). "Music, mood, and marketing." *Journal of Marketing* 54: 94~104.

Buller, D. B., & Burgoon, J. K. (1994). "Deception: Strategic and nonstrategic communication." In J. A. Daly & J. M. Wiemann (Eds.), *Strategic interpersonal communication*, pp. 191~223. Hillsdale, New Jersey: Lawrence Erlbaum.

Burger, J. M. (1986). "Increasing compliance by improving the deal: The that's-not-all technique." *Journal of Personality and Social Psychology* 31: 277~283.

Burger, J. M., & Petty, R. E. (1981). "The low-ball compliance technique: Task or person commitment?." *Journal of Personality and Social Psychology* 40: 492~500.

Burgoon, J. K. (1978). "A communication model of personal space violations: Explication and an initial test." *Human Communication Research* 4: 129~142.

Burgoon, J. K. (1980). "Nonverbal communication research in the 1970s: An overview." *Annals of the International Communication Association* 4(1): 179~197.

Burgoon, J. K. (1983). "Nonverbal Violations Expectations." In J. M. Wiemann & R. P. Harrison (Eds.), *Nonverbal interaction.* Beverly Hills: Sage.

Burgoon, J. K. (1994). "Nonverbal signals." In M. L. Knapp & G. R. Miller (Eds.), *Handbook of interpersonal communication* (2nd ed.), pp. 229~285. Thousand Oaks, CA: Sage.

Burgoon, J. K., Buller, D. B., & Woodall, W. G. (1989). *Nonverbal communication: The unspoken dialogue.* New York: Harper and Row.

Burgoon, J. K., Dunbar, N. E., & Segrin, C. (2002). "Nonverbal influence." In J. P. Dillard & M. Pfau (Eds.), *The persuasion handbook: Developments in theory and practice*, pp. 445~473. Thousand Oaks, CA: Sage.

Burgoon, J. K., Guerrero, L. K., & Manusov, V. (2011). "Nonverbal signals." *The SAGE handbook of interpersonal communication*, pp. 239~280.

Burgoon, J. K., & Jones, S. B. (1976). "Toward a theory of personal space expectations and their violations." *Human Communication Research* 2 (2): 131~146.

Burnstein, E., & Vinokur, A. (1977). "Persuasive argumentation and social comparison as determinants of attitude polarization." *Journal of Experimental Social Psychology* 13 (4): 315~332.

Byrne, D. (1971). *The attraction paradigm* (Vol. 11). New York: Academic press.

Cacioppo, J. T., & Petty, R. E. (1982). "The need for cognition." *Journal of Personality and Social Psychology* 42: 116~131.

Calder, B. J., Insko, C. A., & Yandell, B. (1974). "The relation of cognitive and memorial processes to persuasion in a simulated jury trial." *Journal of Applied Social Psychology* 4 (1): 62~93.

Campbell, J. D., & Fairey, P. J. (1989). "Informational and normative routes to conformity: The effect of faction size as a function of norm extremity and attention to the stimulus." *Journal of Personality and Social Psychology* 57 (3): 457~468.

Canary, D. J., & Cody, M. J. (1994). *Interpersonal communication: A goalsbased approach.* New York: St. Martin's press.

Cann, A., & Ross, D. A. (1989). "Olfactory stimuli as context cues in human memory." *American Journal of Psychology* 102: 91~102.

Carlsmith, J. M., & Gross, A. E. (1969). "Some effects of guilt on compliance." *Journal of Personality and Social Psychology* 11 (3): 232.

Carnegie, D. (2017). *How to win friends & influence people.* e-artnow.

Chaiken, S. (1979). "Communicator physical attractiveness and persuasion."

Journal of Personality and Social Psychology 3: 1387~1379.

Chen, S., Duckworth, K., & Chaiken, S. (1999). "Motivated heuristic and systematic processing." *Psychological Inquiry* 10(1): 44~49.

Christie, R. (1991). "Authoritarianism and related constructs." In J. P. Robinson, P. R. Shaver, & L. S. Wrightsman (Eds.), *Measures of personality and social psychological attitudes*, pp. 501~571. San Diego, CA: Academic Press.

Cialdini, R. B. (1993). *Influence: Science and practice* (3rd ed.). New York: Harper Collins.

Cialdini, R. B. (1993). *Influence: The psychology of persuasion* (Rev. ed.). New York: William Morrow.

Cialdini, R. B., Cacioppo, J. T., Bassett, R., & Miller, J. A. (1978). "Low-ball procedure for producing compliance: Commitment then cost." *Journal of Personality and Social Psychology* 36: 463~476.

Cialdini, R. B., Reno, R. R., & Kallgren, C. A. (1990). "A focus theory of normative conduct: Recycling the concept of norms to reduce littering in public places." *Journal of Personality and Social Psychology* 58(6): 1015.

Cialdini, R. B., Vincent, J. E., Lewis, S. K., Catalan, J., Wheeler, D., & Darby, B. L. (1975). "Reciprocal concessions procedure for inducing compliance: The door in-the-face technique." *Journal of Personality and Social Psychology* 31: 206~215.

Cody, M. J., & McLaughlin, M. L. (1980). "Perceptions of compliance-aining situations: A dimensional analysis." *Communication Monographs* 47: 132~148.

Cohen, J., & Davis, R. G. (1991). "Third-person effects and the differential impact in negative political advertising." *Journalism Quarterly* 68(4): 680~688.

Cohen, J., Mutz, D., Price, V., & Gunther, A. (1988). "Perceived impact of defamation: An experiment on third-person effects." *Public Opinion Quarterly* 52: 161~173.

Collins, B. E., & Hoyt, M. F. (1972). "Personal responsibility-for-consequences: An integration and extension of the "forced compliance" literature." *Journal of Experimental Social Psychology* 8: 558~593.

Cooper, M., & Nothstine, W. L. (1992). *Power persuasion: Moving an ancient art into the media age.* Greenwood, IN: Educational Video Group.

Crowley, A. E., & Hoyer, W. D. (1994). "An integrative framework for understanding two-sided persuasion." *Journal of Consumer Research* 20(4): 561~574.

Cupchik, G. C., & Leventhal, H. (1974). "Consistency between expressive behavior and the evaluation of humorous stimuli: The role of sex and self-observation." *Journal of Personality and Social Psychology* 30: 429~442.

Davison, W. P. (1983). "The third-person effect in communication." *Public Opinion Quarterly* 47: 1~15.

Davison, A. R., & Jaccard, J. (1979). "Variables that moderate the attitude-behavior relation: results of a longitudinal survey." *Journal of Personality and Social Psychology* 37: 1364~1376.

Deci, E. L. (1975). *Intrinsic motivation.* New York: Plenum.

DeFleur, M. L., & Ball-Rokeach, S. (1989). *Theories of mass communication.* Longman.

DeJong, W. (1979). "An examination of self-perception mediation of the foot-in-the-door effect." *Journal of Personality and Social Psychology* 37: 2221~2239.

Delia, J. G. (1975). "Regional dialect, message acceptance, and perceptions of the speaker." *Central States Speech Journal* 26: 188~194.

DePaulo, B. M., Lanier, P. S., & Davis, T. (1983). "Detecting the deciet of the motivated liar." *Journal of Personality and Social Psychology* 45: 1096~1103.

DePaulo, B. M., Stone, J. I., & Lassiter, G. D. (1985). "Deceiving and detecting deceit." In B. R. Schlenker (Ed.), *The self and social life*, pp. 323~370. New York: McGraw-Hill.

DeTurck, M. (1985). "A transactional analysis of compliance-gaining behavior: Effects of non-compliance, relational contexts and actor's gender." *Human Communication Research* 12: 54~78.

De Young, R. (1989). "Exploring the difference between recyclers and non-recyclers: The role of information." *Journal of Environmental System* 18: 341~351.

Diener, E., Fraser, S. C., Beaman, A. L., & Kelem, R. T. (1976). "Effects of deindividuation variables on stealing among Halloween trick-or-treaters." *Journal of Personality and Social Psychology* 33(2): 178~183.

Dillard, J. P. (1989). "Types of influence goals in personal relationships." *Journal of Social and Personal Relationships* 6: 293~308.

Dillard, J. P., & Burgoon, M. (1985). "Situational influences on the selection of compliance-gaining messages: Two tests of the predictive utility of the Cody-McLaughlin typology." *Communication Monographs* 52: 289~304.

Dillard, J. P., Hunter, J. E., & Burgoon, M. (1984). "Sequential-request per-

suasive strategies: Meta-analysis of foot-in-the-door and door-in-the-face."
Human Communication Research 10: 464~488.

Dillard, J. P., & Pfau, M. (2002). *The persuasion handbook: Developments in theory and practice.* Sage Publications.

Dillard, J. P., Solomon, D. H., & Samp, J. A. (1996). "Framing social reality: The relevance of relational judgments." *Communication Research* 23(6): 703~723.

Dolinski, D., & Nawrat, R. (1998). "'Fear-then-relief' procedure for producing compliance: Beware when the danger is over." *Journal of Experimental Social Psychology* 34(1): 27~50.

Duck, J. M., & Mullin, B. A. (1995). "The perceived impact of the mass media: Reconsidering the third person effect." *European Journal of Social Psychology* 25(1): 77~93.

Eagly, A. H., & Chaiken, S. (1993). *The psychology of attitudes.* New York: Harcourt Brace Janovich.

Eagly, A. H., Wood, W., & Chaiken, S. (1978). "Causal inferences about communicators and their effect on opinion change." *Journal of Personality and Social Psychology* 36: 424~435.

Eayres, C. B., & Ellis, N. (1990). "Charity advertising: For or against people with a mental handicap?." *British Journal of Social Psychology* 29: 349~360.

Ehrlich, H. J. (1969). "Attitudes, behavior, and the intervening variables." *American Sociologist* 4: 29~34.

Eisenberg, E. M. (1984). "Ambiguity as strategy in organizational communication." *Communication Monographs* 51(3): 227~242.

Ekman, P. (1965). "Differential communication of affect by head and body cues." *Journal of Personality and Social Psychology* 2(5): 726.

Ekman, P. (1985). *Telling lies.* New York: W. W. Norton.

Ellul, J. (1965). *Propaganda: The formation of men's attitudes.* New York: Knopf.

Entman, R. M. (1993). "Framing: Toward clarification of a fractured paradigm." *Journal of Communication* 43(4): 51~58.

Eveland Jr, W. P., & Shah, D. V. (2003). "The impact of individual and interpersonal factors on perceived news media bias." *Political Psychology* 24(1): 101~117.

Falbo, T. (1977). "Multidimensional scaling of power strategies." *Journal of

Personality and Social Psychology 35: 537~547.

Fazio, R. H. (1990). "Multiple processes by which attitudes guide behavior: The MODE model as an integrative framework." In M. P. Zanna(Ed.), *Advances in experimental social psychology*(Vol. 23), pp. 75~109. San Diego, CA: Academic Press.

Fazio, R. H., & Zanna, M. P. (1981). "Direct experience and attitude-behavior consistency." In L. Berkowitz(Ed.), *Advances in experimental social psychology* (Vol. 14), pp. 162~202. New York: Academic Press.

Fazio, R. H., Sanbonmatsu, D. M., Powell, M. C., & Kardes, F. R. (1986). "On the automatic activation of attitudes." *Journal of Personality and Social Psychology* 50: 229~238.

Fazio, R. H., Zanna, M. P., & Cooper, J. (1977). "Dissonance and self-perception: An integrative view of each theory's proper domain of application." *Journal of Experimental Social Psychology* 13: 464~479.

Festinger, L. (1954). "A theory of social comparison processes." *Human Relations* 7: 117~140.

Festinger, L. (1957). *A theory of cognitive dissonance.* Evanston, IL: Row, Peterson.

Festinger, L., & Carlsmith, J. M. (1959). "Cognitive consequences of forced compliance." *Journal of Abnormal and Social Psychology* 58: 203~210.

Festinger, L., Riecken, H. W., & Schachter, S. (1956). *When prophecy fails.* Minneapolis, MN, US.

Fields, J. M., & Schuman, H. (1976). "Public beliefs about the beliefs of the public." *Public Opinion Quarterly* 40: 427~448.

Fine, B. J. (1957). "Conclusion-drawing, communicator credibility, and anxiety as factors in opinion change." *Journal of Abnormal and Social Psychology* 54: 369~374.

Fishbein, M. (1967). "A consideration of beliefs, and their role in attitude measurement." In M. Fishbein(Ed.), *Reading in attitude theory and measurement,* pp. 257~266. New York: Wiley.

Fishbein, M. & Ajzen, I. (1975). *Belief, attitude, intention, and behavior: An introduction to theory and research.* Reading, MA: Addison-Wesley.

Fisher, J. D., Rytting, M., & Heslin, R. (1976). "Hands touching hands: Affective and evaluative effects of an interpersonal touch." *Sociometry* 39(4): 416~421.

Fiske, S. T., & Taylor, S. E. (2013). *Social cognition: From brains to culture.* Sage.

Fitzpatrick, M. A., & Winke, J. (1979). "You always hurt the one you love: Strategies and tactics in interpersonal conflict." *Communication Quarterly* 27: 1~11.

Freedman, J. L., & Fraser, S. C. (1966). "Compliance without pressure: The foot-in-the-door technique." *Journal of Personality and Social Psychology* 4: 195~202.

French Jr., J. P. R., & Raven, B. (1960). "The bases of social power." In D. Cartwright & A. Zander (Eds.), *Group dynamics*, pp. 607~623. New York: Harper and Row.

Fried, C. B. (1998). "Hypocrisy and identification with transgressions: A case of undetected dissonance." *Basic and Applied Social Psychology* 20: 145~154.

Gable, M., Wilkins, H., & Harris, L. (1987). "An evaluation of subliminally embedded sexual stimuli." *Journal of Advertising* 16(1): 26~30.

Garner, D. M. (1997). "The Psychology Today 1977 body image survey results." *Psychology Today*: 30~44, 75~76, 78, 84.

Gass, R. H., & Seiter, J. S. (1999). *Persuasion, social influence, and compliance gaining.* Needham Heights, MA: Allyn & Bacon.

Gerbner, G., & Gross, L. (1976). "Living with television: The violence profile." *Journal of Communication* 26(2): 172~199.

Gerbner, G., Gross, L., Morgan, M., & Signorielli, N. (1986). "Living with television: The dynamics of the cultivation process." *Perspectives on media effects*, pp. 17~40.

Gilbert, D. T., & Malone, P. S. (1995). "The correspondence bias." *Psychological Bulletin* 117(1): 21.

Gilkenson, H., Paulson, S. F., & Sikkink, D. E. (1954). "Effects of order and authority in an argumentative speech." *Quarterly Journal of Speech* 40: 183~192.

Glynn, C. J. (1987). "The communication of public opinion." *Journalism Quarterly* 64: 688~697.

Goffman, E. (1974). *Frame analysis: An essay on the organization of experience.* New York: Harper and Row.

Grazer, W. F., & Keesling, G. (1995). "The effect of print advertising's use of sexual themes on brand recall and purchase intention: A product specific investigation of male responses." *Journal of Applied Business Research* 11 (3) : 47~ 57.

Greenwald, A. G. (1968). "Cognitive learning, cognitive response to persuasion, and attitude change." In A. G. Greenwald, T. C. Brock, & T. M. Ostrom (Eds.), *Psychological foundations of attitudes*, pp. 147~170. New York: Academic Press.

Greenwald, A. G., & Albert, R. D. (1968). "Acceptance and recall of improvised arguments." *Journal of Personality and Social Psychology* 8: 31~34.

Greenwald, A. G., Spangenberg, E. R., Pratkanis, A. R., & Eskenazi, J. (1991). "Double-blind tests of subliminal self-help audiotapes." *Psychological Science* 2: 119~122.

Gunther, A. C. (1991). "What we think others think: Cause and consequence in the third-person effect." *Communication Research* 18: 355~372.

Gunther, A. C. (1992). "Biased press or biased public? Attitudes toward media coverage of social groups." *Public Opinion Quarterly* 56: 147~167.

Gunther, A. C. (1995). "Overrating the X-rating: The third-person perception and support for censorship of pornography." *Journal of Communication* 45 (1) : 27~ 38.

Gunther, A. C., & Mundy, P. (1993). "Biased optimism and the third-person effect." *Journalism. Quarterly* 70: 2~11.

Gunther, A. C., & Schmitt, K. (2004). "Mapping boundaries of the hostile media effect." *Journal of Communication* 54 (1) : 55~70.

Gunther, A. C., & Thorson, E. (1992). "Perceived persuasive effects of product commercials and public service announcements: Third-person effects in new domains." *Communication Research* 19 (5) : 574~596.

Hall, E. T. (1959). *The silent language*. Garden City, NY: DoubleDay.

Hamilton, D. L. (2005). *Social cognition: Key readings*. Psychology Press.

Hamilton, M. A., & Stewart, B. L. (1993). "Extending an information processing model of language intensity effects." *Communication Quarterly* 41 (2) : 231~246.

Hample, D. (1980). "Purposes and effects of lying." *The Southern Speech Communication Journal* 46: 33~47.

Hanisch, E. (1982). "The calming effect of fragrances and associated remembrances." *Report the nose: Part 2*, pp. 18~19.

Harvey, O. J., & Beverly, G. D. (1961). "Some personality correlates of concept change through role playing." *The Journal of Abnormal and Social Psychology* 63 (1) : 125.

Hastorf, A. H., & Cantril, H. (1954). "They saw a game; a case study." *The Journal of Abnormal and Social Psychology* 49 (1) : 129.

Heider, F. (1946). "Attitudes and cognitive organization." *The Journal of Psychology* 21 (1) : 107~112.

Henriksen, L., & Flora, J. A. (1999). "Third-person perception and children: Perceived impact of pro-and anti-smoking ads." *Communication Research* 26 (6) : 643~665.

Hensley, W. E. (1981). "The effects of attire, location, and sex on aiding behavior: A similarity explanation." *Journal of Nonverbal Behavior* 6 (1) : 3~11.

Higgins, E. T., Rholes, W. S., & Jones, C. R. (1977). "Category accessibility and impression formation." *Journal of Experimental Social Psychology* 13 (2) : 141 ~154.

Hinde, R. A. (Ed.) (1972). *Non-verbal communication.* Cambridge University Press.

Hirsch, A. R. (1993). "Effect of ambient odor on slot-machine usage in a Las Vegas casino." *Chemical Senses* 18: 578.

Hornick, J. (1992). "Tactile stimulation and consumer response." *Journal of Consumer Research* 19: 449~458.

Hosman, L. A. (2002). "Language and persuasion." In J. P. Dillard & M. Pfau (Eds.), *The persuasion handbook: Developments in theory and practice.* pp. 371 ~390. Thousand Oaks, CA: Sage.

Hovland, C. I. (1951). "Human learning and retention." In S. S. Stevens (Ed.), *Handbook of experimental psychology*, pp. 613~689. New York: Wiley.

Hovland, C. I., & Weiss, W. (1951). "The influence of source credibility on communication effectiveness." *Public Opinion Quarterly* 15: 635~650.

Hovland, C. I., Janis, I. L., & Kelly, H. H. (1953). *Communication and persuasion: Psychological studies of opinion change.* New Haven, CT: Yale University Press.

Hovland, C. I., Lumsdaine, A., & Sheffield, F. (1949). *Experiments on mass communication.* Princeton, New Jersey: Princeton University Press.

Hovland, C. I., & Sherif, M. (1952). "Judgmental phenomena and scales of attitude measurement: Item displacement in Thurstone scales." *The Journal of Abnormal and Social Psychology* 47 (4) : 822.

Hogg, M. A. , & Abrams, D. (Eds.) (2001). *Intergroup relations: Essential readings*. Psychology Press.

Howard, D. J. (1990). "The influence of verbal responses to common greetings on compliance behavior: The foot-in-the-mouth effect." *Journal of Applied Social Psychology* 20: 1185~1196.

Hull, C. L. (1943). *Principles of behavior: An introduction to behavior theory*. New York: Appleton-Century-Crofts.

Infante, D. A. , Rancer, A. S. , & Womack, D. F. (1997). *Building communication theory* (3rd ed.). Prospect Heights, Ill: Waveland Press.

Isenberg, D. J. (1986). "Group polarization: A critical review and meta-analysis." *Journal of Personality and Social Psychology* 50(6) : 1141.

Iyengar, S. S. , & Lepper, M. R. (2000). "When choice is demotivating: Can one desire too much of a good thing?." *Journal of Personality and Social Psychology* 79(6) : 995.

Janis, I. L. (1967). "Effects of fear arousal on attitude change: Recent developments in theory and experimental research." In *Advances in experimental social psychology* (Vol. 3), pp. 166~224. Academic Press.

Johnson, B. T. , & Eagly, A. H. (1989). "Effects of involvement on persuasion: A meta-analysis." *Psychological Bulletin* 106(2) : 290.

Jones, E. E. , & Davis, K. E. (1965). "From acts to dispositions the attribution process in person perception." In *Advances in experimental social psychology* (Vol. 2), pp. 219~266. Academic Press.

Kahneman, D. (2011). *Thinking, fast and slow*. 이진원 역(2012). 《생각에 관한 생각》. 서울: 김영사.

Kahneman, D. , & Tversky, A. (1974). *Judgement under uncertainty: Heuristics and biases*. 이영애 역(2001). 《불확실한 상황에서의 판단: 추단법과 편향》. 서울: 아카넷.

Kahneman, D. , & Tversky, A. (1979). "Prospect theory: An analysis of decision under risk." *Econometrica* 4: 362~277.

Katz, D. (1960). "The functional approach to the study of attitudes." *Public Opinion Quarterly* 24: 163~204.

Kellerman, K. , & Shea, B. C. (1996). "Threats, suggestions, hints, and promises: Gaining compliance efficiently and politely." *Communication Quarterly* 44(2) : 145~164.

Kelley, H. H. (1967). "Attribution theory in social psychology." In Nebraska symposium on motivation. University of Nebraska Press.

Kelley, H. H. (1972). "Attribution in social interaction." In E. E. Jones, D. E. Kanouse, H. H. Kelley, R. E. Nisbett, S. Valins, & B. Weiner (Eds.), *Attribution: Perceiving the causes of behavior.* Morristown, New Jersey: General Learning Press.

Kenrick, D. T., & Gutierres, S. E. (1980). "Contrast effects and judgments of physical attractiveness: When beauty becomes a social problem." *Journal of Personality and Social Psychology* 38(1): 131.

Kimble, C. E. (1990). *Social psychology: Studying human interaction.* Wm C Brown Publishers.

Kleinke, C. L. (1977). "Interaction between gaze and legitimacy of request on compliance in a field setting." *Journal of Nonverbal Behavior* 5: 3~12.

Knapp, M. L. (1980). *Essentials of nonverbal communication.* Harcourt School.

Knapp, M. L., & Hall, J. A. (1992). *Nonverbal communication in human interaction.* Fort Worth, TX: Harcourt Brace Jovanovich.

Koballa, T. R., Jr. (1986). "Persuading teachers to reexamine the innovative elementary science programs of yesterday: The effect of anecdotal versus data-summary communications." *Journal of Research in Science Teaching* 23: 437~449.

Krugman, H. E. (1965). "The impact of television advertising: Learning without involvement." *Public Opinion Quarterly* 29: 349~356.

Latané, B. (1981). "The psychology of social impact." *American Psychologist* 36: 343~356.

Latané, B., & Darley, J. M. (1970). *The unresponsive bystander: Why doesn't he help!.* New York: Appleton-Centry-Crofts.

LaPiere, R. T. (1934). "Attitudes vs. action." *Social Forces* 13: 230~237.

Larson, C. U. (1989). *Persuasion: Reception and responsibility.* Belmont, CA: Wadsworth.

LaTour, M. S., & Henthorne, T. L. (1993). "Female nudity: Attitudes toward the ad and the brand and implications for advertising strategy." *Journal of Consumer Marketing* 10(3): 25~32.

Lawrence, S., & Watson, M. (1991). "Getting others to help: The effectiveness of professional uniforms in charitable fund raising." *Journal of Applied Communication Research* 19: 170~185.

Lazarsfeld, P. F., Bernard, B., & Hazel, G. (1944). *The people's choice: How the voter makes up his mind in a presidential election.* New York: Columbia University Press.

Leathers, D. G. (1986). *Successful nonverbal communication.* London, England: Collier Macmillan.

LeBon, G. (1895). *The crowd.* London: F.

Lee, A., & Lee, E. B. (1939). *The fine art of propaganda.*

Lester, P. M. (2003). *Visual communication: Images with messages* (3rd Ed.). Belmont, CA: Wadsworth.

Leventhal, H. (1970). "Findings and theory in the study of fear communications." In L. Berkowitz (Ed.), *Advances in experimental psychology* (Vol. 5), pp. 119~186. New York: Academic Press.

Leventhal, H., Jones, S., & Trembly, G. (1966). "Sex differences in attitude and behavior change under conditions of fear and specific instructions." *Journal of Experimental Social Psychology* 2: 387~399.

Levine, T. R., & Boster, F. J. (1996). "The impact of self and others' argumentativeness on talk about controversial issues." *Communication Quarterly* 44(3): 345~358.

Levine, T. R., & McCornack, S. A. (1996). "A critical analysis of the behavioral adaptation explanation of the probing effect." *Human Communication Research* 22(4): 575~588.

Lifton, R. J. (1961). *Thought reform and the psychology of totalism: A study of 'brainwashing' in China.* New York: W. W. Norton.

Lippmann, W. (2017). *Public opinion.* Routledge. (Original text published in 1922)

Linville, P. W., & Jones, E. E. (1980). "Polarized appraisals of out-group members." *Journal of Personality and Social Psychology* 38: 689~703.

Locke, E. A., & Latham, G. P. (1990). *A theory of goal setting & task performance.* Prentice-Hall, Inc.

Lumsdaine, A. A., & Janis, I. L. (1953). "Resistance to 'counterpropaganda' produced by one-sided and two-sided 'propaganda' presentations." *Public Opinion Quarterly* 17(3): 311~318.

Lusk, C. M., & Judd, C. M. (1988). "Political expertise and the structural mediators of candidate evaluations." *Journal of Experimental Social Psychology* 24: 105~126.

Malandro, L. A., Barker, L. L., & Barker, D. A. (1989). *Nonverbal Communication.* New York: Newbery Award Records.

Mann, L. (1981). "The baiting crowd in episodes of threatened suicide." *Journal of Personality and Social Psychology* 30: 729~735.

Mares, M. L. (1996). "The role of source confusions in televisions cultivation of social reality judgments." *Human Communication Research* 23: 278~297.

Marks, G., & Miller, N. (1987). "Ten years of research on the false-consensus effect: An empirical and theoretical review." *Psychological Bulletin* 102(1): 72.

Markus, H. (1977). "Self-schemata and processing information about the self." *Journal of Personality and Social Psychology* 35(2): 63.

Marwell, G., & Schmitt, D. R. (1967). "Dimensions of compliance-gaining behavior: An empirical analysis." *Sociometry* 30: 350~364.

McAlister, A. L., Petty, C., & Maccoby, N. (1979). "Adolescent smoking: Onset and prevention." *Pediatrics* 63: 650~658.

McArthur, L. A. (1972). "The how and what of why: Some determinants and consequences of causal attribution." *Journal of Personality and Social Psychology* 22(2): 171.

McCornack, S. A. (1992). "Information manipulation theory." *Communication Monographs* 59: 1~16.

McCroskey, J. C., & Teven, J. J. (1999). "Goodwill: A reexamination of the construct and its measurement." *Communication Monographs* 66: 90~103.

McCroskey, J. C., & Young, T. J. (1981). "Ethos and credibility: The construct and its measurement after three decades." *Central States Speech Journal* 32: 24~34.

McGill, A. R., Johnson, M. D., & Bantel, K. A. (1994). "Cognitive complexity and conformity: Effects on performance in a turbulent environment." *Psychological Reports* 75(3_suppl): 1451~1472.

McGinley, H., LeFevre, R., & McGinley, P. (1975). "The influence of a communicator's body position on opinion change in others." *Journal of Personality and Social Psychology* 31: 686~690.

McGuire, W. J. (1964). "Inducing resistance to persuasion: Some contemporary approaches." In L. Berkowitz (Ed.), *Advances in experimental social psychology* (Vol. 1), pp. 191~229. San Diego, CA: Academic Press.

McGuire, W. J. (1968). "Personality and attitude change: An information-process-

ing theory." In A. G. Greenwald, T. C. Brock, & T. M. Ostrom (Eds.),
Psychological foundations of attitudes, pp. 171~196. San Diego, CA: Academic
Press.

McGuire, W. J. (1968). "Personality and susceptibility to social influence." In E.
F. Borgatta & W. W. Lambert (Eds.), *Handbook of personality theory and
research*, pp. 1130~1187. Chicago: Rand McNally.

McGuire, W. J. (1969). "The nature of attitudes and attitude change." In G.
Lindzey & E. Aronson (Eds.). *The handbook of social psychology* (Vol. 3), pp. 136
~314. Reading, MA: Addison-Wesley.

McGuire, W. J. (1984). "Public communication as a strategy for inducing health-
promoting behavior change." *Preventive Medicine* 13: 299~319.

McGuire, W. J. (1985). "Attitudes and attitude change." In G. Lindzey & E.
Aronson (Eds.), *Handbook of social psychology* (3rd ed.) (Vol. 2), pp. 233~346.
New York: Random House.

McGuire, W. J. (1989). "Theoretical foundations of campaigns." In R. Rice & C.
Atkin (Eds.). *Public communication campaigns*, pp. 43~65. Newberry Park,
CA: Sage.

McGuire, W. J., & Papageorgis, D. (1961). "The relative efficacy of various
types of prior belief-defense in producing immunity against persuasion." *Journal
of Abnormal and Social Psychology* 62: 327~337.

McLaughlin, M. L., Cody, M. J., & Robey, C. S. (1980). "Situational influ-
ences of the selection of strategies to resist compliance-gaining attempts."
Human Communication Research 7: 14~36.

Mehrabian, A. (1968). "Some referents and measures of nonverbal behavior."
Behavior Research Methods & Instrumentation 1 (6): 203~207.

Mehrabian, A. (1971). *Silent messages* (Vol. 8). Belmont, CA: Wadsworth.

Mehrabian, A., & Williams, M. (1969). "Nonverbal concomitants of perceived
and intended persuasiveness." *Journal of Personality and Social Psychology* 13: 37
~58.

Messaris, P. (1997). *Visual persuasion: The role of images in advertising*. Thousand
Oaks, CA: Sage.

Miller, D. T., Downs, J. S., & Prentice, D. A. (1998). "Minimal conditions for
the creation of a unit relationship: The social bond between birthdaymates."
European Journal of Social Psychology 28 (3): 475~481.

Miller, G. R., & Hewgill, M. A. (1964). "The effects of variations in non-fluencies in audience ratings of source credibility." *Quarterly Journal of Speech* 50: 36~44.

Miller, G. R., & Stiff, J. B. (1993). *Deceptive communication.* Newbury Park, CA: Sage.

Miller, G. R., Boster, F., Rofoff, M., & Seibold, D. (1977). "Compliance-gaining message strategies: A typology and some findings concerning effects of situational differences." *Communication Monographs* 44: 37~51.

Miller, L. K., & Schyb, M. (1989). "Facilitation and interference by background music." *Journal of Music Therapy* 26(1): 42~54.

Miller, N., & Campbell, D. T. (1959). "Recency and primacy in persuasion as a function of the timing of speeches and measurements." *Journal of Abnormal and Social Psychology* 59: 1~9.

Miller, R. L. (1976). "Mere exposure, psychological reactance and attitude change." *Public Opinion Quarterly* 40: 229~233.

Millman, R. E. (1982). "Using background music to affect the behavior of supermarket shoppers." *Journal of Marketing* 46(3): 86~91.

Moscovici, S., & Zavalloni, M. (1969). "The group as a polarizer of attitudes." *Journal of Personality and Social Psychology* 12(2): 125.

Mutz, D. C. (1998). *Impersonal influence: How perceptions of mass collectives affect political attitude.* New York: Cambridge University Press.

Mutz, D. C., & Martin, P. S. (2001). "Facilitating communication across lines of political difference: The role of mass media." *American Political Science Review* 95(1): 97~114.

Napoli, P. M. (2011). *Audience evolution: New technologies and the transformation of media Audiences.* Columbia University Press.

Narby, D. J., Cutler, B. L., & Moran, G. (1993). "A meta-analysis of the association between authoritarianism and jurors' perceptions of defendant culpability." *Journal of Applied Psychology* 78: 34~42.

Navarro, J., & Poynter, T. S. (2010). *Louder than words.* 장세현 옮김(2012). 《우리는 어떻게 설득당하는가: FBI에서 배우는 비즈니스 심리학》. 위즈덤하우스.

Newcomb, T. M. (1961). *The acquaintance process as a prototype of human inter-action.*

Newcomb, T. M., Turner, R. H., & Converse, P. E. (1965). *Social psycho-*

logy: The study of human interaction. New York: Holt, Rinehart & Winston.

Nielsen, J. (2006). "Participation inequality: Encouraging more users to contribute." Jakob Nielsen's Alertbox, 9 October.

Noelle-Neumann, E. (1973). "Return to the concept of powerful mass media." *Studies of Broadcasting* 9(1): 67~112.

Noelle-Neumann, E. (1974). "The spiral of silence: A theory of public opinion." *Journal of Communication* 24: 43~51.

Noelle-Neumann, E. (1977). "Turbulences in the climate of opinion: Methodological applications of the spiral of silence theory." *Public Opinion Quarterly* 41: 143~158.

Noelle-Neumann, E. (1991). "The theory of public opinion: The concept of the Spiral of Silence." In J. A. Anderson (Ed.), *Communication Yearbook 14*, 256~287. Newbury Park, CA: Sage.

Norman, R. (1976). "When what is said is important: A comparison of expert and attractive sources." *Journal of Experimental Social Psychology* 12: 294~300.

Oettingen, G., & Mayer, D. (2002). "The motivating function of thinking about the future: Expectations versus fantasies." *Journal of Personality and Social Psychology* 83(5): 1198.

Oettingen, G., Pak, H. J., & Schnetter, K. (2001). "Self-regulation of goal-setting: Turning free fantasies about the future into binding goals." *Journal of Personality and Social Psychology* 80(5): 736.

O'Keefe, D. J., & Delia, J. D. (1979). "Construct comprehensiveness and cognitive complexity as predictors of the number and strategic adaptation of arguments and appeals in a persuasive message." *Communication Monographs* 46: 231~240.

O'Keefe, D. J. (2002). *Persuasion: Theory and research* (2nd ed.). Thousand Oaks, CA: Sage.

Oliver, R. T. (1971). *Communication and culture in ancient India and China.*

O'Neill, P., & Levings, D. E. (1979). "Induced biased scanning in a group setting to change attitudes toward bilingualism and capital punishment." *Journal of Personality and Social Psychology* 37: 1432~1438.

Osgood, C. E., & Tannenbaum, P. H. (1955). "The principle of congruity in the prediction of attitude change." *Psychological Review* 62: 42~55.

Öst, L. G., & Hugdahl, K. (1985). "Acquisition of blood and dental phobia and anxiety response patterns in clinical patients." *Behaviour Research and Therapy* 23(1): 27~34.

Paek, H-J, Pan, Z., Sun, Y., Abisaid, J., & Houden, D. (2005). "The third-person perception as social judgment: An exploration of social distance and uncertainty in perceived effects of political attack ads." *Communication Research* 32: 143~170.

Pan, Z., & Kosicki, G. M. (1997). "Priming and media impact on the evaluations of the president's performance." *Communication Research* 24: 3~30.

Papageorgis, D., & McGuire, W. J. (1961). "The generality of immunity to persuasion produced by pre-exposure to weakened counterarguments." *Journal of Abnormal and Social Psychology* 62: 475~481.

Pariser, E. (2011). *The filter bubble: What the internet is hiding from you.* NY: the Penguin Press.

Pease, A., & Pease, B. (2004). *The definite book of body language.* 서현정 역 (2005). 《보디랭귀지: 상대의 마음을 읽는 비결》. 베텔스만.

Peirce, C. S. (1991). *Peirce on signs: Writings on semiotic.* UNC Press Books.

Pearce, W. B., & Conklin, F. (1971). "Nonverbal vocalic communication and perceptions of a speaker." *Communication Monographs* 38: 235~241.

Peirce, C. S. (1958). *Philosophical writings of Peirce.* New York: Dover.

Perloff, R. M. (1993). *The dynamics of persuasion.* Hillsdale, New Jersey: Lawrence Erlbaum Associates.

Perloff, R. M., & Brock, T. C. (1980). "And thinking makes it so: Cognitive responses to persuasion." In M. E. Roloff & G. R. Miller (Eds.), *Persuasion: New directions in theory and research.* CA: Sage.

Perse, E. M., & Rubin, A. M. (1990). *Chronic loneliness and television use.*

Petty, R. E., & Cacioppo, J. T. (1977). "Forewarning, cognitive responding, and resistance to persuasion." *Journal of Personality and Social Psychology* 35: 645~655.

Petty, R. E., & Cacioppo, J. T. (1979). "Issue involvement can increase or decrease persuasion by enhancing message-relevant cognitive responses." *Journal of Personality and Social Psychology* 37(10): 1915.

Petty, R. E., & Cacioppo, J. T. (1981). *Attitudes and persuasion: Classic and contemporary approaches.* Dubuque, Iowa: Wm. Brown.

Petty, R. E., Harkins, S. G., & Williams, K. D. (1980). "The effects of group

diffusion of cognitive effort on attitudes: An information-processing view."
Journal of Personality and Social Psychology 38: 81~92.

Petty, R. E., & Wegener, D. T. (1999). "The elaboration likelihood model:
Current status and controversies." *Dual-process theories in social psychology* 1: 37
~72.

Pfau, M., & Burgoon, M. (1988). "Inoculation in political campaign communica-
tion." *Human Communication Research* 15: 91~111.

Pfau, M., Kenski, H. C., Nitz, M., & Sorenson, J. (1990). "Efficacy of
inoculation strategies in promoting resistance to political attack messages:
Application to direct mail." *Communication Monographs* 57: 1~12.

Pfau, M., Van Bockern, S., & Kang, J. G. (1992). "Use of inoculation to
promote resistance to smoking initiation among adolescents." *Communication
Monographs* 59: 213~230.

Postmes, T., Spears, R., & Lea, M. (1998). "Breaching or building social
boundaries? Side-effects of computer-mediated communication." *Communica-
tion Research* 25(6): 689~715.

Postmes, T., Spears, R., & Lea, M. (2000). "The formation of group norms in
computer- mediated communication." *Human Communication Research* 26(3):
341~371.

Prange, G. W. (Ed.) (1944). *Hitler's words.* Washington, DC: American Council
on Public Affairs Press.

Pratkanis, A. R. (1989). "The cognitive representation of attitudes." In A. R.
Pratkanis, S. J. Breckler, & A. C. Greenwald(Eds.), *Attitudes structure and
function*, pp. 71~98. Hillsdale, NJ: Lawrence Erlbaum Associates.

Pratkanis, A. R. (1992). "The cargo-cult science of subliminal persuasion."
Skeptical Inquirer 16(3): 260~272.

Pratkanis, A. R., & Aronson, E. (2001). *Age of propaganda: The everyday use and
abuse of persuasion.* New York: Owl Books.

Pratkanis, A. R., & Greenwald, A. C. (1989). "A sociocognitive model of attitude
structure and function." In L. Berkowitz(Ed.), *Advances in experimental social
psychology* (Vol. 22), pp. 245~285. San Diego: Academic Press.

Prentice, D. A., & Miller, D. T. (1993). "Pluralistic ignorance and alcohol use
on campus: Some consequences of misperceiving the social norm." *Journal of
Personality and Social Psychology* 64: 243~256.

Prentice-Dunn, S., & Rogers, R. W. (1989). "Deindividuation and the self-regulation of behavior." In P. B. Paulus, *Psychology of group influence*, pp. 87~109. New Jersey: Lawrence Erlbaum.

Ray, M. L. (1982). *Advertising and communication management*. Englewood Cliffs, New Jersey: Prentice-Hall.

Reardon, K. K., Sussman, S., & Flay, B. R. (1989). "Are we marketing the right message: Can kids "just say, 'no'" to smoking?." *Communication Monographs* 56: 307~324.

Reardon, K. K. (1981). *Persuasion theory and context*. New York: Sage.

Redd, W. H., & Manne, S. L. (1991). "Fragrance administration to reduce patient anxiety during magnetic resonance imaging in cancer diagnostic work-up." Report to the Fragrance Research Fund (Now called the Olfactory Research Fund).

Reese, S. D. (2001). "Framing public life: A bridging model for media research." *Framing public life: Perspectives on media and our understanding of the social world*, pp. 7~31.

Regan, D. T. (1971). "Effects of a favor and liking on compliance." *Journal of Experimental Social Psychology* 7: 627~639.

Reicher, S. D., Spears, R., & Postmes, T. (1995). "A social identity model of deindividuation phenomena." *European Review of Social Psychology* 6 (1): 161~198.

Rhodes, N., & Wood, W. (1992). "Self-esteem and intelligence affect influence-ability: The mediating role of message reception." *Psychological Bulletin* 111: 156~171.

Riggio, R. E., & Friedman, H. S. (1983). "Individual differences and cues to deception." *Journal of Personality and Social Psychology* 45: 899~915.

Rogers, E. M. (2003). *Diffusion of innovation*. New York: The Free Press.

Rogers, R. W. (1975). "A protection motivation theory of fear appeals and attitude change." *Journal of Psychology* 91: 93~114.

Rokeach, M. (1971). "Long-range experimental modification of values, attitudes, and behavior." *American Psychologist* 26: 453~459.

Romero, A. A., Agnew, C. R., & Insko, C. A. (1996). "The congitive mediation hypothesis revisited: An empirical response to methodological and theoretical criticism." *Personality and Social Psychology Bulletin* 22: 651~665.

Rosenberg, M. J. (1956). "Cognitive structure and attitudinal affect." *Journal of Abnormal and Social Psychology* 53: 367~372.

Rosenberg, M. J. (1965). "When dissonance fails: On eliminating evaluation apprehension from attitude measurement." *Journal of Personality and Social Psychology* 1: 28~42.

Rosenberg, M. J., & Hovland, C. I. (1960). "Cognitive, affective, and behavioral components of attitude." In M. J. Fosengerg, C. I. Hovland, W. J. McGuire, R. P. Abelson, & J. W. Brehm(Eds.), *Attitude organization and change: An analysis of consistency among attitude componoents*, pp. 1~14. New Haven, CT: Yale University Press.

Rosenthal, R., & Jacobson, L. (1968). "Pygmalion in the classroom." *The Urban Review* 3(1): 16~20.

Roskos-Ewoldsen, D. R., Arpan-Ralstin, L., & Pierre, J. St. (2002). "Attitude accessibility and persuasion: The quick and the strong." In J. P. Dillard & M. Pfau(Eds.), *The persuasion handbook: Developments in theory and practice*, pp. 39~61. Thousand Oaks, CA: Sage.

Rosnow, R., & Robinson, E. (1967). *Experiments in persuasion.* New York: Academic Press.

Ross, L. (1977). "The intuitive psychologist and his shortcomings: Distortions in the attribution process." In *Advances in experimental social psychology* (Vol. 10), pp. 173~220. Academic Press.

Ross, L., Greene, D., & House, P. (1977). "The "false consensus effect": An egocentric bias in social perception and attribution processes." *Journal of Experimental Social Psychology* 13: 279~301.

Rubin, Z. (1970). "Measurement of romantic love." *Journal of Personality and Social Psychology* 16(2): 265.

Rucinski, D., & Salmon, C. T. (1990). "The 'other' as the vulnerable voter: A study of the third-person effect in the 1988 campaign." *International Journal of Public Opinion Research* 2: 345~368.

Sabato, L. (1981). *The rise of political consultants: New ways of winning elections*, p. xiii. New York: Basic Books.

Sanders, G. S., & Baron, R. S. (1977). "Is social comparison irrelevant for producing choice shifts?." *Journal of Experimental Social Psychology* 13(4): 303~314.

Sawyer, A. G. (1981). "Repetition, cognitive responses, and persuasion." In R. E. Petty, T. M. Ostrom, & T. C. Brock (Eds.), *Cognitive responses in persuasion*, pp. 237~261, Hillsdale, New Jersey: Lawrence Erlbaum.

Sawyer, A. G., & Howard, D. J. (1991). "Effects of omitting conclusions in advertisements to involved and uninvolved audiences." *Journal of Marketing Research* 28(4): 467~474.

Scherer, K. R., & London, H., & Wolf, J. J. (1973). "The voice of confidence: Paralinguistic cues and audience evaluation." *Journal of Research in Personality* 7: 31~44.

Seiter, J. S. (1997). "Honest or deceitful? A study of persons' mental models for judging veracity." *Human Communication Research* 24(2): 216~259.

Seiter, J. S., & Gass, R. H. (2003). *Perspectives on persuasion, social influence, and compliance gaining.*

Severin, W. J., & Tankard, J. W. (1979). *Communication theories.* New York: Hastings House.

Sherif, M. (1935). "A study of some social factors in perception." *Archives of Psychology* 27: 187.

Sillars, A. L. (1980). "The stranger and the spouse as target persons for compliance gaining strategies: A subjective expected utility model." *Human Communication Research* 6: 265~279.

Silverman, L. H. (1976). "Psychoanalytic theory: The reports of my death are greatly exaggerated." *American Psychologist* 31(9): 621~637.

Simon, H. W., Berkowitz, N. N., & Moyer, R. J. (1970). "Similarity, credibility, and attitude change: A review and a theory." *Psychological Bulletin* 73: 1~16.

Sivacek, J., & Crano, W. D. (1982). "Vested interest as a moderator of attitude-behavior consistency." *Journal of Personality and Social Psychology* 43: 210~221.

Skinner, B. F. (1938). *The behavior of organisms.* New York: Appleton.

Slater, M. D. (2002). "Involvement as goal-directed, strategic processing: The extended ELM." In J. P. Dillard & M. Pfau (Eds.), *The persuasion handbook: Theory and practice*, pp. 175~194. Thousand Oaks, CA: Sage.

Slattery, K., & Tiedge, J. T. (1992). "The effect of labeling staged video on the credibility of TV news stories." *Journal of Broadcasting & Electronic Media* 36(3): 279~286.

Smith, K. H., & Rogers, M. (1994). "Effectiveness of subliminal messages and television commercials: Two experiments." *Journal of Applied Psychology* 79(6): 866~876.

Smith, M. J. (1982). *Persuasion and human action: A review and critique of social influence theories.* Belmont, CA: Wadsworth.

Snyder, M. (1974). "Self-monitoring of expressive behavior." *Journal of Personality and Social Psychology* 30(4): 526.

Snyder, M. (1987). *Public appearances/Private realities: The psychology of self-monitoring.* New York: W. H. Freeman.

Spears, R., Lea, M., & Lee, S. (1990). "De-individuation and group polarization in computer-mediated communication." *British Journal of Social Psychology* 29(2): 121~134.

Spears, R., & Lea, M. (1994). "Panacea or panopticon? The hidden power in computer-mediated communication." *Communication Research* 21(4): 427~459.

Staats, C. K., & Staats, A. W. (1957). "Meaning established by classical conditioning." *Journal of Experimental Psychology* 54: 74~80.

Stoner, J. A. F. (1961). "A comparison of individual and group decisions involving risk." Unpublished master's thesis, MIT, Cambridge, MA.

Street, R. L., & Brady, R. M. (1982). "Speech rate acceptance ranges as a function of evaluative domain, listener speech rate and communication context." *Communication Monographs* 49: 290~308.

Sunstein, C. (2009). *Going to extremes: How like minds unite and divide.* Oxford University Press.

Sunstein, C. (2009). *Republic. com 2. 0.* NJ: Princeton University Press.

Swann, W. B., Hixon, J. G., Stein-Seroussi, A., & Gilbert, D. T. (1990). "The fleeting gleam of praise: Cognitive processes underlying behavioral reactions to self-relevant feedback." *Journal of Personality and Social Psychology* 59(1): 17.

Swartz, T. A. (1984). "Relationship between source expertise and source similarity in an advertising context." *Journal of Advertising* 13(2): 49~55.

Tajfel, H. (1981). *Human groups and social categories.* New York: Cambridge University Press.

Tajfel, H., Billig, M. G., Bundy, R. P., & Flament, C. (1971). "Social categorization and intergroup behaviors." *European Journal of Social Psychology* 1: 149 ~178.

Tajfel, H. , & Turner, J. C. (1979). "An integrative theory of intergroup conflict."
In W. G. Austin & S. Worchel (Eds.), *The social psychology of intergroup
relations*, pp. 33~47. Salt Lake City, UT: Brooks/Cole Publishing.

Tanford, S. , & Penrod, S. (1984). "Social influence model: A formal integration
of research on majority and minority influence processes." *Psychological Bulletin*
95: 189~225.

Taylor, S. E. , & Thompson, S. C. (1982). "Stalking the elusive vividness effect."
Psychological Review 89: 155~181.

Tesser, A. (1976). "Thought and reality constraints as determinants of attitude
polarization." *Journal of Research in Personality* 10: 183~194.

Thagard, P. (1989) "Explanatory coherence." *Behavioral and Brain Sciences* 12: 435
~467.

Thorndike, E. L. (1898). "Animal intelligence: An experimental study of the
associative processes in animals." *Psychological Monographs* 2(4, Whole No. 8).

Trager, G. L. (1958). "Paralanguage: A first approximation." *Studies in Linguis-
tics* 13: 319~333.

Triandis, H. C. (1977). *Interpersonal behavior*, p. 329. Monterey, CA: Brooks/Cole
Publishing Company.

Turner, J. C. (1975). "Social comparison and social identity: Some prospects for
intergroup behaviour." *European Journal of Social Psychology* 5(1): 1~34.

Turner, J. C. (1985). "Social categorization and the self-concept: A social
cognitive theory of group behavior." In E. J. Lawler (Ed.), *Advances in group
processes: Theory and research* (Vol. 2), pp. 77~121. Greenwich, CT: JAI Press.

Turner, J. C. (1987). "The analysis of social influence." *Rediscovering the social
group: A self-categorization theory*, pp. 68~88.

Turner, J. C. (1991). *Social influence*. Thomson Brooks/Cole Publishing Co.

University of Oklahoma, Institute of Group Relations, & Sherif, M. (1961). *Inter-
group conflict and cooperation: The Robbers Cave experiment* (Vol. 10), pp. 150~
198. Norman, OK: University Book Exchange.

Unnava, H. R. , Burnkrant, R. E. , & Erevelles, S. (1994). "Effects of pre-
sentation order and communication modality on recall and attitude." *Journal of
Consumer Research* 21: 481~495.

Vallone, R. P. , Ross, L. , & Lepper, M. R. (1985). "The hostile media
phenomenon: Biased perception and perceptions of media bias in coverage of

the Beirut massacre." *Journal of Personality and Social Psychology* 49: 577~585.

Warner, L. G., & DeFleur, M. L. (1969). "Attitudes as an interactional concept: Social constraint and social distance as intervening variables between attitudes and action." *American Sociological Review* 34: 153~169.

Watson, J. B. (1930). *Behaviorism*. New York: Norton.

Watt, J. D. (1993). "The impact of frequency of ingratiation on the performance evaluation of bank personnel." *Journal of Psychology* 127(2): 171~177.

Weaver, R. M. (1953). *The ethics of rhetoric*. Chicago: Henry Regnery.

Wayne, S. J., Kacmar, K. M., & Ferris, G. R. (1995). "Coworker responses to others' ingratiation attempts." *Journal of Managerial Issues* 7(3): 277~289.

Weber, M. (1968). *On charisma and institution building*. Chicago: University of Chicago Press.

Weimann, G. (1999). *Communicating unreality: Modern media and the reconstruction of reality*. Sage Publications.

Weinberger, M. G., & Gulas, C. S. (1992). "The impact of humor in advertising: A review." *Journal of Advertising* 21(4): 35~59.

Weiner, B., Perry, R. P., & Magnusson, J. (1988). "An attributional analysis of reactions to stigmas." *Journal of Personality and Social Psychology* 55(5): 738.

Wetherell, M. S. (1987). "Social identity and group polarization." *Rediscovering the social group: A self-categorization theory*, pp. 142~170.

White, M. J., & Gerstein, L. H. (1987). "Helping: The influence of anticipated social sanctions and self-monitoring." *Journal of Personality* 55: 41~54.

Wicker, A. W. (1969). "Attitudes vs. actions: The relationship of verbal and overt behavioral responses to attitude objects." *Journal of Social Issues* 25, 41~78.

Williams, M. L., & Goss, B. (1975). "Equivocation: Character insurance." *Human Communication Research* 1: 265~270.

Wilson, W., & Miller, H. (1968). "Repetition, order of presentation, and timing of arguments and measures as determinants of opinion change." *Journal of Personality and Social Psychology* 9(2p1): 184.

Whorf, B. L. (1956). *Language, thought, and reality*. New York: John Wiley & Sons.

Wiseman, R. L., & Schenck-Hamlin, W. (1981). "A multidimensional scaling validation of an inductively-derived set of compliance-gaining strategies." *Communication Monograph* 48: 251~270.

Witte, K. (1992). "Putting the fear back into fear appeals: The extended parallel process model." *Communication Monographs* 59: 329~349.

Woodall, W. G., & Folger, J. P. (1981). "Encoding specificity and nonverbal cue context: An expansion of episodic memory research." *Communication Monographs* 48: 39~53.

Woodward, G. C., & Denton, R. E. (1999). *Persuasion and influence in American life* (3rd Ed.). Prospect Heights, IL: Wadsworth.

Zajonc, R. B. (1968). "Attitudinal effects of mere exposure." *Journal of Personality and Social Psychology Monograph Supplement* 9: 1~28.

Zimbardo, P. G. (2007). *The Lucifer effect: How good people turn evil*. London, UK: Random House.

Zuckerman, M., DePaulo, B. M., & Rosenthal, R. (1981). "Verbal and non-verbal communication of deception." In L. Berkowitz (Ed.), *Advances in experimental social psychology*, pp. 2~59. New York: Academic Press.

Zumwalt, J. (2001). "How a powerful image can shape a war." *Los Angeles Times*, November 13, 2001. p. B12.

찾아보기(용어)

저자소개

김영석

연세대학교 신문방송학과 졸업
미국 스탠퍼드대학교 커뮤니케이션 석사 및 박사
미국 스탠퍼드대학교 커뮤니케이션연구소 연구위원
연세대학교 언론홍보대학원장 역임
연세대학교 부총장 역임
한국언론학회 회장 역임
현재 연세대학교 언론홍보영상학부 명예교수

대표 저서
《디지털 미디어와 사회》
《사회조사방법론》
《멀티미디어와 정보사회》
《여론과 현대사회》(편)
《디지털 시대의 미디어와 사회》(공저)
《스마트 미디어: 테크놀로지·시장·인간》(공저) 등

yseok@yonsei.ac.kr